黄海

[明]潘之恒 辑

关德军 汪治平 章静茹 点校

黄山风景区管理委员会

四川大学出版社
SICHUAN UNIVERSITY PRESS

图书在版编目（CIP）数据

黄海 /（明）潘之恒辑；关德军，汪治平，章静茹
点校. — 成都：四川大学出版社，2022.12（2023.6 重印）
ISBN 978-7-5690-5870-3

Ⅰ. ①黄… Ⅱ. ①潘… ②关… ③汪… ④章… Ⅲ.
①黄山－地理志 Ⅳ. ① K928.3

中国版本图书馆 CIP 数据核字（2022）第 252078 号

书　　名：	黄海
	Huang Hai
辑　　者：	［明］潘之恒
点　　校：	关德军　汪治平　章静茹

选题策划：杨岳峰　梁　明
责任编辑：李　耕
责任校对：梁　明
装帧设计：李其飞
责任印制：王　炜

出版发行：四川大学出版社有限责任公司
　　　　　地址：成都市一环路南一段 24 号（610065）
　　　　　电话：（028）85408311（发行部）、85400276（总编室）
　　　　　电子邮箱：scupress@vip.163.com
　　　　　网址：https://press.scu.edu.cn
印前制作：成都完美科技有限责任公司
印刷装订：成都新恒川印务有限公司

成品尺寸：170mm×240mm
印　　张：40.25
插　　页：4
字　　数：684 千字

版　　次：2022 年 12 月 第 1 版
印　　次：2023 年 6 月 第 2 次印刷
定　　价：580.00 元

本社图书如有印装质量问题，请联系发行部调换

版权所有 ◆ 侵权必究

扫码查看数字版

四川大学出版社
微信公众号

黄山管委会藏本

《黄海》复印本

黄海，明潘之恆輯，萬曆刻本，存卷紀蹟、紀遊、紀異，殘帙也。潘輯此書時野心過大，故收羅甚濫，以黃山而牽連黃帝，致包括內經、素問，且摘錄列子、莊子等。不知此與黃山黃海之峯林泉石，有何關涉？雜湊成篇，反使體例紛亂，具結果自己亦將無法收拾矣。黃海卷數，不詳。僧弘眉黃山志稱其為若干卷；黃山志敘又稱其列紀蹟、紀遊、紀異三科，約五百餘葉，惜其板廢失滋久。數年前在京曾見有黃海本素問，邵亭知見傳本書目卷八亦加箸錄；且原書紀蹟曰「三」，紀游曰「四」，紀異曰「五」，必尚有「一」「二」者，或「六」者，必不祗三科也。意蓋隨輯隨刻，現卷數、葉

黄山管委会藏本　李一氓题记（一）

口題目;縴校人名,板片諸仍原木,未見刻清;筴數餘篇作訂,不統全冊;皆可以為証。黃山志定本,閔麟嗣所輯,戴有李維楨「募刻黃海序」(別有畢懋康「黃海序」)是剞劂之資亦有所不繼,恐終潘之世,迄未成書,故閔氏有「山志竟無成書之說也。本年夏游黃山回京後,已為管理處覓致程弘志輯黃山志康熙本,僧弘眉輯黃山志後印本,令復潘輯黃海,諸本均極稀見。此雖殘帙,但為有關黃山文獻之名箸,「圖經」而後,即數此書矣。茲特在京重加裝裱,編目補蝕,訂為三冊,齎遞黃山,不僅為山靈生色,亦落葉歸根之意也。一九五七年國慶後一日成都李一氓記

黃山管委會藏本　李一氓題記（二）

黄海卷第

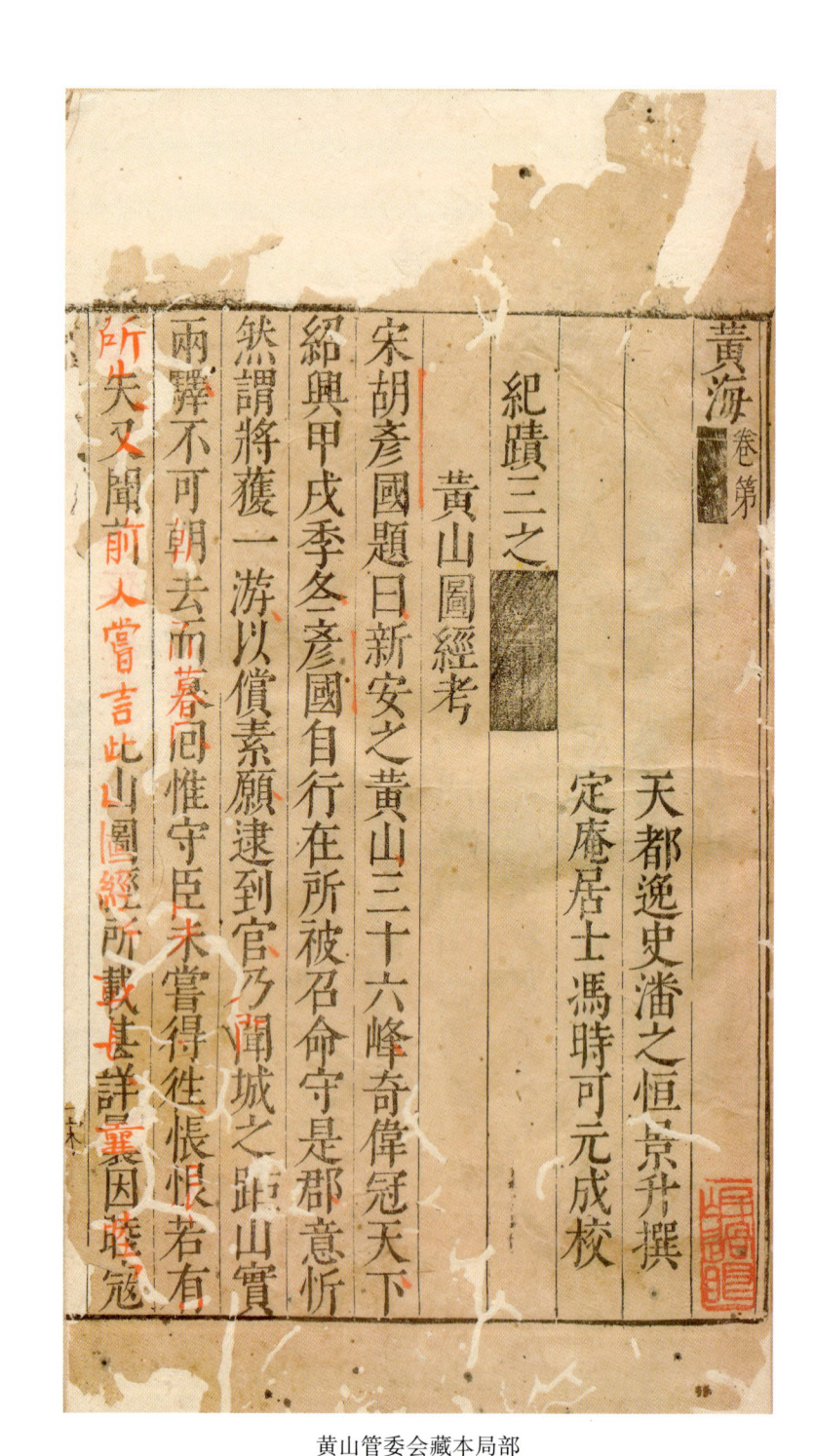

天都逸史潘之恒景升撰
定庵居士馮時可元成校

紀蹟三之

黄山圖經考

宋胡彥國題曰新安之黄山三十六峰奇偉冠天下紹興甲戌季冬彥國自行在所被召命守是郡意忻然謂將獲一游以償素願逮到官乃聞城之距山實兩驛不可朝去而暮屆惟守臣未嘗得徃悵恨若有所失又聞前人嘗言此山圖經所載甚詳襄因謹冠

紀藏二之四十一

黃帝內經素問卷第一 啟玄子次註

大都外史潘之恒景升定
大泌山人李維楨本寧閱

上古天真論
四氣調神大論
生氣通天論
金匱真言論

上古天真論篇第一 新校正云按全元起註本在第九卷王氏重次篇第秩冠篇首 今註逐篇必其全元起本之卷第者欲存素問舊篇目見今之篇次皆王氏之所移也

昔在黃帝生而神靈弱而能言幼而徇齊長而敦敏

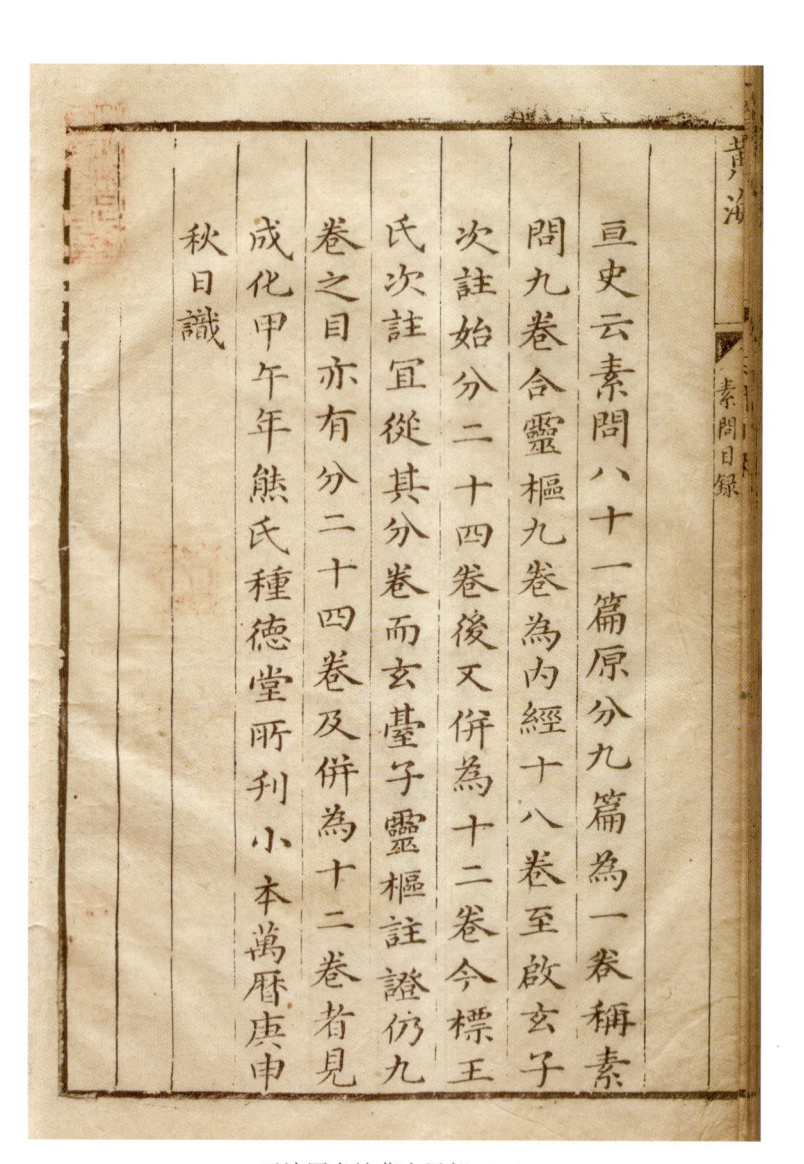

亘史云素問八十一篇原分九篇為一卷稱素問九卷合靈樞九卷為內經十八卷至啟玄子次註始分二十四卷後又併為十二卷今標王氏次註宜從其分卷而玄臺子靈樞註證仍九卷之目亦有分二十四卷及併為十二卷者見成化甲午年熊氏種德堂所刊小本萬曆庚申秋日識

《黄海》编委会

主　任：叶建强
副主任：徐立秋　林　辉（常务）
委　员：章德辉　程亚东　杨新虎　王　燕　刘　文
主　编：刘　文
副主编：方圣祥　关德军（执行）
编　委：杨　海　王　伟　汪治平　章静茹　梅爱花　洪　萌

点校本《黄海》序

汪大白

明代文学家潘之恒家居黄山南麓,筑"有苣堂"于山中,平生视黄山为家山,殷殷然爱之极切。晚年他呕心沥血,搜寻辑录,决意要为黄山编纂一部前所未有的志书,定名《黄海》。他曾自誓道:"吾编《黄海》,性命赴焉。"此言时隔数百载,闻之仍动人心魄。

他所编纂的《黄海》,原有名家李维桢(1547—1626)、毕懋康(1571—1644)为之作疏与序。李疏、毕序称赞该书:自成一家言,足以名黄山;可为典籍补遗,可为艺林增胜。

今逢期盼良久的《黄海》点校本问世,笔者由衷为编纂者与整理者庆贺,同时又心生诸多感慨,沉吟再三,草就是序,聊附骥尾。

一

潘之恒有着近乎传奇的人生,他在世人眼中或许就是一位奇人。

他出身于徽州一个商人家庭,其祖、父及胞弟均长期经商,自己也曾漫游燕、楚、吴、越兼事商务,但是他却始终缄口不言商贾。事也蹊跷,在他平生所交天下名流之中,无论师友少长全都以才俊之士待他,竟无一人以他为商。所以直至今天,我们很难从方志记载以及文章介绍中看到关于他营商为生的信息。

他少年颖异,早有诗名,曾游于文坛领袖王世贞、汪道昆之门,并且兼得二人的爱赏,因而深为当时同道所艳羡。他酷爱戏剧,深谙艺术,撰写过不少很有影响的戏剧评论,并与杰出的戏曲家汤显祖、张凤翼、沈璟等人交谊甚笃。谁知他如此富有才学,却独独不堪举业,虽由家人督促赴试,然而总是铩羽而归,终与仕途无缘。

他早年由于家赀富饶,衣马轻裘,优游散漫,访文交友,甚至流连曲中。

在时人眼里，他为人豪爽，出手阔绰，"一掷百万，有古烈士风"①。但是到了晚年，他却穷困潦倒，浪迹天涯，到处为家，有交往知情者说他"阳狂落魄""纵酒乞食"。②

最堪称奇的是，他平生寄情于山水，托意于文字，倾心撰写山志水记和人物传记，在其规模宏大的一部《亘史》中，诸如忠孝节义、豪杰奇伟、耆宿宗老，所谓各色人等无所不包。其中尤其是优伶的传记，篇目之多，占比之重，实属空前，体现出一种尊微惜贱的人文关怀。但是，尽管他著作等身，人们却找不到一篇他的自传性文字，借以具体了解其身世，以致后世介绍他的文献资料存在种种错误，留下诸多谜团。

比如，1980年版《辞海》缩印本"潘之恒"条，尚以"？—1621"标注他的生卒年，至于享年几何也就不得而知，以致有人说他83岁时还与马之骏舟游采石矶，登上翠螺峰，寻访谢朓、李白遗迹。③后经汪效倚的苦苦考索，终于确定他的生年为1556年④，一个难堪的"？"才得以排除。

再如，康熙《徽州府志》说他"再试不遇，遂弃去"，意思是考过两次便放弃了科举；但是《四库全书总目》却又说他"嘉靖间官中书舍人"。事实上，他曾先后五次科考未中，终身只是一介布衣。今以年龄推测，嘉靖年终他还是十岁之童，"中书舍人"何从谈起？

二

奇人多有奇思奇行。晚年的潘之恒，生活愈是困顿，著述愈加勤奋，不仅撰有一部《亘史》大著，而且遍搜天下文献，辑成《黄海》这部奇书。

一部《黄海》，卷帙极为浩繁，似有百卷之多⑤。诚如学者所言，潘之恒是"随辑随刻"，终其一生"迄未竣工"⑥。该书正文卷端题"天都逸史潘之恒景升辑"，与之并列为校订人员名号。全书所署参与校订者皆为当时文学名

---

① 汤宾尹《鸾啸小品题词》，见《鸾啸小品》卷首。
② 钱谦益《列朝诗集》丁集下《潘太学之恒》。
③ 《文学家潘之恒》，1982年11月2日《徽州报》副刊《散花坞》。
④ 汪效倚《潘之恒生卒考》，见1983年《戏曲研究》第九辑。
⑤ 至今所见均为残本。
⑥ 李一氓题记《黄海》，黄山管委会藏本。

家，如李维桢、罗之鼎、顾起元、罗大冠、潘膺祉、吴公治、黄汝亨、汤宾尹、谢兆申、曹履吉、黄克谦、鲍正元等，人数不止于五十，此亦平常著述所罕见。

更为甚者，《黄海》旁搜之广，实在出人意表。因为"黄山在徽州府西北百三十里，旧名黟山，唐改今名。跨据宣、池、江、浙数郡。世传黄帝与容成子、浮丘公炼药于此，故有浮丘、容成诸峰"。依照常人之见，正如《四库全书总目》所云，"此姑存《图经》之说，以备古迹一条则可"，但是《黄海》却不然，它"竟上溯轩辕，采摭经、传，凡涉黄帝者，皆入焉，至以《广黄帝本行纪》《真仙》《通鉴》诸书与六经之文并列"①——此何奇也！难道真是"山史之变体"②？

因为"随辑随刻"而最终未竟的编修过程非同寻常，更因"以多为胜"而旁搜博采的辑成内容非同寻常，所以《黄海》难免被人误解，受到讥评，或以为"诞"，或以为"滥"，抑或以为"杂"而"乱"。

我们认为，这里涉及一个关键问题：《黄海》究竟是专题考证的学术专著还是资料专辑？答案应该十分明白，《黄海》并不属于前者，而是后者。既然《黄海》属于资料专辑，具有黄山专题资料集成的性质，那么所采所辑也就当然不厌其"繁"、不厌其"广"，而是多多益善、唯恐不全。至于所谓"考证之学与著述之体"，自然也就非其自身所必讲，而是后人用其资料以作考证著述之时所当讲。

现就黄山专题资料集而论，《黄海》的价值毫无疑义应该得到充分肯定，尤其是如下数端值得特别关注：

首先是关于"黄帝之山"③的资料。黄帝在黄山炼丹的传说由来已久，天宝年间黟山因此改名黄山基本属实。潘之恒高度重视这类文化信息和历史事实，心生探索黄山历史的强烈愿望，"立意为黄帝外传"，凡得关联诸书"咸采无遗"④。李维桢说："(《黄海》)搜葺黄帝事略尽矣。可以博古，可以穷理，可以反经，可以解惑，是帝之功臣也。"今天，黄山已被确认为世界文化与自然遗产，人们对黄山的历史文化正在进行深度发掘，黄帝外传、黄帝传

---

① 《四库全书总目》，中华书局1965年版，第660页。
② 闵麟嗣《黄山志定本》卷之二《人物志》。
③ 今有《黄帝之山——黄山文化探索与研究》一书，黄山书社2008年版。
④ 闵麟嗣《黄山志定本》卷之二《人物志》。

说及其所积淀的黄帝文化必将广为世人所关注。由此而回观纂辑《黄海》的先驱之旅，岂不令人由衷赞许！

其次是关于《黄山图经》（下文简称《图经》）的资料。追溯黄山历史文献，《黄海》之前唯有《图经》，《图经》而后即《黄海》。正是《黄海》基本保留了《图经》的重要史料。《图经》肇闻北宋景祐年间，传至《黄海》之时，已经八次绘辑重刻。《黄海》辑录了《黄山图经》及《黄山图经题咏》，并设《黄山图经考》专辑，载录历代纂刻《黄山图经》的序跋文字，北宋李镈序、胡彦国序，南宋张介序、黄之望序、焦源跋，明代唐桂芳序、方勉序、程孟跋等均见其中。对于后人了解《黄山图经》的版本源流来说，这些史料的确弥足珍贵。

再次是编纂者为黄山撰写的大量诗文。为了编纂《黄海》，潘之恒无数次深入黄山，甚至常卧山中，经月忘返。他与当地名士结盟天都诗社，与山中僧侣携手开发景区。他涉险探奇，遍考峰涧溪洞，题诗咏之，撰记纪之。除了散见于其他文献中的序、跋以及插叙、夹注之外，他为黄山所作专文多达数十篇，如《普门缘起》《一钵庵疏》《圆通殿疏》等。他的这些文字，记录着黄山的开山过程和风土掌故，成为世人了解黄山景观和人文的第一手资料，价值难以估量。

最后是访游者为黄山撰写的大量诗文。因为"不当通都大邑舟车之走集"，黄山直到元明时期一直"游者罕至"[1]。但在前后天都诗社的影响下，尤其是由于潘之恒的对外宣传及其《黄海》的随辑随刻、随即流布，黄山的知名度、美誉度空前提高，海内骚人墨客络绎来访，形成黄山史上未曾有过的旅游旺期。翻阅《黄海》可见，谢肇淛、谢兆申、吴元翰、凌登名、冯梦祯等无数时贤名儒，访游期间无不挥洒笔墨，激情创作，留下为黄山增色的诗歌和游记。这些诗文精彩纷呈，数量可观，它们因《黄海》的辑存而流传于世。

综而言之，《黄海》在黄山历史文献中具有独特的价值，是迄今所能见到的关于黄山历史地理的第一部资料专集，不仅"对于后来相继出现的几部《黄山志》有重要的影响"[2]，而且对于当今黄山的文化研究和旅游发展都具有

---

[1] 元汪泽民《黄山游记》，见本书所辑。
[2] 汪效倚《潘之恒曲话》，中国戏剧出版社1988年版。

重要的现实意义。

三

　　学术往往存在着盲区，历史有时难免被人忽略。潘之恒就是一个例证。自明代以来，他的坎坷人生和独特成就从来没有得到应有的关注。通观学界，目前为止，只是有人对他的戏剧理论作出初步研究，对他的《亘史》稍稍涉及，至于他的《黄海》则少有人问津。作为中国历史地理文献中具有重要地位的一部专题资料集，《黄海》竟然在漫长的历史岁月里散佚于各地，尘封于高阁，这实在令人不胜感慨。值得庆幸的是，这种状况将以眼前这部《黄海》点校本的面世而宣告终结。

　　一部颇多误解、备受冷漠的古代奇书，经过现今崇文好史、务实善谋者严谨地点校整理，第一次以现代出版物的形式呈献在读者面前，这不能不说是奇功一件。因为完成这项工作需要实事求是的历史眼光，需要不负先贤的人文情怀，需要开拓前行的现实担当，当然还需要无愧后人的学术良知。

　　《黄海》的整理与出版，从课题立项，到版本调查，到整理方案确定，到文本点校，最终落实出版事务，这是一个颇具规模的工程。其中无论是版本的选定、体例的编排，还是准确地进行标点、规范地作出注释，对整理人员的学术功力都是不小的挑战。我们可想而知，为了圆满完成《黄海》的整理出版，这个项目团队付出了何等艰辛的努力，黄山管委会领导给予了何等的支持。

　　我们相信，《黄海》的整理出版必将使学界更为清晰、深刻地认识《黄海》的重要文献价值，更为客观、准确地评价潘之恒当年为黄山的开发建设和宣传推广所作出的特殊贡献。充分而科学地利用这一部专题资料的集成之作，对于黄山早期开发的历史研究、黄山古代的旅游文学研究，乃至黄山的美学内涵和人文底蕴的研究，必定都会大有裨益。进而言之，为了更加深入有效地开展黄山自然遗产和文化遗产的研究，更加强劲有力地推动当代黄山旅游事业的健康发展，我们对《黄海》的学术价值和实用价值能不倍加珍重？

壬寅春月于黎阳默如轩

故民命而弗改也。"

公曰："善哉！以天教于民，可以班乎？"

子曰："可哉！虽可而弗由，此以上知所以行斧钺也。父之于子，天也；君之于臣，天也。有子不事父，有臣不事君，是非反天而到行邪？故有子不事父，不顺；有臣不事君，必刃。顺天作刑，地生庶物。是故圣人之教于民也，率天如祖地，能用民德，是以高举不过天，深虑不过地，质知而好仁，能用民力。此以三常之礼明，而名不骞。礼失则坏，名失则愍［惛］是故上古不讳，正天名也。天子之官四通，正地事也；天子御斑①，诸侯御荼，大夫服笏，正民德也。敛此三者而一举之，戴天履地，以顺民事。天子告朔于诸侯，率天道而敬行之，以示威于天下也。诸侯内贡于天子，率名敩②地实也。是以不至必诛。诸侯相见，卿为分［介］，以其教士毕行，使仁守，会朝于天子。天子以岁二月为坛于东郊，建五色，设五兵，具五味，陈六律，品奏五声，听明教。置离，抗大侯，规鹄，坚物。九卿佐三公，三公佐天子。天子践位，诸侯各以其属就位，乃升诸侯、诸侯之教士。教士执弓挟矢，揖让而升，履物以射其地，心端色容正，时以敩伐。时有庆以地，不时有让以地。天下之有道也，有天子存；国之有道也，君得其正；家之不乱也，有仁父存。是故圣人之教于民也，以其近而见者，稽其远而明者。天事曰明，地事曰昌，人事曰比，两以庆。违此三者，谓之愚民。愚民曰奸，奸必诛。是以天下平而国家治，民亦无贷，居小不约，居大则治，众则集，寡则缪，祀则得福，以征则服，此唯官民之上德也。"

公曰："三代之相授，必更制典物，道乎？"

子曰："否。猷德保。保愔乎前，以小继大，变民示也。"

公曰："善哉！子之察教我也。"

子曰："丘于君唯无言，言必尽，于他人则否。"

公曰："教他人则如何？"

子曰："否。丘则不能。昔商老彭及仲傀，政之教大夫，官之教士，技之教庶人，扬则抑，抑则扬，缀以德行，不任以言。庶人以言，犹以夏后氏之衬怀抱［袍］褐也，行不越境。"

---

① 御，凡天子所止曰御，此处为使用、应用之意。斑，帝王所持的玉笏。
② 敩（xiào），四库本《大戴礼》注，"'敩''效'古通用"。

公曰:"善哉！我则问政，子事教我。"

子曰:"君问已参黄帝之制，制之大礼也。"

公曰:"先圣之道斯为美乎？"

子曰:"斯为美。虽有美者，必偏。属于斯，昭天之福，迎之以祥；作地之福，制之以昌；兴民之德，守之以长。"

公曰:"善哉！"

春秋左氏传

秦伯①师于河上，将纳王②。狐偃③言于晋侯曰:"求诸侯莫如勤王。诸侯信之，且大义也，继文之业而宣信于诸侯，今为可矣。"使卜偃卜之，曰:"吉。遇黄帝战于阪泉之兆。"公曰:"吾不堪也。"对曰:"周礼未改，今之王，古之帝也。"僖公二十五年。

杜氏注云：黄帝与神农之后姜氏战于阪泉之野，胜之，今得其兆，故以为吉。

孔疏：《晋语》云:"昔少典娶于有蟜氏，生黄帝、炎帝。黄帝为姬，炎帝为姜。二帝用师以相济也。"韦昭注云:"'济'当为'挤'，挤，灭也。"《史记》称黄帝伐炎帝之后于阪泉之野，炎帝即神农也。黄帝将战，卜得吉兆。今卜，复得彼兆，故为吉也。

秋，郯子来朝，公与之宴。昭子问焉，曰:"少皞氏鸟名官，何故也？"郯子曰:"吾祖也，我知之。昔者黄帝氏以云纪，故为云师而云名；炎帝氏以火纪，故为火师而火名；共工氏以水纪，故为水师而水名；大皞氏以龙纪，故为龙师而龙名。我高祖少皞挚④之立也，凤鸟适至，故纪于鸟，为鸟师而鸟名。凤鸟氏，历正⑤也；玄鸟氏，司分者也；伯赵⑥氏，司至者也；青鸟

---

① 秦伯，指秦穆公。
② 王，指周襄王。
③ 狐偃（约前715—前629），姬姓，狐氏，字子犯，是晋文公的舅舅，晋国重臣。
④ 少皞，亦作少昊，古代东夷集团的首领，名挚，号金天氏。
⑤ 历正，主治历数，正天时之官。
⑥ 伯劳，指伯劳鸟。

氏，司启者也；丹鸟氏，司闭者也；祝鸠氏，司徒也；鴡鸠氏，司马也；鳲鸠氏，司空也；爽鸠氏，司寇也；鹘鸠氏，司事也。五鸠，鸠民者也。五雉为五工正，利器用，正度量，夷民者也。九扈为九农正，扈①民无淫者也。自颛顼以来，不能纪远，乃纪于近。为民师而命以民事，则不能故也。"

仲尼闻之，见于郯子而学之。既而告人曰："吾闻之：'天子失官，学在四夷。'犹信。"_{昭公十七年。}

杜氏注云：少暤，金天氏，黄帝之子，己姓之祖也。黄帝，轩辕氏，姬姓之祖也。黄帝受命有云瑞，故以云纪事，百官师长皆以云为名，号"缙云氏"，盖其一官也。

孔疏：《帝系》云，"黄帝生玄嚣"。《史记》云："黄帝正妃生二子，其后皆有天下：其一曰玄嚣，是为青阳，降居江水。"言降居江水，谓不为帝也。此《传》言其以鸟名官，则是为帝明矣，故《世本》及《春秋纬》皆言青阳即是少暤，黄帝之子，代黄帝而有天下，号曰"金天氏"。少暤氏，身号。金天氏，代号也。《晋语》称青阳与黄帝同德，故为姬姓。黄帝之子十四人，为十二姓，其十二有姬，有己。青阳既为姬姓，则己姓非青阳之后。而《世本》"己姓出自少暤，非青阳也"，事远书亡，不可委悉耳。

《史记》又云："黄帝者，少典之子，名曰轩辕。为天子，代神农氏，是为黄帝。"《晋语》云："黄帝以姬水成。"为姬姓，是姬姓之祖也。以少暤之立有凤鸟之瑞，而以鸟纪事。黄帝以云纪事，明其初受天命，有云瑞也。云之为瑞，未能审也。《史记·天官书》曰："若烟非烟，若云非云，郁郁纷纷，萧索轮囷，是谓卿云。"或作庆云，或作景云。《孝经援神契》曰："德至山陵则景云出。"服虔②云："黄帝受命，得景云之瑞，故以云纪事。"黄帝云瑞或当是景云也。百官师长皆以云为名号，即是以云纪纲诸事也。云为官名，更无所出，唯文（公）十八年《传》③云"缙云氏有不才子"，疑是黄帝时官，故云"缙云氏，盖其一官也"。

服虔云："黄帝以云名官，盖春官为青云氏，夏官为缙云氏，秋官为白云氏，冬官为黑云氏，中官为黄云氏。"缙为赤色，故夏官为缙云。

---

① 扈，止也。
② 服虔，东汉经学家。字子慎，初名重，后更名虔，河南荥阳人。虔少有雅才，善文论，其经学尤为当世推重，著有《春秋左氏解谊》等。
③ 《传》，即《左传》。

黄　海
HUANG HAI

《中候·握河纪》云："尧即政七十年，凤凰止庭。伯禹①拜曰：'昔帝轩提象②，凤巢阿阁。'"《白虎通》云："黄帝时，凤凰蔽日而至，止于东园，终身不去。"诸书皆言君有圣德，凤凰乃来，是凤凰知天时也。历正主治历数，正天时之官，故名其官为凤鸟氏也。

国　语

《周语》曰：乐及遍舞。韦氏解云：遍舞，六代之乐也，谓黄帝曰云门，尧曰咸池，舜曰大望，禹曰大夏，殷曰大濩，周曰大武。一曰"诸大夫遍舞也"。

鲁展禽③曰：夫圣王之制祀也，法施于民则祀之，以死勤事则祀之，以劳定国则祀之，能御大灾则祀之，能捍大患则祀之。非是族也，不在祀典。昔烈山氏之有天下也，其子曰柱，能殖百谷百蔬。夏之兴也，周弃继之，故祀以为稷。共工氏之伯九有也，其子曰后土，能平九土，故祀以为社。黄帝能成命百物，以明民共财，颛顼能修之，帝喾能序三辰以固民，尧能单均刑法以仪民，舜勤民事而野死，鲧鄣洪水而殛死，禹能以德修鲧之功，契为司徒而民辑，冥勤其官而水死，汤以宽治民而除其邪，稷勤百谷而山死，文王以文昭，武王去民之秽。故有虞氏禘黄帝而祖颛顼，郊尧而宗舜。夏后氏禘黄帝而祖颛顼，郊鲧而宗禹。商人禘舜而祖契，郊冥而宗汤；周人禘喾而郊稷，祖文王而宗武王。幕，能帅颛顼者也，有虞氏报焉。杼，能帅禹者也，夏后氏报焉。上甲微，能帅契者也，商人报焉。高圉、大王，能帅稷者也，周人报焉。凡禘、郊、宗、祖、报，此五者，国之典祀也。

晋司空季子④曰：同姓为兄弟。黄帝之子二十五人，其同姓者二人而已，唯青阳与夷鼓皆为己姓。青阳，方雷氏之甥也；夷鼓，彤鱼氏之甥也。其同生而异姓者，四母之子，别为十二姓。凡黄帝之子二十五宗，其得姓者

---

① 伯，即夏禹。禹代鲧为崇伯，入为天子司空，以其伯爵，故称伯禹。
② 提象，本指人君观天象而立法治国，引申指即帝位。
③ 鲁展禽，名获，字季，春秋时鲁国一位德高望重的大臣。此段源自《国语·鲁语·展禽论祭爰居非政之宜》。
④ 季子，即胥臣（前697—前622），春秋时晋国政治家、教育家。因封地于臼（今山西运城），曾任司空，所以又称臼季、司空季子。此一段源自《国语·晋语·重耳婚媾怀嬴》。

十四人，为十二姓，姬、酉、祁、己、滕、葳、任、荀、僖、姞、儇、依是也。唯青阳与仓林氏同于黄帝，故皆为姬姓。同德之难也如是。昔少典取于有蟜氏，生黄帝、炎帝。黄帝以姬水成，炎帝以姜水成。成而异德，故黄帝为姬，炎帝为姜，二帝用师以相济也，异德之故也。贾侍中云："少典，黄帝、炎帝之先。有蟜，诸侯也。炎帝，神农也。"虞、唐云："少典，黄帝、炎帝之父。"昭谓：神农，三皇也，在黄帝前。黄帝灭炎帝，灭其子孙耳，明非神农可知也。言生者，谓二帝本所生出也。《内传》，高阳、高辛氏各有才子八人，谓其裔子耳。贾君得之。济当为"挤"，灭也。

孔子家语语出记者，多断章，不具载。

《祖庭广记》① 云：孔子适周，周大夫苌弘语刘文公曰："吾观孔仲尼有圣人之表，河目而龙颡，黄帝之形貌也。修肱而龟背，长九尺六寸，成汤之容体也。言称先王，躬履谦让，洽闻强记，博物不穷，抑非圣人之兴者乎？"

《辨物》章曰：郯子朝鲁，鲁人问曰："少昊氏以鸟名官，何也？"对曰："吾祖也，我知之。昔黄帝以云纪官，故为云师而云名。炎帝以火，共工以水，太昊以龙，其义一也。我高祖少昊挚之立也，凤鸟适至，是以纪之于鸟，故为鸟师而官名。自颛顼氏以来，不能纪远，乃纪于近，为民师而命以民事，则不能故也。"孔子闻之，遂见郯子而学焉。

《五帝德》章曰：宰我问黄帝，孔子曰："黄帝生而神灵，弱而能言，哲睿齐庄，敦敏诚信。长聪明，治五气，设五量，抚万民，度四方。服牛乘马，扰驯猛兽，以与炎帝战于阪泉之野，三战而后克之。始垂衣裳，作为黼黻。治民，以顺天地之纪，知幽明之故，达死生存亡之说。播时百谷，尝味草木，仁厚及于鸟兽昆虫。考日月星辰，劳耳目，勤心力，用水火财物以生民。"

---

① 《祖庭广记》为孔子第四十七代孙孔传于宋宣和六年（1124）撰成的一本书。

战国策

《赵策》曰：虙牺①、神农教而不诛，黄帝、尧、舜诛而不怒②。

《秦策》曰：昔者神农伐补遂，黄帝伐涿鹿而禽蚩尤，尧伐通骦兜，舜伐三苗，禹伐共工，汤伐有夏，文王伐崇，武王伐纣，齐桓任战而霸天下，由此观之，恶有不战者乎？

《魏策》曰：黄帝战于涿鹿之野而西戎之兵不至，禹攻三苗而东夷之民不赴，以燕、齐伐秦，黄帝之所难也。

---

① 虙（fú），通"伏"。
② 怒，过分。

天都山史潘之恒景升定
憩石主人罗之鼎中实校

纪初一·之二

列　子[①]

　　《天瑞》篇曰：《黄帝书》曰，"谷神不死，是谓玄牝。玄牝之门，是谓天地之根。绵绵若存，用之不勤"。故生物者不生，化物者不化。自生自化，自形自色，自智自力，自消自息。谓之生化、形色、智力、消息者，非也。

　　子列子曰：昔者圣人因阴阳以统天地。夫有形者生于无形，则天地安从生？故曰：有太易，有太初，有太始，有太素。太易者，未见气也；太初者，气之始也；太始者，形之始也；太素者，质之始也。气形质具而未相离，故曰浑沦。浑沦者，言万物相浑沦而未相离也。视之不见，听之不闻，循之不得，故曰易也。易无形埒[②]，易变而为一，一变而为七，七变而为九。九变者，究也，乃复变而为一。一者，形变之始也。清轻者上为天，浊重者下为地，冲和气者为人。故天地含精，万物化生。

　　子列子曰：天地无全功，圣人无全能，万物无全用。故天职生覆，地职形载，圣职教化，物职所宜。然则天有所短，地有所长，圣有所否，物有所通。何则？生覆者不能形载，形载者不能教化，教化者不能违所宜，宜定者不出所位。故天地之道，非阴则阳；圣人之教，非仁则义；万物之宜，非柔则刚。此皆随所宜而不能出所位者也。故有生者，有生生者；有形者，有形形者；有声者，有声声者；有色者，有色色者；有味者，有味味者。生之所生者死矣，而生生者未尝终；形之所形者实矣，而形形者未尝有；声之所声者闻矣，而声声者未尝发；色之所色者彰矣，而色色者未尝显；味之所味者尝矣，而味味者未尝呈。皆无为之职也。能阴能阳，能柔能刚，能短能

[①] 列子，生卒不详，名御寇，战国时期郑国思想家，道家代表人物，主张虚静无为，独立处世，善于修身养性。相传《列子》一书为其所著。
[②] 埒（liè），场地四周的围墙，边界。

黄　海
HUANG HAI

长，能圆能方，能生能死，能暑能凉，能浮能沉［没］，能宫能商，能出能沉［没］，能玄能黄，能甘能苦，能羶能香。无知也，无能也，而无不知也，而无不能也。

《黄帝书》曰："形动不生形而生影，声动不生声而生响，无动不生无而生有。"形，必终者也。天地终乎？与我偕终。终进乎？不知也。道终乎本无始，进乎本不久。有生则复于不生，有形则复于无形。不生者，非本不生者也；无形者，非本无形者也。生者，理之必终者也。终者不得不终，亦如生者之不得不生。而欲恒其生，尽①其终，惑于数也。精神者，天之分；骨骸者，地之分。属天清而散，属地浊而聚。精神离形，各归其真，故谓之鬼。鬼，归也，归其真宅。黄帝曰："精神入其门，骨骸反其根，我尚何存？"

人自生至终，大化有四：婴孩也，少壮也，老耄也，死亡也。其在婴孩，气专志一，和之至也，物不伤焉，德莫加焉；其在少壮，则血气飘溢，欲虑充起，物所攻焉，德故衰焉；其在老耄，则欲虑柔焉，体将休焉，物莫先焉。虽未及婴孩之全，方于少壮，间矣；其在死亡也，则之于息焉，反其极矣。

笺云：列子之道，得之黄帝者，故录其首篇，其义亦尽于此。

《黄帝》篇曰：黄帝即位十有五年，喜天下戴己，养正命，娱耳目，供鼻口，焦然肌色皯黣②，昏然五情爽惑。又十有五年，忧天下之不治，竭聪明，进智力，营百姓，焦然肌色皯黣，昏然五情爽惑。黄帝乃喟然赞曰："朕之过淫矣，养一己其患如此，治万物其患如此。"于是放万机，舍宫寝，去直侍，彻钟悬，减厨膳，退而闲居大庭之馆，斋心服形，三月不亲政事。

昼寝而梦，游于华胥氏之国。华胥氏之国在弇州之西，台州之北，不知斯去齐国几千万里，盖非舟车足力之所及，神游而已。其国无帅长，自然而已；其民无嗜欲，自然而已。不知乐生，不知恶死，故无夭殇；不知亲己，不知疏物，故无爱憎；不知背逆，不知向顺，故无利害。都无所爱

---

① 尽（盡），四库全书本《列子》作"画（畫）"，意为止、亡。
② 皯黣（gǎn měi），指皮肤黧黑。

"我为汝遂于大明之上矣，至彼至阳之原也；为汝入于窈冥之门矣，至彼至阴之原也。

窈冥昏默，长生之本。长生之本既立，则必有坚凝之者。二者如日月水火之用。所以修炼变化，坚气而凝物者也，盖必有方矣。然皆必致其极，不极不化也。

"天地有官，阴阳有藏。

广成子以窈冥昏默，立长生之本，以无思无为无欲，去长生之害，人以至阴至阳坚凝之，吾事足于此矣。天地有官，自为我治之，阴阳有藏，自为我蓄之。为之在我，成之在彼。

"慎守汝身，物将自壮。

言长生可必也，物岂有稚而不壮者哉。

"我守其一，以处其和。故我修身千二百岁矣，吾形未尝衰。"黄帝口［再］反［释］稽首曰："广成子之谓天矣。"广成子曰："来，余语汝。彼其物无穷，而人皆以为终，彼其物无测，而人皆以为极。

物本无终极，其分也成也，其成也毁也。物未尝有死，故长生者物之固然，非我独能。我能守一而处和，故不见其分成与毁尔。

"志［得］吾道者，上为皇而下为王。

皇者其精也，王者其粗也。

"失吾道者，上见光而下为土。

生者明，死者幽。幽者不知明，明者不知幽。

"今夫百昌皆生于土，而反于土。故余将去女，入无穷之门，以游无极之野。

盖将有示化，去世形、解入土之意也欤？

"吾与日月参光，吾与天地为常，当我缗乎，远我昏乎，人其尽死而我独存乎？"

南荣趎挟三人以见老子，老子诃之，则矍然自失，人我皆丧。夫挟人以往固非也，人我皆丧亦非也。故学道者，能尽死其人，而独存其我者，寡矣。可见、可言、可取、可去者，皆人也，非我也。不可见、不可言、不可取、不可去者，是真我也。近是则智，远是则愚，得是则得道矣。故人其尽死而我独存者，此之谓也。古今语异，吾不知缙之所谓也。以文意求之，其犹曰明也欤？

按山□广成子治《太易》屯、蒙二卦，运行日月，盖古之真人，黄帝师也。

天都逸史潘之恒景升辑
澹真居士顾起元太初校

纪初一·之三

史记·一

《黄帝本纪》云：黄帝者，少典之子。姓公孙，名曰轩辕。

《索隐》①曰：按，有土德之瑞，土色黄，故称黄帝，犹神农火德，王而称炎帝然也。据《左传》亦号帝鸿氏。

又曰：少典者，诸侯国号，非人名也。按《国语》云："少典娶有蟜氏女，而生炎帝。"然则炎帝亦少典之子。炎帝［黄］二帝虽则承帝王代纪，中间凡隔八帝，五百余年。若以少典是其父名，岂黄帝经五百余年而始代炎帝，后为天子乎？何其年之长也！又按《秦本纪》云："颛顼氏之裔孙曰女修，吞玄鸟之卵而生大业，大业娶少典氏而生柏翳。"明黄帝即少典氏后代之子孙，如贾逵亦以《左传》高阳氏有才子八人，为其后代子孙而称子是也。又按皇甫谧云："黄帝生于寿丘，长于姬水，因以为姓，居轩辕之丘，因以为名。"则公孙是本姓，长居姬水，遂改姓姬尔。

生而神灵，弱而能言，幼而徇齐，长而敦敏，成而聪明。

《索隐》曰：弱，谓幼时，未合能言。潘岳有《哀弱子》篇，其子未七旬曰弱。

徐广曰：《墨子》曰，"年逾十五，则聪明心虑无不徇通矣"。

《索隐》曰："徇""齐"皆德也。《书》曰"聪明齐圣"，《左传》曰"子虽齐圣"，齐，谓圣德齐肃。又按：《孔子家语》及《大戴礼》，并作"睿齐"，一本作"慧齐"，慧、睿皆智也。无作"徇"者。《史记》旧本亦作"浚齐"。盖古字假"徇"为"浚"，浚，深也。《尚书·大传》曰："多闻而齐

---
① 《索隐》即唐司马贞撰《史记索隐》。

给。"郑注云："齐，疾也。"今裴氏"徇"亦训疾，或当读"徇"为迅，"迅""浚"虽异字，而音同也。又《尔雅》曰："宣、徇，遍也。浚，通也。"义亦相近。

《正义》[1]曰：成，谓年二十始冠为成人也。

轩辕之时，神农氏世衰，诸侯相侵伐，暴虐百姓，而神农氏弗能征。于是轩辕乃习用干戈，以征不享，诸侯咸来宾从。而蚩尤最为暴，莫能伐。享，一作"亭"。亭，训直。

《索隐》曰：世衰，谓神农氏后代子孙道德衰薄，非指炎帝之身，即班固所谓"参卢"，皇甫谧所云"帝榆罔"是也。

《正义》曰：《帝王世纪》云，"神农氏，姜姓也。母曰任姒，有蟜氏女，登为少典妃，游华阳，有神龙首，感生炎帝。人身牛首，长于姜水。有圣德，以火德王，故号炎帝。初都陈，又徙鲁。又曰魁隗氏，又曰连山氏，又曰列山氏"。《括地志》云，"厉山在随州随县北百里，山东有石穴。曰神农生于厉乡，所谓列山氏也。春秋时为厉国"。

《索隐》曰：《管子》曰"蚩尤受卢山之金而作五兵"，明非庶人，盖诸侯号也。

《正义》曰：《龙鱼河图》云，"黄帝摄政，有蚩尤兄弟八十一人，并兽身人语，铜铁额，食沙，造五兵，仗刀戟大弩，威振天下，诛杀无道。万民钦命黄帝行天子事。黄帝以仁义不能禁止蚩尤，乃仰天而叹。天遣玄女下授黄帝兵符，伏蚩尤。后天下复扰乱，黄帝遂画蚩尤形像以威，天下咸谓蚩尤不死，八方皆为殄灭"。《山海经》云，"黄帝令应龙攻蚩尤。蚩尤请风伯、雨师以从大风雨。黄帝乃下天女曰魃，以止雨。雨止，遂杀蚩尤"。孔安国曰，"九黎君号蚩尤是也"。

炎帝欲侵陵诸侯，诸侯咸归轩辕。轩辕乃修德振兵，治五气，蓺五种，抚万民，度四方，教熊罴貔貅貙虎，以与炎帝战于阪泉之野。三战，然后得其志。

《索隐》曰：《书》云"如虎如貔"，《尔雅》云"貔，白狐"，《礼》曰

---

[1] 《正义》即唐张守节撰《史记正义》。

"前有挚兽，则载貔狸"是也。《尔雅》又曰"貙獌似狸。"此六者，猛兽，可以教战。《周礼》有服不氏掌教扰猛兽，即古服牛乘马，亦其类也。

《正义》曰：《括地志》云，"阪泉，今名黄帝泉，在妫州怀戎县，东出五里至涿鹿，东北与涿水合。晋太康《地理志》云："涿鹿城东一里有阪泉，上有黄帝祠"。

蚩尤作乱，不用帝命。于是黄帝乃征师诸侯，与蚩尤战于涿鹿之野，遂禽［擒］杀蚩尤。而诸侯咸尊轩辕为天子，代神农氏，是为黄帝。

《索隐》曰：涿鹿或作"浊鹿"，古今字异耳。按《地理志》，上谷有涿鹿县。

《皇览》①曰：蚩尤冢在东平郡寿张县阚乡城中，高七丈。民常十月祀之，有赤气出，如匹绛帛，民名为蚩尤旗。肩髀冢在山阳郡巨野县重聚，大小与阚冢等。传言黄帝与蚩尤战于涿鹿之野，黄帝杀之，身体异处，故别葬之。

《索隐》曰：按，皇甫谧云"黄帝使应龙杀蚩尤于凶黎之谷"，或曰，黄帝斩蚩尤于中冀，因名其地曰"绝蛮之野"。

天下有不顺者，黄帝从而征之。平者去之。披山通道，未尝临居。
东至于海，登丸山，及岱宗。
《地理志》曰：丸山，在郎［琅］耶［邪］朱虚县。
《括地志》②云：丸山即丹山，在青州临朐县界，朱虚故县西北二十里，丹水出焉。一作九山。
岱宗，泰山，东岳也，在兖州博城县。③

西至于空桐，登鸡头。
《正义》曰：《括地志》云，"空桐山在肃州禄福县东南。《抱朴子·内篇》云'黄帝西见中黄子，受九品之方。过空桐，从广成子受自然之经'，即此

---

① 《皇览》是三国魏文帝时期由桓范、刘劭、王象、韦诞、缪袭等人奉敕所撰集的类书，共40余部，因供皇帝阅读，故称"皇览"。
② 《括地志》是唐朝时编修的一部大型地理著作，由唐初魏王李泰主编。
③ 此句为张守节《正义》语。

山"。《括地志》又云："笄头山，一名崆峒山，在原州平阳县西百里。《禹贡》：'泾水所出。'《舆地志》云：'即鸡头山也。'郦元云：'盖大陇山异名也。'《庄子》云：'广成子学道崆峒山，黄帝问道于广成子，盖在此。'"按：二处崆峒皆云黄帝登之。

《索隐》曰：后汉王孟塞鸡头道，在陇西，崆峒山之别名。

南至于江，登熊、湘。

《封禅书》曰：南伐至于召陵，登熊山。

《地理志》曰：湘山在长沙益阳县。

州洛阳西，齐桓公登之以望江汉也。湘山，一名艑山，在岳州巴陵县南。①

北逐荤粥，合符釜山，而邑于涿鹿之阿。迁徙往来无常处。

《索隐》曰：荤粥，匈奴别名也。唐虞已上曰"山戎"，亦曰"熏粥"，汉曰"匈奴"。合符，合诸侯符契、圭瑞，而朝之于釜山，犹禹会诸侯于涂山然也。又按：郭子横《洞冥记》称东方朔云"东海大明之墟有釜山，山出瑞云，应王者之符命"，如尧时有赤云之祥。盖黄帝黄云之瑞，故曰"合符应于釜山"也。

《括地志》云：釜山，在妫州怀戎县北。

以师兵为营卫。官名皆以云命，为云师。

应劭曰：黄帝受命有云瑞，故以云纪事也。春官为青云，夏官为缙云，秋官为白云，冬官为黑云，中官为黄云。

置左右大监，监于万国。万国和，而鬼神山川封禅与为多焉。上监，去声。下监，平声。若周邵分陕也。与，犹许也。推许以为多。多，犹大也。

获宝鼎，迎日推策。策，数也。迎数之也。日月朔望，未来而推之，故曰迎日。

《索隐》曰：《封禅书》曰，"黄帝得宝鼎神策下云'于是推策迎日'，则

---

① 此句为张守节《正义》引《括地志》语。

神策者，神蓍也。黄帝得蓍以推算历数，于是逆知节气日辰之将来，故曰推策迎日也"。

举风后、力牧、常先、大鸿以治民。风后，黄帝三公。力牧，黄帝相也。
《正义》曰：《帝王世纪》云，"黄帝梦大风吹天之尘垢皆去，又梦人执千钧之弩，驱羊万群。帝寤而叹曰：'风为号令，执政者也。垢去，土后在也。天下岂有姓风名后者哉？夫千钧之弩，异力者也。驱羊数万，能牧民为善者也。天下岂有姓力名牧者哉？'于是依二占而求之，得风后于海隅，登以为相。得力牧于大泽，进以为将。黄帝因著《占梦经》十一卷"。《艺文志》云："《风后兵法》十三篇，图三卷，《孤虚》二十卷，《力牧兵法》十五篇。"

顺天地之纪，幽明之占。死生之说，存亡之难。去声。
《索隐》曰：存亡犹安危也。《易》曰"危者安其位，亡者保其存"是也。难，犹说也。凡事是非未尽，假以往来之词，则曰难。又上文有"死生之说"，故此云"存亡之难"，所以韩非著书有《说林》《说难》也。

时播百谷草木，
《正义》曰：言顺四时所宜而布之也。

淳化鸟兽虫蛾，蛾，牛绮反。一作"豸"，直氏反。《尔雅》曰："有足曰虫，无足曰豸。"又蚁，通蚍蜉也。
《索隐》曰：言淳化广彼及之。

旁罗日月星辰水波土石金玉。旁，非一方。罗，广布也。一作"历离"，离，即罗也。
《索隐》曰：谓日月扬光，海水不波，山不藏珍，皆是帝德广被也。

劳勤心力耳目，节用水火材物。水，陂障决泄；火，山野禁放；材、木，物事也。
《正义》曰：言黄帝教民，江湖陂泽、山林原隰，皆收采禁捕以时，用之有节，令得其利也。

有土德之瑞，故号黄帝。

《索隐》曰：炎帝火，黄帝土代之。即"黄龙地螾见"是也。螾，土精，大五六围，长十余丈。螾，音引，"蚓"同。

黄帝二十五子，其得姓者十四人。

《索隐》曰：旧解破四为三，言得姓十三人耳。今按：《国语》胥臣云"黄帝之子二十五，宗其得姓者十四人，为十二姓：姬、酉、祁、己、滕、葴、任、荀、僖、姞、儇、依是也。唯青阳与夷鼓同己姓"。又云"青阳与苍林"。盖国语文误，所以致令前儒共疑其姬姓。青阳当为玄嚣，是帝喾祖本与黄帝同姬姓。其《国语》上文青阳，即是少昊金天氏为己姓者耳。既理在不疑，无烦破四为三。

黄帝居轩辕之丘，而娶于西陵之女，是为嫘祖。嫘祖为黄帝正妃，生二子，其后皆有天下。西陵，国名。

《索隐》曰：按，黄帝立四妃，象后妃四星。皇甫谧云："元妃西陵氏女，曰嫘祖，生昌意；次妃方雷氏女，曰女节，生青阳；次妃彤鱼氏女，生夷鼓，一名苍林；次妃嫫母，班在三人之下。"按：《国语》夷鼓、苍林是二人。又按《汉书·古今人表》彤鱼氏生夷鼓，嫫母生苍林，不得如谧所说。

其一曰玄嚣，是为青阳，青阳降居江水；

《索隐》曰：玄嚣，帝喾之祖。按：皇甫谧及宋衷皆云玄嚣、青阳即少昊也。今此纪下云"玄嚣不得在帝位"，则太史公意青阳非少昊明矣。而此又云"玄嚣是为青阳"，当是误也。谓二人皆黄帝子，并列其名。所以前史因误以玄嚣、青阳为一人耳。宋衷又云："玄嚣青阳是为少昊，继黄帝立者，而史不叙，盖少昊金德王，非五运之次，故叙五帝不数之也。"

《括地志》云：安阳故城在豫州，新恩县西南八十里。应劭云：古江国也。

其二曰昌意，降居若水。降，下也。

《索隐》曰：言帝子为诸侯，降居江水。江水、若水皆在蜀，即所封国也。《水经》曰，"水出旄牛徼外，东南至故关为若水，南过邛都，又东北至朱提县为泸江水"，是蜀有此二水也。

书

孔颖达曰：古者伏牺氏之王天下也，始画八卦，造书契以代结绳之政，由是文籍生焉。伏牺、神农、黄帝之书谓之《三坟》，言大道也。少昊、颛顼、高辛、唐、虞之书，谓之《五典》，言常道也。至于夏商周之书，虽设教不伦，雅诰奥义，其归一揆①，是故历代宝之，以为大训。八卦之说，谓之《八索》，求其义也。九州之志，谓之《九丘》。丘，聚也，言九州所有，土地所生，风气所宜，皆聚此书也。《春秋左氏传》曰，楚左史倚相能读《三坟》《五典》《八索》《九丘》，即谓上世帝王遗书也。②

《吕刑》③曰：王曰，"若古有训，蚩尤惟始作乱，延及于平民，罔不寇贼，鸱义奸宄④，夺攘矫虔⑤。苗民弗用灵⑥，制以刑，惟作五虐之刑曰'法'，杀戮无辜，爰始淫为劓、刖、椓、黥⑦。越兹丽刑并制，罔差有辞。民兴胥渐，泯泯棼棼，罔中于信，以覆诅盟。虐威庶戮，方告无辜于上。上帝监民，罔有馨香德刑，发闻惟腥⑧。皇帝哀矜庶戮之不辜，报虐以威，遏绝苗民，无世在下"。

《疏》云：炎帝之末，九黎之国，君号蚩尤。至高辛氏末，三苗之国君习蚩尤之恶，以峻法治民，民不堪命，则蚩尤是炎帝之末诸侯君之称。而《汉书音义》引《孔子三朝记》云，"蚩尤，庶人之贪者"。诸说不同，未知蚩尤是何等人也。《楚语》曰，"少昊之衰也，九黎乱德，颛顼受之，使复旧常"，则九黎在少昊之末，非蚩尤也。韦昭云，"九黎氏九人，蚩尤之徒也"，《史记》云，"蚩尤为黄帝所灭，似犹有种类尚在，至少昊之世，更复作

---

① 一揆，谓同一道理，一个模样。
② 本段源自孔安国《尚书序》，非孔颖达语。
③ 《吕刑》为《尚书》中的篇名，收载周穆王时有关刑法的文书，因由吕侯主持修订，故名。
④ 鸱义（chī yì），指丧失天良的行为。奸宄，统指坏人。
⑤ 矫虔，诈称上命强夺他人财物，泛指敲诈掠夺。
⑥ 灵，引申为政令。
⑦ 劓（yì），古代割掉鼻子的一种酷刑；刖（yuè），古代砍脚的一种酷刑；椓（zhuó），古代的宫刑；黥（qíng），古代在人脸上刺字并涂墨之刑。
⑧ 没有芬芳的德政，刑法所发散的只有腥气。

乱",则九黎是效蚩尤为恶者,非九黎即蚩尤也,其后三苗亦蚩尤之子孙云。

礼 记

孔颖达曰:《史记》云,"黄帝与蚩尤战于涿鹿,则有军礼也"。《易》系辞"黄帝九事"章云,"古者葬诸中野,则有凶礼也"。又《论语撰考》云,"轩知地利,九牧倡教"。既有九州之牧,当有朝聘,是宾礼也。若然,自伏牺以后至黄帝,吉、凶、宾、军、嘉①,五礼始具。皇氏云,"礼有三起:礼理起于太一,礼事起于遂皇,礼名起于黄帝"。其"礼理起于太一",其义通也,其"礼事起于遂皇,礼名起于黄帝"其义乖也。

《月令》曰:中央土,其日戊己,其帝黄帝。
《疏》云:此黄精之君,自古以来,著德立功者也。

《乐记》曰:《咸池》②备矣。
《疏》云:黄帝所作乐名,"周礼""大咸"是也。

又曰:武王克殷反商,未及下车,而封黄帝之后于蓟,封帝尧之后于祝,封帝舜之后于陈。

《祭法》曰:有虞之氏禘③黄帝而郊喾,祖颛顼而宗尧;夏后氏亦禘黄帝而郊鲧,祖颛顼而宗禹;殷人禘喾而郊冥,祖契而宗汤;周人禘喾而郊稷,祖文王而宗武王。

又云:夫圣王之制,祭祀也。法施于民则祀之,以死勤事则祀之,以劳定国则祀之,能御大菑④则祀之,能捍大患则祀之。是故厉山氏之有天下

---

① "吉、凶、宾、军、嘉"为古之五种礼仪,对服制、道具、仪式、过程都有严格的规定。其中以吉礼事邦国之鬼神祇,以凶礼哀邦国之忧,以宾礼亲邦国,以军礼同邦国,以嘉礼亲万民。
② 咸池,古乐舞名,相传为黄帝所作,尧增修而用之。
③ 禘,古代天子或诸侯在宗庙里对祖先的一种盛大祭祀。
④ 大菑,大灾。

也，其子曰农，能殖百谷；夏之衰也，周弃继之，故祀以为稷；共工氏之霸九州也，其子曰后土，能平九州，故祀以为社。帝喾能序星辰以著众，尧能赏均刑法以义终，舜勤众事而野死，鲧鄣鸿水而殛①死，禹能修鲧之功。黄帝正名百物以明民共财，颛顼能修之。契为司徒而民成，冥勤其官而水死，汤以宽治民而除其虐，文王以文治，武王以武功去民之菑。此皆有功烈于民者也。及夫日月星辰，民所瞻仰也。山林川谷丘陵，民所取财用，非此族也，不在祀典。

周　礼

唐贾公彦《正义·序》②曰：《易·通卦验》云，"天地成位，君臣道生。君有五期，辅有三名"，《注》云，"三名，公、卿、大夫"。又案《论语撰考》云，"黄帝受地形、象天文以制官。伏牺以前虽有三名，未必具立官位，至黄帝名位乃具"。

又云：案《左传》，"昭公十七年秋，郯子③来朝，公与之宴。昭子问焉，曰：'少皞氏鸟名官，何故也？'"杜氏《注》云，"少皞金天氏，黄帝之子，己姓之祖也"。"郯子曰，'吾祖也，我知之。昔者黄帝氏以云纪，故为云师而云名'"。《注》云，"黄帝轩辕氏，姬姓之祖也。黄帝受命有云瑞，故以云纪事。百官师长，皆以云为名号，缙云氏盖其一官也"。详载《左传·纪》中。

太卜掌三易之法，一曰连山，二曰归藏，三曰周易。其经卦皆八，其别皆六十有四。

《疏》云：连山、归藏之占，以不变者为正。归藏易以纯坤为首。坤为地，故万物莫不归而藏于中，必以三为首者，取三正三统之义。《律历志》云，"林钟为地统，未之冲丑，故为地正。殷以十二月为正，地统以坤为首"。

---

① 殛，杀死。指鲧因治理洪水大功未成而被杀。
② 贾公彦，生卒不详，洺州永年（今河北邯郸市永年区）人。唐代著名经学家。《正义序》即《周礼正义序》。
③ 郯子，己姓，少昊后裔，春秋时期郯国（今山东省临沂市郯城县）国君。

黄海

HUANG HAI

大戴礼 _{汉九江太守戴德传。}

山史笺云：《汉书·儒林传》载，戴圣，字次君，尝为信都太傅。而《大戴礼》乃题九江太守德，或以为讹谬。考宋韩元吉《序》云，"汉儒所记，礼书凡二百四篇，戴德删之为八十五篇，谓之《大戴礼》。戴圣又删德之书为四十九篇，谓之《小戴礼》，今立之学官者是也"。余征黄帝书得四篇焉。一曰《五帝德》，一曰《帝系》，一曰《武王践阼》①，一曰《虞戴德》。《践阼》编在前，简为武王受丹，书其铭，固取法黄帝者也，故次之。而《虞戴德》则孔子对哀公者也，非敢紊序，观者鉴焉。

宰我②问于孔子曰："昔者予闻诸荣伊令［言］黄帝三百年，请问黄帝者，人耶？抑非人也？何以至于三百年乎？"

孔子曰："予！禹、汤、文、武、成王、周公，可胜观耶？夫黄帝尚矣，女何以为？先生难言之。"

宰我曰："上世之传，隐微之说，卒业之辨，暗（昏）③忽之意，非君子之道也，则予之问也固矣。"

孔子曰："黄帝，少典之子也，曰轩辕。生而神灵，弱而能言，幼而慧齐，长而敦敏，成而聪明。治五气，设五量，抚万民，度四方，教熊、罴、貔、虎、豹，以与赤帝战于版［阪］泉之野。三战，然后得行其志。黄帝黼黻衣④，大带，黼裳⑤，乘龙扆云，以顺天地之纪，幽明之故，死生之说，存亡之难。时播百谷草木，故教化淳鸟兽昆虫，历离日月星辰，极畋土石金玉，劳心力耳目，节用水火材物。生而民得其利百年，死而民畏其神百年，亡而民用其教百年，故曰'三百年'。"

宰我请问帝颛顼。

孔子曰："五帝用记，三王用度，女欲一日辨闻古昔之说，躁哉予也。"

---

① 《武王践阼》是《大戴礼记》中的一篇文章，记述的是周武王刚登基时，向姜太公询问治国之道的故事。
② 宰我，即宰予，字子我，又名予我。春秋齐国人，孔子弟子，擅言辞，为孔子门下十哲之一。
③ 四库本《大戴礼》此句下有注："案，'暗'下各本衍'昏'字，今从方本。"从之。
④ 黼黻，泛指礼服上所绣的华美花纹。
⑤ 绣有黑白斧形的下裳，泛指王的祭服。

宰我曰："昔者予也闻诸夫子曰，'小子无有宿问'。"

孔子曰："颛顼，黄帝之孙，昌意之子也，曰高阳。洪渊以有谋，疏通而知事，养材以任地，履时以象天，依鬼神以制义，治气以教民，絜诚以祭祀。乘龙而至四海，北至于幽陵，南至于交趾，西济于流沙，东至于蟠木。动静之物，大小之神，日月所照，莫不祗励。"

宰我曰："请问帝喾。"

孔子曰："玄嚣之孙，蟜极之子也，曰高辛。生而神灵，自言其名。博施利物，不于其身。聪以知远，明以察微。顺天之义，知民之急。仁而威，惠而信，修身而天下服。取地之财而节用之，抚教万民而利诲之，历日月而迎送之，明鬼神而敬事之。其色郁郁，其德嶷嶷。其动也时，其服也士。春夏乘龙，秋冬乘马，黄黼黻衣，执中而获天下，日月所照，风雨所至，莫不从顺。"

宰我曰："请问帝尧。"

孔子曰："高辛之子也，曰放勋。其仁如天，其知如神，就之如日，望之如云。富而不骄，贵而不豫。黄黼黻衣，丹车白马，伯夷主礼，龙、夔教舞，举舜、彭祖而任之，四时先民治之。流共工于幽州，以变北狄；放驩兜于崇山，以变南蛮；杀三苗于三危，以变西戎；殛鲧于羽山，以变东夷。其言不贰，其德不回，四海之内，舟舆所至，莫不说夷。"

宰我曰："请问帝舜。"

孔子曰："蟜牛之孙，瞽叟之子也，曰重华。好学孝友，闻于四海，陶家事亲，宽裕温良，教敦而知时，畏天而爱民，恤远而亲亲。承受大命，依于倪皇。睿明通知，为天下王。使禹敷土，主名山川，以利于民；使后稷播种，务勤嘉谷，以作饮食；羲和掌历，敬授民时；使益行火，以辟山莱；伯夷主礼，以节天下；夔作乐，以歌籥舞，和以钟鼓；皋陶作士，忠信疏通，知民之情；契作司徒，教民孝友，敬政率经。其言不惑，其德不慝①，举贤而天下平。南抚交趾、大—作放。教、鲜支、渠搜、氐羌，北山戎、发、息慎、东长、鸟夷羽民。舜之少也，恶悴劳苦，二十以孝闻乎天下，三十在位，嗣帝所，五十乃死，葬于苍梧之野。"

宰我曰："请问禹。"

---

① 慝（tè），奸邪，邪恶。

孔子曰："高阳之孙，鲧之子也，曰文命。敏给克济，其德不回，其仁可亲，其言可信；声为律，身为度，称以上士；亹亹穆穆，为纲为纪。巡九州，通九道，陂九泽，度九山。为神主，为民父母，左准绳，右规矩，履四时，据四海，平九州，戴九天，明耳目，治天下。举皋陶与益以赞其身，举干戈以征不享不道无德—作道。之民。四海之内，舟车所至，莫不宾服。"

孔子曰："予！大者如说，民说至矣。予也，非其人也。"

宰我曰："予也不足诚也，敬承命矣。"

他日，宰我以语人。有为道诸夫子之所，孔子曰："吾欲以颜色取人，于灭明邪改之。吾欲以语言取人，于予邪改之。吾欲以容貌取人，于师邪改之。"宰我闻之，惧，不敢见。

山史笺云：自颛顼以下四帝一王，皆黄帝裔，故并纪之。下篇《帝系》，系此者也，合而观之，始能通其义。

少典产轩辕，是为黄帝。

黄帝产玄嚣，玄嚣产蟜极，蟜极产高辛，是为帝喾。帝喾产放勋，是为帝尧。

黄帝产昌意，昌意产高阳，是为帝颛顼。颛顼产穷蝉，穷蝉产敬康，敬康产句芒，句芒产蟜牛，蟜牛产瞽叟，瞽叟产重华，是为帝舜。及象产敖。颛顼产鲧，鲧产文命，是为禹。

黄帝居轩辕之丘，娶于西陵氏之子，谓之嫘祖氏，产青阳及昌意。青阳降居泜水，昌意降居若水。昌意娶于蜀山氏，蜀山氏之子谓之昌濮氏，产颛顼。颛顼娶于滕氏，滕氏奔之子，谓之女禄氏，产老童。老童娶于竭水氏，竭水氏之子谓之高𬊤①—作网。氏，产重黎及吴回。

吴回氏产陆终，陆终氏娶于鬼方氏，鬼方氏之妹谓之女隤氏，产六子，孕而不粥②，三年，启其左胁，六人出焉。其一曰樊，是为昆吾；其二曰惠连，是为参胡；其三曰籛，是为彭祖；其四曰莱言，是为云郐人；其五曰安，是为曹姓；其六曰季连，是为芈姓。季连产付祖氏，产内［穴］熊③。九

---

① 高𬊤（gāo guā），古氏族名。
② 粥，通"育"，生养。
③ 四库本《大戴礼》有注，"案，'穴'，各本讹作'内'，今据《史记》及《路史注引》'附祖产穴熊'订正，从之。

世至于渠。娄鲧出自熊渠，有子三人：其孟之名为无康，为句亶王；其仲之名为红，为鄂王；其季之名为疵，为戚章王。

昆吾者，卫氏也。参胡者，韩氏也。彭祖者，彭氏也。云邻人者，郑氏也。曹姓者，邾氏也。季连者，楚氏也。

帝喾卜其四妃，营①之子而皆有天下。上妃有邰氏之女也，曰姜嫄氏，产后稷；次妃有娀氏之女也，曰简狄氏，产契；一作"弃"。次妃曰陈隆氏，产帝尧；次妃曰陬訾氏，产帝挚。

帝尧娶于散宜氏之子，谓之女皇氏；帝舜娶于帝尧之子，谓之女匽氏；鲧娶于有莘氏之子，谓之女志氏，产文命；禹娶于塗山氏之子，谓之女憍氏，产启。

武王践阼②，三日，既王之后。召士大夫而问焉，曰："恶有藏之约、行之行，万世可以为子孙常者乎？"恶于何也？于何有约，言而行之，乃行万世而犹得其福。诸大夫对曰："未得闻也。"

然后召师尚父而问焉，曰："黄帝、颛顼之道存乎意，亦忽不可得见与？"师尚父曰："在丹书。王欲闻之，则齐矣。"三日，王端冕，师尚父亦端冕。奉书而入，负屏而立。端，正也。树谓之屏。王下堂，南面而立。师尚父曰："先王之道，不北面。"王行西，折而南，东面而立。

师尚父西面道书之言，曰："'敬胜怠者吉，怠胜敬者灭，义胜欲者从，欲胜义者凶。凡事不强则枉，言凡事不能自强去执，于此则枉也。弗敬则不正。枉者灭废，敬者万世。'藏之约，行之行，可以为子孙常者，此言之谓也！问先帝之道，庶开要约之旨。且臣闻之：以仁得之，以仁守之，其量百世；以不仁得之，以仁守之，其量十世；皆谓创基之君子，百世为子孙，无咎誉者，于十世之外，天命即善与民，其废立大节依于此。以不仁得之，以不仁守之，必及其世。"谓止于其身。

王闻书之言，惕一作畅。若恐惧，退而为戒书。托于物以自警戒也。于席之四端为铭焉，于机为铭焉，于鉴为铭焉，于盥盘为铭焉，于楹为铭焉，于杖为铭焉，于带为铭焉，于履屦③为铭焉，于觞豆为铭焉，于户为铭焉，于牖为铭

---

① 四库本《大戴礼》无"营"字，疑衍。
② 古代庙寝堂前两阶，主阶在东，称阼阶。践阼即走上阼阶主位，意为即位、登基。
③ 履屦（lǚ jù），粗鞋。

焉，于剑为铭焉，于弓为铭焉，于矛为铭焉。席前左端之铭曰："安乐必敬。"安不忘危。前右端之铭曰："无行可悔。"以怀安为悔。后左端之铭曰："一反一侧，亦不可以忘。"谓忘道。后右端之铭曰："所监不远，视迩所代。"机之铭曰："皇皇惟敬，口生诟，诟，耻也，又诟，詈也。口戕口。"言口能害口也。机者，人君出令所依，故以言语为戒也。鉴之铭曰："见尔前，虑尔后。"盥盘之铭曰："与其溺于人也，宁溺于渊。溺于渊犹可游也，溺于人不可救也。"日知所亡，学者之功，溺于民庶，大人之祸。故或以自新取戒，或以游溺为鉴也。楹之铭曰："毋曰胡残，其祸将然；毋曰胡害，其祸将大；毋曰胡伤，其祸将长。"为室者慎其楹，君天下者难其相。杖之铭曰："恶乎危？于忿懥。忿者危之道，怒甲及乙，又危之甚。杖危，故以危戒也。恶乎失道？于嗜欲。杖依导而行也。恶乎相忘？于富贵。"言身杖相资也。相，去声读。忘者，嗜欲安乐之戒也。带之铭曰："火灭修容，慎戒必恭，恭则寿。"惟夜解息，其容不可已也。带于寝先释，因言之。屦履之铭曰："慎之劳，劳则富。"行慎恭劳，躬劳终福。论慎屦，亦财不费也。履在下，尤劳辱，因为此戒。觞豆之铭曰："食自杖，食自杖，戒之憍，憍则逃。"无求醉饱，自杖而已。户之铭曰："夫名，难得而易失。无勤弗志，而曰我知之乎？无勤弗及，而曰我杖之乎？志，识也。杖立不能惩其骛怠，而自谓杖成，功无可就，故终失其名也。扰阻以泥之，若风将至，必先摇摇。摇摇，无所托。言有风则先困。虽有圣人不能为谋也。"谕人行谕亦然。牖之铭曰："随天时、地之财①，敬祀皇天，敬以先时。"先祭时而散斋。剑之铭曰："带之以为服，动必行德，行德则兴，倍德则崩。"以谓诛也。弓之铭曰："屈伸之义，废兴之行，无忘自过。"言得时也。矛之铭曰："造矛造矛，少间弗忍，终身之羞。"专言造矛，言造矛之不易也。君子于杀之中礼恕存焉。矛②一人所闻，以戒后世子孙。"贻厥孙谋，以燕翼子"③，武王之诗也。

公曰："昔有虞戴德何以？深虑何及？高举安取？"

子曰："君以闻之，唯丘无以更也。君之闻如未成也，黄帝慕修一作循之。"曰："明法于天明，开④施教于民，行此，以上明于天化也，物必起，是

---

① 四库本《大戴礼》为"随天之时，以地之财"，《黄海》本疑漏"之""以"二字。
② 四库本《大戴礼》作"予"。
③ "贻"，留下。孙，同"逊"，顺。燕，安定。翼，帮助。子，指周武王之子成王。留下安民的好谋略，以帮助后代安定王业。
④ 四库本《大戴礼》言此"开"字为衍字。

故民命而弗改也。"

公曰:"善哉! 以天教于民,可以班乎?"

子曰:"可哉! 虽可而弗由,此以上知所以行斧钺也。父之于子,天也;君之于臣,天也。有子不事父,有臣不事君,是非反天而到行邪? 故有子不事父,不顺;有臣不事君,必刃。顺天作刑,地生庶物。是故圣人之教于民也,率天如祖地,能用民德,是以高举不过天,深虑不过地,质知而好仁,能用民力。此以三常之礼明,而名不蹇。礼失则坏,名失则愍［惛］是故上古不讳,正天名也。天子之官四通,正地事也;天子御班①,诸侯御荼,大夫服笏,正民德也。敛此三者而一举之,戴天履地,以顺民事。天子告朔于诸侯,率天道而敬行之,以示威于天下也。诸侯内贡于天子,率名敩②地实也。是以不至必诛。诸侯相见,卿为分［介］,以其教士毕行,使仁守,会朝于天子。天子以岁二月为坛于东郊,建五色,设五兵,具五味,陈六律,品奏五声,听明教。置离,抗大侯,规鹄,坚物。九卿佐三公,三公佐天子。天子践位,诸侯各以其属就位,乃升诸侯、诸侯之教士。教士执弓挟矢,揖让而升,履物以射其地,心端色容正,时以敦伎。时有庆以地,不时有让以地。天下之有道也,有天子存;国之有道也,君得其正;家之不乱也,有仁父存。是故圣人之教于民也,以其近而见者,稽其远而明者。天事曰明,地事曰昌,人事曰比,两以庆。违此三者,谓之愚民。愚民曰奸,奸必诛。是以天下平而国家治,民亦无贷,居小不约,居大则治,众则集,寡则缪,祀则得福,以征则服,此唯官民之上德也。"

公曰:"三代之相授,必更制典物,道乎?"

子曰:"否。猷德保。保惛乎前,以小继大,变民示也。"

公曰:"善哉! 子之察教我也。"

子曰:"丘于君唯无言,言必尽,于他人则否。"

公曰:"教他人则如何?"

子曰:"否。丘则不能。昔商老彭及仲傀,政之教大夫,官之教士,技之教庶人,扬则抑,抑则扬,缀以德行,不任以言。庶人以言,犹以夏后氏之衬怀抱［袍］褐也,行不越境。"

---

① 御,凡天子所止曰御,此处为使用、应用之意。班,帝王所持的玉笏。
② 敩(xiào),四库本《大戴礼》注,"'敩''效'古通用"。

公曰:"善哉!我则问政,子事教我。"

子曰:"君问已参黄帝之制,制之大礼也。"

公曰:"先圣之道斯为美乎?"

子曰:"斯为美。虽有美者,必偏。属于斯,昭天之福,迎之以祥;作地之福,制之以昌;兴民之德,守之以长。"

公曰:"善哉!"

春秋左氏传

秦伯①师于河上,将纳王②。狐偃③言于晋侯曰:"求诸侯莫如勤王。诸侯信之,且大义也,继文之业而宣信于诸侯,今为可矣。"使卜偃卜之,曰:"吉。遇黄帝战于阪泉之兆。"公曰:"吾不堪也。"对曰:"周礼未改,今之王,古之帝也。"僖公二十五年。

杜氏注云:黄帝与神农之后姜氏战于阪泉之野,胜之,今得其兆,故以为吉。

孔疏:《晋语》云:"昔少典娶于有蟜氏,生黄帝、炎帝。黄帝为姬,炎帝为姜。二帝用师以相济也。"韦昭注云:"'济'当为'挤',挤,灭也。"《史记》称黄帝伐炎帝之后于阪泉之野,炎帝即神农也。黄帝将战,卜得吉兆。今卜,复得彼兆,故为吉也。

秋,郯子来朝,公与之宴。昭子问焉,曰:"少皞氏鸟名官,何故也?"郯子曰:"吾祖也,我知之。昔者黄帝氏以云纪,故为云师而云名;炎帝氏以火纪,故为火师而火名;共工氏以水纪,故为水师而水名;大皞氏以龙纪,故为龙师而龙名。我高祖少皞挚④之立也,凤鸟适至,故纪于鸟,为鸟师而鸟名。凤鸟氏,历正⑤也;玄鸟氏,司分者也;伯赵⑥氏,司至者也;青鸟

---

① 秦伯,指秦穆公。
② 王,指周襄王。
③ 狐偃(约前715—前629),姬姓,狐氏,字子犯,是晋文公的舅舅,晋国重臣。
④ 少皞,亦作少昊,古代东夷集团的首领,名挚,号金天氏。
⑤ 历正,主治历数,正天时之官。
⑥ 伯劳,指伯劳鸟。

氏，司启者也；丹鸟氏，司闭者也；祝鸠氏，司徒也；雎鸠氏，司马也；鸤鸠氏，司空也；爽鸠氏，司寇也；鹘鸠氏，司事也。五鸠，鸠民者也。五雉为五工正，利器用，正度量，夷民者也。九扈为九农正，扈①民无淫者也。自颛顼以来，不能纪远，乃纪于近。为民师而命以民事，则不能故也。"

仲尼闻之，见于郯子而学之。既而告人曰："吾闻之：'天子失官，学在四夷。'犹信。"昭公十七年。

杜氏注云：少皞，金天氏，黄帝之子，己姓之祖也。黄帝，轩辕氏，姬姓之祖也。黄帝受命有云瑞，故以云纪事，百官师长皆以云为名，号"缙云氏"，盖其一官也。

孔疏：《帝系》云，"黄帝生玄嚣"。《史记》云："黄帝正妃生二子，其后皆有天下：其一曰玄嚣，是为青阳，降居江水。"言降居江水，谓不为帝也。此《传》言其以鸟名官，则是为帝明矣，故《世本》及《春秋纬》皆言青阳即是少皞，黄帝之子，代黄帝而有天下，号曰"金天氏"。少皞氏，身号。金天氏，代号也。《晋语》称青阳与黄帝同德，故为姬姓。黄帝之子十四人，为十二姓，其十二有姬，有己。青阳既为姬姓，则己姓非青阳之后。而《世本》"己姓出自少皞，非青阳也"，事远书亡，不可委悉耳。

《史记》又云："黄帝者，少典之子，名曰轩辕。为天子，代神农氏，是为黄帝。"《晋语》云："黄帝以姬水成。"为姬姓，是姬姓之祖也。以少皞之立有凤鸟之瑞，而以鸟纪事。黄帝以云纪事，明其初受天命，有云瑞也。云之为瑞，未能审也。《史记·天官书》曰："若烟非烟，若云非云，郁郁纷纷，萧索轮囷，是谓卿云。"或作庆云，或作景云。《孝经援神契》曰："德至山陵则景云出。"服虔②云："黄帝受命，得景云之瑞，故以云纪事。"黄帝云瑞或当是景云也。百官师长皆以云为名号，即是以云纪纲诸事也。云为官名，更无所出，唯文（公）十八年《传》③云"缙云氏有不才子"，疑是黄帝时官，故云"缙云氏，盖其一官也"。

服虔云："黄帝以云名官，盖春官为青云氏，夏官为缙云氏，秋官为白云氏，冬官为黑云氏，中官为黄云氏。"缙为赤色，故夏官为缙云。

---

① 扈，止也。
② 服虔，东汉经学家。字子慎，初名重，后更名虔，河南荥阳人。虔少有雅才，善文论，其经学尤为当世推重，著有《春秋左氏解谊》等。
③ 《传》，即《左传》。

《中候·握河纪》云："尧即政七十年，凤凰止庭。伯禹①拜曰：'昔帝轩提象②，凤巢阿阁。'"《白虎通》云："黄帝时，凤凰蔽日而至，止于东园，终身不去。"诸书皆言君有圣德，凤凰乃来，是凤凰知天时也。历正主治历数，正天时之官，故名其官为凤鸟氏也。

国　语

《周语》曰：乐及遍舞。韦氏解云：遍舞，六代之乐也，谓黄帝曰云门，尧曰咸池，舜曰大㲈，禹曰大夏，殷曰大濩，周曰大武。一曰"诸大夫遍舞也"。

鲁展禽③曰：夫圣王之制祀也，法施于民则祀之，以死勤事则祀之，以劳定国则祀之，能御大灾则祀之，能捍大患则祀之。非是族也，不在祀典。昔烈山氏之有天下也，其子曰柱，能殖百谷百蔬。夏之兴也，周弃继之，故祀以为稷。共工氏之伯九有也，其子曰后土，能平九土，故祀以为社。黄帝能成命百物，以明民共财，颛顼能修之，帝喾能序三辰以固民，尧能单均刑法以仪民，舜勤民事而野死，鲧鄣洪水而殛死，禹能以德修鲧之功，契为司徒而民辑，冥勤其官而水死，汤以宽治民而除其邪，稷勤百谷而山死，文王以文昭，武王去民之秽。故有虞氏禘黄帝而祖颛顼，郊尧而宗舜。夏后氏禘黄帝而祖颛顼，郊鲧而宗禹。商人禘舜而祖契，郊冥而宗汤；周人禘喾而郊稷，祖文王而宗武王。幕，能帅颛顼者也，有虞氏报焉。杼，能帅禹者也，夏后氏报焉。上甲微，能帅契者也，商人报焉。高圉、大王，能帅稷者也，周人报焉。凡禘、郊、宗、祖、报，此五者，国之典祀也。

晋司空季子④曰：同姓为兄弟。黄帝之子二十五人，其同姓者二人而已，唯青阳与夷鼓皆为己姓。青阳，方雷氏之甥也；夷鼓，彤鱼氏之甥也。其同生而异姓者，四母之子，别为十二姓。凡黄帝之子二十五宗，其得姓者

---

① 伯，即夏禹。禹代鲧为崇伯，入为天子司空，以其伯爵，故称伯禹。
② 提象，本指人君观天象而立法治国，引申指即帝位。
③ 鲁展禽，名获，字季，春秋时鲁国一位德高望重的大臣。此段源自《国语·鲁语·展禽论祭爰居非政之宜》。
④ 季子，即胥臣（前697—前622），春秋时晋国政治家、教育家。因封地于臼（今山西运城），曾任司空，所以又称臼季、司空季子。此一段源自《国语·晋语·重耳婚媾怀嬴》。

十四人,为十二姓,姬、酉、祁、己、滕、葴、任、荀、僖、姞、儇、依是也。唯青阳与仓林氏同于黄帝,故皆为姬姓。同德之难也如是。昔少典取于有蟜氏,生黄帝、炎帝。黄帝以姬水成,炎帝以姜水成。成而异德,故黄帝为姬,炎帝为姜,二帝用师以相济也,异德之故也。贾侍中云:"少典,黄帝、炎帝之先。有蟜,诸侯也。炎帝,神农也。"虞、唐云:"少典,黄帝、炎帝之父。"昭谓:神农,三皇也,在黄帝前。黄帝灭炎帝,灭其子孙耳,明非神农可知也。言生者,谓二帝本所生出也。《内传》,高阳、高辛氏各有才子八人,谓其裔子耳。贾君得之。济当为"挤",灭也。

孔子家语_{语出记者,多断章,不具载。}

《祖庭广记》①云:孔子适周,周大夫苌弘语刘文公曰:"吾观孔仲尼有圣人之表,河目而龙颡,黄帝之形貌也。修肱而龟背,长九尺六寸,成汤之容体也。言称先王,躬履谦让,洽闻强记,博物不穷,抑非圣人之兴者乎?"

《辨物》章曰:剡子朝鲁,鲁人问曰:"少昊氏以鸟名官,何也?"对曰:"吾祖也,我知之。昔黄帝以云纪官,故为云师而云名。炎帝以火,共工以水,太昊以龙,其义一也。我高祖少昊挚之立也,凤鸟适至,是以纪之于鸟,故为鸟师而官名。自颛顼氏以来,不能纪远,乃纪于近,为民师而命以民事,则不能故也。"孔子闻之,遂见剡子而学焉。

《五帝德》章曰:宰我问黄帝,孔子曰:"黄帝生而神灵,弱而能言,哲睿齐庄,敦敏诚信。长聪明,治五气,设五量,抚万民,度四方。服牛乘马,扰驯猛兽,以与炎帝战于阪泉之野,三战而后克之。始垂衣裳,作为黼黻。治民,以顺天地之纪,知幽明之故,达死生存亡之说。播时百谷,尝味草木,仁厚及于鸟兽昆虫。考日月星辰,劳耳目,勤心力,用水火财物以生民。"

---

① 《祖庭广记》为孔子第四十七代孙孔传于宋宣和六年(1124)撰成的一本书。

战国策

《赵策》曰：虙牺[①]、神农教而不诛，黄帝、尧、舜诛而不怒[②]。

《秦策》曰：昔者神农伐补遂，黄帝伐涿鹿而禽蚩尤，尧伐通骊兜，舜伐三苗，禹伐共工，汤伐有夏，文王伐崇，武王伐纣，齐桓任战而霸天下，由此观之，恶有不战者乎？

《魏策》曰：黄帝战于涿鹿之野而西戎之兵不至，禹攻三苗而东夷之民不赴，以燕、齐伐秦，黄帝之所难也。

---

① 虙（fú），通"伏"。
② 怒，过分。

天都山史潘之恒景升定
憩石主人罗之鼎中实校

纪初一·之二

列　子[①]

《天瑞》篇曰：《黄帝书》曰，"谷神不死，是谓玄牝。玄牝之门，是谓天地之根。绵绵若存，用之不勤"。故生物者不生，化物者不化。自生自化，自形自色，自智自力，自消自息。谓之生化、形色、智力、消息者，非也。

子列子曰：昔者圣人因阴阳以统天地。夫有形者生于无形，则天地安从生？故曰：有太易，有太初，有太始，有太素。太易者，未见气也；太初者，气之始也；太始者，形之始也；太素者，质之始也。气形质具而未相离，故曰浑沦。浑沦者，言万物相浑沦而未相离也。视之不见，听之不闻，循之不得，故曰易也。易无形埒[②]，易变而为一，一变而为七，七变而为九。九变者，究也，乃复变而为一。一者，形变之始也。清轻者上为天，浊重者下为地，冲和气者为人。故天地含精，万物化生。

子列子曰：天地无全功，圣人无全能，万物无全用。故天职生覆，地职形载，圣职教化，物职所宜。然则天有所短，地有所长，圣有所否，物有所通。何则？生覆者不能形载，形载者不能教化，教化者不能违所宜，宜定者不出所位。故天地之道，非阴则阳；圣人之教，非仁则义；万物之宜，非柔则刚。此皆随所宜而不能出所位者也。故有生者，有生生者；有形者，有形形者；有声者，有声声者；有色者，有色色者；有味者，有味味者。生之所生者死矣，而生生者未尝终；形之所形者实矣，而形形者未尝有；声之所声者闻矣，而声声者未尝发；色之所色者彰矣，而色色者未尝显；味之所味者尝矣，而味味者未尝呈。皆无为之职也。能阴能阳，能柔能刚，能短能

[①] 列子，生卒不详，名御寇，战国时期郑国思想家，道家代表人物，主张虚静无为，独立处世，善于修身养性。相传《列子》一书为其所著。
[②] 埒（liè），场地四周的围墙，边界。

长，能圆能方，能生能死，能暑能凉，能浮能沉［没］，能宫能商，能出能沉［没］，能玄能黄，能甘能苦，能膻能香。无知也，无能也，而无不知也，而无不能也。

《黄帝书》曰："形动不生形而生影，声动不生声而生响，无动不生无而生有。"形，必终者也。天地终乎？与我偕终。终进乎？不知也。道终乎本无始，进乎本不久。有生则复于不生，有形则复于无形。不生者，非本不生者也；无形者，非本无形者也。生者，理之必终者也。终者不得不终，亦如生者之不得不生。而欲恒其生，尽①其终，惑于数也。精神者，天之分；骨骸者，地之分。属天清而散，属地浊而聚。精神离形，各归其真，故谓之鬼。鬼，归也，归其真宅。黄帝曰："精神入其门，骨骸反其根，我尚何存？"

人自生至终，大化有四：婴孩也，少壮也，老耄也，死亡也。其在婴孩，气专志一，和之至也，物不伤焉，德莫加焉；其在少壮，则血气飘溢，欲虑充起，物所攻焉，德故衰焉；其在老耄，则欲虑柔焉，体将休焉，物莫先焉。虽未及婴孩之全，方于少壮，间矣；其在死亡也，则之于息焉，反其极矣。

笺云：列子之道，得之黄帝者，故录其首篇，其义亦尽于此。

《黄帝》篇曰：黄帝即位十有五年，喜天下戴己，养正命，娱耳目，供鼻口，焦然肌色皯黣②，昏然五情爽惑。又十有五年，忧天下之不治，竭聪明，进智力，营百姓，焦然肌色皯黣，昏然五情爽惑。黄帝乃喟然赞曰："朕之过淫矣，养一己其患如此，治万物其患如此。"于是放万机，舍宫寝，去直侍，彻钟悬，减厨膳，退而闲居大庭之馆，斋心服形，三月不亲政事。

昼寝而梦，游于华胥氏之国。华胥氏之国在弇州之西，台州之北，不知斯去齐国几千万里，盖非舟车足力之所及，神游而已。其国无帅长，自然而已；其民无嗜欲，自然而已。不知乐生，不知恶死，故无夭殇；不知亲己，不知疏物，故无爱憎；不知背逆，不知向顺，故无利害。都无所爱

---

① 尽（盡），四库全书本《列子》作"画（畫）"，意为止、亡。
② 皯黣（gǎn měi），指皮肤黧黑。

惜，无所畏忌。入水不溺，入火不热，斫挞①无伤痛，指擿无痟痒②。乘空如履实，寝虚若处床。云雾不硋_{字同"碍"}其视，雷霆不乱其听，美恶不滑其心，山谷不踬其步，神行而已。

黄帝既寤，怡然自得，召天老、力牧、太山稽③告之曰："朕闲居三月，斋心服形，思有以养身治物之道，弗获其术，疲而睡，所梦若此。今知至道不可以情求矣。朕知之矣！朕得之矣！而不能以告若矣。"

又二十有八年，天下大治，几若华胥氏之国，而帝登假④，百姓号之。

黄帝与炎帝战于阪泉之野，帅熊、罴、狼、豹、貙、虎为前驱，雕、鹖⑤、鹰、鸢⑥为旗帜，此以力使禽兽者也。

《力命》篇曰：《黄帝之书》云，"至人居若死，动若械"，亦不知所以居，亦不知所以不居；亦不知所以动，亦不知所以不动。亦不以众人之观易其情貌，亦不谓众人之不观不易其情貌。独往独来，独出独入，孰能碍之？

笺云：非称引黄帝之言，如化人梦鹿。见《纪异》。

关尹子⑦

《五鉴》篇云：人之平日，目忽见非常之物者，皆精有所结而使之然。人之病日，目忽见非常之物者，皆心中所歉而使之然。苟知吾心能于无中示有，则知吾心能于有中示无。但不信之，自然不神。或曰："厥识既昏，孰能不信？"我应之曰："如捕蛇师，心不怖蛇，彼虽梦蛇，而无怖畏。"故黄帝曰："道无鬼神，独往独来。"

山史笺云：关尹，即周大夫喜，《庄子》所称博大真人也。其书九篇亲受之老子，老子本之黄帝，曰圣人者，皆师傅也，而标黄帝之言。惟《五鉴》一则，以有征而述焉，从纪例尔。

---

① 斫，砍。挞，打。意为鞭打。
② 擿（zhì），搔，挠。痟（xiāo），酸痛。
③ 天老、力牧、太山稽，相传此三人为黄帝辅佐。
④ 登假，同"登遐"，犹言"仙去"，古代帝王死亡的讳称。
⑤ 鹖（hé），一种像雉而善斗的鸟。
⑥ 鸢（yuān），通指老鹰，一种小型猛禽。
⑦ 关尹子，名喜，字公度，曾为关令，与老子同时。春秋末道家思想家。

黄 海
HUANG HAI

庄 子 _{郭象注，成玄英疏。}

《大宗师》^①云：黄帝得之以登云天，《疏》：黄帝，轩辕也，采首山之铜，铸鼎于荆山之下。鼎成，有龙垂于鼎以迎帝，帝遂将群臣及后宫七十二人，白日乘云驾龙，以登上天，仙化而去。颛顼得之以处玄宫，《疏》：颛顼，黄帝之孙，即帝高阳也，亦曰玄帝。年十二而冠，十五佐少昊，二十即位。采羽山之铜为鼎，能召四海之神，有灵异。年九十七崩，得道为北方之帝。玄者，北方之色，故处于玄宫也。禺强得之立乎北极。《疏》：禺强，水神名也，亦曰禺京。人面鸟身，乘龙而行，与颛顼并轩辕之胤也。虽复得道，不居帝位而为水神。水位北方，故位号北极也。

《胠箧》^②篇云：昔者容成氏^③、大庭氏、伯皇氏、中央氏、栗陆氏、骊畜氏、轩辕氏、赫胥氏、尊卢氏、祝融氏、伏羲氏、神农氏，当是时也，民结绳而用之。《疏》：《易》云，上古结绳而治，后世圣人易之以书契。

《在宥》^④篇云：昔者黄帝始以仁义撄^⑤人之心。夫黄帝非为仁义也，直与物冥则仁义之迹自见，迹自见则后世之心必自殉之，是亦黄帝之迹使物撄也。《疏》：黄帝因宜作则，慈爱养民，实异偏尚之仁，载非义，后代之主执之轨辙，苍生名之为圣，撄人之心自此始也。弊起后王，衅非黄帝。

黄帝立为天子十九年，令行天下，闻广成子在于空同之上，故往见之，《疏》：空同山在凉州北界，广成，即老子别号也。曰："我闻吾子达于至道，敢问至道之精。吾欲取天地之精，以佐五谷，以养民人。吾又欲官阴阳以遂群生，为之奈何？"广成子曰："而所欲问者，物之质也；问至道之精，可谓质也。《疏》：而，汝也。欲播植五谷，官府二仪。所问粗浅，不过形质，乖深玄之致，是抵诃也。而所欲官者，物之残也。不任其自尔而欲官之，故残也。《疏》：苟欲设官分职，引物从己，既乖造化，必致伤残。自而治天下，云气不待族而雨，草木不待黄而落，日月之光益以荒矣。而佞人之心翦翦者，又奚足以语至道！"《疏》：翦翦，狭劣貌。黄帝退，捐天下，筑特室，席白茅，闲居三月，复往邀之。广成子南首而卧，黄帝顺下风膝行而

---

① 《大宗师》为《庄子·内篇》中的一篇。"大宗师"意为最值得敬仰、尊崇的老师。
② 胠箧（qū qiè），意为打开箱子，后亦用为盗窃的代称。此为《庄子·外篇》中的一篇。
③ 曹础基、黄发兰《庄子注疏》（中华书局1986年版）作"容成氏"。
④ 在，自在；宥，宽容。即任物自在宽容，提倡自然，反对人为。
⑤ 撄，扰乱，缠绕。

进，再拜稽首而问曰："闻吾子达于至道，敢问，治身奈何而可以长久？"广成子蹶然而起，曰："善哉问乎！人皆自修而不治天下，则天下治矣，故善之也。《疏》：使人治物，物必攫烦；各各治身，天下清正。来！吾语汝至道。至道之精，窈窈冥冥；至道之极，昏昏默默。窈冥昏默，皆了无也。夫庄老之所以屡称无者，何哉？明生物者无物，而物自生耳。自生耳，非为生也，又何有为于己生乎？《疏》：至道精微，心灵不测，故寄窈冥深远，昏默玄绝。无视无听，抱神以静，形将自正。忘而自见①，忘听而自闻，则神不扰而形不邪也。必静必清，无劳汝形，无摇汝精，乃可以长生。任其自动，故闲静而不夭也。目无所见，耳无所闻，心无所知，汝神将守形，形乃长生。此皆率性而动，故长生也。慎汝内，全其真也。闭汝外②，守其分也。多知为败。知无涯，故败。我为汝遂③于大明之上矣，至彼至阳之原也；为汝入于窈冥之门矣，至彼至阴之原也。夫极阴阳之原，乃遂于大明之上，入于窈冥之门也。《疏》：阳，动也。阴，寂也。遂，出也。至人应动之时，智照如日月，名大明也。至阳之原，表从本降迹，故言出也。无感之时，深根寂然凝湛也；至阴之原，亦摄迹归本，故曰入窈冥之门。广成示黄帝动寂两义，故托阴阳二门也。天地有官，阴阳有藏，但当任之。慎守汝身，物将自壮。我守其一以处其和，故我修身千二百岁矣，吾形未尝衰。"取于尽性命之极，极长生之致耳。身不夭，乃能及物也。《疏》：保恬淡一心，处中和妙道，摄卫修身，虽有寿考之年，终无衰老之日。黄帝再拜稽首曰："广成子之谓天矣！"天无为也。《疏》：叹圣道之清高，可与玄天合德也。广成子曰："来！余语汝。彼其物无穷，而人皆以为终；《疏》：死生变化，物理无穷。俗人愚惑，谓有终始。彼其物无测，而人皆以为极。徒见其一变也。得吾道者，上为皇而下为王；皇王之称，随世之上下耳。其于得通变之道，以应无穷，一也。夫〔失〕吾道者，上见光而下为土。失无穷之道，则自信于一变，而不能均同上下，故俯仰异心。《疏》：丧无为之道，滞有欲之心，生则睹于光明，死则便为土壤。迷执生死，不能均同上下，故有两名也。今夫百昌皆生于土而反于土，故余将去汝，土，无心者。生于无心，故当反守无心而独往也。入无穷之门，以游无极之野。与化俱也。吾与日月参光，吾与天地为常。都任之也。《疏》：参，同也。与三景齐明，将二仪同久，岂千二百岁哉？当我，缗乎！远我，昏乎！物之去来，皆不觉也。《疏》：圣人无心若镜，机当感发，即应感冥符；若前机不感，即昏然晦迹也。人其尽死而我独存乎？"以死生为一体，则无往而非存。《疏》：一死生，明变化，未始非我，无去无来，我独存也。人执生死，故忧患之。

---

① 曹础基、黄发兰《庄子注疏》（中华书局 1986 年版）作"忘视而自见"。
② 曹础基、黄发兰《庄子注疏》（中华书局 1986 年版）作"闭汝外"。
③ 遂，出也。

黄　海
HUANG HAI

《天地》①篇云：昔者舜问于尧，曰，"天王之用心何如？"尧曰："吾不敖无告，所谓顽民。《疏》：《老经》云：不善者吾亦善之。不废穷民，恒加恩也。苦死者，嘉孺子而哀妇人，此吾所以用心已。"《疏》云：已，止也。舜曰："美则美矣，而未大也。"尧曰："然则何如？"舜曰："天德而出宁，与天合德，则虽出而静。《疏》：化育之方，与玄天合德，迹虽显著，心恒宁静。日月照而四时行，若昼夜之有经，云行而雨施矣！"此皆不为而自然也。尧曰："胶胶扰扰乎！自嫌有事。子，天之合也；我，人之合也。"《疏》：尧自谦光，推让于舜，故言子之盛德，远合上天；我之用心，近符人事。尧舜二君，德无优劣，故寄此两圣以显方治耳。夫天地者，古之所大也，《疏》：此庄生之辞。夫天覆地载，生育群品，域中四大，此当二焉。而黄帝、尧、舜之所共美也。《疏》：唯天为大，唯尧则之。故知轩、顼、唐、虞，皆以德合天地为其美也。故古之王天下者，奚为哉？天地而已矣！

笺云：称尧舜必归美于黄帝，故录之。

《天运》篇云：北门成问于黄帝曰，"帝张《咸池》之乐于洞庭之野，《疏》云：姓北门，名成，黄帝臣也。洞庭之野，天地之间也。吾始闻之惧，复闻之怠，卒闻之而惑。荡荡默默，乃不自得"。坐忘之谓也。

帝曰："汝殆其然哉！吾奏之以人，征之以天，行之以礼义，建之以太清。由此观之，知夫至乐者，非音声之谓也。必先顺乎天，应乎人，得于心而适于性，然后发之以声，奏之以曲耳。故《咸池》之乐，必待黄帝之化而后成焉。《疏》云：此第一奏。

"四时迭起，万物循生。一盛一衰，文武伦经。一清一浊，阴阳调和，流光其声。自然律吕以满天地之间，但当顺不夺则至乐全。《疏》：清，天也；浊，地也。阴升阳降，二气调和，故施生万物，和气流布，三光照烛，此谓至乐，无声之声。蛰虫始作，吾惊之以雷霆。因其自作而用其所以动。其卒无尾，其始无首。运转无极。《疏》：《老经》云："迎之不见其首，随之不见其后。"一死一生，一偾②一起，所常无穷，以变化为常，则所常者，无穷也。而一不可待，汝故惧也。初闻无穷之变，不能待之以一，故惧然悚听也。《疏》：至一之理，绝视绝听，不可待之以声色，故初闻惧然也。

"吾又奏之以阴阳之和，烛之以日月之明。所谓用天之道。《疏》：此第二奏。

---

① 此篇内容实为《庄子·外篇·天道篇》，此处作《天地》篇，实误。
② 偾（fèn），仆倒。

其声能短能长，能柔能刚，变化齐一，不主故常。《疏》：顺群生之修短，任万物之柔刚，齐变化之一理，岂守故而执常？在谷满谷，在坑满坑。至乐之道无不周也。《疏》：所谓道无不在，所在皆无也。涂郤守神①，塞其兑也。以物为量。大制不割。《疏》：量，音亮。大小修短，随物器量，终不制割而从已也。其声挥绰，所谓阐谐。《疏》：挥，动也。绰，宽也。同雷霆之震动，其声宽也。其名高明。是故鬼神守其幽，不离其所。《疏》：人物居其显明，鬼神守其幽昧，各得其所而不相扰。故《老经》云：以道利天下，其鬼不神也。日月星辰行其纪。不失其度。吾止之于有穷，常在极上任［住］也。《疏》云：止，住也；穷，极也。虽复千变万化，而常居玄极，不离妙本，动而寂也。流之于无止。随变而往也。《疏》云：流，动也。应感无方，随时适变，未尝执守，故寂而动也。予欲虑之而不能知也，望之而不能见也，逐之而不能及也。故暗然恣使化去。《疏》云：夫至乐者，真道也。欲明道非心识，故谋虑而不能知；道非声色，故瞻望而不能见；道非形质，故故逐而不能逮也。傥然立于四虚之道，弘敞无偏之谓。《疏》云：傥然，无心貌也。四虚，谓四方空，大道也。言圣人无心与至乐同体，立志弘敞，接物无偏，包容万有，与虚空而合德。倚于槁梧而吟。《疏》云：弘敞虚容。忘知绝虑，故形同槁木，心若死灰，逍遥无为，且吟且咏也。目知穷乎所欲见，力屈乎所欲逐，吾既不及已矣。言物之知力各有所齐限。形充空虚，乃至委蛇，汝委蛇故怠。夫形充空虚，无身也。无身故能委蛇，委蛇任性，而悚惧之情怠也。

"吾又奏之以无怠之声，意既怠矣，乃复无怠，此其至也。《疏》云：此第三奏。调之以自然之命。命之所有者非为也，皆自然耳。故若混逐丛生，混然无系，随后［丛］而生。林乐而无形，至乐者，适而已。适在体中，故无别形。《疏》云：夫丛林地籁之声，无心而成至乐，适于性命而已，岂复有形也？布挥而不曳，《疏》云：挥动四时，布散万物，各得其所，非由牵曳也。幽昏而无声。《疏》云：言至乐寂寥，辄［超］于视听，故幽冥昏暗而无声响矣。动于无方，夫动者岂有方而动哉？《疏》云：夫至乐之本，虽复无声而应动随时，实无方所，斯寂而动也。居于窈冥，所谓宁极。《疏》云：虽复应物随机，千变万化，而深根宁极，恒处宵冥，斯动而寂也。或谓之死，或谓之生，或谓之实，或谓之荣。行流散徙，不主常声。随物变化。《疏》云：夫春生冬死，秋实夏荣，云行雨散，水流风从，自然之理，日新其变，至乐之道，岂常主声也？世疑之，稽于圣人。《疏》云：稽，留也。夫圣人者，譬幽谷之响，明象之照，对之不知其所以来，绝之不知其所以往。物来斯应，应而忘怀。岂预前作法，而留心处世。故行流散徙，不主常声，而世俗之人，妄生疑惑。圣也者，达于情而遂于命也。故有情有命者，莫不资焉。《疏》云：所言圣者，更无他义也，通有物之情，顺自然之命，故谓之圣。天机不张而五官皆

---

① 涂，塞也，郤，孔也。

备，此之谓天乐。忘乐而乐足，非张而后备。《疏》云：天地自然之枢机。五官，五藏也。言五藏各有有司，故谓之官。夫目视耳听，手把脚行，布网转丸，飞空走地，非由仿效，禀之造物，岂措意而后能为？故五藏职司，素分备足，天乐之美，其在兹也。无言而心悦。悦在适，不在言也。《疏》云：体此天和，非由措意，故心灵适悦而妙绝名言也。故有焱氏为之颂曰：'听之不闻其声，视之不见其形，充满天地，苞裹六极。'汝欲听之而无接焉，而故惑也。此乃无乐之乐，乐之至也。《疏》云：焱氏，神农也。美此至乐，为之章颂，大音希声，故听之不闻；大象无形，视之不见；道无不在，故充满天地二仪；大无不包，故囊括六极。六极，六合也。假欲留意听之，亦不可以耳根承接，是故体兹至乐，理趣幽微，心无分别，事同愚惑也。

"乐也者，始于惧，惧故祟；惧然悚听，故是祟耳，未大知也。《疏》云：以下重释三奏三听之意，结成至乐之道。初闻至乐，未悟太和，心生悚惧，不能放释，是故祸祟之也。吾又次之以怠，怠故遁；迹稍灭也。《疏》云：再闻之后，清意稍悟，欲惧心怠退，其迹遁灭也。卒之于惑，惑故愚，愚故道，道可载而与之俱也。"以无知为愚，愚乃至也。《疏》云：最后闻乐，灵府淳和，心无分别，有同暗惑。荡荡默默，类彼愚迷，不怠不惧，雅符真道。既而运载无心，与物俱至也。

《缮性》篇云：古之人在混芒之中，与一世而得澹漠焉。《疏》云：谓三皇之前，玄古无名号之君也。其时淳风未散，故处在混沌芒昧之中，而与时世为一，冥然无迹。君臣上下不相往来，俱得恬澹寂寞无为之道也。当是时也，阴阳和静，鬼神不扰，四时得节，万物不伤，群生不夭，人虽有知，无所用之。任其自然而已。《疏》云：当时混之时，淳朴之世，举世恬惔，体合无为，遂使阴生阳降，二炁和而静泰；鬼幽人显，各守分而不扰。炎凉顺序，四时得节，既无灾眚①，万物不伤，群生各尽天年，终无夭折。人虽有心知之术，无为，故无用。此之谓至一。当是时也，莫之为而常自然。物皆自然，故至一也。《疏》云：均彼此于无为，混是非于恬惔，物我不二，故谓之至一也。莫，无也。莫之为而自为，无为也。不知所以然而然，自然也。故当是时也，人怀无为之德，物合自然之道焉。逮德下衰，及燧人、伏羲始为天下，是故顺而不一。世已失一，或不可解，故释而不推，顺之而已。德又下衰，及神农、黄帝始为天下，是故安而不顺。安之于其所安而已。《疏》云：夫德化更衰，为弊增甚。故神农有共工之伐，黄帝致蚩尤之战。祆[妖]气不息，兵革屡兴。是以诛暴去残，吊民问罪，苟且欲□[安]于天下，未能大顺于群生。德又下衰，及唐虞始为天下，兴治化之流，澆淳散朴②，圣人无心，任世之自成，□[成]之淳薄，皆非圣也。圣能

---

① 眚（shěng），原指眼睛生翳。此指灾难，疾苦。
② 澆（wù）淳散朴，意为使淳朴的社会风气变得浮薄。

任世之自得耳，岂能使世得圣哉！故皇王之迹，与世俱迁，而圣人之道未始不全也。**离道以善**，善者，过于适之尔，故有善而道不全。《疏》云：夫虚通之道，善恶两忘。今乃舍己效人，矜名企善，既乖于理，所以称离也。**险德以行**，行者，违性而行之，故行立而德不夷。《疏》云：险，危阻也。不能率性任真，晦其踪迹，乃矫情立行，以取声名，实由外行，声名浮伪，故令内德危险，何清夷之有哉？**然后去性而从于心**。《注》云：以自役则性去也。《疏》云：离虚通之道，舍淳和之德，然后去自然之性，从分别之心。**心与心识**，彼我之心，竞为先识，无复任性也。《疏》云：彼我之心，更相谋虑，是非臧否，竟为前识者也。**知而不足以定天下**，忘知任性，斯乃定也。《疏》云：夫心攀缘于有境，知分别于无崖，六合为之烟尘，八荒为之腾沸，四时所以愆序，三光所以曀宇，斯乃祸乱之源，何足以定天下也？**然后附之以文，益之以博。文灭质，博溺心**，文博者，心质之饰也。**然后民始惑乱，无以反其性情而复其初**。初谓性命之本。《疏》云：文华既灭于素质，博学又溺于心灵，于是民始成蠢乱矣。反其恬澹之情性，复其自然之初本，其可得乎？噫，心知文博之过！

《至乐》篇云：支离叔与滑介叔观于冥伯之丘，昆仑之虚，黄帝之所休。《疏》云：支离，谓支体离析，以明忘形也。滑介，犹骨稽也，谓骨稽挺特，以忘智也。欲显叔世浇讹，故号为叔也。冥，暗也。伯，长也。昆仑，人身也，言神智杳冥，堪为物长；昆仑玄远，近在人身；丘墟不平，俯同世俗。而黄帝圣君，光临区宇，休心息智，寄在凡庸。是知至道幽玄，其则非远，故托二叔以彰其义也。

颜渊东之齐，孔子有忧色。子贡下席而问曰："小子敢问，回东之齐，夫子有忧色，何耶？"《疏》云：欲将三皇五帝之道以教齐侯，尼父恐不逗机[①]，故有忧色。孔子曰："善哉汝问！昔者管子有言，丘甚善之，曰：'褚小者不可以怀大，绠短者不可以汲深。'夫若是者，以为命有所成而形有所适也，夫不可损益。当任之而已。吾恐回与齐侯言尧、舜、黄帝之道，而重以燧人、神农之言，彼将内求于己而不得，不得则惑，人惑则死。"内求不得，将求于外。舍内求外，非惑如何？《疏》云：回将三皇五帝之道以说齐侯，既而步骤殊时，浇淳异世，执持圣迹，不逗机缘。齐侯闻此大言，未能领悟，求于己身，不得解脱。则心生疑惑，于是忿其胜己，必杀颜回。

《山木》篇云：庄子行于山中，见大木枝叶盛茂，伐木者止其旁而不取也。问其故，曰："无所可用。"庄子曰："此木以不材得终其天年。"

夫子出于山，舍于故人之家。故人喜，命竖子杀雁而烹之。竖子请曰：

[①] 逗机，佛教用语。谓佛家布教说法，须适应不同众生、不同品类。逗，与"投"同义。

"其一能鸣，其一不能鸣，请奚杀？"主人曰："杀不能鸣者。"

明日，弟子问于庄子，曰："昨日山中之木，以不材得终其天年。今主人之雁，以不材死，先生将何处？"

庄子笑曰："周将处夫材与不材之间。材与不材之间，似之而非也，故未免乎累。设将处此耳，以此未免乎累，竟不处。《疏》云：言材者有为也，不材者无为也，之间中道也。虽复离彼二偏，处兹中一，既未遣中，亦犹人不能理于人，雁不能同于雁。故似道而非真道，犹有斯患累也。若夫乘道德而浮游则不然。无誉无訾，一龙一蛇，訾，毁也。龙，出也。蛇，处也。言道无材与不材，故毁誉之称都失也。与时俱化，《疏》云：此遣中也。既遣二偏，又忘中一，遣之又遣，玄之又玄。而无肯专为。《疏》云：言既妙遣中一，远超四句，岂复诣情毁誉，惹意龙蛇？故当世浮沉，与时俱化，何肯偏滞而专为一物乎？一上一下，以和为量，《疏》云：言至人能随时上下，以和为同度量。游乎万物之祖。《疏》云：以大和而等量，游造物之祖宗。物物而不物于物，则胡可得而累耶？《疏》云：物不相物，则无忧患。此神农、黄帝之法则也。"故庄子亦处焉。

《田子方》①篇云：肩吾②问于孙叔敖③曰："子三为令尹而不荣华，三去之而无忧色。吾始也疑子，今视子之鼻间栩栩然，子之用心独奈何？"

孙叔敖曰："吾何以过人哉？吾以其来不可却也，其去不可止也。吾以为得失之非我也，而无忧色而已矣。我何以过人哉？且不知其在彼乎？其在我乎？其在彼邪亡乎我，在我邪亡乎彼。旷然无系，玄同彼我，则在彼非独亡，在我非独存也。《疏》云：亡，失也。且不知荣华定在人，定在己。若在彼邪，则我为失。若在我邪，则于彼为失。彼我玄同，得丧自泯也。方将踌躇，方将四顾，何暇至乎人贵人贱哉？"谓无可无不可。《疏》云：踌躇是逸豫自得，四顾是高视八方。

笺云：人贵人贱，因人为贵贱也。

仲尼闻之曰："古之真人，知者不能说，美人不得滥，盗人不得劫，伏羲、黄帝不得友。伏羲、黄帝者，功号耳，非所以功者也。故况功号于所以功，相去远矣。故其名不足以友其人也。《疏》云：古之真人穷微极妙，纵有智言之人，不得辩说；美色之姿，不得淫滥；盗贼之徒，何能劫剥？三皇五帝未足交友也。死生亦大矣，而无变乎己，况爵禄乎！若

---

① 田子方，名无择，字子方，儒家学者，魏国人，魏文侯的友人，拜孔子学生子贡为师，以道德学问闻名于诸侯。
② 肩吾，古代传说中的神仙。
③ 孙叔敖，春秋时期楚国人，楚庄王时官居令尹。

然者，其神经乎大山而无介，入乎渊泉而不濡，处卑细而不惫，充满天地，既以与人己愈有。"割肌肤以为天下者，彼我俱失也。使人人自得而己者，与人而不损于己也。其神明充满天地，故所在皆可。所在皆可，故不损己为物，而放于自得之地也。《疏》云：介，碍也。既，尽也。夫真人入火不热，入水不濡，经乎大山而神无障碍，屈处卑贱，其道不亏，德合二仪，故充满天地，不损己为物，故愈有也。

《知北游》篇云：知①北游于玄水之上，登隐弅之丘，而适遭无为谓焉。《疏》云：此章并假立姓名，寓言明理，非是幽冥之域水，又幽昧之方，隐则深远难知，弅则郁然可见。欲明至道玄绝，显晦无常。故寄此言以彰其义也。知谓无为谓曰："予欲有问乎若：《疏》云：假设宾主，谓之无为。何思何虑则知道？何处何服则安道？何从何道则得道？"三问而无为谓不答也，非不答，不知答也。《疏》云：知，分别也。设此三问，竟无一答，非无为谓惜情不答，直是理无分别，故不知所以答也。

知不得问，返于白水之南，登狐阕之上而睹狂屈焉。知以之言也问乎狂屈。《疏》云：白是洁素之色，南是显明之方。狐者，疑似夷犹。阕者，空静无物。问不得决，反照于白水之南，舍有反无，狐疑未能穷理，既而猖狂妄行，掘若槁木。欲表斯义，故曰狂屈焉耳。狂屈曰："唉，予知之，将语若。"中欲言而忘其所欲言。《疏》云：唉，应声也。初欲言语，中途忘之，斯忘之术，反照之道。

知不得问，返于帝宫，见黄帝而问焉。黄帝曰："无思无虑始知道，无处无服始安道，无从无道始得道。"《疏》云：轩辕体道，妙达玄言，故以一无无（答）于三问。

知问黄帝曰："我与若知之，彼与彼不知也。其孰是耶？"黄帝曰："彼无为谓真是也，狂屈似之，我与汝终不近也。夫知者不言，言者不知，故圣人行不言之教。任其自行，斯不言之教也。《疏》云：真者不知也，似者中忘也，不近者以其知之也。行不言之教，引《老子经》为证也。道不可致，道在自然，非可言致者也。《疏》云：致，得也。夫玄道不可以言得，言得非道也。德不可至，不失德，故称德而不至也。《疏》云：夫上德不德，若为德者，非至德也。仁可为也，《疏》云：夫至仁无亲，而今行偏爱之仁者，适可有为而已矣。义可亏也，《疏》云：夫载非断割，适可亏残，非大全也。大全者，生之而已矣。礼相伪也。《疏》云：夫礼尚往来，更相浮伪，华藻乱德，非真实也。故曰：'失道而后德，失德而后仁，失仁而后义，失义而后礼。礼者，道之华而乱之首也。'礼有常则，故矫

---

① "知"是庄子篇中寓托的人名。

效①之所由生也。《疏》云：弃本逐末，散朴为浇，道丧淳漓，逮于行礼，故引《老经》证成其义也。故曰：'为道者日损，损华伪也。损之又损之，以至于无为，无为而无不为也。'华去而朴全，则虽为而非为也。《疏》云：夫修道之人，日损华伪，既而前损有，后损无，有无双遣，以至于非有非无之无为也，寂而不动，无为无不为也。此引《老经》重明其旨。今已为物也，物失其所，故有为物。欲复归根，不亦难乎？其易也，其为大人乎？其归根之易者，唯大人耳。大人体合变化，故化物不难。《疏》云：倒置之类，浮伪居心，徇末忘本，以道为物，纵欲归根复命，其可得乎？今量反本不难，唯在大圣人耳。生也死之徒，知变化之道者，不以为异。死也生之始，孰知其纪！更相为始，则未知孰死孰生也。《疏》云：气聚而生，气散而死，聚散往来，变化无定。人之生，气之聚也。聚则为生，散则为死。俱是聚也，俱是散也。若死生为徒，吾又何患！患生于异。《疏》云：聚散虽异，为气则同。既无其别，有何忧色！故万物一也，《疏》云：生死既不二，万物理当归一。是其所美者为神奇，其所恶者为臭腐。臭腐复化为神奇，神奇复化为臭腐。故曰：'通天下一气耳。'各以所美为神奇，所恶为臭腐耳。然彼之所美，我之所恶也；我之所美，彼或恶之。故通共神奇，通共臭腐耳，死生彼我岂殊哉！圣人故贵一。"《疏》云：夫体道圣人，智同万物。故贵此真一，而冥同万境。

知谓黄帝曰："吾问无为谓，无为谓不应我，非不我应，不知应我也。吾问狂屈，狂屈中欲告我而不我告，非不我告，中欲告而忘之也。今予问乎若，若知之，奚故不近？"黄帝曰："彼其真是也，以其不知也；此其似之也，以其忘之也；予与若终不近也，以其知之也。"狂屈闻之，以黄帝为知言。明夫自然者，非言知之所得，故当昧乎无言之地。是以先举不言之标，而后寄明于黄帝，则夫自然之冥物，概乎有得而见也。《疏》云：彼无为谓妙体无知，故真是道也。此狂屈反照遣言，中忘其告，似道非真也。知与黄帝二人，运智以诠理，故不近真道也。狂屈遯听②，闻此格量，谓黄帝虽未近真，适可知玄言而已矣。

《徐无鬼》篇云：黄帝将见大隗乎具茨之山，大隗，大道广大而隗然空寂也。亦言：大隗，古之圣人也。具茨，山名，在荥[荣]阳密县界，亦名泰隗山。黄帝圣人，久冥至理，方欲寄寻玄道，故托迹具茨。方明为御，昌寓骖乘，张若、谐朋前马，昆阍、滑稽后车。《疏》云：方明等皆人名。在右为骖，在左为御。前马，马前为导也。后车，车后为从也。至于襄城之野，七圣皆迷，无所问途。圣者，名也。名生而物迷矣。虽欲之乎大隗，其可得乎？《疏》云：今汝州有襄城县，在泰隗山南，即黄帝访道之所。自黄帝已下至滑稽，总有七圣也。

---

① 效，《道藏辑要》本作"诈"。
② 遯（tì）听，犹遬闻，表示恭敬。

《注》云"圣者，名也云云"，此《注》得之。**适遇牧马童子，问途焉，**《疏》云：牧马童子，得道人也。适尔而值牧童，因问道之所在。**曰："若知具茨之山乎？"曰："然。""若知大隗之所存乎？"曰："然。"黄帝曰："异哉小童，非徒知具茨之山，又知大隗之所存。请问为天下。"小童曰："夫为天下者，亦若此而已矣，又奚事焉？"**各自若则无事矣，无事乃可以为天下也。《疏》云：若，如也。夫欲修为天下，亦如治理（其）身，身既无为，物有何事？故《老经》云："我无为而民自化。"**予少而自游于六合之内，予适有瞀病，有长者教予曰：'若乘日之车**—作居。**而游于襄城之野。'**日出而游，日入而息。《疏》云：六合之内，谓嚻尘之里也。瞀病，谓风眩冒乱也。言我少时游至道之境，栖心尘垢之外，而有眩病，未能体真。幸圣人教我修道，昼作夜息，乘日遨游，以此安居而逍遥处世。一本有作"车"字者，谓乘日新以变化。**今予病少痊，予又且复游于六合之外。夫为天下亦若此而已，予又奚事焉？"**夫为天下，莫过自放任。自放任矣，物奚撄①焉？故我无为而民自化。**黄帝曰："夫为天下者，则诚非吾子之事。事由民作。虽然，请问为天下。"**令民自得，必有道也。《疏》云：夫牧养苍生，实非圣人务。理虽如此，犹请示以要言。**小童辞。**无所说也。**黄帝又问。**殷勤请也。**小童曰："夫为天下者，亦奚以异乎牧马者哉？亦去其害者而已矣！"**马以过分为害。《疏》云：害马者，谓分外之事也。夫治身莫先守分，故牧马之术可以养民。问既殷勤，聊为此答。**黄帝再拜稽首，称天师而退。**师夫天然而去其过分，则大隗至也。《疏》云：顿悟圣言，故身心爱敬，退其过分，至乎大隗，合乎天然之道，其在吾师乎！

　　管仲有病，桓公问之曰："仲父之病病矣，可不谓云，至于大病，则寡人恶乎属国而可？"《疏》云：病病者，言是病极重也。大病者，至死也。既将属纩②，故临问之。

　　管仲曰："公谁欲与？"公曰："鲍叔牙。"曰："不可。其为人洁廉，善士也。其于不己若者不比之，又一闻人之过，终身不忘。使之治国，上且钩乎君，下且逆乎民。其得罪于君也，将弗久矣。"公曰："然则孰可？"对曰："勿已③则隰朋可。其为人也，上忘而下畔，高而不亢。**愧不若黄帝而哀不己若者。**故无弃人。《疏》云：不及己者，但怀哀悲，辅弼齐侯，期于淳朴，心之所愧，不逮轩辕也。**以德分人谓之圣，以财分人谓之贤。**《疏》云：圣人以道德拯物，贤人以财货济人。**以贤临人，未有得人者也；以贤下人，未有不得人者也。其于国有不闻也，其于家

---

① 撄（yīng），扰乱，缠绕。
② 属纩（zhǔ kuàng），古代丧礼仪式之一，即用新的丝絮（纩）放在临死之人的其口鼻上，试看是否还有气息。后为"临终"的代称。
③ 勿已，犹无已，不得已。

有不见也。勿已则隰朋可。"

《盗跖》篇云：孔子与柳下季为友，柳下季之弟名曰盗跖。盗跖从卒九千人，横行天下，侵暴诸侯。穴室枢户，驱人牛马，取人妇女。贪得忘亲，不顾父母兄弟，不祭先祖。所过之邑，大国守城，小国入保，万民苦之。孔子谓柳下季曰："夫为人父者，必能诏其子。为人兄者，必能教其弟。若父不能诏其子，兄不能教其弟，则无贵父子兄弟之亲矣。今先生世之才士也，弟为盗跖，为天下害，而弗能教也，丘窃为先生羞之。丘请为先生往说之。"

柳下季曰："先生言为人父者必能诏其子，为人兄者必能教其弟。若子不听父之诏，弟不受兄之教，虽今先生之辩，将奈之何哉？且跖之为人也，心如涌泉，意如飘风。强足以距敌，辩足以饰非。顺其心则喜，逆其心则怒，易辱人以言，先生必无往。"孔子不听，颜回为驭，子贡为右，往见盗跖。

盗跖乃方休卒徒太山之阳，脍人肝而铺之。孔子下车而前，见谒者曰："鲁人孔丘闻将军高义，敬再拜谒者。"谒者入通，盗跖闻之大怒，目如明星，发上指冠，曰："此夫鲁国之巧伪人孔丘非邪？为我告之，尔作言造语，妄称文武，冠枝木之冠，带死牛之胁，多辞谬说，不耕而食，不织而衣，摇唇鼓舌，擅生是非，以迷天下之主，使天下学士不反其本，妄作孝悌，而徼倖于封侯富贵者也。子之罪大极重，疾走归！不然，我将以子肝益昼铺之膳。"孔子复通曰："丘得幸于季，愿望履幕下。"谒者复通，盗跖曰："使来前！"孔子趋而进。避席反走，再拜盗跖。盗跖大怒，两展其足，按剑瞋目，声如乳虎，曰："丘来前，若所言顺吾意则生，逆吾心则死。"孔子曰："丘闻之，凡天下有三德，生而长大，美好无双，少长贵贱，见而皆悦之，此之上德也；知维天地，能辩诸物，此中德也；勇悍果敢，聚众率兵，此下德也。凡人有此一德者，足以南面称孤矣。今将军兼此三者，身长八尺二寸，面目有光，唇如激丹，齿如齐贝，音中黄钟，而名曰盗跖，丘窃为将军耻不取焉。将军有意听臣，臣请南使吴越，北使齐鲁，东使宋卫，西使晋楚，使为将军造大城数百里，立数十万户之邑，尊将军为诸侯，与天下更始，罢兵休卒，收养昆弟，共祭先祖，此圣人才士之行，而天下之愿也。"

盗跖大怒曰："丘来前！夫可规以利，而可谏以言者，皆愚陋恒民之谓耳。今长大美好，人见而悦之者，此吾父母之遗德也。丘虽不吾誉，吾独不自知耶？且吾闻之，好面誉人者，亦好背而毁之。今丘告我以大城众民，是欲规我以利而恒民畜我也，安可久长也？城之大者，莫大乎天下矣。尧舜有天下，子孙无置锥之地；汤武立为天子，而后世绝灭。非以其利大故耶？且吾闻之，古者禽兽多而人少，于是民皆巢居以避之，昼拾橡栗，暮栖木上，故命之曰有巢氏之民。古者民不知衣服，夏多积薪，冬则炀之，故命之曰知生之民；神农之世，卧则居居，起则于于①，民知其母，不知其父，与麋鹿共处，耕而食，织而衣，无有相害之心。此至德之隆也。然而黄帝不能致德，与蚩尤战于涿鹿之野，流血百里。尧舜作，立群臣，汤放其主，武王杀纣。自是之后，以强陵弱，以众暴寡。汤武以来，皆乱人之徒也。今子修文武之道，掌天下之辩，以教后世，缝衣浅带，矫言伪行，以迷惑天下之主，而欲求富贵焉。盗莫大于子，天下何故不谓子为盗丘，而谓我为盗跖？子以甘辞说子路而使从之，使子路去其危冠，解其长剑，而受教于子。天下皆曰孔丘能止暴禁非，其卒也。子路欲杀卫君而事不成，身菹②于卫东门之上，是子教之不至也。子自谓才士圣人邪，则再逐于鲁，削迹于卫，穷于齐，围于陈蔡，不容身于天下。子教子路菹此患，上无以为身，下无以为人。子之道岂足贵邪？世之所高，莫若黄帝。黄帝尚不能全德，而战涿鹿之野，流血百里。尧不慈，舜不孝，禹偏枯，汤放其主，武王伐纣，文王拘羑里。此六子者，世之所高也。孰论之，皆以利惑其真而强反其情性，其行乃甚可羞也。世之所谓贤士，伯夷叔齐。伯夷叔齐辞孤竹之君，而饿死于首阳之山，骨肉不葬。鲍焦饰行非世，抱木而死。申徒狄谏而不听，负石自投于河，为鱼鳖所食。介子推至忠也，自割其股以食文公。文公后背之，子推怒而去，抱木而燔死。尾生与女子期于梁下，女子不来，水至不去，抱梁柱而死。此六子者，无异于磔犬流豕、操瓢而乞者，皆离名轻死，不念本养寿命者也。世之所谓忠臣者，莫若王子比干、伍子胥。子胥沉江，比干剖心。此二子者，世谓忠臣也，然卒为天下笑。自上观之，至于子胥、比干，皆不足贵也。丘之所以说我者，若告我以鬼事，则我不能知也。若告我以人事者，不过此矣，皆吾所闻知也。今吾告子以人之情：目欲视色，耳欲听声，口欲察味，志气欲盈。人上寿百岁，中寿八十，下寿六十，除病瘦死丧

---

① 于于，自得之貌。
② 菹（zū），剁成肉酱。

忧患，其中开口而笑者，一月之中不过四五日而已矣。天与地无穷，人死者有时。操有时之具，而托于无穷之间，忽然无异骐骥之驰过隙也。不能悦其志意、养其寿命者，皆非通道者也。丘之所言，皆吾之所弃也。亟去走归，无复言之！子之道狂狂汲汲，诈巧虚伪事也，非可以全真也，奚足论哉！"

孔子再拜趋走，出门上车，执辔三失，目芒然无见，色若死灰，据轼低头，不能出气。归到鲁东门外，适遇柳下季。柳下季曰："今者阙然，数日不见，车马有行色，得微往见跖邪？"孔子仰天而叹曰："然！"柳下季曰："跖得无逆汝意若前乎？"孔子曰："然。丘所谓无病而自灸也。疾走，料虎头，编虎须，几不免虎口哉！"

此篇寄明因众之所欲亡而亡之，虽王纣可去也，不因众而独用已，虽盗跖不可御也。

《天下》篇云：黄帝有《咸池》，尧有《大章》，舜有《大韶》，禹有《大夏》，汤有《大濩》，文王有辟雍之乐，武王、周公作《武》。

山史笺云：古云《庄子》，注郭象，吾于成玄英《疏》，亦云郭象《疏》玄英。凡称引黄帝必录全文，取证于黄帝故也。

天都山史潘之恒景升定
大泌山人李维桢本宁校

纪初一·之二中

广成子宋苏轼解。本文出《庄子》，以解入《道藏》。

黄帝立为天子十九年，令行天下。闻广成子①在于空同之上，故往见之，曰："我闻吾子达于至道，敢问至道之精？吾欲取天地之精，以佐五谷，以养民人。吾又欲官阴阳以遂群生，为之奈何？"

道固有是也，然自是为之，则殆②不成。

广成子曰："而所欲问者，物之质也；而所欲官者，物之残也。

得道者不问，问道者未得也。得道者无物无我，未得者固将先我而后物。夫苟得道，则我有余而物自足，岂固先之耶？今乃舍己而问物，恶其不情也。故曰："而所欲问者物也，物之质也；而所欲官者，物之残也。"言其情在于欲己长生，而外托于养民人、遂群生也。夫长生不死，岂非物之实？而所谓养民人、遂群生者，岂非道之余乎？

"自而治天下，云气不待族而雨，草木不待黄而落，日月之光益以荒矣。

天作时雨，山川出云。云行雨施，而山川不以为劳者，以其不得已而后雨，非雨之也。春夏发生，秋冬黄落，而草木不以为病者，以其不得已而后落，非落之也。今云不待族而雨，草木不待黄而落，虽天地之精，不能供此有心之耗。故荒亡之符，先见于日月，以一身占之，则耳目先病矣。

"而佞人之心翦翦者，又奚足以语至道？"

---

① 广成子，上古黄帝时候的道家人物，修行于崆峒山，黄帝听说后专程去拜访他，问治国之术。本篇出自《庄子·外篇·在宥》。
② 张志烈等主编《苏轼全集校注》（河北人民出版社2010年版）作"则道不成"。

黄　海
HUANG HAI

真人之语佞人，犹谷之与稗也。所种者谷，虽瘠土惰农，不生稗也。所种者稗，虽美田疾耕，不生谷也。今欲学道，而问已不情。佞伪之种，道何从生？

黄帝退，捐天下，筑特室，席白茅，闲居三月，复往邀之。广成子南首而卧，黄帝顺下风，膝行而进，再拜稽首而问曰："闻吾子达于至道，敢问治身奈何而可以长久？"

弃世独居，则先物后己之心，无所复施，故其问如此。

广成子蹶然而起曰："善哉问乎！来，吾语汝至道。

广成子至此，始以道语黄帝乎？曰："否。人如黄帝而不足以语道，则天下无足语者矣。吾观广成子之拒黄帝也，其语至道已悉矣。是以闲居三月而复往见，则蹶然为之变，其受道岂始于此乎？"

"至道之精，窈窈冥冥；至道之极，昏昏默默。

窈窈冥冥者，其状如登高望远，察千里之毫末，如临深俯幽，玩万仞之藏宝也。昏昏默默者，其状如枯木死灰，无可生可然之道也。曰："道止此乎？"曰："此窈冥昏默之状，而致道之方也。如指以为道，则夫窈冥昏默者，可得谓之道乎？人能弃世独居，体窈冥昏默之状，以入于精极之渊，未有不得道者也。学道者患其散且伪也，故窈窈冥冥者，所以致一也，昏昏默默者，所以全真也。"

"无视无听，抱神以静，形将自正。必静必清，无劳汝形，无摇汝精，乃可以长生。目无所见，耳无所闻，心无所知，汝神将守形，形乃长生。慎汝内，闭汝外，多知为败。

自此以上，皆真实语，广成子提耳画一，以教人者。无视无听，抱神以静，则无为也。心无所知，则无思也。必静必清，无劳汝形，无摇汝精，则无欲也。三者具而形神一，形神一而长生矣。内不慎，外不闭，二者不去，而形神离矣。或曰："广成子之于道，若是数数欤？"曰："谷之不为稗，在种时一粒耳，何数数之有？然力耕系敏［疾］耘，不可废也。"

"我为汝遂于大明之上矣，至彼至阳之原也；为汝入于窈冥之门矣，至彼至阴之原也。

窈冥昏默，长生之本。长生之本既立，则必有坚凝之者。二者如日月水火之用。所以修炼变化，坚气而凝物者也，盖必有方矣。然皆必致其极，不极不化也。

"天地有官，阴阳有藏。

广成子以窈冥昏默，立长生之本，以无思无为无欲，去长生之害，人以至阴至阳坚凝之，吾事足于此矣。天地有官，自为我治之，阴阳有藏，自为我蓄之。为之在我，成之在彼。

"慎守汝身，物将自壮。
言长生可必也，物岂有稚而不壮者哉。

"我守其一，以处其和。故我修身千二百岁矣，吾形未尝衰。"黄帝口［再］反［释］稽首曰："广成子之谓天矣。"广成子曰："来，余语汝。彼其物无穷，而人皆以为终，彼其物无测，而人皆以为极。

物本无终极，其分也成也，其成也毁也。物未尝有死，故长生者物之固然，非我独能。我能守一而处和，故不见其分成与毁尔。

"志［得］吾道者，上为皇而下为王。
皇者其精也，王者其粗也。

"失吾道者，上见光而下为土。
生者明，死者幽。幽者不知明，明者不知幽。

"今夫百昌皆生于土，而反于土。故余将去女，入无穷之门，以游无极之野。
盖将有示化，去世形、解入土之意也欤？

"吾与日月参光，吾与天地为常，当我缗乎，远我昏乎，人其尽死而我独

黄　海
HUANG HAI

存乎?"

　　南荣趎挟三人以见老子，老子诃之，则矍然自失，人我皆丧。夫挟人以往固非也，人我皆丧亦非也。故学道者，能尽死其人，而独存其我者，寡矣。可见、可言、可取、可去者，皆人也，非我也。不可见、不可言、不可取、不可去者，是真我也。近是则智，远是则愚，得是则得道矣。故人其尽死而我独存者，此之谓也。古今语异，吾不知缙之所谓也。以文意求之，其犹曰明也欤?

　　按山□广成子治《太易》屯、蒙二卦，运行日月，盖古之真人，黄帝师也。

天都逸史潘之恒景升辑
澹真居士顾起元太初校

纪初一·之三

史记·一

《黄帝本纪》云：黄帝者，少典之子。姓公孙，名曰轩辕。

《索隐》[①] 曰：按，有土德之瑞，土色黄，故称黄帝，犹神农火德，王而称炎帝然也。据《左传》亦号帝鸿氏。

又曰：少典者，诸侯国号，非人名也。按《国语》云："少典娶有蟜氏女，而生炎帝。"然则炎帝亦少典之子。炎帝［黄］二帝虽则承帝王代纪，中间凡隔八帝，五百余年。若以少典是其父名，岂黄帝经五百余年而始代炎帝，后为天子乎？何其年之长也！又按《秦本纪》云："颛顼氏之裔孙曰女修，吞玄鸟之卵而生大业，大业娶少典氏而生柏翳。"明黄帝即少典氏后代之子孙，如贾逵亦以《左传》高阳氏有才子八人，为其后代子孙而称子是也。又按皇甫谧云："黄帝生于寿丘，长于姬水，因以为姓，居轩辕之丘，因以为名。"则公孙是本姓，长居姬水，遂改姓姬尔。

生而神灵，弱而能言，幼而徇齐，长而敦敏，成而聪明。

《索隐》曰：弱，谓幼时，未合能言。潘岳有《哀弱子》篇，其子未七旬曰弱。

徐广曰：《墨子》曰，"年逾十五，则聪明心虑无不徇通矣"。

《索隐》曰："徇""齐"皆德也。《书》曰"聪明齐圣"，《左传》曰"子虽齐圣"，齐，谓圣德齐肃。又按：《孔子家语》及《大戴礼》，并作"睿齐"，一本作"慧齐"，慧、睿皆智也。无作"徇"者。《史记》旧本亦作"浚齐"。盖古字假"徇"为"浚"，浚，深也。《尚书·大传》曰："多闻而齐

[①] 《索隐》即唐司马贞撰《史记索隐》。

给。"郑注云："齐，疾也。"今裴氏"徇"亦训疾，或当读"徇"为迅，"迅""浚"虽异字，而音同也。又《尔雅》曰："宣、徇，遍也。浚，通也。"义亦相近。

《正义》① 曰：成，谓年二十始冠为成人也。

轩辕之时，神农氏世衰，诸侯相侵伐，暴虐百姓，而神农氏弗能征。于是轩辕乃习用干戈，以征不享，诸侯咸来宾从。而蚩尤最为暴，莫能伐。享，一作"亭"。亭，训直。

《索隐》曰：世衰，谓神农氏后代子孙道德衰薄，非指炎帝之身，即班固所谓"参卢"，皇甫谧所云"帝榆罔"是也。

《正义》曰：《帝王世纪》云，"神农氏，姜姓也。母曰任姒，有蟜氏女，登为少典妃，游华阳，有神龙首，感生炎帝。人身牛首，长于姜水。有圣德，以火德王，故号炎帝。初都陈，又徙鲁。又曰魁隗氏，又曰连山氏，又曰列山氏"。《括地志》云，"厉山在随州随县北百里，山东有石穴。曰神农生于厉乡，所谓列山氏也。春秋时为厉国"。

《索隐》曰：《管子》曰"蚩尤受卢山之金而作五兵"，明非庶人，盖诸侯号也。

《正义》曰：《龙鱼河图》云，"黄帝摄政，有蚩尤兄弟八十一人，并兽身人语，铜铁额，食沙，造五兵，仗刀戟大弩，威振天下，诛杀无道。万民钦命黄帝行天子事。黄帝以仁义不能禁止蚩尤，乃仰天而叹。天遣玄女下授黄帝兵符，伏蚩尤。后天下复扰乱，黄帝遂画蚩尤形像以威，天下咸谓蚩尤不死，八方皆为殄灭"。《山海经》云，"黄帝令应龙攻蚩尤。蚩尤请风伯、雨师以从大风雨。黄帝乃下天女曰魃，以止雨。雨止，遂杀蚩尤"。孔安国曰，"九黎君号蚩尤是也"。

炎帝欲侵陵诸侯，诸侯咸归轩辕。轩辕乃修德振兵，治五气，蓺五种，抚万民，度四方，教熊罴貔貅䝙虎，以与炎帝战于阪泉之野。三战，然后得其志。

《索隐》曰：《书》云"如虎如貔"，《尔雅》云"貔，白狐"，《礼》曰

---

① 《正义》即唐张守节撰《史记正义》。

"前有挚兽，则载貔貅"是也。《尔雅》又曰"貙獌似狸。"此六者，猛兽，可以教战。《周礼》有服不氏掌教扰猛兽，即古服牛乘马，亦其类也。

《正义》曰：《括地志》云，"阪泉，今名黄帝泉，在妫州怀戎县，东出五里至涿鹿，东北与涿水合。晋太康《地理志》云："涿鹿城东一里有阪泉，上有黄帝祠"。

蚩尤作乱，不用帝命。于是黄帝乃征师诸侯，与蚩尤战于涿鹿之野，遂禽[擒]杀蚩尤。而诸侯咸尊轩辕为天子，代神农氏，是为黄帝。

《索隐》曰：涿鹿或作"浊鹿"，古今字异耳。按《地理志》，上谷有涿鹿县。

《皇览》①曰：蚩尤冢在东平郡寿张县阚乡城中，高七丈。民常十月祀之，有赤气出，如匹绛帛，民名为蚩尤旗。肩髀冢在山阳郡巨野县重聚，大小与阚冢等。传言黄帝与蚩尤战于涿鹿之野，黄帝杀之，身体异处，故别葬之。

《索隐》曰：按，皇甫谧云"黄帝使应龙杀蚩尤于凶黎之谷"，或曰，黄帝斩蚩尤于中冀，因名其地曰"绝辔之野"。

天下有不顺者，黄帝从而征之。平者去之。披山通道，未尝临居。
东至于海，登丸山，及岱宗。
《地理志》曰：丸山，在郎[琅]耶[邪]朱虚县。
《括地志》②云：丸山即丹山，在青州临朐县界，朱虚故县西北二十里，丹水出焉。一作凡山。
岱宗，泰山，东岳也，在兖州博城县。③

西至于空桐，登鸡头。
《正义》曰：《括地志》云，"空桐山在肃州禄福县东南。《抱朴子·内篇》云'黄帝西见中黄子，受九品之方。过空桐，从广成子受自然之经'，即此

---

① 《皇览》是三国魏文帝时期由桓范、刘劭、王象、韦诞、缪袭等人奉敕所撰集的类书，共40余部，因供皇帝阅读，故称"皇览"。
② 《括地志》是唐朝时编修的一部大型地理著作，由唐初魏王李泰主编。
③ 此句为张守节《正义》语。

山"。《括地志》又云："笄头山，一名崆峒山，在原州平阳县西百里。《禹贡》：'泾水所出。'《舆地志》云：'即鸡头山也。'郦元云：'盖大陇山异名也。'《庄子》云：'广成子学道崆峒山，黄帝问道于广成子，盖在此。'"按：二处崆峒皆云黄帝登之。

《索隐》曰：后汉王孟塞鸡头道，在陇西，崆峒山之别名。

南至于江，登熊、湘。

《封禅书》曰：南伐至于召陵，登熊山。

《地理志》曰：湘山在长沙益阳县。

州洛阳西，齐桓公登之以望江汉也。湘山，一名艑山，在岳州巴陵县南。①

北逐荤粥，合符釜山，而邑于涿鹿之阿。迁徙往来无常处。

《索隐》曰：荤粥，匈奴别名也。唐虞已上曰"山戎"，亦曰"熏粥"，汉曰"匈奴"。合符，合诸侯符契、圭瑞，而朝之于釜山，犹禹会诸侯于涂山然也。又按：郭子横《洞冥记》称东方朔云"东海大明之墟有釜山，山出瑞云，应王者之符命"，如尧时有赤云之祥。盖黄帝黄云之瑞，故曰"合符应于釜山"也。

《括地志》云：釜山，在妫州怀戎县北。

以师兵为营卫。官名皆以云命，为云师。

应邵曰：黄帝受命有云瑞，故以云纪事也。春官为青云，夏官为缙云，秋官为白云，冬官为黑云，中官为黄云。

置左右大监，监于万国。万国和，而鬼神山川封禅与为多焉。上监，去声。下监，平声。若周邵分陕也。与，犹许也。推许以为多。多，犹大也。

获宝鼎，迎日推策。策，数也。迎数之也。日月朔望，未来而推之，故曰迎日。

《索隐》曰：《封禅书》曰，"黄帝得宝鼎神策下云'于是推策迎日'，则

---

① 此句为张守节《正义》引《括地志》语。

神策者，神蓍也。黄帝得蓍以推算历数，于是逆知节气日辰之将来，故曰推策迎日也"。

举风后、力牧、常先、大鸿以治民。风后，黄帝三公。力牧，黄帝相也。

《正义》曰：《帝王世纪》云，"黄帝梦大风吹天之尘垢皆去，又梦人执千钧之弩，驱羊万群。帝寤而叹曰：'风为号令，执政者也。垢去，土后在也。天下岂有姓风名后者哉？夫千钧之弩，异力者也。驱羊数万，能牧民为善者也。天下岂有姓力名牧者哉？'于是依二占而求之，得风后于海隅，登以为相。得力牧于大泽，进以为将。黄帝因著《占梦经》十一卷"。《艺文志》云："《风后兵法》十三篇，图三卷，《孤虚》二十卷，《力牧兵法》十五篇。"

顺天地之纪，幽明之占。死生之说，存亡之难。去声。

《索隐》曰：存亡犹安危也。《易》曰"危者安其位，亡者保其存"是也。难，犹说也。凡事是非未尽，假以往来之词，则曰难。又上文有"死生之说"，故此云"存亡之难"，所以韩非著书有《说林》《说难》也。

时播百谷草木，

《正义》曰：言顺四时所宜而布之也。

淳化鸟兽虫蛾，蛾，牛绮反。一作"豸"，直氏反。《尔雅》曰："有足曰虫，无足曰豸。"又蚁，通蚍蜉也。

《索隐》曰：言淳化广彼及之。

旁罗日月星辰水波土石金玉。旁，非一方。罗，广布也。一作"历离"，离，即罗也。

《索隐》曰：谓日月扬光，海水不波，山不藏珍，皆是帝德广被也。

劳勤心力耳目，节用水火材物。水，陂障决泄；火，山野禁放；材、木，物事也。

《正义》曰：言黄帝教民，江湖陂泽、山林原隰，皆收采禁捕以时，用之有节，令得其利也。

有土德之瑞，故号黄帝。

《索隐》曰：炎帝火，黄帝土代之。即"黄龙地螾见"是也。螾，土精，大五六围，长十余丈。螾，音引，"蚓"同。

黄帝二十五子，其得姓者十四人。

《索隐》曰：旧解破四为三，言得姓十三人耳。今按：《国语》胥臣云"黄帝之子二十五，宗其得姓者十四人，为十二姓：姬、酉、祁、己、滕、葴、任、荀、僖、姞、儇、依是也。唯青阳与夷鼓同己姓"。又云"青阳与苍林"。盖国语文误，所以致令前儒共疑其姬姓。青阳当为玄嚣，是帝喾祖本与黄帝同姬姓。其《国语》上文青阳，即是少昊金天氏为己姓者耳。既理在不疑，无烦破四为三。

黄帝居轩辕之丘，而娶于西陵之女，是为嫘祖。嫘祖为黄帝正妃，生二子，其后皆有天下。西陵，国名。

《索隐》曰：按，黄帝立四妃，象后妃四星。皇甫谧云："元妃西陵氏女，曰嫘祖，生昌意；次妃方雷氏女，曰女节，生青阳；次妃彤鱼氏女，生夷鼓，一名苍林；次妃嫫母，班在三人之下。"按：《国语》夷鼓、苍林是二人。又按《汉书·古今人表》彤鱼氏生夷鼓，嫫母生苍林，不得如谧所说。

其一曰玄嚣，是为青阳，青阳降居江水；

《索隐》曰：玄嚣，帝喾之祖。按：皇甫谧及宋衷皆云玄嚣、青阳即少昊也。今此纪下云"玄嚣不得在帝位"，则太史公意青阳非少昊明矣。而此又云"玄嚣是为青阳"，当是误也。谓二人皆黄帝子，并列其名。所以前史因误以玄嚣、青阳为一人耳。宋衷又云："玄嚣青阳是为少昊，继黄帝立者，而史不叙，盖少昊金德王，非五运之次，故叙五帝不数之也。"

《括地志》云：安阳故城在豫州，新恩县西南八十里。应劭云：古江国也。

其二曰昌意，降居若水。降，下也。

《索隐》曰：言帝子为诸侯，降居江水。江水、若水皆在蜀，即所封国也。《水经》曰，"水出旄牛徼外，东南至故关为若水，南过邛都，又东北至朱提县为泸江水"，是蜀有此二水也。

昌意娶蜀山氏女，曰昌仆，生高阳。高阳有圣德焉。

《正义》曰：《华阳国志》及《十三州志》云，"蜀之先肇于人皇之际。黄帝为子昌意娶蜀山氏，后子孙因封焉。帝颛顼高阳氏，黄帝之孙，昌意之子，母曰昌仆，亦谓之女枢。"《河图》云："瑶光如蜺贯月，正白，感女枢于幽房之宫，生颛顼，首戴干戈，有德文也。"

黄帝崩，葬桥山。

皇甫谧曰：在位百年而崩，年百一十一岁。

《索隐》曰：案《大戴礼》，"宰我问孔子曰：'荣伊言黄帝三百年，请问黄帝何人也？抑非人也？何以至三百年乎？'对曰：'生而人得其利百年，死而人畏其神百年，亡而人用其教百年。'"则士安之说略可凭矣。

《正义》曰：《列山［仙］传》云，"轩辕自择亡日，与群臣辞，还葬桥山。山崩，棺空，唯有剑舄①在棺焉。"

《皇览》曰：黄帝冢在上郡桥山。

《正义》曰：《括地志》云，"黄帝陵在宁州罗川县东八十里子午山。《地理志》云：'上郡阳周县桥山南有黄帝冢。'"按：阳周，隋改为罗川。《尔雅》云："山锐而高曰桥也。"

其孙昌意之子高阳立，是为帝颛顼也。

史记补 _{司马贞。}

流讫纪 在《三皇本纪》末段。

《春秋纬》称：自开辟至于获麟②，凡三百二十七万六千岁，分为十纪。凡世七万六百年。一曰九头纪，二曰五龙纪，三曰摄提纪，四曰合雒纪，五曰连通纪，六曰序命纪，七曰修飞纪，八曰回提纪，九曰禅通纪，十曰流讫

---

① 舄（xì），履也，即鞋子。
② 《春秋·哀公十四年》："春，西狩获麟。"此处指孔子时代。

纪。盖流讫当黄帝时，制九纪之间。是以录于此补纪之也。

古　史[①]苏辙。

[①]　《古史》以下页面原缺。

天都逸史潘之恒景升纂
宴然居士罗大冠玄甫校

纪初一·之四

史记·二

《三皇纪》云：神农纳奔水氏之女曰听詙为妃。生帝哀，哀生帝克，克生帝榆罔。凡八代，五百三十年。而轩辕氏兴焉。其后有州、甫、甘、许、戏、露、齐、纪、怡、向、甲[申]、吕，皆姜姓之后，并为诸侯，或分四岳。当周室，甫侯、申伯为王贤相，齐、许列为诸侯，霸于中国。盖圣人德泽广大，故其祚胤繁昌久长云。

《舜纪》云：昔帝鸿氏有不才子，掩义隐贼，好行凶慝[1]，天下谓之浑沌。
贾逵曰：帝鸿，黄帝也。不才子，其苗裔驩兜也。
《正义》曰：慝，恶也。一本云"天下之民谓之浑沌"，浑沌即驩兜也。杜预云："浑沌，不开通之貌。"《神异经》云："昆仑西有兽焉，其状如犬，长毛，四足，似罴而无爪，有目而不见，行不开，有两耳而不闻。有人知性，有腹无五脏，有腹直短，食径过，人有德行而往抵角，有凶恶而行，依凭之，名浑沌。"又《庄子》云："南海之帝为儵、忽，中央之帝为浑沌。儵、忽时相遇于浑沌之地，浑沌待之甚善。儵与忽谋，欲报浑沌之德，曰：'人皆有七窍以视听食息，此独无有，试凿之。'日凿一窍，七日而浑沌死。"按，言驩兜性以故号之也。

《夏本纪》云：禹之父曰鲧，鲧之父曰帝颛顼，颛顼之父曰昌意，昌意之父曰黄帝。禹者，黄帝之玄孙，而帝颛顼之孙也。

---

[1] 慝（tè），邪恶。

黄　海
HUANG HAI

《周本纪》云：武王追思先圣，王乃褒封神农之后于焦，黄帝之后于祝，《正义》曰：《左传》云，"祝其，实夹谷"。杜预云："夹谷即祝其也。"服虔云："东海郡祝其县也。"帝尧之后于苏〔蓟〕，帝舜之后于陈，大禹之后于杞。

《高祖本纪》云：刘季立为沛公，祠黄帝、祭蚩尤于沛庭，而衅鼓。

应劭曰：古传云，"黄帝战于贩〔阪〕泉以定天下，蚩尤好五兵，故祠祭之，求福祥也"。

瓒曰：管仲曰，"葛卢山交而出水，金从之出，蚩尤受之，以作剑戟"。

《武帝本纪》云：古者天子常以春秋解祠，祠黄帝用一枭破镜。

孟康曰：枭，鸟名，食母。破镜，兽名，食父。黄帝欲绝其类，使百物祠皆用之，破镜如貙而虎眼，或云直用破镜。

如淳曰：汉使东郡送枭，五月五日为枭羹以赐百官。以恶鸟，故食之。

天子病鼎湖甚。

晋灼曰：在湖县。

韦昭曰：地名，近宜春。

《索隐》曰：湖，县名，属京兆，后属弘农。昔黄帝采首阳山铜铸鼎于湖，曰"鼎湖"，即今之湖城县也。韦昭以为近宜春，亦甚疏。

夏六月中，访①汾阴巫锦为民祠魏脽后土营旁，见地如钩状，掊视得鼎。鼎大异于众鼎，文缕无款识，怪之，言吏。吏告河东太守胜，胜以闻。天子使使验问巫锦得鼎无奸诈，乃以礼祠，迎鼎至甘泉。从行，上荐之。至中山，晏温，有黄云盖焉。有麃②过，上自射之，因以祭云。■至长安，公卿大夫皆议请尊宝鼎。天子曰："间者河溢，岁数不登，故巡祭后土，祈为百姓育谷。今年丰庑③未有报，鼎曷为出哉？"有司皆曰："闻昔大帝兴神鼎一，一者一统，天地万物所系终也。黄帝作宝鼎三，象天地人也。禹收九牧之金，铸

---

① 查《史记》诸版本，皆无"访"字。
② 麃（páo），古同"狍"，鹿一类的动物，比鹿小。
③ 丰庑，丰歉。

九鼎，皆尝鬺①烹上帝鬼神。遭圣则兴，迁于夏商。周德衰，宋之社亡，鼎乃沦伏而不见。颂云'自堂徂②基，自羊徂牛；鼐鼎及鼒③，不虞不骜，胡考之休'。今鼎至甘泉，光润龙变，承休无疆。合兹中山，有黄白云降盖，若兽为符，路弓乘矢，集获坛下，报祠大飨。惟受命而帝者，心知其意而合德焉。鼎宜见于祖祢④，藏于帝廷，以合明应。"制曰："可。"

齐人公孙卿曰：今年得宝鼎，其冬辛巳朔旦冬至，与黄帝时等。卿有札书曰："黄帝得宝鼎宛侯，问于鬼臾区。区对曰：'黄帝得宝鼎神策，是岁己酉朔旦冬至，得天之纪，终而复始。'于是黄帝迎日推策，后率二十岁得朔旦冬至，凡二十推，三百八十年。黄帝仙登于天。"卿因所忠欲奏之。所忠视其书不经，疑其妄书，谢曰："宝鼎事已决矣，尚何以为！"卿因嬖人⑤奏之。上大说，召问卿。对曰："受此书申功，申功已死。"上曰："申功何人也？"卿曰："申功，齐人也。与安期生通，受黄帝言，无书，独有此鼎书。曰'汉兴复当黄帝之时。汉之圣者在高祖之孙且曾孙也。宝鼎出而神与通，封禅。封禅七十二王，唯黄帝得上泰山封'。申功曰：'汉主亦当上封，上封则能仙登天矣。黄帝时万诸侯，而神灵之封居七千。天下名山八，而三在蛮夷，五在中国。中国华山、首山、太室、泰山、东莱，此五山黄帝之所常游，与神会。黄帝且战且学仙。患百姓非其道，乃断斩非鬼神者。百余岁然后得与神通。黄帝郊雍上帝，宿三月。鬼臾区号大鸿，死葬雍，故鸿冢是也。其后黄帝接万灵明廷。明廷者，甘泉也。所谓寒门者，谷口也。黄帝采首山铜，铸鼎于荆山下。鼎既成，有龙垂胡䫇⑥下迎黄帝。黄帝上骑，群臣后宫从上龙七千⑦[十]余人，龙乃上去。余小臣不得上，乃悉持龙䫇，龙䫇拔，堕黄帝之弓。百姓仰望，黄帝既上天，乃抱其弓与龙胡䫇号。故后世因名其处曰鼎湖，其弓曰乌号。'"于是天子曰："嗟乎！吾诚得如黄帝，吾视去妻子如脱屣⑧耳。"

---

① 鬺（shāng），烹煮牲肉以祭祀。
② 徂，往。
③ 鼐，大鼎。鼒（zī），上端收敛而口小的鼎。
④ 祢，古代对已在宗庙中立牌位的亡父的称谓。祖祢，此处泛指祖先。
⑤ 嬖人，皇帝所偏爱之人。
⑥ 䫇（rán），通"髯"，颊须也。
⑦ 他本皆作"十"，从之。
⑧ 屣（xǐ），鞋。

乃拜卿为郎，东使候神于太室。

上遂郊雍，至陇西，西登空桐，幸甘泉。令祠官宽舒等具泰一祠坛，坛放薄忌泰一坛，坛三垓。五帝坛环居其下，各如其方，黄帝西南，除八通鬼道。泰一所用，如雍一畤物，而加醴枣脯之属，杀一牦牛以为俎豆牢具。而五帝独有俎豆醴进。其下四方地，为馂食群臣从者及北斗云。已祠，胙余皆燎之。其牛色白，鹿居其中，彘在鹿中，水而洎之。祭日以牛，祭月以羊、彘特，泰一祝宰则衣紫及绣。五帝各如其色，日赤，月白。

十一月辛巳朔旦，冬至，昧爽，天子始郊拜泰一。朝朝日，夕夕月，则揖；而见泰一如雍礼。其赞飨曰："天始以宝鼎神策授皇帝，朔而又朔，终而复始，皇帝敬拜见焉。"而衣上黄。其祠列火满坛旁，坛旁烹炊具。有司云"祠上有光焉"。公卿言，"皇帝始郊见泰一云阳，有司奉瑄玉嘉牲荐飨。是夜有羌〔美〕光，及昼，黄气上属天"。太史公、祠官宽舒等曰："神灵之休，祐福兆祥，宜因此地光域，立泰畤坛以明应。令大祝领祀，及腊间祠。三岁天子一郊见。"

其秋，为伐南越，告祷泰一，以牡荆画幡日月北斗登龙以象天一三星，为泰一锋，名曰"灵旗"。为兵祷，则太史奉以指所伐国。

上■■〔议曰〕："古者先振兵泽旅，然后封禅。"乃遂北巡朔方，勒兵十余万，还祭黄帝冢桥山，泽兵须如。上曰："吾闻黄帝不死，今有冢，何也？"或对曰："黄帝已仙上天，群臣葬其衣冠。"即至甘泉，为且用事泰山，先类祠泰一。

自得宝鼎，上与公卿诸生议封禅。

天子既闻公孙卿及方士之言，黄帝以上封禅，皆致怪物与神通，欲放黄帝以尝接神仙人蓬莱士，高世比德于九皇，而颇采儒术以文之。

伐朝鲜。夏，旱。公孙卿曰："黄帝时封则天旱，干三年。"上乃下诏曰："天旱，意干封乎？"

初，天子封泰山，泰山东北址古时有明堂处，处险不敞。上欲治明堂奉高旁，未晓其制度。济南人公玉带上黄帝时明堂图。明堂图中有一殿，四面无壁，以茅盖，通水，圜宫垣为复道，上有楼，从西南入，命曰昆仑。天子从之入，以拜祠上帝焉。于是上令奉高作明堂汶上，如带图。及五年修封，则祠泰一、五帝于明堂上坐，令高皇帝祠坐对之。祠后土于下房，以二十太牢。天子从昆仑道入，始拜明堂如郊礼。礼毕，燎堂下。而上又上泰山，有秘祠其颠。而泰山下祠五帝，各如其方。黄帝并赤帝，而有司侍祠焉。泰山上举火，下悉应之。

其后二岁，十一月甲子朔旦冬至，推历者以本统。天子亲至泰山，以十一月甲子朔旦冬至日祠上帝明堂，每修封禅。其赞飨曰："天增授皇帝泰元神策，周而复始。皇帝敬拜泰一。"

上还，以柏梁灾故，朝受计甘泉。公孙卿曰："黄帝就青灵台，十二日烧，黄帝乃治明庭。明庭，甘泉也。"方士多言古帝王有都甘泉者。其后天子又朝诸侯甘泉，甘泉作诸侯邸。

东巡海上，考神仙之属，未有验者。方士有言，"黄帝时为五城十二楼，以候神人于执期，命曰迎年"。上许作之如方。明年，上亲礼祠上帝，衣上黄焉。

公玉带曰："黄帝时虽封泰山，然风后、封巨、岐伯令黄帝封东泰山，禅凡山，合符然后不死焉。"

《三代世表》：太史公曰：五帝、三代之记，尚矣。《索隐》曰：按，此表依《音[帝]系》反[及]①《系本》，其实叙五帝三代，而篇唯名三代系表者，以三代代系长远，宜以名篇。且三代皆出自五帝，故叙三代要从五帝而起首也。刘氏云："尚，犹久古也。'尚矣'之文，元出《大戴礼》，彼云：'黄帝尚矣。'"自殷以前，诸侯不可得而谱，周以来乃颇可著。孔子因史文次春秋，纪元年，正时日月，盖其详哉。至于序《尚书》则略，无年月；或颇有，然多阙，不可录。故疑则传疑，盖有[其]镇[慎]也。余读谍记，《索隐》曰：谍，音牒。牒者，记系谥之书也。下云"稽历谱牒"，谓历代之谱牒也。黄帝以来皆有年数。稽其历谱谍终始五德之传，《索隐》曰：音转。谓帝王更王，以金木水火土之五德，传次相承，终而复始。故云"终始五德之传也"。古文咸不同，乖异。夫子之弗

---

① 按四库全书本《史记索隐》，"音"作"帝"，"反"作"及"，从之。

黄　海
HUANG HAI

论次其年月，岂虚哉！于是以《五帝系谍》《尚书》集世纪黄帝以来讫共和为《世表》。《索隐》曰：按，《大戴礼》有《五帝德》及《帝系》篇，盖太史公取此二篇之谍及《尚书》，集而纪黄帝以来为系表也。历王奔彘，周、召二公共相王室，故曰"共和"。皇甫谧［谥］曰"共伯和干王位"，则以共国伯爵，和其名也，干王位言篡也，与史迁之说不同，盖异说耳。

山史云：以下表式分为八奕，以横者纵之，便于录也。如正文则史记具在。

帝王世国号第一。

黄帝。号有熊。

帝颛顼。黄帝孙，起黄帝，至颛顼三世。

帝喾。黄帝曾孙，起黄帝，至帝喾四世，号高辛。

帝尧。起黄帝，至喾子五世，号唐尧。

帝舜。黄帝玄孙之玄孙，号虞。

帝禹。黄帝耳孙，号夏。

帝启。伐有扈，作《甘誓》。

帝太康。

帝仲康。太康弟。

帝相。

帝少康。

帝予。《索隐》曰："直吕反，亦作'宁'。"《正义》曰："相为过浇所灭，后缗归有仍生少康，其子予复禹绩。"

帝槐。《索隐》曰：音回，一音怀，《系本》作"芬"。

帝芒。《索隐》曰：音亡，亦作"荒"。

帝泄。《索隐》曰：音薛。

帝不降。

帝扃。不降弟。《索隐》曰：古荧反。

帝廑。《索隐》曰：其靳反，又音勤。

帝孔甲。不降子，好鬼神淫乱，不好德，二龙去。

帝皋。《索隐》曰：宋衷云："墓在崤南陵。"

帝发。《索隐》曰：帝皋子也。《系本》云："帝皋生发及履癸。履癸一名桀。"

从禹至桀十七世，黄帝至桀二十世。

殷汤代夏氏。从黄帝至汤十七世。

帝外丙。汤太子太丁，早卒，故立次弟外丙。

帝仲壬。外丙弟。

帝太甲。故太子太丁子，淫。伊尹放之桐宫三年，悔过自责，伊尹乃迎之复位。

帝沃丁。伊尹卒。

帝太庚。沃丁弟。

帝小甲。太庚弟，殷道衰，诸侯或不至。《索隐》曰："《殷本纪》及《系本》皆云：'小甲，太庚子。'"

帝雍己。小甲弟。

帝太戊。雍己弟，以桑谷生，称中宗。

帝中丁。俗本作"仲丁"。

弟外壬。中丁弟。

帝河亶甲。外壬弟。

帝祖乙。

帝祖辛。

帝沃甲。祖辛弟。《索隐》曰："《系本》作'开甲'。"

帝祖丁。祖辛子。

帝南庚。沃甲子。

帝阳甲。祖丁子。

帝盘庚。汤甲弟，徙河南。

弟小辛。盘庚弟。

弟小乙。小辛弟。

帝武丁。雉升鼎耳雊，得傅说，称高宗。

帝祖庚。

帝甲。祖庚帝淫。徐广曰："一云淫德殷衰。"

帝廪辛。《索隐》曰：或作"冯辛"。《系本》作"祖辛"，误也。按，上祖乙已生祖辛，故知非也。

帝庚丁。廪辛弟，殷徙河北。

帝武乙。慢神震死。

帝太丁。

帝乙。殷益衰。

帝辛。是为纣弑。

从汤至纣二十九世，从黄帝至桀［纣］四十六世。

周武王代殷。从黄帝至武王十九世。

成王诵。《索隐》曰：本或作"庸"，非。

康王钊。刑错四十余年。《索隐》曰："钊，克尧反。又音昭。"

昭王瑕。南巡不反不赴，讳之。《索隐》曰："音退。宋衷云：'昭王南伐楚辛，山靡为左，涉汉中流而陨。由靡承王，遂卒不复周，乃侯其后于西翟也。'"

穆王满。作甫刑荒服不至。

恭王伊扈。

懿王坚。周道衰，诗人作刺。

孝王方。懿王弟。

夷王燮。懿王子。

厉王胡。以恶闻，遇乱出奔，遂死于彘。

共和。二伯行政。

颛顼属第二。

黄帝生昌意，昌意生颛顼，为高阳氏。

俈属第三。

黄帝生玄嚣，玄嚣生蟜极，蟜极生高辛，高辛生帝俈。《索隐》曰："黄帝玄孙。"

尧属第四。

黄帝生玄嚣，玄嚣生蟜极，蟜极生高辛，高辛生放勋，放勋为尧。

舜属第五。

黄帝生昌意，黄帝生颛顼，颛顼生穷蝉。《索隐》曰："《系本》作'穷系'。宋衷曰：'穷系，谥也。'"穷蝉生敬康，敬康生句望，句望生蟜牛，蟜牛生瞽叟，瞽叟生重华，是为帝舜。

夏属第六。

黄帝生昌意，昌意生颛顼，颛顼生鲧，鲧生文命。《索隐》曰："《汉书》：颛顼五代而生鲧，此及帝系皆云颛顼生鲧，是古文阙其代系也。"文命是为禹。

殷属第七。

黄帝生玄嚣，玄嚣生蟜极，蟜极生高辛，高辛生禼，禼为殷祖。禼生昭明，昭明生相土，相土生昌若，昌若生曹圉，曹圉生冥，冥生振，振生微，微生报丁，报丁生报乙，报乙生报丙，报丙生主壬，主壬生主癸，主癸生天乙，是为殷汤。从汤至黄帝十七世。

周属第八。

黄帝生玄嚣，玄嚣生蟜极，蟜极生高辛，高辛生后稷，为周祖。后稷生不窋，不窋生鞠，鞠生公刘，公刘生庆节，庆节生皇仆，皇仆生差弗，差弗生毁渝，毁渝生公非，公非生高圉，高圉生亚圉，亚圉生公祖类，公祖类生太王亶父，亶父生季历，季历生文王昌。益《易》卦。文王昌生武王发。

张夫子问褚先生曰："诗言契、后稷皆无父而生。今按诸传记，咸言有父，父皆皇帝子也。《索隐》曰：按，上契及后稷皆帝喾子。此云"黄帝子"者，谓是黄帝之子孙耳。按，喾是黄帝曾孙，而契、弃是玄孙也。得无与诗谬乎？"

褚先生曰："不然。诗言契生于卵［卵］，后稷人迹者，欲见其有天命精诚之意耳。鬼神不能自成，须人而生，奈何无父而生乎？一言有父，一言无父，信以传信，疑以传疑，故两言之。尧知契、稷皆贤人，天之所在，故封之契七十里，后十余世，至汤王天下。尧知后稷子孙之后王也，故益封之百里。其后世且千岁，至文王而有天下。《诗传》曰：'汤之先为契，无父而生。契母与姊妹浴于玄丘水，有燕衔卵堕之，契母得，故含之，误吞之，即生契。契生而贤，尧立为司徒，姓之四［曰］子氏，子者，兹盖大也。诗人美而颂之曰："殷社芒芒，天命玄鸟，降而生商。"商者，质，殷号也。文王之先为后稷，后稷亦无父而生。后稷母为姜嫄，出见大人迹而履践之，知于身则生后稷。姜嫄以为无父，贱而弃之道中，牛羊避不践也。抱之山中，山者养之，又捐之大泽，鸟覆席食之。姜嫄怪之，于是知其天子，乃取长之。尧知其贤才，立以为大农，姓之［曰］姬氏。姬者，本也。诗人美而颂之曰："厥初生民"，深修益成，而道后稷之始也。'孔子曰：'昔者尧命契为子氏，为有汤也；命后稷为姬氏，为有文王也。太王命季历，明天瑞也。太伯之吴，遂生源也。'天命难言，非圣人莫能见。舜、禹、契、后稷皆黄帝子孙也。黄帝策天命而治天下，德泽深后世，故其子孙皆复立为天子，是天之报有德也。人不知，以为泛从布衣匹夫起耳。夫布衣匹夫安能无故而起王天下乎？其有天命然。"

"黄帝后世何王天下之久远邪？"

黄海
HUANG HAI

曰："《传》云，天下之君王为万夫之黔首请赎民之命者帝，有福万世。黄帝是也。五政明则修礼义，因天时举兵征伐而利者王，有福千世。蜀王，黄帝后世也。《索隐》曰："按《系本》蜀无姓，相承云黄帝后世子孙也。且黄帝二十五子分封赐姓，或于蛮夷，盖当然也。《蜀王本纪》云朱提有男子杜宇，从天而下，自称望帝，亦蜀王也。则杜姓出唐杜氏，盖陆终氏之胤，亦黄帝之后也。"《正义》曰："谱记普云蜀之先肇于人皇之际。黄帝与子昌意娶蜀山氏女，生帝喾，立封其支庶于蜀，历虞、夏、商。周衰，先称王者蚕丛，国破，子孙居姚、隽等处。"至今汉西南五千里，常来朝降，输献于汉，非以其先之有德，泽流后世邪？行道德岂可以忽乎哉？人君王者举而观之，汉大将军霍子孟名光者，亦黄帝后世也。《索隐》曰：按《系本》云霍国真姓后，周武王封弟叔处于霍。是姬姓亦黄帝后也。此可为博闻远见者言，固难为浅闻者说也。何以言之？古诸侯以国为姓，霍者，国名也。武王封弟叔处于霍，后世晋献公灭霍公，后世为庶民，往来居平阳。平阳在河东。河东，晋地，分为魏国，以《诗》言之，亦可为周世。周起后稷，后稷无父而生。以三代世传言之，后稷有父，名高辛。高辛，黄帝曾孙。《黄帝终始传》曰：'汉兴百有余年，有人不短不长，出白燕之卿[乡]，持天下之政。时有婴儿主，却行车。'霍将军者，本居平阳白燕，臣为郎时，与方士考功会旗亭下，为臣言。岂不伟哉！"

《侯表》云：《孝武封国表》云，"富民侯田千秋家在长陵，以故高庙寝郎上书谏孝武曰：'子弄父兵，罪当苔[笞]。父子之怒，自古有之。蚩尤畔父，黄帝涉江。'"

《乐书》曰：《泰章》，章之也；尧乐名。咸池，备也；郑玄曰："黄帝所作乐名，尧增修而用之。咸，皆也。池之言施也，言德之无不施也。"王肃曰："包容浸润，行化皆然。故曰备也。"《韶》，继也；《夏》，大也；殷周之乐尽也。

武王克殷反商，未及下车而封黄帝之后于苏，封帝后之后于祝，封帝舜之后于陈。

卫灵公之时，将之晋，至于濮水之上，舍。夜半时，闻鼓琴声，问左右，皆曰不闻。乃召师涓，曰："吾闻鼓琴音，问左右皆不闻，其状似鬼神，为我听而写之。"师涓曰："诺。"因端坐援琴，听而写之。明日，曰：

54

"臣得之矣,然未习也,请宿习之。"灵公曰:"可。"因复宿。明日报曰:"习矣。"即去之晋,见晋平公。平公置酒于施惠之台,酒酣,灵公曰:"今者来,闻新声,请奏之。"平公曰:"可。"即令师涓坐师旷旁,援琴鼓之。未终,师旷抚而止之曰:"此亡国之声也,不可听。"平公曰:"何道出?"师旷曰:"师延所作也,与纣为靡靡之乐。武王伐纣,师延东走,自投濮水之中,故闻此声必于濮水之上,先闻此声者国削。"平公曰:"寡人所好者,音也,愿遂闻之。"师涓鼓而终之。

平公曰:"音无此最悲乎?"师旷曰:"有。"平公曰:"可得闻乎?"师旷曰:"君德义薄,不可以听。"平公曰:"寡人所好者,音也,愿闻之。"师旷不得已,援琴而鼓之。一奏之,有玄鹤二八集乎廊门;再奏之,延颈而鸣,舒翼而舞。

平公大喜,起而为师旷寿。反坐,问曰:"音无此最悲乎?"师旷曰:"有。昔者黄帝以大合鬼神,今君德义薄,不足以听之。听之将败。"平公曰:"寡人老矣,所好者音也,愿遂闻之。"师旷不得已,援琴而鼓之。一奏之有白云从西北起;再奏之,大风至而雨随之,飞廊瓦,左右皆奔走。平公恐惧,伏于廊屋之间。晋国大旱,赤地三年。

《律书》曰:昔黄帝有涿鹿之战,以定火灾。<small>文颖曰:神农子孙暴虐,黄帝伐之,故以定火灾。</small>

《索隐·述赞》曰:自昔轩后,爰命伶伦。雄雌是听,厚薄伊均。以调气候,以轨星辰。军容取饰[节],乐器斯因。自微知著,测化穷神。大哉虚受,含养生人。

太史公曰:神农以前尚矣。盖黄帝考定星历,建立五行,起消息,正余闰,于是有天地神祇物类之官,是谓五官。各司其序,不相乱也。民是以能有信,神是以能有明德。民神异业,敬而不渎,故神降之嘉生,民以物享,灾祸不生,所求不匮。①

武帝改元,诏曰:盖闻昔者,黄帝合而不死,名察度验,定清浊,起五

---

① 按,此为《史记·历书》部分内容。

黄海
HUANG HAI

部。建气物分数，然盖尚矣。应劭曰："言黄帝造历得仙，名节会，察寒暑，致启闭分至，定清浊，起五部。五部，金、木、水、火、土也。建气物分数，皆叙历之意也。"孟康曰："合，作也。黄帝作历，历终复始无穷已，故曰'不死'。清浊，律声之清浊也。五部，五行也，天有四时，为五行也。气，二十四气。物，万物也。分，历数之分也。"瓒曰："黄帝圣德，与虚合契，升龙登仙于天，故曰合而不死，题名宿度，候察进退，谓三辰之度，吉凶之验也。"

《天官书》曰：诸此云见，以五色合占，而泽抟宓。《正义》曰，崔豹《古今注》云："黄帝与蚩尤战于涿鹿之野，常有五色云气、金枝玉叶止于帝上，有花葩之象，故因作华盖也。"

《封禅书》云：秦文公梦黄蛇自天下属地，其口止于鄜衍。文公问史敦，敦曰："此上帝之征，君其祠之。"于是作鄜畤，用三牲郊祭白帝焉。自未作鄜畤也，而雍旁故有吴阳武畤，雍东有好畤，皆废无祠。或曰："自古以雍州积高，神明之隩，故立畤郊上帝，诸神祠皆娶［聚］云。盖黄帝时尝用事，虽晚周亦郊焉。"其语不经见，缙绅者不道。

黄帝封泰山，禅序［亭］亭。

秦灵公作吴阳上畤，祭黄帝，作下畤，祭炎帝。

黄帝得土德，黄龙地螾见鸿冢。《索隐》曰：黄帝臣大鸿葬雍，鸿冢盖因大鸿葬为名也。

窦太后治黄老言，不好儒术。

少君言上曰：祠灶则致物，致物而丹沙可化为黄金，黄金成以为饮食器则益寿，益寿而蓬莱仙者乃可见，见之以封禅则不死，黄帝是也。

齐人公孙卿曰："今年得宝鼎，其冬辛巳朔旦冬至，与黄帝时等。"卿有札书曰："黄帝得宝鼎宛朐，问于鬼臾区。鬼臾区对曰：'黄帝得宝鼎神策，是岁己酉朔旦冬至，得天之纪，终而复始。'于是黄帝迎日推策，后率二十岁复朔旦冬至，凡二十推，三百八十年，黄帝仙登于天。"卿因所忠欲奏之。所忠视其书不经，疑其妄书，谢曰："宝鼎事已决矣，尚何以为？"卿女［因］嬖人奏之。上大说，乃召问卿。对曰："受此书申公，申公已死。"上曰："申公何人也？"卿曰："申公，齐人。与安期生通，受黄帝言，无书，独有此鼎。书曰：'汉兴复当黄帝之时'。曰'汉之臣者在高祖之孙且曾孙也。宝鼎出而与神通，封禅。封禅七十二王，唯黄帝得上泰山封'。申公曰：'汉主亦当上封，上封则能仙登天矣。黄帝时万诸侯，而神灵之封居七千。天下名山八，而三在蛮夷，五在中国。中国华山、首山、太室、泰山、东莱，此五山黄帝之所常游，与神会。黄帝且战且学仙。患百姓非其道者，乃断斩非鬼神者。百余岁然后得与神通。黄帝郊雍上帝，宿三月。鬼臾区号大鸿，死葬雍，故鸿冢是也。其后黄帝接万灵明廷。明廷者，甘泉也。所谓寒门者，谷口也。黄帝采首山铜，铸鼎于荆山下。鼎既成，有龙垂胡髯下迎黄帝。黄帝上骑，群臣后宫从上者七十余人，龙乃上去。余小臣不得上，乃悉持龙髯，龙髯拔堕，堕黄帝之弓。百姓仰望黄帝既上天，乃抱其弓与胡髯号，故后世因名其处曰鼎湖，其弓曰乌号。'"于是天子曰："嗟乎！吾诚得如黄帝，吾视去妻子如脱屣耳。"乃拜卿为郎，东使侯〔候〕神于太室。

天子既闻公孙卿及方士之言，黄帝以上封禅，皆致怪物与神通，欲放①黄帝，以上接神仙人蓬莱士，高世比德于九皇，而颇采儒术以文之。

公孙卿曰：黄帝就青灵台，十二日烧，黄帝乃治明庭。明庭，甘泉也。

方士有言，黄帝时为五城十二楼，以候神人于执期，命曰"迎年"。上许作之如方，命曰"明年"，上亲礼祠上帝焉。

公玉带曰：黄帝时虽封太山，然风后、封巨、歧伯令黄帝封东太山、禅凡徐广曰：一作九。山，合符然后不死焉。

右书纪多互见，今并存之，庶不违作者意尔。

楚之先祖出自帝颛顼高阳。高阳者，黄帝之孙、昌意之子也。高阳生称，称生卷章，卷章生重黎，重黎为帝喾高辛居火正，甚有功，能光融天下。帝喾命曰"祝融"。共工氏作乱，帝喾使重黎诛之而不尽，帝乃以庚寅日诛重黎，而以其弟吴回为重黎后，复居火正，为祝融。

吴回生陆终，陆终生子六人，坼剖而产焉。其长一曰昆吾，卫是也，己姓所出。二曰参胡，韩是也，斯姓无后。三曰彭祖，名前，一名篯铿，彭城是也。四曰会人，郑是也，姬姓所出郐国也。五曰曹姓，邾是也。六曰季连，芈姓，楚其后也。芈者，弥是反，羊声也。出《楚世家》。

---

① 放，通"仿"。

黄　海
HUANG HAI

窦太后好黄帝、老子言，帝及太子、诸窦不得不读《黄帝》《老子》，尊其术。出《外戚世家》。

申不害者，京人也。申子之学本于黄老而主刑名，著书二篇，号曰《申子》。韩非者，韩之诸公子也。喜刑名法术之学，而其归本于《黄》《老》。①

驺衍睹有国者益淫侈，不能尚德，若《大雅》整之于身，施及黎庶矣。乃深观阴阳消息而作怪迂之变，《终始》《大圣》之篇十余万言。其语闳大不经，必先验小物，推而大之，至于无垠。先序今以上至黄帝，学者所共术，大并世盛衰，因载其禨祥度制，推而远之，至天地未生，窈冥不可考而原也。

慎到，赵人。田骈、接子，齐人，环渊，楚人。皆学黄老道德之术，因发明序其指意。故慎到著十二论，环渊著上下篇，而田骈、接子皆有所论焉。②

《乐毅列传》。秦灭赵，其后二十余年，高帝过赵，问："乐毅有后世乎？"对曰："有乐叔。"高帝封之乐乡，号曰华成君。华成君，乐毅之孙也。而乐氏之族有乐瑕公、乐臣公。赵且为秦所灭，亡之齐高密。乐臣公善修黄帝、老子之言，显闻于齐，称贤师。

太史公曰：始齐之蒯通及主父偃读乐毅之《报燕王书》，未尝不废书而泣也。乐臣公学《黄帝》《老子》，其本师号曰"河上丈人"，不知其所出。河上丈人教安期生，安期生教毛翕公，毛翕公教乐瑕公，乐瑕公教乐臣公，乐臣公教盖公。盖公教于齐高密、胶西，为曹相国师。

李斯说秦王曰：今诸侯服秦，譬若郡县。夫以秦之强，大王之贤，由灶上骚除，足以灭诸侯，成帝业，为天下一统，此万世之一时也。今怠而不急

---

① 出自《史记·老子韩非列传》。
② 出自《史记·孟子荀卿列传》。

就，诸侯复强，相聚约从，虽有黄帝之贤，不能并也。①

郦生曰：夫汉王发蜀汉，定三秦；涉西河之外，援上党之兵；下井陉，诛成安君；破北魏，举三十二城，此蚩尤之兵也，非人之力也，天之福也。②

《张释之列传》。后文帝崩，景帝立，释之恐，《索隐》曰：景帝为太子，时与梁王入朝，不下司马门，释之曾劾奏，故恐也。称病，欲免去，惧大诛至；欲见谢，则未知何如。用王生计，卒见谢，景帝不过也。

王生者，善为黄老言，处士也。尝召居廷中，三公九卿尽会立，王生老人曰"吾袜解"，顾谓张廷尉："为我结袜！"释之跪而结之。既已，人或谓王生曰："独奈何廷辱张廷尉，使跪结袜？"王生曰："吾老且贱，自度终无益于张廷尉。张廷尉方今天下名臣，吾故聊辱廷尉，使跪结袜，欲以重之。"诸公闻之，贤王生而重张廷尉。

邓公，成固人也。多奇计，建元中，上招贤良，公卿言邓公，时邓公免，起家为九卿。一年，复谢病免归。其子章以修黄、老言，显于诸公间。

初晁错已死，谒者仆射邓公《汉书》作邓先。为校尉。击吴楚军为将。还，上书言军事，谒见上。上问曰："道军所来，闻晁错死，吴楚罢不？"邓公曰："吴王为反数十年矣，发怒削地，以诛错为名，其意非在错也。且臣恐天下之士噤口，不敢复言也。"上曰："何哉？"邓公曰："夫晁错患诸侯强大不可制，故请削地以尊京师，万世之利也。计画始行，卒受大戮。内杜忠臣之口，外为诸侯报仇，臣窃为陛下不取也。"于是景帝默然良久，曰："公言善，吾亦恨之。"乃拜邓公为城阳中尉。

山史云：王先生、邓公皆奇士，千古尸祝之，故借《黄海》为表。微且邓公义高于王先生，不独以子章显也。

田叔者，赵陉城人也。其先，齐田氏苗裔也。叔喜剑，学《黄》《老》术

---

① 出自《史记·李斯列传》。
② 出自《史记·郦生陆贾列传》。

于乐臣公所。叔为人刻廉自喜，喜游诸公。①

武安侯田蚡者，孝景后同母弟也。蚡辨有口，学《槃盂》诸书，应劭曰：黄帝使孔甲所作铭也，凡二十六篇，书槃盂中。王太后贤之。

窦太后好黄老之言，而魏其、武安、赵绾、王臧等务隆推儒术，贬道家言，是以窦太后滋不说魏其等。及建元二年，御史大夫赵绾请无奏事东宫，窦太后大怒，乃罢逐赵绾、王臧等，而免丞相、太尉。②

司马相如《封禅书》曰：伊上古之初肇，自昊穹兮生民。历撰列辟，以迄于秦。率迩者踵武，逖听者风声。纷纶威蕤，堙灭而不称者，不可胜数也。续《昭》《夏》，崇号谥，略可道者七十有二君。罔若淑而不昌，畴逆失而能存？轩辕之前，遐哉邈乎，其详不可得闻也。五三六经载籍之传，维见可观也。③

《汲黯列传》。黯学黄老之言，治官理民，好清静，择丞史而任之。其治责大指而已，不苛小。

郑当时者，字庄，陈人也。庄好黄老之言，其慕长者，如恐不见，年少官薄，然其游知交皆其大父行，天下有名之士也。

《儒林列传》。孝惠、吕后时，公卿皆武力有功之臣。孝文时颇征用，然孝文帝本好刑名之言。及至孝景，不任儒者，而窦太后又好黄老之术，故诸博士具官待问，未有进者。

及窦太后崩，武安侯田蚡为丞相，绌黄、老、刑名、百家之言，延文学儒者数百人，而公孙弘以《春秋》白衣为天子三公，封以平津侯。天下之学士靡然乡风矣。

扁鹊者，《正义》曰：《黄帝八十一难序》云，"秦越人，与轩辕时扁鹊相类，仍号之为扁鹊。又家于卢国，因命之曰卢医也"。勃海郡郑人也。徐广曰："郑"当为"鄚"，鄚，县名，今属河

---

① 出自《史记·田叔列传》。
② 出自《史记·窦婴田蚡灌夫列传》。
③ 出自《史记·司马相如列传》。

间。姓秦氏，名越人，少时为人舍长。舍客长桑君过，《索隐》曰：隐者，盖神人也。扁鹊独奇之，常谨遇之。长桑君亦知扁鹊非常人也。出入十余年，乃呼扁鹊私坐，闲与语曰："我有禁方，年老，欲传与公，公毋泄。"扁鹊曰："敬诺。"乃出怀中药予扁鹊："饮是，以上池之水，三十日当知物矣。"乃悉取其禁方书，尽与扁鹊。忽然不见，殆非人也。扁鹊以其言饮药三十日，视见垣一方人。以此视病，尽见五藏症结，特以诊脉为名耳。为医或在齐，《正义》曰：号卢医，今济州卢县。或在赵。在赵者名扁鹊。

大仓公者，齐太仓长，临葘［淄］人也。姓淳于氏，名意，少而喜医方术。高后八年，更受师同郡元里公乘阳庆。庆年七十余，无子，使意尽去其故方，更悉以禁方予之。传黄帝、扁鹊之脉书，五色诊病，知人死生，决嫌疑，定可治，及药论，甚精。受之三年，为人治病，决生死，多验。然左右行游诸侯，不以家为家，或不为人治病，病家多怨之者。

文帝四年中，人上书，言意以刑罪当传西之长安。意有五女，随而泣。意怒，骂曰："生子不生男，缓急无可使者！"于是少女缇萦伤父之言，乃随父西。上书曰："妾父为吏，齐中称其廉平，今坐法当刑。妾切痛死者不可复生，而刑者不可复续，虽欲改过自新，其道莫由，终不可得。妾愿入身为官婢，以赎父刑罪，使得改行自新也。"书闻，上悲其意，此岁中亦除肉刑法。

《正义》曰：《汉书·刑法志》云，"孝文即位十三年，除肉刑三"。孟康云："黥劓二，左右趾一，凡三也。"班固诗曰："三王德弥薄，惟后用肉刑。太仓令有罪，就递长安城。自恨身无子，困急独茕茕。少女痛父言，死者不可生。上书诣阙下，思古歌鸡鸣。忧心摧折裂，晨风扬激声。圣汉孝文帝，恻然感至情。百男何愦愦，不如一缇萦。"

意家居，诏召问所为，治病死生验者几何人，主名为谁。

诏问故太仓长臣意："方伎所长，及所能治病者，有其书无有？皆安受学？受学几何岁？尝有所验，何县里人也？何病？医药已，其病之状皆如何？具悉而对。"

臣意对曰："自意少时，喜医药，医药方试之多不验者。至高后八年，得见师临葘［淄］元里公乘阳庆。庆年七十余，意得见事之。谓意曰：'尽去而方书，非是也。庆有古先道遗传黄帝、扁鹊之脉书，五色诊病，知人生死，决嫌疑，定可治，及药论，书甚精。我家给富，心爱公，欲尽以我禁方，尽悉教公。'臣意即曰：'幸甚，非意之所敢望也。'臣意即避席再拜谒，受其脉书上下经、五色诊、奇咳术、揆度阴阳外变、药论、石神、接阴

黄　海
HUANG HAI

阳禁书，受读解验之，可一年所。明岁即验之，有验，然尚未精也。要事之三年所，即尝已为人治，诊病决死生，有验，精良。今庆已死十年所，臣意年尽三年，年三十九岁也。"①

褚先生曰：夫司马季主者，楚贤大夫，游学长安，通《易经》，术黄帝、老子，博闻远见。观其对二大夫贵人之谈言，称引古明王圣人道，固非浅闻小数之不能及。②

太史公自序：太史公学天官于唐都，受《易》于杨何，习道论于黄子。徐广曰：《儒林传》曰，"黄生好黄老之术"。

昔西伯拘羑里，演《周易》；孔子厄陈蔡，作《春秋》；屈原放，遂著《离骚》；左丘失明，厥有《国语》；孙子膑脚，而论《兵法》；不韦迁蜀，世传《吕览》；韩非囚秦，《说难》《孤愤》；《诗》三百篇，大抵圣贤发愤之所为作也。此人皆意有所郁结，不得通其道也，故述往事，思来者，于是卒述陶唐以来至于麟止，自黄帝始。

维昔黄帝，法天则地，四圣遵序，各成法度；唐尧逊位，虞舜不台；厥美帝功，万世载之。作《五帝本纪》第一。

非兵不强，非德不昌。黄帝汤武以兴，《索隐》曰：黄帝有阪泉之师，汤、武有鸣条、牧野之战而克桀、纣。桀、纣、二世以崩，可不慎欤？司马法所从来尚矣。太公、孙、吴王子徐广曰：王子成甫。能绍而明之，切近世，极人变，作《律书》第三。

律居阴而治阳，历居阳而治阴，律历更相治，闲不容翲③忽。五家之文怫易，《正义》曰：五家，谓黄帝、颛顼、夏、殷、周之历，其文相戾，乖异不同，维太初之元论历律为是，故《历书》自太初之元论之也。维太初之元论，作《历书》第四。

受命而王，封禅之符罕④用，用则万灵罔不禋祀。追本诸神名山大川礼，作《封禅书》第六。

---

① 出自《史记·扁鹊仓公列传》。
② 出自《史记·日者司马季主列传》。
③ 翲（piāo），轻。
④ 罕，同"罕"。

重黎业之，吴回接之，殷之季世，粥子牒之。周用熊绎，熊渠是续。庄王之贤，乃复国陈。既赦郑伯，班师华元。怀王客死，兰咎屈原。好谀信谗，楚并于秦。嘉庄王之义，作《楚世家》第十。

维我汉继五帝末流，接三代统业。周道废，秦拨去古文，焚灭《诗》《书》，故明堂石室金匮玉版图籍散乱。于是汉兴，萧何次律令，韩信申军法，张苍为章程，叔孙通定礼仪，则文学彬彬稍进，《诗》《书》往往间出矣。自曹参荐盖公言黄老，而贾生、晁错明申、商，公孙弘以儒显，百年之间，天下遗文古事，靡不毕集太史公。太史公仍父子相续纂其职。曰："於戏！余维先人尝掌斯事，显于唐虞，至于周，复典之，故司马氏世主天官。至于余乎，钦念哉！钦念哉！"罔罗天下放失旧闻，王迹所兴，原始察终，见盛观衰，论考之行事，略推三代，录秦汉，上记轩辕，下至于兹，著十二本纪，既科条之矣。并时异世，年差不明，作十表。礼乐损益，律历改易，兵权山川鬼神，天人之际，承敝通变，作八书。二十八宿环北辰，三十辐共一毂，运行无穷，■（辅）拂股肱之臣配焉，忠信行道，以奉主上，作三十世家。扶义俶傥，不令己失时，立功名于天下，作七十列传。凡百三十篇，五十二万六千五百字，为《太史公书》。序略，以拾遗补蓺，成一家之言，厥协六经异传，整齐百家杂语，藏之名山，副在京师，俟后世圣人君子。

太史公曰：余述历黄帝以来，至太初而讫，百三十篇。

黄 海
HUANG HAI

天都逸史潘之恒景升辑
无庵居士韩敬求仲校

纪初一·之五

列仙传_{汉宗正刘向著。}

宁封子者，黄帝时人也。世传为黄帝陶正，有人过之，为其掌火，能出五色烟，久则以教封子。封子积火自烧，而随烟气上下，视其灰烬，犹有其骨。时人共葬于宁北山中，故谓宁封子焉。

赞曰：奇矣封子，妙禀自然，铄质洪炉，畅气五烟，遗骨灰烬，寄坟宁山，人睹其迹，恶识其玄。

山史云：《赞》为明孝廉黄省曾补。

马师皇者，黄帝时马医也。知马形生死之诊，治之辄愈。后有龙下，向之垂耳张口。皇曰："此龙有病，知我能治。"乃针其唇下口中，以甘草汤饮之而愈。后数数[①]有疾龙出其波，告而求治之。一旦，龙负皇而去。

赞曰：师皇典马，厩无残驷。精感群龙，术兼殊类。灵虬报德，弥鳞衔辔。振跃天汉，粲有遗蔚。

赤将子舆者，黄帝时人。不食五谷，而啖百草花。至尧帝时，为木工。能随风雨上下，时时于市中卖缴[②]，亦谓之缴父云。

赞曰：蒸民粒食，孰享遐祚[③]。子舆拔俗，餐葩饮露。托身风雨，遥然矫步。云中可游，性命可度。

容成公者，自称黄帝师，见于周穆王，能善补导之事。取精于玄牝，其

---

① 数数，犹"屡屡"之意。
② 缴，生丝缕也，古指弓箭上的细绳。
③ 遐祚，绵绵不尽的福泽。

要谷神不死，守生养气者也。发白更黑，齿落更生。事与老子同，亦云老子师也。

赞曰：亹亹①容成，专气致柔。得一在昔，含光独游。道贯黄庭，伯阳仰俦②。玄牝之门，庶几可求。

黄帝者，号曰轩辕。能效百神，朝而使之。弱而能言，圣而预知，知物之纪。自以为云师，有龙形。自择亡日，与群臣辞。至于卒，还葬桥山，山崩，柩空无尸，唯剑舃在焉。仙书云：黄帝采首山之铜，铸鼎于荆山之下，鼎成，有龙垂胡髯下迎，帝乃升天。群臣百僚悉持龙髯，从帝而升，攀帝弓及龙髯，髯拔而弓坠，群臣不得从，仰望帝而悲号。故后世以其处为鼎湖，名其弓为乌号焉。

赞曰：神圣渊玄，邈哉帝皇。暂莅万物，冠名百王。化周六合，数通无方。假葬桥山，超升昊苍。

新　　书 _{汉太傅贾谊著。}

《制不定》篇云：炎帝者，黄帝同父异母兄弟也，各有天下之半。黄帝行道，而炎帝不听，故战涿鹿之野，血流漂杵。夫地制不得，自黄帝而以困。

《审微》篇云：语曰，焰焰弗灭，炎炎奈何，萌芽不伐，且折斧柯。智禁于微，次也。语出黄帝《巾机铭》。

《修政》语曰：黄帝曰，"道若川谷之水，其出无已，其行无止"。故服人而不为仇，分人而不嘑者，惟其道矣。故播之于天下而不忘者，其惟道矣。是以道高比于天，道明比于日，道安比于山。故言之者见谓智，学之者见谓贤，守之者见谓信，乐之者见谓仁，行之者见谓圣人。故惟道不可窃也，不可以虚为也。故黄帝职天道，经地义，纪人伦，序万物，以信与人，为天下先。然后济东海，入江内，取绿图，西济积石，涉流沙，登于昆仑。于是还

---

① 亹亹（wěi wěi），形容孜孜不倦。
② 俦，通"俦"，同辈，伴侣。

黄　海
HUANG HAI

归中国，以平天下。天下太平，唯躬道而已。

又云：帝颛顼曰，"至道不可过也，至义不可易也"。是故以后者复迹也。故上缘黄帝之道而行之，学黄帝之道而赏之，弗加弗损，天下亦平也。颛顼曰："功莫美于去恶而为善，罪莫大于去善而为恶。故非吾善善而已也，善，缘善也；非恶恶而已也，恶，缘恶也。吾日慎一日，其此而已也。"

又云：帝喾曰，"缘道者之辞而学为已，缘巧者之事而学为巧也。行仁者之操而学为仁也"。故节仁之器以修其财，而身专其美矣。故上缘黄帝之道而明之，学帝颛顼之道而行之，而天下亦平也。

纪初一·之六

天都逸史潘之恒景升辑
如韦居士潘膺祉方凯校

纪初一·之六

太平御览

帝王部·黄帝轩辕氏

《史记》曰：黄帝者，少典之子，姓公孙，名轩辕。诸侯有不顺者，从而征之，未尝宁居。东至于海，登丸山，及岱宗；西至崆峒，登鸡头山；南至江，登熊、湘；北极荤粥，合符釜山，而邑于涿鹿之阿。迁徙无常处，以师兵为营卫。官名皆以云。置左右大监，监于万国。获宝鼎。举风后、力牧、常先、大鸿以治民。有土德之瑞，故号曰黄帝。有二十五子，其得姓者十四人。黄帝居轩辕之丘，而娶于西陵氏之女，是为嫘音缧。祖，为正妃，生二子，其后皆有天下。其一曰玄嚣，是为青阳，降居江水；其二曰昌意，降居弱水。昌意娶蜀山氏女，曰昌仆，生高阳。高阳有圣德焉。黄帝崩，葬桥山。其孙昌意之子高阳立，是为帝颛顼。

《封禅书》曰：黄帝采首山铜，铸鼎于荆山下。鼎既成，有龙垂胡髯下迎黄帝，黄帝上骑，群臣后宫从上者七十余人，余小臣不得上，乃悉持龙髯，龙髯拔，堕帝之弓，百姓仰望。帝既上，乃抱其弓与龙髯而号。故后世名其处曰鼎湖，其弓曰乌号。

又曰：汉武帝北巡狩，还，祭黄帝冢。上曰："吾闻黄帝不死，今有冢，何也？"或对曰："黄帝已仙上天，群臣葬其衣冠耳！"

《帝王世纪》曰：黄帝，有熊氏少典之子，姬姓也。母曰附宝，其先即炎帝，母家有蟜氏之女，世与少典氏婚，故《国语》兼称焉。及神农氏之末，少典氏又娶附宝，见大电光绕北斗枢星照郊野，感附宝，孕二十五月，生黄帝于寿丘，长于姬水。龙颜，有圣德，受国于有熊，居轩辕之丘，故因以为名，又以为号。与神农氏战于阪泉之野，三战而克之。力牧、常先、大鸿、神皇直、封巨、人镇、太山稽、鬼臾区、封明、孔甲等，或以为师，或以为将，分掌四方，各如己视，故号曰"黄帝四目"。又使岐伯尝味百草，典医疗疾，今《经方》《本草》之书咸出焉。其史仓颉，又取像鸟迹，始作文字。史官之作，盖自此始。记其言行，策而藏之，名曰《书契》。黄帝亦号帝鸿氏，或曰归藏氏，或曰帝轩氏。吹律定姓，有四妃，生二十五子，在位百年而崩，年百一十岁。

又曰：神农氏衰，黄帝修德化民，诸侯归之。黄帝于是乃扰驯猛兽，与神农氏战于阪泉之野，三战而克之。又征诸侯，使力牧、神皇直讨蚩尤氏，擒之于涿鹿之野；使应龙杀之于凶黎之丘。凡五十五战，而天下大服。或传以为仙，或言寿三百岁，葬于上郡阳周之桥山。

《鹖子》曰：黄帝年十岁，知神农之非而改其政。

《春秋内事》曰：轩辕氏以土德王天下，始有堂室，高栋深宇，以避风雨。

《孝经钩命诀》曰：附宝出，降大电，生帝轩。附宝，帝轩母也。电，黄精，轩辕气也。轩，帝名。"附"或作"付"也。

《古史考》曰：有熊氏己姓，或曰姓公孙。

《山海经》曰：有人衣青，名曰黄帝女妭。青魃，旱魃也。蚩尤作兵伐黄帝，黄帝乃令应龙攻之冀州之野。冀州，中土。应龙蓄水，蚩尤请风伯、雨师，从大风雨。黄帝乃下天女曰妭，雨止，遂杀蚩尤。

《归藏》曰：昔黄帝与炎神争斗涿鹿之野，将战，筮于巫。巫咸曰："果哉，而有咎！"

《易下·系》曰：黄帝垂衣裳而天下治，盖取诸乾坤。

《河图握枢》曰：黄帝名轩，北斗黄帝之精。母地祇之女附宝，之郊野，大电绕斗枢星耀，感附宝，生轩，胸文曰：黄帝子。

《河图挺佐辅》曰：黄帝修德立义，天下大治。乃召天老而问焉："余梦见雨龙挺白图即帝，以授余于河之都，觉寐素喜，不知其理，敢问于子？"天老曰："河出龙图，洛出龟书，《纪帝录》列圣人所纪姓号，兴谋治平，然后凤凰处之。今凤凰已下三百六十日矣，古之图纪，天其授帝图乎？"黄帝乃祓斋七日，衣冠黄冕，驾黄龙之乘，戴蛟龙之旗。天老、五圣皆从，以游河洛之间，求所梦见者之处，弗得。至于翠妫之渊，大卢鱼溯流而至。乃问天老曰："子见夫中河流者乎？"曰："见之。"顾问五圣，皆曰莫见。乃辞左右，独与天老跪而迎之。五色毕具，天老以授。黄帝舒视之，名曰《录图》。

《龙鱼河图》曰：黄龙附图，鳞甲成字，从河中出，付黄帝，令侍臣自写以示天下。

又曰：黄帝摄政前，有蚩尤兄弟八十一人，并兽身人语，铜头铁额，食沙石子，造立兵仗、刀戟大弩，威振天下，诛杀无道，不仁不慈。万民欲令黄帝行天子事，黄帝仁义，不能禁止蚩尤，遂不敌，乃仰天而叹。天遣玄女下授黄帝兵信神符，制伏蚩尤，以制八方。蚩尤没后，天下复扰乱不宁，黄帝遂画蚩尤形象，以威天下，天下咸谓蚩尤不死，八方万邦皆为殄伏①。

《尚书中候》曰：帝轩提像，配永循机，<small>轩，轩辕黄帝名。永，长也。循，顺也。黄帝轩辕观摄提之象，配而行之，以长为顺，升机为政。</small>天地休通，五行期化。<small>休，美也。天地美气相通行，应四时之期而变化。</small>河龙图出，洛龟书威。<small>龟负书而出。威，则也。</small>赤文绿字，以授轩辕。

《韩诗外传》曰，黄帝召天老而问："凤像何如？"天老曰："夫凤像，鸿前而麟后，蛇头而鱼尾，龙文而鸡身，燕颔而鹤<small>一作鸡</small>喙。"黄帝乃斋于中宫，凤蔽日而至。黄帝降于东阶，西面再拜稽首。皇天降祉，敢不承命？凤乃止帝东园。

---

① 殄伏，或作"弭伏"，驯服、顺服之意。

黄　海
HUANG HAI

《诗含神雾》曰：大电绕枢照郊野，感附宝，生黄帝。

《大戴礼》曰：宰我问于孔子曰："昔者予闻诸荣君，黄帝三百年，请问黄帝人也，抑非人耶？何以至于三百年？"孔子曰："黄帝，少典之子也，曰轩辕。生而神灵，弱而能言，教熊、罴、貔、貅、豹、虎以与赤帝大战于阪泉之野，三战然后得行其志。黄帝斧拂－作黼黻。衣大带斧裳，乘龙驾云，劳勤心力耳目，节用水火财物，生而民得其利百年，死而民得其神百年，亡而民得其教百年，故曰三百年。"

《左传》曰：黄帝以云纪，故为云师而云名。

《春秋元命苞》曰：黄帝龙颜，得天庭阳，上法中宿，取象文昌，戴天履阴，秉数制刚。颜有龙象，似轩辕也。庭阳，太微庭也。戴天，大文在首。履阴，阴字在足下也。制刚，纪也，纪正四辅也。

《管子》曰：黄帝得蚩尤而明乎天道，得太常而察乎地利，得苍龙而辨乎东方，得祝融而辨乎南方，得大封而辨乎西方，得后土而辨乎北方，得六相而天下治。

又曰：黄帝钻燧生火以熟荤臊，民食之，无肠胃之病。

《列子》曰：黄帝即位十有五年，竭聪明，尽智力，营百姓，燋然肌色皯古厚反。黣，音妹。昏然五情爽惑，用聪明未足以致，只足以乱神也。黄帝乃喟然叹曰："朕之过淫矣。"淫当作深。养一已其患如此，治万物其患如此。惟任而不养，纵而不治，则性命自反，天下自安。于是放万机，舍宫寝，去直侍，撤钟悬，减厨膳，退而闲居大庭之馆，斋心服形，心无欲则形自服矣。三月不亲政事。昼寝而梦，将明至理不可以情求，故寄之于梦，圣人无梦也。游于华胥氏国。华胥氏国在弇州之西，台州之北，不必便有此国也。明至理必如此耳。《淮南子》云："正西曰弇州，西北曰台州。"不知斯齐国几千万里。斯，离也；齐，中也。盖非舟车足力之所及，神游而已。

《庄子》曰：黄帝立为天子十九年，令行天下，闻广成子在于空同之上，故往见之。曰："我闻吾子达于至道，敢问至道之精？吾欲取天地之精，以佐五谷，以养民人；吾又欲官阴阳以遂群生，为之奈何？"广成子曰："而所欲问者，物之质也，而所欲官者，物之残也。自而治天下，云气不待族①而雨，草木不待黄而落，日月之光益以荒矣。而佞人之心翦翦者，又奚足以语至道？"黄帝退，捐天下，筑特室，席白茅，间闲。居三月，复扶又反。往邀之。广成子南首狩。而卧，黄帝顺下风膝行而进，再拜稽首而问曰："闻吾子达于至道，敢问治身奈何而可以长久？"广成子蹶厥。然而起，曰："善哉问乎！来，吾语去声，下同。汝至道。至道之精，窈窈冥冥；至道之极，昏昏默默。无视无听，抱神以静。形将自正，必静必清。无劳汝形，无摇汝精，乃可以长生。目无所见，耳无所闻，心无所知，汝神将守形，形乃长生。慎汝内，闭汝外，多知为败，我为去声。下同。汝遂于大明之上矣。至彼至阳之原也，为汝入于窈冥之门矣，至彼至阴之原也。天地有官，阴阳有藏，慎守汝身，物将自壮。我守其一，以处其和，故我修身千二百岁矣。吾形未尝衰。"黄帝再拜稽首曰："广成子之谓天矣！"按，"吾形未尝衰"以下《庄子·在宥篇》语。宋本、世本俱与《列子》误作一条，今采《庄子》增正。

《尸子》曰：子贡曰，"古者黄帝四面，信乎？"孔子曰："黄帝取合己者四人，使治四方，不计而耦，不约而成，此之谓四面。"

《韩子》曰：师旷谓晋平公曰，"黄帝合鬼神于西太山之上，驾象车，六交龙，毕方并辖，蚩尤居前，风伯进扫，雨师洒道，乃作为清角之乐"。

《淮南子》曰：黄帝之治天下，力牧、太山稽辅之，力牧、太山稽，黄帝之师也。《孟子》曰："王者师臣也。"以理日月星辰之行，治阴阳之气，节四时之度，正律历之数；明上下，等贵贱；使强不得掩弱，众不得暴寡；人民保命而不夭，安保性命，不夭拆②也。岁时熟而不凶，不凶，无灾害也。百官正而不私，皆在公也。上下调而无尤，君调臣和，无尤过也。法令明而不暗，辅佐公而不阿。卿士公正，不阿意曲从。田者不侵畔，渔者不争隈。隈，曲深处，鱼所聚也。道不拾遗，市不豫价；城郭不关，关闭。邑无盗贼；商旅之人，相让以财；狗彘吐菽粟于道路而无忿

---

① 族，通"簇"。
② 拆，疑为"折"字之误。

争之心。于是日月精明，星辰不失其道，风雨时节，五谷登熟；虎豹不妄噬，(鸷)鸟不妄搏；凤凰翔于庭，麒麟扰于郊；青龙进驾，飞黄伏皂。飞黄出西方，状如狐，顶上有角，乘之寿千岁。皂，枥也。诸北儋耳之国，莫不献其贡职。皆北极之夷国。

《论衡》曰：《谥法》，"静民则法曰黄，德象天地曰帝"。黄帝者，安民之谥，非得道之称也。

《蒋子万机论》曰：黄帝之初，养性养民，不好战伐。而四帝各以方色称号，交共谋之，边城日惊，介胄不释。黄帝叹曰："夫君危于上，民安于下，主失于国，其臣再嫁，厥病之由，非养寇耶？今处民萌之上，而四盗亢衡，递震于师。"于是遂即营垒，以灭四帝。向令黄帝若不龙骧虎变，而与俗同道，则其民臣亦嫁于四帝矣。

《抱朴子》曰：黄帝生而能言，役使百灵，可谓天授自然之体者，犹复不敢端坐而得道。故陟王屋而受《丹经》，到鼎湖而飞流珠，至崆峒而问广成，上具茨而事大隗，适东岱而奉中黄，入金谷而咨老子，论道养则质玄素二女，精推步则访山稽、力牧，讲占候则询风后，著体诊则受雷、岐，审攻战则纳五音之策，穷神奸则记四泽之乱，相地理则书《青鸟》之说，救伤残则缀金冶之术。故能毕记秘要，穷尽道真。

又曰：昔黄帝东到青丘，过风山，见紫府先［生］，受《三皇内文》以劾召万神；南到负陇，荫建木，观百灵之所登，采若乾之华，饮丹峦之水；西见中黄子，授九品之方。过崆峒，从广成子受《自然》之经；北到洪隄，上具茨，见大隗君、黄盖童子，受《神芝图》。还陟王屋，得《神丹注诀》。到峨眉山，见皇人于玉堂。

又曰：汲郡冢中《竹书》言，黄帝既仙去，其神有左彻者，削木为黄帝之像，帅诸侯朝奉之。故司空张茂先撰《博物志》亦曰："黄帝仙去，其臣思恋罔极，或刻木立像而朝之，或取其衣冠而葬之，或立庙而四时祠之。"

《孙绰子》曰：黄帝之游天衢，奏钧天之鼓，建日月之旗，乘雕云之舆，驾六翼之龙。彭祖前驱，松乔夹毂。光景流而不逮，长风逐而不及，发轫紫宫，不崇朝而匝六合也。

《苻子》曰：黄帝将适昆虞之丘，中路逢容成子，乘翠华之盖，建日月之旗，骖紫虬，御双鸟。黄帝命方明避路，谓容成子曰："吾将钓于一壑，栖于一丘。"

又曰，黄帝谓其友无为子曰："我劳天下矣，疲于形役，请息驾于玄圃，子且代之焉。能弃我之逸而为君之劳哉？"乃攀龙而俱去。

晋牵秀《黄帝颂》曰：
　　　　邈矣轩辕，应天载灵。通幽远览，观象设形。
　　　　诞敷厥训，彝伦攸经。德从风流，化与云征。
　　　　皇猷允塞，地平天成。爰登方岳，封禅勒成。
　　　　纷然凤举，龙腾太清。违兹九土，陟彼高冥。
　　　　民斯攸慕，涕泗沾缨。遐而不坠，式颂德声。

《三五历纪》曰：有巢氏已降至黄帝为三皇，号中古。

黄　海
HUANG HAI

天都逸史潘之恒景升辑
竺岩居士吴公治君衡校

纪初一·之七

邃古记 明朱谋㙔著。

《黄帝》篇云：黄帝姓公孙，名轩辕，少典之子也，生于寿丘，长于姬水，国于有熊，号曰有熊氏。

《国语》胥臣云：少典取于有蟜氏，生黄帝、炎帝，黄帝以姬水成，炎帝以姜水成。成而异德，故黄帝为姬，炎帝为姜，二帝用师，以相济也。

《贾子》云：炎帝与黄帝同父异母。

谯周[①]《古史考》云：黄帝即少典氏后代子孙。《秦纪》称大业娶少典氏，生柏翳，可知矣。

《史记索隐》云：少典者，诸侯国号，非人名也。

按[②]：少典实神农之后裔，始为诸侯，入践天位，未久登殿，故号帝哀。胥臣、贾子所谓炎帝，则榆冈也。帝哀既终而榆冈代立，黄帝即榆冈同父异母之弟矣。《元命苞》得其仿佛，以炎黄同为少典之子，而附会之。《纬书》未足证据，概如此。

《诗含神雾》云：大电光绕北斗枢星，照郊野，感附宝而生黄帝。

《河图握矩》云：黄帝名轩，北斗黄帝合枢纽之精，母地祇[祇]之女曰附宝，之郊野，大电绕斗枢星耀，感附宝，生轩，胸文曰"黄帝子"。

《帝王世纪》云：黄帝，少典之子，姬姓。母曰附宝，见大电光绕北斗枢星，照野，感附宝，孕二十四月，生黄帝于寿丘，有圣德，授国于有熊。寿丘在曲阜县东北六里。

《北堂书钞》云：黄帝二十月而生。

---

① 谯周（约201—270），字允南，三国巴西西充人。曾仕蜀汉，为光禄大夫。降魏后，封阳城亭侯。著有《古史考》。
② 查《邃古记》影印本有"㙔按"二字，即作者朱谋㙔所按。下同。

《拾遗记》云：黄帝母曰昊枢，以戊巳日生，故以土德称王。

《河图挺辅佐》云：黄帝名荼。

《孝经钩命诀》云：黄帝名轩。

《尚书中侯》云：黄帝巡洛，龟书赤文成字，象轩。

《路史》云：据《黄帝经》序及《河图》《山海经》，黄帝名荼，一名轩，字曰玄律，母吴［昊］枢，曰符宝，生帝于寿丘。寿丘在上邽，或云济南。

生而神灵，长而敦敏。

《孔子家语》云：黄帝生而神灵，弱而能言，哲睿齐庄，敦敏诚信，长而聪明。

王冰《素问序》云：黄帝生而紫气充房。

《孔丛》云：黄帝河目①而隆颡。

《元命苞》云：黄帝龙颜，得天庭阳，上法中宿，取象文昌，戴天履阴，秉数制刚。

《鹖子》云：黄帝年十岁，知神农之非而改其政。

《轩辕本纪》云：帝龙颜日角，河目隆颡，苍色大肩。

《路史》云：帝身逾九尺，附函挺朵，修髯花瘤，日角龙颜，生而神灵，弸而能言，知幽明生死之故，并谋兼智，明法天明。

神农氏衰，诸侯力政，暴虐于万民。神农氏弗能征，轩辕乃始习用干戈以征不享。神农氏弗堪，伐轩辕于阪泉，厥师败绩，诸侯咸宾轩辕氏。

《大戴礼》云：黄帝治五气，设五量，抚万民，度四方，教熊、罴、虎、豹以与赤帝战于阪泉之野，三战然后得行其志。

《列子》云：黄帝与炎帝战于阪泉之野，帅熊、罴、狼、豹、貙、虎为前驱，雕、鹖、鹰、鸢为旗帜，此以力使禽兽者也。

《左传》：晋文公卜纳王，得黄帝战于阪泉之兆，吉。

《贾子》云：炎帝与黄帝同父异母，各有天下之半。黄帝行道而炎帝不听，故战于涿鹿之野，血流漂杵。

---

① 河目，上下眶平正而长的眼睛，古以为圣贤相貌。

黄　海
HUANG HAI

《淮南子》云：炎帝为火灾，故黄帝擒之。

《归藏》云：黄帝与炎帝争斗涿鹿之野。将战，筮于巫咸，巫咸曰："果哉，而有咎。"

《蒋子万机论》云：黄帝之初，养性养民，不好战伐，而四帝各以方色称号，交相谋之。边境日惊，介胄不释，帝乃叹曰："君危于上，民安于下，主失于国，其臣再嫁，厥疾之山［由］①，非养寇耶？今取［处］安民萌之上，而四道亢衡，递震子师。"于是遂师营垒以灭四帝。向令黄帝不龙骧虎变而与俗同道，则其臣民嫁于四帝矣。尚安得有天下哉！

《世纪》云：阪泉在上谷。按：上谷即保定府。

蚩尤肇造九冶，夺攘矫虔②。

《吕刑》曰：古有训蚩尤，惟始作乱，延及于平民，罔不寇贼。鸱义奸宄，夺攘矫虔。

《大戴礼》：孔子曰，"蚩尤，庶人之贪者也，及利无义，不顾厥亲，以丧厥身。蚩尤惛欲而无厌者也，何兵器之能作？蜂虿挟螫而生，见害而校，以卫厥身者也"。

《尸子》云：蚩尤造九冶。

《管子》云：黄帝时，雍狐之山发而出水，金从之。蚩尤受而制为雍狐之戟与芮戈焉。是岁，诸侯相兼者十有二，故天下之君顿戟一怒，伏尸满野。

又云：黄帝得蚩尤而明天道。

按：蚩尤一人耳，或谓九黎之君，或谓庶人。而管子则以为黄帝之相。盖庶人时造九冶。黄帝用以为相，而封之九黎，卒以作乱而诛之也。

《归藏》云：蚩尤出自羊常之水，八肱八趾疏首。登九淖以伐空桑，黄帝杀之于青丘。

《龙鱼河图》云：黄帝摄政，有蚩尤兄弟八十一人，并兽身人语，铜铁额，食沙石，造五兵刀戟、大弩，威振天下。诛杀无道，不仁不慈，万民欲黄帝行天子事。黄帝以仁义不能禁止蚩尤，仰天而叹。天遣玄女下授黄帝兵符，伏蚩尤以制八方。蚩尤殁后，天下复扰乱不宁，黄帝遂画蚩尤形像以威

---

① 查四库本及他本《太平御览》，皆作"厥疾之由"，从之。
② 矫虔，指敲诈抢掠。

天下。天下咸谓蚩尤不死，八方皆为弹伏。

《述异记》：轩辕之初立也，有蚩尤氏兄弟七十二人，铜头铁额，食铁石，能作云雾。俗云人身牛蹄，四目六手，耳须如剑戟。轩辕诛之于涿鹿。冀州人掘地，得髑髅如铜铁者，蚩尤之骨也。其齿长二寸，坚不可碎。

轩辕征师诸侯，以伐蚩尤，杀之于中冀。

《逸周书》云：赤帝命蚩尤宇于少昊以临西方。蚩尤乃逐帝，争于涿鹿之河，九隅无遗。赤帝大摄［慑］，乃说于黄帝，执蚩尤，杀之于中冀，名曰绝辔之野，乃命少昊请司马鸟师以正五帝之官。

《盐铁论》云：轩辕战涿鹿，杀四鲧、蚩尤而为帝。

《通典》云：蚩尤氏帅魑魅与黄帝战于涿鹿，帝命吹角，作龙吟以御之。

《玄女战法》曰：帝与蚩尤九战九不胜，黄帝归于太山。三日三夜雾冥，有一妇人鸟形人首，见帝曰："吾玄女也，子欲何问？"帝稽首曰："小子欲万战万胜。"遂得战法。

《虞喜志林》云：黄帝与蚩尤战于涿鹿，蚩尤作大雾，弥三日，军人皆惑，帝乃令风后法斗机，作指南车，以别四方，遂擒蚩尤。

《世纪》云：黄帝征师诸侯，使力牧、神皇直讨蚩尤氏，擒之于涿鹿之野，使应龙杀之于凶黎之丘。凡五十五战，而天下大服。

《轩辕本纪》云：帝有天下之二十二年，蚩尤不恭帝命，作五虐之刑以害黎庶。帝得风后、力牧以为将相，大鸿佐焉。命风胡作五牙旗及烽火、战攻之具，神皇将之。夫人费修之子军其前，张若、力牧为左右翼，容光为大司马，董治六师，龙纤佐之，以与榆冈合谋，败蚩尤于顾泉，杀之于中冀，弃其械于大荒中宋之山，厥械作为枫林。

崔豹《古今注》：黄帝与蚩尤战于涿鹿之野，常有五色云气、金枝玉叶止于帝所，有葩花之象，因作华盖。

王冰《黄帝经序》云：帝杀蚩尤，其血化为卤，今解池是也。

《太白阴经》曰：帝征蚩尤七十一战不克，昼梦金人引领、长头、玄狐之裘云，"天帝使授符"。帝寤，问诸风后，曰："天应也。"乃于盛水之阳筑坛祭以太牢，有玄龟衔符至坛，非皮非缯，广三尺袤一尺，文曰："天乙在前，太乙在后。"帝再拜授符，乃设九宫，置八门，布三奇六仪，制阴阳遁式。三门发，五将具，遂斩蚩尤焉。

《图经》云：风后灭蚩尤之众于辋谷口，今蓝田县也。

诸侯咸尊轩辕为天子，代神农氏，是为黄帝。
《白虎通》曰：黄帝有天下，号曰有熊。
《竹书纪年》云：黄帝元年即位，居有熊，初制冕服。
刘恕《外纪》：黄帝元年，岁在丁亥。

乃立辅相，制官师，举风后、力牧、常先、大鸿以治民。
《尸子》云：黄帝取合己者四人，使治四方。不谋而亲，不约而大，有功，谓之四面。

《论语摘辅像》云："黄帝有七辅，风后受金法，天老受天箓，五圣受道级，知命受斜［纠］俗，窥纪受变复，地典受州络，力墨受准斥。"宋均注云："金法，言能决理是非也；天箓者，天教命也；道级，道次序也；（纠俗），正也；变复，谓有祸变，能补复也；州络，谓维络；准斥，凡事也。"

《管子》云："黄帝得六相而天地治。蚩尤明于天道，使为当时；太常察于地利，使为廪者；奢龙辨于东方，为工师；祝融辨于南方，为司徒；大封辨于西方，为司马；后土辨于北方，使为李。"埠参考古籍，疑《史记》所称常先、大鸿即《管子》所谓蚩尤、大封转写之伪［讹］耳。奢龙亦是苍龙之伪［讹］，盖太皞时龙官之后也。

汉《古今人表》：黄帝之师曰封巨、太填，知封巨即大封矣。太填岂即太常乎？

汉《七略》有《力牧》书二十二篇，《风后兵法》十三篇，《力牧兵法》十五篇，《地典兵法》六篇，《封胡兵法》五篇，《鬼谷［臾］区》三篇。

《封禅书》云：黄帝得宝鼎宛朐，问鬼臾区而迎日推策。鬼臾区号大鸿，死葬雍，故鸿冢是也。

《世纪》云：黄帝得风后于海隅，登以为相；得力牧于大泽，进以为将；又得常先、大鸿、神皇、巨封直①、人［太］镇［填］、太山稽、鬼臾区、封胡、孝甲，当作孔甲。《七略》："孔甲有盘［槃］盂书。"或以为师，或以为将，号曰"四佐"。

---

① 神皇、巨封直，当为"神皇直、封巨"之误。

《竹书》："黄帝二十年，景云见，以云纪官。"《左传》郯子云："黄帝以云纪官，故为云师而云名。"应劭《史记解》云："云官若缙云氏之类。"

《职官要录》云：黄帝以风后配上台，天老配中台，五圣配下台，是为三公。

《春秋合诚图》云：黄帝之官二十有二人。

《三坟轩辕氏政典》曰："岐伯天师，尔司日月星辰，阴阳历数。尔正尔考，无有差贷。"曰："后土中正，尔识山川、草木、虫鱼、鸟兽。尔掌尔察，无乱田制，以作田讼。"曰："龙东正，尔分爵禄贤智。尔咨尔行，无掩大贤，而庇恶德。"曰："融南正，尔平礼服祭祀，无乱制，无废祀事。"曰："太封西正，尔分干戈，刑法尔平。"曰："太常北正，尔居田，制民事，尔训尔均，百工惟良。"曰："天师俌相五正，百官、士、农夫、商、工，咸顺我言，终身于休。"

《路史》云：帝师于大［太］慎［填］，学于封巨、赤诵，复岐下见岐伯，引载而归，访于治道。申命封胡为丞，鬼容［史］蒩［区］为相，力牧为将，周昌辅之。大山稽为司徒，庸光为司马，恒先为司空。建九法，七相翌而下服度。风后善乎伏戏［羲］之道，以为当天。柏［桓］常审乎地利以为常乎。于是地献草木，乃述耕种之利。奢比辨乎东，以为土师而平春，种角谷。论贤列爵，劝耕馌，禁伐厉。庸光辨乎南，以为司徒而正夏，种芒谷。修驰戒儌，发宿臧静，居农以戒力，以宛夏功，种房谷以应戊己之方。大封辨乎西，以为司马，玩巽禽，种遂谷，收谷荐祖，组甲厉兵，戒什伍以从事。后土辨乎北，以为李行，冬断罪，种棱谷，剡剑伐木，乃劳农，始猎杀。帝处中央而政四国，分八节以纪农功。

又曰：帝以云纪百官，立四辅、三公、六卿、三少、二十有四官，凡百二十官有秩，以之共理而视四民。命知命纠俗，天老录教，力牧准斥，鹎冶决法，五圣道级，窥纪补阙，地典州络。七辅得而天地治，神明至。

作衮冕、舆服，以殊尊卑。

《易》曰：黄帝、尧舜垂衣裳而天下治。

《大戴礼》云：黄帝黼黻衣，大带，黼裳，乘龙扆云。

《通志》云：黄帝始制衣服，作冕旒，充纩玄，衣黄裳，析翚翟之华，渍草木之英，变为五色文章而著于器服以表贵贱。刘恕《外纪》同。

黄 海
HUANG HAI

《说文》云：黄帝初作冕。

韦昭《洞历》云：自天地剖判，君世、宰民可得而言者，惟庖羲画卦、神农作稼、黄帝舆服最为昭显。

夏侯玄论云：黄帝备物，始垂衣裳，时则有龙衮之颂。

《世本》云：黄帝之臣胡曹，作冕作衣裳，於则作扉履。

《古史考》云：黄帝作车，少昊时略加牛，禹时奚仲驾马。

按：《庄子》称"黄帝见大隗于具茨，方朋为御，昌禹骖乘。张若、𧬈朋前马，昆滑后车，至于襄城之野，七圣皆迷"，《韩非子》亦称"黄帝合鬼神于泰山之上，驾象车而六蛟龙"，而《易传》"服牛驾马，引重致远"在黄帝之世，则知车马相须，其来尚矣，非必少昊、奚仲服牛马也。

始栋堂室，制刀币，备器用。

《春秋内事》云：轩辕氏以土德王天下，始有堂室，以避风雨。

《易传》云：黄帝刳木为舟，剡木为楫，以济不通；重门击柝，以待暴客；断木为杵，掘地为臼，万民以济；弦木为弧，剡木为矢，以威天下。上栋下宇，以待风雨。易野葬以棺椁，易结绳以书契。

《世本》：黄帝之臣共鼓、货狄作舟，雍父作舂杵曰［臼］，挥作弓，牟夷作矢，史皇作图，苍颉、沮诵作字，伯陵作钱刀币帛。

《风俗通》云：黄帝始制冠冕，垂衣裳，备栋宇，礼文法度，兴事创业。

《古史考》云：古者茹毛饮血，燧人钻火，民始裹肉而燔之。神农时，民方食谷，焫①石而加米其上，黄帝始有釜甑，而火食之道用成。

《列仙传》云：宁封为黄帝陶正，赤将为木正，以利器用。

刘恕《外纪》云：黄帝范金为货，制金刀，立五币，设九棘②之利，为轻重之法，以制国用，而货币行矣。

《路史》云：币款有轩辕金，又有黄帝金。

沈约《宋书》云：九棘播于农皇，十朋兴于上代。沈演之以为龟贝行于上古，泉刀兴自周代。

《玉海》云：泉之兴盖自燧人氏以轻重为天下。至黄帝、成周，其法

---

① 焫（ruò），古同"爇"，点燃，焚烧。
② 九棘，古代群臣外朝之位，树九棘为标识，以区分等级职位，后世以之为九卿的代称。

寝具。

造作文字，

卫恒《书势》云：黄帝之史沮诵、苍颉眠［视］彼鸟迹始作书势，纪纲万事，垂法立制。

《世本》注云：黄帝立史官，苍颉、沮诵居其职。

《淮南子》云：苍颉作书，天雨粟，鬼夜哭。

《后魏书》云：帝轩创制造物，乃命苍颉因鸟兽之迹以立文字。

《孝经援神契》云：奎主文章，苍颉效象洛龟，曜书丹青，垂萌画字。

《字源》云："太昊时始有文字。黄帝变为古文。"又云："庖牺氏作龙书。炎帝作穗书，苍颉变古文，写鸟迹，作鸟迹篆。少昊作凤书，高阳作科［蝌］斗［蚪］书。"

王嘉《拾遗记》：黄帝置四史，以主图籍。

郑樵《通志》云：伏羲已命子襄作六书矣。黄帝复命苍颉制文字以一之。

《世纪》云：黄帝之世，仓颉造文字而书契始作。

《路史》谓："苍颉即史皇氏，古帝者也。侯冈氏，颉名，四目灵光，生而能书，在皇帝之先，都于阳武，治百有十载。"

按：《纬书禅通纪》中，自有史皇实创文字。至黄世而苍颉则大备焉。罗氏[①]强合为一，不复信古，恐涉凿矣。

汉《艺文志》有《黄帝四经》四篇，《黄帝铭》六篇，《黄帝君臣》十篇，《黄帝兵法》十六篇，《黄帝杂子气》三十三篇，《黄帝阴阳》二十五卷，《黄帝五家历》三十三卷，《黄帝长柳占梦》十一卷，《黄帝内经》十八卷，《外经》三十七卷，《黄帝食禁》七卷，《三王养阳方》二十卷，《黄帝杂子步引》十二卷，《黄帝岐伯按摩》十卷，《黄帝杂子芝菌》十八卷，《黄帝杂子十九家》二十一卷。

《晋书》志云：黄帝创受河图，始明休咎，故星传尚存。

蔡邕论云：黄帝有巾几之铭，孔甲有盘［槃］盂之戒。

按：上古著书之盛，莫如黄帝，虽多附会，要知必有所本也。若内经诸文，微妙玄通，非圣人，其孰能之乎？是文字之兴，其来远矣。

---

① 罗氏，指《路史》之撰者罗泌。

黄　海
HUANG HAI

考定星历，

《世本》云：黄帝使羲和占日，常仪占月，臾区占星气，伶伦造律吕，大挠作甲子，隶首作算数，容成综此六术而著调历。

《文子》①云：黄帝调日月之行，治阴阳之气，节四时之度，正律历之数。日月星辰不失其行，风雨时节，五谷丰昌。

《春秋合诚图》云：黄帝立五始，制以天道。

《素问》鬼臾区曰：天以六为节，地以五为制。天气六期而一备，地纪五岁而一周。五六相合，而七百二十气为一纪，凡三十岁；千四百四十气为一周，凡六十岁，太过不及，斯皆见矣。

《史记》："黄帝考定星历，建立五行，起消息，正闰余，于是有天地神祇[祇]物类之官，是谓五官，各司其序，不相乱也。民是以能有信，神是以能有明德，民神异业，敬而不渎，故神降之嘉生，民以物享，灾祸不生，所求不匮。武帝诏曰：'昔者黄帝合而不死，名察度验，定清浊，起五部，建气物分数，然盖尚矣。'"应劭注云："黄帝造历得仙，名节会，察寒暑，致启闭分至，定清浊，起五部。五部：金、木、水、火、土也。"孟康云："气，二十四气。物，万物也。分，历数之分。"

《封禅书》云："黄帝得宝鼎宛朐，问于鬼臾区。对曰：'是岁己酉朔旦冬至，得天地之纪，终而复始。于是迎日推策，后率二十岁复朔旦冬至，凡二十推，三百八十年。黄帝仙登于天。'"《索隐》云："黄帝得神蓍以推算历数，逆知节气、日辰之将来。"

《汉书》：太史令张寿王言，"黄帝调历，汉元年以来用之"。

《续汉志》云：黄帝始受《河图斗苞授》，规日月星辰之象，故星官之书自黄帝始。

《晋书》：黄帝使容成综占算六术，考定气象，建五行，察发敛，起消息，正闰余，述而著焉，谓之调历。

《世纪》：黄帝推分星次，以定律度。天有十二次，日月之所躔也；地有十二分野，王侯之所国也。四方方七宿，周天三百六十五度四分度之一，一

---

① 《文子》，即《通玄真经》。文子是春秋时人，著有《文子》一书。唐玄宗诏封文子为通玄真人，尊《文子》一书为《通玄真经》，道教奉为"四子真经"之一。

度二千九百二十二里，凡中外之星常明者百二十四，可名者三百二十，微星之数万一千五百二十，此黄帝创制之大略也。

《隋志》：黄帝创观漏水，制器取则，以分昼夜。

《路史》云：黄帝浮箭为泉，孔壶为漏，以考中星。

制钟律以正五音。

《管子》曰：黄帝以其缓急，作五钟以政五声。一青钟大音，二赤钟重心，三黄钟洒光，四景钟昧其明，五黑钟隐其常。五声既调，然后立五行以正天时。

《吕氏春秋》云：黄帝命伶伦与荣援铸十二钟以和五音，以施英韶。以仲春之月乙卯之日，日在奎，始奏之，命曰"咸池"。又令伶伦自大夏之西阮隃之阴取竹嶰谷，以生空窍厚钧者，断两节间，其长三寸九分而吹之，以为黄钟之宫，命曰"舍少"。次制十二筒于阮隃之下，听凤凰之鸣以别十二律。其雄鸣为六，雌鸣亦六，以比黄钟之宫，皆可以生之。故黄钟之宫，律吕之本也。

汉《律历志》云：律度量衡所以齐远近，立民信也。自伏羲画八封［卦］，由数起，至黄帝尧舜而大备，五声之本，生于黄钟之律，九寸为言［宫］，或损或益，以定商角徵羽，九六相生之应也。律十有二，阳六为律，阴六为吕，律以统气类物。一曰黄钟，二曰太族，三曰姑洗，四曰蕤宾，五曰夷则，六曰亡射；吕以旅阳宣气，一曰林钟，二曰南吕，三曰应钟，四曰大吕，五曰夹钟，六曰中吕。皆黄帝之所作也。

黄佐《乐典》曰：黄帝为黄钟，八寸一分，之宫而吹，三寸九分以为声，故谓吹曰"含少"。自宫而上为商、为角、为变徵以至变宫，是已因为半之声，应圜钟为羽，应夷则为角，所谓含少者太阴，含少阳之象也。大衍之数，自五之外，用七八九六。太素之数，自函三为一之外，用四六八，为偶而生吕，合为十八。为六者三，太阴也。五七九为奇，而生律，合为二十一。为七者三，少阳也。四含五，六含七，八含九，总之为三十九分，是含少之义也。宫之一声在五行为土，在五事为思，以其当众音，和与未和，用与未用，阴阳际会之间，所以为盛。正如子时初四刻属前日，正四刻属后日。其两日之间即黄钟之宫，自管之翕声至变宫为含少三十九分，正在无声以下，此声气之元，五音之正也。

《晋书》云：黄帝作律，以玉为之琯，其长尺有六寸，为十二月。

《易是类谋》曰：黄帝兴起，吹律以别其姓。

论经脉之微妙，以著医道，起百病。

《世本》云：黄帝时巫彭作医。

《铜人图》云：黄帝问岐伯以人之经络，穷妙于血脉，参变乎阴阳，尽书其言，藏于金兰之室，洎雷公请问，乃坐明堂以授之。

《唐书》：于志宁云，"神农虽尝百药，止以识相付。至黄帝时，桐雷始立文字，载诸篇册，是为本草"。

《世纪》云：黄帝使岐伯尝味草木，典主医病，《经方》《本草》《素问》之书咸出焉。又命雷公、岐伯论经脉，傍［旁］通问难八十，为《难经》。教制九针，著《内外术经》十八卷。

汉《艺文志》有《泰始黄帝扁鹊俞拊方》二十三卷。应劭注云："黄帝时医也。"

《史记》：虢中庶子曰，"上古之时，医有俞跗，治病不以汤液醴洒，镵石挢引，案扤毒熨，一拨见病之应。因五藏之输，乃割皮解肌，决脉结筋，搦髓脑，揲荒爪幕，湔浣肠胃，漱涤五藏，练精易形"。

作占候解祓之法以去不祥。

汉《艺文志》有《黄帝长柳占梦》十一卷。

《太平御览》载庄子云："古者黔首多疾，黄帝立巫咸，使之沐浴斋戒以通九窍，鸣鼓振铎以动其心、劳其形，趋步以发阴阳之气；饮酒茹葱，以通五藏。击鼓噪逐，呼疫出魅，黔首不知，以为魅祟矣。"

《风俗通》载《黄帝书》云："古有（神）荼与郁垒昆弟二人，性能执鬼。度朔山上蟠桃树下，简阅百鬼妄为人祸者，缚以苇索，执以食虎。乃制驱傩之神，于是县官常以严除夕，饰桃人，垂苇茭，画虎于门，追效前事。"

郑樵《通志·艺文略》有《黄帝风角飞鸟历》一卷，《黄帝地历》一卷，《斗历》一卷，《黄帝阴阳遁甲》六卷，《黄帝太一度厄秘术》八卷，《黄帝集灵》三卷，《黄帝绛图》一卷，《黄帝龙首经》一卷，《黄帝奄心图》一卷，《黄帝九宫经》一卷，《黄帝式经三十六用》一卷，《黄帝朔书》一卷，《黄帝葬山图》四卷。今世有《黄帝授三子玄女经》一卷，言丛辰之事。《黄帝宅经》二卷，言二十四路宅法。

封名山之产五金者，

《管子》：黄帝问于伯高，曰，"吾欲陶天下，以为一家，有道乎？"伯高曰："请刈其莞而树之，吾谨逃其爪牙，则天下可陶而为一家。夫上有丹砂者下有黄金，上有慈石下有铜金，上有陵石下有铅、锡、赤铜，上有赭下有铁，此山之见荣者也。苟见其荣，君谨封而祭之。距封十里而为一坛，是则使乘者下、行者趋。若犯令者，罪死不赦。然后析取之，以为剑、铠、矛、戟。"

《山海经》云：天下名山五千三百七十，出铜之山四百六十七，出铁之山三千六百九十。

《史记·封禅书》云："自古受命帝王，曷尝不封禅？管仲言：'古者封泰山、禅梁父者七十二家。无怀氏、虙羲、神农、炎帝皆封泰山，禅云云。黄帝封泰山。禅亭亭。'李少君曰：'祠灶致物，则丹砂可化为黄金，以为饮食器则益寿，而海中蓬莱仙者乃可见，见之以封禅，则不死，黄帝是也。'"

埁按：黄帝之封名山，本禁采发，后世方士妄以七十二家之说窜入。管子遂乃金泥玉检，刻石著纪，以封禅为夸大之典，失之远矣。

画野分州，经略万国。

《周公职录》云：黄帝受命，风后受图，割地布九州。

《周礼疏》云：神农已上有大九州，若柱州、迎州、神州等，至黄帝以来，德不及远，惟于神州之内分为九州。

《前汉志》云：黄帝作舟车济不通，旁行天下，方制万里，画野分州，得百里之国万区，故《易》称"建万国，亲诸侯"，《书》云"协和万国"。周爵五等，千八百国。太昊、黄帝之后，唐虞侯伯犹存。

《郊祀志》云：黄帝万诸侯而神灵之封君七千。

《通典》云："黄帝方制天下，立为万国。故《易》称'首出庶物，万国咸宁'。及少皞氏之衰，其后制度无闻矣。"又曰："黄帝画野分州，以分星次，经地设井以塞争端，立步制亩以防不足。八家为井，井开四道而分八宅，凿井于中，井一为邻，邻三为朋，朋三为里，里五为邑，邑十为都，都十为师，师十为州。"

黄海
HUANG HAI

《论撰考谶》云：轩知地利，九牧倡教。

《后汉志》云：昔在黄帝，经略万国，燮①定东西，疆理南北。

建明台之议，垂六禁之科。

《管子》云：黄帝有明台之议，上观于贤也；尧有衢室之问，下听于民也。

《尸子》云："欲观黄帝之行于合宫，欲观尧舜之行于总章。"黄帝曰合宫，有虞氏曰总章，殷人曰阳馆，周人曰明堂。

《郊祀志》云：济南人公玉带上《黄帝时明堂图》，明堂中有一殿，四面无壁，以茅盖，通水，水圜宫垣，为复道，上有楼，从西南入，名曰昆仑。天子从之入，以拜祀上帝焉。

《兔园策》云："有熊垂六禁之科。"《吕氏春秋》黄帝之言曰，"声禁重、色禁重、衣禁重、香禁重、味禁重、室禁重"，此六禁也。高诱注云："声不欲虚名过其实，色不欲至于淫纵，衣服不欲逾僭，香不欲奢侈芬闻四远，味不欲胜食气伤性命，室不欲崇侈土木。"

《皇览阴谋》云：黄帝之戒曰，"吾居民上，摇摇恐夕不及朝"。故为金人三封其口，曰古之谨言人也。

《大戴礼记》：黄帝、颛顼之丹书曰，"敬胜怠者吉，怠胜敬者灭。义胜欲者顺，欲胜义者凶。凡事不强则枉，弗敬则不正。枉者灭废，敬者万世"。

《路史》记黄帝之言曰："施舍在心平，不幸乃弗闻过。祸福在所密，存亡在所用。下匿其私，用试其上，上操度量，以割其下。上下一日百战矣。"又记黄帝轻重之法曰："自言能司马，不能者釁鼓；自言能治里，不能者釁社；自言能为官，不能官者剄以为门。"又黄帝李法曰："壁垒已定，穿窬②不由路者杀无赦。"

《春秋合诚图》曰：黄帝有迹，必稽功务法。

《管子》云：黄帝之治天下也，其民不引而来，不推而去，不使而成，不禁而止。故黄帝之治也，置法而不变，使民安其法者也。

《白虎通》曰：黄帝始作制度，得其中和，万世常存。故称黄帝也。

---

① 燮（xiè），用言语调和。
② 窬（yú），捷径孔道。

职天道，经地义，纪人伦，序万物。

《管子》云：黄帝之王，谨逃其爪牙，不利其器。烧山林，破增薮，焚沛泽，逐禽兽，实以益人，然后天下可得而牧也。

《商子》云：黄帝作为君臣上下之义，父子兄弟之礼，夫妇妃匹之合。内行刀锯，外用甲兵，故时变也。

《贾子》曰：黄帝职天道，经地义，纪人伦，序万物，以信与人，为天下先。然后济东海，入江内，取绿图。西济积石，涉流沙，登于昆仑，还归中国，以平天下。天下太平，唯躬道而已。

《淮南子》云：黄帝治天下，力牧、太山稽辅之，以理日月星辰之行，治阴阳之气，节四时之度，正律历之数。别男女，异雌雄，明上下，等贵贱。使强不掩弱，众不暴寡。人民保命而不夭，岁时熟而不凶，百官正而无私，上下调而无尤，法令明而不暗，辅佐公而不阿。田者不侵畔，渔者不争隈，道不拾遗，市不豫贾，城郭不关，邑无盗贼，鄙旅之人相让以财，狗彘吐菽粟于路而无忿争之心。于是日月精明，星辰不失其行。风雨时节，五谷登熟。虎狼不妄噬，鸷鸟不妄搏；凤凰翔于庭，麒麟游于郊；青龙进驾，飞黄伏皂；诸北儋耳之国，莫不献其贡职。

《路史》云：黄帝之世国亡衰教，市亡淫货，地亡旷土，官亡滥士，邑无游民。山不童，泽不涸。宫［官］有常职，民有常业。父子不背恩，兄弟不去义，夫妇不废情，鸟兽草木不失其长，而鳏寡孤独各有所养■。

于是凤凰来仪。

《竹书纪年》云：黄帝五十年秋七月庚申，凤鸟至。

《韩诗外传》云：黄帝即位，施惠承天，一道修德，惟仁是行。宇内和平，未见凤凰，惟思其像，凤寐晨兴，乃召天老而问之。天老对曰："凤象，鸿前麟后，蛇颈而鱼尾，龙文而龟身，燕颔而鸡喙。戴德负仁，抱忠挟义。小音金，大音鼓，延颈奋翼，五彩备明。举动八风，气应时雨。食有质，饮有仪。往即文始，来即嘉成。惟凤为能通天祉，应地灵，律五音，览九德。天下有道得凤象之一则凤过之，得二则凤翔之，得三则集之，得四则春秋下之，得五则没身居之。"黄帝曰："於戏！允哉！朕何敢与焉。"乃黄衣、黄绅、黄冕，致斋于宫中，凤乃蔽日而至。帝乃降东阶，西向再拜稽首,曰:"皇天降祉,不敢不承命。"凤乃止帝东囿,集梧桐,食竹实,没身不去。

《世纪》云:黄帝服齐于中宫,坐于玄扈洛上。乃有大鸟,鸡头、燕喙、龟颈、龙形、麟翼、鱼尾,其状如鹤,体备五色,三文成字。首文曰"顺德",背文曰"信义",膺文曰"仁智"。不食生虫,不履生草,或止帝之东园,或巢阿阁。其饮食也,必自歌舞,音如箫笙。天老曰:"臣闻国安,其主好文,则凤凰居之;国乱,其主好武,则凤凰去之。今凤凰翔于东郊,鸣中夷,则与天相副,是天有严教以赐帝,帝勿犯也。"

《春秋合诚图》曰:"帝坐玄扈洛上,与大司马容光等临观,凤凰衔图置帝前,黄帝再拜受图。"宋均注:"玄扈,石室名。"

《尚书中候》云:帝轩题象,麒麟在囿,凤凰巢阿阁。

《说文》天老曰:凤像,麟前鹿后,蛇颈鱼尾,龙文龟背,燕颔鸡喙,五色备举。出东方君子之国,翱翔四海之外,过昆仑,饮砥柱,濯羽弱水,暮宿风穴,见则天下大安宁。"风穴",《初学记》作"丹穴"。

《韩非子》云:黄帝合鬼神于泰山之上,风伯进扫,雨师洒道,虎狼在前,凤凰覆上。

河出龙图,洛出龟书。

《河图玉版》云:黄帝梦两龙授图,乃斋诣河洛。有鱼泛白图,折溜而止,跪而授之。

《河图挺辅佐》云:黄帝特斋七日七夜,天老皆从游河洛之渚,至翠妫之泉,大鲈溯流而至。问五圣莫见,独帝与天老迎之,兰叶朱文,五色毕见,泛白图以授帝,名曰"录图"。

《龙鱼河图》云:天授帝号,黄龙负图,鳞甲光耀,从河出。黄帝命侍臣写示天下。

魏文帝《杂占》云:《黄帝录图》,五龙舞河。

顾野王《符瑞图》云:黄帝世,鱼龙负图从河中出,付黄帝。

沈约《竹书注》云:黄帝五十年秋,大雾三日夜。雾既解,游于洛水之上,见大鱼,杀五牲以醮之,天乃甚雨,七日七夜,鱼流于海,得图书焉。龙图出河,龟书出洛,赤文篆字,以授轩辕,接万神于明庭。

《文心雕龙》引《黄帝录图》云,"潬潬㖟㖟①,棽棽雉雉②,万物尽化",言至德所被也。

《孝经援神契》曰:"洛龟曜书丹青,垂萌画字,苍颉效象。"宋均注云:"苍颉视龟而作书。"

《河图挺辅佐》云:苍颉为帝南巡狩,登阳虚之山,临于玄扈洛汭之水,灵龟负书,丹甲青文以授帝。

祥异发,

《吕氏春秋》云:"黄帝时,大螾大蝼见。"应劭说:"螾,谓丘蚓也。黄帝土位,故地见其神蚓,大五六围,长十余丈。"刘向《别录》云:"邹衍言,黄帝时有蝼蛄如牛。"

《封禅书》公孙臣云:黄帝土德,黄龙见。

《淮南子》云:"黄帝时,凤凰翔庭,麒麟游郊,青龙进驾,飞黄伏皂。"高诱注云:"飞黄如狐,背上有角,乘之寿三千岁。"

《郊祀歌》云:"訾黄何不下来。"应劭云:"訾黄,一名乘黄,龙翼马■[身],黄帝乘之而仙。"

《说文》云:古有神人以廌③遗黄帝,问何食何处?对曰:"食荐④,夏处川泽,冬处松柏。"

《春秋合诚图》云:黄帝先致白狐、白虎,诸神物乃下。

宋《符瑞志》:黄帝有景云之瑞,有赤方气与青方气相连。赤方中有两星,青方中有一星,凡三星皆黄色,以天清明时见于摄提,名曰"景星"。

《援神契》曰:"德至八表则景星见,状如半月。"又云:"黄帝循狩至于东滨,有泽兽出,能达知万物之精,以戒于民,为民除害,贤君明德幽远则来。"

《轩辕本纪》云:帝巡东海,登桓山于海滨,得白獬[泽]神兽,能言,达万物之情,因问天下鬼神之事。自古精气为物,游魂为变者,凡万一千五百二十种,白獬[泽]言之。帝令以图写示天下,乃作辟邪之文以祝之。

---

① 潬(shàn),水流蜿蜒曲折。㖟(huī),同"咴",象声词,形容马叫的声音。
② 棽棽雉雉,形容鸟群舒缓循序而飞。
③ 廌(zhì),古代传说中的异兽,能辩是非曲直。
④ 荐,廌所食草。

黄 海
HUANG HAI

《春秋考异邮》曰：黄帝将兴，有黄爵赤头，立于日傍。帝曰"黄者土精，赤者火荣，爵者赏也。余当立大功乎？"

《世纪》云：黄帝时，有屈轶草生于庭阶，佞人入朝，则屈而指之，是以佞人不敢进。

徐整《三五历》云：黄帝时嘉禾为种。

《中候》云：黄帝之世，鸾鸟来仪。

《山海经》：东海流波山有兽如牛，苍身无角而一足，出入水中必以风雨，其名曰"夔"。黄帝得之，以其皮鞔鼓，橛以雷兽之骨，声闻五百里。

远夷臻，

《尸子》云：四夷之民有贯胸者，深目者，长股者，黄帝之德皆致之。

《竹书》：黄帝五十九年，贯胸氏、长股氏来宾。

《瑞应图》云：黄帝时，西王母使乘白鹿，献白环之休符。

《宋志》云：黄帝时，南夷乘白鹿来献鬯①。

《淮南子》云：诸北儋耳之国，献其贡职。

《玄中记》云：黄帝之臣茄丰氏有罪，刑而放之，扶服而去。于是有扶伏之民在玉门外。

在位百年，乃陟葬桥山。

《竹书》云：黄帝百年而陟，时有地裂之变。

《世纪》云：帝在位百年而崩，年一百一十一岁。

《轩辕本纪》云：帝居代一百二十年，在位一百五年。

《皇览》云：帝年百十有七岁，冢在上郡阳周之桥山。好道者言"黄帝乘龙升云，登朝霞，上至列阙倒景［影］，经过天宫"，所未然也。

《括地志》云：黄帝陵在宁州罗川县东八十里子午山。

《蓟州志》云：平谷县渔子山上有大冢，旧传为轩辕黄帝陵，上有黄帝庙。

《封禅书》云：黄帝采首山铜铸鼎于荆山下，鼎成，有龙垂胡髯下迎黄帝。帝骑龙，群臣后宫从上者七十余人。龙乃上去，余小臣不得上，乃悉持

---

① 鬯（chàng），古代祭祀用的酒。

龙髯，髯拔，堕帝弓。百姓仰望，抱其弓与胡髯而号。故名其处曰"鼎湖"，其弓曰"乌号"。

《抱朴子》云：黄帝陟王屋而授《丹经》，到鼎湖而飞流珠，登崆峒而问广成，之具茨而事大隗，适东岱而奉中黄，入金谷而咨涓子，论道养则资玄素，精推步则访山稽、力牧，讲占候则询风后，著体诊则受雷岐，审攻战则纳《五音》之策，穷神奸则记白犀[泽]之辞，相地理则书《青乌》之说，救伤残则缀金冶之术，故能毕该秘要，穷道尽真。既已仙去，其臣左彻者削木为黄帝之像，帅诸侯朝奉之。故张司空《博物志》亦言："黄帝仙去，其臣思恋罔极，或刻木立像而朝之，或取其衣冠而葬之，或立庙而四时祀之。"

《拾遗记》云：黄帝厌世于昆台之上，留其冠剑佩舄焉。昆台者，鼎湖极峻处也。

魏《地形志》：赵兴郡阳周县桥山有黄帝冢。襄乐郡肤施县有黄帝祠。

帝四妃二十五子，可考见者青阳、昌意、夷鼓暨禺虢、苗龙、骆明、冯夷。青阳是为少昊，昌意之子是为颛顼，俱相继以有天下。

《晋语》：白季曰："黄帝之子二十五人，青阳与夷鼓皆已姓。青阳，方雷氏之甥也。夷鼓，彤鱼氏之甥也。其同生而异姓者，四母之子，别为十二姓，姬、酉、祁、己、滕、葴、任、荀、僖、姞、儇、依是也。"

《大戴礼》："黄帝娶西陵氏之子曰嫘祖，产青阳及昌意。青阳降居泜水，昌意降居江水。昌意娶蜀山氏产高阳，是为帝颛顼。"又云："黄帝产玄嚣，玄嚣产蟜极，蟜极产高辛，是为帝喾。"

《汉书·古人表》云："黄帝四妃，方雷氏生玄嚣，嫘祖生昌意，彤鱼氏生夷鼓，嫫母生仓林。"颜师古云："嫫母即嫫母也。"

《吕览》：嫫母赞乎黄帝，帝曰："属女德而弗忘，与女正而弗衰，虽恶奚伤哉？"

《世纪》：黄帝元妃西陵氏曰嫘祖，生昌意；次妃方雷氏曰女节，生青阳；次妃彤鱼氏生夷鼓，一名苍林；次妃嫫母，班在三人之下。

《竹书纪年》：黄帝七十七年昌意降居若水，产帝乾荒。

《山海经》云："黄帝妻雷祖生昌意，降居若水；生韩流，擢首谨耳，人面豕喙。取淖子曰阿女，生帝颛顼。"郭氏注："韩流即乾荒也。"又云："禺

黄　海
HUANG HAI

貙、苗龙、骆明皆黄帝之子也。禺貙生禺京，禺京处北海，禺貙处东海，是惟海神。苗龙生融吾，融吾生卞明，卞明生白犬。骆明生白马，其后为鲧。"

《河东记》云：黄帝第六子曰冯夷，是惟水官。

《史记·年表》云：舜、禹、契、后稷皆黄帝子孙也。黄帝策天命而治天下，德泽深后世，故其子孙皆复立为天子，是天之报有德也。

天都逸史潘之恒景升述
太朴之子沈潍仲雨阅

纪藏二·之一

阴符经[1]

伊尹、太公、范蠡、鬼谷子、诸葛亮、张良、李筌同注。

蜀相诸葛亮[2]序曰：所谓命者，性也。性能命通，故圣人尊之以天命。愚其人而智其圣，故曰"天机张而不死，地机驰而不生"。观乎《阴符》，造化在乎手，生死在乎人。故圣人藏之于心，所以陶甄天地，聚散天下，而不见其迹者，天机也。故黄帝得之以登云天，汤武得之以王天下，五霸得之以统诸侯。夫臣易而主难，不可以轻用。太公九十，非不遇，盖审其主焉。若使哲士执而用之，立石为主，刻木为君，亦可以享天下。夫臣尽其心而主反怖有之，不亦难乎？呜呼！无贤君则义士自死而不仕。莫若散志岩石以养其命，待生于泰阶。世人以夫子[3]为不遇，以秦仪为得时。不然！志在立宇宙，安能驰心下走哉？丈夫所耻！呜呼！后世英哲审而用之。范蠡重而长，文种轻而亡，岂不为泄天机？天机泄者沉三劫。宜然，故圣人藏诸名山，传之同好，隐之金匮，恐小人窃而弄之。

观天之道，执天之行，尽矣。序首。故天有五贼，见之者昌。

太公曰：其一贼命，其次贼物，其次贼时，其次贼功，其次贼神。贼命以一消，天下用之以味。贼物以一急，天下用之以利。贼时以一信，天下用之以反。贼功以一恩，天下用之以怨，贼神以一验，天下用之以小大。

《鬼谷子》曰：天之五贼，莫若贼神，此大而彼小，以小而取大，天地莫

---

[1]《阴符经》传为黄帝所撰，所以又称《黄帝阴符经》。唐李筌为《阴符经》作注以后，历代好事者纷纷步其后尘，以致注解本众多，见解芜杂。
[2] 历代注家多注"卷首有序一篇，不著名氏"，下文"筌曰"之"筌"即李筌。此名为诸葛序，不知所本何自。
[3] 夫子，即孔子。

黄　海
HUANG HAI

之能神，而况于人乎？

　　筌曰：黄帝得贼命之机，白日上升；殷周得贼神之验，以小灭大；管仲得贼时之信，九合诸侯；范蠡得贼物之急，而霸南越；张良得贼功之恩，而败强楚。

　　五贼在乎心，施行乎天；宇宙在乎手，万化生乎身。

　　太公曰：圣人谓之五贼，天下谓之五德。人食五味而生，食五味而死，无有怨而弃之者也。心之所味也，亦然。

　　鬼谷子曰：贼命可以长生不死，黄帝以少女精炁感之，时物亦然。且经冬之草，覆之而不死，露之即见伤。草木植性，尚犹如此，况人万物之灵？其机则少女以时。

　　广成子曰：以为积火焚五毒，五毒即五味，五味尽，可以长生也。

　　筌曰：人因五味而生，五味而死。五味各有所主，顺之则相生，逆之则相胜，久之则积炁熏蒸，人腐五脏，殆至灭亡。代人①所以不能终其天年者，以其生生之厚矣。是以至道淡然，胎息无味。神仙之术百数，其要在"抱一守中"；少女之术百数，其要在"还精采炁"；金丹之术百数，其要在"神水华池"；治国之术百数，其要在"清净自化"；用兵之术百数，其要在"奇正权谋"。此五事者，卷之藏于心，隐于神；施之弥于天，络于地。宇宙瞬息，可在人之手；万物荣枯，可生人之身。黄帝得之，先固三宫，后治万国，鼎成而驭龙，上升于天也。

　　天性，人也。人心，机也。立天之道以定人也。

　　亮曰：以为立天定人，其在于五贼。

　　天发杀机，龙蛇起陆②；人发杀机，天地反覆。

　　范曰：昔伊尹佐殷，发天杀之机，克夏之命尽，而事应之，故有东征西夷怨，南征北狄怨。

　　太公曰：不耕，三年大旱；不凿，十年地坏。杀人过万，大风暴起。

---

① 唐人因避太宗李世民讳，遇"世"字多改为"代"字，故"代人"即"世人"。
② 道藏本《黄帝阴符经》原句为"天发杀机，移星易宿。地发杀机，龙蛇起陆"。

亮曰：按楚杀汉兵数万，大风杳冥，昼晦，有若天地反覆。

天人合发，万变定基。

良曰：从此一信而万信生，故为万变定基矣。

筌曰：大荒、大乱，兵、水、旱、蝗，是天杀机也。虞舜陶甄，夏禹拯骸，殷系夏台，周囚羑里，汉祖亭长，魏武乞丐，俱非王者之位，乘天杀之机也，起陆而帝。君子在野，小人在位，权臣擅威，百姓思乱，人杀机也。成汤放桀，周武代纣，项籍斩嬴婴，魏废刘协，是乘人杀之机也。覆贵为贱，反贱为贵，有若天地反覆。天人之机合发，成败之理宜然。万变千化，圣人因之而定基业也。

性有巧拙，可以伏藏。

良曰：圣人见其巧拙，彼此不利者，其计在心。彼此利者，圣哲英雄道焉，况用兵之务哉。

筌曰：中欲不出谓之启，外邪不入谓之闭，外闭内启是其机也。难知如阴，不动如山，巧拙之性，使人无间而得窥也。

九窍之邪，在乎三要，可以动静。

太公曰：三要者，耳、目、口也。耳可凿而塞，目可穿而眩，口可利而讷，兴师动众，万夫莫议。其奇在三者，或可动，或可静之。

筌曰：两叶掩目，不见泰山；双豆塞耳，不闻雷霆；一椒掠舌，不能立言。九窍皆邪，不足以察机变，其在三者，神、心、志也。机动未朕[①]，神以随之；机兆将成，心以图之；机发事行，志以断之。其机动也，与阳同其波，五岳不能镇其隅，四渎不能界其维。其机静也，与阴同其德，智士不能运其荣，深闻不能窥其谋，天地不能夺其时，而况于人乎？

火生于木，祸发必克。奸生于国，时动必溃。知之修炼，谓之圣人。

筌曰：火生于木，火发而木焚；奸生于国，奸成而国灭。木中藏火，火始于无形；国中藏奸，奸始于无象。非至圣不能修身炼行，使奸火之不发。

---

① 朕（zhèn），征兆，迹象。

黄 海
HUANG HAI

夫国有无军之兵，无灾之祸。是以箕子逃而缚裘牧，商容囚而蹇叔哭。

天生天杀，道之理也。

良曰：机出乎心，如天之生，如天之杀，则生者自谓得其生，死者自谓得其死。

天地，万物之盗；万物，人之盗；人，万物之盗。三盗既宜，三才既安。

鬼谷子曰：三盗者，彼此不觉知，但谓之神。明此三者，况车马金帛，弃之可以倾河填海，移山覆地，非命而动，然后应之。

筌曰：天地与万物生成，盗万物以衰老。万物与人之服御，盗人以骄奢。人与万物之上器，盗万物以毁败。皆自然而往。三盗各得其宜，三才递安其任。

故曰：食其时，百骸理；动其机，万化安。

鬼谷子曰：不欲令后代人君广敛珍宝，委积金帛。若能弃之，虽倾河填海，未足难也。食者所以治百骸，失其时而生百病；动者所以安万物，失其机而伤万物。故曰："时之至，间不容瞬息，先之则太过，后之则不及。"是以贤者守时，不肖者守命也。

人知其神而神，不知其神①所以神也。

筌曰：人皆有圣人之圣，不贵圣人之愚。既睹其圣，又察其愚；既睹其愚，复睹其圣。故《书》曰："专用聪明，则事不成；专用晦昧，则事皆勃②。"一明一晦，众之所载。伊尹酒保，太公屠牛，管仲作革，百里奚卖粥，当衰乱之时，人皆谓之不神，及乎逢成汤、遭文王、遇齐桓、值秦穆，道济生灵，功格宇宙，人皆谓之至神。

日月有数，大小有定。圣功生焉，神明出焉。

鬼谷子曰：后代伏思之，则明天地不足贵，而况于人乎？

筌曰：一岁三百六十五日，日之有数，月次十二以积闰，大小余分有

---

① "不知其神"，宛委别藏本《黄帝阴符经疏》作"不知不神"。
② 勃，通"悖"。

定，皆禀精炁自有，不为圣功神明而生。圣功神明亦禀精炁自有，不为日月而生。是故成不贵乎天地，败不怨乎阴阳。

其盗机也，天下莫能知①，君子得之固躬，小人得之轻命。

诸葛亮曰：夫子②、太公岂不贤于孙、吴、韩、白③？所以君子小人异之。四子之勇，至于杀身，固不得其主而见杀矣。

筌曰：季主凌夷，天下莫见凌夷之机，而莫能知凌夷之源。霸王开国之机，而莫能知开国之源。君子得其机，应天顺人，乃固其躬。小人得其机，烦兵黩武，乃轻其命。《易》曰："君子见机而作，不俟终日。"又曰："知机其神乎！"机者，易见而难知，见近知远。

□［瞽］者善听，聋者善视。绝利一源，用师十倍；三反昼夜，用师万倍。

尹曰：思之精，所以尽其微。

良曰：后代伏思之，耳目之利，绝其一源。

筌曰：人之耳目，皆分于心，而竟于神。心分则机不精，神竟则机不微。是以师旷薰目④而聪耳，离朱漆耳⑤而明目。任一源之利而反用师于心，举事发机，十全成也。退思三反，经昼历夜，思而后行，举事发机，万全成也。

太公曰：目动而心应之。见可则行，见否则止。

心生于物，死于物，机在于目。

筌曰：为天下机者，莫近乎心目。心能发目，目能见机。秦始皇东游会稽，项羽目见其机，心生于物，谓项梁曰："彼可取而代之"；晋师毕至于淮淝，苻坚目见其机，心死于物，谓苻融曰："彼勍⑥敌也，胡为少耶？"则知生死之心在乎物，成败之机见于目焉。

---

① 天下莫能知，宛委别藏本《黄帝阴符经》作"天下莫能见，莫能知"。
② 夫子，指孔子。
③ 孙、吴、朝、白，指孙膑、吴起、韩信、白起。
④ 师旷，春秋时晋国的乐师，目盲，善琴，辨音能力特别强。薰目，传说他的眼睛是自己薰瞎的。
⑤ 离朱，黄帝之臣。漆，漆树皮里的黏汁或其他树脂。漆耳，即用黏汁把耳朵塞起来，使人失去听觉。
⑥ 勍（qíng），强，强大之意。

黄海
HUANG HAI

天之无恩而大恩生,迅雷烈风莫不蠢然。

良曰:熙熙哉。

太公曰:诚惧致福。

筌曰:天心无恩,万物有心归恩于天。老子曰:"天地不仁,以万物为刍狗;圣人不仁,以百姓为刍狗。"是以施而不求其报,生而不有其功。及至迅雷烈风,威远而惧迩,万物蠢然而怀惧。天无威而惧万物,万物有惧而归威于天。圣人行赏也,无恩于有功。行伐也,无威于有罪。故赏罚自立于上,威恩自行于下也。

至乐性余,至静性廉。

良曰:夫机在于是也。

筌曰:乐则奢余,静则贞廉。性余则神浊,性廉则神清。神者,智之泉,神清则智明。智者,心之府,智公则心平。人莫鉴于流水而鉴于澄水,以其清且平。神清意平,乃能形物之情。夫圣人者,不淫于至乐,不安于至静,能栖神静乐之间,谓之守中。如此,施利不能诱,声色不能荡,辩士不能说,智者不能动,勇者不能惧,见祸于重开之外,虑患于杳冥之内,天且不违,而况于兵之诡道者哉!

天之至私,

尹曰:治极微。

用之至公。

良曰:其机善,虽不令天下而行之,天下所不能知,天下所不能违。

筌曰:天道曲成万物而不遗,椿菌鹏鹦[①],巨细修短,各得其所,至私也。云行雨施,雷电霜霆,生杀之均,至公也。圣人则天法地,养万民,察劳苦,至私也;行正令,施法象,至公也。

孙武曰:视卒如爱子,可以俱死;视卒如婴儿,可与之赴深溪。爱而不

---

① 椿树,取其粗大和长寿意;菌,低等异养植物,取其细小和短命意。鹏,大鸟,可展翅高飞。鹦,蓬间雀,飞不出草窝。

能令，譬若骄子。是故令之以文，齐之以武。

禽之制在炁。
太公曰：岂以小大而相制哉？
尹曰：炁者，天之机。
筌曰：玄龟食蟒，鹯隼击鹄，黄腰啖虎，飞鼠断猿，蛣蛭唘鱼，狼犴啮鹤，余甘柔金，河车服之，无穷化玉，雄黄变铁。有不灰之木，浮水之石。夫禽兽木石得其炁尚能以小制大，况英雄得其炁而不能净寰海而御宇宙也？

生者，死之根；死者，生之根。恩生于害，害生于恩。
太公曰：损己者物爱之，厚己者物薄之。
筌曰：谋生者必先死而后生，习死者必先生而后死。
鹖冠子曰：不死不生，不断不成。
孙武曰：投之死地而后生，致之亡地而后存。
吴起曰：兵战之场，立尸之地，必死则生，幸生则死。恩者害之源，害者恩之源。吴树恩于越而害生，周立害于殷而恩生。死之与生也，恩之与害，相反纠缠也。

愚人以天地文理圣，我以时物文理哲。
太公曰：观鸟兽之时，察万物之变。
筌曰：景星见，黄龙下，翔凤至，醴泉出，嘉谷生，河不满溢，海不扬波。日月薄蚀，五星失行，四时相错，昼冥宵光，山崩川涸，冬雷夏霜，愚人以此天地文理为理乱之机。文思安安，光被四表，克明俊德，以亲九族，六府三事，无相夺伦，百谷用成，兆民用康。昏主邪臣，法令不一，重赋苛政，上下相蒙，懿戚贵臣，骄奢淫纵，酣酒嗜音，峻宇雕墙，百姓流亡，思乱怨上，我以此时物文理为理乱之机也。

人以虞愚（圣），我以不虞愚（圣），人以期其圣，我以不期其圣。
筌曰：贤哲之心，深妙难测。由巢之迹，人或窥之。■［至］于应变无方，自机转而不穷之智，人岂虞之？以迹度心，乃为愚者也。

黄　海
HUANG HAI

故曰：沉水入火，自取灭亡。

良曰：理人自死，理军亡兵，无死则无不死，无生则无不生，故知乎死生，国家安宁。

自然之道静，故天地万物生。

尹曰：静之至，不知所以生。

天地之道浸，故阴阳胜。

良曰：天地之道，浸微而推胜之。

阴阳相推，变化顺矣。

良曰：阴阳相推，激至于变，化在于目。

是故圣人知自然之道不可违，因而制之。

良曰：大人见之为自然，英哲见之为制，愚者见之为化。

尹曰：知自然之道，万物不能违，故利而行之。

至静之道，律历所不能契。

良曰：观鸟兽之时，察万物之变，鸟兽至净，律历所不能契，从而机之。

爰有奇器，是生万象。八卦甲子，万一决也。神机鬼藏。

良曰：六癸为天藏，可以伏藏也。

阴阳相胜之术，昭昭乎进乎象矣。

亮曰：奇器者，圣智也。天垂象，圣人则之。推甲子，画八卦，考蓍龟，稽律历。则鬼神之情，阴阳之理昭著乎象，无不尽矣。

亮曰：八卦之象，申而用之。六十甲子，转而用之。神出鬼入，万明一矣。

良曰：万生万象者心也。合藏阴阳之术，日月之数，昭昭乎在人心矣。

广成子曰：甲子合阳九之数，卦象出师众之法，出师以律，动合鬼神，顺天应时，而用鬼神之道也。

天都逸史潘之恒景升定
清源居士黄鼎象毓铉校

纪藏二·之二

阴符经_{骊山老母口授，太室山李筌疏。}

序曰：少室山达观子李筌，好神仙之道，常历名山，博采方术。至嵩山虎口岩石壁中得《阴符》本，绢素书，朱漆轴，以绛缯缄之。封云："魏真君二年七月七日，上清道士寇谦之藏诸名山，用传同好。"其本糜烂，应手灰灭。筌略抄记，虽诵在口，竟不能晓其义理。因入秦，至骊山下，逢一老母，鬐髻当顶，余发倒垂，弊［敝］衣扶杖路旁。见遗火烧树，自语曰："火生于木，祸发必克。"筌惊而问之曰："此是黄帝《阴符》上文，母何得而言？"母曰："吾受此符三元六甲周甲子矣。"谨按《太一遁甲经》云："一元六十岁，行一甲子。"三元行一百八十岁，三甲子为一周，六周积算一千八十岁。年少从何而知？筌稽首再拜，具告得处。母笑曰："少年颧颊贯于生门①，命轮齐于月角②，血脑未减，心影不偏，性贤而好法，神勇而乐智，是吾弟子也。然五十六年当有大厄。"因出《丹书》，符冠杖端，刺筌口，令跪而吞之，曰："天地相保。"乃坐树下，说《阴符》玄义。言竟，诫筌曰："黄帝《阴符》三百言。百言演道，百言演法，百言演术。参演其三，混而为一，圣贤智愚，各量其分，得而学之矣。上有神仙抱一之道，中有富国安人之法，下有强兵战胜之术。圣人学之得其道，贤人学之得其法，智人学之得其术，小人学之受其殃，识分不同也。皆内出于天机，外合于人事。若巨海之朝百谷，止水之含万象。其机张，包宇宙，括九夷，不足以为大；其机弥，隐微尘，纳芥子，不足以为小。观其精微，《黄庭》《八景》不足以为学；察其至要，《经》《传》《子》《史》不足以为文；任其巧智，孙、吴、韩、白

---

① 生门，中国古代预测玄学八门之一。八门：休、生、伤、杜、景、死、惊、开。
② 月角，相学术语。指人的右额，或指额骨中央隐隐隆起部分。男面相称"日角"，女面相称"月角"，此处或为"日角"之误。

黄　海
HUANG HAI

不足以为奇。是以动植之性，成败之数，死生之理，无非机者。一名《黄帝天机之书》。九窍四肢不具，悭贪愚痴、疯癫狂诞者，并不得闻。如传同好，必清斋三日。不择卑幼，但有本者为师，不得以富贵为重，贫贱为轻，违者夺二十纪。《河图洛书》云，黄帝曰，圣人生，天帝赐算三万六千七百二十，纪①主一岁。若有过，司命辄夺算，算尽夺纪，纪尽则身死。有功德，司命辄与算，算得与纪，纪得则身不死，长生矣。每年七月七日写一卷，藏诸名山岩石间，得算一千二百。本命日诵七遍，令人多智慧，益心机，去邪魅，销灾害，出三尸②，下九虫③。所以圣人藏之金匮，不妄传也。"母语毕，日已晡矣。曰："吾有麦饭，相与为食。"因袖中出一瓠，令签取水。签往谷中盛水，其瓠忽重，可百余斤，力不能制，便沉于泉。随觅不得，久而却来，已失母所在，唯留麦饭一升。签悲泣号诉，至夕不复见。签乃食麦饭而归，渐觉不饥，至令能数日不食，亦能一日数食，气力自倍。签所注《阴符》，并依骊山母所说，非签自能。后来同好，敬尔天机，无妄传也。

释题：阴，暗也；符，合也。天机暗合于行事之机，故曰《阴符》。

神仙抱一演道章

观天之道，执天之行，尽矣。

但观天道，而理执天之道，则阴阳动静之宜尽矣。

疏曰：天者，阴阳之总名也。阳之精炁[气]轻清，上浮为天；阴之精炁[气]重浊，下沉为地，相连而不相离。故列子御寇谓杞国人曰："天积炁[气]耳，地积块耳，自地已上则皆天也。子终日行于天，奈何忧乎天崩？"故知天地则阴阳之二炁[气]，炁[气]中有子，名曰五行。五行者，天地阴阳之用也，万物从而生焉，万物则五行之子也。故使人观天地阴阳之道，执天五炁[气]而行，则兴废可知，生死可察。除此外无可观执，故言尽矣。

---

① 古称十二年为一纪，为岁星（木星）绕地球一周的时间。
② "三尸"，道教术语，指道教的三尸神。道教认为人体有上中下三个丹田，各有一神驻跸其内，统称"三尸"，上尸好华饰，中尸好滋味，下尸好淫欲。
③ 九虫，道教术语，指三尸虫。道书《梦三尸说》认为，人身中有三尸虫。上尸三虫，中尸三虫，下尸三虫，所以称为"三尸九虫"。

天有五贼，见之者昌。五贼在心，施行于天。宇宙在乎手，万物生乎身。

天生五行，谓之五贼。使人用心观执，奉天而行，则宇宙在乎掌中，万物生乎身上矣。

疏曰：五贼者，五行之炁［气］也，则金、木、水、火、土焉。太公注云："圣人为之五贼，天下为之五德。人食五味而死，无有死而弃之者。"此五贼之义。所言贼者，害也。逆之不顺，则与人生害，故曰贼也。此言阴阳之中包含五炁［气］，故云"天有五贼"。此者在天为五星，在地为五岳，在位为五方，在物为五色，在声为五音，在食为五味，在人为五脏，在道为五德，不善用之则为贼。又贼者，五行更相制伏，递为生杀，昼夜不停，亦能盗窃人之生死、万物成败，故言贼也。"见之者昌"，何也？人但能明此五行制伏之道，审阴阳兴废之源，则而行之，此为见也；如人审五贼善能明之，则为福德之昌盛也。又人能知五贼藏者，何也？在其心，故曰"五贼在心"。心既知之，故使人用心，观执五炁［气］而行，睹逆顺而不差，合天机而不失，则宇宙在乎掌中，万物生乎身上。如此则吉无不利，与道同游，岂不为昌乎？在仕宦之道，执仁义礼智信，则富贵荣华，岂不为昌乎？在军旅之道，明五行逆顺，则战取必胜，岂不为昌乎？故曰"见之者昌"也。但因此五行相生而用之，则为道德合于阳也；相克之道用之，则为贼害合于阴也。故三教大师皆用理世，所立经教，只言修善而称道德，不令修恶而称贼害也。故知善修道德者，道也，是阳之主也；阴恶贼害者，魔也，是阴之精。除此之外，百万经教虚广故也。故宣尼①云"一言以蔽之，曰：思无邪。"又曰："择其善者而从之，其不善者而改之。"此则至道也，何必广谈修习欤？合道之体，不出此门，能知天地阴阳成败之元者，皆在《阴符》首章，而尽理矣。世人见文少而言近，自不闲其要妙，亦何在三教经书广博所陈也？

故骊山母云，"观其精理，《黄庭》《八景》不足以为学；察其至要，《经》《传》《子》《史》不足以为文；任其巧智，孙、吴、韩、白不足以为奇"，此之义也。

天性，人也。人心，机也。立天之道以定人也。

言以立天定人，在乎五贼。

---

① 宣尼即孔子。西汉平帝元始元年（公元1年）追谥孔子为褒成宣尼公。

黄海
HUANG HAI

疏曰：夫人心主魂之官，身为神之府也。将欲施行五贼者，莫尚乎心，故心能之士，有所图必合天道。此则宇宙虽广，观览只在手中；万物虽多，生杀不出于术内。故曰：心正可以辟邪也。

天发杀机，龙蛇起陆；人发杀机，天地反覆。天人合发，万变定机[基]。

天发杀机，公道也；人发杀机，私情也。龙蛇感公道而震，私情紊乱天地而反覆。天人俱合于公道，则千变万化，无不定矣。

疏曰：天含五炁，递为生杀，自然有之。天道生杀，皆合其机宜，不妄发动。阴阳改变，时代迁谢，去故就新，此天发杀机，皆至公也。乘天威杀之机，或龙或蛇，沉隐之类皆能震起于陵陆。顺天应时，畅达于其间，为乘天之机，不失其宜也。人发杀机，天地反覆者，人是五行之子，须顺五炁之生杀，任阴阳之陶运，何得擅自兴其生杀乎？至如世间之法，杀人者死，杀生者罪，何也？为非天之合杀彼人，奈何杀之乎？言人不合妄动杀机也。至如奸臣逆节，违背天道，反叛君亲，恣行凶恶，损害于世，擅行屠戮，妄动杀机者，同翻天作地，覆地作天，如此之大乱为逆，天之大祸，是名天地反覆。此则人怨神怒，天将诛之，人共杀之，俱合其杀机，是名"天人合发，万变定基"。罚叛讨逆，顺天行诛，皆合天杀之机宜。惬至公之正道，则万物咸伏，无敢妄动，名曰"定基"。君臣之道，贵其公正。若能动用合其天机，应运同其天道，此则人安其心，物安其体，五行安其位，岳渎安其灵。上施道德，下行仁义，灾害不生，祸乱不作，天人静默，名曰"定基"。

性有巧拙，可以伏藏。

人之巧拙，不可显露；慎之择善，无令患生也。

疏曰：人怀性智、巧拙，贤愚悉共有之。但少而言之，人有少巧智辩慧，便驰骋显露，不料得失，显招其咎者，何也？为不能隐密，不自诫慎，以致倾败耳。故《道德经》云："大辩若讷，大巧若拙。"其言隐密也。《易》曰："君不密则失臣，臣不密则失身，机事不密则害成。"此之谓也。可以伏藏者，贤人君子。纵有巧智辩慧之性、博学多闻之才，动静合其机宜，可不为巧乎？常能隐伏，藏匿巨细，用之恐被嫉佞谗毁，反招其咎耳。况愚拙之人，自率于心，造次兴动，不自藏隐，立招祸患。贤人养道育德，巧拙之性俱隐伏于身心，然后内观正性，外视邪淫，善则行之，不善则舍之，修身炼行而成圣人，外人焉能知我巧拙之性乎？皆谓我天然贤圣，不知我修而致之，故曰"伏藏"也。

九窍之邪，在乎三要，可以动静。

言人九窍俱邪，皆能生患。在于要者，耳目口也，切使诚慎，无令祸生。

疏曰：《南华》云，"人有百骸、九窍、五脏，体而存之。"人禀五炁[气]而成形，头圆足方，四肢五脏，三魂七魄，递生邪正，互为君臣，在身通流运动者，九窍也。邪正祸福之急者，在三要焉，即耳、目、口也。故《道德经》云"五色令人目盲，五音令人耳聋，五味令人口爽"是也。道德之士，眼不视邪色，耳不听邪声，口不谈邪事。所以正事则视听言谈之，此名动也；涉其邪妄，悉不将心视听言说，此名静也。宣尼云"择其善者而从之"，此名动也；"择其不善者而改之"，在此名静也。《孝经》云"言满天下无口过，行满天下无怨恶"者，所缘身心静正而无邪恶，以致此也。但遇善即动，逢邪即静，此则身无祸患，皆在耳目口之防慎，故云"在乎三要"耳。可以动，可以静也。

火生于木，祸发必克；奸生于国，时动必溃。知之修炼，谓之圣人。

奸火喻人之性，木国喻人之身。使人治国安身，而令奸火不发，然后修身炼行，以成圣人。

疏曰：此一科言圣意、兴其喻也。为上文九邪、三要、动静之宜，切令戒慎，恐未能穷理尽性，故兴此"火木""奸国"为令喻，殷勤修炼以成圣人。木中有火者，喻人中有邪恶之性、五毒之火也。太公注云"广成子以为积火焚五毒"，故知火者猛烈之炁[气]。《书》云"火炎昆冈，玉石俱焚"矣。木中藏火，慎勿钻研，火发则木焚矣。身中邪毒，忽纵恣之，则万善俱灭，其身溃矣。奸生于国，时动必溃者，凡有国则有奸臣贼子，包藏害心，思图篡夺，苟欲富贵。如此之类不一，皆潜藏国中，人君不可知之。但君怀道德，臣效忠贞。时自雍和，天下宁泰。奸人徒有其心，无由妄敢兴动，皆候其时合动，安得君道失，臣道丧，兵水旱蝗，征敛苛刻，人心变易，思乱怨上。当此之代，万物皆有乱心，何况怀奸之人乎？又奸者不一，乘此颓败之时，则诸奸竞发，其国得不溃乎？此喻上之九窍、三要、巧拙、动静也。言人有道德定慧，隐伏身心之中，诸邪淫秽僻亦不能兴耳。若邪竞发，则身溃矣。故以奸火藏于木国，以喻邪正伏于身心。此唯贤哲之士通详其文，晓达明悟，精念至道，去恶存善，是名知之修炼，谓之圣人。故曰：上有神仙抱一之道，黄帝得之以登云天，汤武得之以王天下。骊山母云："圣人学之得其道，为顺天时，则内怀道德，外任贤良，知之修炼而成圣人，是得其道以升云天，黄帝是也；贤人学之得其法，为依五行之善正，不违天时，不逆地理，不伤财，不害物，富国安人，身为贤明乃得其法，道德之君，尧舜是也；智人学之得其术，为用天之道，分地之利，谨身节用以养父母，仁义礼智信，忠孝君亲，贞廉不失，保其禄位，是得其术，贤臣夔龙、伊尹是也；小人学之得其殃，为将天道之炁［气］不习善之，用以智巧辩慧之性，专事三反昼夜，烦兵黩武，阴谋屠害，苟求奢荣，倾夺于世，虽暂富贵，不思祸之将至，反招败亡，延及后世，是得其殃也，禄山、思明篡逆悖乱之臣是也。"圣母又言："此文深奥，若巨海之朝百谷，含弘万象，妙义灵也。"

此《神仙抱一演道章》上，一百五言，使人明阴阳之道，察兴废之理，动用其机宜，然后修身炼行以成圣人。故曰："上有神仙抱一之道。"

赞曰：天道应运，阴阳至神。察其机要，存亡在身。

悟者为正，迷则非真。知之修炼，谓之圣人。

富国安人演法章

天地，万物之盗；

天覆地载，万物潜生，冲炁暗滋，故曰"盗"也。

疏曰：天地者，阴阳也。阴阳二字，洎乎五行，共成其七，此外更改于物，则何惑之甚矣？言天地万物胎卵湿化、百谷草木，悉承此七炁［气］而生长，从无形至于有形，潜生覆育，以成其体。如行窃盗，不觉不知。天地亦潜与其炁［气］应用无穷；万物私纳其覆育，各获其安。故曰："天地，万物之盗。"

万物，人之盗；

万物盗天而长生，人盗万物以资身。若知分合宜，亦自然之理。

疏曰：人与禽兽草木，俱禀阴阴而生。人之最灵，位处中宫，心怀智度，能反照自性，穷达本始，明会阴阳五行之炁[气]，则而用之。《周易》六十四卦、六十甲子是也。故上文云"见之昌也"。人于七炁[气]之中，所有生成之物，悉能潜取以资养其身，故言盗，则田蚕五谷之类是也。《列子》曰："齐有国氏大富，云：'吾善为盗矣，天有时，地有利，吾盗天地之时利，雨泽之滂润。吾陆盗禽兽，水盗鱼鳖。吾始为盗，一年而给，二年而足，三年大穰，自此以后，施及州闾。吾盗天地而无殃咎。若人盗人之金帛，奈何无辜乎？'"万物盗天地以生成，国氏盗万物以资身，但知分合宜，亦自然之理，此"万物，人之盗"也。

人，万物之盗也。三盗既宜，三才既安。

既，尽也。三盗尽合其宜，则三才尽安其任。

疏曰：言人但能盗万物资身以充荣禄富贵，殊不知万物反能盗人以生祸患。言上来三义，更相为盗者，亦自然之理。凡此相盗，其中皆须有道，惬其宜则吉，乖其理则凶。故《列子》言："盗亦有道乎？何适其无道也？见室中之藏，圣也；知可否，智也；入先，勇也；出后，义也；分均，仁也。人无此五德而能行盗者，未之有也。"① 此盗中之道也。向于三盗之中，皆须有道，令尽合其宜，则三才不差，尽安其任矣。皆不令越分伤性，以生祸患者也。

故曰：食其时，百骸理。动其机，万化安。

言人饮食不失其时，则身无患咎；兴动合其机宜，则万化皆安矣。

疏曰：言人理性命者，皆须饮食滋味也。故《左传》曰："味与道炁[气]，炁[气]以实志，滋形润神，必归饮食。"② 黄帝曰，人服饮食，必先五味、五肉、五菜、五果，皆须调候得所，量体而进。熟则益人，生则伤脏，此食时之义也。故使饮食不失其时，滋味不越其宜，适其中道，不令乖分伤性，则四肢调畅，五脏安和，无诸疾病，长寿保终，岂不为百骸理乎？故亢仓子③曰，冬饱则身温，夏饱则身凉。温凉时适，则人无疾疢④，疫疠不

---

① 按：此当为《庄子》语。
② 按：非《左传》语，不知所出。
③ 亢仓子，又名庚桑子，春秋时期陈国人，是道教祖师之一，相传是老子之弟子，被尊为洞灵真人。
④ 疢（chèn），热病，泛指疾病。

行，得终其天年。故曰，谷者，人之天也。天所以兴，王务农；王不务农，是弃人也。人既弃之，将何有国哉？但三盗既合其宜，三才尽安其任，此皆合自然之理。然后须明君贤臣，调御于世，乘此既宜尽安之时，当须法令平正，用贤使能，仁及昆虫，化被草木，举头皆合于天道之机宜，则阴阳顺时，寰宇清泰，使万民之类皆获其安宁，此则动其机而万化安。故云"中有富国安人之法"也。

人知其神而神，不知不神所以神也。

阴阳生万物，人谓之神；不知有至道，静默而不神；能生万物，阴阳为至神矣。

疏曰：神者，妙而不测也。《易》曰："阴阳不测谓之神。"人但见万物从阴阳、日月而生，谓之曰神，殊不知阴阳、日月从不神而生焉。不神者，何也？至道也。言至道虚静，寂然而不神，此不神之中能生日月、阴阳、三才、万物种种，滋荣而获安畅，皆从至道虚静中来，此乃不神之中而有神矣，其理明矣。饮食修炼之士，明悟无为不神之理，反照正性，而修无为之业。存思守一，反朴还淳，归无为之道，玄之又玄，方证寂默而不神，此则不神而能至神，故曰明矣。

日月有数，大小有定。圣功生焉，神明出焉。

日月运转不差度数，大小有定，方显圣功之力生焉，神明之功出焉。

疏曰：日月者，阴阳之精炁也。六合之内，为至道也。日月度数、大小律历之所辩，咸有定分，运转不差。故云"日月有数，大小有定"。"圣功生焉"者，六合之内，赖此日月照烛，阴阳运行而生成万物有动植，功力微妙至于圣，故曰"圣功生焉"。"神明出焉"者，阴阳不测之谓神，日月晶朗之谓明。言阴阳之神，日月至明，故曰神明。言天地万物皆承圣功、神明而生，有从无出，有功用显著，故曰"神明出焉"。又言世间万物，皆禀此圣功而生，大之与小，咸有定分，不相违越，则小不羡大，大不轻小。故《庄子》言，鹏鹦各自逍遥，不相缠美。此"大小有定"之义。又言，上至王侯，下至黎庶，各有定分，不相倾夺。上下和睦，岁稔时雍，名曰太平。故曰："中有富国安人之法。"

其盗机也，天下莫不能见，莫不能知。君子得之固躬，小人得之轻命。

盗机深妙，易见难知。君子知积善之机，乃能固躬；小人务荣辱之机，而轻命也。

疏曰：盗机者，重举上文"三盗"之义也。假如国氏盗天而获富，人皆见种植之机，不知其所获之深理。何名为盗机？缘己之先无，知彼之先有，暗设计谋而动其机数，不知不觉，窃盗将来，以润其己，名曰盗机。言天下之人咸共见此盗机，而莫能知其深理。设有智者、小人、君子，所见不同。君子则知固躬之机，小人则知轻命之机。固躬之机者，君子知至道之中包含万善，所求必致，如响应声。但设其善计，暗默修行，动其习善之机，与道契合，乃致守一存思，精心念习，窃其深妙，以滋其性，或盗神水、华池、玉英、金液以致神仙。贤人君子知此妙道之机，修炼以成圣人。故曰"君子得之固躬"矣。"小人得之轻命"者，但务营求金帛，不惮劬①劳。或修才学武艺，不辞疲瘁，饰情巧智以求世上浮荣之机；或荣华宠辱，或军旅倾败，贪婪损己；或耽财好色，虽暂得浮荣，终不免于患咎。盖为不知其妙道之机，以致于此。故曰"小人得之轻命"也。

此《富国安人演法章》中，九十二言，皆使人取舍，合其机宜，明察神明之道，安化养命固躬之机也。故曰"中有富国安人之法"也。

赞曰：天地万物，阴阳四时。更相为盗，贵合天机。

圣功神明，非贤莫知。固躬轻命，审察其宜。

强兵战胜演术章

瞽者善听，聋者善视。绝利一源，用师十倍；三反昼夜，用师万倍。

绝利者，塞耳则视明，闭目则听审，务使身心不乱，主事精专也。

疏曰：言人眼贪色则耳不闻正声，听淫声则目不睹正色，此视听二途，俱主于心也。道德之士心无邪妄，虽耳目闻见万种声色，其心正定，都无爱悦贪著之心，与无耳目不殊，何必在于聋瞽者哉？但心中纳正，则耳目无邪；耳目无邪，则身心不乱；身心不乱，则精思举事发机皆合于天道。比之凡情，十倍利益。事皆成遂，何必独在用师？他皆仿此。三反昼夜，用师

---

① 劬（qú），过分劳苦。

万倍者。上云身心正定，耳目聪明，举事发机，比常十倍。就中更能三思反覆，日夜精专，举事发机，比常情万倍，何必独在用师也？《论语》云："三思而后行。"再，斯而可矣。使人用心必须精审，此之义也。所言师者，兵也。兵者，凶器。战者，危事。处战争之地、危亡之际，必须三反精思，深谋远略，若寡于谋虑，轻为进退，竟致败亡。所以将此耳目精思，引以用师为喻，切令修炼，保护其身，非真用师也。道德之士，嫉恶如仇，知此耳目绝利之源，三反精思之义，深沉审细，理正居贞，诛锄邪佞之贼，自固其躬，久久成道，则黄帝灭蚩尤是也。至如古今名将，孙、吴、韩、白、武侯、卫公，皆善用师，悉能三反昼夜，成功立事，以致荣华。然终谓强兵战胜之术，以为轻命之机，必也。黄帝得之以登云天，傅说得之以处玄枵①也。故上文云："君子得之固躬，小人得之轻命。"

心生于物，死于物，机在于目。

心贪于物者损寿，目视无厌则意荒。但戒目收心，则无祸败之患也。

疏曰：道德之士，心不妄生，机不妄动，辄加于物情。而耽徇之人，取万物资身养命者，亦天然之理。但不令越分乖宜，反伤其性。故亢仓子言："万人操弓，共射一招，招无不中。"招，埻也。亦云：招，箭人也。万物彰彰，以害一生，生无不伤者，以养性命也。今代之惑者，多以性养物，不知休息。此言心生贪婪，为物所盗，使人祸败耳。《家语》云："嗜欲无厌、贪求不止者，刑其杀之。"《老子》云："知足不辱，知止不殆，可以长久。"所贵知足，适其中，不令将心苦贪于物。反伤正性，必害于人。故《刘子》② 云火林养鸟、温汤养鱼之义，以生于物、死于物也。机在目者，言人动生妄心；加于物者，皆由自睹而心生。故云"机在目"，欲令戒慎其目，勿令妄视邪淫之色，使心于物不生妄动之机，不挠其性以固寿保躬也。

天之无恩而大恩生，

天地生而不有，为而不恃，长养万物，不求恩报，而万物感其覆育，自有恩生。

---

① 玄枵（xuán xiāo），中国古代天文学中的十二星次之一。
② 《刘子》旧题为刘昼所作。刘昼，字孔昭，渤海阜城人，北齐文学家。

疏曰：天地万物，自然有之。此皆至道之所含育，不求恩报于万物，万物承天之覆育，自怀恩于天。故《老子》言："生而不有，为而不恃，长而不宰。"

迅雷烈风莫不蠢然。

迅雷烈风，阴阳动用，人自怀惧，蠢然而惊。

疏曰：迅雷者，阴阳激搏之声也；烈风者，《庄子》言，"大块噫炁［气］，其名为风"。凡此风雷，阴阳自有，本不威人，人自畏之，莫不蠢然而动，怀惊惧也。此言道德之君，抚育万灵，同天地之不仁，则大地、人民、禽兽、草木皆自归恩于君，感戴如天，各守其分，各安其业，无不逍遥也。明君但施其正令，以示国章，兆人睹其威命，如迅雷烈风，莫不蠢然而动，咸生恐惧之心，各自警戒，各自慎行也。以此治军，则将勇兵强，上威下惧，必能诛暴定乱。故言"下有强兵战胜之术"也。

至乐性余，至静则廉。

至尚廉静，则心无忧惧；情怀悦乐，而逍遥有余。

疏曰：至乐者，非丝竹欢娱之乐也。若以此乐必无余。故《家语》云"至乐无声，而天下之人安"，《三略》① 云"有道之君以乐乐人"。此言贤人君子以心平性正，不欺于物，不徇于时，理国安家，无淫刑滥罚，不越国章，身无过犯，无所忧惧，自然心怀悦乐，情性怡逸，逍遥有余。岂将丝竹欢宴之乐而方比此乐乎？至如古人鼓琴拾穗，行歌待终，故曰"至乐性余"也。"至静则廉"者，既不为小人丝竹奢淫之乐，自保其无忧无事之欢。如此则不为声色所挠，而性静情逸，神贞志廉也。亢仓子曰："贵则语通，富则身通，穷则意通，静则神通。"引此四通之体，义存乎一，故谓"至乐""至静"也。人能至静，可致神通，是名"至静则廉"也。夫将帅之体，贵其廉静，杜其喧挠，赏罚不差。父子为军，心怀悦乐，性多余勇，然可摧凶克敌，功业必成。故曰"下有强兵战胜之术"也。夫能栖神静乐之间，谓之守中，六情不染，二景常然。

---

① 《三略》即《黄石公三略》，旧题黄石公撰，是一部著名的道家兵书，与《六韬》齐名。

黄海
HUANG HAI

天之至私，用之至公。

天道幽隐，不可窥测，至私也；万物生成，圣功显著，至公也。

疏曰：天者，至道也。言至道包含万类，幽深恍惚，无有形段，不可窥测，是名"至私"。私者，隐匿之义也。能于杳冥之中，应用无穷，生成万物，各具形体，随用立名，乃"至公"也。公者，明白显用，众可观之义也。此言道德之君，智虑广博，包总万机，智谋巧拙，进退可否，悉能私隐于深心，人不可得而窥之，是"至私"也。及其动用，观善恶，察是非，施政令，行赏罚，显然明白，为天下之可观，乃"至公"也。故曰"天之至私，用之至公"也。为军帅之体，能用以隐密，机数难窥，取舍如神，威恩显著，上清下正，将勇兵强，克敌摧凶，功业盛茂，故曰"下有强兵战胜之术"也。

禽之制在炁。

鹏搏九万，积炁而升；蜩鸠抢榆，决起而上。皆能制炁[气]，进退而自由也。

疏曰：禽者，羽化百鸟之类也。炁[气]者，天地阴阳之炁[气]也。人之运动，皆以手足进退为利；禽鸟运动，皆以翅羽鼓炁[气]。心动翅鼓，无所不之，上下由之；况人最灵，不能善用天机道德之炁[气]，固躬养命以致长生久视乎？若人善能制道德之炁[气]，则遨游太虚，禽鸟不足比也。为军帅之体，善用五行休王之炁[气]，能知阴阳制伏之源，则摧凶克敌，不足为难。故曰"下有强兵战胜之术者"也。

死者，生之根；生者，死之根。

愚人徇物而贪生，违生之理者促寿；贤人损己以求道，德其妙者固躬而不亡。

疏曰：此言人之在世，贪生恶死，皆自厚养其身，恐致灭亡也。鞠养身命，必须饮食衣服，此亦天然自合之理。故《庄子》言："耕而食，织而衣，其德不离。织而衣，耕而食，是谓同德。"故知人生必资衣食之育养也。然在于俭约，处中则吉。若纵恣奢溢，过分则凶，而反害其生也。至若上古之人，巢居穴处，情性质朴，亦不知有长生短促之理，任自然而逍遥，年寿长永；后代真源道丧，浮薄将兴，广设华宇，衣服纨彩，滋味肴膳，越分怡养，恐身之不康，殊不知养之太过，役心损虑，反招祸患，为促寿之根本。故曰"生者，死之根死者，生之根"者。至如道德之士，损己忘勋以求长生之术，或则餐霞服炁，辟谷休粮，心若死灰，形同槁木，世人观之，必死之象，殊不知长生之根本也。故曰"死者，生之根"也。夫将帅之体，能知幸生即死，必死而反生者，则全军保众，为良将焉。故兵术曰："致兵于死地而反生。"此是强兵战胜之术也。《庄子》曰"方生方死，方死方生"也。

恩生于害，害生于恩。

君子勉善而感恩，恩生于害也；小人辜恩而起害，害生于恩也。

疏曰：此言人心向背，恩害互生也。本来无害亦无恩，因救害而有恩，则恩生于害。至如贤人君子小有患难，得人拯拔，怀恩感激，终身不忘，是"恩生于害"也。至如小人承君子之上恩，顾身居荣禄，不能戒慎，终始保守，一朝恃宠失权，身陷刑网，不知己过，反生怨害，此曰"害生于恩"。道德之士，感天地覆育之恩，不辜至道生成之德，修善行正，反朴还元，则无害可生于恩，恩亦无由生于害。不将恩害以挠性，守静默以生淳和。至如恩害相生，宠辱更致者，小人之道也。为将帅之体，不负皇恩，不骄荣宠，慎终如始，保守恩光，竭力尽忠，成功立事，恩亦无由生于害，害亦无由起于恩。以道德临戎，有征无战，岂不美哉？故云"下有强兵战胜之术"也。

愚人以天地文理圣，我以时物文理哲。

愚人见星流日晕、风雨雷电、水旱灾蝗而生忧惧，殊不知君臣道德、政理淳和矣。安抚黎人，转祸为福，以此时物文理哲唯圣，我知之者矣。故天地悬日月以照善恶，垂列宿以示吉凶，皆道德自然之理矣。愚人仰视三光，观天文之变易，睹雷电之震怒，或寒暑不节，或水旱虫蝗，恐祸及身，悉怀忧惧，愚人以此为"天地文理圣"也。"时物文理"者，但君怀廉静，臣效忠贞，玁①鹊不喧，边烽无燧，兆人康乐，寰宇宁泰，纵天地灾祥，无能为也。圣我以此为"时物文理"者。故《家语》云："殷太戊之时，道缺法邪，以致之蘖桑谷忽生于朝，七日大拱②。占者曰：'桑谷野木，合生于郊。今生于朝，国亡矣。'太戊恐惧，侧身修德，思君臣之政，明养人之道，三年之后，远方慕义重译而至十有六国。"则桑谷无能为灾。夫子

---

① 玁（lú）。古时一种良狗。
② 大拱，形容粗大。拱，两手合围曰拱。

黄　海
HUANG HAI

曰："存亡祸福，皆在于己，天灾地妖不能加也。"则妖祸不胜善政，怪梦不胜善行。又尧遭洪水九年，汤遭大旱七载。兆庶和平，人无饥色，何者？为君有道，政理均和，主信臣忠，百姓戴上，虽有水旱，不能为灾也。水旱者，天地也。文理者，时物也。若明时物之理者，皆能转祸为福，易死而生。故曰："我有时物文理哲。"夫为军帅之体，日晕五色，星流四维，怪兽冲营，野鸟入室，以天地文理示其灾祥，但能修政令，设谋虑，思抚士卒，转祸为福，则敌何敢当？此乃时物文理哲也。故曰"下有强兵战胜之术"也。

下章一百三言，皆使人深思静虑，恩害不生，晓达存亡，公私隐密，开物成务，观天相时。故曰"下有强兵战胜之术"也。
　　赞曰：绝利一源，三思反覆。徇物之机，生死在目。
　　　　　乐出安静，恩生害酷。天地灾祥，时理为福。

自然之道静，故天地万物生。天地之道浸，故阴阳胜。
良曰：天地之道浸微而唯胜者也。

阴阳相推，而变化顺矣。
良曰：言阴阳相推激，至于自化，在于目乎？

是故圣人知自然之不可为，因以制之。
亮曰：深矣，善矣，天人见之为自然，英雄见之为制，愚人见之为化也。

至静之道，律历所不能契。
鸟兽之谓也。良曰：鸟兽之静，历不能机也。

爰有奇器，是生万象。八卦甲子，万一决也。神枢诡藏。
六癸，即玄女符也。

阴阳相胜之术，昭昭乎进乎象矣。

此七十言，理尽不疏也。

天都逸史潘之恒景升定
玄石山人孙谷子啬阅

纪藏二·之三

阴符经_{张果[1]注并序。}

叙曰：《阴符》自黄帝有之，盖圣人体天用道之机也。《经》曰："得机者万变而愈盛，以至于王；失机者万变而愈衰，以至于亡。"厥后伊、吕得其末分，犹足以拯生灵，况圣人乎？其文简，其义玄。凡有先圣数家注解，互相隐显，后学难精。虽有所主者，若登天无阶耳。近代李筌，假托妖巫，妄为注述，徒参人事，殊紊至源，不惭窥管之微，辄呈酌海之见。使小人窃窥，自谓得天机也。悲哉！臣固愚昧，尝谓不然。朝愿闻道，夕死无悔。偶于道经藏中得《阴符传》，不知何代人制。词理玄邈，如契自然。臣遂编之，附而入注。冀将来之君子，不失道旨矣。

观天之道，执天之行，尽矣。

观自然之道，无所观也。不观之以目，而观之以心。心深微而无所见，故能照自然之性。惟深微而能照，其斯谓之"阴"。执自然之行，无所执也。不执之以手，而执之以机。机变通而无所系，故能契自然之理，其斯之谓"符"。照之以心，契之以机，而"阴符"之义尽矣。李筌以"阴"为"暗"，以"符"为"合"，以此文为序首，何昧之至也。

故天有五贼，见之者昌。

五贼者，命、物、时、功、神也。《传》曰：圣人之理，图大而不顾其细，体瑜而不掩其瑕。故居夷则导道布德以化之，履险则用权发机以拯之。务在匡天地，谋在济人伦。于是用大义除天下之害，用大仁兴天下之利，用

---

[1] 张果，即道教八仙之一的"张果老"，唐玄宗赐号"通玄先生"，"果老"是对他的尊称。

黄　海
HUANG HAI

至正措天下之枉,用至公平天下之私。故反经合道之谋,其名有五,圣人禅之,乃谓之贼;天下赖之,则谓之德。故贼天之命,人知其天而不知其贼,黄帝所以代炎帝也;贼天之物,人知其天而不知其贼,帝尧所以代帝挚也;贼天之时,人知其天而不知其贼,帝舜所以代帝尧也;贼天之功,人知其天而不知其贼,大禹所以代帝舜也;贼天之神,人知其天而不知其贼,殷汤所以革夏命也。故见之者昌,自然而昌也。太公以贼命为用味,以取其喻也。李筌不悟,以黄帝贼少女之命,白日上腾为非也。

五贼在乎心,施行于天;宇宙在乎手,万化生乎身。

《传》曰:其立德明机用妙,发之于内,见之于外而已。岂称兵革以作寇乱哉?见其机而执之,虽宇宙之大,不离乎掌领,况其小者乎?知其神而体之,虽万物之众,不能出其胸臆,况其寡者乎?自然造化之力,而我有之,不亦盛乎?不亦大乎?李筌等以五贼为五味,顺之可以神仙不死,诬道之甚也。

天性,人也人心,机也。立天之道以定人也。

《传》曰:人谓天性,机谓人心。人性本自玄合,故圣人能体五贼也。

天发杀机,龙蛇起陆[①];人发杀机,天地反覆。

《传》曰:天机张而不生,天机弛而不死。天有弛张,用有否臧。张则杀威行,弛则杀威亡,天杀之机息。然天以炁为威,人以德为机。秋冬阴炁严凝,天之张杀机也,故龙蛇畏而蛰伏。冬谢春来,阴退阳长,天之弛杀也,故龙蛇悦而振起。天亦有寒暄,德亦有寒暄,人亦有寒暄。德刑总肃,君之张杀机也,故臣下畏而服从。德失刑偏,君之弛杀机也,故奸雄悦而弛骋。位有尊卑,如人有天地,故曰"天发杀机,龙蛇起陆",寇乱所由作;"人发杀机,天地反覆",尊卑犹是革。太公、诸葛亮等以杀人过万,大风暴起,昼若暝,以为天地反覆,其失甚矣。

天人合发,万变定基。

[①] 道藏本《黄帝阴符经》原句为"天发杀机,移星易宿;地发杀机,龙蛇起陆"。

《传》曰：天以祸福之机运于上，君以利害之机动于下，故有德者万变而愈盛，以至于王；无德者万化而愈衰，以至于亡。万变定基，自然而定。

性有巧拙，可以伏藏。
《传》曰：圣人之性，巧于用，居穷行险，则谋道以济之；对强与明，则行义以退避之。理国必以是，行师亦以是。

九窍之邪，在乎三要，可以动静。
《传》曰：九窍之用，三要为机。三要者，机、情、性也。机之则无不安，情之则无不邪，性之则无不正。故圣人动以伏其情，静以常其性，乐以定其机。小人则反此。故下文云：太公以三要为耳、目、口，李筌为心、神、息，皆忘机也，俱失《阴符》之正意。

火生于木，祸发必克；奸生于国，时动必溃。知之修炼，谓之圣人
《传》曰：夫木情［性］静，动而生火，不觉火盛，而焚其质。由人之性静，动而生奸，不觉奸成而乱其国。夫明者见彼之隙以设其机，智者知彼之病以图其利，则天下之人，彼愚而我圣。是谓生者自谓得其生，死者自谓得其死，无不谓得道之理也。

天生天杀，道之理也。天地，万物之盗；万物，人之盗；人，万物之盗。三盗既宜，三才既安。
《传》曰：天地以阴阳之炁化万物，万物不知其盗；万物以美恶之味飨人，人不知其盗；人以利害之谋制万物，万物不知其盗。三盗玄合于人心，三才顺动于天理。有若时然后食，终身无不愈。时然（后）动，庶绩无不安。食不得其时，动不得其机，殆至灭亡。

故曰：食有（其）时，百骸治。动有（其）机，万化安。人知其神而神，不知其不神所以神也。
《传》曰：时人不知盗之为盗，只为［谓］神之能神。《鬼谷子》曰"彼此不觉之谓神"，盖用微之功著矣。李筌不知此文意通三灵，别以圣人、愚人为喻，何甚失也。

黄海
HUANG HAI

日月有数，大小有定。圣功生焉，神明出焉。

《传》曰：日月有准，运数也；大小有定，君臣也。观天之时，察人之事，执人之机，如是则圣得以功，神得以明。心宜理合，莽之善也。筌以度数为日月，以余分为大小，以神炁能生圣功神明，错谬之甚也。

其盗机也，天下莫能见、莫能知也。君子得之固躬，小人得之轻命。

《传》曰：其盗微而动，所施甚明博，所行极玄妙。君子用之，达则兼济天下，太公其人也。穷则独善其一身，夫子其人也。岂非择利之能审？小人用之，则失其身，大夫种之谓欤？得利而亡义，李斯之谓欤？岂非信道之不笃焉？

瞽者善听，聋者善视。绝利一源，用师十倍；三返昼夜，用师万倍。

《传》曰：瞽者善于听，忘色审声，所以致其听；聋者善于视，遗耳专目，所以致其明。故能十众之功，一昼之中三而行之，所以至也。一夜之中三而息之，所以精也。故能用万众之人。筌不知师是众，以为兵师，误也。

心生于物，死于物，机在于目。

《传》曰：夫心有爱恶之情，物有否臧之用。目视而察之于外，心应而度之于内。善则从而行之，否则达［违］而止之，所以观［劝］善而惩恶也。筌以项羽其目机，心生于物；以符坚见机，心死于物。殊不知有否臧之用。

天之无恩而大恩生，迅雷烈风莫不蠢然。

《传》曰：天以凶象咎征见，人能儆戒以修德。以迅雷烈风动人之恐怒以致福。无恩而生大恩之谓也。李筌以天地不仁为大恩，以万物归于天为蠢然。与《阴符》本意殊背。

至乐性余，至静性廉。

《传》曰：未发谓之中，守中谓之常，别［则］乐得其志而性有余矣。安常谓之自足，则静其志而廉常足矣。筌以奢为乐性，以廉为静，殊乖至道之意。

天之至私，用之至公。

《传》曰：自然之理，微而不可知，私之至也。自然之效，明而不可违，公之至也。体[①]圣（人）体之亦然。筌引《孙子》云"视卒如爱子，可以之俱死"，何也？

擒之制在气。

《传》曰：擒物之以炁［气］，制之以机，岂小大之才乎？太公曰："岂以小大而相制哉？"筌不知擒义，误以禽兽注解，引云"玄龟食蟒，黄腰啖虎"之类为是，悲哉！

生者，死之根；死者，生之根。恩生于害，害生于恩。

生者，人之所爱厚，于身大过，则道丧而死自来矣。死者，人之所恶，于事至明，则道在而生自图［固］矣。福理所及谓之恩，祸乱所及谓之害，损己则为物之所益，害之生恩也。筌引《孙子》用兵为生死，丁公、管仲为恩害。异哉！

愚人以天地文理圣，我以时物文理哲。人以虞愚（圣），我以不虞圣。人以期其圣，我以不期其圣。

《传》曰：观天之运四时，察地之化万物，无所不知，而蔽之以无知，小恩于人，以蒙自养之谓也。知四时之行，知万物之生，皆自然也。故圣人于我，以中自居之谓也。故曰：死生在我而已矣。人之死亡，譬如沉水自溺，投火自焚，自取灭亡。理国以道，在于损其事而已。理军以推［权］，在于亡其兵而已。无死机则不死，鬼神其如我何？无生机则不生，天地其如我何？圣人修身以安其家，理国以平天下，在乎立生机，以自去其死性者，生之机也。除死机以自取其生情者，死之机也。筌不瞭天道，以愚人、圣人体道，愚昧之人而验天道，失之甚也。

故曰：沉水入火，自取灭亡。注在上文。

[①] 参考《四库全书》本《阴符经》，此"体"字当为衍字。

黄　海
HUANG HAI

自然之道静，故天地万物生。

《传》曰：自然之道，无为而无不为。动静皆得其情，靖［静］之至也。靖［静］故能立天地，生万物，自然而然也。伊尹曰：靖［静］之至，不知所以生也。

天地之道浸，故阴阳胜。

《传》曰：浸，微也。天地之道，体著而用微，变通莫不归于正。微之渐，故能分阴阳，成四时之顺也。

阴阳相推，而变化顺矣。

《传》曰：圣人变化顺阴阳之机。天地之位自然，故因自然而冥之，利自然而用之，莫不得自然之道也。

是故圣人知自然之道不可违，因而制之。至静之道，律历所不能契。

《传》曰：道之至静也，律历因而制之，不能叶其中，鸟兽居之谓也。

爰有奇器，是生万象。八卦甲子，神机鬼藏。

《传》曰：八卦变异之伎，从是而生。上则万象，下则万机。用八卦而体天，用九畴而法地。参之以气候，贯之以甲子，达之以神机，闭之以诡藏，奇谲之荡自然也。

阴阳相胜之术，昭昭乎进乎象矣。

《传》曰：阴阳相胜之术，坦［恒］微而不违乎本，明之信可明，故能进乎精曜象。

天都逸史潘之恒景升辑
无庵居士韩敬求仲阅

纪藏二·之四

真龙虎九仙经_{罗、叶二真人①注。}

天真皇人语黄帝曰：子欲修其身，先须静其意。

叶公曰：凡修长生久视者，先忘意，无七件事，方始得成，故曰先须静意。

无散乱，无烦怒，无起著，无妄想，无贪爱，无邪淫，无放逸。

罗公曰：凡修道散乱，其意不坚，何时得就？若有嗔怒，其心神燥，放逸成散乱也。又不得起诸缘著，故修之要一意精勤，无诸妄想。又其意多为贪爱、起邪淫，故其心不忘，其事不成。但无贪爱，岂有邪淫？凡修身一志，不要放逸，若放逸则不成。假使一年功，修得十一个月日已上，放却一两日再修之，前功劳皆失也。是故不离时饷，放逸其心。

内安其神，外去其欲。

叶公曰：内安其神者，《黄庭经》云，人有五脏六腑，三魂七魄。毛发已来，皆有其神。常叩齿集其神，或三十六通，或二十四通，内安神，无令散乱，切忌淫欲也。罗公曰：安神者，叩齿想于三魂，作仙真之形，人身之福神也，号曰"胎光""爽灵""幽精"。想之，如有愿具告之，必从其事。锁于脐下，三魂安则众神安，三魂不安则众神不安。故《黄庭经》云，三魂，阳神也。好人修生，若人淫欲，其精枯，精枯其命殂。是故魂神曰"幽精"，忧人精枯，泣告爽灵，爽灵既知，则离顶门。顶门，胎光，光乃渐减，神乃散

---

① 罗、叶二真人当系唐代罗介远、叶法善。该书内容包括天真皇人为黄帝讲说的经与罗、叶二真人对经的注解。

黄海
HUANG HAI

乱也。故众神不安，人则患生，神散曰死，故外去其欲也。

当修其事，若众患起，以气理之。

叶公曰：此者是天真皇人，故引黄帝问也。

黄帝乃问天真曰："凡修其道，岂有患乎？"天真曰："凡人有遇道晚矣，已泄其真气，气虚败也。"

叶公曰：未遇之前，多施泄也。

帝曰："如何气理？"天真曰："少用水，大用火，一切大患，无能拒于火也。"

叶公曰：夫水火者，古圣大药也，不在于外。凡人身上有水有火，虽互说不同，其归一也。心为火，应离；肾为水，应坎。凡修道，造金丹，须凭龙虎水火也。先静地户如水，后下龙虎，交之有度，用之有数，下心火烧，能理众病虚者，补颜如童，故曰"龙虎金丹"，大药也。故诸患皆愈也。又有患少者，以法水洗，从顶至足，用肾水洗之也。又有患大者，从足至顶，用心火烧之也。又有大患，乃为无常，至用火拒煞鬼，法度并见下注。

罗公曰：凡用水火理病患，皆一息内也。用水，想肾藏两条黑气，如烟直上至顶，如烟满泥丸宫，化为水，自泥丸洗下之至臂。洗之了，入五脏六腑，及至足了，举足起，以意想之，归本肾宫。若患痛疽等病，想入大肠，自然转动也。若用火者，心下火至左右足，上至手及顶，一息之中，九壮其气，病自除，热则用水，冷则用火。

若学道，瞑目，鼻上望寸丝，亦不得想离其本腔，趄之即为定。趄者，不进也。

叶公曰：以本意在鼻上，曰玄牝门。诸事俱舍，不挂寸丝，离其本念，定息，趄其来去，不出不入也，为之定法。

罗公曰：玄牝门者，鼻也，与肺合其出入息。今为定法，鼻上住息，一意坚守为定，故曰"守一"也。

诸境不得逐，抽擎何模样，次入眉间观，白毫光业现。

罗公曰：如鼻上定，则观诸境不动，如龟毛兔角，抽掣自然。向眉（间）想之，白毫光明，见三世事，以定力故，切不在著诸境，必观之在眉间俱现。

眉上力极，移入顶中，三件定实功，乃腾矣！无心无著，外想不入，众祸不加，从九至九，炼七至七。

罗公曰：从九至九，一度。鼻至眉，眉至鼻，鼻却至顶，皆三度，曰九。从九至九，每日造九度，乃九九八十一矣！造作至四十九日，必自定矣！一伏时，不出不入。

叶公曰：定力得者，必成真仙也。

若爱来与去，久隐在世间，当想开顶门，黄霞满天地。

罗公曰：此法修之，隐迹遁世也。从脾上起，黄云撞顶，男左掩右，女右掩左。男修之黄云举起，撞左，想左边高，然后圣身出。时用手压右，令下也。女修之黄云撞右边，想圣身出，用手压左畔下，然后方出。

叶公曰：虚无也，此法黄云遍满，内外感应，体上俱黄也。修此法起黄云，每日撞于顶门，一息内撞三七度。凡每日如斯，作二十一遍也，如斯二十一日也。能出黄气，故曰"黄霞满天地"也。

冥心细想，内自有神，用意行之，去来自在。欲离其腔，黄霞重盖。

罗公曰：冥心细想，身上灵冥，坐在金堂玉阙之内，用意想此灵冥，乘黄云起来，开顶门，乘黄云，坐力极，归顶门内，闭顶门，却入金堂玉阙。又想出入，如此数凡四十九度也。故经云，六时行道，四十九遍也。凡离身之时，须留黄云一朵，盖顶门，然后乘黄云一朵下了，回面看本身也。但修行无间断，方成。至四十五日，当有水墨形现也。诸人方见一百八十日，自然去住自在。凡去时，身上下俱如冰雪也。回来时，还开顶门归身，上下俱暖也。

叶公曰：仙家睡法，卧而为之，亦如罗公所说也。不论年月多少，去时如睡也，回时而睡觉也。

或归住本体，或离入他身，或别从初起，或夺他安己，或令他离体，或方便相救，或广施安隐，或自利损他。罚着身必坠，此法实无虚，永劫只如是。

罗公曰：此者神仙也，身隐凡世，神气俱灵，出入分明，曰神仙也，亦曰气仙，来去自在，若犯仙戒，取次必被罚也。

叶公曰：神仙之作用也，若更求真仙，及修上升天仙之行，皆在进修作用也。

此法为小术，自利自家修，久住于世间，自在常出没。一投胎，二移舍，三旧居，四夺位。若修分身法，须待阳数兴，冥心坐静室，分明炼五神。

罗公曰：凡修身，须近一阳生，方动功也。夫金丹大药，皆在冥心，心若一著，无有不成。若蒙至人传诀，依法修之，切在戒慎。分明静室，息诸事，想恍惚之中，有神曰"灵冥"也。炼五脏气，方成大道。故《道德经》云："恍恍惚惚，其中有物；杳杳冥冥，其中有精。"

叶公曰：夫大道不远，只在人身，恍惚杳冥，皆自习学。故老君云，吾本学习，非自然也。先须习于前来定法，后待一阳，冥心静室，乃炼五脏之精气，方为修道也。

顶上藏太阳，四十五数足。

罗公曰：日者，魂也，属阳；月者，魄也，属阴。故真仙无影，纯阳也。又吞日华，诸家互说不同，唯有鼻接而不搞者妙也。有一方不用河车，便自玄牝入，直至顶门，三点仰之，即顶后如圆光也。此经不言河车，定不用也。日四十五度，至四十五日，自一阳至，立春也，阳之数也。

叶公曰：日魂月魄，凡日为阳数，乃阴数之八九七十二也；月为阴数，乃用阳数也，九九八十一也。今此法纯阳，故使四十五数也，不使河车，顺天道左转，自玄牝随定至顶后也。凡四十五度，至四十五日，共计二千二十五数也。

眉下五输旋，还在定中起。

罗公曰：五轮，眼也，定中运水火于目中，故云"还自定中起"也。

火中有木神，水内有金气，水火五脏交，来往不离土。

罗公曰：真龙虎者，眼为五轮王，火有五轮王，水水难得，先闪水下，含养于口中，从闪火下入肝，肝为木，木色青，故为青龙也。水入肺，肺为金，金色白，故为白虎也。龙火从左，下入肝，穿右出，却来入左；虎水从右，下入肺，穿肺左出，却入右者，五脏气交也。

叶公曰：青龙昼先行，白虎后去，属阳也。昼二十四度也。夜白虎先行，青龙后至，属阴也，夜三十六度也。昼行四六数，夜四九数也，耕种脾上生黄芽，为命根。

然后想真精，两肾合一气，心血下结成，方成婴儿象。

罗公曰：真精，内津也，身象鼎也。左脚压右足，两手俱身后，如鼎虚三足，凝结以心血，盖之结之。方想成婴孩，如已之形貌，无异也。其孩儿虽结就，黄芽脾上生，方为命之根也。

土上有黄芽，方为己之命。

叶公曰：精暖血热，结之为胎，如妇人交感，亦因精血成胎也。今之圣胎，自己所造，不自外来，方为圣也。凡女人修之，亦想肾出精，入血海内，凝结成形也。然后食黄芽大药。黄芽大药，真龙虎丹砂，以为命之本也。

日初入照水，百度日践影，两肾日月光，各出赤白气。

罗公曰：凡结圣胎后，须炼圣身，每日日出卯时，冥心静坐，想右肾为月，月出赤气，赤气入水变白，如半月之状，乘圣身起。想左肾为日，日中出白气，白气入水变赤，如火，在半月下，乘之渐渐举起，至金堂玉阙，乃被顶上，前来四十五日收者，太阳照之。其圣胎才被日光照着，惊投水中，一息内作也。每时作三十三度，自卯至辰、巳三时，共合九十九数。

叶公曰：圣胎每日自卯时炼之，至午前一百度也，每想两肾为日月，日出白气，入精海，变归本体，还元赤也。月出赤气，入精海水内，却归本体，白如半月。自精海内，乘婴儿起，右日中白气，化为赤火，如圆光，外火焰也。每度被顶上太阳照之，其光自顶，分明入五脏，直至明，照着其孩子，婴孩翻身入精海内了，却再想日月起象也，并图于后，学者切须审详看之。其法用九十九，假如至一百度，剩亦无妨也。

夜夜七七出，顶门自有应，十月与身等，冥冥为地仙。

黄海
HUANG HAI

罗公曰：圣身就，夜夜自精海中乘紫云起，来至金堂玉阙中，一一遍观，从顶至足，备认之，然后突出顶门，乘紫云。定息息极，方下来入金堂玉阙也。方开息，却再住息，准前出，如斯四十九遍也。十月满，当其二身，大小、长短、形貌同也。猎步离身，随意自在。

叶公曰：地仙者，胜神仙也，出入一如神仙法。惟有圣胎，十月不同，昼夜用功也。成后日中无影，乃与衣服着，免凡人觉察。与凡间衣服及帽，天上日照，影中见戴帽图，得日中有影，故号曰"隐形"也。猎步一百八十日，可行万里也，入山为地仙。

炼肾脏之气，出入于耳中，如斯一百日，方住江海内。

罗公曰：水仙者，当定息炼气，想肾为黑云，出入于耳内，来往一百日后入水，自有水中得道之类，请为主当也。

叶公曰：水仙虽功少一百日，见不如于地仙也。

炼精华为剑，巡游四天下，能报恩与冤，是名为烈士。

罗公曰：列仙侠有九等不同。第一天侠，第二仙侠，第三灵侠，第四风侠，第五水侠，第六火侠，第七气侠，第八鬼侠，第九遇剑侠。第一天侠，本天仙奉上帝赐剑也。第二仙侠，已修上真升天之行，又复炼炁为锤剑。第三灵侠，已是地仙，镇居山岳，及炼就剑七，万里闻有不平之事，飞剑立至，谓之灵侠。第四风侠，亦是地仙，炼得剑七，修之间断，未通极灵，知有不平，通风处身，剑一时俱至也。第五水侠，本是水仙炼成，号曰水侠，无水不可飞腾也。第六火侠，修之自焚起，亦号火光三昧，炼七剑成了，身欲飞腾，须化火一团，乘而来往，故号火侠也。第七气侠，唯学定息气，便将精华炼剑，剑成如气，仗而往来，号曰气剑也。第八鬼侠，人不见其形，本修神仙水墨形、水墨剑也，出入往来，如气不殊。第九遇剑侠者，或因遇于宝剑，亦得随意东西变现也。

叶公曰：炼剑者，先收精华，后起心火，肺为风鞴，肝木为炭，脾为黄泥，肾为日月精罡也。肾为水，脾土为泥，模身为炉，一息气中为法，息成剑之气也。磨之于胆也，心为火，再烧精华内淬，又胆上磨九度了，一度一度，磨时肝血染着，故曰"耶溪铁打"，即精华也。狮子胆磨，丽水金妆，即心火烧时，肺为火烁金，镕滴在剑上也。蛟龙血洗磨时，肝血染著也。若铸金锤又则不同，每咽日月华，纳归肺藏，肺缘属金，故号金锤也。又金锤出，准前是黄金，本肺应白，何得却黄？本肺脏是脾之子，肺主涕，若吞日月华，纳归肺，一十二月满，举心火，下火铸之，火克金，故一时镕下，脾为土，为模也。号子投母，乃随母之象。脾黄气起，拒火之力，方成金锤。凡铸剑就者，即为列仙也。烈士游四天下，宇宙之中，折平处，众不得非为也。有人遇者，传得金锤七剑，皆有神通也。

炼五脏之精，各满九九数，金鼎收其气，身腾而升天。

罗公曰：夫炼五脏气，凡秋七月水生，方炼肾；十月立冬木生，方炼于肝；正月火生，方炼于心；四月金生，乃炼于肺；土旺四季，脾气炼之无时。每气八十一日，五气俱就，乃出入俱自在也。或左右手五指之内，出光明五色；或顶门，或足下，五云俱捧，故乃升天矣！

叶公曰：凡修此五脏气成，假使未朝上帝，乘之游四天下，自在无障碍也。若待上帝天符来诏，方去朝天，腾身升天，且住物外也。

圣身离俗尘，绵绵而默默。定中却投胎，再修还再结。一纪变四身，渐渐准前化。现之应无尽，方号真变易。此法皆顺成，断无逆化也。

罗公曰：不逆化者，谓不焚身，并不降三尸九虫也。别有一法为之，炼形焚身化火，从下至顶，想如红焰，遍于一身。想三尸、九虫、七魄俱出也，乃成逆化。今法俱得道也。三尸九虫七魄，并同升天也。

叶公曰：顺者为大限至，不与他争，而化火相拒。或用三昧定息，鬼神自伏也。或用三昧定化火，曰焰慧地也。或移舍而避之，故曰"顺成，断无逆化"也。凡学之者，切在坚心也。

此经非人勿传。

罗公曰：恐后不晓，而图于后，凡传者先须斋戒于甲子、甲午，北面作礼而传。传本者为师，受者为弟子，或若非违，即获大罪。

龙虎中丹诀[①]

元始道要,妙本冲和。朴散两仪,气降万物。生杀之柄,流浪不绝,太玄之机,其孰可知?视形有道,忘形得道。惟精一身之主,惟气一身之真,惟神一身之灵。精气神三者,惟心可以动合变化也。日月天地之至精,坎离人身之至药,使坎离交媾。日月于玄宫成真丹者,见乾坤造化,知生杀枢机也。形遗神化,妙合太虚,是谓真仙至要。返本还元,子后午前,行复之乾,自遘终坤。得吾丹者六年,忘声色情欲,远万缘,行至九年,丹成胎化,遂为真仙,升入无形。得人授之者,法先斋心洁身,上闻上天,置生死二字于净器中,探得生字则天意大同,然后镌金石,誓契刺血,书丹经,付口诀、咒印、法式。若非其人,天意不同,妄授者罪及九祖。秘之!慎之!无忘天诫。

龙虎作用颂

奇哉三十辐,辐辐同一毂。子后与午前,阴阳无暂缩。
乾坤造化时,龙虎交五六。功满上升日,方信还丹速。

䷗复

在　　观
巳　　像

○

冬至一阳生起火

元　如　以　从
精　鸡　假　凡
结　抱　得　入
成　卵　真　圣

[①] 《龙虎中丹诀》一卷。不署撰人,疑出于宋代。

胎室颂

何事最为良，元精日月长。丹田深处雨，玄牝里头霜。
真炁凝为室，灵砂结作房。静思达圣理，端的不寻常。

胎阳颂

五贼见何昌，玄元事可详。圣丹生出味，灵液透来香。
腹里乾坤秀，壶中日月长。从知真法后，一气自铿锵。

```
         ☰
         姤

    召       入
    阳       室
    成       漏
    真       明

      龙虎交五六

 精 得 九 遘 立 纯
 得 生 纯 精 如 阳
 金 丹 阳 力 果 体
 刀 砂 方 成 结 因
 并 大 可 九 子 阴
```

颂神胎

欲得转神清，须当秘取精。六龙奔电影，一马骤风声。
意脱红尘急，身腾碧落轻。但能修此志，不久到蓬瀛。

胎灵颂

要觅到胎灵，先当苦炼形。一真如有主，三主自然升。
异骨朝金色，仙壶炼瑞星。兴功修此志，莫倦读《黄庭》。

胎化颂

功满忘形日，胎仙欲化时。祥光生卧室，神水出华池。
天乐朝闻奏，阴魔夜哭离。回头谢尘世，凡骨岂相随。

真火咒

阳精阳精，来保吾身，吾胎已灵，同合其真。急急如律令！

真水咒

太阴玄精，为我胎灵，安其魂魄，守护真形。急急如律令！

周天式

周天共成三百六十五数，乃日月一岁所行之日，闰余小大，积而终于内，行其四卦者，五行统用。盖五行于四时也，此则备见。

震

☳

东，春分日卯时，面向卯，念咒九遍，九度行火，每度咽华池水十一口，共成九十九口之数也。

离

☲

南，夏至日午时行，面向午，念咒三遍，三度行火，每度咽华池水二十七口，共成八十一口之数也。

兑

☱

西,秋分日酉时行,面向酉,念咒七遍,七度行火,每度咽华池水十口,临后十二口,共成七十二口之数也。

坎

☵

北,冬至日子时行,面向子,念咒五遍,五度行火,每度咽华池水二十口,临后二十八口,共成一百八口之数也。

行火咒

郁仪结璘,玉佩金铛,流金火铃。急急如律令!

龙虎水火中丹九候

一年。
圣胎已立仙可求,金精跃跃冲关浮。先除心境杀阴鬼,心经上涌华池水。
阴阳击搏生风雷,魂魄飞扬惊梦寐。忽然六腑生微疴,因守真丹病自治。

二年。
龟池夜觉丹霞起,赫日明蟾腾海底。形容昼观神气清,百骸无病自调理。
坐居暗室神光现,双目时时若惊电。梦中常抱婴儿归,此是还丹第二转。

三年。
真丹千日将成功,金阙玉锁闹重重。鸣雷一鼓海水沸,惊汗流湿关节通。
华池沥沥悬明珠,再烹再漱成凝酥。可能疗人济苦患,服之百日灾自除。

四年。

黄海

色境无心除嗜欲,三田六腑光同烛。朝朝灵液流琼酥,渐畏膻腥充口腹。
尘骨将轻变神室,双眼童人如点漆。皱脸重舒绀发生,学道方知身有益。

五年。
五年之后复如何?五味虽甘亦不和。真阳气足常自饱,所食皆宜不火多。
酒量无算岂能醉,色泽增鲜益神气。日喜离珠转有灵,自然身继神仙位。

六年。
炼丹九转成非遥,熟视百步分秋毫。返老何须求外药,旧痕残靥尽除消。
不餐自有胎元气,此法要逃生死理。志心百日功若何?第一奇功无涕泪。

七年。
内志清高合太虚,凡情凡爱心境除。九虫下尽三尸死,魂魄不游梦寐无。
阳精体立滋神府,四体安能畏寒暑。定知生死不相忏,华胥便是神仙路。

八年。
功行周施阴德足,三清自授真天篆。阴阳变化可预知,人事举止见灾福,
洁身静处避人寰,触目尘纷厌往还。胎仙可见有神圣,真气吁呵外永乾。

九年。
胎仙神昼欲腾飞,静中天乐闻时时。常人对面厌腥秽,神彩自可怡容仪。
地神日见白衣出,紫彤真霞覆满目。此身忽化火光飞,便是神灵脱凡骨。

天都山史潘之恒景升定
浮渡居士吴用先体中阅

纪藏二·之五

阴符经演·上 _{明虞淳熙著。}

进卮寓 一

瞎子开兑而凿广田之窍，有籁于此以聒有熊曰，是十七者率寓也。若夫潢引而无极，则卮也。玄媪犹寓，吾安得不寓？彼卮，而我卮从其卮于彼也。

有熊氏出，正名百物，强名而不得其君。欲名无名，强谓之天贷；苍苍乎尔，强谓之道贷；憧憧乎尔，强谓之命贷。其重巽，申申乎尔。天理四曜则贷之，玉理千缜则贷之，强谓之理贷；条条乎尔，寓天而天，寓道而道，寓性而性，寓命而命，寓理而理。贷僦①其宅，匪真宅者也。寓阴符而阴符，吾其为贷乎？虽然，吾与彼非寓也，言无言，无言言，罗千②纯正伦，正伦纯子丹，子丹纯色。纯之与衣有合者也。有合无已，无已日出而呐。为谷言，为枅③言，为日言，为鷇④喙之言，率卮言也。寓化卮矣，千里应之，寓而应者十七，应卮以亿。循首盱目，捽而相诏，大笑勿应，应之斯执之矣。

见晓焉悖，见化焉悖，雀阴呼六，友波狂召，四姓呶焉，嗥焉，则悖有瘥而已矣。且也不闻侯道华之称乎？仙无憎以憎人者，以憎嬗。故言莫若寓，寓莫若卮。卮，寓也者，兜玄憎人之生符也。

轻命宝者死泄天宝者，泄天宝者死轻命宝者。夫是之谓大，当是以灵人尊嘿，其次进卮，进次进寓。伯阳委时以邻鬼，海琼斥思以代匠，齐庄之言也。瞎子属芒以师梵开和，以导謦寓，而放之齐魏，白之言也，齐魏白齐庄

---

① 僦（jiù），租赁。
② 罗千，道教谓面部七神中齿神崿锋之字。
③ 枅（jī），柱子上支承大梁的方木。
④ 鷇（kòu），指初生的小鸟。

133

之言也。

霄度芒　二

　　符以明窍，奇器也，而器安寓？一者，奇也。三五七九皆奇也，斯首山之九鼎也。命之氏，系之姓，被之名，表之字，锡［赐］号定谥以尊之，故曰先天，曰谷神，曰虚无，曰性根；曰九宫，曰九隅，曰九室，曰九岩；曰丹田，曰紫庭，曰黄庭，曰黄房，曰金室，曰绛宫，曰丹台，曰洞房，曰明堂；曰午门，曰天门，曰禁门，曰绛阙，曰黄阙；曰雄一，曰雌一，曰真一，曰天真，曰大渊，曰神水，曰华池，曰昆仑；曰玄纪，曰玄关，曰玄真，曰玄丹，曰玄根，曰玄谷，曰玄坛；曰紫府，曰朱陵，曰青房，曰紫户；曰乾家，曰坤位，曰坎府，曰离门；曰虚谷，曰天谷，曰天心，曰天中，曰天庭，曰天轮，曰天关，曰天罡，曰天枢，曰斗枢，曰熬枢，曰北极；曰蓬壶，曰南国，曰东峰，曰东井，曰西川，曰圭峰，曰甑山，曰山源，曰霞观，曰燧林；曰二所，曰八区，曰关元，曰家园；曰龙窟，曰凤巢；曰上田，曰天田，曰心田，曰胃池，曰气穴，曰气府，曰气海；曰规中，曰刀圭，曰都关，曰双关；曰玉洞，曰祖宫；曰灵台，曰无宅；曰脑宫，曰流珠宫，曰极真宫，曰丹玄宫，曰宝瓶宫，曰太微宫，曰交感宫，曰中黄宫；曰丹元府，曰黄金室，曰神明舍，曰赤色门，曰戊己户，曰三清关；曰玉京山，曰峨嵋山，曰三秀岭；曰黄世界，曰玄元窍，曰归根窍，曰复命关，曰混沌关，曰璇玑门；曰神气穴，曰结丹处，曰守一坛，曰两孔穴；曰西南路，曰森峰间，曰景漠端，曰九灵房，曰中岳巅；曰中玄之山，曰大罗天宫，曰金胎神室，曰玄关一窍，曰玄元上一，曰白虎首经，曰九霞光里，曰五行全处，曰中央正位，曰九重玄户，曰玉锁金关，曰玄武二窍，曰朱雀七门，曰众妙之门，曰玄牝之门，曰坎离匡廓，曰有无妙窍，以至曰土釜，曰中央釜。曰乾坤鼎，曰金鼎，曰铅鼎，曰汞鼎，曰内鼎，曰外鼎，曰水鼎，曰火鼎，曰阳鼎，曰阴鼎，曰悬胎鼎，曰朱砂鼎，曰威光鼎，曰云盖鼎，曰上天一鼎，曰混元丹鼎；曰坤炉，曰玉炉，曰铅炉，曰汞炉，曰内炉，曰外炉，曰阳炉，曰阴炉，曰药炉，曰偃月炉，曰太乙神炉，曰东阳造化炉之属，统谓之奇器。而渊损绝慧，穷年不知所奠。

纪藏二·之五

卮言曰：橐函万圣智，与离朱①无得也。引之弥高，由五丈至于无色；卑之涉三轮而无渊；运之无旁，几于不可围；索之肤革，则指先天而来。索之妙玄，则指倚衡非远。猿躩②凫浴弋滑，心之五禽，鹏潜蝼屈斥灰，心之四果。藉语心性，形而上之，辄曰：君子不器，吾有利器。

敬问之曰：何器也？

卮言曰：当其无有器之用，俾陶铸为器，以变生于一，广成子之术也。

询其一，谓真一，难图而已。三五与一，皆归二所，将二之乎？

卮言曰：二生三，三生万物。

将万之乎？

卮言曰：器用五金，器用八石。食其液，养翮③而逸。或委帑于祝融，复鬼隐而龙匿，曰五方之兽，食之是且狨猦④，爱大弥于九州，忽流入于垣室，更愚我曰潜伏雌之，翼伏若鸡，子使我累刘操之卵而觅，笑曰：天地大象，是安足觑。天之枢北斗也，要道魁柄，统化网纽，执衡定纪，转降初九，指雷门，烹坎电，而鼓炼以成器者，卵白之象也。地之中，昆仑也。层城九重，面有九井，环八海，镇八极，偃盖火，发五芝，芬芳于鼎者，卵黄之象也。得象矣，如其言，求之既，爇九微，礼七元，如张陵之仪，而又以日入时，西向思山人，力倍伯微，乃卒，无授器者。彼且卮言太白经天，列宿周天，匪历象之法，而峨嵋、玉京、大元、长谷、具茨之山，死夸父，迷七圣，非日车不至。归而求之，姹女弭节于房中，庶有冀也。于是辟门入，容成、彭篯之徒，列女鼎千二百其中，一日而遇千二百毒，几死而犹。卮言曰：吾谓女者，可不告而娶耶，有母在焉。《西升经》曰：太上养母，能养母者，可以长久，故主器者必长子也。

及夫蹇修合而六礼成，共俎合卺，何器之有？无已，反诸身矣。求空窍之似器者，重阆⑤闭，肯綮⑥塞，前后尾闾，仅仅二窍，而二溲以之出。砭师云：刺脐得矢，吾其为蛣蜣⑦哉？登尺宅，徘徊四帝之所凿，稍稍疑之。检方

---

① 离朱，中国上古时期神话传说人物。
② 躩（jué），跳跃。
③ 翮（hé），鸟的翅膀。
④ 狨（róng），古代神话传说中猿猴类神怪。猦（xù），古代传说中的恶鬼。
⑤ 重阆，高大的城门。
⑥ 肯綮（kěn qìng），筋骨结合的地方，比喻要害、关键。
⑦ 蛣蜣（jié qiāng），即蜣螂。

黄海
HUANG HAI

术相人之书，不曰天灵，则曰天庭；不曰山根，则曰中岳。而相二刘者，标眉痣，惜眉伤，此又何也？出见羽士，星冠而岳冠者，曰：吾师长桑虚白，刑翁鹤奴，为之嗒然悟，曰：昆仑北斗备是矣，犹故不得其门而入。向之为卮言者至，曰：吾不诒若以山斗，子讵疑我之图箓乎？传八角八会之书，谓之《洞经》。方且为安国，方且为王烈。而伊人猥言，奇器载于是，则三请译焉。其文曰：眉间却入，三分为守寸，左右为房户，入一寸为明堂，二寸为洞房，三寸为田，四寸为流珠，五寸为玉帝之宫。天中临明堂，极真临洞房，玄丹临田而居，太乙、太皇临流珠而居。老君其宫，各有主者。而雄五宫多集神，顾验不及雌四宫法，在内盼见真，而玉晨君七言之咏委奥矣。

但思一部，寿乃无穷。一者，上一也。又有中一，宅中田，下一，宅下田。以丹元横津为之门，而洞房、明堂田田有之，通称三一。云：中下二一之神，性好楼居，恒游神上方，人间如帑死气秽贱，不乐久据也。用尸魄，故下治之耳。然卒不得一，入洞房亦时，时时精气哺上一，问精气所从来，则由上一至之，亦犹子用父帑之类也。写七于鼎，化琳浆而结金，贻二一，馂①其余以归。憧憧源源，准天符，莫敢越。而当其未临，有守室者，人则属之子矣。

或守台阙，命曰天门。此以迎真为要，陶氏之世守也；或守明堂，命曰布政，此以统策为要，张氏、芋氏之世守也；或守洞房，当帷薄之内，命曰"交媾"，此以生育为要，舒氏、周氏、黄氏之世守也；或守雌一，巍巍尊高，命之曰无上，此以清升为要，许氏、杨氏、华阳之世守也。当守室而降真，鼎与偕来，从所奠炼液焉。今故未知奠鼎何地，子乞言，列真而可。于是筑宫象埠城，征郊骊之定劈而禋祀祠，朝夕弗怃，其至弥杳，以诘伊人。伊人曰：子以孰为列真乎而祠之，盍思？奠鼎之地已矣，奠之门有问鼎者，奠之堂，列而食，见弹而求炙。奠之房，虽曲密，亵神器而匪吉。奠之上而危，奠之后而踬，其奠之田乎？夫田也者，丹田也。丹田也者，泥丸也。《大有上经》曰：泥丸，天帝三一者，一身之灵宗，百神之命根，津液之山源，魂精之玉室。胃池体方以受物，脑宫圆虚而适真。万毛植立，千孔生烟，德备天地，混洞太玄。

---

① 馂（jùn），指吃剩下的食物。

夫择室者，洵莫渝泥丸矣。德备天地何所不备？向之广喻辋橐①于此。此泥丸，夫人所为化母也。息以此止，药以此生，符以此运，丹以此养，虫以此制，神以此出。百灵聚，三花结，五炁朝，万化生。二一因之以入上一之房，而真一因之以反太微之宫，非化母畴，能若斯哉？泥之方，摄地真也；泥之圆，摄天真也。泥无专气，摄四象也。丸绝迎随，摄九还也。仰升玄宫，俯沉下门，无须问守而神见在也。

玉宸表其中立，太极抗其领宗，涓子贵其超真，少玄鬯其元旨，金母标其彻通，都水著其高妙，元始登引无鞅②兆圣，勃勃入口而证其圹埌。轩辕正名，委大宝如苦瓠，而独抱以为奇器，此黄帝子孙之世守也，子独无意乎？

瞎子闻之喜欲狂，惟恐其飞而食鱼，走而匿于镜也。急持之洁，以三寸之管，临目而思，上下左右浮沉无定。时侵玉洞，时薄珠宫，执中无权，汗浃目赤，盖外神无一至者，而竟尤伊人之终诒我矣。从而绝卮言之倪，顺希言之教，下帷距跃，阒绝奸邪，堕枝如标枝，斥明如丧明，尸居而任斥鷃之集，鰥围而息蕉鹿之争。堨封大窦，绝学杜德，而恒处其蛰。伊人至，觉之曰进矣，而非其至也。子废吾言，亦废两伯阳之言乎？其一曰：忽兮恍兮，其中有象；杳兮冥兮，其中有精。其精甚真，其中有信。吾惧子之爽于信也。其一曰：三者既关键，念念以为常，可以无思，难以愁劳，吾惧子之丹苦而愁劳也。物物不交泰，而平绵绵。若存用不勤，其庶几哉？肾之藏则志委，志者，归虚无。心之官，则思，无思者处空房，泰宇定而延天光，昏久昭明之信也。

当乎昏明之间，无无磁引，真真燧传，天天珀拾，月月映川。掷火癸地，剔斗玄关，地二之所。一三五全，乾坤性命旁罗韫焉。天启黄宫，顺月令而九关辟炀。逐玄蚁，引朱丝，而九孔穿。解结桃康之阶，拔尸命门之渊，枢辖不动，证运自迁，是化母之在田也。

《经》云：玃无自育，九日导乾，坤母东覆，形摄上玄。夫母出东井，制会河源，玉眸洗洗，犀光上悬，内盼不力而九年之泞洞出焉。是故守符守信，名曰守雌之善权。吾惧子之空劳而爽若信也，于是乎赞之以卮言。由子之道，寻真见真之良导也；由吾之言，守真登真之隐诀也。泥丸于是乎得

---

① 辋（wǎng），旧式车轮周围的框子。橐（tuó），袋子。
② 鞅，原指去了毛的兽皮，或指套在马颈或马腹上的皮带。此通"央"，止，尽。无鞅，即无数。

137

矣，虽然仙真有言，金鼎近泥丸，泥丸金鼎上。假令寸度而得泥丸，未或能得金鼎也。

意者，其太乙乎？太乙临炉，似临鼎耳。岐伯之学，囟会、百会，间不容发，而所治疗绝远，彼二药投鼎，由基中鹄，二兽入室，新丰归犬，信未通而议鼎者，悉卮言之浅也。言未既，有大笑于簃者，曰：子犹揣量而不得外鼎，奚以知内鼎哉？内通，外亦通可也。守外而遗内，是外道也。子希七真而不逮于五祖乎何？有伊人曰：吾之道世世守之者，直五七云乎哉？

长桑明镜，庄生之师。宋翟镇元，舒君之祖。三茅二葛，并传玄真。衡仙衡子，咸宗元一。尹喜尹轨，同养谷神。彭宗惠宗，金思上法。至若许映、韩崇、希道、纬音、玉子、许碏、恒闿、鲍察、李整、王嘉、韦节、岐晖、刘益、王秉、李少君、徐灵期、朱孺子、薛练师、赵威伯、杨昭庆、王玮玄、尔朱洞、许栖岩、陈道冲、张玄宾、张礼正、张法乐、张祖常、张重华、周寿陵、冶明期、郑景世、郑思远、郭上灶、王谷神、魏二翁、刘虚谷、刘元真、舒虚寂、向道荣、谭紫霄、敬玄子、罗浮先生、间丘大方，皆守真一之最著者也。且而南宗，不嗣钟吕乎？采药九宫之上，钟君也；云攒五岳之冠，吕公也。平叔继钟吕为命宗，尧夫继希夷亦为命宗。尧夫曰：自首生者命在首。又曰：不知乾，无以明性命之理。而强执系胞之轮以为命，岂南宗之所谓命哉？

顺生人，逆生丹，舍逆而取顺，一倍也；

西南巽，西南坤，舍先天而泥后天，二倍也；

目睫飞铅，铅离之物，舍离门而寻坎户，三倍也；

一阳下坠，二阳救之，舍井上而从井中，四倍也；

天门自生五芽，地户空储五谷，舍灵龟而观朵颐，五倍也；

黄阙为根，囟浮踵息，舍玄牝之源而求呼吸之用，六倍也；

观混沌之七窍，知近窍之为中，舍黄枢于天盘，而就寄宫于地局，七倍也；

神道乐腾霞观，鬼道乐吟寒池，舍昭昭之显宫，而趋冥冥之鄷岳，八倍也；

善修以免尪羸，得类而归交感，任天然之真候，休闭息之妄为，独此一门，差为近道，而舍朱紫之相似，就黑白之殊科，九倍也。

倍师如此，亦异于紫虚之守矣。紫虚者，萧了真也，学于彭耜，耜南宗之高第弟子也。紫虚之经曰：首有九宫，上应九隅。其中一宫名曰"天心火药"，细微之要旨，始终不离乎此。往而质之粗，粗无以难，退谓其徒曰：我若纤毫误人，万劫风刀受考。学南宗者不当尔尔乎？粗之师为玉蟾，蟾之言曰：但观奎娄，莫守幽燕。北杓玄纪离，偃月炉天罡。而蟾师陈楠，则世所称陈泥丸者也。泥丸哉泥丸哉，紫贤握南辰而入洞房，杏林著丹枢之非，脾肾苟折衷于紫阳，则所谓休分南北西东，乾运潜藏飞跃者，一言以蔽之矣。是故丸倍者倍紫阳者也。此阳犹倍，而况七真之阐性宗者乎？

蒙问曰：命既在首，性应在脐，然欤？否欤？

伊人曰：吾闻之重阳，曰性凭三曜，命变五行，出阴阳造化之端，在清静虚无之上，肾前脐后安能容之？纵上一之所如即首，犹遽庐唐肆，而泉曲隐圜，果足以弭九真之节也耶？故紫阳神玩琼英、烟流、碧茨、杏林，驾火龙而出穴。紫贤舞泥蛇而上天，翠虚跨无角之赤虹，紫清掣海丰之紫电，击朱橘之尸土，解抱鹤林之蜕衣，空彼修命者而犹若是，奚疑无梦之素炜，元化之大窍哉？故曰：顶者鼎也。颅者炉也，气者器也。蓝方十月怀婴，物而不化。古之人万化生于奇器，而身不化者，未之有也。

何谓万化凝之？搔额而得宝珠，则金石信可致矣；玄英化鹤而出泥丸，则禽兽信可罗矣；义山见白元君于洞房，则姹女信可媒矣；仙经泠然于子微之脑，则洞经信可通矣；皇甫呈珠焰于顶门，则铅汞信可炼矣；桓闿朝大帝于元宫，则列真信可接矣；感庭秋，置文绣，纳器皿，归二童于冠中，则炉鼎丁公信可据矣；鉴夫出神剑于眉间，弹铗而舞，则负甲持符、火铃十绝之幡信可致矣；朱君生风雨于方寸之房，敬玄望昆仑于三顷之田，子元掇五星于神庭之户，葛越腾五云于昂簪之表，则天地山斗、万象森然于吾宫者，信可睹矣。

吾卮言者乎？吾妄言而子妄听之者乎？吾与子皆一部之所罗也。若黄帝、若玄女分处于吾与子之一部而各具焉者也。若奇器之氏，奇器之名，奇器之号与谥，又一部之母所咳而名之者也。一部一器也，一器一部也。一，无一也，则用空、用无二贤四果之不足与邻者，信可悟而契矣。

伊人言已，垂芒忽收，霄度天寥，琳和希声。瞎子以方于华胥之景蘧然觉，唱然称曰：息久发明，明圆灭漏，吾犹之师艳喜也。

英玄和　三

机在目而仍盗机者，万物盗吾之目耶？吾乃受宕冥之戮，吾盗万物之目耶？吾且为孙皓之续。瞥子曰：否，否机自机而盗自盗也。请为目论，夫存乎人者，莫良眸子矣。抚囟以及踝，有荧荧如目者乎？避景袭烛，蒙首而摇昝，九光四照，有如目者乎？飞土之宅百脉荄焉，五脏苗焉，十二色敷华焉，以设阴阳象斗日月焉。

骨之精为瞳子，筋之精为玄珠，气之精为多白眼，血之精为窠之大络，肌肉之精为之缇。东而瞻理乎脑，紫烟彻于紫庭，三素紫其八素，裴铡至谓。与天地合体，亦见见之论也。

玄符未降，上医下仙，操金锼以启䁾①，空青之饵，宝镜之思，洞阙朱台之憩，玉门华房之检。索三图，按二九，披绿经，喃阴祝，爇丙丁，洞视之符，可小得益耳，非所以赞瞻明、眦立明也。

符来大盗起金锼，逆执于盗手。是故有观命之目，有观天之目，有观物之目。胠②而得藏于重渊，负而趋纳于大渊，抮③而夺高掇于九渊。其观命也，毋乱魄，毋失仁，蕤籥敛扉，储气荣卫之门。恬愡闭视，覆我灵乌，焕照子室，哺我玉蜍，此河上公塞兑爱视之首经，而青城真人所为，启不妄之途也。

俄而六足跌蹄，仪璘高奔，展辁相逐而叩天阊，时为观天。观天者，观天之道也。都关一纵，爰运道机，双关二横，内转心机。心与道冥，非横非纵，邻新伊而键三洞，顺炎上之性，正位乎离，以为道用。不眴④不逃，不朦不寐。而发其慧，觉其梦，内摄列真帝所甚乐艳诸利而凝然其不动。视軿若杌⑤，视垠若室，视流铃欻火若坠石，视八威六丁、辛霆秀电若社鼓之剧，视龟蛇龙虎之唊如博一掷，视空歌广钧、仙伎阿娜如张帧绘。如与上偶而相植，鱼目视姬，狐目视神，牛目视百卉之春，素婴之目不见，可欲而若思若营，任目之才，竭目之力，鳏心官而弗予之牨，此观天之法也。

---

① 䁾（miè），《释名》云，目眥伤赤曰䁾。
② 胠（qū），腋下。
③ 抮（zhěn），转。
④ 眴（xuàn），通"眩"。
⑤ 軿（píng），古代一种有帷幔的车，多供妇女乘坐。杌（wù），小凳。

古之至人，为目不为心。故平叔骇①其危，道光骇其失，翠虚骇其归，泉知明骇其外逸，以至玉晨沉默之唫②，隐藏之章，慄慄乎逆取顺守之艰矣，而后恍恍惚惚。其有物，循五时，据九宫燠③寒，惟令管括，惟鄂抻持而一，一而二，二而三，三而万，而能观者，与所观者，岐出而莫为之合，合万物者存乎帝，帝宅中欤？相见乎离。芸芸者观其复而阖欤？其在扶桑之歌曰："八窗无常朗，有冥亦有灵"，语符候也；曰："可见玉清虚无老，六神会集虚中宴"，语灵媾也。昂日氐月，与威斗之真合明，而飞神洞视十虚，流盼三清，其为弘益可胜纪哉？

是故夏侯行眠而不踬，涉正扬睫而霆震，姚坦小划而光裂，是观命之益也；武目紫光，日中见斗，梁目白光，地中见物。张如珍镜，览千里轩辕，集景烛数丈，是观天之益也。天无二日，物无二灵，其明可合，亦复可分。中黄分之，以炼幽魂；元始分之，以惺世盲。荥阳君分之，眊④者委杖而良于行，是观物之益也。

始乎为盗，终乎为圣人。圣其盗乎？盗其圣乎？明而可分，天下皆盗。盗吾目者无罪，无罪有益，此之谓圣人之政。

蒙曰：善为盗矣，焉用杀？

曰：是杀机也。

摄荆卿死，卫玠车见之重，鸟见之飞，魑魅魍魉见之而灭没。可生可杀而不可使胶其辖。罡入离，魁临乎坎，龙血玄黄；罡入坎，魁临乎离，雀羽摧拆。金公盗机，开墐起蛰⑤，姹女盗机，而甘露沥液。非左军右军，安所定万化之基哉？

军之司杀也，有利器二焉。一曰石，二曰剑。夫虎目为石，星精为石，雷火为石，不死不殒而不击，其光匪石，人知炼石，安用八石⑥？诚以不死之死，不殒之殒，不击之击而化灵石，灵石匪石。吾一怪夫，世之炼石者，误读明夷，沦溺阳义，庸讵知扃膈翳景⑦，六狱无延光之基。藉令凝注而

---

① 骇（hài），古同"骇"。
② 唫（jìn），闭口不言。
③ 燠（yù），暖，热。
④ 眊（mào），眼睛看不清楚。
⑤ 墐（jìn），用泥涂塞。蛰，藏伏，动物冬眠。
⑥ 八石，古代道家炼丹所常用的朱砂、雄黄、雌黄、空青、云母、硫黄、戎盐、硝石八种石质原料。
⑦ 庸讵，何以，怎么。扃，关闭门户的门闩。膈，同隔，隔膜。翳景，谓遮蔽日月的光辉。

入，上有瞀瞳，下有积块，是死虎之迷离也，亦终不得石。不得石者机失，剑与石同冶而出。剑升石沉，沉可使升，升可使沉，并受铸于离门。玉液之石，金液之剑均也。云房有言：鼻通三剑。盖中岳之首，三目艳焉。无上宫主佩其天遁，伐㤪营魂，申吴钩于眉际，而酆野平李鉴。夫剑出眉宇，烁烁电矗，弹铗歌舞已，复请贮此二剑者，道剑也，天目之化也。而庸妄人俯窥玉茎，缪曰"炼剑"，既丧其元，又丧其德。惜哉！其不讲于剑术耳。湛卢飞而入楚，镆铘跃而腾渊，非神光不足以生神物，而乃索之溷中邪？悲夫悲夫！吾是以甄明利器，授司杀者柄，令自盗自机。若夫烁迦罗目，冶八万四千之器，梵天为绛，今固存而不论也。

纠㤪枢 四

燕有宫焉，古之衍也，之逆旅也。其谈之天犹苍苍也，而衍芠芠也。七非检其魄，瞎子过焉。有问天者，为解坤括而游谈，曰：天乎？处苍华之林乎，山在天中乎，天在山中乎？乾为首，乾为天，谁违谁从，谁质言乎？能儒之成，众祐远矣。建四界不可倾也，朔炁裂而清，微禹余大赤曭焉，始青木也。青元为㤪，始丹火也。太丹为㤪，始素金也。太素为㤪，始玄水也。太玄为㤪，九炁微也。青微为㤪，有青霄焉，有碧霄焉，有绛霄焉，有丹霄焉，有玉霄焉，有琅霄焉，有紫霄焉，有神霄焉。郁单无量耿乎离，禅善无量围乎乾，梵监须延覆乎震，寂然兜术冒乎坤，波罗泥密障乎巽，元化应声湛乎坎，灵化梵辅丽乎兑，高虚清明帱乎艮。无想无结无爱直乎中。大罗上清玉真种民之蹻，当释四界，而四界之蹻乎天五亿，吾与若一乘其蹻，骈关三万，资始者八万四千，以邻五亿，独不得一乎？故曰：苍华之林洵有天焉。黔首，天也。

蒙起愕咍，易次曰：避若无声，虫能天哉。

瞎子曰：惟虫能天，曼倩偶忘其天也。而虫之柱下，云不出牖，窥天道，子索我于牖外耳。且也司天绘曹明之貌，如弹未炙，越谷踆而孚焉。彼虫也，而虫我耶？

蒙曰：吾与若，中黄之蠕蠕者，若无啐于中，彼将璺①而施其啄，曰有

----
① 璺（wèn），裂纹，此做动词用。

弹；于此含中黄之蠕蠕者，子谥为弹，然则有天，于此含吾与若矣，不得谥为天欤？鳌足之所踬①天也，鹏翮之所负天也，虹睫之所营天也，蛣丸之所圉天也。故曰：惟虫能天。于是岐氏之孙进而见巧曰：若有蛔蛲蝠蛞蛭蠚虫②蛊之族，饮食游居于若之盲阓而若不知也。父母以人名若，兄弟以人名若，妻子以人名若，若之朋友宾客靡不以人名若者，而若固范房蚁垤也。

瞖子听然而笑曰：彼借我而名人，视吾与若借天而名天也，何异哉？天去矣，毋以碱天、石天、炎草之天，感吾天为矣已。而相人者操术，岸瞖子之帧，指曰：是天庭，庭宜高。更左右指曰：是日角，角宜平。笑谓之曰：无叩吾阍，虎豹且至。相人者惊顾而诟督哉？是夫以喻为真，六幕之客闻而转相诼也。相与封于谵圃，尊之曰诞伯。诞伯缧思其过，噩而瘖曰：天不知吾诞耶，天知吾诞，周咨而知之耶。承日月之光照拂而知之耶。咨则无喙，照则不及腹，彼且神游吾庭而日监之，一天尔尔，亿亿之天尔尔，吾庭运□而诸天之辑集焉。可畏哉，有如尸魄伺我隙而告天也。其族亦宜亿亿而分告也，乃三尸七魄能之，是向之倚我而名人者，我亦倚之而名，化身名冲，举宾于帝矣，良足慰哉。沾沾然信之，谈益甚，而灵人悯焉，嗖③以《阴符》曰：尔延帝于庭，无英左，白元右，召百节之神，竦真飚外廊，奕秉戈流铃之音，如雷魁尔，巾罝尔，乌员奔而映尔，代尔，烛虫不待榆而制。诞伯大喜，日治符谈益甚，谓其人曰：气无町畦也，观玄牝之息；精无虎落也，观蒸潏之液；神无圻域也，观坐驰之前。识三者，彻无不彻也。

是故用亿天之用，积膏自火，大山自神，一炬一石，则不能矣。天，阳物也，登我庭焉。庭犹秽累，而况其泉欤？泉亦天也，天亦泉也，三者无间，若鲦水也，鲦水无间，繁鱼卵也。雀跃而进，谓其天曰，弟子之谈若是，亦称诞乎？天曰"否"，"否"是有待之音耳。有待则无我，待与所待，交无我也。待而幻，幻而虚，虚幻之名，咸出于待，果且有天与人欤？无天与人欤？亦有亦无，非有非无欤？复具窥之，四顾而不见，见乃见性，性复非见，一花一偓佺④也，一叶一阆风⑤也，一黍一荟台也。此亦非匹

---

① 踬（zhǎn），踩，踏。
② 蠚（nì），小虫。虫②（zhòng），虫咬，被虫咬坏的。
③ 嗖（shòu），口头传授。
④ 偓佺，古传说中的仙人名。
⑤ 阆风，山名，在昆仑之上。

张干琲之盖而流，视之无不千者，微得其致，然且宛于方物之门矣。是故谈天丧天安，久而天安，久而天符，犹谓之盗贼也。况昭昭之多哉？瞥子□之，三缄而绝其利。

玄黄索　五

瞥子见秉文《阴符》字曰：金人嗳耶。见登善《阴符》字曰：唐人嗳耶。繇求徽五载，为副墨者百二十楮，而嗳罔稽也。元晦昌言：李筌肇嗳，筌自以虎口之岩、饮鹿之槽，发琅函焉。符传素绌丹漆为轴，蝉三食之，符穷而跋见，盖真君二年七月七日，天师寇谦之所加蕤耳。往之骊山，偶见山姥称符姥，问安所得是符，而称之曰：吾受之三元六周甲子矣。三元六周甲子，政当七国之时，不知姥又何从嗳也。第言上清所秘，玄台所尊，传必奇人，宛窍支离，具三毒者，不嗳而已。年加蕤而藏之名山，亦以七月七日也。秘者出三尸，下九虫，泄者夺纪二十。吾闻之凤韫言：天汉牛女，缑山笙鹤，安公赤龙，令公绣幄，龟台胆桃于汉殿，鸟爪析麟于陵陆，武丁还宫之志，魏真临纪之录，均执大象以明民。而五云五物坠于天宝之七祀也者，非是日也耶？阴阳交而宝玉孕，用七襄以明七返，藏山之指意在□乎？彼黄庭金板，鉴谢灵符，庚除酉阳，密宗宛委，嗳宜断自黄帝，而帝乃不有也，此何以称焉？邈惟玄女，人首鸟身，帝绍蒙狐，以符召符，符之来，所谓甲壬兵信矣。一时弘赉，重以灵宝五文五明五龙之印，五阴五阳之式，五色九光九天之节，十绝五色之幡，霞冠火佩，龙戟霓旍，翠䡞绿軿，虬骖虎骑，羽籥玄竿，虹旌玉钺，六花之盖，八鸾之舆，九明之珠，具云神仙之物。

物也者，符所云万物也。畀①符畀物，畀物畀符，玄女无二畀焉。夫是之谓嗳宗，嗳必清斋以祓邪也。嗳者师，受者子，以明宗也。元君嗳女，女嗳帝，帝始承以文玉，覆以盘石，奠以宛委之宅，而嗳圣人。吾安知山姥之非玄女，而辅真之不遻②轩辕哉？辅真《雅》言：太上四临，神仙六降。夫太上之为广成，广成之嗳轩辕，尚以六降之中，黄龙或下，不然若成公兴者，鉴周髀如揭日，将无大挠隶首乎？而不能为其君锡一符耶？故辅真者，帝子也。

---

① 畀（bì），给予，付予。
② 遻（è），遇到。

达观筌者，辅真之子也。

三元川逝，六甲火传，太公而下十一家者云，仍疑始皇甫坦，守一而拜天子之赐，琅琊子图一而诂崔娥之章，吕傭者家一而来陈儒之诘，率中女之真子也。喆也，主北，玉花腾扎清和胤之母敢绝学。端也，主南，宝字著文海琼胤之期于有成。喆也，标秘隐之事；端也，标达诠之人。是今古上仙，靡不吮玄黄之乳而有兆。斯男也，皆子也，若然，奚以开元晦之晦而子之？

夫元晦者，岂不以筌也追放古文乎？鸟迹传而兔［鬼］哭，史皇制字，轩皇比音。画前斯华，画后惟朴。筌而放帝，筌恶乎能？神以知来，如获筌心，声以相应，如提筌耳。帝而放筌，帝恶乎不能？其说在孔发秦誓，衡谶太玄。回客之歌，沁园弥明之咏，石鼎是也。且也鼎湖龙升，升含纽枢，其光下临，庶或遇之。秦遇之而秦语，汉遇之而汉语，后魏唐宋遇之而亦若其语，何不可耶？士授数而迨，离经逐逐徙业以殉时，尚陇禽华音从人而人，而况久视之仙，神灵之圣乎？谓是其似老严而不贵也。国门之轨迹相若，曰代之刘，垤泽之呼声相似，曰代之言，此之谓不知类。谓是其自玄女近齐，谐而不贵也。河之马，志怪欤？洛之龟，志怪欤？离象中女，宓氏之经，志怪欤？牧童则师之，白泽则师之，青鸟则师之。女则不师。女而鸟身也，则不师，此之谓不知类。知类弗晦。

是故吾观于符，而见玄古之道六焉。始于正名，卒于尊名，夸以相尊，君乎隶乎？如径如庭，于是有非名而名朴散①之情也。

符曰"五贼"，后世重之以五行，盖取诸利；

符曰"三盗"，后世重之以三才，盖取诸神；

符曰"八卦"，后世重之以八八，盖取诸富；

符曰"奇器"，后世重之以鼎炉，盖取诸盈；

符曰"性有巧拙廉余，天且无恩至私"，而后世重之曰性，与天道罕言而不可得闻，盖取诸妙。

后世之名，帝之所未名也。后世之取，帝之所弗取也。有取者，真盗贼也。可明者，蠢然之物也。

圣人有以见夫五贼，一贼也，贼一身也，身一心也，心一道也，故强名之曰贼；圣人有以见夫三盗，一盗也，盗一身也，身一心也，心一道也，故

---

① 朴散，本谓纯真之道分离变异，后亦谓淳朴之风消散。

黄海
HUANG HAI

强名之曰盗；圣人有以见夫重卦，一卦也，一卦一画也，一画无画也，故强名之曰八卦；圣人有以见夫巧拙廉余，无恩与私之，即至微至静至乐至恩至公也，故强名之曰巧拙廉余。无恩而私，身大患也，心大幻也，道大无也。

卦，挂也；性，情也；天，物也，皆我也，我不蕲尊名也。天下贵我，我独居其贱，孤寡不穀，侯王以自称。盗贼丕德，黄帝以自称。故曰：吾观于符，而见玄古之道六焉。

嗳，无嗳也；演，无演也。

山姥云：百言演道，上宫之象也；百言演法，中宫之象也；百言演术，下宫之象也。抱一于上而万物生焉，万物成焉，万国宁万民安焉，万战而万胜焉。佳兵不祥，下之者右之也。右之也者，以丧礼处之也。机一发而定基，生门辟乎上，下当其中，中当其上，见独而守一，故谓之无演。而骛名者用黄帝之以争侈言之，缪称元始。《三皇玉玦》云：介士兵而司石函，帝观勿晢，使广成索之不得，使天真皇人索之，义乃大晢。此夫夜呓寒谵，岐雷诸子之所禁勿揲也。彼其方丈垂芒，纤色玄间，皇人玄女将旨释焉，帝听而莹，莹而与风后自著其事。今之符，帝之符奚取皇人晢哉？当是时，有为《宅经》者，有为《问玄女诀》者，有为《孤虚诀》《出军新用诀》，统三十二卷者，有为《壬遁》《兵历立成占气书》，统二十一卷者，有为《十八阵图》《十六神历》，统三卷者，岂其玄子、禹京、聂许传之，率皇人之伦而已。即所受凤图龙蹻，神足太清，自然内文，世多不传，传亦不典，独《灵枢》《素问》稍稍雅驯，与符同文而异尚，然无所考信焉。

昔广汉有郑山古者，语蜀黄承真，蜀宫且大火，甲申乙酉，杀人如营。若陈吾书，而主庶几去杀。不听，则汝死矣。以泄天秘故，承真为上之不听，果死。其书盖《阴符》也。

吴莱观与今符绝异，一用兵，一寝兵。然务寝兵者，兵未戢[①]而争臣先死。倘所云：害生于恩哉？试取王道衡子杂引符言相提而论，虚实较然著矣。笺书有《中台志》《太白阴经》《阃外春秋》《二十四机》，大抵諨复符文元晦，亦各相提而论之，否论之，足可无晦。至坚、元、震、慎四子，狭其瞋瞋烈视洞章已耳，比之元晦，深服闾丘，效一字之褒者，益又远矣，安得迅雷嗳之，令诸子昭苏于此耶？

---
① 戢（jí），收敛，停止。

天都山史潘之恒景升定
浮渡居士吴用先体中阅

纪藏二·之六

阴符经演·下

天貌机　六

有为李筌之言者，盱衡而赞将相之业，曰：此有熊氏之学也。其徒则太公望、范蠡、鬼谷子、诸葛亮、张良也。繇帝与风后、玉女盗其机，而五子者肢而分之，天下谓之七贤。

夫七贤未有蹑太霞而守童初之监者也，薄将相而思仙，诡也。且而不闻筌之志三台、演二十四机乎？尚闻之骊山氏矣。骊山氏者，骊山之姥也。瞪子退而稽稗史焉。所称引真唼至曙矣，语及晡可覆而绎也。姥杜其机至无单辞赞符者，而姑示之以象。曰髽髻①当顶，余发半垂，将无奇器乎？敝衣怀玉，扶杖而标黄道三元六甲，所谓符也。语形法之鉴，辄曰：颧骨贯于生门，命轮齐于日角，昭然开生命之扉，而予之器矣。血不减握精之权也，脉不减握气之权也。取其性与神者，握神之权也，不观心而观心之影，斯天目之受光者欤？

贯丹符于杖端，而令吞之。杖端也者，眉端也，火符运于斯焉。而吞之，食其时也。是故可以禳，可以每生焚而祝天地相保，明天符之合地符也，异孤阴也。九窍不具勿传，四肢不具勿传，悭贪愚痴勿传，骄奢淫逸勿传。尊三要而别君子，小人之途也。诵七遍益心机，七月七日书而藏之岩中，奚为乎？七，火数也。七七牛女之夕也，石岩之中，山根之上也，益心机而以本命之日，性命一也。表命轮之，实在于首也。

然则奚为令取水于谷而瓠忽重，不能制竟沉之泉乎？是之谓奸生于

---

① 髽髻（zhuā jī），梳在头顶两旁或脑后的发髻。

国，时动必溃也。始以焚林示，终以溃国示，符莫大于既济也。且也炯炯然修其骇曰：此道枢非机，权受之者，当抱一而名列仙，其次富国安民，其次强兵战胜。一降而称法，再降而称术，而去道辽邈①矣。彼百言道，百言法，百言术者，错而取之欤？蒐而简之欤？离岐而次之欤？缪悠不可测也。而筌瞀于象，祸发于心，据言外之言以立言，亦何以加于千遍不喻之日哉？

当此之时，姥固不敢章，章为筌什也。筌何自而什之？所著机不玄于符，志不文于符，经不奇于符而乱符，岂其荣将相轻神仙，羞言敝衣麦饭之事耶？火生木而必克，有味乎姥之先觉矣。虽然人亦有言：神水入华池，筌也，数数诵焉，果筌之诵也。则吾何敢轻议筌也？洵好法乐智人哉。

蒙问曰：子安取象？

瞎子曰：夫立象以尽意，无行而不与者，圣人之型也。故声为律，身为度，若九宫真人，衣裳之彩，手之所执，足之所躔，并有隐诀，如贞白所言，岂欺我乎？帝遇玄女，天之色也。玄而鸟身，鹑之体也。服九色彩翠之衣，合宫之法服也。乘丹凤，御景云，亦其类也。先以金母之符，进符也，后以玄女之符，退符也。锡以幡节剑佩舆服之都，象轩辕之主十四变也。蚩尤象水，帝象土，水固不胜土，杀机之秘也。战而绛草，采首山之铜以铸九鼎，而奇器之为象昭昭矣，此有熊氏之学也。是故君子贵观其象，观其象，斯进于象，而无为之象。

宾无释 七

祭法曰：黄帝正名百物，以明民共财。夫帝所赡名者，百物也。所不赡名者，非百物也。非百物者，冒物之物，而物之声于世，曰有物先天，有物先地，有物恍恍而惚惚。果且有物乎？抑无物乎？无物无名，无名亦名也。是以圣人不去名，而使憭愕②于名表，故宾无者不蕲③无也。

昔者玄女委柏陵八会之字于帝，为兵信而已。阴符者，帝锡之名也。经也者，玄子、瞻明相与登鸿而隆之也。阴之崖略二，符之崖略三，以为

---

① 辽邈，相去甚远，悬殊。
② 憭愕，惊奇震愕。
③ 蕲，通"祈"。

经，经处一焉。濯罗绿罗，三五而复，三五而姤，姤浸淫复，踆乌在腹，中女跻焉，宅玄谷，褐铅素，魁怙妪，育君子。以其萧萧，缉其熙熙，如约秦缥，如执虞圭，如伏璺卵，如螟如遗，如葭不飞，如木不黄，沉沦潜匿，无无而象，离也，是阴道也。俄而泉池硫腥，羽嘉传翼，阴雷奋地，三彭辟易，萧台朝彻，合宫辟，爰挟两朋嘿守一。君子以其熙熙，引其萧萧，若天弗宰，若君无为，若弼断断，若母隐闱。五吏运，百司随，十月而若达若摧。荡焉侻焉。乾，一以清也，根，阴之道也，故称阴焉。知斯二者，即知河上守雌之文，濮上几道之况矣。

坤乾之易，晦朔之历，一阴一阳之道，先汞后铅之术，莫不帪①无极，頍②玄砀，弁③太虚，副专禽。当此之时，其中有信。有信之谓符，符者，横行十虚之虎竹也，潮汐以信，故不溺；日月以信，故不忒；天癸以信，形化不亿。四常抱信，四象环土而不易，所谓符也。上帱清微，下坻纡绝，外薄苍华，内跻幽门，符吏飚发，一呼而鬼神骏奔也者，所谓符也。

身以内无文之符诏之。何谓无文之符？五气举生，五色章章，上有三光，命曰地符；七曜④颉⑤生，五色章章，上有三台，命曰天符。上下驱召而丹元精根运其经，磨道承之，不敢乐其乐也，无文之符也。故北斗、天禽或司土符而施存，曰火符翠虚，曰神符海琼，曰唐符回客，曰烧山符经，曰玉符炼神。

《黄庭》曰：负甲持符开七门，火兵符图备灵关，皆是物也。乘龙焰而飞扬，投天门而作契，迨夫无英见洞章启，于是有有文之符，以治身外之身。身外之身合万身而身者也，其治之之符为游光，为赤灵，为皇象，为上景，为荧惑，为朱雀，为铄金，为祝融，为千明，为开明，为阳生，为阴生之属。字孴玉笈，不可单举。要以象南离之景，而此符之来亦由西池，青色、血文，广三十丈，约余一尺者之所召也。若曰三一合而后玄女格。元君每言，符能致神天，真之信不虚矣。

---

① 帪（è），橐也，筐橐也。
② 頍（kuǐ），古代用以束发固冠的发饰。
③ 弁（biàn），古代一种尊贵的冠，比喻总领、首领。
④ 七曜，古人将荧惑星（火星）、辰星（水星）、岁星（木星）、太白星（金星）、镇星（土星）称为五星，加上太阳星（日）、太阴星（月），合称七曜。
⑤ 颉（xié），指不相上下。

然符无正形，以炁为灵，炁忘窍迷，百魅嘻嘻，此长房所以揶揄于鬼雄也，通二符之大窦耳。黄华之告情则知晦朔弦望，月符流行，天枢居所，宁渠忳忳者之阴欤？斯其道甚径，其理真常，天下尊以为经而次孟。遂谓六经之言无以加，岂其语怪搜神而病大惑哉？乃叔季梼昧①之士，比阴静于阴谋，叶符火于符命，其说不经而圣人之经用，郑紫之疑废于天下，彼亦安知自然之道静而阴，奇器之象变而不可测耶？又安知阴即符，符即阴，阴符之即经，经之即阴符，而名无名耶？吾欲逐启华，斥升明，消九天之阴祸，受剖之木而钳学士大夫之口，乃无如帝何，故不得已而旅于实，之宾援宾无以自释也。

瞎语　八

黄帝。
庄子曰：中央之帝曰浑沌。

阴。
邵子曰：阴几于道，故以况道。

符。
《龙虎上经》曰：玄女演其序，戊己贵。
天符元君曰：符能致神，三光之灵文，天真之信也。

经。
《黄庭经》曰：清净神见与我言，左神公子发神语，黄华玉女告子情。
《道经》曰：所说之经，禀元一之气，自然而有。
紫阳曰：今古上仙无限数，尽从此处达真诠。

帝与风后玉女论阴阳六甲，而自著其事，盖假夏至阴生，退火行符之术以演大道与六甲阴符。《阴符》《内丹》诸经殊旨矣。

---

① 梼昧（táo mèi），愚昧无知。

观天之道，

郭象曰：天者，自然之谓也。

刘安曰：所谓天者，纯粹朴素，质直皓白，未始与有杂糅者也。

《易》曰：乾为首。

岐伯曰：头者，精明之府。

吕知常曰：天谷空旷，无乎不纳，能容无相之至真、本来之赤子，而万神居之。

老子曰：道可道，非常道。又曰：不窥牖，见天道。

庄子曰：宇泰定者，发乎天光。

长桑《明镜》之诀曰：虚其室，白自生；定其心，道自至。

《黄庭经》曰：虚中恬淡自致神。又曰：一之为物叵卒见，须得至真乃顾盼。

执天之行，

《参同契》曰：二用无爻位，周流行六虚，真人至妙，若有若无，仿佛太渊，乍沉乍浮。

老子曰：执大象。又曰：知其雄，守其雌，为天下谿；知其白，守其黑，为天下谷。

《黄庭经》曰：带执性命守虚无。

尽矣。

左元泽曰：含太虚为广舍，总万宇于真一，以道守神，道亦非一。

人之天者非四界，非九霄，非三清，非一炁，天然自然，不知其所以然而然矣。天之道者，非精神，非魂魄，非意识，非大路，有精有信，不知其所以有而有矣。天之行者，非水非火，非木非金，非土非一，是有形之物相推相摩，寓于不得已而已矣。不观之观是为真观，不执之执是为权执，不尽之尽是为曲尽，如火燃膏，其光互照，亦复相萦，故不熄也。

天有五贼，见之者昌。

黄　海
HUANG HAI

《传》曰：蚩尤作五虚之形。

刘安曰：五杀。

道经曰：五帝。

大魔道光曰：但能擒五贼，自可结三花。

紫阳曰：未见如何想得成。

五贼在心，施行于天。

《黄庭经》曰：皆在心内运天经。

岐伯曰：神气舍心。

宇宙在乎手，

《黄庭经》曰：手为人关把盛衰。又曰：闭塞三关握固停。

邵子曰：指节可以观天，掌纹可以察地。天地之理具于指掌矣。

纯阳曰：八卦九宫看掌上。

《天原发微》曰：手一脉三部，应一时三月。一部三候应一月三旬，乾策也。

医书曰：心，手少阴经；心胞络，手厥阴经。

道书曰：握固胎息。又，拈诀起雷。

万化生乎身，

《黄庭经》曰：散化五形变万神。又曰：问谁家子在我身，此人何去入泥丸，千千百百自相连。

纯阳曰：五行四象在人身。

妄以三盗之蘧庐①而言之。天者，上一也。心者，中一也，身者，下一也。手也者，可以上可以下，握十二辰而升降焉者也。真土飞土，交运其枢，盗天之光而凝入于气，盗心之气而凝入于精，已复盗身之精，归气穴而施行于天，五光煜焉。以其盗取，故曰五贼。都天之目，一窥而不敢潜匿，故曰"见之者昌"。维斗之手，一执而不能流遁，故曰"宇宙在乎手"。

---

① 蘧庐，指古代驿传中供人休息的房子，犹今旅馆。

身外之身，一至而不复留碍，故曰"万化生乎身"。夫不贼之贼，是谓五贼。圣人虑小人之贪得也，辱以盗贼之名，庶几知足而常足矣。

天性，人也。人心，机也。立天之道以定人也。
记曰：人者，天地之心也。
庄子曰：夫知有所待而后当其所待者，特未定也，庸讵知吾所谓天之非人乎，所谓人之非天乎？
《易》曰：几者动之微，吉凶之先见者也。又曰：知几其神乎？
紫虚曰：天心居于北极，为造化之枢机，故斗杓一运，四时应节，人首九宫，其中一宫名曰天心，此人心之用也。

天发杀机，龙蛇起陆；人发杀机，天地反覆；天人合发，万化定基。
玉蟾曰：杀机发乎艮。
《石函记》曰：离魂入魄，运转天罡。
《玉枢经》曰：天罡指丑，其身在未。所指者吉，所在者凶。余位皆然。
火师曰：天罡主雷而生，曰惊蛰。
翠虚曰：只向离无寻坎有，移却南辰回北斗。
《镇元策》曰：道大魁，履斗极，视瑶光，摄丹元，倚灵田，蹈阊阳，运元纲，握天枢，执持六气，指挥万灵。
《金丹论》曰：穷冬凋剥，必得阴阳交泰，之后乃生万象，当知交会之后，不期药物之产而自产矣。
古仙曰：人心若与天心合，颠倒阴阳只片时。
紫阳曰：若能转此生杀机，反掌之间灾变福。

性有巧拙，可以伏藏。
道光曰：巧拙仍藏伏，神精与意包。

九窍之邪，在乎三要，可以动静。
河上公曰：七窍二关为九窍。
紫虚曰：外三要者口与鼻，共三窍，鼻通天气，口通地气也。

黄　海
HUANG HAI

火生于木，祸发必克。

紫阳曰：火生于木本藏锋，不会钻研莫强攻。祸发必因斯害己，要须制伏觅金公。

奸生于国，时动必溃。

《参同契》曰：晷景妄前却分，九年被凶害。

知之修炼，谓之圣人。

《参同契》曰：黄帝临炉。又曰：圣人独知之。

天生天杀，道之理也。

《大霄琅书》曰：身心顺理，惟道是从。

《参同契》曰：用九翩翩，为道规矩。又曰：原始要终，存亡之绪，刑主杀伏，德主生起。

天地，万物之盗；万物，人之盗；人，万物之盗。三盗既宜，三才既安。

老子曰：处众人之所恶，故几于道。

庄子曰：跖不得圣人之道不行。又曰：杀盗非杀。

《参同契》曰：遂相衔咽，咀嚼相吞，迫促时阴，拘畜禁门。

故曰：食其时，百骸理；

紫阳曰：三才相盗食其时，此是神仙道德机。又曰：百骸俱理证无为。

《石函记》曰：吸九龙红日之膏腴。

杏林曰：丹室生神水，黄庭有太仓，更无饥渴想，一直入仙乡。

翠虚曰：泥丸之上紫金鼎，鼎中一块紫金团，化为玉浆流入口，脏腑畅甚身安康。

《黄庭经》曰：两神相会化玉浆，溉益八液肾受精。

动其机，万化安。

紫阳曰：万化既安诸虑息。

雷书曰：雷出地则养长，华实发，扬隐伏。

此标盗之有机，机之可盗，盗而发，发而盗，如影如响，绝迎绝随也。性真，上一也；丹元，中一也。性真，丹元之帅也；丹元，杀机之帅也。帅启黄闲之牙，射下一而奔中上之境，定于一也。然运机之序，必天定而后人物定。虚室生白，其天定矣。天定而胜人，五贼之行于天者，成擒焉。天定而胜物，万化之生于身者，收获焉。然天性即人，人心即天，起陆则关轴亦从而反覆，反覆则龙蛇亦从而起陆，其合发也。如此，非立天之道，知罡生魁杀者，安能默而运之，非法天之圣，知生克克生者，安能修而炼之？彼精神魂魄与意，性根也。阳者巧而阴者拙，可以伏藏而为命之辖耳目口鼻与关命窍也。四门正而三要邪，可以动静而行性之符。性，木也，纵熬枢而强攻必焚，故利于伏藏；命，金也，阻河车而时动必溃，故利于动静。圣人有以知性命之微，生克之妙，故炼丹而丹成，此杀机之力也。虽然圣无知也，知之者道也，一生一杀，循理而升降，犹比辰属万物于天理四星而已，道又何知乎？且三一相道而各有所得，理宜然也。顺理而安，即三一亦不知其所以安而安矣。故曰：自食其时，中、下哺上而上因以返哺，其究也，理百骸而弭盗。自动其机，摄情归性，而性因以制情，其究也，安万化而去杀，天下有盗贼如此哉？既宜而理而安，寂然太无，犹病其始之交征也，而盗贼之廉哉性乎？不发之发，所谓浸也；不藏之藏，所谓器也；不静之静，所谓盗也；不食之食，所谓余也；不盗之盗，所谓胜也。

人知其神而神，不知不神所以神也。

老子曰：绝圣弃智。

玉蟾曰：用尽惺惺学得痴，此是化景登晨诀。

长生曰：知神非我，不神乃神，恐生断见，应物明真。

日月有数，大小有定。

紫阳曰：月亏盈应精神之衰旺，日出没合荣卫之寒温。

玉蟾曰：二十八宿归一炉，一水一火须调匀。一候刚兮一候柔，一爻武兮一爻文。心天节候定寒暑，性地分野分楚秦。一日八万四千里，自有斗柄周天轮。

黄海
HUANG HAI

圣功生焉，

《山经》曰：广成子治屯、蒙二卦，黄帝之师也。

《易》曰：蒙以养正，圣功也。

神明出焉。

杏林曰：圣胎如结就，破顶见雷鸣。

严君平[①]曰：形小神大，至于万倍，一以载万，故能轻举。

其盗机也，天下莫能见，莫能知。

老子曰：善行无辙迹，是为袭明。

《易》曰：圣人以此洗心，退藏于密。

君子得之固躬，

邵子曰：形统于首。

元君曰：形坚则气固而命全。

小人得之轻命。

紫阳曰：阴里阳精质不刚，独修一物转羸尪。又曰：命宝不宜轻弄。

安而理，圣而神，天下见之，天下知之。君子践迹，小人反走，固矣。然此神明由不神来者也，一身而成三盗则忘己，三才而在一身则忘物。邪拙盗贼之声日至焉，而不辞则忘名，此其人必能发太无之键，而得无得矣。推有数有定有神者，至于所以数，所以定，所以神而逆执焉，以匿于斗衡天枢之内，癸而采，庚而炼，朔望而交，卯酉而沐，一时而结，十月而成，九年而大成。若推若挽，若行乎不得已而不已，世奚以见？又奚以知也？及夫修炼而成圣人，脱胎而成神人，天下始竞欲得其机以为用，顾此不神之机至萧杀矣。直以语君子，爰守真一，百骸理而万化生，误以语小人，独修一物，百骸羸而万化灭。故盗机者，利于天下之不见不知，恐以其学杀天下也。

[①] 严君平，名遵，蜀人。西汉末年思想家、易学家，为当时著名文学家扬雄所敬重。

瞽者善听，聋者善视。

老子曰：圣人后其身而身先，外其身而身存。

绝利一源，用师十倍；

《参同契》曰：闭塞弗发通，真人潜深渊。

秋潭曰：系胞之所，正在水轮之初，是脐后肾前，一窍是也。专气以致其柔，所谓归元海也。不随照而昏散，笃也，危也，照之不胜以应事遣之，应事既已，又将忘之。

三返昼夜，用师万倍。

《黄庭经》曰：昼夜不寐乃成真。

邵竹宫曰：亥子丑守上一，寅卯辰守中一，巳午未守下一，申酉戌守中一，卯酉开帘，余时下帏，十二时中，不可眠睡，切忌退火。

仙人王江曰：百战百胜不如不胜。

命窍虽可以动静，然终不可以有动也。瞽绝视之利而善听矣，聋绝听之利而善视矣，三要绝往来之利而呼吸归源，卒亦何所善乎？用十倍之功而神，此其善矣。如不能绝利一源而任其动静，三宫还返不舍昼夜，将用万倍之功而始足以神，又安所称善哉？吾犹恐一源之必溃，不如并是师而寝之，神冥息止，善之善者也。曰"用师"者，见佳兵之竟不祥也，倍也者，倍于不神也。清和有言，道气居身中，九窍无心而自闭绝之云乎。

心生于物，死于物，机在目。

紫阳曰：求心静必先制眼，眼者游神之宅也。神游于眼而役于心，故抑之于眼，使归于心，则心静而神亦静矣。

老子曰：是为长生久视之道。

《灵枢经》曰：命门者，目也。

黄帝曰：志与心精共凑于目。

岐伯曰：目者，宗脉之所聚也。

邵子曰：泰为目。

道光曰：思量只是眼睛前。

黄　海
HUANG HAI

泥丸曰：不在他边在目前。

南宗真子曰：眼白属肺，赤属心，黑属肾，胞属脾，瞳属肝，归其外明，即蟾光终日照西川之理。

天之无恩而大恩生，迅雷烈风莫不蠢然。

玉蟾曰：钻研隶乎震。

《黄庭经》曰：雷鸣电激神泯泯。

长真曰：交泰一声雷，迸出霞光万道辉。龙遇迅雷重脱壳，幽微，射出金光透顶飞。一性赴瑶池。

崔公曰：起巽风运坤火。

至乐性余，至静性廉。

玉谿曰：春熙和，夏中和，秋敛静，冬敛肃，此规中之候也。

天之至私，用之至公。

老子曰：以其无私也，故能成其私。

禽之制在气。

《龙虎上经》曰：赤童戏朱雀，变化为青龙。

《参同契》曰：朱雀翱翔戏兮，飞扬色五彩；遭遇网罗施兮，压之不得举；嗷嗷声甚悲兮，婴儿之恋母；颠倒就汤镬兮，摧折其毛羽。

《遁甲》曰：中央属廉贞，天禽为死门，张宿为鹑火之次。

生者，死之根；死者，生之根。恩生于害，害生于恩。

《天原发微》曰：日在午后为降，降则向死。

女偶曰：杀生者不死，生生者不生。

纯阳曰：生者不生，死者不死。已生而不生，未死而学死，则长生矣。

《化书》曰：生不灵而死灵，能知真死者，可以游太上之京。

司马子微曰：心死方得神活，魄灭然后魂昌。

太上曰：真道养神，若能守我在死气之关，七祖枯骨皆有生气。

老子曰：福兮祸之所倚，祸兮福之所伏。

紫阳曰：但将死户为生户，莫执生门号死门。若会杀机明反复，始知害里却生恩。

天性，人也。人心，机也。性有巧拙，巧不如拙。机有生杀，生不如杀。何以知其然也？心，离火也，虽生于木而祸发亦死于木。目也者，肝木之魂而能令心生，能令心死也者。外用则逐物而心生，内用则韬光而心死。心死神活谓之见性，当其盗机也。溟溟涬涬①，魁临艮方。一震而甲庚交，地天泰，霆击鹑首，雷奋龙角，都天镇乎天关，天目铄乎天阙。性月明而三花聚，巽风鼓而九鼎熺。金玉满堂，性有余矣。天若爱其宝，醍醐倾注，性忽廉矣。帝心实无私，火符如此，天禽得其制哉。金镤烟浮，朱雀失色，羽毛既洒，膏液成丹。太乙召而殊锡方来，无英见而长生可致，害耶？恩耶？死耶？生耶？不知其恩，不察其所由生。以巧灭真，以生受克，能尔尔耶。虽然钻木无术，进火忘危，本欲死心，殃及元性，故言：制禽在气而不在木，救其祸焉。

愚人以天地文理圣，我以时物文理哲。
老子曰：绝学无为。又曰：知者不博，博者不知。

自然之道静，故天地万物生。
《西升经》曰：虚无生自然，自然成大道。
老子曰：道法自然。又曰：有物混成，先天地生，独立而不改，周行而不殆，可以为天下母。吾不知其名，字之曰"道"。
严君平曰：一者，道之子，神明之母，太和之宗，天地之祖。
紫阳曰：道自虚无生一气，便从一炁产阴阳。阴阳再合成三体，三体重生万物昌。

天地之道浸，故阴阳胜，阴阳相推而变化顺矣。
《易》曰：一阴一阳之谓道。又曰：日月相推而明生焉，寒暑相推而岁成焉。

---

① 溟（míng）溟涬（xìng）涬，形容混混茫茫的样子。

黄海
HUANG HAI

《真诰》曰：玄无之感变无穷矣。

《无梦》曰：道，无为无不为。得其道者，小则粪虫变蜩，大则人可变仙矣。

至静之道，律历所不能契。

《史》曰：黄帝命伶伦制律，命容成造历。

《参同契》曰：真一难图。

爰有奇器，是生万象。

《史》曰：黄帝采首山之铜铸九鼎。

《玉清洞章》曰：保符泥丸内。

《参同契》曰：伏炼九鼎，化迹隐沧。又曰：上观显天符。

道光曰：北斗南辰下，眉毛眼睫边，灰心行水火，定息觅真铅。

玉蟾曰：以静定之火，而炼精神之药。

八卦甲子，神机鬼藏。阴阳相胜之术，

虞翻曰：三日暮震象，月出庚。八日兑象，月见丁。十五日乾象，月灭乙癸①。晦夕朔旦则坎象，水流戊。日中则离象，火就己。戊己土位，而象见于中。

《运气论》曰：天气始于甲，地气始于子。天地相合则为甲子。

紫虚曰：子微养，丑温养，寅进符，用武火，卯沐浴，辰文火，巳武火，午退符，文火未，武火申，微火酉，沐浴养火，戌武火，亥脱胎变化。

昭昭乎进乎象矣。

紫阳曰：本立言以明象，既得象以忘言，犹设象以指意，悟其意则象捐。

《真诰》曰：将用守一，何为耶？

纯阳曰：守一守一，当用谨默；无我无人，却有一贼。若然促住，湛然凝碧。

---

① 根据纳甲之理，十五日乾象则月盈甲壬，至三十日，月方灭。此处"十五日乾象，月灭乙癸"句中或有遗漏。

分性命则窍妙若勿属矣，言克溃则水火似难制矣，揭日月大小，则符候之秘，疑必有嗳矣，愚人惑焉。观天文察地理，致圣人修炼之知，考圣功定数之实，希圣而耻不神也。然其愚也生于圣，若我则以身试之，时至而符见，物来而自化。不泥象不执文，哲生于愚而已。所以然者，吾之道自然之道也。自然之道包乎性命，似阴非阴，姑强名曰"至静"云耳。及夫生三才而道与之俱，自然而浸，自然而胜，自然而推，自然而化，律历定数安能契之？故勾股葭管候之，未必应而岁有差，曾不若天鼎之自然而生，万象自然而通，术数之有契也。寄至静之道于无作之地，当其无，有器之用，当其器，有无之用。天地合于斯，阴阳浸于斯。进，火也，发机于斯。退，符也，盗机于斯，听其相胜而执其灵枢，盼其相望而观其变化，一窍既通，万窍成籁，昭昭乎哲人哉。超于象表，登于神明，此黄帝之所以升退也。阴符一出，无论蚩尤，即大挠、容成不能赞一辞矣。果是愚拙、私邪、杀害、盗贼之乎哉？

　　此符体也，经肯綮而无离者也。支而离之，则观天以下如百会断，交三一之次舍哉。天性，下称发机者，言性也。然万化安而百骸亦因以理，称盗机者，言命也。然百骸理而万化亦因以安，复揭不神之神以明圣人，知机而得机，为承上起下语焉。日月，下申言命也，舍动取静以防其溃，所以重命而固躬也。彼人知人，见则不谓之盗，以不见不知，故名盗焉。其曰圣功神明，则命也，有性矣。心生下申言性也，舍巧取拙以辞其祸，所以性余而复廉也。彼阴极阳微，机尚未发，以阴往阳来，故名发焉。其曰气制蠢然则性也，有命矣。愚人下申之、炼之，圣不神之，神也。性命一源，天人合体，三才三一，不一不三。日月大小而非象非数，死生恩害而非杀非生。器虽不神，可修可炼。烹五贼以制其变，贮三光以运其机，载大道而不倾，擎宇宙而不重，资粮万化而不竭。得一事毕，得此奇也。故以奇器终焉。繇斯以谭，一支者乎，一离者乎，一体者乎？非黄帝畴能命之，故玉溪目为赤水之珠也，当于此索。

黄　海
HUANG HAI

神华隤①九

　　万历辛巳，余在霅②，鸾公隤焉，有玄黍金粟，镠③珠沉屑之瑞，霅之人惊传毗雨花也。乌走兔从，经之不得鞭也久矣。己丑上巳，梦神见与我言曰：孟冬凄凄日，天锡赤芒书。嘿志之。

　　夏六月，上命以万金劳师辽阳，登角山，东望蓬莱，南次勾曲，宿华阳洞天，易迁寥寥无受书者。人开琅笈④，收陈朴九章以归。

　　归禹杭，止外家，隤祥之洞，圭埊如雪，不容尘蕤。牡謟瞷其中，秋即单矣，一叶落棐几，问所从来，不得。叶赤，芒肖天棘，表里有离文，遂感德体。师作《瞷语》一篇，《弁演》七篇，隐机芒中。大都辟离门，通大赤之天，与午阴火符合。而七贤十仙十一家三十五家之注，及李靖、张果、韦洪、程晓、任蹇、侯胥、黄、唐、沈、蔡、邹、袁、俞、王、天机子、长生子、玄解先生诸疏，并无所称，引述德体师语而已。师之语曰："天心之下，肾脉之上；肝神之左，肺神之右，有离巳之位云。位躔圣日而夜之亥子，弦之前后，圣月流戊受符焉，所谓天人合发也。爱清爱静，左神公子发语，而黄华玉女告情，乃始贷汝以太无之宅，而纳汝以戊己之门，发机饮鹄，翳媒得雉，不则千发而千不中。紫脑渊流于玉垄，故符首观天之道者以此。彼公子玉女合而道体见，洞经传焉。吾德体也，所可语子者，止此耳。"虚与虚符乃乘离虚，神与神符乃格二神。一与一符乃冥真一。往余闻之，鸾公所称，性邻长谷，神游月朒，匪见匪闻，匪觉匪知者，固师语耶，非耶？安得泠泠金玉，朗朗丹幪，敷苍胡颃宝之雯，为余证之，瞷子云。

飞仙寓

　　九天逐轕⑤，音肃延龙，烛炙鸡足，丕哉心曦。典五摩之国，执延康未倪

---

① 隤（tuí），倒下。
② 霅（zhà），霅溪，水名，在浙江省。
③ 镠（liú），成色好的金子。
④ 琅笈，书箱的美称。
⑤ 轕（gé），《广韵》，驰驱貌。

之始。玄传五太同孚之僆①，而须雏蜀也，杓②挠乎寅戌，躔寅而次辰之寅，敦牂③。掌火螟虬焚，予亦命辉燫素鳞，火兵符图，襄五车而狺狺焉。升旐④曰：天人合发之军，鄱川青金中隐红璃玉，巧褐拙僆相扶也。九池壬镣下型落室，一垣二阙，窔⑤空濛也。明火帑戌，明水帑辰，卯酉在涤，杜克溃也。斯玄女炼石之符欤？攫乌以鉴，攫兔以珠，攫魖螭以黑月炉。乌兔魖螭，跃而自攫，攫则得食，养翩凌虚，冲风景云，卫我灵圉矣。

肇北灵哉，上鼎铢玄，下鼎铢赤，外券天符，而阴合其德，重嵲列鐯，角芒四植，密之密者也。而后圣功生，神明出，宁渠杜氏子春而充两翼乎？攫大还必大盗，故用大军军焉。衔枚而司虎贲者，士十倍，巡徼而司龙骧者，士万倍。熊熊员罗安所得以生我者死我乎？彼吾机也近死之机致春蠢也，诊其寒燠而廉余介焉。泄所爱之道公之五禽，禽饮贻而蠢也。置之死地，凿以凶门，翛然咀风霞而冲琅宸，我愚人者哉。二景自然而奔霄霸⑥，镛语不休端于始夏，铦游不坠绪于潋，阳燧引光方诸揽液，握圣日圣月于掌中，亦浸浸而变化。适二器交驰，一器闲寂，启八门汰八石，虚无宅之，神鬼匿引，天揽地素，津入郁郁紫华，可朝食黄，举冠霄，逖十极，此谌许之阴符，瞎子得之于禹杭天柱之大。

中台寓

寓言曰：帝之符，中台之符也，司十六神焉。其象为天，其原为道，其运为行，其制为贼，其照为心。罡指者手，魁覆者身。在天文昌，在地中宫，在人圣人。代太乙以理三才，寄三才而名无名者也。

燮理⑦之机，断断休休。断，断绝也，休，休止也，杀也。文昌得之以开泰阶，圣人得之以开泰运。天人合发，基万化焉。袭明而藏，括囊而静，安而虑，虑而知，生克之理。不嗜利，不容奸，胜鼎鼐矣。执二柄以平三

---

① 僆（liàn），雏鸡。
② 杓（biāo），在古代指北斗第五、六、七颗星，亦称"斗柄"。
③ 敦牂（dūn zāng），古称太岁在午之年为"敦牂"，意为是年万物盛壮。
④ 旐（zhào），古代的一种旗子。
⑤ 窔（yào），幽深。
⑥ 霸（diào），虚无寂寞。
⑦ 燮理，协和治理。

黄海
HUANG HAI

盗，物物交征，而交足彼一身耳，安能阏塞大窦，使两情之不相肗哉？吾第使之食于斯，安于斯，动地主，和吕申，恒泰而已。

此十六神者，不神之神。故有数有定，而卒成其神。吾以不神窃其神，神为吾用，而人不测也。君子因之以显身，小人因之以效死，非得绝利一源，朝乾夕惕之机者能乎？君犹心也，以民存，以民亡，而吾为之机，人目是矣。天之杀机之谓人目，人目一顾，天禽旋转，斯害而恩，余而廉，私而公，死而生之道也。吾是人目，时行物生，岂若愚人察察于象数间哉？十六神自然而行，执之以人，目之奇器也。囚逼关格，藏于九宫之式，而目当其奇占浸胜焉。

经云：文昌统箓，诘责百官，帝王所以正心，执符而千秋常存者也。故曰："进乎象矣。"

上将寓

寓言曰：帝之符，荧精之符也。佐太乙司杀焉。动乎九天之上，不与天俱行，而见天贼之所由来，昌国之术也。手以布局，身以行化，知心性，天人之合，而合发其机，机之发也。反客为主，旋乾而转坤矣。夫巧拙藏关窍密，毋亲假仁，毋犯深奸，韬吾荧荧之光，而炼其形性，圣人之师哉。自圣人观之，三才无非盗者何？则以百骸为真，以万化为实，神不神而生蛮触也。吾为之发一机，设五饵，安理之而已。

其发机也，运式而定数，是庙算也。其盗机也，不神而神，是辅周也。且吾得其所当得者，以保王躬，庇兆形，犹谓之盗。而况硁硁①小人哉？何谓不神，绝万利而归一源？以心料敌也。敌或知之，虽用师而利用寡，假令昼夜三返，往觇②敌形，彼已悉知悉见而用寡，得乎？故其术莫若死心而用目。天目之下，五贼三盗俘焉，斯之谓不神也，无恩也，全私也，廉也，死也，害也，而其致胜也，恒相反，是起蛰返禽之类也。蚩尤明天文，察地理，岂固昧此而败死者？滞于象耳。贪生而恶死，趋吉而避凶，庸讵知变化自然之理，律历不契而奇器契之，氐乙柳午，胃辛女癸，灿乎枫天，鬼藏于

---

① 硁硁（kēng kēng），形容浅陋固执。
② 觇（chān），偷偷地察看。

神机之宅，而掩击迫格，分途以骋，即游目傍宫，皆胜算矣。是故天目五击，威加六庚，主大将操客之权，以御河魁，天下大定之符也。象云乎哉？或问三篇之寓。瞥子曰：非帝心也，故称寓焉。

黄　海
HUANG HAI

天都外史潘之恒景升纂
蝶华居士张师绎克隽校

纪迹三·之一

山海经

太华之西曰皋涂之山，又西百八十里曰黄山。今始平槐里县有黄山，上故有宫，汉惠帝所起，疑非此。无草木，多竹箭。盼水出焉，音"美目盼兮"之盼。西流注于赤水，其中多玉。有兽焉，其状如牛，而苍黑大目，其名曰㹲。音敏。有鸟焉，其状如鸮，青羽赤喙，人舌能言，名曰鹦䳇。鹦䳇舌似小儿舌，脚指前后各两，扶南徼①外出五色者，亦有纯赤白者，大如雁也。

又西次不周之山，西北四百二十里曰峚音密。山。其上多丹木，员叶而赤茎，黄华而赤实，其味如饴，食之不饥。丹水出焉，西流注于稷泽，后稷神所凭，因名云。其中多白玉。是有玉膏，其源沸沸汤汤，玉膏涌出之貌也。《河图玉版》曰："少室山，其上有白玉膏，一服即仙矣。"亦此类也。沸，音拂。黄帝是食是飨，所以得登龙于鼎湖而龙蜕也。是生玄玉。言玉膏中又出黑玉也。玉膏所出，以灌丹木。丹木五岁，五色乃清，言光鲜也。五味乃馨。言滋香也。黄帝乃取峚山之玉荣，谓玉华也。《离骚》曰"怀琬琰之华英"，又曰"登昆仑兮食玉英"。《汲冢书》所谓"苕华之玉"。而投之钟山之阳。以为玉种。瑾瑜之玉为良，言最善也。或作食。觐，史两音。坚栗精密，说玉理也。《礼记》曰："瑱密似粟。""粟"或作"栗"。玉有粟文，所谓"穀璧"也。浊泽有而②光。浊谓厚润。五色发作，言符彩互映色。王子《灵符应》曰："赤如鸡冠，黄如蒸栗，白如割肪，黑如醇漆，玉之符彩也。"以和柔刚，言玉协九德也。天地鬼神是食是飨。玉所以祈祭者，言能动天地，感鬼神。君子服之，以御不祥。今徼外出金刚石，石属而似金，有光彩，可以刻玉，外国人带之，云辟恶气，亦此类也。自峚山至于钟山四百六十里，其间尽泽也。是多奇

---

① 徼（jiào），边界。
② "有而"应为"而有"。

鸟、怪兽、奇鱼，皆异物焉。

西王母所居曰玉山，又西四百八十里曰轩辕之丘，无草木。黄帝居此丘，娶西陵氏女，因号轩辕丘。洵音询。水出焉，南流注于黑水，其中多丹粟，多青雄黄。

大荒之西有王母之山、壑山、海山，皆群大灵之山。有沃之国，言其土饶沃也。沃民是处。沃之野，凤鸟之卵是食，甘露是饮。凡其所欲，其味尽存。言其所愿滋味，此无所不备。爰有甘华、甘柤、白柳、视肉、三骓、璇瑰，璇瑰，赤玉名。《穆天子传》曰："枝斯璿瑰。"玫、回二音。瑶碧、白木、琅玕，树色正白。今南方有文木，亦黑木也。白丹、青丹，又有黑丹也。《孝经援神契》曰："王者德至山陵而黑丹出。"然则丹者别是彩名，亦犹黑白黄，皆云丹也。多银铁。鸾鸟自歌，凤鸟自舞，爰有百兽相群是处，是谓沃之野。有三青鸟，赤首黑目，一名曰大鵹，一名曰少鵹，音黎。一名曰青鸟。皆西王母所使也。有轩辕之台，射者不敢西向射，畏轩辕之台。敬难黄帝之神。

《海内南经》云：三天子鄣音章。山，在闽西海比〔北〕，今在新安歙县东。又谓之三王山，浙江出其边也。张氏《土地记》曰："东阳永康县南四里有石城山，上有小石城，云黄帝曾游此，即三天子都也。"一曰在海中。

《海内东经》云：浙江出三天子都，在其东。按《地理志》，浙江出新安黟县南蛮中，东入海。今钱塘浙江是也。黟即歙也，浙音折。在闽西北，入海，余暨南。余暨县属会稽，今为永兴县。

庐江出三天子都，入江，彭泽西。彭泽今彭蠡也，在浔阳彭泽县。一曰天子鄣。

南海之内有衡山，南岳，有菌山，音芝菌之菌。有桂山。或云衡山有菌桂，桂员似竹，见本草。有山名三天子都。一本三天子之鄣山。

《东经》又云：温水出崆峒山，在临汾南入河，华阳北。今温水在京兆阴盘县，水常温也。临汾县属平阳。

东海之渚中渚，岛。有神，人面鸟身，珥两黄蛇，以蛇贯耳。践两黄蛇，名

黄 海
HUANG HAI

曰禺䝞。黄帝生禺䝞，禺䝞生禺京。即禺疆也。禺京处北海，禺䝞处东海，是惟海神。言分治一海而为神也。䝞，一本作■（魈）。

又云：黄帝生骆明，骆明生白马，白马是为鲧。

东海中有流波山，入海七千里。其上有兽，状如牛，苍身而无角，一足。出入水则必风雨，其光如日月，其声如雷，其名曰夔。黄帝得之以其皮为鼓，橛以雷兽之骨，雷兽即雷神也。人面龙身，鼓其皮者。橛犹击也。声闻五百里，以威天下。

西北海之外，赤水之西，有先民之国，食谷，使四鸟。有北狄之国，黄帝之孙曰始钧，始钧生北狄。

有芒山，有桂山，有榣山，此山多桂及榣木，因名云耳。其上有人，号曰太子长琴。颛顼生老童，《世本》云：颛顼娶于滕坟氏，谓之女禄，产老童也。老童生祝融，即童黎也，高辛氏，人正，号曰祝融也。祝融生太子长琴，是处榣山，始作乐风。创制乐风曲也。有五彩鸟，三名：一曰皇鸟，一曰鸾鸟，一曰凤鸟。有虫，状如菟，胸以后者裸不见，言皮色青，故不见其裸露处。青如猿状。状又似猿。

又有山名曰不句，海水入焉。有系昆之山者，有共工之台，射者不敢北向。言畏之也。有人衣青衣，名曰黄帝女魃。音如旱妭之魃。蚩尤作兵伐黄帝，黄帝乃令应龙攻之冀州之野。冀州，中土也。黄帝亦教虎豹熊黑，以与炎帝战于阪泉之野而灭之，见《史记》。应龙畜水，蚩尤请风伯、雨师纵大风雨。黄帝乃下天女曰魃，雨止，遂杀蚩尤。魃不得复上，所居不雨。旱气在也。叔均言之帝，后置之赤水之北。远徙之也。叔均乃为田祖。主田之官。《诗》曰："田祖有神。"魃时亡之，畏见逐也。所欲逐之者，令曰：神北行！向水位也。先除水道，决通沟渎。言逐之必得雨，故见先除水道。今之逐魃是也。

又有山名曰融父山，顺水入焉。有人名曰犬戎。黄帝生苗龙，苗龙生融吾，融吾生弄一作卞。明，弄明生白犬，白犬有牝牡，言自相配合也。是为犬戎，肉食。有赤兽，马状无首，名曰戎宣王尸。犬戎之神名也。

流沙之东，黑水之西，有朝云之国，司彘之国。黄帝妻雷祖，生昌意。《世本》云："黄帝娶于西陵氏之子，谓之累祖，产青阳及昌意。"昌意降处若水，生韩流。《竹书》云："昌意降居若水，产帝乾荒。"乾荒即韩流也，生帝颛顼。韩流擢首、谨耳，擢首，长咽。谨耳，未闻。人面、豕喙、麟身、渠股，渠，车辋。言跰脚也。《大传》曰："大如车渠。"豚止，止，足。取淖子曰阿女，生帝颛顼。《世本》曰："颛顼母蜀山氏之子，名昌仆。"

天都山史潘之恒景升定
五湖逸史乔拱璧谷侯校

纪迹三·之二

王屋山[①]

唐广成先生杜光庭[②]叙曰：国家保安宗社，金箓籍文，设罗天之醮[③]，投金龙玉简于天下名山洞府。谨按《道藏·龟山白玉上经》具列所在去处，十大洞天内，一王屋山清虚小有之洞，周回万里，在洛京西北王屋县，仙人王真人治之。

传曰：黄帝于元年正月甲子，列席于王屋山，清斋三日，登山至顶，于琼林台祷上帝，破蚩尤。遂敕王母降于天坛，母既降，黄帝亲供侍焉。王母乃召东海青童君，召九天玄女，授与破蚩尤之策。黄帝依命杀蚩尤于冀，天下乃无不克，海内安然。

王母遣西方白虎之神，赐黄帝玄羽之衣，乃命帝会于孤竹之野。帝钦命斋戒，严驾而行，既至孤竹，见空中千乘万骑，或有丫髻青衣童子数百人，或五彩羽服，或乘飞龙，或乘飞虎，或乘鸾鹤，或执珠幢、锦伞、霓旌、绛节，或持如意，九曲几及前后歌舞妓乐，不可名状。俄见宝车一乘，驾五色斑龙，九头，上有羽盖九重，中有女仙一人，衣黄裳，戴金冠，隐隐而至。左右侍从，有仙童一人，谓帝曰："此西王母也。"帝接至，母令仙童二人命帝坐，贺帝曰："圣躬安，天下宁矣。久即戎事，得无劳乎？"帝谢曰："赖上帝厚恩，圣母谕教，得宁天下，岂敢称功乎。"母乃命饮筵，上花果，樽罍器皿光赫，大小各异而不能辩其一焉。复遣仙女宋妙英，歌万年长生之曲。歌罢，母赐帝茹芝数枚，食之不饥不渴；又赐修真七昧之书。授讫，母冲天

---

① 此部分内容节选自唐杜光庭《天坛王屋山圣迹记》，此为序。
② 杜光庭（850—933），字圣宾，号东瀛子，又号广成先生，别称杜天师，处州缙云（今属浙江）人。唐懿宗时，考进士未中，后到天台山入道。他对一些道教典籍的研究对后世道教影响很大。
③ 罗天之醮，道教斋醮科仪中最隆重的活动之一。一般行仪目的是祈求国泰民安、风调雨顺。

而去。

后三载，于八月一日，母遣西方白虎之神为使，命黄帝时在大隈山受母命。帝即斋戒，至洛阳。帝自白坡涉渡至王屋，清斋三日，登山，即八月十五日，至顶上祝香祷焉。俄而西方天香馥郁，自天而下，遍闻山谷。青鸟先至，帝曰："阿母降矣。"

俄而见空中千乘万骑，一如孤竹之仪。既降天坛，帝列席下，见仙众羽服冠简，环佩履舄。帝乃频顾之，母曰："帝何为哉？"帝曰："恐左右不谨。"母曰："帝何不实耶？"帝乃实对。母曰："天上之服，非凡间之有，此衣非朝礼星辰、国王、父母不可服也。"帝曰："朕南面承尊，不敢以羽衣赐人臣。"母曰："善。"

羽衣不拜帝王者，自此始也。帝欲设食，母止之，谓帝曰："吾之仙众，不饥不渴，岂欲造人间之馔乎？"王母诫帝曰："设欲供养神仙上界、星辰日月，但择吉日，筑坛场，设净席，布香灯花果而已，如无，用清水药苗代之，余皆不可。"言毕，王母赐帝碧霞之浆、赤精之果讫，王母冲天而去。

自此，每年八月十五日，四方善士云集于此山，此日亦系清虚宫中考校功行仙籍于此山也。

又《真诰》云：玄元帝时，命四海龙神所修天下十大洞天，用强鼓之石，重重相叠于此，今尚存焉。

又上方院者，即上访院也。昔轩辕黄帝访寻四山，故曰上访院。后司马承祯改作上方院，误矣。唐睿宗皇帝时，玉真公主于金仙观修道，今即灵都观是也。帝幸真元、金仙二观，与西京相对，出玄武门，渡大河，至东章村，为之置东章驿。敕东济源县，南河清县，西邵源县，北阳城县。西〔四〕县界分巡护金仙、真元二观。

王屋山自轩辕黄帝后，至晋南岳魏夫人，上帝迁号，敕小有洞主王子登，下教魏华存于小有清虚宫中，四十七真受学道毕，南岳灵官仙众，自清虚宫迎夫人赴南岳衡山司命之任矣。

盖天地不言，须凭文籍开示，古传实迹金录，圣境真元，混沌未分，道气包含妙本，阴阳既判真形，出见玄经，著为图经，俾来者知所自云。

黄 海
HUANG HAI

天坛王屋山圣迹记

盖闻天玄设象，运日月以璇衡①；地道纲维，布山河而列政。

有王屋山者，在洛阳京北百余里，黄河之北。势雄气壮，冈阜相连，高耸太虚，倚悬列宿。西接于昆丘，东连于沧海。

最高者首名天坛山也。《黄帝内传》云："为之琼林台。"《真诰》云："琼林者，即清虚小有之别天也。其下即生泡济之水，中有水芝，人得服者长生耳。"

昔黄帝上坛，见一级，高可及二丈许，下石二级，可高七十尺许，四方壁立，乃造化融成。黄帝于此告天，遂感九天玄女、西王母，降授《九鼎神丹经》《阴符策》，遂乃克伏蚩尤之党，自此天坛之始也。

其上多石，可生草木，实为五岳、四渎、十大洞天、三十六小洞天、神仙朝会之所。每至三月十八日及诸元会日，五更之初，天气晴明，辄闻仙钟从远洞中发寥寥之声，清宛可入耳。将日出，则赤气烔烔，可以见生死之情状，观天地之变化。

又坛心有石灯台，四门，中高可丈余，制造甚奇，镇于洞天。诸元会日，灵山真圣皆朝会坛所，考校学仙之人及世间善恶籍录之案。是日，往往阴云蔽固，竟日方散。是日，有道之士，学修仙之人，投简奏词，醮谢其下。

坛隅有《造石灯台小碣记》云："天宝八年，新安尉公使内使宫围令符筵喜，因为国为民醮坛置碣。"阴刻卢仝、高常、严固，至大和五年，凡字缺损。坛心高突，秀出群峰，每日初出，影西度，掩西方山脊，亦可及千里余。上无飞鸟，风若松声，太虚中孤危而四面无碍。人立于上，冲和血气，状如勇心，直胫而立，目视历历，亦可自辩其形影，似凭高眺远，飞越崖谷，长天未晓，身若浮萍。又如精气所乘，飚不得落，此果乃真仙游行之处也。心若不志，销烁其精魄耳，似有怖惧。凡有道之士，身若轻举。天明日朗，则夜闻人语笑之声，或箫鼓奏于其上。

又坛西有悬泉，名曰太一泉，其水味甘如醴。其泉水流如线，落在石斛②

---

① 璇衡，天璇与玉衡的并称，泛指星象。
② 斛（dǒu），同"斗"，口大底小的方形量器，有柄。

中，深可数尺，千人饮之不耗，经年不汲如故。

次西一石岩，名曰黑龙洞。洞上半崖，高数十丈，有一洞，深二丈许，正射西北天门，名曰按云庵。旧有葛梯，人登蹑可到。昔太一元君修道于此。其太一泉水沑流其下，东为济水。其泉次南，有一岩曰紫金堂，昔轩辕黄帝驾憩于此。沿①堂侧，其道径甚崄②。至一石门，侧身可上，乃至坛顶，其名曰东天门。门东有换衣亭。坛顶上有三清殿，东西有廊庑。坛畔有四角亭，临崖百尺。凭栏四望，南视嵩峰少室，大河如带。西有王附山，东北有王母三洞坛，东北隅有一石，长丈余，阔尺许，突出崖头，下深百丈。登坛人供侍香火，朝拜王母三洞，心有恐怖者不敢上。石名曰定心石。北望析城山，东北望太行，东观日出，如生沧海，四面瞻视，群山卑如丘阜，方显洞天之独尊，高表神仙之圣迹。

坛东一峰甚秀，名曰日精峰；坛西峰名曰月华峰；峰南一平岭，号曰蹑云峤。下有一涧，名曰避秦沟。西南下十八盘，次南曰仙人桥。东有伏龙岭，南一小峰，名曰鸡子峰。次下仰天池，次南路有歇息亭。自坛顶至上访院八里，又曰中岩台，乃司马子微③修行游息之所。

前下紫微溪，至阳台观，八里，中有仙猫洞、不老泉。

观东有燕真人洗丹井，仍存在。阳台观东北百余步，俗呼燕家泉。其观前分八冈，名曰八仙冈。

昔司马承祯天师，河内温城人也，乃西晋司马宣王之后。今温县西二十里招贤城是也，尚有晋三帝坟在焉。唐睿宗皇帝女玉真公主好道，师司马天师。天师住天台山紫霄峰后，睿宗宣诏住上访院。其司马初师嵩岳潘师正，师正师茅山王升真，升真师华阳隐居陶仙翁，其四世不失正道。唐明皇即位，于开元十二年敕修阳台观，明皇御书寥阳殿榜，内塑五老仙像。阳台有钟一口，上篆六十四卦，曰万象钟；有坛曰法象坛；有钟楼名曰气象楼。殿西北有道院，名曰白云道院。司马号白云先生。有亭曰松亭，有先生庙堂，先生撰文一部，曰《白云记》，篆书，别为一体，号曰"金剪刀"，流行于世。先生未神化时，注《太上升玄经》及《坐忘论》，亦行于世。至开元十

---

① 沿（yán），同"沿"。
② 崄，同"险"。
③ 司马子微（647—735），名承祯，字子微，法号道隐，河内温城（今河南）人。唐代著名道士，道教理论家。

五年八月十五日，有双鹤绕坛，西北而去。彼时白云自堂中出，闻箫韶之音，此先生显化之验也。王屋县宰崔日用闻奏，明皇异之。先生神化时，年八十有九，谥赠银青光禄大夫，谥白云先生。堂西壁上画先生游行，乘驾黄犊车，白云步步相随。

观西有山神庙，即王屋山神也。天宝年，其神用阴兵助郭子仪破安禄山，后明皇封为总灵明神天王，仍敕修其庙。

观南有太山庙，南王屋县去西八里，有藏花洞，其水春绿夏赤，秋白冬紫，水味甘美。

坛东南附山，名青罗峰，下有青罗仙人观，碑存焉。

坛北有五斗峰，通麻笼、药柜二山。王屋山中有洞，深不可入。洞中如王者之宫，故名曰王屋也。药柜山次东，有赵老缠，昔赵真人修道于此，及四真人炼丹于此。有石室二十余间，霍仙人修炼于此，名霍师堂。

坛东南有山名齐岭，下有山名垂簪峰。又侧有清虚小有洞，洞内周游万里。昔唐建三清殿及清虚观，其洞内因兵火居民避乱，秽气所触。民出后，有石落，塞合洞门。《真诰》云："其洞中日月昼夜光明，辉映朗接太虚，与外日月无异，此乃为日月伏根也。日曰神精，月曰阴精，明照在洞天之中，天亦高大，有星宿云气，无草木万类。其洞宫之中，有金玉楼殿，及多宝贝、黄金、琉璃、琼璧，不可名状。有五阙五山，加于五岳，上生紫林、方华、星髓、金津、碧毫、朱灵、夜灿、细实，并壶中洞天之所生也，人得食之，乃长生神仙矣。"洞主王君掌校仙籍、善恶之录，常处其中。太素三元上道君遣青真左夫人郭灵盖、右夫人杨玉华，赍神策、玉玺，见授王君，为太素清虚真人，领清虚小有洞天。王分主四司，左保上公，治王屋山洞天之中，给金童玉女各三百人，掌《上清玉章》《太素宝玄秘籍》，《上品九仙灵文》《山海妙经》尽掌之焉。又总洞中明景五天宝录，得乘龙跨虎，金辇琼轮，八景飞舆，出入上清，受事太素，寝宴太极也。小有洞天者，乃十大洞天、三十六小洞天、七十二福地之宗首也。仙都所宗，太上所保，故重其任，以委群真矣。元始天王曰："夫小有洞天者，是十大洞天之首，三十六小洞天之总首也。"

齐岭东一山，名曰玉阳山，山东次南有瀑水如练，长百尺，落半崖。涧下有深潭，名曰撺钟泓，其山名西玉阳山。灵灵都宫东北有山，名东玉阳山，山有洞深百尺，国家时投金龙于此。洞傍有一憩鹤台，高数丈，上有鹤迹存焉。昔因周灵王太子王子晋与师浮丘公游天坛回，憩鹤于此。天坛四面附山、峰、峦、洞、岭、泉、谷、胜迹，总目于后。

敕 碑[①]

敬问天台山司马炼师：惟彼天台，凌于地轴，与四明而蔽日，均八洞而藏云。珠阙玲珑，琪树璀璨，九芝含秀，八桂舒芳。赤城之域斯存，青溪之人攸处。司马炼师德超河上，道迈浮丘，高游碧落之廷，独步青元之境。

朕初临宝位，久藉徽猷，虽尧帝披图，翘心啮缺，轩辕御历，缔想崆峒，缅惟彼怀，宁方此固。夏景渐热，妙履清和，思听真言，用祛蒙蔽，朝钦夕伫，迹滞心飞。欲遣使者专迎，或遇炼师惊惧，故令兄往，愿与同来。披叙不遥，先此无恙，故敕。

先生道风独峻，真气孤标。餐霞赤城之表，驭风紫霄之上。遁俗无闷，逢时有待。暂谒蓬莱之府，将还桐柏之岩。鸿宾少留，凤装难驻。闲居三月，方味广成之言；别途万里，空怀子陵之意。然行藏异迹，聚散恒理，今之别也，亦何恨哉？白云悠悠，杳若天际，去德方远。

<small>山名西玉阳。东北山亦然，下有深洞，旁憩鹤台，是子晋、浮丘回驭处。</small>

前朝题咏附

杜甫<small>唐开元间人，字子美。五言诗一首。</small>

　　　　万古仙坛景，潜通小有天。
　　　　名山人实赞，福地语真传。
　　　　气象乾坤上，根元宇宙先。
　　　　国朝崇圣迹，道法普周全。

林山人[②]<small>一称金门羽客。五言排律二十八韵，七言近体三首。</small>

　　　　此境极岩巇，登临近斗杓。

---

① 即《唐睿宗赐司马天师白云先生书诗并禁山敕碑》。
② 他本或作"林仙人"。

黄　海
HUANG HAI

天元诸圣会，地势万峰朝。
西揖昆丘峻，东连蓬海遥。
泉甘生玉顶，坛稳压金腰。
泰华三峰立，黄河一带漂。
五更观海日，半夜听箫韶。
落月低龙岭，寒烟锁虹桥。
雪鸡声喔喔，风竹韵萧萧。
云屋香烟起，芝灯瑞彩销。
麻笼腾秀气，药柜显灵苗。
丹井犹清浅，神钟又寂寥。
八冈齐岌岌，双鹤对飘飘。
瀑水银垂线，霞城绮建标。
池清深见底，柏笋翠凌霄。
道馆新居壮，真公旧事辽。
几瞻青嶂上，时有白云招。
石室虚难问，台松老不凋。
岩花铺锦绣，溪溜漱琼瑶。
洞壑非尘趣，林峦隔世嚣。
轩皇开彩仗，王母阆鸾轺[①]。
旦暮阴阳变，炎凉节候调。
暝猿啼复歇，晴霭合还消。
歌咏聊能纪，工夫岂易描。
妙龄希郄桂，晚岁乐颜瓢。
有志追伊霍，无才佐舜尧。
披图常景仰，洒翰益倾翘。
声色情俱泯，希夷兴已超。
何当归卜隐，高蹈访松乔。

万壑松萝拂紫烟，丹台秘邃集神仙。

[①] 轺（yáo），古代的轻便马车。

乾坤结秀真灵岳，日月飞根照洞天。
尘世暗移知几代，蟠桃初熟未经年。
时人莫测幽微事，五色云封种玉田。

清虚小有洞中天，银座金腰玉顶坚。
芝草秀从龙汉劫，丹砂结自赤明年。
洗参井纪燕萝子，聚虎平川白水仙。
寄语避秦沟里客，茅斋先盖两三椽。

白石磷磷上接天，青松郁郁下临川。
草生福地皆为药，人在名山总是仙。
待客远寻岩下蕨，烹茶满酌洞中泉。
前生恐是白云子，今世还来卧翠巅。

通真道人七言长歌三十韵。

摆脱尘缨淡无欲，闲阅图经寻岳渎。
林泉何处惬予心，收拾琴书将卜筑。
崎岖不敢千里辞，东自太行入王屋。
先探藏花坞里春，蟠桃毕竟何时熟？
燕罗故宅阳台宫，九龙戏珠画屏簇。
丹井沉沉浸月明，丫髻仙童抱参斸①。
昂头贪看华盖峰，蓦然误入紫微谷。
上方楼阁与云闲，金碧交光射林麓。
避秦沟有避秦人，夜半闻歌采芝曲。
策杖穷跻瘦龙岭，险似剑关西向蜀。
扪参历井上冲真，千仞断崖横独木。
自辰及酉脚力穷，恰到紫金堂下宿。
再拜新尝太一泉，顿觉洒然消病骨。
恍兮惚兮九霄间，万顷岚光醒醉目。

---

① 斸（zhú），大锄，引申为挖、斫。

黄海
HUANG HAI

恭叩仙坛祷真境，坛与天通隔尘俗。
银座金腰玉顶寒，帝遣仙官分部属。
小有中藏万里地，都压洞天三十六。
日精月华左右奇，黛色倚空如削玉。
东观大海日轮红，西望穷边坛影绿。
炼丹炉下土犹香，抱出神丹知几斛。
处山使者持太阿，保护圣躯谁敢黩。
王母洞深非可测，雷霆屡震蛟龙窟。
遥指三官校勘台，樵人几度闻丝竹。
抱朴岩前采药童，手捻金芝身薜服。
北斗平连北斗星，自是天关通地轴。
麻笼药柜翠相接，瑞草灵苗香馥郁。
或闻仙犬吠仙灯，或睹仙人跨仙鹿。
奇踪异迹难尽言，更欲题诗毛颖秃。
短歌聊寄名利人，谁肯同来伴幽独。
一声长啸坐孤石，紫云悠悠送黄鹄。
个中疑是麻姑仙，冷笑世间光景促。

五言一首
壁立三千仞，坛高接尾箕①。
顶藏青玉髓，腰隐紫金芝。
月挂虚皇殿，云封太一池。
洞天人迹少，鹤宿万年枝。

杜仁杰② 至元间齐人。

题清虚小有洞天 三言一首。
坤所载，乾所焘。象与形，孰朕兆。
纬五行，环二曜。流而川，何浩浩。

---

① 尾箕（wěi jī），古代二十八星宿中尾宿和箕宿的并称。
② 杜仁杰（约1201—1283后），字仲梁，号善夫，济南长清（今属山东济南市）人。元代散曲家。

四溟晏，九河导。峙而山，亦多号。
神有岳，山有峤。粤天坛，极道妙。
巉孤撑，未易到。日出没，见遗照。
偃东西，绝海徼。倏光怪，来熠耀。
大龙烛，细萤爝①。不恒出，赴咸召。
笙嘹亮，鹤窈窕。羽人路，此其要。
青螺堆，玉簪峭。左参井，右丹灶。
揭清虚，不二窍。昔王人，往昭告。
始轩辕，末徽庙。接柴望，咸亲燎。
莽竭灰，起天烧。摧栋宇，失朱缥。
群鹿豕，杂蓬藋②。予何为，一来吊。
必甚废，乃大造。圣之作，贤者绍。
矧玄元，语秘奥。探逾远，理益耀。
微是理，万有耗。文虽径，实非剽。
庶今来，永为诏。

---

① 爝（jiào），束苇为炬，烧之以祓除不详。
② 蓬藋（péng diào），蓬草和藋草，泛指草丛。

黄海

HUANG HAI

天都逸史潘之恒景升辑

黎阳居士王在晋明初阅

纪迹三·之三

华盖山 浮丘王郭事迹。①

天师张宇初②序云：仙道自古尚矣，而世之纪录或不得其详焉。间因其微而病其著，一斥之以眇茫怪诞者有之。又孰知其灵踪异迹，昭赫彰著，信有不可掩焉耳，其可均谓之诬哉？抚之，崇仁华盖山，又曰宝盖山，浮丘、王、郭三真之祠也。

浮丘者，与容成子、黄帝游。周末授灵王太子晋，汉授诗于申公。与楚元王友，度王褒以仙，即古浮丘公也，或传王方平云。

郭乃王氏族，因托邑尹姓，犹未之详。然以代稽之，至人神化，因时而显，固或然矣。而托姓之说亦鄙谚，不足取也。迨晋元康间，王、郭始师事公。永平二年二月一日，二仙上升，则是山由晋始著称矣。按紫清白真人云：公生于商，仕于周，隐于汉，化于晋，至隋开皇间尚留巴陵华盖山也。宋元累雄以封谥。若山之曰华林山、衡州小庐山、潭州浮丘山、江陵之宝盖山，歙县、宣州、太平州、金华俱有黄山，皆三仙遗迹也。

当是时，名卿巨夫，若颜鲁公、李宗谔、李冲元、吴文正、虞文靖辈之记审矣。而《广录》所载凡旱涝、疾疢③、祷祠、荣禬④之应，在在有之，故所奉祠宇亦不下百余，是岂非至神无方而能然乎？

余少慕灵迹，洪武己巳获谒祠焉。壬申奉旨降香于山，皆有异征。暨配孔氏，累疾，叩辄应。永乐甲申秋，复谒，夜梦白衣仙坐卧内。翌日登峰

---

① 该部分内容节选自《正统道藏》洞神部谱录类。宋沈庭端、黄弥坚等编。
② 张宇初（？—1410），字子璿，别号耆山，明代正一派天师，是历代天师中的博学者，有"道门硕儒"之称。
③ 疢（chèn），热病，泛指病。
④ 禬（guì），古代为消灾除病而举行的祭祀。

顶，初雨，昼息，天灯夜现山麓。九月朔日，竣事毕，紫玄洞现圆光，大如室，芒彩烨煜，若仙居其中。予再拜，遂辞。殆还，感至德之神，亟欲叙其异焉。噫，是非目觌耳濡，其能尽信之哉？

且夫真仙神化，盖不世出，其灵质仙风，皆天真法慧所至。故其神庥①灵貺，垂泽万世而不泯，其亦宜矣。而兹山穹秀卓绝，迥出游氛浮埃之表，孰无云軿②霞躅③，往来陟降于其间也，其可失所纪欤？惜先后所述多庸鄙弗典，愿饰而未遑。

今年夏，蒙旨纂修道典，谨以是录正而附之，因叙其实于首，使千万载之下知慕夫仙者，庶不以眇茫怪诞视也乎。而生民蒙惠之大，昭之国祀，与兹山齐久，不其伟欤！

时永乐五年端阳节。

玉笥山道士沈庭瑞述云：按《太平御览》云，歙县西北有黄山，高一千一百八十仞，丰洛水出焉。天宝六年，敕改北黟音伊。山。其山有摩天戛日之高，霞城洞室，岩窦瀑泉，无峰不有。山中峰乃浮丘公仙坛，彩霞灵禽栖止其上。世传黄帝尝命驾与容成子、浮丘公同游，会于此。昔有人到坛所，忽见楼台焕然。楼前有莲池，左右有积盐、积米，遂归引人取之，了不知处。山下时闻山上仙乐之声。

又按《九域志》云，宣州亦有黄山，乃黄帝与浮丘仙人炼丹于此。浮丘仙坛正在天都峰。太平州亦有黄山，一名浮丘山，乃浮丘养仙鸡之所。

王君，名晋，字子乔。亦名乔，字子晋，周灵王太子也。生而神异，幼而好道。虽燕居宫中，往往不食，端默之际，累有神仙降之，虽左右之人弗知也。常好吹笙，作鸾凤之音，声贯行云，响满宫掖。白鸾延颈鼓翼，集而听之，奇禽异鸟，率舞庭砌，以为常也。一旦，天台山神仙浮丘公降授道要，使修"石精金光藏景炼形"之法。是时灵王二十二年，谷洛斗④，将毁王宫，王欲壅之。太子晋谏之，王弗听，卒壅之，不从子晋之谏。

---

① 神庥（xiū），神灵护佑。庥，庇护。
② 云軿，神仙所乘之车。
③ 躅（zhuó），足迹。
④ 谷、洛，二水名。斗者，两水激，有似斗也。

子晋谏，王不从，以忤旨，退居别宫斋戒。思浮丘公，公密降其室，赐以灵药，接以登嵩山。后数年，友人桓良遇子晋于缑山之上。谓良曰：七月七日我当升天，可与故人会别也。至是，故人与桓良群官登山，见子晋弃所乘马于涧下饮龁①。如期，子晋乘白鹤，挥手谢时人，升天而去。是时，群官拜别，回拜所乘马，马亦飞空而去，今惟"拜马涧"存焉。子晋今为右弼，司侍帝宸，主领五岳。真人年少，身长八尺，项负圆光，并载《云笈王氏传》。

《汉书》言：浮丘伯，吕后时犹在长安。楚元王友，及申公从之，授诗学，盖齐人也。浮丘，汉时隐于儒生，犹老子之隐于柱下也。

王褒，字子登，汉安国侯陵七世孙，黄门侍郎揩之子，以元帝十三年乙酉生。少勤坟典，大将军王凤辟为从事，高蹈不屈，年四十三，跪辞二亲，求学长生之道。入华阴山，寝息空林，鸟兽为侣，轗轲②辛勤，亦云至矣。如是九年，大雪摧林，空岩无侣，殆将陨毙而精诚不回。至真玄感，夜半闻箫鼓之声，须臾渐近，千乘万骑浮空而来，神人各乘三云之辇，手把虎符，停驾而言曰："吾太极真人西梁子文也。"一真人曰："吾华盖上公浮丘伯也，闻子好道，劬劳山林，诚可愍也。"褒叩头千万，愿授长生之道。太极真人曰："吾等主神仙之司，悯子有志，故来相过。"乃以太极青精饭上，仙灵方授之。浮丘伯授以五灵夜观之道，云琅冰霜之珍。再拜而服之，于是身有金映，项生圆光，能飞行万里。受神策，拜为太素清虚真人，领小有天王，主三元四司，给玉童玉女各三百人，得乘八景飞舆，出入上清。今麻姑小有天仙王峰，亦真人所理。载王氏传《盱江志》。

《豫章职方乘》云：昔浮丘公隐于华林山，故山之南一峰号曰浮丘。其山三峰，皆卓拔高险危秀，周回百里，不生恶草及猛兽。有三观曰浮丘，今在豫章奉新县西南五十里。及有华林泉，亦是浮丘遗迹。又《太平御览》云：衡州有小庐山，一名浮丘山，在县西一百八里，高六里三千步，东西二十里，南北四十里，言其山似九江庐山，故曰小庐山。又古老传说，浮丘公上

---

① 龁（hé），用牙咬东西。
② 轗轲（kǎn kē），同"坎坷"，喻困顿、不得志。

升之所，兼有道观存焉。又《九域志》云：潭州亦有浮丘山，江陵府有华盖峰，皆浮丘遗迹。

唐颜真卿《桥仙观碑铭》云：粤以江南之地，佳丽垂名，山岳之间，宛有仙洞。予祗膺圣泽，廉察临川。一日，按地图，得属邑崇仁县华盖山有王、郭二真君坛存焉，欣睹异事，未原其始。

他日公余，因令军将往山下访求碑铭，果得一石记，乃隋开皇五年，焚修道士李子真于坏碑上再录出其文，则知王、郭二真者，仙不显名。王则方平之再从，郭乃王之族弟也。始于金华山修道，以图轻举，寻游洞府，自玉笥将之麻姑洞，中道经一山，问故老曰："此为何山？"对曰："巴陵华盖山也。"二真君相与言曰："此山福地，名亦异焉。"因求卜止，再炼神丹。山下父老诣而再拜曰："敢问真人之名字？"曰："吾等修志于虚无，不欲述焉。"后有一道士来谒："敢问真人之师？"曰："吾师浮丘先生，先生则上界大仙也。"顷于金华山遇焉。二真君能走石飞符，兴云致雨，或有人苦疾暴亡，往而告之，即飞符以救之。岁将大旱，即致霖雨以济之。

至晋元康三年二月一日，彩云连昼，仙乐喧风。二真君乃骖鸾驾鹤，冉冉上升。今上升之坛及浮丘先生之坛存焉。其后立观焚修，境邑将军[旱]，若诣坛祷之，则云雨立应。美乎，故事昭然，仙踪俨若，虽遗史籍，安泯声华？鸾鹤对飞，共作壶中之客；林峦叠秀，别含象外之春。因与府官议崇观宇，永列焚修。寻差军将以公用钱诣山换殿宇门廊，不日而回，云："工毕矣。"予德惭好道，任忝分符。原始要终，罕测冲天之日；擒文染翰，用贻千古之芳。铭曰：

　　玄牝之门，存心养神。学则彼众，得者几人？
　　冉冉千古，堂堂二真。丹成岩谷，道应穹旻。
　　彩云色焕，仙乐声匀。迟日初丽，桃华正新。
　　骖鸾拔俗，驾鹤超云。言归紫府，笑别芳晨。
　　山存华盖，长含异春。恩流丰泽，用济烝民。
　　浮云势速，好月生频。俨若圣址，永播清芬。

宋李冲元《三真记》云：临川山秀水灵，颇多前代神仙遗迹，丹井仙坛往往杂出于图记文字间，可以考信。而崇仁华盖山王、郭二真君祠，灵迹尤著。唐颜鲁公取隋开皇五年旧碑所载事为记，不著名字州望，而世系复舛谬，惟曰于金华山遇浮丘公授教，后居此山，能飞符走石，兴云致雨，使死者苏，病者起，以晋元康三年上升。当时人有问真君名字者，皆秘而不言。其后州县岁时水旱，祷之立应。而郡人男女，疾疫祈禳，无不立焉。至走旁郡数千里，人皆恭敬斋洁，然后敢登山。不尔，风雷雨雹、虎豹蛇蚖①、蜂虿②之变立至。祠中并立浮丘公像，山上犹有仙坛存焉。

熙宁中，州以王、郭异事上之朝廷，神宗皇帝诏封王为冲应真君，郭为诚应真君，而偶遗浮丘公事，故旌号不及。

元符二年，洪州夏不雨，民有忧色。右正言王公桓以漕使权领州事，闻三真人感应如此，乃蔬食斋居，遣崇仁县主簿叶祖文诣祠下，迎请真像至府城，率僚属迓于城门之外，馆于天庆观中。阴云随至，焚香恳祷，雨即大注，三日始霁。稼穑勃兴，郡人欢呼，叹未曾有，莫不德公之赐。公曰："浮丘为二真人师，而褒礼未加，甚非所以严奉高真之意。"乃符临川主者，具浮丘公始末，请命于朝廷，而属门之吏李冲元考核其事而记之。

冲元谨按刘向《列仙传》，称王子晋遇浮丘公，接以上嵩山。而《汉书》言浮丘伯吕后时犹在长安，楚元王友从之授诗学，盖齐人也。唐林宝《元和姓纂》亦载浮丘伯云子晋师之，而子晋乃周太子，然则浮丘盖又出于子晋之先，莫知其来之远近。意其汉时隐于儒生，犹老子之隐于柱下也。

呜呼，神仙之学，古无有也。自秦皇汉武好方士长生不死之术，世始知有神仙，而刘向因之为《列仙传》，独载王子晋师浮丘公，而浮丘公反无传。然则当向时已莫得而考矣。王、郭当晋元康时遇浮丘，则疑若常在人间，岂有意接引于后来耶。夫神仙之学，大抵宗本黄帝、老子，以清净无为、虚心寡欲为本，而佐以阴功密行及炼丹服气之术。要之，非超迈洒落者不能为也。方其混迹人间，未必有显称，大抵以名为深戒，追其仙去，始著异迹，使人知所向而已。此其用意，岂浅识狭虑者所能仿佛？而秦汉之君，富有天下，穷兵黩武，心侈意盈，神荒气蠹，乃欲长生不死，是果足以出造化越古今乎？然近世为此学者，反以钓名贾利，仆仆公卿之门，求献其说，且偃然居之不疑，自谓已当经昆仑，涉太虚，游乎恍惚之庭矣。闻其风者，至或危

---

① 蚖（yuán），蜥蜴。
② 虿（chài），蝎子一类的毒虫。

坐敬听，不敢窃议，曾不察其人真超然世表者乎？

历观前代诸仙，皆卓绝不群，摆落尘累，率有造微参寥之致。虽未御风乘云，伍迹人间，而已不与世俗并轨方驾矣。推是心以往，庶或近之。王公高明，厚德君子也，颇以鄙言为然，故叙浮丘公事而并记之。

元符二年七月二十七日记。

浮丘公度二真事迹

沈庭瑞述云：夫学神仙者，皆累世修行，积功盈德，内修其心，外洁其行，如是，则世世即有神仙降而为师，以传至道。道之成也，功及于人，功之备也，升而仙矣。故经云"积学为真人"，此之谓也。华盖山王、郭二真君，本汴州陈留人，王则方平之远孙，郭乃王之族弟。

二真素秉仁孝，节操高洁，才智之优，人莫能及，而性乐神仙之道。始于本郡玄元观出家，师事浮丘公。后因随往金华山采药，浮丘遂委付黄吴二真人曰："宜精思勤修，不日道成，吾当付度。"仍授二真以导养之术。二真年几三七，旦暮行持，终始如一，师嘉善之。

一日，浮丘与二真云："吾有所往，后会未期。"言讫，忽失师所在。二真朝夕倾慕，泣祷于天，誓欲再见本师，以终道业。忽一夕，梦神人告曰："但向江南绝顶三峰即可见也。"二真既获祥应，不辞迂远，乃操瓢负笈，直抵江南，遍历洞府。自玉笥山将之麻姑，道见一山，三峰耸空，乃询诸乡老曰："此为何山？"对曰："巴陵华盖山也。"二真相与言曰："此山福地，名亦异焉。我师遗言，江南绝顶三峰处所，想师必在其处。"遥拜敬礼。于是寻到华盖山，果见其师。

师曰："子等修真之志，诚难沮抑。"再授以修真炼质之道。二真习炼行持，寒暑勿怠。偶一日，师谓二真曰："子等之道今将成矣，然无以泽民，则功不能备。一云"非能为官泽民，何以立功"。宜外习三五飞步之术，一云"法"。九一上清之法。一云"文"，今邓有功所进饶洞气于华盖山，得石函法书者，即此是也。以济于时，以全功行。吾即为子奏名金阙，方升帝所。一云"功行满足"。则为神仙矣。"二真依其言传而习之。

元康元年十一月二十二日，一云"景元元年七月七日"。浮丘公调琴于山北玉亭馆之西。俄彩云瑞霭弥谷连空，仙乐喧轰，仪仗伟集。云中有朱衣捧诏言曰：

黄海
HUANG HAI

"上帝诏浮丘先生。"上升之次尽以微言妙旨付度二真。浮丘先生即驾龙辇，凌霄而上，二真攀拜而别。二真修炼于其庵所，常吐云为桥，度至山之绝顶，礼斗朝天，其处立二仙坛。故观名桥仙，今敕改日崇仙。自后所习仙道愈加精确，能走石飞符，兴云致雨。远近庶俗，苦病急难诣而告者，则飞符以救之。岁或旱暵，请祷则澍泽以济之。其救灾拔难之功，不可殚述。

又因修炼大丹，丹成，神彩灵光彻于象纬之间。时掌天象者怪之，奏于时君云："江南有瑞气腾天，此天子气也。"君命臣以下议之，朝论罔知所谓。于是命将遣师渡江搜访。时主将李元晏也。元晏被命，统兵收伐。既至华盖山下，但见山之周回，紫云瑞气缭绕，令军士瞰之。二真闻而笑曰："吾侪修志虚无，岂冀有土？"乃化仙兵布满云中，与凡兵戏战。虽交锋屡斗，竟无所伤。士卒射之以箭，但见箭头落地，皆变为瓦砾，兵将疑惧。今地名战坪，与马迹石犹存。田家子今尚有收获瓦头箭。俄又黑云四集，一方为之晦冥，将士战慄，进退皆［莫］能。元晏等方悟神仙，叩首谢过，愿获光明，誓不敢干犯真圣。须臾，云气顿卷，祥光赫然。寻有桂枝宝弓自空而降，光彩奇异，非世间有。元晏得弓，差人持进于朝，具陈所以。帝见而骇，乃命百官辩之。惟宰相李仲甫奏曰："此是上天神仙游戏之弓，斯盖陛下圣德感召。国有至人，且获异宝。"百僚称贺，敕命元晏班师，乃遣中使诏迎二真。二真辞曰："吾等居山，当福泽民庶。"竟辞召命。

晋元康三年二月一日，王、郭二真亦在山北玉亭馆，奉玉皇诏命上升，乃留言乡人曰："吾去后，若遇虫灾、旱潦、疾苦、急难、艰于嗣续，于此祷祈，吾当以福泽应之。汝等但能忠孝君亲，持心平直，济贫拔难，随力为之，此大功德也。其或不忠不孝，不义不仁，嫉妒谄曲之徒，虽殚财竭产为祀，断发然身而至，若不能首改，吾终不应之矣。"言讫，王驾青鸾，郭乘白鹤，仙乐仪仗前迎，霓旌灵官后拥，冉冉上升。从辰至巳，祥云彩霞，移时望之，方没所属。具事以闻，有旨："应二真经行之地，并崇观宇。"

山东建仙林观，山南建南真观，山北玉亭馆建上仙观，山西二真修行道院，常吐气为桥，步至绝顶朝天礼斗之处，建桥仙观。熙宁八年，奉敕赐为崇仙观。

观前有一山，若飞龙登天之势，乃浮丘先生常居之地，谓之浮丘坛。仙弓降处，谓之弓山。仙凡兵交战处，号曰战坪。二真上升时，有仙女奏乐处，谓之仙女峰。二真朝天礼斗处，号曰仙坛，并为古迹。

升举之后，二真所治处，玉帝遣三十六员仙官、一十八纯土地卫护之，无令秽触。洎后，如紫玄洞、五岳坛、下马台、鹅公垍①、鹿头山、血木凹、煎茶凹、牛头凹、着棋峰、净水池、投龙潭、香炉峰，并为圣迹，与夫所立观宇是也。自是郡邑岁遇荒歉、虫灾，人罹厄难、凶祸，诣坛祷之，无不昭应。遂使四方之民不惮其远而至焉。

庭瑞久闻胜事，未详本末。因访求古迹遗铭，得此实录。昭然仙踪，俨若故备，书以告来者。

华盖山事迹

道士章元枢云：按，华盖山峙于临川、庐陵二境之间，其在图则属抚州崇仁。山之高三十有五里，周回四百余里。中有紫玄之洞，即浮丘公与王、郭二真修炼升举之所，《华夷图》所载宝盖山是也。

又按，温州永嘉县亦有华盖山，其洞周回四百里，名容成太玉之天，冲妙先生李思聪有诗云：

山如华盖势穹崇，霞织冰崖黛泼浓。
危耸层霄数百里，狂奔四海一千峰。
冷光突兀三生石，老翠嶙峋五粒松。
玉帝祠宫朱殿外，绕坛花醮水溶溶。

又按，杭州余杭县亦有紫盖山，其山有紫玄洞。其得道之仙未详载记。惟崇仁之华盖，自晋以来灵响浸著，州县祈祷，无不获应。有《颜鲁公碑》《沈仙翁实录》该载甚详。宋熙宁中，本州守令以碑铭奏于朝，特加宝号，若三真显化之地，不知几焉。吾邑山岩犹可究竟，异乡踪迹难尽搜寻。

元枢自冠褐之后，因访问尊宿，闻知详细，今逾一纪矣。念念三真之迹而未原事实。今者天与之幸，得遇全文，又得李君公谚所笺注在前，皆有依据。岁月延长，香火愈盛。或加创建，在沈君尸解之后，不载记传，使后来无由讨论。元枢辄不揆庸愚，广加搜访，凡所目击，或得之传闻，无不悉书而备志之，将以阐扬真风，皈崇圣化，使四方之士修禳祈祷，各随其方而加敬焉。将见福遂愿，心无感不应，所谓道在迩而不必求诸远也。傥能依二真遗言，平直忠孝，济贫拔难，随力为之，依此行持，旋即昭应。今有华盖景

---

① 垍（jì），坚硬的土地或土质坚硬。

迹并三真随方显应之地，凡是洞天福地、观宇峰岩以至创立坛场，悉皆谱录于后。

紫玄洞，乃浮丘先生、王、郭三真君燕处之地。检校《神仙图》录功过之庭，在第一峰之下，万丈峭壁之中。洞之门，面三阳之地，象八卦之形，上下悬绝，东西壁立。而洞旁有石发石耳、奇花异草、怪石巨块，不可名状，惟三真上升坛前可遥望。崔嵬苍石间，隐然有石门二片。青芝绿竹，丛生洞岩；白云紫雾，簇乎境阜；怀蕴金碧，蓄泄风雷。盖上灵校籍于中，神仙栖息之府也。历代方士，或忘命攀缘而上，扪萝践草，有若猿猱，傍观心胆为碎。由朝至暮，将及洞门。才离数丈，必有非常之风透体彻骨，冷如冰雪，不容前进，仍洞府之限正如昆仑，又若蓬岛，上阔下敛，无阶而升，不过，引手叩头而返。

嗟乎！仙圣异境，非身能轻举者，岂造次到哉。

雷洞，在第一峰之阴，嵌空悬绝。四山瞻望，无路可通。天将雨雾，则雷洞之间云升一缕，有若飞烟。须臾，蓊冥弥漫，八表风雨立至，雷电交驰，神化倏焉，莫测其妙。

谨按《太玄仙品明科经略》云：浮丘、王、郭三仙真君，主隶掌吴楚分野、人民生死罪福、五谷丰歉、水旱等籍，故有仙官三十六员，雷神诸司、千将万兵各领其职也。昔有塑工李某者，自山上而下，至中途，忽见黑云奔涌，中隐隐如雷。渐近，霹雳一声，云气中间见雷神遍身皆青，握斧驾车，如是者三，魂飘飏，惊怖倒地。及抵山下，乃知一雨滂沱，时山上日出，纤云亦无。今麻溪溪上有雷公岭，亦二真驱雷之地。

天都逸史潘之恒景升辑
海鹤道人黄居中明立校

纪迹三·之四

鄜　畤[①]

《封禅书》云：秦文公梦黄蛇自天下属地，其口止于鄜衍。公问史敦，敦曰："此上帝之征，君其祠之。"于是作鄜畤，用三牲郊祭白帝焉。

自未作鄜畤也，而雍旁故有吴阳武畤，雍东有好畤，皆废无祠。或曰：自以雍州积高，神明之隩[②]，故立畤郊上帝，诸神祠皆聚云。盖黄帝时尝用事，虽晚周亦郊焉。其语不经见，搢［缙］绅者不道。

桥　陵

《前汉书·地理志》：上郡肤施县有五龙山、帝、原水、黄帝祠四所。阳周县桥山在南，有黄帝冢，莽曰上陵畤。

《大明一统志》：中部县在鄜州南一百四十里，本汉左冯翊翟道县地，渠搜中部都尉治此。桥山在县治北，下有沮水，或云水从山底经过如桥。桥陵即轩辕黄帝葬衣冠之所。

祠额解

云杜李维桢曰：鄜延使者于役道中部，中部黄帝陵在焉。使者谒陵，已谒殿，见其榜曰"龙髯"，讶之："帝骑龙者也，何独言龙？龙合而成体，散而成章，何独言髯？"从者江令相视而笑，莫逆于心，会当三岁。

---

① 鄜畤（fū zhì），鄜，县名，在今陕西延安地区。畤是专门用来祭祀天地和五帝的重要场所。鄜畤是"雍五畤之一"。
② 隩（ào），可定居的土地。

黄　海
HUANG HAI

　　诏宗伯遣祠官致祭，有司缮治斧藻①如令丙。令固请使者幸有以易名。使者闻儒生折衷孔子："孔子《系易》曰：'神农氏没，黄帝、尧、舜氏作，通其变，使民不倦，神而化之，使民宜之。'宜以神化为名。"令敬诺，起而问曰："何谓也？"

　　使者曰："《易》所指数，衣裳、书契、宫室、棺椁之制，舟楫、杵臼、弧矢之利，服牛乘马，重门击柝之法'黄帝以前未有，自无而蹴有，故言化也。上古人与鹿豕、木石游处，居不知所为，行不知所之。黄帝制作，超恒情思虑之。外，而耳目豁然一新，天地若再辟然，故言神也。然所贵乎神化者，在宜民耳。民安其居，美其食，生有养，死有藏[葬]，无穴处、风雨阻饥之忧，无暴骨原野之患。引重致远，无虞不通，无畏暴客。文字既立，百官以治，万民以察。衣服有章，上下等威，秩序不紊，易则易知，简则易从，其宜民也，弘远矣。孔子不云乎'化而裁之谓之变，推而行之谓之通，制而用之谓之法，民咸用之谓之神'，皆是物也。假令推之不行，民不咸用，安在其成？变化而行鬼神乎？

　　"《大戴礼》《家语》载孔子言黄帝事，率不出《系辞》十卦之旨，而后人稍附益之。取诸乾、坤，则有龙衮玄黄，旁观翚翟②草木之华，染画五彩，紸纩赘斿③，扉屦履舄，碧瑞奉天，珩牙昭武，而元妃西陵氏教民蚕矣。取诸大壮，则有明堂观贤，合宫问道，命匠营国，经纬市馆，界土设井，立步制亩，风后受图，割地布九州矣。取诸涣与随，则有指南、华盖，方明为御，昌寓骖乘。张若、詻朋前马，昆阍、滑稽后车矣。取诸夬，则有孔甲史、归藏易，苍颉、沮诵之书，盘、盂、笾、豆、簋、镜、剑、履、舆、席、巾、杖、户、墉、弓、矛、金人之铭矣。取诸大过，则有封崇、表木矣。取诸睽与豫，则有旗旐、刀弩、斧钺、鼓吹、铙角、灵鼙、神钲、麀纛、芮戈、雍狐之戟，教熊、罴、貔、貅、䝙、虎使战，擒蚩尤而放茄丰矣。其不尽取十卦，而类可相通者，则有云师、云名、四辅，三公六卿，三少、二十有四官、百有二十职，左右大监以监万国矣。则有陶正宁封、木正赤将，桥梁、釜甑、烹炮醴酪，奢龙、祝融、大封、后土辨东西南北，分八节，纪农功矣。则有问伯高立五币、九棘，刀布流行矣。则有受《河图》，迎日推策，积邪分置

---

① 斧藻，指梁楹上刻画的纹饰图案。
② 翚翟，泛指雉科鸟类。
③ 赘斿（zhuì yóu），同"赘旒"。赘，连缀；旒，旌旗上的飘带。

闰，设灵台、五官，羲和占日、常仪占月、车蓝占风、鬼臾区占星、斗包授规、隶首理算、大挠正甲子、容成调历、浮箭为泉、孔壶为漏，以考中星而盖天仪具矣。则有伶伦律吕十二箾、荣瑗十二钟，文五声、播八音，诗道歌咏、枹鼓曲、短箫铙歌奏之军中，大容、云门大卷、咸池之乐，张之洞庭之野，而北门成倓惧倓怠倓惑矣。则有岐伯、俞跗、雷公察明堂、究息脉、论九针，巫彭、桐君处方饵而《内经》藏灵兰之室矣。凡此孔子所未言，要其事与民宜一也。

"《管子》曰：'黄帝置法而不变，民安其法，不引而来，不推而往，不使而成，不禁而止。'何以故？宜民故也。孰谓管子而善言黄帝乎？孔子不易矣，曰：'敢问后之言黄帝异于孔子者何也？'曰：'事理所有而其时未暇及，有不益圣，无不损德，是不必然者也。揆之理而其事不应有，是必不然者也。不可以无辨也。'

"披山通道，未尝宁居；迁徙往来无常处。竭聪明，进智力，营百姓，焦然肌色皯黣，昏然五情爽惑，何鞅掌也！东至海，登丸山；南至江，登熊湘；西至昆仑，有轩辕宫与台若丘，射者不敢西向，则盘乐怠傲耳，必不其然。

"圆丘方泽，牲玉兰蒲，以昭明禋。五祝报功，祝瑕成享，傩祓祛害，何放文也！明庭接万神，劲百灵而朝使之，七登之床，十绝之帐，傍偟乎寿宫，万诸侯而神灵之封七千，山川封禅与为多焉，则幸福耳，必不其然。

"习用干戈以征不享，三战而得志，五十二战而天下服，何武健也！玄女授兵，王母授符，六神战主，五音纳策，四维按岁。黄色长耳善谋，赤色小身善变，音符握奇，年命立成。术数迭出则狙诈耳。欲万战万胜，流血百里，诛同父异母之炎帝而兼其地，则凶德耳。《李法》曰：'壁垒已定，穿窬[①]不由路者，杀无赦。'《轻重之法》曰：'自言能司马，不能者衅鼓；自言能治里，不能者衅社；自言能为官，不能者劓以为门（父）。'则淫刑耳，必不其然。

"空同广成、具茨大隗、襄城小童拜下风，问至道，称天师，何缚绁也！挹五烟于封子，授皇箓于紫府，奉中黄于东岳，咨饵术于金谷，谒云台于玄圃，采神芝于黄盖，从天皇于峨眉，启丹经于王屋，质道养于二女。青灵之台，翔鸾之殿，五城十二楼，候神执期，命曰延年。人生一日，天帝赐

---

① 穿窬（chuān yú），指翻墙头或钻墙洞的盗窃行为。

算，圣人有加焉。轩辕之国不寿者八百岁，缀金治之术，铸三鼎象天地人。百物为之视火参炉，汞红于赤霞，铅白于素雪；建岱岳观，遣女子七人，云冠羽衣，奉香火以迎西昆真人，而碧霞元君之祀从此起，则方士迂怪耳，必不其然。

"淳化鸟兽虫蛾，虎不妄噬，鸷不妄搏，狗彘吐菽粟于路而无忿争，凤凰巢阁，麒麟游囿，蓂荚屈轶，紫房赬茎，何硁隐也！宝鼎不酌而沸，不汲而盈，能息能行，玛瑙露瓮，淳满浇竭。盛水之龟，翠妫之鱼，大蝼如羊，大蚓如虹。天授元始，建帝号而写示天下。天雨粟，鬼夜哭，风伯进扫，雨师洒道，如实有其人，则符命识纬贡谀耳，必不其然。

"旁罗日、月、星、辰、水、波、金、木、土、石，顺天地之纪，幽明之占，死生之说，存亡之难，五便五阅五色通天之篇，相人者祖焉，何要妙也！九宫、六壬、四神、八门，遁甲、太乙、飞鸟、龙首、登坛、集灵、葬山、相墓、青鸟、八五、元辰、灵枢，推贼曹，演他谷，经历纷纷。恢恑曼衍，桃梗苇索，郁律鞭鬼，大合鬼神，作为清角而断斩其非之者。下女魃，止风雨，置之赤水之北，昼梦金人，引领长头，玄狐之裘，则阴阳拘忌耳，食技重糈耳，巫觋左道耳，必不其然。

"垂六禁之科，节用水火财物，彻钟悬，减厨膳，殿无壁，盖以白茅，何纤啬也！稷泽玉膏，峚山玉荣，投之钟山之阳，以为种。陶天下为一家，山见荣者，谨封而祭之，以致丹砂、黄金。铜山四百六十七，铁山三千六百九十，玉为墨海，铭曰：帝鸿六乳之镜，九乳之钟，青龙载驾，飞黄服皂，獬豸受贻，白泽记图，雷兽之骨以撅夔鼓，儋耳奇肱，长股贯胸，莫不来宾。师白民药兽而知医，则好货贵异物耳，必不其然。

"四妃象四星，以广胤祚。嫫母貌丑德充而处璇宫，舍官寝，去直侍，闲居大庭之馆，斋心服形，何嫡灭也！昌意见天禄生子，应水德，固已非类，素女为师，仪态万方。天老所教，众夫希见，以千二百女升天，则淫媟①耳，必不其然。

"二十五子得姓者十四人，唐虞三代世为神圣帝王，何盛满也！浑敦穷奇，梼杌饕餮，亦其后裔。犹曰：'克肖之难。'白犬白马，禺貔禺京，韩流冯夷，三面一臂，豕喙豚趾，莫非子孙则妖孽耳，必不其然。

---

① 淫媟（yín xiè），放荡猥亵。

"其不必然者，于民宜不必尽宜，又不必尽黄帝事。其必不然者，宁惟民不宜而适以病民，在黄帝不宜有一。是以神化称，是诬圣人而诬天下后世也。曰：'黄帝而恒人也则可，黄帝而圣人也，则何敢诬？'曰：弊有三。跖，盗魁也，而曰世之所高莫如黄帝。隰朋，小臣也，而愧不若黄帝。焦螟，么虫也，而唯黄帝见闻。易姓而王七十二君也，而惟黄帝至泰山。周季迄秦汉学术宗黄老，而老子所宗，惟曰黄帝。事或肇于帝之前，或具于帝之后，皆举而加之帝身，岂惟帝然？帝之时有大盗名跖，而后人以名柳下惠之弟；有神医名扁鹊，而后人以名秦越人，是推尊之过也。上世之传，隐微之说卒采之，辨暗忽之意，非君子之道。宰我之问黄帝固矣，杨朱曰五帝之事若觉若梦，孰见之而孰证之？孟浪之言、黄帝所听荧也，是假托之罪也。取合已四人，使治四方，辄曰'黄帝四面'。虽子贡得孔子而后解华胥之梦，狂屈、无为之论，离朱、喫诟、象罔之求玄珠，寓言也，而款启寡闻者，执以为真，转相祖述，是牵拘之病也。

"太史公曰：'《尚书》但传尧以来，而百家言黄帝，其文不雅，缙绅先生难言之。'诚然卓识哉。凡人情所最歆艳无若仙，而所最不测无若鬼。其言甘而易溺，杳冥而易疑。而黄帝时胥有之史，言其时民神异业，祸灾不至，一再传而少昊、颛顼之代，九黎乱德，家为巫史享祀无度，而神弗蠲[①]，嘉生不降，于是命重黎绝地天通，使复旧常，无相侵渎，民用安生。此去黄帝时几何，而邪说横议为害尚尔。况孔子时耶？

"孔子时黄帝书若《三坟》之类，仅有存者，削而不录，断自唐虞，天地变化，圣人效之，《易》所由作也。然而曰知变化之道者，其知神之所为乎？变化之道宜民为本，一篇之中不啻三致意焉。虑夫诬圣人、诬天下，后世者之借口也。孔子而后，知神化者有子思、孟子。子思曰：'至诚如神，惟至诚能化。'孟子曰：'大而化之之谓圣，圣而不可知之谓神。'不诚无物，为幻而已矣。偃师之倡、兰子之戏、西极化人之眩、鼻垩[②]之运斤、棘端之沐猴[③]，岂不曰神，非圣人之神也？

---

① 蠲（juān），显示，昭明。
② 鼻垩，《庄子集释》载："郢人垩慢其鼻端若蝇翼，使匠石斫之。匠石运斤成风，听而斫之，尽垩而鼻不伤，郢人立不失容。"喻指技艺精湛。
③ 棘猴，典出《韩非子》。战国时，宋国有人请为燕王在棘刺的尖端刻猴，企图骗取优厚的俸禄。燕王发觉其虚妄，乃杀之。后指欺诈或诞妄。

黄海
HUANG HAI

"夫不有言'黄帝发轫紫宫，不崇朝而匝六合，雕鹖鹰鸢为旗帜，投弃械为枫林'者乎？则此类也，小知不可大，受曲艺而已矣。扁之斫轮、庆之削鐻、宋之刻楮、痀偻之承蜩、庖丁之解牛，岂不曰神？非圣人之神也。

"夫不有言'黄帝善蹴鞠，为书二十五篇，算学以帝为先师，造酒泉法，千岁其味常好，种五梁禾，顺色置方，鸳鹤髓、毒瑁、犀、玉二十余物渍种，粟斛成一金'者乎？则此类也，墨子曰：'利于人者巧，不利于人者拙。'利人则宜民，巧则神化，是道也。墨子知之，而学孔子者奚不若？曰：'神化在宜民。'既闻命矣，敢问黄帝骑龙，信乎？曰：'未可知也。'黄帝而上，五姓同期，四氏叙命，柏皇、有巢、女娲诸君，往往言乘龙事，殊无稽。

"蔡墨言：'古者畜龙，有豢龙氏，有御龙氏。'龙，水物也，物有其官，官宿其业，其物乃至。若泯弃之，物乃坻伏。孟子言：'禹平水土，驱蛇龙而放之。'苴龙可放也，亦可扰也。龙可扰也，亦可骑也，而吾未敢必有也，当以孔子为正。

"《乾》之《彖》曰：'时乘六龙以御天。'《象》曰：'飞龙在天，大人造也。'岂真龙哉？言龙德耳。黄帝之骑龙犹是也。《石氏星经》："中宫黄帝，其精黄龙，为轩辕。"岂轩辕星龙体，而因以龙轩辕帝乎？子名苗龙，工师名苍龙，将名应龙，角作龙吟，马生龙翼，五龙舞河，乘龙扆云，马师皇献龙玄兰香，种之苑中，安往而非龙所曼衍哉？

"或曰'黄帝龙颜，得天庭阳，上法中宿，取象文昌，戴天履阴，秉数制刚，身逾九尺，附函挺朵，修髯花瘤，河目日角，苍色大肩，有似于龙'，其谁见之？

"《古今注》载：'孙兴公问群臣："拔龙须，须坠地而生草，曰龙须草，有诸？""龙须草一名缙云草，世人妄传耳。今有虎须草，江东织为席，号西王母席，可谓是西王母乘虎而堕其须乎？"'其辨晰矣。

"庄生曰：' 龙 蛇，与时俱化。浮游乎万物之祖，物物而不物于物，此黄帝之法则也。'其指近矣。曰：'敢问黄帝仙登于天，群臣葬其衣冠，信乎？'曰：未可知也。当以孔子为正。

"荣伊令言黄帝三百年，孔子曰：'民赖其利百年而死，民畏其神百年而亡，民用其教百年而移，故三百年。'颜子之齐，孔子有忧色，恐其言尧、舜、黄帝之道而重以燧人、神农之言，将内求而不得，不得则惑人，惑则死。汉武帝求仙，听齐人公孙卿言黄帝事，叹曰：'诚得如黄帝，弃妻子如脱屣耳，贪生则恶死，何所不至？'末年乃以巫蛊致卫后、戾太子皆自杀。彼既脱屣，视之何纤介焉？则惑之甚者也。孔子言死不言仙，所以解惑而救死也。司马子长《五帝纪》但书崩，独黄帝书崩又书葬，得孔子之意矣。

"《历书》载《五帝诏》曰：'昔黄帝合而不死，名察度验，定清浊，起五部，建气物分数。'言历者胶泥星度，推步不行，惟黄帝总会星辰，次舍部位，其法展转推求，如律吕相生，故曰'不死'，犹俗云'活法'耳。又曰：'黄帝得宝鼎神策，是岁己酉朔旦冬至，得天之纪，周而复始，迎日推策，后二千[十]岁复朔旦冬至，凡二十推，三百八十年。'孟康谓历终复始，无穷已之意，与不死同，而人以为仙，此与武帝之惑何异哉？

"淮南王诛，王子晋夭，老聃死，秦失吊之，三号而率以为仙去，则黄帝之仙启之也。子华子曰：'采铜炼刚，质也；登首山，就高明也。'

"鼎，上水下火，二气升降，相济中和也。群龙，众阳之气。云，龙属也。帝乡灵台之阙，而心术之变也。弓袤衣冠，帝所以善世救俗之具也。甚矣！世之好怪也。人主羡慕久生，轻举狡诈，希宠之臣从而逢之，将甘心于黄帝之所造，其持论颇不悖孔子。

"夫仙，孔子所不道也，无论孔子。《黄帝书》曰：'精神入其门，骨骸反其根。我尚何存？形动不生形而生影，声动不生声而生响，无动不生无而生有，形必终者也。有生则复于不生，有形则复于无形，生者理之必终者也。终者不得不终，亦如生者不得不生。'

"庄列每祖述之黄帝，不言仙而人顾以仙，为黄帝重乎？无论仙，不可知。黄帝姓为公孙，为姬，为己。或以生寿丘，长姬水，以水为姓；或以居轩辕丘，以丘为名；或以始造车，天下号之轩辕；或以胸文曰黄帝子，或以龟书成字象轩。其母为昊枢，为附宝，为有蟜氏。其生戊己日，以土德王，其纪为疏，扢为流汔。

"古天神有黄帝是生阴阳至德之世，有轩辕氏而六世始为黄帝，黄帝冢在桥山，而北地子午山复有之。上郡五龙山古帝治所，五龙氏乘云登仙，与黄帝事相类。

"秦灵公作吴阳上畤祭黄帝，皆距桥山近。神其说者又云：'自择亡日，至七十日还葬，陵崩，墓穴无尸，但剑舃在。'是非真赝讹误，莫可究诘矣。曰：'然则桥山之祀非耶？'曰：汉元封间巡朔方，还祭黄帝冢桥山，千八百年不荛废也。

黄　海
HUANG HAI

"《礼·祭法》：'黄帝正名百物，以明民共财，有烈于民者也。'非此不在祀典。国家秩祀、准则、礼经、流俗，位西南，用枭、破镜，诸不首其义者，咸除之。崇德报功，祀事孔明。非数非疏，神人协和，传之万世可无敝已。夫正名百物以明民共财则宜民，神化之说也。"

令拜手而谢曰："今乃知名之不可苟也。卜诸《易》，考诸《礼》，言称孔子而名，后可久也。"属祝史识之。

俞安期曰：余登桥山，其山形实类桥云。

天都山史潘之恒景升定
寓庸居士黄汝亨贞父阅

纪迹三·之五

仙都志 述《道藏》。①

叙曰：疆理之书，肇于《禹贡》，而具于《职方》。然水有经，郡邑有乘，此《仙都志》所由作也。仙都胜事在道家书，为祈仙洞天。爰自发迹轩辕，由唐逮宋锡名，荐祉符瑞，屡臻圣朝。延祐间，贞士赵虚一载奉玺书来领厘事，山川草木昭被宠光，独峰练溪，若增而高、峻〔浚〕而深也。住山陈君此一载笔于编，沿革瑰奇，巨细毕录，其有功兹山者欤。吾闻蓬莱在望，而风輨引去，桃源既入而路忽迷，则名山大川岂人人之所能周览哉。此编目击道存，可以卧游矣。

至正戊子五月既望。

仙都山，古名缙云山。按道书洞天三十六所，其仙都第二十九，名玄都祈仙洞天，周回三百里。黄帝驾火龙上升处，山巅有石屋，世传为洞天之门。《史记》载："缙云本黄帝夏官之名。"张守节云："栝州缙云县，其所封也。"《太平寰宇记》："唐置缙云县。又以栝州为缙云郡，盖以其地有缙云山故也。今县在山之西二十三里。"《图经》云："唐天宝七年六月八日，有彩云起于李溪源，覆绕缙云山独峰之顶，云中仙乐响亮，鸾鹤飞舞，俄闻山呼万岁者九，诸山皆应。自申至亥乃息。刺史苗奉倩上其事于朝，敕改今名。"

郡志云：仙都山孤石撑空，石顶有湖，生金莲花。古老相传，尝有金莲花瓣飘落。

独峰山，一名仙都石，谢灵运《名山记》云："缙云山旁有孤石，屹然干

---

① 《仙都志》为元道士陈性定撰。

云,高二百丈,三面临水,周围一百六十丈,顶有湖,生莲花。有岩相近,名步虚山,远而望之,低于步虚,迫而视之,步虚居其下。"旧《东阳记》:"一名丹峰山。昔黄帝尝乘龙车登此山,辙迹犹存。自唐白乐天以下,古今名贤,留题有什。"

步虚山,在仙都山前,正与玉虚宫相对,叠嶂倚空,群峰掩映。又有小峰列如北斗,名曰斗岩。谢灵运《名山记》云:"中岩土[上]有峰,高数十丈,或如莲花,或如羊角。古老云:'黄帝尝炼丹于此。'"刘澄《山水记》云:"缙云台,黄帝炼丹之所。"《舆地志》云:"缙云堂,即三天子都。山巅平敞,有若坛埠,是其地也。"

童子峰,□□[在独]峰侧,其状如笋。独峰之腰有窍若脐,此峰平脐,故名。《栝苍旧志》云:"独峰山旁,一石峭立,谓之童子峰。"

好山,在仙都山西,初旸谷左。宋绍兴间,转运使李士举尝游仙都,过徐氏山居,赋诗有"华屋重重对好山"之句,由是得名。后晦庵朱先生弭节于此,其名益著。

隐真洞,在步虚山巅,与独峰相对,洞口岩石玲珑,宛若窗牖,峻绝难跻,罕有到者。按《郡志》云:"唐刘隐真先生修炼之所。"

仙水洞,在步虚山麓。《郡志》一名镜岩洞。中有泉出自崖窦间,滴于石池,虽大旱不竭。唐周景复先生修炼之所,名公磨崖,记游者众。

金龙洞,在步虚山东,中有二洞相连,通明开敞。旧志云:"洞深不可测,道家谓洞天,即此也。"宋天禧四年投金龙玉简于其中。

天堂洞,在仙都山东,双龙洞左,高峻,人迹罕到。洞中石壁正面列二圆穴,右者浅而左者深,有龙居之,旱祷必应。洞旁又二石洼,左者水清常溢,右者水浊或缩,名日月泉。山后别有一洞,俗呼为天堂山,内筑精舍,扁曰"清虚"。

初旸谷洞，一名倪翁洞。临于练溪之上，左右岩石奇怪，对望独峰。《郡志》云："谷在仙都山西，初入颇阴隘，少进有石室洞房，虚敞可居，以东向先得日，故名初旸。"正东石壁有窍，大如盘盂，初旸光射室中，烂然五采。其外晴波万斛，有如烁金。或云倪翁洞在缙云县东半里，讹也。宋嘉泰间，郡人陈百朋《续志》云："洞正属仙都山练溪旁初旸谷中。崖上有洞名三大字，或云李阳冰篆。"今考谷中有磨崖"初旸谷"三楷字，"倪翁洞"三篆字。古老相传，昔有倪长官隐居于此，今失其名。宋乾道间，郡守钱竽题仙都诗云："初旸便是扶桑谷，洞里倪翁招我来。"则知倪翁洞即初旸谷明矣。又曰云堂洞。右山中岩洞固多，自来唯六洞著名。

双龙洞，在独峰之东，灵泽庙左，盘石横跨山涧中，其下空洞通人，虽大旱清流不竭。宋绍兴间久旱，玉虚道士游先生望云气至其所，见二巨蛇盘旋石下，饮水不去，遂祝之。雷雨随至，合境霈足，由是得名，立祠祀之。洞内左有阴穴横穿而上。昔尝有人明炬而进，莫穷其源，至今旱祷必应。时行沛泽，或见雷光。洞前涧水深处，即古所谓游龙泓，又曰龙泓洞。宋人胡志通、王十朋俱有题咏。

小蓬莱，在练溪之下。按《郡志》云："在仙都之西，潭心有小岛，上多怪石奇树。潭之南有石壁，高可百仞，名公镌歌咏于崖，以记登览之胜。游者泛舟而入，恍若蓬瀛之境。"参政四明楼公钥①大书"小蓬莱"三字刊于碑，以亭覆之，今废。傍有合掌洞，可容数十人。石壁高处横列十余穴，若玑贯组，名大组岩。其东复耸一岩，上广下敛，曰雨蓑岩。

小赤壁，在川石潭上。按《郡志》云："在仙都之东，濒溪壁立，高可千尺，峰峦奇秀。壁下空洞，潭水凝湛，莫测其深。泛舟而游，迥出尘外。溯流一舍余，亦有一岩，郡人参政何公澹②书'小赤壁'三字磨于崖。"虽地异而名同，故并录于此。

---

① 楼钥（1137—1213），字大防，号攻媿主人，鄞县（今浙江宁波）人，官至参知政事。
② 何澹（1146—1219），字自然，处州龙泉人。

黄海
HUANG HAI

仙释岩，在小赤壁之西岸，有石挺然森列于溪之许[1]，间有状如仙人释子之像者。玉虚山地多在其侧，而古籍常以仙人石为界。

黄𫍯[2]赤岩，在仙都山之东麓，有崖壁立，横亘数十寻，岩窦谽谺[3]，色绚五彩，远望如云锦，近视若霞绡，今土人立田社于岩下。

鼎湖，即独峰顶上湖也。尝生莲花。按唐宋以来名公题咏，并以鼎湖称之。

炼金溪，源出大盆山，至仙都，则名炼金。水中有石与独峰之根连续一片，其平如砥。两岸相望，阔三十余丈，而水深仅尺许。按《郡志》："仙都之里曰炼金里，溪曰炼金溪，渡曰炼金渡。"然莫考其所出。据唐韦翃《仙都山铭》曰："丹穴傍起，金溪下融。"又唐隐真先生《玄墟志》曰："炼金溪畔，足以濯缨。"则炼金之名古矣。

金华潭，在炼金溪下深处。古老相传：鼎湖金莲花瓣尝飘坠于此，因而得名。

练溪，又在金华潭之下，水光若练，故名。按《郡志》云："在仙都之西，初旸谷洞前。水中有大人迹、犬马蹄痕。又有石井，深不可测。"

丹井，在玉虚正殿之西南隅。隐真先生尝汲以炼丹，至今泉清味甘，冬温夏寒，虽旱潦不枯溢。

祠宇附。

玉虚宫，在仙都山中，即玄都祈仙洞天、黄帝飞升之地。自唐天宝戊

---

[1] 许（hǔ），同"浒"。
[2] 𫍯（liáo），空谷。
[3] 谽谺（hān xiā），山谷空深貌。

子，以独峰彩云仙乐之瑞，刺史苗奉倩奏闻，敕封仙都山，周回三百里禁樵采捕猎，建黄帝祠宇，岁度道士七人以奉香火。

金阙寥阳宝殿，郡人叶嗣昌书额。

黄帝祠宇，唐缙云县令李阳冰篆额。

飞天法输藏殿，宋朝乾道己卯道士李伯祥创立，法轮规模宏美，郡人陈沂书扁匾。

风雨堂，吴兴赵孟頫书匾。

金莲馆，蜀郡虞集书扁。

妙庭观，在仙都山东，金龙洞上，唐咸通元年，隐真刘先生所建，又筑玄墟于其后。乾符三年，门人朱惠思诣阙①请观额，蒙锡以"仙都"之号。景福元年，江东罗隐作记。宋治平二年，改赐今名。元皇庆元年，玄妙葆真道士陈怀玉奉玺书，复为甲乙，由是振兴。

独峰书院，在炼金溪西，正对独峰。宋淳熙壬寅，晦庵朱先生持常平节上疏，劾台守未报，徜徉于此山，以伺朝旨，有于此藏修为宜之语。

题咏附。

韦翃■■■

《都山铭》云：

亭亭仙都，峻极维嵩。屹立溟右，削成浙东。
发地直方，磨霄穹崇。灵沼在上，祥云积中。
圭臬千仞，柱宁四封。目视不及，翰飞靡穷。
群阜奔走，列仙会同。黄帝彼访，碧岭是冲。
丹穴傍起，金溪下融。日照霞附。月映绡蒙。
壤绝栖尘，木无寓丛。居幽不昧，守一而雄。
万寿报响，九成来空。嘉名来复，展礼斯洪。
录作惩止，年祈感通。莫高匪兹，造物之功。

---

① 诣阙，到天子的宫阙，指赴京都。

黄海
HUANG HAI

又云：

玄混播形，厚载孕灵。雄冠群山，孤高亭亭。
挺立参天，氤氲青冥。岚凝丹穴，霞驳云屏。
上磨九霄，旁砺五星。龙髯莫睹，凤管时听。
降自穆武，求之靡宁。徒闻荒政，曾不延龄。
物有殊异，昔人乃铭。爰勒斯文，缙云之垌。

张鹭■■■

铭云：

仙都有山，山出万山。直上千寻，入烟霞深。
圆如笋抽，高突云阴。标表下国，权舆象帝。
日欵月欵，万有千岁。东西大镇，川泽四卫。
造化无垠，莫知往制。晴岚依依，宿雾洞开。
仿佛有像，神仙下来。灏气氤氲，灵鸟环回。
永殊尘杂，不鼓纤埃。绝顶霄崿，澄湖在上。
人罕庋止，孰窥其状。日烛云披，风飘液飞。
如雨雨空，微洒霡衣。谷来松音，潭影曙晖。
往往鹤唳，不知所归。唐垂百年，玄宗体元。
响应万岁，声闻上天。帝祚明德，祠堂在焉。
永怀轩后，功成此地。丹灶犹存，龙升万里。
事列方志，道高青史。无复仙容，空流溪水。
百越之内，此山为大。恍若壶中，疑生象外。
直而不倚，高而不殆。古往今来，独立沧海。

叶清臣[①]宋转运使，字■■。铭一首。

《自序》云：黄帝车辙马迹，周遍万国。丹成云起，因瑞名山。则独峰之登，固宜有是。会将漕二浙行部括苍道士仙都亲访灵迹，慨然感秦汉之不自度也。驻马溪■[上]，勒铭山阴。铭曰：

---

① 叶清臣（1000—1049），字道卿，长洲（今苏州市）人。天圣二年（1024）榜眼。

于黄显思，道崇帝先。隆三迈五，功丰德全。
脱履厌世，乘云上天。絧彼飞龙，格于皇天。
霣秦侈汉，鏖兵事边。流痛刻下，溺祚穷年。
忘是古训，跋于岩巅，宜尔灵仙，孤风岂然。

白居易[①]唐中书舍人，字乐天。诗一首。

> 黄帝旌幢去不回，片云孤石独崔嵬。
> 有时风激鼎湖浪，散作晴天雨点来。

徐凝[②]前进士■■■。

> 天地茫茫成古今，仙都凡有几人寻。
> 到来唯见山高下，只是不知湖浅深。

曹唐[③]运转使、起居舍人。诗二首■■。

> 蟠桃花老华阳东，轩后登真谢六官。
> 旌节暗迎归碧落，笙歌遥听隔崆峒。
> 衣冠留葬桥山月，剑履将随浪海风。
> 看却龙髯攀不得，红霞零落鼎湖空。

> 黄帝登真处，青青不记年。
> 孤峰疑碍日，一柱独擎天。
> 石怪长栖鹤，云闲若有仙。
> 鼎湖看不见，零落数枝莲。

李建中[④]两浙转运副使。诗一首。

> 岩岩仙都山，肃肃黄帝宫。

---

① 白居易（772—846），字乐天，号香山居士，祖籍太原，有《白氏长庆集》。
② 徐凝，唐代诗人，睦州（治今浙江建德东北）人，与白居易、元稹有交。
③ 曹唐，唐代诗人，字尧宾，桂州（治今广西桂林）人。初为道士。返俗后，屡举进士不中，或云大和年间中进士。工诗，与杜牧、李尧等友善。
④ 李建中（945—1013），宋京兆（治今陕西西安）人，字得中。善书札，行笔尤工，人多摹习，好古勤学，多藏古器名画。

黄 海
HUANG HAI

  巨石临广泽，千仞凌高穹。
  肇当融结初，全得造化功。
  深可蟠厚壤，峭疑截冥鸿。
  云軿去路存，丹鼎遗迹空。
  抽润草心碧，敷香莲叶红。
  升龙扳矫矫，飞凤鸣噰噰。
  而我集仙署，尝比瀛洲雄。
  星移婺女间，风驾析木东。
  到觉毛骨爽，坐如羽翼冲。
  万事皆氛埃，一气归鸿蒙。
  逴哉上圣道，邈与玄化同。
  金简奠至诚，玉书铭代工。
  功成解冠剑，栖息期此中。

梁鼎[①] 郡卒。诗一首。

  黄帝升天石，高名壮斗牛。
  孤根斜照水，寒色不知秋。
  巍与群峰并，圆如一笋抽。
  晓妨残月下，晴碍落星流。
  危定胜昆阆，登应见沃洲。
  爱深无尽处，日极更迟留。

孙何[②] 起居舍人、转运使。诗三首。

  贝阙琳宫紫雾深，凤凰仙乐尚愔愔。
  鼎湖往事二千载，石笋青春一万寻。
  挺立不教凡草长，削成应免俗尘侵。
  霓旌绛节知何处，空有莲花送好音。

[①] 梁鼎（955—1006），益州华阳（治今四川成都）人，字凝正。太宗太平兴国八年（983）进士。好学善书，工篆、籀、八分。有《隐书》《史论》等。
[②] 孙何（961—1004），字汉公，北宋蔡州汝阳（今河南汝南）人，十岁识音韵，十五能属文，笃学嗜古，著作颇丰。

薜荔无因挂一毫，化工镌削亦应劳。
圭形直指明河落，桂影遥分涨海涛。
发地五千何足贵，去天三百未为高。
轩辕辙迹今犹在，斗上丹梯著羽袍。

黄帝升天去不还，空留片石在人间。
千寻杳杳撑红日，万古峨峨出众山。
湿雾好花宫女困，倚云乔木羽林闲。
时人不信飞升路，辙迹龙髯竟可攀。

胡志道[①]诗九首■■■。

夜宿仙都，闻松声间发，音韵琅琅，飘然若铿锵环珮，早起识之。

仙都古洞天，云阙高嶾嶙。
新宫欣然成，碧瓦灿鳞列。
我时宿嚫房，六月失烦热。
松声起中夜，梦枕忽惊辍。
天籁鸣虚徐，玉箫递泠彻。
凤歌谐律吕，鹤舞想应节。
安知非群仙，宴罢摇佩玦。
从来筝笛耳，一洗万想灭。

黄帝祠宇为李阳永篆

李侯神仙才，宇宙在其手。
古篆夸雄奇，铁柱贯金钮。
标榜黄帝祠，字画气浑厚。
想当落笔时，云梦吞八九。
每传风雨夜，蜿蜿龙蛇走。
光怪发岩窦，草本润不朽。

[①] 胡志道，宋代诗人，生平不详。

黄　海
HUANG HAI

鬼物烦扨诃，一旦忽失守。
随烟遽飞腾，无复世间有。
因访山中人，石刻尚仍旧。
谁能一新之，易若运诸肘。

望云阁

黄帝乘云至帝乡，空留辙迹锁穹苍。
茫茫丹鼎知何在，曳曳霓旌不可望。
乞得溪山增气象，真成草木被恩光。
我来睇目凭栏久，是可无情忆楚襄。

撷芳轩 上清之章曰：撷芳长引八骞林①。

仙家日月迟，春物长芳菲。
欲撷琼瑶英，咀嚼云腴肥。
只恐花雾深，香气湿我衣。
坐哦心未惬，归梦绕岩扉。

练玉轩 《紫微夫人之歌》曰：庆云缠丹炉，练玉飞八琼。

晓诵《黄庭经》，暮歌《紫芝曲》。
若欲童子颜，轩中勤练玉。
羽衣络霞青，云鬟颓鬒②绿。
功用信如许，庶可追妙躅。

焕照室 《黄庭经》曰：三光焕照入子室。

门外无俗驾，眼中有余清。
上登巍巍阙，八窗皆虚明。
三光焕尔照，万象无隐情。
试观弄丹笔，云篆俱天成。

---

① 骞林，意指传说中的月中树林。
② 鬒（zhěn），黑发。

仙水洞

升巍蹑层巅，云升近百尺。
平生尘土足，到此还几历。
有岩中枵然①，斧凿若天划。
玉泉出石罅，雨点散寒碧。
我来供茗事，松鼎煮琼液。
余甘生齿颊，可以醒醉魄。
永怀鹤发翁，谓周景复尝居于此。四顾但空壁。
似闻便仙去，山间谩留舄。

忘归洞

好山如故人，欣然见眉宇。
又如梳晓鬟，红绿相媚妩。
况兹爱山者，握笔喜临赋。
有岩巉然开，欲陟纵蹇步。
清游亦不恶，胜境得饱饫。
扫石坐晚凉，浓翠湿冠屦。
好花续春迟，纷纷杂红雾。
仙家在何许，恐入桃源误。
竟为弥日留，直待山月吐。
谩寻流水归，不记来时路。

初旸谷

山岚郁苍苍，溪水流浩浩。
纷然世上人，换易如秋草。
奇哉三洞天，连路极深窈。
阳崖射朝曦，先见扶桑晓。
谁能餐九华，颜色端使好。

---

① 枵然（xiāo rán），虚大、空虚貌。

黄　海
HUANG HAI

仙翁蝉蜕去，遗迹不可考。
我来惬登临，幽事费寻讨。
悲啸闻涧猿，啁哳听啼鸟。
平生愤懑忆，到此始一扫。
行将袖手版，汗漫游八表。

杨杰 字公次，濡须①人。两浙提刑。诗三首。

有路入仙都，何人到鼎湖。
秋风夜来急，吹落碧莲无。

问路从黄碧，穿云入紫清。
林间松化石，门外玉为城。

道士非爱山，出家今已老。
虽知车辙迹，不识龙髯草。

王铚②■■■

题黄帝祠宇

我渡溪水寻荒村，群峰势若万马奔。
酣酣春色雪初霁，霭霭野气山犹昏。
琼楼金阙涤地尽，松柏半带斤斧痕。
要还清净扫尘浊，一炬劫火安得焚？
行人鞠躬下马拜，仙都妙理吾能言。
威神可畏凛如在，有台今亦祠轩辕。
当年垂衣正南面，制作取尽乾与坤。
凿开鸿蒙肇人纪，首为区宇立本根。
风后力牧来联翩，神机开辟施无垠。

---

① 濡须，今属安徽含山。
② 王铚，字性之，自号汝阴老民。汝阴（今安徽阜阳）人。晚年遭秦桧排挤，避居剡溪山，以诗词自娱，世称雪溪先生。

初传问道广成子，后乃密契中皇君。
功高德大不可拟，几与造物分遗恩。
遥遥唐尧逮炎运，万年圣子兼神孙。
至人御世用常道，飞升轻举安足论。
爰从一气生万物，奈何已把天人分。
伏羲八卦画已破，女娲欲补理亦繁。
飘然独返清都去，却敛造化归全浑。
庙前仙石表今古，屹立霄壤争雄尊。
鼎湖可望不可见，意令后世难攀援。
顶中玄宫号泥丸，自然有路朝天阍。
此身内外神气合，俯仰自超生死门。
默运四时无诡异，试观日月谁吐吞。
只今湖边送风雨，草木吹动旗与旛。
飘落十丈红菡萏，碧溪下插玻璃盆。
马蹄车辙不须有，虽迷襄野道自存。
岩泉夜发百谷响，洞庭乐声犹可闻。
山川古色藏妙意，谁与开涤明根源。
我谈希夷返淳朴，不假辩说波涛翻。

胡升字子上，郡人，湖北提举。

题祠宇

鼎湖不可见，巍然但孤峰。
特立亘万古，气压诸山雄。
黄帝久得仙，游行跨飞龙。
至今世俗传，尚指辇路通。
颇如升天桧，追求白鹿踪。
常言贵荒唐，厥见真儿童。
顾惟此山奇，实宜仙所宫。
水声来泠风，和以万本松。
客枕久未稳，笙箫满虚空。
颇疑九成音，不在二典中。

黄　海
HUANG HAI

  但恐蚩尤旗，晔晔舒长虹。
  虽能独不死，忍视斯民穷。
  君看涿鹿战，万古蒙其功。
  鼎湖何足道，帝德弥苍穹。

韩元吉[①]上饶人，号南涧。诗三首。

过仙都

  槛外风高霜月明，步虚山里步虚声。
  罢琴刻烛初长夜，又得人间一梦清。

  封禅空余不死名，华清宫里望长生。
  闲云布作人间瑞，更有山呼万岁声。

  龙虎驱驰战阪泉，荆山鼎就更升天。
  轩辕到处存遗迹，忍使君王不学仙。

李士举宋转运使。

过徐氏山居

  四海无尘战马闲，稻粱桑柘绿回环。
  不知尽是君王力，华屋重重对好山。

朱熹[②]字元晦。浙东提举。

追和前韵

  出岫孤云意自闲，不妨王事似连环。
  解鞍盘礴忘归去，碧涧修筠似故山。

---

① 韩元吉（1118—1187），字无咎，号南涧，南宋词人。
② 朱熹（1130—1200），字元晦，又字仲晦，号晦庵，世称朱文公。祖居徽州府婺源（今江西婺源县）。著名的思想家、哲学家，闽派的代表人物，儒学集大成者，后世尊称为朱子。

天都逸史潘之恒景升撰
定庵居士冯时可元成校

纪迹三·之十一

黄山图经考

宋胡彦国①题曰：新安之黄山，三十六峰奇伟冠天下。绍兴甲戌季冬，彦国自行在所被召，命守是郡②。意忻然谓："将获一游，以偿素愿。"逮到官，乃闻城之距山实两驿，不可朝去而暮回，惟守臣③未尝得往，怅恨若有所失。又闻前人尝言，此山《图经》所载甚详，曩因睦寇之祸，焚毁不存。广行搜访旧本于士人楚赟家，遂命镂板于公使库④，仍按山胜概绘于黄山堂壁，以示好事者。

时绍兴二十六年丙子孟春二十有六日。

黄山图经序

清河张介序曰：予尝读班史⑤，见有"山东出相，山西出将"之说，慨然叹曰：山水之感人，固如此乎？盖天地之气，结而为山岳，融而为河海。而山岳河海之气，亦孕而为人。是故山岳河海之气受之于天者，有刚柔清浊之殊；而人受山岳河海之气以生者，亦不能无疆⑥弱勇怯之异。今夫吴越之人秀，闽蜀之人峭，齐鲁之人朴，淮楚之人直，此皆其山水所发者然也。

江南诸郡，多佳山水，其间雄绝者，莫如黄山。其山旧名黟山，当宣、歙二郡界，西南属徽州歙与休宁县，东北属宣州太平、旌德县。唐天宝六年

---

① 胡彦国，南宋绍兴间（1131—1162）知徽州军。（据闵麟嗣《黄山志定本》）
② 是郡，指歙县，古徽州府治所在地。
③ 守臣，镇守一方的地方长官。
④ 公使库，宋时所设招待来往官吏的机构，常以余资刻书。
⑤ 班史，指《汉书》。东汉班固撰，故称。
⑥ 疆，通"强"。

黄 海
HUANG HAI

六月十七日，敕改黄山。其势峭拔，其形壮丽，故宣、歙二郡之士风民俗，率多廉直耿悍之气，自昔异才间出，贤哲迭生。武烈文勋，皆足以耸动朝野，又信乎是气之所钟也。然而自山至京二千余里，陆海不通，舟车隔绝，故罕为士大夫所游赏，而遂泯灭于无闻。虽山僧野人之居，盖亦少焉。

元符三年，雁荡周君来尉歙邑，因按验至山，遍赏诸景，于祥符寺得《图经》及古今贤哲题咏以观，乃叹曰："有如是之景，而不闻于世者，何也？是非文字不传之过欤？亦居山者有罪焉！"遂镂《图经》及诗，板行于世。

予居宣之太平县，去祥符精舍无两牛鸣地①，因同朋友访谒，求汤泉澡涤之胜。焦君东之居山之麓，适与偕行，寓宿于寺。主山一老，出示旧本《图经》，历年滋久，其间脱板甚多，似不足以悦人之观览，甚为之惜，谓能更复此集，非好事者不可。焦君在列，慨然有志于斯，遂命工增以山图，续以近世诸公诗词，并附于前后，就属予为序。予即领其说而喜曰："斯图一新，不惟使前之英雄杰作不致湮泯无闻，亦使天下后世之人知此山之景，而名公巨儒接踵来游，高僧隐士比屋争居于山之间者，实焦君东之之力也。"于是乎书。

时宋嘉定改元清明节日。

合沙黄之望②叙曰：余性嗜山水，经行胜处，往往心融意会，自得于中，有不可以语人者。表侄郑震，来自宛陵，出示中山焦君东之摹刻《黄山图经》，并前贤题咏，且云黄帝与容成、浮丘炼丹之地。是非未暇深究，每一披览吟讽，颇契余性所嗜。三十六峰，森然如见，不觉心目行舒，骨轻欲举，刬涉其趾而升其巅耶！江南多山，胜绝层见，炼丹之事，恐亦不诬。按其巉岩峭壁，翠玉万丈，神剜鬼划，延袤数州，真足以甲江南诸山也。想夫林寺古而烟霞深，潭洞杳而龟蛇寿，春浓秋淡，节序生态，仙灵飘缈，往来其间，扶舆磅礴，木石不足以当此奇也，意必有奇杰宏伟者出焉。

宣、歙自古多名贤，是山实为之，况居其麓者乎？焦君享龄弥高，潜德不耀，乐天无忧，有隐者风，果得仁者静寿之验欤！不效奇杰，出为世用，不在其身，则在其子孙矣。或谓是山非车辙辐辏之郊，故士大夫罕游赏。

---

① 牛鸣地，谓牛鸣声可及之地，喻距离较近。
② 黄之望，字子万，宋嘉定年间奉议郎。

余曰："黄山，伯夷之清，若有道者也，岂以游赏为之晦暝哉？"余未由见黄山之真面，披图玩句，亦足以发余爱山之怀。

时嘉定戊辰春。

仙源焦源跋云：黄山以黄帝与容成、浮丘炼丹之地，得名久矣。其广千里，其高千余丈，其岩、洞、溪、源、峰、峦，具载《图经》。四方仰瞻，四面如画，以池阳九华言之，四分得其一；以巫峡十二峰参之，三分得其一。《郡国》所志，《舆地》所图，自江之南，耸秀峻极，作一方之壮观，而接诸郡之境者，黄山也。下有汤泉，支分派别，愈人之疴，济时之旱，其功利有不可言，实神仙之窟宅，人寰之福地洞天也。自唐刺史李敬方忽因白龙之现始立汤院，至于南唐易名灵泉，距宋龙兴奉符礼毕，锡今号为祥符。止元丰甲子，七十余年，始得主僧文太，寺宇为之改观。越十祀，甲戌又得雁荡周君力与维持，捃摭胜概，遂成《图经》，传于后世，当知物各有时，而事各有所待也。惜乎元丰甲子至嘉泰末，凡两①甲子，以往古来今，《图经》记载脱废、朽腐泯灭多矣。予慨念之有若是焉。于是搜采名贤题咏，图摹旧迹，缀成一集，命工镂板，以广其传，庶几士君子讲论谈笑之余，开卷览之，是亦足以舒情而爽思也。

时嘉定改元戊辰岁。

歙程孟后序云：吾州黄山，号称江东巨镇，峰峦岩洞、仙踪异迹尤多，而卒不获著于通典，与诸洞天福地并，何耶？以其僻界徽、池、宣三州之间，舟车不通，人迹罕到，隐而弗彰也。柳仪曹曰："以兹丘之胜，致之丰镐鄢［鄠］杜，则贵游之士争买，日增千金而愈不可得。"② 假使是山临乎通都大邑，岂不亦犹是欤？

《图经》之作，莫窥其源，有通判李公③之序在。重刻于元符庚辰，县尉雁荡周君。后五十七年绍兴丙子，三刻于朝请郎、知徽州军县胡彦国。又五

---

① 《黄海》原本作"凡两两甲子"，当衍一"两"字，改之。
② 按：语出唐代柳宗元《钴鉧潭西小丘记》。柳曾任礼部员外郎，世称礼部郎官为仪曹，故称柳仪曹。丰镐，亦作"丰鄗"，周朝二京，又借指国都。鄠杜，指鄠县与杜陵。杜陵，汉宣帝陵墓。靠近长安，皆为胜地。"致之丰镐鄠杜"，意为放到丰镐、鄠杜这些靠近京都繁华的地方。
③ 李公，指李锌，宋景祐初任新安通守，应祥符院僧行明之请作《黄山图经序》。

十三年嘉定戊辰,四刻于中山进士焦东之。自嘉定戊辰至今天顺壬午,二百五十五年,中间纵潭吴氏所刻,无文可考,板复漫灭。今祥符禅院住持全宁上人,早年祝发。予同乡之景德院领僧录司橄,来主于兹。慨念寺宇荒颓,发猛省心,于正统十一年辟榛鼎创,山川为之生色。复谓《图经》不可以失传,乃干予①同谧斋鲍先生②参校而重刊之,用垂不朽。予以家藏旧本校之,吴板率多脱略,编次不伦,乃以平昔所闻与夫近代题咏,并为增入,分类编次,观者便焉。

嗟夫!物不自美,必因人而后彰。兹山之形,虽环奇诡异,有足以耸动观瞻,苟不得闻人达士为之品题,以摅幽发粹,则亦湮郁芜没而已,安能久显于世乎?是图一新,则山又若增而益高,水若辟而益广,虽不获著之通典,亦庶乎其不落莫矣!异时或由题咏而有以取重于世,岂不因人而彰欤?惜乎谧翁仅补数诗,未有特书以赞其萃,予以非才黾勉以终上人之志,深惭编辑之不工,采述之未备,幸高明有以见教焉。

时天顺六年长至日。

黄山图经

黄山旧名黟山,当宣、歙二郡界,高一千一百七十丈。东南属徽之歙县,西南属休宁县,各一百二十里;东北属宣之太平县,八十里。即轩辕黄帝、浮丘公、容成子栖真之地。唐天宝六年六月十七日,敕改黄山。

按江南诸山之大者,有天目、天台二山。《郡国志》云"天目山高一万八千丈"而低于黄山者,何也?以天目近连浙江,天台俯瞰沧海,地势倾下,百川所归。而宣、歙二郡即江之上游,海之滥觞也。今计宣、歙之平地已与二山齐,况此山有摩天戛日之高,则浙东、西,宣、歙、池、饶、江、信等郡之山,并是此山支脉。诸峰积石,迥如削成,烟岚无际,雷雨在下,霞城洞室,乳窦瀑布,无峰不有。山下往往闻峰上仙乐之声,林涧之下,岩峦之上,奇踪异状不可模写,诚神仙之窟宅也。

---

① 干予,求助于予。
② 谧斋鲍先生,指鲍宁,字廷谧,歙人。于诗文不事藻饰。有《谧斋集》十卷、《天原发微辨正》五卷。

自歙郡至山口一百二十里，自山口至汤院又八里，磴道崎岖，不通车马。

按《周书异记》《神仙传》云："昔轩辕黄帝问道于广成子，受胎息于容成子，吐纳而谷神不死。获灵丹于浮丘公，遂思超溟渤，游蓬莱，乃告浮丘公曰：'愿抠衣躬侍修炼。'浮丘公曰：'凡择贤而师，学必精奥，栖隐胜地，业则易成。炼金成丹，必假于山水，山秀水正，则其药乃灵。唯江南黟山，据得其中，云凝碧汉，气冠群山，神仙止焉。地无荤辛，境绝腥腐；古木灵药，三冬不凋；名花异果，四季皆有。山高木茂，可为炭以成药。迸泉直泻，状如飞布。下有灵泉，香美清温，冬夏无变。若能斋心洁己，沐浴其中，饮之灌肠，万病皆愈矣。'"黄帝遂命驾，与容成子、浮丘公同游此山。

山有三十六峰、三十六源、二十四溪、十二洞、八岩，云。

第一炼丹峰，高八百七十仞。浮丘公于此峰顶炼丹，经八甲子，丹成，黄帝即服七粒，不借云霭升空游戏。故其上有炼丹灶，下有炼丹源，源中有炼丹水、洗药溪。捣药石臼、石杵，俨然尚存。

第二天都峰，与炼丹峰相并，为群仙之所都，高九百仞。峰下有香谷源，长闻异香馥郁。又有香泉溪，水常香美也。

第三青鸾峰，连天都峰，高八百五十仞，状如青鸾之蹲。下有采药源，黄帝曾于此采药也。

第四紫石峰，连青鸾峰，高六百仞，纯是紫石。下有汤泉源，源水流下汤泉溪。

《歙州图经》云："黟山东峰下香泉溪中，有汤泉，泉口如碗大，出于石间，热可点茗。"《仙经》云："山石出硫黄、朱砂，其水即热汤，春时即红，气味香美。"《周书异记》云："黄帝受浮丘公还丹，服四十二粒，毛发鬓润过常，视其肌肤，悉皆皱坏。浮丘公命黄帝至汤泉，浸七日，皱坏故皮随水而去。须臾，汤泉中有白龙现，云雾翳空，上有笙歌之声；逡巡，云气开散，青天亮皎，正当日昼，香气氤氲，随风袭人；珠函玉壶，自空而下，浮丘启之，函中有霞衣宝冠珠履，壶中有琼浆甘露。浮丘曰：'此是上天降下。'遂授于帝。帝乃受之，持归石室。浮丘遂于南峰题石壁，记以示后世。"

至唐大历中,歙州刺史薛邕遣人就立舍宇,大设盆斛,病无轻重,入者皆愈。又云:宋[唐]大中五年,刺史李敬方患风疾,遂至汤池浸浴。六年十一月,又入浴,因感白龙现,风疾遂瘥,乃造白龙堂,并勒铭于石。铭曰:

> 黟山南垠,汤泉沸腾。伏阳韬焰,阴火潜蒸。
> 盛夏不增,穷冬不冰。其谁主张?唯龙是膺。
> 刺郡二年,病不能兴。发汗五日,信而有征。
> 乃作龙堂,于汤西陵。乃刻龙像,为神依凭。
> 非众非公,非巫非僧。王徭步将,陈颢歙丞。
> 迭掌吾事,各勤尔能。未尽瞻依,去怀忧兢。
> 苟肆慢心,贻神怨憎。盲瞶疮鳖,灾亦相仍。
> 壬申既夏,一阴始升。铭石室壁,庶无骞崩。
> 遂号汤院,请僧住持焉。

保大二年敕为灵泉院,宋朝赐名祥符院。

第五钵盂峰,连炼丹峰,高八百五十仞,如覆钵之状,下有新罗庵。《神仙补阙传》云:"昔刘宋时,东国有一僧人,不知其名,来此修禅定,绝色味,三十余年不出溪口。尝于峰脚平石上,以锡杖卓出一泉,炼丹而服。偶一日,彩云仙乐来迎,忽乘龙上升。又有一洞,深莫可测,人不敢入。其炼丹处,梁大同中有人见一鼎并石灶,藤萝缠锁,因名仙僧洞。洞口阴暗之夜,有一灯现,朗如星明,人谓之圣灯。又有掷钵源,其僧常掷钵于空中,久而始下。其锡杖泉至今存焉。"

山史云:今丞相源即此峰下。万历己酉冬,建一钵庵,余有疏并《仙灯洞记》别载。

第六桃花峰,连钵盂峰,高八百仞。下有桃花源、桃花溪。世传以为黄帝所种,至今遍峰、源、溪、洞前,纯是桃花。三月方盛开,谢时满溪水红,流入汤泉溪,即名为桃花汤。

山史云:今天都社建此溪上,余别有记。

第七朱砂峰,高九百仞,宛如削成。峰半壁有朱砂岩,岩中有朱砂,望之如崩颓,猿猴亦不能到,唯飞鸟方及。《神仙补阙传》云:"浮丘公、黄帝同取此砂炼丹，故天下独贵之，人莫能获。下有朱砂洞、朱砂石、朱砂泉、朱砂溪，溪水东流入汤泉溪。"

山史云：今法海禅院在其下。万历辛亥夏，敕建慈光寺。余有记，载后卷。

第八狮子峰，在朱砂峰西南，高五百仞，宛如狮子蹲踞。下有锦霞洞，常有锦霞生。又有香林源，林中常有异香馥郁。

第九莲花峰，在朱砂峰北，高九百仞，状如莲花正开。下有莲花洞。莲花源水流朱砂溪，与桃花溪合流。

第十石人峰，在莲花峰北，高七百仞，宛如人形。下有白鹿源，曾有白鹿为人所猎。又有驾鹤洞，浮丘公在此驾鹤也。

第十一云际峰，在石人峰西南，高八百八十仞，峰顶入云际。下有藏云洞，长藏白云。又有乳水源，味甘如乳。下有布水，水落白云溪，溪中长生白云。水向东流入桃花溪。

第十二叠障峰，在云际峰西，高八百仞，其形如障。下有石乳岩，岩中长滴石乳，其白如雪，四季不绝，今俗呼滴水岩。又有阴坑源，长阴不见日色，源水东流入白云溪。溪中一潭如盆，下有一大潭，黄帝曾向此取水炼丹，感白龙现，名曰白龙潭，水流入朱砂溪，后有松谷祖师结庵潭外二里许，基址犹存。近年亦有道人栖止于此，松谷有石志。

山史云：黄山有两松谷，西路入海子，新创白云庵。

第十三浮丘峰，连叠障峰西南，高九百仞，阴砌源南。《图经》云：顶有浮丘翁仙坛，彩云灵禽栖止其上，即浮丘公游息之所。下有浮丘庙、浮丘观，唐会昌中拆毁，庙址犹存。每年州县水旱，祈祷立应。峰下有五云源，浮丘曾于此乘五色云去。又有浮丘溪，今俗呼浮溪，水东南流入曹公溪。昔人姓曹，曾于此上升，今呼为曹溪。又尝有人至浮丘坛所，忽见楼台宛然，前有白莲池，左右有盐积米积，归而邀人再去，了不知其处也。

山史云：浮溪去山三十里始合曹溪。

第十四容成峰，在浮丘峰东，高九百仞。容成子常游息于此，故有容成溪，今俗呼容溪。峰下有紫烟源，常有紫烟笼盖，又有容成洞，源中有容成遗址。

山史云：容溪源去峰七十里，有台，余曾登之。

第十五轩辕峰，东连容成峰，高八百九十仞。下有紫芝源，《周书异记》云："黄帝曾于源中采紫芝。"今常有紫芝生。峰顶有仙石座，即黄帝坐处。下有仙人洞、紫云溪，常有紫云不散。又有仙石室，即黄帝游息之所，曾有樵翁入室中，见一道士酿酒，为设一杯，翁云："天性不饮。"至夜，又弹琴说之，翁乞寓宿。道士不许，送出洞口，忽到朱砂溪，复迷入朱砂洞、香林源，不得出，变成毛人，今有毛人岩。其室中石鼎、石砧剉药刀痕犹存，即黄帝遗迹焉。

第十六仙人峰，在轩辕峰东北，高八百六十仞。顶有二石人，宛如刻成，对坐。《仙记》注云，"浮丘与黄帝游此上升之后，双石笋化成峰，可高十丈"，信神仙之圣迹。俗谓南向者为轩辕，北倚一石屏，迥如玉扆；北向者为浮丘。其下石壁高五百余仞，猿猴亦不能到。游者上紫石峰望之，下有仙人洞，因此得名。

第十七上升峰，连仙人峰，高八百仞。昔人姓阮，于此峰顶上升。下有阮公源、阮公岩、阮公溪，今俗呼阮溪。山下往往闻峰上仙乐之声。

第十八清潭峰，连叠障峰北，高八百仞。下有大清潭，流水倾泻，高可百余仞。下有布水源、锦鱼溪，溪中尝有锦鳞鱼。

山史云：即今逍遥溪，曾同汤太史直穷其源，有佳境。

第十九翠微峰，连清潭峰北，高八百五十仞。下有翠微源、翠微洞，又有翠微寺、青牛溪，昔人于此见青牛，逐前捉之，走入水中，寻觅不见。峰畔有布水源。

第二十仙都峰，连翠微峰东，高八百仞。下有仙都源、仙都观。《神仙补阙传》云："黟山北峰是神仙游处。"

山史云：以上二峰，属宣之太平县。天都、仙都从砂碛望，如张两翼。

第二十一望仙峰，在山北，连仙都峰，高八百五十仞。《周书异记》云："黄帝、容成、浮丘于汤池，同见一珠函、一玉壶，持归中峰下石室中，饮壶中甘露琼浆，披函中霞衣，簪宝冠，蹑珠履，光辉山谷。须臾，黄帝乘飞龙，前引彩幢珠盖，三仙飘然从峰顶上升，群臣扳龙髯堕地，故下有龙须岩，至今长生龙须草。下有望仙乡，此处有人望见空中三仙上升，闻彩云中弦歌之声。"今峰西有弦歌乡、弦歌洞、弦歌溪，俱属太平县。

第二十二九龙峰，连望仙峰东南，高八百仞。九朵合成，如九龙相缠。下有九龙岩、九龙源、九龙洞、九龙溪、九龙观。今从海门、炼丹台观之，尽其奇幻。

第二十三圣泉峰，在九龙峰西南，桃花峰东北，高八百七十仞，宛如削成，上下大，中间小，状如腰鼓。顶上有汤池，人不能到，于邻峰顶上望见，池中波浪腾沸，从池涌出一布水，向峰顶东南而下，入汤泉源、甘泉溪。《周书异记》云："浮丘翁谓黄帝曰：'黟山中峰之顶上有汤池，其味甘美，可以炼丹煮石。'"盖此处也。

第二十四石门峰，即黟山之中峰，高八百八十仞。下有石门，两山相通。山之半壁，有一大石横架其上，两畔相对，各有一大石床，如龟形，长数丈，通人行。当中有一大石塔，正圆如月，有四层，址围二丈，高三丈，上大下小，状如刻成，然非人力能及，盖灵仙所建也。半壁有一石，澡瓶引嘴，状如杓柄，中有流泉出焉。山下有毛人，唐大历中，出为人所杀，明日，其妻至亡处号啕而去。峰下有石门源、石门溪、猿猴岩、狼豹洞。

第二十五棋石峰，在石门峰畔，高八百仞，浮丘与黄帝围棋之所也。唐天宝中，尝有人至此，见一石棋局，有子分明，遂拨开取之去，却回见复如初，后人寻之，莫知其处。下有棋石源。

黄 海
HUANG HAI

　　第二十六石柱峰，在棋石峰西北，高七百九十仞，如柱之削成。下有石壁，故号石壁源。

　　第二十七云门峰，在石柱峰南，高八百八十仞，两峰相并如门，云气常从门中过。下有云门源、云门溪，溪水从二峰中流向东南而去。

　　第二十八布水峰，在云门峰西，高七百八十仞。下有百药源，源中生百种药，源下有红泉溪，溪水红色。布水长十余丈。

　　第二十九石床峰，在布水峰东北，高八百五十仞。顶上有石床，长一丈二尺，阔五尺，如白玉琢成，即容成、浮丘、黄帝游息之所。上有碧石枕三枚，紫石床三张。下有石室源，石室如屋，深十余丈。

　　第三十丹霞峰，在石床峰西南，高八百九十仞。时有丹霞笼之。下有红水源，遍源生红术。有丹霞溪，时有流霞，随水而出。

　　第三十一云外峰，在丹霞峰西北，高九百仞，势出云外。下有杏花源，源中有杏树，莫知其数。峰顶有杜鹃花，遍峰纯是。下有瀑布，泉飞下数十丈。

　　第三十二松林峰，在云外峰西，高七百仞。下有松林溪，遍峰松木。又有黄连源、石榴岩，岩上有石榴树。

　　第三十三紫云峰，在松林峰西北，高八百九十仞，顶上常有紫云盖之。下有柏木源，源中多是柏木。又有榆花溪，溪水流入汤泉溪口。

　　第三十四芙蓉峰，在松林峰西，高七百五十仞。下有白马源，即黄帝游行之地。隔溪南面有马蹄石，石上有马蹄迹二三十个，深者一尺，浅者二三寸，宛如泥印。

第三十五飞龙峰，连芙蓉峰，高八百七十仞，峰势峭拔如飞龙。下有百花源、百花洞，又有布水流入汤泉溪中。

第三十六采石峰，连飞龙峰西，高六百仞。下有白龙岩、白龙源，白石如玉色，阴暗之夜即见，有布水流下。

右三十六峰并是从脊以上折算高低。《山海经》云"八尺曰仞"，其外诸峰高二三百仞者，并岩、洞、溪、源，不啻千百数。《图经》传记不书者，皆不载。

其水，近自汤源出者，流入宣之太平县界。山之北望仙、弦歌等处，俱流入池之石埭，经麻口，出泾县，合旌德之水，流入鲁江。其浮溪流入曹溪，阮溪流入容溪，二水合流入丰乐，南流一百七十二里至郡城西，合歙之扬之水、绩溪之乳水，流出歙浦口。其山西水带黟县，经休宁县治出屯溪，合浙源、张源、新岭源之水，南流合歙浦水，经严州直下杭之钱塘，此水经之大略也。

其山，支脉极多，今以其西南二支论之。其南经歙县有箬岭，高四百五十丈，下有防溪源，水出丰口。转东有黄蘖山，其地多产黄蘖，故名，高五百丈，下有黄蘖源，水流南合丰口之水流出郡城，山北水出旌德县上下洪溪，流出泾县。其山次东入旌德，则有洪高岩，绵延而为绩溪之新岭。又东而有大障山，转南而为龙岩山，介乎歙、宣、杭三州之间，迤逦东南，入杭州唐山县，散入浙东诸郡，至天目而止于吴山焉。自大障又东一支，至昱岭关入睦州青溪，即今严之淳安县是也。其西入黟县界，至步泉岭转北，入祁门县之武亭岭；又南至椰木岭。水分东西焉：东流经休宁县界；西经饶州入彭蠡湖，又南至婺源之浙岭，次至斜山，又南经五岭至大鳙山，迤逦南出衢州常山县，入浙西诸郡。自步泉岭以南，东西各出一支：西支至小敛；东支至休宁之黄土岭，又东至白际岭以及牛泉岭，又北引一支入祁门大洪岭，又转西南至举根山，山之东南至梅鸡山，及鱼亭岭引出一支至梅源山，其余支派甚多，未容尽述。其路道，自祥符院以南八里而至汤口，东至乌泥岭出太平县。西出巡司前，岐［歧］而二之：次西通休、黟二县；次南过桑岭，出曹溪，又分为二，顺流出石壁溪，南出曹柘岭，直抵郡城，通计一百二十里。以北上汤岭，直出太平县界。以外平地计之，峰峻极处高一千三百七十丈，盘据三州，周回一千余里，此其大都也。各源细流难以尽举。

黄　海
HUANG HAI

天都山史潘之恒景升辑
醉林居士张汝霖肃之校

纪迹三·之十二

《黄山图经》题咏

宋李锌序曰：九江之南，新安为名郡。在郡之境，黄山为雄镇。距城百余里，或谓之北黟，列峰三十六，亦目曰小华。言其广也，则宣城、池阳分壮其趾；语其高也，则庐阜、天目仅及其肩。若夫削成拔地之体，峻极隐天之势，岩峣嶕崪[①]，崎岖岞崿[②]。层崖绝壁，重冈属岭。轩若龙翔，竦若鸾企，肃若人立，伏若兽踞，谺若通门，挺若植柱，横亘若桥梁，曲折若屏障。或崇或庳[③]，或锐或平，或离或合，或扶或侍。千态万状，不可得而悉数。固元化之妙用，而神明之奥司也。是故，灵芝奇草孕其间，汤泉乳水流其下；丹砂承旭而有赩[④]，白石冒晦以生辉；阳壑吐风则春熙，阴岩蒸润则夏慄。青牛白鹿，或绚质于谷中；朱霞紫烟，常泛彩于溪上。文豹彬蔚而下雾，应龙蜿蜒而跃渊。桃杏交英，何必武陵之路；柏松并茂，岂止新甫之材。信乎！综瑰丽于群山，极幽邃于兹地者矣。所以至人慕其神秀，上圣处为真都。珠函玉壶，既锡自天之瑞；紫床碧枕，爰遗希世之珍。成涔[⑤]之马迹可寻，化草之龙须不绝。夕瞑而神灯出洞，照释子之灵；风清而仙乐度空，感阮生之化。纷然异致，历代攸闻，倬彼宏基，一方斯望。然其结乎气也缭绕，盘乎地也迂回，虽奇纪之具标，而常典之阙载。譬夫沃焦[⑥]抗尾闾[⑦]之泄，靡列公封；大台越魑魅之涂，弗登王祀。斯所以子华陈赋，而兴公寄词者也。

[①] 岧峣（tiáo yáo），山高峻貌。嶕崪（qiú zú），高峻貌。
[②] 岞崿（zuò luò），山势不齐的样子。
[③] 庳（bì），低下。
[④] 赩（xì），红色。
[⑤] 涔（cén），溃也，积水的蹄迹。
[⑥] 沃焦，亦作"沃燋"，古代传说中东海南部的大石山。
[⑦] 尾闾，古代传说中海水所归之处，现多用指江河的下游。

余于景祐初，祗奉明命，通守兹郡，始披州图，则粗见其梗概。及阅山记，乃尽识其英华。漱石枕流，慨未遑于永托；驰神运思，窃自乐于冥搜。会是山大中祥符院僧行明，惠然见访，袖出唐贤及近代诸公诗示予，求为之序。余应之曰："诗之缘情，观之各见其志。序以本事，述之宜摭其实。"因考旧牒，聊缀斐文，用列众篇之首。庶几慕古君子，知是山之奇挺，诚灵仙之所游化也。

明唐仲①序曰：予尝读《禹贡》一编，岂后世舆地图、山水经之比也。观其规模次第，治水曲折，何必研丹吮墨，然后谓之图哉！儒先以经文如化工，史文如画工。盖大禹告成厥勋，凡操觚左右者，是亦圣人之徒也，故尊之曰"经"，而谓之化工；史则纪述其事，而谓之画工，信不诬矣。

天下之山，磅礴绵亘，皆起于昆仑；水则伏流地中，泛滥汀蓄，溢而为黄河，此山水之源委也。江南诸山之大，有天目、天台。天目高一万八千丈，吾州黄山仅一千一百七十丈，而天目反企②于黄山，何耶？以地势度之，钱塘迤逦溯流而上，尾蟠颈转，为滩三百六十，黄山为之上游，雄拔最高，视列郡之山，殆若培塿然。汤泉闿灵孕秀，清泚香滑，支分派别，东南导于歙，北达于宣，南潴于钱塘，又南会于睦，过大鳙入于衢，自衢之西浮于饶，至举根西北，逾于贵池，是其余波也。识者目为小昆仑，虽不经见，而《周书异记》谓黄帝至是，问道于浮丘翁，受胎息于容成子，至今丹灶、棋局、驾鹤之洞、浡蹄之石，宛然犹存。按黄帝都于涿鹿，校黄山相距数千里，未必弃万机之务，遂高引之举，而于望仙峰顶乘龙上升，又与鼎湖、天山之事不侔，得非世人好瑰嗜谲，附会而传之欤？不曰黟山，而曰黄山，理或然欤。

郡西吴君华祖，字子容，号庸窝，劬书乐道，雅志幽闲，续集黄山题咏。洪君舜民，复绘为图，用传于世。一日，其孙汇橐是集，邀予序。予忆童卯③时，获乡先生吴公古梅、鲍公鲁斋《游黄山记》。丧乱④之秋，精神衰耗，其三人，予失之矣。想夫其时，海宇宁谧，财物丰阜，而诸公得以遂其幽怀逸

---

① 唐仲，名桂芳，号白云，歙县人。
② 反企，反而踮着脚看。
③ 童卯（tóng guàn），指童子，童年。卯，卯角，儿童发式。
④ 丧乱，意死亡祸乱，后多以形容时势或政局动乱。

趣，干糇肉脯，每至悬崖峭壁，必长绳牵挽而进，遇佳处则留连忘返。其雄豪，有"铁笛一声天未晚，吹开三十六峰云"之句。矧①子容于古梅，生同时，居同乡，则是集其亦闻风而起也欤？予生晚，不得侍诸公笔砚间，睹兹盛事，辄以先公筠轩先生《温泉歌》并汪公古逸、王公仲履数首，用充别集。汇，字德渊，力学有诗声，幸有以卒其志，无忝尔祖云。时洪武纪元辛亥冬。

歙方勉②序曰：新安山水，远胜他州，大好之称，见书《梁史》，而黄山实为诸山之宗。按郡志旧名黟山，又曰小华，世传轩辕黄帝尝命驾与浮丘公、容成子同游，炼丹于此，故唐天宝间敕改今名。山去郡城西北百二十八里许，高千一百八十仞，有峰三十六，水源亦如之，溪二十有四，洞十有二，岩则八焉。山高而灵，雷雨在下，若仙桥、月塔、飞布、汤泉，类多灵迹，难以数计，真神仙窟宅，寰宇所无而仅有者也。

宜古今缙绅大夫士，想慕登游，咸有纪述，以诏后世。昔祥符寺僧文太尝汇旧著《黄山图经》，并唐宋群贤所赋诗什，板行于世久矣。今住持其寺僧曰全宁，栖身城西之景德寺，总其纲者，以师戒行精专，机锋慧敏，故俾住持。师于禅定之余，遂以旧存黄山题咏，质之邑儒鲍君庭谧、程君文实，汰其芜而存其佳者，厘为前后二集，锐意锓梓，以永其传，且属予妻兄汪士进走书请叙。

窃惟天下山川，皆本昆仑，而黄山诸峰，远祖其脉，盖自西北数千万里，来入江南。考之故典，黄山不特为新安山水之祖，而且为江左列郡诸山之宗。若九华、五老、天目、天台，原其肇迹，皆本于斯；金陵、武林，古今帝王都会，黄山脉络实相贯焉。彼未悟观山之法，当自本及末，而反以前说为荒远不经。姑即其近者言之，兹山灵秀，不但萃于物，又有以钟夫人。故自汉晋唐宋以来，吾邦生人，或为名贤硕儒，或负忠孝节义。观其文谟武略，提兵捍患，或受荐登庸，或恬退著述，皆有辅国济民之功，成己成物之誉，载之简册，崇于祀典，昭然可钦。矧于隐逸，修炼兹山，薰蒸服食，其灵气之久，庸有不却疾延年，轻举神化，以继夫往圣也哉！虽然有理存焉，人但知此山与天相为悠久，而不知其所以生育于无穷者，皆本于一

---

① 矧（shěn），况且。
② 方勉，明官员，字懋卿，歙县人。

理，二气流行而不息也。非知道者，孰能识之？予故不靳复以是意，析为十咏，俾附集后，览者详焉。

题咏诗

诸　峰

翠壁丹崖隔世尘，轩辕曾此会仙真。
丹凝金鼎功成日，天地一炉都是春。_{炼丹峰。}

翘首黟山第一峰，轩辕居处瑞烟笼。
丹成不假风云力，白昼骑龙上碧空。_{又焦本心诗。}

峰高源远绕香源，真是玄都一洞天。
白鹤翩翩招不得，上头应有往来仙。_{天都峰。焦翠诗补咏。}

山头对月舞清影，洞口栖烟迎晓曦。
何不展开双羽翼，去骖王母下瑶池。

卓立巉岩鸾凤形，蹁跹舞翠炫花文。
冲霄千载飞腾处，犹剩峰头一片云。_{右青鸾峰二首。}

紫石峰高倚碧苍，丹砂凝结水如汤。
轩辕皇帝成仙日，五色云中现瑞光。_{紫石峰。程孟[①]诗。}

钵盂峰下远来僧，习定功成已上升。
试问遗踪谁可识？一灯犹向夜深明。_{钵盂峰。程孟诗。}

濯锦岩头和露种，蒸霞谷口靓晨妆。
只因一夜山中雨，流出溪来片片香。

---

① 程孟，字文实，歙人。生平不详。

黄海
HUANG HAI

种桃人去几千年，中有神仙自往还。
浮世任从光景换，桃花依旧在人间。_{桃花峰。焦翠峰诗二首。}

峰色苍苍入烧痕，桃花开满白云根。
风尘不定春长在，老却秦民几世孙。_{又江南山诗。}

峰产朱砂古所珍，尘凡宜望不宜亲。
谁能采取归金鼎，炼作仙丹度世人。_{朱砂峰。程孟诗。}

毛垂古藓青无了，尾拂长松翠不删。
若使文殊来现相，定因骑向五台山。_{狮子峰。焦翠峰诗。}

千仞莲花秀气钟，天河湛碧水溶溶。
神仙移向人间世，指作黄山第九峰。_{右莲花峰诗。}

石为肌骨总成假，铁作心肠未必真。
当日容成丹就处，何如点化作仙人。_{石人峰。}

苔作仙衣云作关，冰轮夜夜照朱颜。
如如不动几千载，鹤驾翩翩空往还。_{又焦本诗。}

一峰高起执峥嵘，上出层霄接太清。
下有灵源流乳水，水中长有白云生。_{云际峰。焦璠诗。}

矗矗排空翠作堆，云收烟敛翠屏开。
轩辕曾吸龙潭水，依约还闻玉佩来。_{叠嶂峰。焦斌诗。}

架空睥睨三千界，叠起棱层十二楼。
明月上来遮不得，翠光浮动万山秋。_{又焦翠峰诗。}

彩云栖处有仙坛，缥缈楼台紫翠间。

上界遥知是官府，柢［只］因千古镇黄山。<small>浮丘峰。焦本心诗。</small>

峻极于天插斗魁，龙飞绝壁倚崔嵬。
世传得道容成子，云驭风车日往来。<small>容成峰。焦瑁诗。</small>

峰顶元知是紫微，轩皇曾此采灵芝。
云间道士今应在，石室香来酒熟时。<small>轩辕峰。焦应蓝诗。</small>

石笋化成双石峰，仙人对坐俨仪容。
当年黄帝飞升日，身拥祥云驾五龙。<small>仙人峰。程孟诗。</small>

阮公曾来此点金，霜高不受一尘侵。
看渠白日飞升处，老鹤寒蝉千古心。<small>上升峰。焦翠峰诗。</small>

子午功成果上升，琼宫知有阮公名。
至今山下行人过，时听峰头仙乐声。<small>又程孟诗。</small>

峰头瀑布飞霜练，峰下清溪濯锦鳞。
应待桃花三月浪，却驱雷雨上天津。<small>清潭峰。程孟诗。</small>

峰峦积翠锁晴岚，上有群仙足笑谈。
忽尔俯观尤可乐，际天倒影浸清潭。<small>又焦斌诗。</small>

翠微峰上翠重重，异事多应采药逢。
溪畔青牛何处觅，分明入水化为龙。<small>翠微峰。程孟诗。</small>

阆风玄圃知何许，方丈蓬莱果有无。
看取黔山北峰上，五云多处是仙都。<small>仙都峰。程孟诗。</small>

黄帝乘龙上玉清，彩幢珠盖远来迎。
群臣扳恋龙须堕，崖畔长年草自生。<small>望仙峰。程孟诗。</small>

黄　海
HUANG HAI

乾坤灵秀此焉钟，九朵芙蓉合作龙。
当日神仙爱真迹，分明唤作九龙峰。_{九龙峰。}

九龙相会欲升天，云雾峰头更潇然。
四海苍生望霖雨，会当腾跃起黟川。_{又程孟诗。}

卓绝悬崖不可登，隔山遥见最高层。
峰头池水长腾沸，应是元阳气上蒸。_{圣泉峰。程孟诗。}

云鹤有情还自守，山猿无语对谁开。
浑沦未琢玄中妙，此窍不知何处来。_{石门峰。焦静山诗。}

天匠何年斫石开，两峰对峙翠成堆。
云霞旦暮长关锁，不放红尘一点来。_{又焦瑢诗。}

石门遥想云霞锁，仙境依然路不通。
安得龟床时醉卧，仰看明月印高空。_{又程孟诗。}

云顶谁来布石局，纵横变化镇岩谷。
春风几度著数来，都是河洛大节目。_{棋石峰。焦静山诗。}

烟霞洞口锁重重，石上仙棋偶一逢。
好似桃源捕鱼者，穿云再觅意迷踪。_{又程孟诗。}

削石成峦气势雄，巍然一柱插晴空。
莫言材大难为用，会有擎天镇地功。_{石柱峰。程孟诗。}

两峰对峙似天门，云气时时吐复吞。
自是群仙来往路，绛桥遥想接昆仑。_{云门峰。程孟诗。}

银汉遥从云外落,洪涛会向水中翻。
萦林络石无休歇,长灌仙家百药源。布水峰。程孟诗。

不用龟支常足稳,若教鹤睡更心清。
醉来高卧昆仑顶,四面烟云足下生。石床峰。焦翠峰诗。

拟约闲云宿上方,峰头老树挂斜阳。
仙翁何处归来晚,风撼松花满石床。又汪南山诗。

砥石如床玉色鲜,夜深常与斗牛眠。
何时脱得红尘网,借取山间一宿缘。又许林云诗。

当日丹成上九苍,不如人世几千霜。
石床碧枕依然在,应有山灵为护藏。又程孟诗。

人言峰顶是仙家,四季长开紫术花。
玉女机中裁锦缎,乱风吹作满山霞。丹霞峰。焦璹诗。

轻霞映日晚来红,瑞色偏笼云外峰。
况是杏花源里路,春风锦帐几重重。云外峰。焦斌诗。

磊砢千章碧汉中,清高不受大夫封。
几株偃蹇巅崖里,犹似当年挂老龙。松林峰。焦增诗。

参天古柏护云峰,峰顶常看紫气笼。
紫府仙人朝阙日,笙歌鸾鹤舞瑶空。紫云峰。鲍宁诗。

一朵芙蓉出半天,璚花瑶树不知年。
轩辕皇帝经游处,马迹于今尚宛然。芙蓉峰。程孟诗。

半天霞艳烧玄圃,一种仙恣倚古湫。

八面秋风吹不老，为供轩后四时游。又焦本心诗。

百花洞里老龙潜，怒起奔飞欲上天。
此日峰头观变化，始知上界有神仙。飞龙峰。程孟诗。

形势浑如六六鳞，欲驱云浪上天津。
峥嵘头角都严整，只待风雷变化神。又许林云诗。

白石无瑕玉色同，凌空璀璨起高峰。
丈夫有志补天阙，深忆娲皇采炼功。采石峰。

山峦联络状难同，卓异尤称采石峰。
三十六峰从此尽，巨灵初擘费神功。又程孟诗。

山史云：论峰诗虽不佳，然《图经》所存，不可废也。

简首遗咏

山史云：偶得《黄山图经》一册，前有潘尚书旦游记，既已奇矣。其三十六峰简首，各标一诗，笔力遒劲，似出高手。每诗皆五言，或古体，或绝句，或小律，或近体，用意清远。思其人而不得，必在世庙，时惜逸其名，姑存之，以俟咨访山中人耳。

何年开混沌，辟此元化工。
壁立干清汉，群峰相角雄。
炼丹八甲子，黄帝服升空。
灶臼依然在，山花还自红。
谁人继芳躅？遗迹碧山中。

右炼丹峰。

天都九百仞，秀夺金芙蓉。
异香落泉谷，长引白云封。

人传仙会所，何日不相逢。
跽问长生诀，金丹驻玉容。

右天都峰。

万仞立青凤，天工幻削成。
何年逢史玉？月满洞箫声。

右青鸾峰。

高峰挂紫石，峭壁沸汤池。
不入云霞处，安知天下奇？

右紫石峰。

维摩去何处？石钵凌青天。
古洞无人到，依稀灯尚然。

右钵盂峰。

黄帝乘桃核，茂树凌清虚。
春风结佳实，花片落溪渠。
流出谷口去，飘飘水上居。
莫作避秦地，有妨人捕鱼。

右桃花峰。

朱砂韫危石，矗矗当云衢。
安得梯千丈？取之入鼎炉。
丹成报九还，跨鹤凌仙都。

右朱砂峰。

长日啸青天，卓然一狮子。
文殊失控驭，误落空山里。

右狮子峰。

黄　海
HUANG HAI

　　　　　　　　陆地出青莲，孤根带崖石。
　　　　　　　　番疑太华峰，对尔山中客。
右莲花峰。

　　　　　　　　一自黟山有，君从何处来。
　　　　　　　　立身经岁月，遍体长莓苔。
　　　　　　　　雪鬓春风化，云妆晓日开。
　　　　　　　　古今人自老，何尔独崔嵬。
右石人峰。

　　　　　　　　峰头一片云，出自藏云洞。
　　　　　　　　四海望甘霖，莫入襄王梦。
右云际峰。

　　　　　　　　黟山开叠嶂，万仞金芙蓉。
　　　　　　　　帝子丹成去，青天驾白龙。
右叠障峰。

　　　　　　　　何处有楼台？米盐左右积。
　　　　　　　　云是浮丘居，高峰插天碧。
右浮丘峰。

　　　　　　　　仙客何年去？峰云日日生。
　　　　　　　　山川人自老，无处觅容成。
右容成峰。

　　　　　　　　轩辕得道去，峰上紫芝闲。
　　　　　　　　山中人欲采，何处可跻攀？
　　　　　　　　石室有道士，传闻好容颜。
　　　　　　　　酿酒邀鹤驾，弹琴静空山。
　　　　　　　　采樵亦何遇，坐卧不相关。

　　　　　　　　一别出洞口，云深迷所还。
右轩辕峰。

　　　　　　　　高峰入碧落，峭壁飞流泉。
　　　　　　　　上有两人石，相对如谈玄。
右仙人峰。

　　　　　　　　闻昔此谿岩，有客坐清净。
　　　　　　　　功成上升峰，至今留阮姓。
右上升峰。

　　　　　　　　绝壁挂瀑布，飞下青潭坳。
　　　　　　　　潭清窥石骨，乱水不能淆。
　　　　　　　　雷雨有时作，中泠起卧蛟。
右清潭峰。

　　　　　　　　黄山翠微峰，灵秀天地毓。
　　　　　　　　瀑水落峰颠，俨若练一幅。
　　　　　　　　还闻人世传，山深迷草木。
　　　　　　　　寺有翠微名，无处觅松谷。
右翠微峰。

　　　　　　　　天际仙都峰，凝黛青如玉。
　　　　　　　　上有群仙人，鹤驾羽衣曲。
　　　　　　　　服气引长年，何缘寄一足？
右仙都峰。

　　　　　　　　霞衣映山岳，黄帝乘飞龙。
　　　　　　　　何年去天上，目断望仙峰。
右望仙峰。

黄　海
HUANG HAI

　　　　　　　峰势盘九龙，大哉至汤质。
　　　　　　　汤旱经七年，胡此偷安逸？
　　　　　　　安得豢龙人，鞭起从云出。
　　　　　　　四海布甘霖，岁岁登秋实。
右九龙峰。

　　　　　　　圣泉逼青汉，顶大腰腹小。
　　　　　　　绝壁挂飞流，云深情悄悄。
　　　　　　　转径见人烟，偶然逢荷筱。
右圣泉峰。

　　　　　　　横石架广门，天风自来去。
　　　　　　　夜半闻洞箫，知是神游处。
右石门峰。

　　　　　　　黑白含正奇，周天数如一。
　　　　　　　谁得棋石峰？画枰半空出。
　　　　　　　数着尚依然，解围更何日？
　　　　　　　樵夫偶窃归，顾子仍旧迹。
　　　　　　　人间话仙踪，复来路迷失。
右棋石峰。

　　　　　　　石柱凌青穹，超然出霄壤。
　　　　　　　秋来玉露多，何处仙人掌？
右石柱峰。

　　　　　　　偶向峰头去，还从海上来。
　　　　　　　无心闲出入，日日洞门开。
右云门峰。

　　　　　　　布水落峰颠，岩下如染茜。

　　　　　　　流出红泉溪，岁久时一见。
右布水峰。

　　　　　　　轩辕制石床，高傍斗牛宿。
　　　　　　　清梦回峰颠，俯仰观化育。
　　　　　　　兹迹自何年？还供采樵目。
　　　　　　　寥寥碧枕遗，桑田几反复。
右石床峰。

　　　　　　　峭石笼丹霞，遥望峰如烧。
　　　　　　　谁知小华山，通此日华窍。
右丹霞峰。

　　　　　　　天畔峰如削，云间凝不流。
　　　　　　　相看时隐见，杳落万山秋。
右云外峰。

　　　　　　　南国多松林，胡此独神秀？
　　　　　　　天风撼翠涛，劲骨弄清瘦。
　　　　　　　守此岁寒姿，敢谓冰雪厚。
　　　　　　　岂不怀栋梁，永养山中寿。
右松林峰。

　　　　　　　群石峙突屼，孤峰覆紫云。
　　　　　　　山川异灵气，偶尔弄氤氲。
右紫云峰。

　　　　　　　寂寂淡无云，芙蓉插天碧。
　　　　　　　洞口瑶花开，谁是采芝客？
　　　　　　　千古留孤踪，石上马行迹。
右芙蓉峰。

黄　海
HUANG HAI

　　　　　　　　　岁岁雷雨鸣，环身蔽云雾。
　　　　　　　　　寂然胡不飞？长生守真素。
　　　　　　　　　愿起风伯嗔，还兴雨师怒。
　　　　　　　　　何日驱出山？为霖入天路。
　　右飞龙峰。

　　　　　　　　　天开六六峰，采石登爰止。
　　　　　　　　　迢递控徽宣，蔼然苍翠峙。
　　　　　　　　　云际有秫田，水清石齿齿。
　　　　　　　　　不见鹿门徒，风吹绿波起。
　　右采石峰。

天都山史潘之恒景升辑
六兼居士范绍序幼钦校

纪迹三·之十三

叙曰：黄山自唐开元始显，且地僻，名贤游辙鲜至，故题咏最少。今录李、贾数首，卓为唐音，然二家俱不载；或云唐两李翰林，俱有诗名，《图经》所传必有据也，搜采者亦乌能辨之？至宋元各体多入妙品。今人亦不易及，兹随所得补之，备山中点缀光景尔。

唐李白

登天柱石望黄山

韩众骑白鹿，西望华山中。
玉女千余人，相随在云空。
见我传秘诀，精神与天通。
何意到陵阳，游目送飞鸿。
天子昔避狄，与君亦乘骢。
拥兵五陵下，长策遏胡戎。
时泰解绣衣，脱身若飞蓬。
鸾凤翻羽翼，啄粟坐樊笼。
海鹤一笑之，思归向辽东。
黄山过石柱，巘崿上攒丛。
因巢翠玉树，忽见浮丘公。
又引王子乔，吹笙舞松风。
朗咏紫霞篇，请开蕊珠宫。
步冈绕碧落，倚树招青童。
何日可携手，遗形入无穷。[1]

---

[1] 按，底本《黄海》自此以下原缺第2、3叶。

黄海
HUANG HAI

石人峰

双峰何代列巍巍？忽化仙人世所稀。

绝顶长年相对坐，九天何日却同归。

风生松柏喧天乐，山隐云霞挂道衣。

终愿扪萝一相访，共君齐驾凤鸾飞。

汤　泉

暖泛朱砂石壁幽，轩皇曾浴上丹丘。

阴阳相煮连珠浦，今古长煎泻镜流。

紫气晓笼烟色淡，锦霞明照火光浮。

何妨为洗身轻后，便跨飞龙至十洲。[①]

[①] 闵麟嗣《黄山志定本》载《石人峰》《汤泉》二诗为释岛云作。此叶之后似有缺漏，齐鲁书社影印版《黄海》有眉批"原缺第五叶"。

纪迹三·之十五*[①]

汪汝凤[②]字鸣瑞，歙人。

题黄山名胜四十韵

李太史维桢云：黄山名胜尚[③]矣，幽深阻绝，人迹所不至者十五。近日始刊木开道，穷极秀巧雄大之观，盖宇宙创见事也。汪鸣瑞长律四十韵，总括此山，峰峦涧壑纤悉具备，可为山图，可为山志，置诸座右，恍若身御轩龙，翱翔云表。诗中有画，又创见事矣。识之，作卧游一助。

汪汝凤自序云：余舞象[④]年，从兄仲翔授举子业于黄山之丞相源。时同馆有谢少连、方君在、王子和、潘景升四君，共相淬砺，乘其余兴，寻仙灯洞，穷逍遥溪，升钵盂之颠，据松冈之下，临流选石，殊觉日永，而忘情于春风沂水，不自知其奇。嗣后星分，余客游江海，盖几四十年许，梦想山馆，无夜不然。及己酉秋，自豫章[⑤]抱疴归里，遂裹足入山，习静旧馆，便将药囊掷去，不两月而神觉王[⑥]，遂发登临之兴，偕觉空上人，蹑峰披云，穿幽抵壑，奥区玄窟，环匝几百里，探历殆遍，秀色排空，灵光四摄，乃知蓬岛缥缈，幻出海子，洞天福地，岂必远人间哉！爰缀长体共成四十韵，欲令游者无七圣之迷[⑦]，而居者慕少文之致，其词之工拙，当置于骊黄[⑧]外矣。其

[①] 按，此处标题依据底本中缝标注的卷次而添加，但次卷卷目为墨钉，再次卷卷目则为卷十六，似有讹误。
[②] 按，底本《黄海》"汪汝凤"之上，原缺第一至第五叶。
[③] 尚，古，久远。
[④] 舞象，古代成童所学的一种乐章。成童，十五岁以上。
[⑤] 豫章，今江西南昌。
[⑥] 神觉王，神气旺盛。王，胜过。
[⑦] 七圣之迷，典出《庄子·徐无鬼》："黄帝将见大隗乎具茨之山，方明为御，昌寓骖乘，张若、謵朋前马，昆阍、滑稽后车，至于襄城之野，七圣皆迷，无所问途。"
[⑧] 骊黄，犹言"牝牡骊黄"，喻指事物的表面现象。"骊黄外"，意不在于表象而重于实质。

黄海
HUANG HAI

诗曰：

新安山水钟黄岳，丞相源幽到最先。
崒崔环峰随雾拥，萦纡回巘傍霄连。
千崖万壑登诸顶，一眺群山落九渊。
狮子峰。弄丸抛日月，仙人峰。运掌画坤乾。
仙都遥插天都障，二峰。一线斜分二线天。二峡。
叠翠重重云外护，丹霞滚滚石门填。
桃花半峙莲花并，紫石空摩棋石肩。上四句各二峰。
石笋缸。千竿簪笔竖，云梯百步磴。翠微峰。穿。
光明顶频南将北，环海峰联后与前。顶上有环海。
水月宫中云作浪，炼丹台上雾为烟。
松林掩映青鸾隐，二峰。香谷氤氲白鹿眠。二原。
几片紫云峰。仙石原。上，半轮秋月钵盂峰。边。
九龙潭跃飞龙峰。起，布水原。从流滴水崖。涓。
更羡九峰龙象耸，九龙。还奇双石介形圆。双龟。
清潭萦出圣泉□，二峰。采石舒开仙掌拳。二峰。
烟喷香炉石。云际峰。袅，莲通灯洞莲花、仙灯二洞。望仙峰。悬。
逍遥溪畔龙楼出，挹注庵前虎帐搴。
锡杖泉。横披五云原。彩，剪刀峰。裁就百花原。鲜。
石人高卧石床稳，二峰。石壁潜凝石乳涎。二原。
雪窦原。云门峰。霞似锦，仙桥月塔藕为船。
芙蓉峰。寂寞垂崖冷，红术原。参差映水妍。
折桂桥。成梁蟾吐影，杏花原。缘畔马扬鞭。
欲寻鼎湖上升二峰。处，还陟浮丘峰。冲举巅。
采药朱砂峰。寻秘诀，炼丹原。火候觅真传。
听鸣弦石洞。清音度，濯锦鱼溪歌咏宣。
岭□牵牛耕月晓，岩前驾鹤和云翩。
弦歌洞。奏曲青云远，吟啸桥。题诗白雪联。
道就轩辕峰。窥九转，丹留石柱峰。镇千年。
崖名挂榜标仙籍，石耸排楼表道贤。
二十四溪融地脉，百千万状列天然。

奇峰怪石多生树，削壁层峦尚有田。
宿雾隐深开素幔，残霞飞度映红笺。
逶迤径入祥符寺，宛委傍通香暖泉。
赤线潭深淹白日，朱砂庵宿悟青莲。
炼魔驱睡还初性，去识回真斩妄缘。
禅坐遍山参佛谛，清修大地悟玄诠。
山川灵秀星辰拱，天地精华日月旋。
组织烟霞文彩幻，森罗形势古今玄。
回看人代①无穷尽，却叹沧桑几变迁。
多少英豪同泡影，山容不改寿长延。

山史云：编次峰原溪洞入韵，语非蛟人缀珠②、天孙织锦③，不能如此工巧，惟《雁宕山志》连城马象乾、斗溪王士昌有之，马五排④而不拘于韵，王歌行⑤而不束于律。今鸣瑞以七言长律，一韵收之，合两家之长，而受近体之制，宜其难成，而况能工巧乎？余辑之《图经》题咏后，亦欲令人歌咏流传，庶几寻名践实，以助谈资，以代画采，如观牟尼于掌中耳。必执俳例，卑之非作者意也。乙卯仲冬朔日记。

---

① 人代，人世。
② 蛟人缀珠，"蛟人"，亦作"鲛人"，传说中的人鱼。传说蛟人泣而成珠。
③ 天孙织锦，"天孙"，织女星。织女织出的锦绣，比喻诗文华美精妙。
④ 五排，即"五言排律"，亦称"五言长律"。南北朝时已出现，盛行于唐。每首至少十句。除首尾两联，中间各联要求对仗。
⑤ 歌行，古代乐府诗的一体。后从乐府发展为古诗的一体，音节、格律一般比较自由，采用五言、七言、杂言，形式也多变化。

黄　海
HUANG HAI

天都山史潘之恒景升辑
公石山人闵梦得翁次校

纪迹三·之■■

黄山楼

叙曰：黄山之名加于黟山，自唐天宝间以祝鳌①始。而望黄山之诗，自有郡楼以庆生始。人臣既以祝其君，子民亦以颂其主，"天保""冈陵"②皆是类也。若诸题咏，或自郡大夫首倡之，洋洋乎大风，后有作者接踵而振响焉，于是郡楼之雄，得与黄鹤埒③，岂独崔颢诗为擅场哉？

淳熙《志》云：自唐大中以来，有黄山楼，北望天都诸峰。国朝咸平中，集贤李学士复踞城西北隅，建清心阁。宣和后皆以次起废，而黄山楼亦踞城，为之号"黄山堂"。堂侧有两古木，鄱阳洪公尝作亭其间，号"浮丘"。今虽废，民犹指其处。又改后圃"双杏堂"曰"芙蓉堂"云。

宋程元凤 字中甫，歙槐塘人。绍定二年进士，历官少傅、右丞相，赠少师。谥文清。

贺天基④圣节⑤诗

臣里有黄山之胜，势居新安之雄。浮丘寓此修真，爱三十六峰之延秀；

---

① 祝鳌，祈求福佑，祝福，祝寿。
② 典出《诗经·小雅·鹿鸣之什·天保》，该诗为先秦时代诗歌。全诗六章，每章六句。这是一首臣下向君主祝福的诗。诗中有"天保定尔，以莫不兴。如山如阜，如冈如陵"之语，后即以"天保""冈陵"表祝颂。
③ 黄鹤埒，与黄鹤楼齐名。黄鹤，此指湖北武汉黄鹤楼，因"崔颢题诗，李白搁笔"的一段佳话而名声大噪。埒，等同。
④ 天基，指帝业、皇位。此代指皇帝。
⑤ 圣节，指皇帝生日。

黄帝就之问道，历万有千岁以长生。欲效"天保"归美①之忱，窃取《周官》②献梦③之义，谨撰诗缮写百拜投进。

　　　　黄山秀峰三十六，高插层霄罗碧玉。
　　　　峰头剩产千年宝，祥烟瑞霭纷馥郁。
　　　　黄帝重道访浮丘，曾枉銮舆顾岩谷。
　　　　万有千岁长不老，至今丹灶留山曲。
　　　　小臣蒙恩奉真祠，敝庐恰枕山之麓。
　　　　祝釐志一梦浮丘，梦与臣言喜可掬。
　　　　圣主刚健德日新，范围天地赞化育。
　　　　仁厚施政培本根，礼义悦心无嗜欲。
　　　　谕教有方鹤禁严，忠邪洞见鹓行肃。
　　　　圣心昭格琼霙飞，皇威远畅捷书速。
　　　　道本黄帝得心传，世运重开剥斯复。
　　　　历年方比黄山峰，各峰更效千年祝。
　　　　整整三万六千年，此是圣主长生箓。
　　　　忻逢华渚庆流虹，凭为写此彻清穆。
　　　　臣闻斯语欢呼觉，亟拂笺毫誊奏椟。
　　　　百拜愿符浮丘言，四海永霑皇极福。

吴儆 字益恭，休宁商山人。少与兄俯有名，太学称"江东二吴"。绍兴间进士，历官安抚。谥文肃。

浮丘仙赋 有序。

　　黄山在新安郡治之西北，百里而遥。山之麓，有庙祠浮丘。相传黄帝常炼丹于兹山，故名。浮丘、黄帝时久，事远不可考。然浮丘之为仙，见于《列仙传》及古今称之者甚著。黄之为山，崛奇伟丽，视海内诸名山无愧。又产丹砂及诸长生久视之药，则浮丘之所尝，至若居之，无疑。鄱阳洪公为郡之明年，作亭于雉堞④之上，以望黄山，而榜曰"浮丘"。其客延陵吴儆，尝

---

① 归美，称许，赞美。
② 《周官》，又名《周礼》，为三礼（《周礼》《仪礼》《礼记》）之首，汉世初出，因与《尚书·周官篇》相混，改为《周官经》。西汉末列为经而属于礼，故有《周礼》之名。是书搜集了周王朝及各诸侯国官制和制度，以儒家的政治理想加以增减取舍汇编而成，共六篇。
③ 献梦，《周礼·春官》载，群臣于季冬献吉梦给天子，以贺吉祥。
④ 雉堞，城上的矮墙。

黄　海
HUANG HAI

从公其上，徘徊四顾，慨然长想。窃谓浮丘之祠于兹山旧矣，前乎此君是邦者为堂为亭，取郡故事以名者略尽，独"浮丘"之名留以遗公，岂偶然哉？因为之赋，以代庆生之祝！具辞曰：

客有道岷峨，下巫峡，历九嶷，登衡庐，襄羊①乎雁荡，佁儗②乎观罘，求所谓安期、羡门③之属而无得者，将赢赀④航海，指蓬莱、方丈、瀛洲之上而问津焉。

或以谓为大江之南，浙河之西，有秘福地。灵圉⑤攸栖，黄帝表号，浮丘揭祠，乌用遗近而遐慕，信耳而即诬。客乃释棹登岸，物色舆图，朝发轫乎渤澥，夕弭节⑥乎山隅。

乃攀殊〔丛〕榛，陟堆埼，临绝壁，俯峻溪。穿石林立，礨砢甗崎⑦，突若山峙，错若棋置，锐者簪植，踞者虎视。飞瀑激流，狂波跳沫，横溃逆折，潏瀑⑧澎濞⑨。其上则有青碧万寻，庨豁⑩曾凌⑪，日彩朝烂，彤霞暮蒸，艳灵砂之发窦，赫溪流之变赪，纷瓶汲而盈负，粲血凝而星沈。其阳则有谽壑奥窔，郁律嬋娟，中隐烛龙⑫，旁通虞渊⑬，洼石坎流，有泉渝然，挹之玉洁，探之汤温，旱焦山而不竭，寒凝海而不冰，以沐则发泽而神悦，以浴则愈疡而散阴。

却立而仰视，则危峰挺石，旅列星冥。或敷若莲花，或擎若炉薰，或俨若峨冠，或端若蠹屏，或垂若倚盖，戎骞若抗旌，或植若剑戟，或肩若友朋，或旁附而不倚，或中立而不倾，或颓若下陨，或企而上腾，或崇隆以极壮，或刚耿而孤撑，或崔嵬嵸巃⑭以杰出，或刻削涬霓而争衡。轩者轾者，奇

---

① 襄羊，徜徉，游荡貌。
② 佁儗（chǐ yì），停滞不前，闲缓貌，犹豫不果决。
③ 安期、羡门，古代传说中的两位神仙。
④ 赢赀（yíng zī），赢余的资金。
⑤ 灵圉，神仙的总称。
⑥ 弭节，驻节，停车。
⑦ 甗崎（yǎn qí），形容山岩上大下小、欹斜倾侧。
⑧ 潏瀑（xuè pù），水沸涌貌。
⑨ 澎濞（péng pì），波浪相撞击声。
⑩ 庨豁（xiāo huò），高峻深邃貌。
⑪ 曾凌，同"嶒崚"，高而险峻貌。
⑫ 烛龙，中国古代神话中的人物，人面蛇身，视则为昼，眠则为夜。此处喻指神仙。
⑬ 虞渊，亦称"虞泉"，传说为日没处。
⑭ 嵸巃（zǒng lóng），形容山势高峻。

者偶者，背者向者，竦者蹲者，锐者夷者，偃蹇而骄者，贔屭①而怒者，严厉而劲正、踞肆而盘薄［礴］者，丛出角立，瑰诡奇崛，惕心骇目，羌莫得而纪名。

于时，凉风暮肃，白露宵零，空山无人，天高月明。若有鸡犬金石之音，起于烟霏空翠之间，杂以飘风流水之声，遥扬歘卉②，若远若迩。乃经窈窕，缘嵚崎，披奥郁，达希夷。曾宫崛其特起，临苍崖而敞庭，镂金璧以饰珰，盘玉瑱以居楹，发倒茄之渥彩，敷密藻之晃英。右平致硚，左墄梯珉，崰玢流离，耀日涵星，乃有偓佺、伯乔、绿华、赤斧、山图、木羽之伦③，旅进于东序；青琴、宓妃、昌容、连眉、阳都、云英之属④，叙立于西荣；其余要眇都闲，䵝⑤丽连娟，蔂襳⑥拂羽，垂髾⑦摩兰，的皪⑧沤郁，骚杀⑨削成⑩于左右前后者，不可殚述。俄有冰姿莹洁、玉质清癯、冠蝉冕珮、琼琚而出者，旅东之宾，立西之侣。酌沆瀣之英，羞屑琼之蕊，伛偻俯伏，以次而进。吹缑凤之笙，击灵鼍之鼓，歌云瓶碧磊之诗，奏霓裳羽衣之舞，铿鍧⑪悠扬，摇翘容与，盖非俚耳之所得闻，而尘目之所常睹也。

客乃屏立窃叹，问诸执事者曰："此浮丘仙也耶？"曰："然。"曰："昔相如称列仙之儒，居山泽间，形容甚癯者，殆是乎？"曰："不然。天地以不息为道，至人以利物为德。葆其居以自固，安其居以自适，侣龙蛇与草木，瘠其形于山泽。譬杜栎之不才，徒增圉于累百。若兹仙者，乘天地之正，御六气之辨，积而为道德，舒而为文章，散而为利泽，萃而为功名。三公之位，不足以为其贵；万钟之禄，不足以为其富；上及有虞，下及五伯⑫，不足以为其寿。虽亭亭物表之姿，皎皎霞外之质，不受膏粱之滋，而尔民固已肥

---

① 贔屭（bì xì），气盛作力的样子。
② 歘卉，亦作"卉歘""卉翕"，形容声音迅疾。
③ 偓佺、伯乔、绿华、赤斧、山图、木羽，皆为古传说中的仙人名。
④ 青琴、宓妃、昌容、连眉、阳都、云英，皆为古代传说中的神女、仙女名。
⑤ 䵝（qìng），青黑色。
⑥ 蔂襳（xiān），古代妇女袿衣下垂为饰的长带。
⑦ 垂髾（shāo），古代妇女衣服上的装饰，形如燕尾。
⑧ 的（de）皪（lì），明亮，鲜明。
⑨ 骚杀，下垂晃动貌。
⑩ 削戍，应为"戍削"，高耸特立貌。
⑪ 铿鍧（kēng hōng），象声词，钟鼓等乐器齐作的声音。
⑫ 上及有虞，下及五伯，语出《庄子·大宗师》："彭祖得之，上及有虞，下及五伯。"从有虞（舜）至五伯，形容时间长久。

黄　海
HUANG HAI

矣，奚其瘥？"客于是恍然自失，再拜而起，追明而疏之，实八月九日也。

焦炳炎①

黄山赋_{宋淳祐二年春作。}

　　胜地何最？黄山匪常！耸出云天之外，高参星斗之傍。怪石参差，卓尔丹青之绘；奇峰磊落，分明碧玉之妆。地产如金之药，池燃无火之汤。原夫秀压群山，名侪五岳。乾坤为匠，安排八面屏风；造化施工，幻出千层楼阁。碧莲芳夏，素橘生秋。幽洞寥寥而闲眠白鹿，高山寂寂而稳卧青牛。瞬息樵柯之易烂，从容棋局以忘忧。轩氏云车到此，累更年号；浮丘鹤驭来兹，几历星周。景同壶里之天，美是蓬莱之岛。桃红而远胜霞鲜，泉清而人皆不老。几多松桧之奇材，无数芝兰之胜草。许瓢垂挂②，必夸兹地之幽；谢屐③登临，须玩此山之好。隐隐泓泓之晚岫，层层叠叠之晴峦。风动而山林鼓乐，春来而禽鸟争喧。碧枕卧千秋之榻，麻衣留百世之庵。数块丹砂耀朱光兮，何年则朽？千寻瀑布泻银河兮，万古犹观！何客无诗？何图无画？潭洁而白龙吟，云深而朱鹤化。啼猿惊药兔之眠，回马陷玲珑之跨。天都峰外，日升而拥出金盘；狮子岩前，雪坠而雕成玉架。是知，伟哉仙景兮，著处都称；巍然江左兮，独擅其名。宛水有步云之客，中山多折桂之人。出自兹山之秀，由于降岳之神。六六奇峰尖似状元之笔，重重丽色端如学士之绅。尧舜为君，皋陶④作佐，民安岩谷而自息，士俯林泉而稳栖。定知怀世之才雄，必遇搜贤之诏播，庶衣锦而还乡，睹黄山而列贺。诗曰：

　　　　　　嵬峨入九天，幽邃杰神仙。
　　　　　　塔建非人力，灯明岂火燃？
　　　　　　断碑藏绿草，深洞锁清烟。
　　　　　　桥渡云边岳，瓶斟石里泉。
　　　　　　丹霞横锦段，瀑布挂珠帘。

---

① 焦炳炎，字济甫，太平人。南宋嘉定十三年（1220）赐武举，授承节郎。淳祐元年（1241）赐进士及第。历任表州（今江西宜春）知州、太常少卿、右文殿修撰。
② 许瓢垂挂，汉蔡邕《琴操》："许由无杯器，常以手捧水。人以一瓢遗之，由操饮毕，以瓢挂树。风吹树，瓢动，历历有声。由以为烦扰，遂取捐之。"后以"挂瓢"喻隐居或隐者傲世。
③ 谢屐，南朝宋诗人谢灵运游山时喜穿一种特制的木屐，故称。
④ 皋陶，传说中东夷部首领，相传被舜任命为掌管刑法的官。

美属千秋景，名留几万年。

李敬方 字仲虔，歙州刺史，唐大中四年任。

题小华山①

峰簇莲花小，分明似华山。
鱼符何日罢？归梦满京关。

于德晦 歙州刺史，唐大中十一年任。

歙郡有黄山楼，北瞰黄山，山势中折若巨门状，因题一绝。

黟峰翠色自天流，直下青冥豁素秋。
闲倚朱阑频北望，只宜名作巨门楼。

任宇 歙州刺史，唐咸通七年任。

新安郡北百余里即黄山，西北有峰高出，颇类太华，因目为小华山。前郡守才客题咏至多，偶登斯楼，因成一绝。

雪晴雨霁潼关道，仙掌分明几度逢。
可料新安郡楼上，黄山深处见三峰。

徐师 通判军州事。

登楼望黄山

黄山楼上望黄山，水石云霞未得攀。
三十六峰应笑我，纷纷尘事几时闲？

韦绶 字子章，刺史，唐元和四年任。

郡治楼望黄山

郡斋北望春光好，平楚无云秋望宽。
清气爽时尘外见，碧烟飞处静中看。
争高千仞山皆让，并秀三峰色也寒。
莫怪寓名同岳号，暂图瞻眺近长安。

---

① 唐人或谓黄山山势"望之类太华"，故名黄山为小华山。

黄 海
HUANG HAI

伍乔_{歙州通判}。

登黄山楼呈学士张洎

未知何处可销忧，公退携壶即上楼。
职事久参侯伯府，梦魂长绕帝王州。
黄山向晚盈轩翠，黟水含香绕郡流。
遥想玉堂多暇日，花时谁伴出城游。

诗史云：伍乔、张洎少相友善。张为翰林学士，宠眷尤优异。伍为歙州通判，作诗寄张，戒仆伺张游宴时投之。一日，张与僚友近郊宴欢甚，仆投此诗，张得诗动容久之，为言上，召还为考功员外郎，判吏部流内诠。

王挺之_{歙州军事判官}。

题黄山

叠巘障南国，攒峰顶半空。
朝昏长见日，晴晦预知风。
树栟千年在，岚光四面通。
名山今日睹，奇秀两无穷。

地灵通十洞，山邃宅诸仙。
怪似龙逢霹，高疑剑倚天。
岩端锁丹灶，石罅逗温泉。
却忆登楼堞，徒能见巨然。①

至大初元，六月不雨，为民冒暑乞灵龙湫，投词未竟，云气已作，雷雨继之。

欲呼云雨沃焦田，袅袅蓝舆入翠烟。
万仞孤高随鸟道，一潭澄碧快龙眠。
浮丘黄帝真成道，汉武秦皇谩学仙。

---

① 按，"然"字之后，底本《黄海》原缺第 9 叶。

但愿甘霖慰枯槁，岂知衰朽得神怜。

刘谊 字宜叟。元丰七年作。共四首。

游黄山道中

我是江南放逐臣，圣恩今许预朝绅。
偷闲且向黄山去，不惜悬崖走此身。

道泰乡①望黄山

悬崖过尽万千重，始见黄山三四峰。
大底洞天须较远，肯教朝夕惹尘踪。

紫极宫

占断清虚着此宫，峰呈六六岭重重。
黄山面目应真识，却怕渠羞对俗容。

游黄山

人人尽道到黄山，心绪胶胶不暂闲。
唯我此行真大快，岂知身世在尘寰。

吴黯②

因公檄按游黄山③

……训，岿然林壑遂吾谋。
青旗白酒邀佳客，赤叶黄花染素秋。
前路黄山知远近，居人指点碧峰头。④

---

① 道泰乡，唐天宝十一年（752）始建，约今黄山市黄山区三口镇所在。
② 吴黯，邵武（今属福建）人。北宋英宗治平四年（1067）进士。
③ 按，"山"字之后，底本《黄海》原缺第11叶，据闵麟嗣《黄山志定本》，该诗全诗为：倏忽云烟化杳冥，峰峦随水入丹青。地连药鼎汤泉沸，山带龙须草树腥。半壁绛霞幽洞邃，一川寒雹古湫灵。霓旌去后无消息，犹有仙韶动俗听。
④ 按，原缺页，诗题、作者未详，诗文不全。

黄　海
HUANG HAI

鲍景曾歙学广文。

孟府尹游黄山回次韵

六六峰前刺史车，苍苔踏破路崎岖。

杖藜欲与麛分径，揽辔宁从马问途。

赤子山林窥使节，白云岩洞见天都。

不将杯水烦民意，自掬清溪当晚沽。

张文在字子经，婺源人。

黄山词送欧阳省吾

黄山崔嵬兮维石浮浮，黄山崧巃兮其水幽幽。

登高望远兮使我心休，黄山之下兮流水湜湜。

我思我公兮使我心恻，公之来兮我民熙熙。

我公去兮我心生悲，民无冤苦兮公惠且慈。

以日兮以夜，思公兮如醉，保赤子兮民无瘁。

粤庭坚兮我心所师，显祖是则兮莫知其私。

平反孔多兮桐乡是思，登彼黄山兮泛泛流水。

公之去兮思无已，羽仪天朝兮式我三纪。

山之高兮想娇节，水之深兮怀令德，悠悠我民兮思无斁。

鲍宁字廷谧，歙人，有《谧斋集》。

黄山高

黄山之高山水之源兮，其峙也不知其几千万仞，为[①]……

[①] 按，"为"字之后，底本《黄海》原缺。

天都山史潘之恒景升撰
西林居士程明凤仪甫校

纪迹三·之十六

淳熙《新安志》

宋罗愿曰：黄山旧名黟山，在县西北百二十八里，高千一百八十仞。东南则歙，西南为休宁，西北则蔽于宁国府之太平县。汉末会稽太守上虞陈业，洁身清行，遁迹此山。而世复相传，以为黄帝尝命驾与容成子、浮丘公同游，合丹于此。《山经》引《周书异记》及吴地《神仙传》甚详，今不复录。其后，又有仙人曹、阮之属，故有浮丘、容成之峰，曹溪、阮溪。唐天宝六年六月十七日，敕改为黄山。《黄山图经》云"改黟山为黄山"，而祥符《州图经》乃云"改黄山为黟山"。今按郦道元注《水经》云，"浙江又北历黟山，县居山之阳，故县氏之"，然则黟县本以黟山得名，未闻前世谓之黄山也。至天宝中，好道家之说，故以黄帝为尝游于此，因名之■[耳]。《寰宇志》又以黟山为北黟山。"北"盖衍字。按江南诸大山，有天目、天台之属，《郡国志》称天目高万八千丈，而低于黄山者，何也？以天目近连浙江，天台俯瞰沧海，地势倾下，百川所归，而新安乃江之上游，海之滥觞。今计郡之平地已与二山等矣，而此山又特高，然则邻郡诸山，要皆此山支脉也。西北山势中拆，望之类太华，故自前世亦名为小华山。有峰三十六，其水源亦三十六，溪二十四，洞十有二，岩八，灵迹至不可胜数。水流而下，合扬之水，为浙江之源。山高而灵，雷雨在下，峰上往往有笙箫之声。

弘治《徽州府志》

黄山旧名黟山。郦道元注《水经》云，"浙江又北历黟山，县居山之阳，故县氏之"。《寰宇志》又以为北黟山。"北"字疑衍。其山盘踞诸州县而属于歙，在县西北百二十八里，高千一百八十仞。汉末会稽太守陈业遁迹此山。唐天宝末，信道家之说，谓黄帝与容成子、浮丘公合丹于此。又仙人曹、阮之流亦栖真于此，故有浮丘峰、容成峰、曹溪、阮溪之名，改为黄山。江南诸大山有天目、天台之属。《郡国志》称天目高万八千丈，而低于黄山者，以天目近连浙江，天台俯瞰沧海，地势倾下。而新安乃江之上游，海之滥觞。今郡地已与天目齐，而此山又特高，然则邻郡诸山，皆此山之支脉也。诸峰有如削成，烟岚无际，雷雨在下。其霞城洞室岩窦瀑泉，则无峰不有，信为灵仙之窟宅。西北类太华，故前世亦名小华山。峰三十六，水源亦三十六，溪二十四，洞十二，岩穴［八］。水流下合扬之水，为浙江之源。第四峰下，有泉如汤，出香溪中，常涌丹砂，浴之能愈风疾。唐、宋迄今，刺史薛邕、李敬方辈及士人往往游之，多为诗文，纪其灵异，好事者裒刻成集，传于世。

嘉靖《徽州府志》

歙西北一百二十八里曰黄山，一名黟山。北掎九华，西拓彭蠡，南接广信。左挟浙河，右起桐汭①，以尽海壖②，皆支陇所分，为歙镇山。厥峰三十有六，其中多黄莲、紫术。又有泉如汤，浴之可以已疾，丰乐之水出焉。又云邻郡之山，皆黄山支脉。汉末会稽太守陈业隐山。世传黄帝与容成、浮丘公尝游焉。唐天宝间，好道家之言，因改黟为黄山。赵东山曰："黄山隤然中居，委和四表，有坤道焉，故名黄山。"水源三十六，溪二十四，洞十二。唐迄今，刺史薛邕、李敬方、监司耿南仲，明兴名公，多往游焉。惟翠微、仙人、望仙三峰，属太平县，而休宁无所属。

万历《歙志》

谢陛《志·疆域》云：域中之山，独尊而为孝陵祖脉者——黄山。旧名黟山，去县西北一百二十八里，高一千一百八十仞。大势则北掎九华，西拓彭蠡，南接广信，左挟浙河，右起桐汭，以尽海壖。汉末会稽守陈业，洁身清行，遁迹此山。世复相传，黄帝尝命驾与容成子、浮丘公同游，合丹于上。

---

① 桐汭，指安徽广德。
② 海壖，亦作"海堧"，泛指沿海地区。

其后又有仙人曹、阮之属，以托其迹。唐天宝间，敕改为黄山。其峰三十六，源如之，溪二十四，洞十二，岩八。其三十六峰之最高者为天都，从下仰之，云头悬空，苍翠欲滴。香谷源、香水溪在焉。其相峙而起者炼丹峰，鼎灶臼杵，俨然具存。炼丹源、洗药溪在焉。其连天都而势倒悬如舞者，为青鸾峰，下有采药源。连青鸾而巍耸者，其色黯赤，为紫石峰。下有汤泉源，泉口如碗大，出于石间，热可点茗。水下流汤泉溪中有汤院，即祥符寺也。连炼丹峰而势如覆钵者，名钵盂峰。相传昔有东国僧住此修炼，乘龙而去。有洞名仙僧洞，洞口阴夕有光如星，谓之圣灯。又有掷钵源、锡杖泉。连钵盂而起者，为桃花峰，下有桃花源、桃花溪，处处皆桃花，水流入汤泉溪名桃花汤。有峰宛如削成，奇峭亘上者，名朱砂峰。半壁有朱砂岩，望之如崩颓，捷猱所不能攀也。下有洞、有石、有源、有溪，皆以朱砂名。西南之峰，其势昂踞，首大于趾者，为狮子峰。下有锦霞，时时布幕，因名其洞。又有香林源。朱砂峰北，其势簇簇涌天而开者，为莲花峰。若洞若源，皆名莲花。其北宛若人状者，为石人峰。下有白鹿源、驾鹤洞，传云白鹿为人所猎。浮丘公曾驾鹤于此也。峰西为云际峰，望之在杳冥间，下有藏云洞。乳水源，味甘如乳。其西高峙者，层累而上，如屏如扆，名叠嶂峰。而岩有乳，其白如雪，四时长滴，名石乳岩。有坑长阴不见日，名阴坑源，源水入白云溪。溪中潭影清绝，白石横底，曰白龙潭。连叠嶂之西南者，为浮丘峰，下有浮丘庙、观，唐会昌中废。有五云源，传云浮丘于此乘五色云去。又有浮丘溪，今浮溪是也。峰之东，其高与齐者，名容成峰，溪为容溪。紫芝生于峰顶者，为轩辕峰，有仙人石座、仙人洞。紫云溪，溪有紫云不散也。仙石室，传云黄帝游息处。又有毛人岩，传云樵父遇仙，迷径而栖于中所变也。东北高出，顶若两石人对坐者，为仙人峰，下有仙人洞。连峰而源、岩、溪，皆曰阮公者，上升峰也，峰下往往闻仙乐之声。曰清潭峰者，因潭而名也。潭水倒泻百余仞，源曰布水，溪曰锦鱼，鱼皆锦鳞也。曰翠微峰，山翠欲断也。洞、源与寺皆无异名，溪独曰青牛，传云昔人见青牛，前逐牵之，牛入水不见。峰畔则布水源在焉。曰仙都峰，在翠微东，源、观亦循其名。昔人谓神仙所游之处，北连而起者，为望仙峰。龙须岩，龙须草生焉。溪、洞皆曰弦歌，托言闻黄帝、浮丘、容成升仙时音乐也。九龙峰，合九峦之势如龙缠纠，蜿蜒相属，亦以名其溪、洞、岩、源、宫、观焉。翀九龙、桃花间，形如腰鼓而耸然亘天者，圣泉峰。峰头有汤池，人

黄　海
HUANG HAI

不能到，邻峰遥望之则见池波沸涌，其水向顶东南而下，入汤泉源、甘泉溪。其为黄山之中峰，曰石门峰，石相擘如门。山之半壁，一大石横架其上，两畔相对，一石床如龟形然，长数丈，可容人行。一石塔四层，正圆如月，址围二丈，高三丈，上大下小，状如刻成。又一石澡瓶，引喙如杓柄，流泉出其中，源、溪皆以石门名。唐大历中，有于此见毛人者，杀之，明日，毛人之妻至亡处，号啕而去。峰畔则棋石峰。唐天宝中尝有人至此，见棋局、布子，遂拨开取去，却回见复如初，后人寻之，莫得其处。其源即名棋石。有石，亭亭独上，撑霄擎日，望之如干者，石柱峰也。源曰石壁。有石划然齐峙，云气中通者，云门峰也，亦以名其源、溪。西望水淙淙而下，长十余丈者，布水峰也。源曰百药，药生于源也。溪曰红泉，泉水红色也。布水之东北，峰曰石床，床长一丈二尺，阔五尺，如白玉琢成。上有碧石枕三枚，紫石床三张。石室源在其下，如屋，深十余丈。丹霞之峰，溪水亦曰丹霞，而红术遍生于源，遂以名其源。举首云际，莫极其巅，曰云外峰。上有杜鹃花，绕峰而生。从上俯瞰，杏株无数，红杏源在焉。松林峰，溪亦曰松林。黄连源、石榴岩，俱在其下。紫云峰，紫气如盖。多柏木者，源也；胜榆花者，溪也。芙蓉峰，隔溪有马迹石，石上马蹄迹如泥印。百花嘈杂，源洞深阒。连之而西者，采石峰也。峰下多白石如玉，黑夜即见，倒流而下，有布水百尺。其岩、源俱以白龙名，疑因石色纯素，横亘犹龙也。此诸峰、溪、洞、源、岩之大略也。至于如绣如镂，如屏如戟，如舟如马，如奔如翼，如老如稚，如仙如释，如俯如睨，如离如即，朝夕云物，转瞬相失，最难名状，不可封识。大抵此山面面莲花，海子处则渐入佳境也。新安大好山水，亶其然乎！安得名公，如徐君①卧治之，教民劝课之暇，来游来歌，以天[矢]② 其音哉！

---

① 徐君，指梁新安太守徐摛。
② 2014年黄山书社版《歙志》作"矢"。

纪迹三·之十七

天都山史潘之恒景升辑
石梁居士吴彦芳延祖校

仙　桥

《图经》云：唐开元中，曾有人在炼丹峰，见石桥跨二峰，长三十余丈。近代又有人见在莲花峰西南，复如前说。后人寻之，竟莫知其处。复有采山人，于石桥下宿，半夜闻笙歌从桥上过。至天明，亦不见，仍迷旧路之所。得诗二章录于左，可想其缥缈矣。

山史入山，遇方士申清虚云：曾到仙桥峰，甚奇绝，非难寻处，以帛缒而登之。

又云：万历丙午，大用师结龛炼丹台前，尝夜经行仙桥，高声念佛，山谷传响，不减孙登①之啸，遂发愿结衹，三年缘满。今往峨眉，尚未有还期也。

又云：从鸣弦涧，更逾一坞，有大石可趺坐，以望仙桥，余每过辄饱看之。又百步云梯前，亦可望。

公琰云：从炼丹台直望，桥眼有五，惟此地为奇观。近桥有柏矼，凝望翠铺，根去杪不逾尺许，叶密如茵，可从树杪行，可趺坐，可稳眠，又一奇也。余愧足力歉耳，不然当日登百回，岂厌哉？

潘之恒记曰：黄山仙桥，昔人目为幻景，在若有若亡之间。如武陵桃源、庐阜竹林，可问而不可即，可瞥见而不可再寻，余窃疑焉。近十年所稍稍闻有登者，皆以为适然所遭。夫造化既已抉其閟，必不靳于好奇之人，即使银河七夕，鹊羽可填，天目两峰石梁飞架，尚可托之梦想神游。而最所心骇

---

① 孙登，生卒年不详。字公和，号苏门先生。今河南辉县人。《晋书·阮籍传》载："籍尝于苏门山遇孙登，与商略终古及栖神导气之术，登皆不应，籍因长啸而退。至半岭，闻有声若鸾凤之音，响乎岩谷，乃登之啸也。"

黄海

HUANG HAI

者，莫如瓦屋之铁絙与西华之悬繘，絙之飘飖洪涛，身与俱荡；而繘之握纵凌虚，心聋魂霣[1]。犹若履坦蹈平，不以涉险，绝迹何得？仙桥幻诞，阻我灵杖，每为却而不前。乙卯首夏，送佛乘开士纵寻黄海之奇，归而诧我以仙桥，盖西脉为之导，而刹那上下，若飞鸟翔空，四顾峰峦皆播弄趋走，可叱而鞭也，以征于清虚、大用，夫岂欺我哉？白岳有窔[2]室，惟夸石桥岩，彼得窔于麓，一峰当前，已称胜绝。友人陶周望、袁中郎，目为白岳所钟灵，而况仙桥之在黄山，徒以不数见为鲜乎？佛乘笑曰："浑沌已开，将无以吾数人者，为倏与忽也。"

诗

岛云[3]唐僧。

千丈侧悬飞岛外，双峰横架碧天心。
月中才有神仙过，山下应闻笙磬音。
丹灶路穿瑶草湿，朱砂泉迸锦霞深。
轩辕去后虽然在，争奈凡流无处寻。

程孟字文实，歙人。

神仙来往本无踪，底用长桥架碧峰。
月出阑干金闪烁，云开复道玉玲珑。
忽成不费鞭笞力，乍见元非结构功。
愿得洪崖为招引，何妨拂袖过崆峒。

释海运字佛乘，西蜀铜山人。出家龙居寺。今暂栖武林天长寺。乙卯夏到黄山。

云里长鲸天外吼，串身鳞甲尽藤萝。
横梁扑翠丛篁绕，飞锡凌空绣岭多。

---

[1] 聋（zhé），丧胆，惧怕。霣（yǔn），通"陨"，降，落下。
[2] 窔（yào），幽深。
[3] 岛云，即缪岛云，少为僧，唐武宗时还俗，有诗名。

星迥雁回愁绝塞，月明人望隔秋河。

也知凡骨难腾化，锁断苍茫万顷波。

张渤 字若侯，华亭人。丙辰秋到山。

谁操灵斧开天堑，半壁西南窥一线。

背耸应愁摩赤霄，洞虚殊快淹雌电。

宛如蝃蝀①界星河，又似鲸鲵量海淀。

石甲纷缠万岁藤，云肤碎驳千茎茜。

遥传鸟韵落苍崖，微度猿声穿碧涧。

三伏高寒冰雪余，六时吞吐风雷变。

纵令夸杀石梁奇，仙蜕幻躯神亦颤。

玉轸平从翠浪眠，瑶簪巧向青螺胃。

瀑泻蛛丝冻雨垂，霞明雁齿晴光战。

枕头疑在华嵩腰，轮指亲披玄女面。

谷城老子期不来，倘授《阴符》书一卷②。

月　塔

潘之恒曰：余既标指仙桥，定有寻黄石公之秘迹者。而月塔微茫，殊无可据。《图经》载仙石塔之目，而无题咏。余乃以意测之，是月塔也。非从月来，非从空得，又非地涌，因人所指，故有斯名。吾操斯名，遇与景合者，即以被之，其谁见让而不应也？

与黄贞父③登海子，雨中过炼丹台，宿一小庵，三昔不得去。忽夕霁月出，信步左阜，不百武，布地有仄景，月为之蔽，岂其古塔示迹耶？抑幻者耶？就之则岿然方石也，高可二丈，方广四面，各七尺，梯而陟其巅，平如掌，可趺坐五六人；倒影跨壑，舒百千丈，如骞鷟矣。余大鼓掌曰："是为月塔无疑。"因龛中僧号一指，遂以"指月"名其庵。

---

① 蝃蝀（dì dōng），即虹。
② 按，"卷"字之后，底本《黄海》原缺第4叶。
③ 黄汝亨（1558—1626），字贞父，浙江仁和（今杭州）人。万历二十六年（1598）进士，历官工部尚书郎、江西布政司参议等。有《游黄山记》《廉吏传》等。

黄　海

HUANG HAI

又逾岁，为壬子，过智空师光明顶，理前语如"指月"说。智空曰："名则佳矣，以称月塔，则误。"余难之曰："师岂得其真耶？"而曰："然。"出其庵背，跻石冈数十仞，则圜石刺天起，末锐如锥。又进而见便腹若悬鼓者，下有方趾支之实，三成以象西方浮屠。日月出其底，腾光万道，影射河汉，而白毫照映，幻相百千塔而未止。时罡风拔地，气不得吐，步不得留，若将徙塔去。有鹤群飞，盘旋其顶而不肯下。余顾同游者曰："嘻！是真不负月塔之称。吾其从化人游者乎？向者晦，而今也望；向者顽，而今也幻；向之见者块然，而今之观也壮，智空发我覆矣。虽然月不两轮，亦不孤坠，彼台而此塔也，又谁曰不宜？"越三年为乙卯，僧海运过而题诗，月塔之名始显。而山史追为之记。

诗

释海运

　　　　　　高参列宿引云根，桂影双攒射海门。
　　　　　　隐见雨华纷日晓，幻闻风铎响天昏。
　　　　　　缯霞摄处峰孤托，练水飞来壁倒翻。
　　　　　　累石无心随月姊，空教寒露湿啼痕。

和诗

释如明字彦融，歙东人。利生庵出家。

　　　　　　高揭层空参上玄，九霄桂影落峰前。
　　　　　　烟生白裒军持出，霞起光疑舍利悬。
　　　　　　梵铎每从风籁鼓，虚檐浑是月华穿。
　　　　　　策中数有尘沙广，何独遗君黄海边[①]。

---

① 按，"边"字之后，底本《黄海》原缺第7叶。

石　室

　　潘之恒曰：余从三海门窥九龙峰之下，人言有石廪、石田，盖仿佛见之。又松谷道中逾笋矼而上，若列堾竖帜，亦拟御帐屏。乃今而得石室于天都顶，不尤异哉？向者循云梯南出，望二窟相联，或指白猿所居，五年一出；或云玄鹤隐，千岁而下德辉；或云浮丘、容成炼丹之室，以为人迹鲜至，姑妄言之耳。甲寅之岁，九月既望，普门师罙①入而披华鬘之珠，见若板屋者，升跌阁中，三放摄身光焉。越丙辰之七月八日，有僧九人跻之，若乘云气而上，有夷之行，不烦五丁，益又奇矣。

　　余征状，则石室旷朗，中间石榻，其上平铺，可砥可层，令避秦人依之，足乱心曲矣。余陟天目两巅，故有解板石言，将梁渡而未果也，孰为大匠架空而成之？又孰若此室郁为仙居，世人能拍肩揽袂而招摇踏歌于无虞也？曷建标而表之？僧曰："奈何？"余曰："为我建二表②，昼则悬幡空际，象黄鹤之蹁跹；夜则权火③如舍利光，照耀无碍，环百里皆见之。曰：'孰天都之不可登也，而此幡灯，何为者？'环薄海皆传之曰：'孰天都之不可登也，而此言幡灯，何为来者？'"嗟乎！"黟山"之改"黄山"，千余年未显，而余为之更"黄海"也，以一日著。天都之不可登也，亘古无幸，而余为之建标也，亦以一日传信天下。事无久暂，而佛法有顿渐，果之斯成，信之斯至。而耳目近玩，变幻不常，乌可与痴人说梦哉！

诗

潘之恒

丙辰八月一日，从天都峰顶悬幡张灯纪事。

　　　　佛说东南有胜峰，攀援二室恨无从。
　　　　朝鸣陈宝骞威凤，夜耀隋珠象赤龙。
　　　　天意招摇看北指，人情皈向即吾宗。

---

① 罙，古同"深"。
② 表，此指标志。
③ 权火，古时祭祀时所举的燎火。

黄　海
HUANG HAI

那罗延窟何堪拟？一代英灵王气钟。

张渤字若侯，华亭人。

和潘景升石室悬幡灯诗

轩辕窟宅秘天都，太古曾闻得上无。
示险能生猿鸟怖，凿空合有鬼神驱。
云中幡影同游气，夜半灯光互献珠。
摄化全凭居士力，东南若为现灵区。

一粒庵

冯琬疏云：盖闻支遁①买山②，籍深公于阿堵；渊明③探友，迟慧远④于溪桥。从来古德，每结名流；到处精蓝，常依净土。维歙黟山，著称黄海。虽言佛国，实号天都。奇峦峻坂，堪与五大齐驱；喷玉飞珠，果是三洲竞秀。

向有比丘雪峰者，幼生名族，负池塘春草之姿；长事空王，有钻纸出头之偈。芰芜未遂，物化逾年；茎草难成，交知怅惘。幸有法徒壶林，能沿衣钵，不堕法门。罔辞师友，遂信步以出家；靡畏虎狼，爱班荆⑤而趺坐。志勤心恳，考筑有基；行苦力绵，庄严无待。乃伊法孙智圆，继祖承宗，薰修不替；结因种福，创造蕲新。

伏念达官长者，眷此名山，爱寻胜事。松簧竹韵，时来陶氏蓝舆；琢句谈经，还忆谢家白社。华门巨室，幸破豪贵学道之樊；韵士儒流，堪结贫穷布施之果。白镪喜输于囊角，青蚨争解乎杖头。将见洒洒杨枝，是处流通阿耨；纤纤芥子，大家混入须弥。意珠与明月同圆，戒香共觉花齐馥。水流孤月，尽开翳障乎珠林；山锁浮云，悉借明光于佛慧。谨疏。

---

① 支遁（314—366），字道林，世称支公，也称林公，本姓关。陈留（今河南开封东北）人，一作河东林虑（今河南林州市）人。东晋高僧、佛学家、文学家。
② 买山，南朝宋《世说新语·排调》载："支道林因人就深公买印山，深公答曰：'未闻巢、由买山而隐。'"后以"买山"喻贤士的归隐。
③ 渊明，即陶渊明（约365—427），字元亮，又名潜，世称靖节先生。浔阳柴桑（今江西九江西南）人。
④ 慧远（334—416），俗姓贾，雁门楼烦（今山西宁武附近）人。东晋高僧，居庐山，与刘遗民等同修净土，为净土宗之始祖。
⑤ 班荆，铺开荆条在地上。

天都山史潘之恒景升辑
睡庵居士汤宾尹嘉宾校

纪迹三·之十八

汤　院

宋罗愿淳熙《志》云：大中祥符禅院，在黄山天都峰下。先是唐刺史李敬方作龙堂于汤之西。天祐九年，刺史陶雅建寺，号汤院；南唐保大二年，改灵泉院；大中祥符元年十月，敕改今名。挂石为鱼，其声清越。

唐李敬方叙曰：敬方以头风痒闷，大中五年十二月，因小恤假内再往黄山浴汤，题四百字：

　　楚镇维黄岫，灵泉蓄圣源。煎熬何处所？炉炭孰司存？
　　沙暖泉长沸，霜笼水更温。不疏还自决，虽挠未尝浑。
　　地启岩为洞，天开石作盆。常留今日色，不减故年痕。
　　阴焰潜生海，阳光暗烛坤。定应邻火宅，非独过焦原。
　　龙讶经冬润，莺疑满谷暄。善烹寒食茗，能变早春园。
　　及物功何大，随流道益尊。洁斋齐佛主，痊病夺医门。
　　外秘千峰秀，旁通百潦奔。禅家休问疾，骚客罢招魂。
　　卧理黔川守，分忧汉主恩。惨伤因有暇，徒御戒无喧。
　　痒闷头风切，爬搔臂力烦。披榛通白道，束马置朱轓。
　　谢屐缘危磴，戎装逗远村。慢游登竹径，高步入山根。
　　崖嶮差行灶，蓬茆过小轩。御寒增帐幕，忘味止盘餐。
　　镜面装奁启，桃花锦浪翻。鸟容皆翡翠，鹭影尽玙璠。
　　不与华池语，宁将浴室论。洗心过顷刻，浸发迨朝暾。
　　汗洽聊箕踞，支嬴暂虎蹲。濯缨闲更入，漱齿渴仍吞。
　　气燠胜重茧，风和敌一樽。适来还蹭蹬，复出又扳援。
　　形秽欣除垢，神器喜破昏。明夷征立象，既济感文言。

已阒眠沙麂，仍妨卧石猿。香驱蒸雾起，烟并湿云屯。
破险更祠宇，凭高易庙垣。旧基才仄足，新构忽行鹓。
胜地非无栋，征途遽改辕。贪程归路远，拙政讼庭繁。
兴往留年月，诗成遗子孙。已镌东壁石，名姓寄无垠。

宋汪师孟评云：东坡所记汤泉，秦州之骆谷，渝州之陈氏山居，秦君之赋东坡及匡庐、汝水、尉氏、骊山，后东坡谪居惠州，游白水山佛迹岩，浴于汤泉，共有八矣。今之所见，徽宣之黄山，闽中之剑浦，又有二焉。第各处汤泉，多作硫黄气，浴则袭人肌肤，惟骊山是矾石泉，李贺诗云："华清源中矾石汤，徘徊百凤随君王。"黄山乃朱砂泉，《图经》云："旧名黟山，东峰下有朱砂汤，泉热可点茗，春时即色微红。"故宋彦游汤泉诗有"嵩阳若与黄山并，犹欠灵砂一道泉"之句。

宋鲁宗道叙曰：物之拔立群萃者，必主乎众焉。新安千余里无平地，山阜连属，悉非杰出之状，独此山凝岚积霭，邈然云际，宜乎养灵孕粹，雄镇一方。故岁旱民饥，郡刺史修举祀典，躬事祷谒，厥报如影响。宋景德四年上巳日，军事判官鲁宗道，主簿阎宗列，因公事，信宿于灵泉院。岁登民饱，不敢默神，以为祈请，因志所怀于僧壁，复以五十六字系之于石：

黄山地胜烟霞明，朱砂泉暖肌肤醒。
鸟声不断山不坏，今人古人徒营营。
暂来谁更辞硗确，抖擞尘缨聊瀚濯。
灵泉去病功绩深，无人盖覆为高阁。

天都山史潘之恒景升辑
桃源居士汪茂光仲实校

纪迹三·之十九

翠微寺

《图经》云：大唐开山祖师，不服绮帛，编麻为衣，师不出姓名，故号麻衣。飞锡翠微峰下，今有卓锡泉存焉。尔时沙汰佛法，有颂达于圣云："敕下如雷至翠微，佛前垂泪脱麻衣。深山有寺不容住，四海无家何处归？"帝回颂云："忍仙林下坐禅时，曾使歌王割四肢。况我圣朝无此事，直教休道又何悲？"

太平县《山西乘》云：麻衣禅师包西来，唐中和二年飞锡到翠微峰下，置麻衣道场，留遗像在焉。得其麻缕可以疗疾。

宣城汤宾尹《募建千佛楼疏》云：翠微寺踞黄山之麓，唐麻衣祖师道场也。师从身毒[①]驻锡于此山。冬夏衣麻，丐其一丝者，辄能已疾，信神僧也。宣宗时，尽毁天下寺宇，师有出山一偈达禁中，嗣诏还山，复归斯寺，至今香火不绝。其下为宋文、武鼎元焦济甫、晦甫两公之裔。入丹台，登天都，尽揽三十六峰之胜，则翠微寺其初地也。寺经数百年，迭有兴废，去岁遭洪水冲溃。寺僧本是发大弘愿，复开斯宇，规模益扩于曩时。偶跋涉北游，遍参名刹，归而欲终斯果，乞疏于余，将以募之十方善士。余嘉其志，且重其请也，为书数语，识其本末。万历己酉秋日。

潘之恒《记略》云，客问："翠微何以称胜？"余曰："由万峰得一峰，则孤胜；由百境会一境，则幽胜。翠微之在黄山，犹云中鹤，渊中龙，咸借珠

---

① 身毒，中国史籍对印度的别译。

黄海

光自耀。"今夕之月，如有故人期者。又称"偶际之胜"。无何，果得汤太史嘉宾讯，题诗寄之，并书此以授主僧觉空、仰虚、怀素。时壬子（1612）三月十二日。

又《后记略》云，客语余曰："黄海诸峰与翠微，不可以大小尊卑论矣。在翠微则黄海诸峰伏而不见，见黄海诸峰则翠微亦隐。大小尊卑之若相摄而不相乘，相避而不相凌也，固知如是哉！"可谓善言山之概矣。汤太史题食堂曰"隐翠"，其亦有会心乎！

翠微寺诗

陈炳■■■

麻衣休作狮子吼，门外泉声正拍空。
三十六峰浑不见，翠微真在有无中。

慕容立卿■■■

翠微古刹景巍巍，七百年来世所稀。
今日不辞山路远，特来求见旧麻衣。

王■■ 漕使，号无一居士。

翠微峰下圣伽蓝，谁识麻衣隔圣凡。
会得一丝原不挂，七斤何用赵州衫。

徐彖

心外曾无法可寻，塔前双桧老秋阴。
犀牛扇子知何处？犹有清风直到今。

叶秀发

茫茫宇宙几分离，晚识真人历数归。
五闽都无半抔土，清风千古一麻衣。

朝市元无地着身，华山半席尚堪分。
不如去挹浮丘袂，化作峰头一点云。

陈■■[①]号山泉。

雨情泥路软，杖屦岂徒劳。
双桧塔前老，一峰云外高。
锡泉环殿砌，岩瀑起波涛。
欲问麻衣意，风林作怒号。

王■■号菊坡，中书舍人。

车马行行过小溪，顿令泉石发光辉。
千年宝相现尘界，万古冰帘挂翠微。
流水落花春自在，啸猿啼鸟夜忘归。
与僧出到幽深处，犹有如来第二机。

焦炳炎字晦甫，左史。

曳杖寻幽胜境宽，诸峰高下护晴岚。
丹成兔臼香生杵，影现龙津月在潭。
洞暖有花因七七，云深无语住三三。
粥鱼敲动山林兴，合傍浮丘去结庵。

亡名氏[②]

入山寻古寺，曳杖到翠微。
山色无今古，人心有是非。
同谁挑布袋？随我问麻衣。
坐讲《楞严》罢，青猿抱子归。

---

① 《黄山翠微寺志》标作者为郑震。
② 《黄山翠微寺志》标作者为焦显，解元焦颐之弟。

黄　海
HUANG HAI

天都山史潘之恒景升撰
镜波居士程开祜仲秩校

纪迹三·之二十

松谷庵

《图经》云：松谷庵，在叠嶂峰白云溪下，白龙潭之外二里许，基址犹存。有道人居之。祖师留石志云："横也三十六，竖也三十六，再过三十六，却来问松谷。"

松谷真人事迹

真人张姓，讳尹甫，别号松谷，天水人也。少习儒术，弃之为方外游，携妻子隐于梅塘江。因与天师遇，颇得秘诀，遂至仙源，居狮子峰下。后选胜得芙蓉屏，乐之，结庵其阳。尝演《易》，传正宗，悟养真修炼术，攻父子铁牛之学，直于浮丘、容成流亚[①]焉。凡近乡有疾来告者，掇草为治辄愈。天旱祷龙潭，而甘雨立至，且驱雷使电，鞭风策雨，人皆信慕之。住世五十有六年，于大德庚子五月二十日子时坐化。曾留一偈云："只有人难做，容人识得么？这汉实风流，世人识不破。噫！铁牛鞭向四禅天，金身已寄莲花座。"居民为造石浮屠表之，至今香火不绝，求嗣徼福者无虚日。非其道力，乌能食此报哉。

万历庚戌闰三月晦日，潘之恒记。

山史云：黄山盖有两松谷庵，云一在极南，一在极北。南为练若之地，北则归藏乡也。横为源，竖为峰，极其尽处而得之，则两庵俱相宜，又俱在狮子峰下，而北狮子峰似借称耳。恒每穷两峰之迹，初谓向北为门户，虽觉幽邃，后思帝君宜当阳，且天都壮观，云门雄峙，定以南方为天阙。

[①] 流亚，同一类的人或物。

近有人从白龙潭上二里，得一基，颇宏敞，有雕栏遗础在焉，似与志合，则此庵曾盛于昔，故并纪之。且以语主天都社者，留意重兴，黄山苦无隙地，不可失也。

万历庚戌冬记。

黄 海
HUANG HAI

天都山史潘之恒景升辑
空相居士鲍玄度升美校

纪迹三·之二十一

法海庵

叙曰：法海庵，旧称朱砂庵，修炼者居之。自冯司成开之来游，诧为大丛林地。逾二年，而普门禅师遂乞为炼魔场，将仿五台山狮子窝例，创法海禅院。宰官鲍山甫、于中甫首疏以倡，一时缙绅响应，而徒侣遥集者几百人。庚戌首夏，余从黄贞父至，由天海新道下，法藏上人逆余于石幢峰，则庵之脊也。指朱砂洞在左峭壁间，草蒙茸丛生，泉溅溅出。北崖高处隐隐露楼角殿楹状，法藏云："此空相寺也。"夫非庐山竹林之墟耶？作法海庵迹。

《图经》云：朱砂峰高九百仞，宛如削成。半壁有岩，中产朱砂，望之如崩颓，猿猴之捷亦不能到，惟鸟翼差可及尔。《神仙补阙传》云，浮丘公与黄帝取此砂炼丹，故天下独贵之。

鲍应鳌疏曰：盖闻域中灵胜之区，莫非禅窟；佛子津梁之处，多在名山。故访至道于崆峒，识神人于姑射。坤珍法宝，瑞不孤兴；奇巘精蓝，合则双美。自乾坤开辟以来，乃有缺事不修如黄山者。黄山僻在新安，奇秀甲于宇内。周环数百里，亘地摩苍；历落万千峰，争霞避日。呼吸殆通帝座，铲削疑有神工。一泒灵泉，长洗众生尘土；千年丹井，尚留轩后药炉。片片青瑶，望迷七圣；林林碧玉，到处诸天。轮菌虬蟠，出世间妙相；嘤鸣乐雅，吐人外希音。诚欲界之蓬壶，灵真之窟宅也。久虚金刹，殊负宝山。高人胜士，以登临至者，愁风雨之如晦；行脚头陀，为修净来者，叹鹡鸰之无枝。振古寂寥，新占气象，顷来葱郁，屡现光明。爰有普门禅师者，荷法清凉山中，飞锡天都峰下。形骸土木，一似拾得、寒山；根性菩提，颇近云门、雪窦。修大乘法，愿生生世世普度无穷；放般若光，将尘尘刹刹浑成一片。

于以炼魔选佛，因而薙草开林。接十方人，苦身淘汰；持万种行，毕力薰修。似此戒、定、慧互融，真称佛、法、僧三宝。愿力玄感，垂三载而顿集诸贤；机缘自来，即一时而肇开胜业。资檀那力，助广大缘，无分达官长者，不论近处他方。向万壑中，同开大千世界；于一舍内，永种亿劫良因。谨疏。

于玉立题曰：黄山灵胜，甲于天下。然为游客棋簟之所寓，而乏宝坊化城①，高人胜士至不能庇风雨，斯亦名山一大缺陷也。有普门上人，戒德精严，慧光圆朗，八风不摇，千江俱映。以自在身，而备尝诸苦；以无求法，而利济群生。是处家山，鸟飞无迹；此方瓶锡，云会有缘。爰建法海庵，以饭十方众，将使梵呗杂于松泉，草莱化为金碧；以晨钟暮鼓，结清净因；于酒社词场，开般若路。允矣难遭，善哉希有。余方行役，而友人鲍仪部为艳称其事，若于此放过，将不免有宝山徒手之悔。因发行橐之强半，以效贫女之一花。盖余从紫柏老人甚久，颇尝闻无上之旨，念众生沉迷颠倒，流浪生死，无过一执。而导师破除开涤，清凉热恼，惟有一舍。舍之舍之，至于无所不舍，而人法两空，一念不起，则大事了毕，直下与诸佛齐肩矣。利根男子有能，志崩宇宙，将坐断生死，则请从"舍"之一字入。

汤宾尹疏云：谓此山新，来与天俱。轩辕老子，得道最初。谓此山故，僻在确土。黄帝以来，此秘未睹。孰故孰新，因天因人。天有开塞，人有废兴。塞极之开，其开滋大。伏火遗炉，精光照夜。废则万年，兴则当念。一刹那顷，道场毕现。募者施者，与山等长。彼人开山，山亦姓黄②。

普门缘起③

潘之恒曰：余过法海庵，法藏开士语余："普门禅师之号'普门'，盖定自五台山，在澄公精舍，受其约束，至今无易。请得从法海建二堂，如五台行之。居士幸为之倡。"余敬诺。为刊布《普门品》于首，以澄公例继之。而用无门洞"五缘"书名，咸次如右，作普门缘起。

---

① 化城：此指佛寺。
② 按，"黄"字之后，底本《黄海》原缺第4叶。
③ 《普门缘起》一文，底本缺，据黄山管委会藏本补。

——入社者各授此册，每日三时，诵《普门品》一遍或三遍、七遍，并诵佛号一百八遍，无定数。

——五台旧例，入例奉行，不敢增损，但增到会例一款。愿附社中者，量出资若干，随一两至五两，皆得列名社中；如不愿者不强，亦不得列空名，以防滥进。

——用无门洞例，五流同源，令各从其类以相安，俾无讥议，实会而通之，初无分别心也，众宜谅之。

——普门社建立养老、延寿二堂，如五台山例。入社出资，书名"五缘"中，权付主天都社者料理。俟二堂已完，得人主持，即交与之。

——天都社，即普门外护。除二堂人，不以烦累。惟从"五缘"至者，俱合作供。

普门精舍誓约叙

闻夫法界一真，万动一体，元无彼此之分，宁有圣凡之异？特以一念才生，诸形顿起，形为物我，习起爱憎。

由是妄认，四大为我身相，六尘缘影为我心相。既有我矣，则有我所。同我者则亲，异我者则疏；顺我者则爱，逆我者则瞋。发为贪痴，构成结业；沉入恶趣，化为异类；递相缠结，互为吞食。永迷一性之真，流转无涯之苦者，皆由我爱之私故耳。

由是观之，我爱之私，即生死之源也。是以吾佛说诸檀波罗蜜，教令弟子一切皆舍于是。

先舍我家，既舍我家，则舍我所；既舍我所，即舍我爱；既舍我爱，即舍我情；既舍我情，即舍我舍；既舍我舍，即得无诤三昧。无诤三昧极无我之体也。极无我之体，然后反观一切，不动常寂，无非我者，即所谓法界一真，万动一体。至是能一、多、大、小，即入自在，出入死生，而了无死生，寂照含虚，乃名为佛。故曰："会万物为己者，其惟圣人乎？"先圣先哲能体乎此，故能剋有我之心，行无我之行，视法界为一家，等群灵犹一己。故凡出家者，循方乞食，林泉郊冢，随寓而宿，不复有私家可执守也。

像季以来，出家者众，不得无统；初心者众，不得无教。故百丈设为丛林，以摄漫而教初心也。故为丛林主者，必以择无我心，体无我行者能之，非自私我爱之徒可得而主也。自唐而宋，斯风不泯，是故丛林大振，而佛道光矣。自国朝以来，先规蔑闻，天下寺主，不推贤者，皆系借僧子孙受业。至于分烟割井，竞诤执吝，丑恶万状，由是而生，则法王之家，坏于有我之私耳。

然古今一道，法运靡常，安知后世绝无丈夫哉？

予友雪峰光公、大章文公等，愍斯颓波，慨然兴义，于是建十方义院于狮子窝，不系子孙，惟共十方有道者居。肇事之初，人皆笑之，以为不常，今也十有五年矣。一众和穆，若百丈无恙时不减也。由是释子众等，有以兴起焉。观于竹林南岭，林泉平旷，嘉木盛茂，欲以此地建普门精舍，其中净住之规，如狮子窝云耳。

——是院既成，以念佛净业为常规。

——是院既成，永与十方为道者共，不许火主私度弟子；如火主、弟子家人争主其业者，坐盗十方僧物，以丛林大义共摈之。

——是院无常主，每岁首推有德一人为主，事无大小悉听施行，至岁终告退；如更请更主，周岁贪位不退者，共摈之。[①]

——是院招提财物，火主不得亲收。当立十方库司三人，一收执，一注记，一支用。

——是院三时粥饭，一切平等。若主若客，不许私受饮食。私受一餐，罚米一石，除为公务出入。

——是院本为老病者设，凡僧六十而无归者，入养老堂。四方僧有病无依者，入延寿堂。

——凡在社道友，如有病难等，缘在外，即搬取归养、救济等，违者，主事者出社。

——凡在社者，如有违情，当和颜疏通，不许失容恶诤，犯者罚斋。

——凡入社者，先出银拾两入常住。

敕赐五台山狮子窝文珠寺霞衣道人镇澄撰。

天都社记[②]

古之禅人与诗人相结社者，自支许而下，大畅玄风，迨慧远旅栖匡庐应

[①] 底本自"共摈之"以下缺，自"——是院招提财物"至"敕赐五台山狮子窝文殊寺霞衣道人镇澄撰"为据黄山管委会藏本补。
[②] 《天都社记》一文底本缺，据黄山管委会藏本补。

梦，阐教大众，响答云从，于是以伽陀至者三千余人，真信之士百二十有三，称高贤者十八。而渊明、康乐交往虽密，名不与焉，岂词坛宦迹与阐关不相流通？抑二人者不抗不随，为护法，为忘形交也耶！此繇华藏未转，普门未辟，而圆融之化未乎，千载之后，乃复见天都社尔。

天都为黄山第一峰。飨黄帝于丹台，创招提于法海，凡皈依者必望而宗之。在昔嘉靖壬寅，王山人仲房主盟，而陈、郑、程、汪、江、方诸贤踵至，称一时盛事，其篇什具在，余为梓传之。越六十九年，而复修盟，日皆重九，固非偶然者。先是普门禅师自五台来，一见黄山而不忍去，将以是为菩提场，而鲍仪部山甫、于比部中甫实倡之。其明年，同志二三，友人鲍元则、郑无著、丁自宜、虞采兄弟，过余有苣堂，遹定此社。大都谓禅修者浮沤其所寄，而词章士或幻境其所游，朝托迹而暮去之，仓卒一临，莫适为主，宜吊诡者阻冥搜，而蒙篘者蕲染指，社之不立，同流其奚归？于是卜地选场，得于莲花庵之右，布席梅坞间，仰天都，凌法海，瀑水双挂，紫石际空，堪以奥主奉之，夫非吾党之东林，而普门之鹿苑乎哉！客有即次，而僧无因循，华严大放光明，在此举矣。

曩开士法藏，每欲遵普门例，建两室于新刹之傍。余仿无门洞缘，则汇五流而居之。自此社定，法藏可弛其一肩，如将广容听法修行之徒，微普门法力，不易竟此，其以是社为之招。

潘之恒曰：诗与禅之不能合也，禅不必通诗，诗不必悟禅，两者皆障。夫佛假偈颂申言，诗空色相，而后可超乘也。惠休、寒山词林所宗，长庆、禅喜桑门互证。今之入社者，黄仪部贞父、洪奉常平叔、吴学宪无奇与鲍、于两公，皆慧业文人，潜心止观，禁酒无攒眉，而挥麈多逸韵。圆教方兴，光明弥布，斯社也，虽终古勿替可也。万历庚戌九日。

——是社以禅诵念佛，称净业为常规；以诗画作文，称慧业为游息。非是二者，不敢延入。

——主会各出银二十两入社，建屋买田。每年推一人在社，递主其事，请代乃得出山。

——与会僧俗，各出银五两至十两止。至社如归，即久住，不费资粮。社外事，不得与闻支销。

——游僧游客，如上二流者，至即受供。

——入社须主者会众延请，然后书名，毋得滥及。

——老僧、病僧、老病居士无依者，俱送普门院二堂收养，此社不侵其事，令遵普门例行。

——结社原为静修，若会中子弟讲业延师，似宜别选胜地，不得假此为馆以废社。其端一开，久则社废，预戒之。

——莲花庵地，鲍元则买建。西连云涛庵，东至祥符寺界，并云涛庵地；南至云门峰脚，丁自宣买建，俱入法海禅院，为下庵。其地鲍、丁二家喜施，永远皈法海道场，不许居停自私，妄生分别。如僧俗人利己背公者，共摈之。

纪同缘旧例[①]述无门洞志。

潘之恒曰：人生憾不同时，不知时所同也，人自异尔。刹那千劫，岂有间哉？缘同则时同，或前身即后身，或今人即古人，不得名分何？况说异无门中峰，宁作两世观耶！余纪同缘，大约分为五类，如宰官缘，以时为次不以爵；居士缘，以寓为次不以齿；檀信缘，以施舍不以文行；同流缘，以耆宿不以梵属；方外缘，凡神仙九流倜傥奇伟之人，无不可纪矣。若记之不详，序之或紊，予安所辞其咎哉？作同缘纪。

——宰官非自愿登疏洎到山发心者，未可擅列。

——居士非信心奉佛洎入社修持净业慧业者，未可擅列。

——檀信非我辈高尚隐逸名流洎有功道场者，未可擅列。

——同流非善知识受持戒律洎苦行苦心为法名龙象者，未可擅列。

——方外非离俗出世洎神通无碍或耳目希有者，未可擅列。

[①]《纪同缘旧例》一文底本缺，据黄山管委会藏本补。

黄海

HUANG HAI

纪迹三·之二十二*[①]

敕赐黄山慈光寺疏

黄山,以黄帝得氏者也。凡山之生,必与天地俱,不为不久。冠之以古先大帝,德为圣人,尊为天子,开山主人不为不大。然亿万年以来,祠官不列,刹宇不严。问之,数十年前,而所为缁庐游杖,尚一踯躅于岩堧巇鞹间,未闻幽探玄览者何谁氏也。何兹山之善藏也!

庚戌,宾尹在京师,见一僧号普门者,出所为《法海庵疏》云:"矢为兹山建一刹场。"宾尹为作《四言引》佐之,曰:"黄祚必复,其在兹乎?"未几,黄山之名彻于宫府,天子敕额"慈光",为圣母祝釐,至给所板《大藏经》护持之。草莽臣[②]潘之恒疏记其事。而宾尹适来游,问庋经之所,甫在锸伐。

盖圣明之世,大道弘敷。凡域中诸名山,悉荷宝藏,镇固久远,然其先皆有殊场显刹为之因依,未有不阶寸基尺椽而能豫邀宠灵者也。古今神圣显懿之主,必首黄帝,万斯年而得今天子,两圣人为兹山启土,可谓开辟大奇绝事。往传兹山为黄帝修炼之区,药池、丹灶具在焉。导养之说,明圣所摈不举,而集灵辑福,天子所以寿圣母者,天下臣庶归寿天子无疆,祝嘏明享,不无兹山是赖夫。然则兹山土木之功,亦臣子之所宜共效也已。

万历壬子春季三十日,敬亭臣汤宾尹疏。

山民潘之恒曰:黄山之有慈光寺,肇于万历辛亥六月二十六日,今上广孝心,为慈圣太后祈年所赐额也。

先是,普门大师惟安由五台来栖黄山,用普门品行度世,改朱砂旧址为

[①] 底本漏刻本卷卷次及辑、校者,此据底本书页中缝信息补齐卷名。
[②] 草莽臣,典出《孟子·万章下》:"在国曰市井之臣,在野曰草莽之臣,皆谓庶人。"

纪迹三·之二十二

法海庵。居然灵鹫境界，为立炼魔场，非苦行安禅者不得预。嗣建华严堂，延善知识①，翻诵其间。祠部鲍山甫、仪部于中甫各具疏，集同志士绅为倡，顾愿力尚未弘。因念黄山钟灵万古，非熙朝大圣人不足当之，乃负山图入京，以徼宠泽，庶几一遇。爰驻锡慈明寺。会慈圣遣马中贵斋僧磐山，邀师与俱。有左道人发心□□檀施，问师于黄山何欲？师言将建立道场，愿得请御藏镇之。于是马监、颜公为乞金龙护持，祠部公与同署仪部岳公、同乡武选程公，共捐俸金凑其半，而左道人所助溢之，为办玉楮、汗青。慈圣青宫又续颁御用文绣装池，实为震旦第一部。颜公复请寺额，得旨曰，去予藏。不逮三旬，加锡帑金三百，并僧惟安紫衣、幡杖。时鲍大美侍亲京邸，驰讯山中，具悉盛典。有法藏、严公，谋之居士刘圣邻、鲍升美、丁际云洎诸善信，为庋阁经藏计，而力不暇创，先为郛亭，以迟之拓地，从炼魔场上百步许，开方广十丈地，可置堂五楹，笼以朱砂灵气，足当龙树所游，若天作之矣。

遵右磴拉狮子项而登，俯仰蹲顾，各具异相，题曰狮乳台。进辟裂缺，而裹之古松，蟠结如华盖，为松石峡。苔藓斑翠，淋漓欲滴。转而左陟，则大悲阁冠其颠。丁居士首倡发愿，协力仔肩，且遍栽松十万八千，又称社中最胜事。当场前篱落成筊，循级而下，得法眼泉，可供千钵。有片石如云当之，曰阇石。下此数折，经地藏殿，左阽危乘，袈裟壁两瀑界流，如玉龙奔壑。普门昔语余，将凿级而跻。颜曰："一门深入妙庄严路。②"而从此超出，兼用《楞严经》语，则董玄宰太史书十六字标之山门。遂乘其上，卜日将从事焉。

嗟乎！声闻著于慈音，万嚘响答。但金刹巨丽，快睹希有，万众同情。法藏惴惴然鹄立，以希恩临，莫知所凭借。余谓维摩丈室宁虑五十由旬，狮子座无隙安置，而亿万天人众无侍立处耶？况法海为龙树所依，岂伊人力足恃？姑为录记，传布山谷，宜坚此壁垒，凝瑞呈祥，必在此举。汤司成公将入境，当徼其主盟。法藏与同社诸人，皆欢喜翘伫。

---

① 善知识，梵语意译，即善友、好伴侣之意。后亦以泛指高僧。
② 妙庄严路，出自《大佛顶首楞严经》："告示阿难及诸大众，有三摩提，名大佛顶首楞严王，具足万行；十方如来，一门超出妙庄严路。"指的是一种修行境界。

鲍祠部小甫书

普门师之入京也，原非有约而来，弟亦任其随缘而往。适有马中贵者，未见普门，而先于恍惚中见普门之影，是以一见之后遂相尊信，留住慈明庵中。

此庵乃圣母香火，而马中贵管理其间。住此焚修者，又缙绅名流，多与普门往还。前冬有山西老人出银叁伯〔佰〕两，又有一僧助伍拾两，各缙绅随力共助，为黄山置《大藏经》。渐渐传入大内，圣母遂颁彩段〔缎〕百余匹，为《藏经》成果，且为用宝，钦赐寺名"护国慈光寺"；又捐内帑银叁伯〔佰〕两，助造寺之费；又赐愿佛一十二尊，随藏供养，此去年事也。

今二月中，圣母又颁内帑银贰伯〔佰〕两，为普门剃发斋僧；中宫亦发银伍拾两，助其斋祝。是日，两宫各有钦遣，且赐紫衣、五福冠。普门既剃发衣紫，受内府并诸僧拜，而后钦遣复命，亦一奇也。中宫旧铸有七层四面佛，高三四丈许，皇上及各宫并储宫，皆施有金钱助造者，约费过数千金，今以与普门供之黄山，但渗金尚未完。目下，又捐五伯〔佰〕金为费，再得五伯〔佰〕金而事可完矣，此又一奇也。

凡此皆普门因缘，彼其道力神通，感应如此，弟何能知之？且敝司职事多重大，查核甚难，又长安应酬，日不暇给，安能为之料理？且于何处下手？邑中人不知，以为弟实助之，故叙其缘由以闻于丈。

至于所云马内相者，乃一长斋修行人，其送藏与否未可知，弟固力阻之矣。但即使亲送，亦不过由太平径到黄山，遂往南海去，与民间一毫无所干预。此乃真修行者，不过有中贵名目耳。

昨荆按台亦知其详，欲出示黄山，以助此缘，乃弟止之。

去冬詹问石丈至，谓邑中传闻普门以得遇因缘，遂有贡高之态，此则不然，普门依旧黄山破衲耳。倘有问及，幸以语之。

诸另具。

七层四面毗卢佛缘起

岳和声曰：粤有普门行人，树宿黄山，经五六载，七尺单前，猛加炉鞴，远近从之，法侣环集。因念兹山自轩辕鼎成以来，几千百年，神异之所窟宅，而日浸月长，蓁芜菱翳，徒令嵌岩邃壑、幽淙绝涧之胜，委诸豺虎之咆哮与蛇虺之纵横，而曾不能与五台、少室四大名山，分炷香粒钵之供，无量劫来，诚为缺陷。

当吾生而遇此山，誓将构十方殿，供十方佛，说十方法，建十方堂，安十方僧，化十方众，不虚此山，以不虚此生。赍大誓愿，来于京师。适有七层宝莲四面毗卢如来佛，为大内所施造，渗金庄严。计且讫工，安供处所，适未有定。偶遇常侍■■■［蔡公钦］①，以嘱付缘，启奏获请，光音②自在运逢中天，甚盛际也。

复念以为既供是佛，将说是法，以安是僧，而贝藏未备，珠林何藉？于是一时宰官、居士、缁白众道，各弘誓愿，欲为普门行人再竣此役，于毗卢佛前作大供养。而适有平谷耆老左相者，首捐橐金三百，为都人士倡。凡在会者，靡不咨嗟嘉叹，以为像季以来，根器秕薄，信心者少，劣缘者众，慷慨好义有如是老，是岂偶然？夫非毗卢如来之像之灵，与黄山几千百神异窟宅之胜，普门之行之愿，凑发激合，何以启信动众，不谒而得，不谋而同？从此，逖听者响臻③，迩觏④者鳌赴，哀浮生之有余，资累劫之不足，种法眷之善因，证薰修之正果。头目脑髓，宁与金珠宝玉较亲，悭吝惑障，宁与财法乐施洁志者哉！于是法法居士，偈而疏之，以告雄力慈悲、誓报佛恩者：

惟兹《大藏》文，声声灵伽音。
二十五圆通，耳根实圆满。
将此奉尘刹，十方听无遗。
千二百功德，心闻斯为最。
苾刍苾刍尼，索迦与斯迦。
一叶千百叶，一卷千百卷。
财施与法施，字字宝珠林。
自施为他施，函函白净识。
镠金暨蚨文，大小成胜智。
缣绁牙檀筹，工作装演资。
<u>丝丝</u>与粒粒，悉湛宝明海。
稽首告大众，供此十方佛。

---

① 闵麟嗣《黄山志定本》载岳和声《为慈光寺募众疏》作"蔡公钦"三字，据之改。
② 光音，即"光音天"，佛教语。
③ 响臻，应声而至，响应附归。
④ 觏（gòu），遇见。

稽首告大众，供此十方法。

稽首告大众，供此十方僧。

所募匪普门，为我大众故。

庚戌长至前三日疏。

山史云：余翻《藏经》，见《兜沙经》所称四面佛，尽四维上下，化身不止卢舍那佛，其本因具后疏。

释子果明阅《藏》，见《兜沙经》四面圆回卢舍那佛，理同《华严经·十地品》，发心诚造如来德相法身，累七层，每一层四尊，共二十八尊；每一层莲花蕊中间有七准提菩萨，共四十九尊。圆现法界，但遇种大福田，主慈悲喜舍心，王施愿感般若智以现前，同登华严玄门，共证毗卢一乘之果，而于护国佑民，利益何可限矣！偈曰："福田功德，沙界难量。累世无疆，同缘种智。"

大悲顶缘起

释镇澄题云：新安黄山有三十六峰，即三十六大士所居。中央有大悲顶，环望诸峰，宾主互拱，回岚叠翠，华藏庄严，真可类矣。维名山胜境，待人而宏。予门弟子普门行者，睹兹灵异，发广大心，立弘誓愿，先创十方海会禅院于山之半，挂瓢走京师，唱导檀门，一时名公硕儒，缁白道流，忻然和之。上闻慈圣国母，赐寺额曰"慈光"，并赐圆回金像洎佛经一藏。行者谓海众所集，不可一日无教导，为延同志法师某公为主，以弘扬宗教，开化四众。既又于黄山顶上建大悲殿五楹，中立大悲十四臂像，并立药王、药上二菩萨像，大悲能救诸苦，二菩萨常以法药救济众生。《法华经》说，若有人闻二菩萨名，释伽文佛当合掌赞叹，是人当得无生法忍，身病心病一切皆除。寄语行者，当勉力成就此事，以镇东南一方。风雨顺时，黎明乐业，不尽功德。端为祝延我大明圣主、圣母寿命无尽，福德无尽，智慧无尽，直至成佛，永无乏少。更冀八方宁谧，四海晏清，凡在同愿，祥庆攸归。

佛过记

米万钟云：壬子八月，普门安上人航大佛过河西关，时予以关门吏得诣瞻仰。先是，上人以开山乞名入都，予雅闻行僧名，尝晤之燕邸。时绝无迎像念，乃其欲造十方佛，则最初愿也。不意竟以无念得此，适符初愿。盖佛固四面七层，且莲叶皆像，参错周转，不啻千万方矣，固宇内诸招提①所未有者，奇瞻哉！予每为关吏苦，以关吏得此瞻仰，何幸也！普门谭两日夜，使人尘根如洗，落花若脱，抑又何幸耶！漫走笔识之。

万佛同力疏

髯头陀广漆云：普大师从京师赍奉钦命四面七层毗卢万佛宝塔，兼领钦赐大悲金像，并愿佛一十二尊、龙藏②一部。大师发愿，圣恩隆重，当弘施福泽，利益万民。沿途不行勘合③，恐骚扰驿递勤苦，不善心人，易生嗟怨。惟愿信善士庶，各起瞻仰志心，自输己力，或一名、十名至百名，腾欢喜声，归菩提路。业从河西务附粮船，抵浙江杭州府，兹由北新关至江口三十余里，分日方至。挽三百滩头，越千万峰顶，其工费又不赀，力恶不出于己，而万姓功德，俱沾无量。所谓帝力何有，民心乐趋，而慈悲大愿，靡不周圆。敬布大师初念如此，惟善信君子亟图之。

莲花峰顶不立名字广纪因崖为屋曰广，音俨。

朱鹭曰：黄山峰数第九曰莲花，峰顶石嶙起，若莲瓣簇，故名；又，是峰中处，群峰遥迕相向，成一大莲花故。其高九百仞，陡上，鲜有陟者，又况建竖。行师普门搜冥凌绝，经累月相之躬为，抉其窦塞，通其溜罅，高高下下，宛转上寻，得殊胜致。稍挟济胜之具，便可遵而升也。方拮据数椽，欲广其上。予至，会其适，师一目予即契，遽拉同登，曰："是第一来试陟者。"先引至新凿池，厥泉满洌，为题"胜水池"三字，称师旨。师言："莲非水不生，经有'胜莲花'之称云。"广基当顶石下，纵横可二十筹，佐之定方向，得寅申局④。朱砂当膺，光明负背，天都腋左，大悲顶之两金刚腋右，现大奇特。予问广成当何名？师曰："正不欲安名字。"予瞬师，师亦瞬予，相视而笑。

少憩，纵步顶旁下臂，二锐石离立，各虚一仞许，阔高可三十仞，绝似

---

① 招提，佛教语，义为"四方"。四方之僧称招提僧，四方僧之住处称为招提僧坊，此处指寺庙。
② 龙藏，龙宫的经藏，指佛家经典。
③ 勘合，验对符契，此指通过官方运送。
④ 寅申局，屋舍布局坐东北，朝西南。

花瓣欹出，遒峭可人，顾无缘接，莫能度。予奋跃度其一，师曰："居士乃能去耶？"予答："我不来也。"师笑曰："好，好，只怕恁要来。"予不应。又睥睨第二锐。师曰："更能去不？"予曰："只去一，不去二。"师肯首。既下，观匠作斫柱，卜诘朝立柱也，为万历甲寅夏四月之三日。予探囊，得竹赀修字号者劳匠师。

他之同游，若渊、若绳，私问予"不立名字"意。予直应曰："此表法也。大清净心，莲花为喻，是相即幻，是名即假，是峰居众峰之巅，是广居众广之上，向上一着，言思不载，名字安着？师婆心热切，便欲借此接上根，提下根矣。"二方莫逆，举以似同人潘景升、张季黄、程申之、孙石邻、张韦玉皆莫逆。遂书为纪，致普门师，师曰："又多乎哉，是第一来试陟者。"

诸缙绅请如孝长老住持黄山慈光寺启[①]

盖闻道不孤行，贤圣分身以应化；席有专荷，耆年秉德以示模。况当开山阐法之权舆，以膺续命传灯之机位。圣慈启照，川岳改观，倾动缁白于一时，搜抉瑰奇于今日者也。聿我普师，居怀冰霜，照物严冷。廓沙界之量，恒体诸佛心，乘诸佛愿，行诸佛行；示海会之慈，誓偕十方众，餐十方食，被十方衣。故瓢雪笠云，如狮子独行，不求侣伴，而椰横竿竖，若壮士伸臂，无借他能。爰访高贤，欣逢大德，具老成之典刑，为后昆之轨范。道价翔而名誉蜚于缙绅，德仪著而威音钦于道俗。表里浑融，人物无执，若并普师同心、同愿、同行，亟盖自投，且共兹山一草一木一石，光明映满。

生等敬攀尘外之高标，来辖山中之衲子，护持虽付诸胜流，负荷特需乎龙象，聚云衲于三十峰，俨尔家风百丈；延国算于百亿载，屹然齐祝四天。伏冀翩其卓锡，一笑振衣，无任恳祷之至。

诸中贵请启[②]

原夫先佛教化，自利利他，乃成正觉。由是，祇林萃众，秉威音之遗范；鹿苑宏宣，依诸佛之嘉模。建精舍于当年，遗梵刹于今日。自西域以流传震旦，缘百丈而创起家风。天下名山，丛林森然，星罗棋布。或竖幢而恢恢烈

[①]《诸缙绅请如孝长老住持黄山慈光寺启》一文，底本缺，据黄山管委会本补。
[②]《诸中贵请启》一文，底本缺，据黄山管委会本补。

烈，或接纳而肃肃雍雍。或凋残而颓圮，或散众而分烟。故曰："道无兴废，弘之在人。"其由得人不得耳。

今普师为人孤硬，风格凛然。比一出俗，创辟黄山。遵古德之瀑风，振先佛之宏化。其意不为己之子孙，只欲十方大众，同历甘苦，勿私于滴水粒糁，究竟夫同体共命。均报佛恩，共承法化，齐超苦海，等证菩提，是其愿也。

兹同社信官朝等，信心皈依。钦蒙圣母天恩，颁赐龙藏护持，又赐创起寺额。因访高贤法师，为合山纲领，统理大众，祝延圣寿，报国祐民，敬裁俚启，伏乞垂慈轸念，振锡飞临，则法门有赖，地灵有主，四众有纲。而普大师大行大愿，有所托以不孤矣。

临楮不胜感荷之至。

普门大师请启①

安尝行脚参访，经历名山大刹，多见颓毁，至于无人撑持者。时详其源，多是创业之始，愿行不广，知见狭劣，情存一己，子孙相承，永远为业，独力之不固也。行人反此立愿，若有把茅盖头、粥饭之缘者，体诸佛心，乘诸佛愿，行诸佛行，建立十方海会丛林，公举十方知因识果，同心、同愿、同行，有德高贤住持掌管，接待十方云来集众，饮食共爨，俵物同等，常住招提，不与我及现在、未来住持子孙相干，亦不欺心背众，私用常住一分一钱、一茶一饭，不依此愿，永堕恶道，誓无出期。常怀是念，无因成就。

于甲辰岁从清凉单瓢只杖，蹭蹬南游至新安休邑，是夜无容身之处。因立死愿，意无他往。日在街头乞食，夜宿古寺廊庑，乐受勤苦，耐缘行化。又经丙午岁，蒙众信檀越，结草黄山，虽安广众，难满是愿，建造之念不起，常住之心未生，应用随时，并无外缘。至于食菜饮水，绝粮止爨，而七十余众亦不相离，同受艰苦，共相劝慰，安愧不忍，欲众别往。彼众反谓安之不然。因推彼意，抱本遵节之念欲坚，守山办道之心甚切。安承大众坚固，行为开山之兆，方颇留心，似有建造之义，故同众诸尚贤君子斟酌。于庚戌来京，偶遇慈憨马公公，一见如旧相识，踊跃留宿，夜茶坐谈，因叙开山之因。公曰："普师未离彼山神境，先来与我面会了也。"是故马公唱知诸公，不意诸公转转成合，更得阎公接拍，起奏圣母，近奉天恩钦赐佛像、龙

---

① 《普门大师请启》一文，底本缺，据黄山管委会藏本补。

藏、护持、寺额、紫衣等物，命为开山，建立十方祝寿道场。

安以素闻尊师，同一心行，今日故秉前愿，特诉宰官檀越，议同修书恭诣大德座前，敬请肯意护藏传讲焚修祝寿住持者，非但满行僧平生不了之愿，且增黄山亿载之祥，更开福田与百万世家，亦酬檀越光临之德，惟愿一笑相应，祝寿报恩，弘范三有，天上人间等沾利益。

《三请颂》云：

今同众檀信，恭递一杯茶。
为觉有情者，请主法王家。
祝寿报皇恩，传讲无上法。
共曲和黄山，慈光摄尘刹。

札付一道[1]

礼部为仰遵圣意，举保住持，世守龙藏，永祝万寿事。祠祭清吏司案呈：

奉本部送据御马监太监阁鸾、马进、刘朝等，于本年六月内，钦奉圣母慈圣皇太后懿旨，钦颁龙藏，赐额点名"护国慈光寺"，兼赐佛像、彩幡、紫衣、钵杖、香烛等件，钦送黄山，安供道场，永祝圣寿，保国佑民。随命鸾等保举德行名僧，住持本山。钦此钦遵。

外，本职看得黄山系南直隶徽州府歙县地方，轩辕修道之所，山深地广，向无庵院。今行僧惟安，誓志开为十方海会道场，万年香火，于兹创建。祝釐伊始，焚修当虔，非借高僧难弘广化。历访得僧如孝，精修戒律，名重法筵，堪以住持山门，理合举保到部。第如孝虽蒙皇恩，钦依赐紫护藏，传讲焚修，匪凭给赐札付，则山旷僧繁，势难约束，恐有无耻秽僧，紊乱禅规，亵辱香火，不特有玷名山，亦且有负圣意。是以仰遵懿旨，上恳垂兹，俯给住持札付，以便率众焚修，钤束合山缁素，庶僧可人人奉法，寺可世世祝釐，国恩、佛恩并垂不朽矣。等情到部，送司案呈到部，拟合就行。为此札仰本僧前去黄山慈光寺，照札事理，即便冠带住持、领众焚修祝延圣寿，务要安分守礼，毋得混乱清规不便，须至札付者。

右札付黄山护国慈光寺冠带住持僧人如孝。唯此。

万历四十年　月　日给。

---

[1] 《札付一道》一文，底本缺，据黄山管委会藏本补。

纪迹三·之二十三*

寿谷会记

<small>谷,善也,生也,粮也,立于黄泽堂中,义取于此。</small>

寿谷会为黄山慈光寺饭僧而立,实檀波罗蜜方便法门也。缘甲寅之秋,普门大师既出山,作《清规愿约》,榜于韦驮殿之前,僧众百余人,虽饥而不散,余恻然悯之。

至乙卯春,在五明寺,与同社约,每月省米一斗,多至五斗,作饭僧缘,各慨诺去。初以少而易办,复以少而易忘,一月二月,促者渐阑,施者亦倦。腊之朝,与黄中秘宾王斋僧慈光寺,因思作何方便,令求者不烦而施者不倦,乃设生诞祈年之斋场,为寿谷长生之福会。每当弧帨①之辰,遂赍喜悦之供,一岁一日,一人一斋,即安不为唐捐②,而斋僧胜于博济,孰不记其生朝,何吝遣一介之使,乃仅此弘微念,能遽结百众之缘,但广之千人,以积于一岁,其为功德,既无有涯,而寿谷宁复可量?乘兹普愿,敬布同流。丙辰春立。

——斋供例:

沉香,檀香,生香,定香,八百香。<small>随意从便。</small>

大烛十二枝,中烛二十四枝,小烛五十枝。<small>随意增减。</small>

琉璃灯油。<small>随便。</small>

斋僧银一两。<small>推广从愿。</small>

——善信各书本年月日生命,普为大众。上为君亲师,中为夫妇朋友,下为子孙,或亲至,或遣人赍,须先一日至,以便写疏通意。

---

① 弧帨,古时男子生而设弧于门左,示有射道而未能也,女子设帨。此指生日。
② 唐捐,落空,虚耗,虚掷。

黄　海
HUANG HAI

黄山大悲顶募铸金刚般若钟疏

净居居士汪道会曰：窃闻玉律传秋，听铿声而知寒节；铁围长夜，闻金奏而脱火坑。故鲸鱼击而蒲牢鸣，尽大地之倮介昆虫，皆为翘首；矧龙藏开而雷声吼，彼重闇之囹圄犴狴，讵隔慈心。固知母感子吟，灵应之机不爽；是以循声灭罪，涤除之理非诬。信臂吒为冥福之资，犍椎有解脱之利也。惟我黄山，奠此赤县，轩帝之丹炉犹在，昆仑之干脉攸钟，地势表三天子都，松龄比五大夫秩。峦峰幻起，峻削裁自天工；岩洞遭回，诡异潜通地肺。虽七十二君漏封禅之典，实百千亿载闷神秀之区。

乃者普门大师，振锡远自五台，挂衲来栖一壑，赤脚踏残冰雪，居然苦行头陀，朱池占尽烟霞，允矣耆阇佛崛。开林薙草，将起炼魔道场；乞食参方，遂得徼恩京国。一瓢一杖一笠，见之者生敬信心；不贪不恚不痴，闻之者作欢喜想。戒律升闻于大内，慈心上契于至尊。金躯宝藏珍赐，出于九重，绛节珠幡殊锡，颁于万里。穷谷变成金世界，事非偶然；空山倏现玉毫光，机缘适尔。

顾黎庶奉皇仁以祇役，具曰轮奂可期，而钟鼓系觉苑之弘规；借曰逡巡未备，则讲堂鲜集众之三通，地狱靡停刑之一息，非所以洽幽明，振聋聩，称世尊无漏之妙法也。犹幸此方乐国，未乏善人，大和尚普门师方倡之于先，长者子汪景和即和之于后。

汪景和者，西土之给孤①，吾宗之善士也。家罹回禄②，慈母耋而被灾；哭吁祝融，遗骸完而未毁。百身捐来莫赎，哀哀九死一生，双眼泪尽。为枯□［戚］③戚，寸肠千结，望大力能仁之接引；拼脑髓头，□□［目其］奚辞，仗耆僧名硕之救援。舍宅院田园胡敢恤，故闻铸钟功德，便思独力担当。

乃普门则谓，力出于一人者，其施陿，施陿而津梁亦陿；事成于众信者，其业弘，业弘而利济亦弘。劝居士去人我心，为大家种平等福。破贪破吝，探囊各施百义；无圣无凡，举意咸归万善。所谓聚轻成重，一篑为山，以此普心，可臻上道。抑有十德耆宿，纵教千贯不为多；如使一念皈

---

① 西土之给孤，"西土"，指佛教发源地印度。古人以印度在中国之西，故称。给孤，古印度舍卫城中的富豪，天性乐善好施，常常救济无依无靠之人，人称"给孤独长者"。此借"西土之给孤"来作比、推颂汪景和礼佛崇善之行谊。
② 回禄，火灾。
③ 按，原字缺，以闵麟嗣《黄山志定本》补录。后"目其"二字同。

依，即使百文不为少。大不出钧，重不过石，虽云先代之规，今则准以经律。论藏计重五千四十八斤，雕也绕兽，华也旋虫，尝闻邺下之制，今则取诸金刚经文，共范五千一百七十六字。一字一杵，悠扬远度白云间；乍密乍稀，隐约递来玄夜里。唤起犁泥，恶趣悲号，罪减刹那；警将摩竭，行人惕励，念超生死。在大师，树有声之果，当得众声闻菩萨之护持；在居士，奖同声之缘，必获妙音声菩萨之定力。假使金钱匮竭，居士一任始终；伫看炉鞴辉煌，无射特悬笋簴①。缁素既发弘大愿，善信岂无坚固心。他时大悲顶上，风落数声清韵，梦觉尘寰；今日慈光寺中，月临一片寒潭，向分林麓。且应器为增长善根之具，远可震百里，近可召十方；钟金有感通阿鼻之神，冷可融寒冰，热可销沸矢。况姓名永镌金石，当与日月齐光；弇郁暂入杳冥，并使亲疏蒙宥。佛不诳语，福有攸归。不信请看鱼剑苦，道人须撞五更钟。

---

① 簴（jù），古代悬挂钟磬的立柱。

黄海
HUANG HAI

天都山史潘之恒景升辑
武夷外史谢兆申耳伯校

纪迹三·之二十四

礼莲花峰三禅院记

钱塘葛寅亮曰：由汤寺上朱砂庵，少憩，逾老人峰，仰视莲花顶，嵬然迥出，分左右蕊，各起层峦，俱名莲花峰。其右蕊顶为文殊院。

过老人峰，折而东上，名观音坳者，即文殊洞口菩提路也。其洞，石崖欹仄，若无径者。缘此而入夹路，悬崖百仞，中仅一罅，如巨灵擘者。罅中行数百武，稍折，两崖中断，下临不测，跨栈而度；复入罅中，行百余武，径塞，仰见一窦，梯而出；再折百余武，行巨石上，古松缘之；径约二里许，每过一折，令人惊绝，自此抵院。

院倚危壁，左右降而稍起翼之。前一石峰，中微突似炉，左右突而雀起似瓶，正当其案，若可抚也。案外群山蹲伏，云天一碧，披襟快然。予入礼，乃九月十一日，时值颂梁，亦一缘也，因为题其院额。

循故道返，下观音坳，西行，登云梯。予方扶筇以移其踵，遥见一衲，蒙茸跐而昂然直上者，舆人谓"普门师至矣"。予迎呼："师来携我。"师曰："须你自走。"相视而笑。

师乃引予过云梯，望莲花顶而蹑焉。径口双石削立，似石门，以鱼贯入。过此为西方路，皆从危岩空石中取径。忽幽而入邃谷，忽敞而跻悬崖，每绝处得转，别是一天。自石门至此，凡九折，各各呈奇，不可思议。视菩提路，峭拔稍逊，而屈曲过之，亦二里许。其上编茅作室，视文殊院，又在肘腋间矣，皆负巨石。

尚十余仞，普门师先登，以绳引予而上。至巅则一平石，径丈许，可坐。四顾旷然无际，前后诸峰簇簇，如金吾卫士拥盾执戟，而绕于楯陛之下。盖黄山三十六巨峰，惟莲花为中支，再行为天都，差足相峙，余皆环护于莲花者。故非居莲花顶，无由登峰造极，而穷黄海之大观也。

既下，出石门，越天梯，径乃稍夷。他山皆骨，而此杂有肤，翳然箐棘，亦自映人。有巨石如半月，圆净秀异，一茅庵临之。普门师指衍地，宸炼丹峰半，是将作普贤院者。其山自莲花峰右蕊折而西，此居腹焉。其面即炼丹台，如乘六牙象。又进，而趋光明顶，是称山心，万峰拱之。将奉今东宫所颁大悲观音像，为大悲院。普门师云："中观音以悲，左文殊以智，右普贤以行，缺一不可，所为作三禅院，而鼎立于黄山之巅者也。"观音、普贤二院，仍旧胜而标之，焕然易观。惟文殊院灵秘，向非人迹可到，普师从定中得境辟之。予谓宜表其从入之路。普师曰："吾正不欲名。"予曰："西方持念，亦以名号显。大悲乃极乐之导师，莲花又净土之胜报，即以西方路名之，以文殊院路名菩提焉。"

予复从普师下普贤院，出天门，登光明顶而别。从光明顶俯视，石笋矼、飞来峰各擅云石之奇，皆得于遥睇，未若西天、菩提二路之纳身岩石中，俟塞俟开，离奇夭矫以取胜尔。诸探海者，能侈言他境奇多，独此径初辟，怪幻若出世外，予特著之，俾负奇士情深泉石，不可导而西耶！

时同游，门人王师济、方如骐、洪度、洪天泰、柴世埏。

游胜莲峰文殊院记

潘之恒曰：天都、莲花两峰间，其壁莩立者，曰胜莲峰。中辟一道场，曰文殊院，普门大师从代州梦境得之。癸未①秋中，历攀陟而履其地，为梦像台，上有跏趺坐迹，与梦境证。左则天都排列，危峰若幢，如建牙卫。右莲萼开敷，一菡萏缀之。下累累者，为桃花峰。内掖若巨鳌飞翔于左，而狮子昂首奋迅于右。后簇奇峰，为宸而奠居之。

徘徊四顾，不得径下。乃繘窦，穿石舟，出其底，又不得径。左缝右坎，刺缝为石障，植表于坎，如垂溜；仍攀松而梁之，始通焉，皆束峡；上班侍者，曰笋林。再折，得怪松三株，二骈立，若童子负剑于长者；一卧而隐，几若自在观音作思忆相，俯仰依附，根皆纠缠如缆，吾见连枝者矣，未见蟠其柢者，且逾峡以构，若牝牡之合。衷擘峡以行，前憩蒲团石，望宝幢建空中，俨吴道子所画观音立像，手执杨枝。其右弥勒、狮子酷肖，而列峙之。稍缘仄石而陡削，名股栗坡。经漏光峡者二，皆磬折而据其奇，惟观音坳尤胜。左陁逾平岗，趋莲花洞；右胝飞磴，为陟莲花峰，此其分径也。然

---

① 癸未，当误，应为万历癸丑（1613年）。（见普门自述、性静辑《黄山普门和尚行迹》）

所称老人峰诸石，总总特起，不可名状。忽折而南，得一方障，可十丈许，普门云："吾所取道，为此石也。"而文殊院之胜从此岐矣。

望云梯而上，可睇观三院，题曰"观岭"。见汤封公伯芳，从此翔下，先之以吴田甫，随以汪长驭，而施君二叔氏，实从封公俱来。时天风黯然欲雨且瞑甚，遂踉跄乘磴石争驰，揽松枝如鬣而当涧影出者，为鸥吻如殿角参差云中，从坠虚而憩者凡五。石皆嘉木荫之。而一壁可盘绕，凿级尚未竣，行者贪奇而忘险，倚为化城。峡中两壁皆皴大劈斧，良工所不能施巧，即朱砂、老人壁也。惟小宝幢在老人峰脊，余向从法藏上人登而倚之，势若浮动，其形锐若参矣。水流四道，汇于慈光山门，溯源而上，名曰星海，直分鼎湖之溢，双注于汤溪，复合为澄渊，以无盘旋曲涧，惜少渟滀耳。时甲寅（1614）孟冬晦日，从普门师口授，纪于华严堂。

纪梦像台因缘

梦像台在文殊院，为案为几而其名得之普门师梦中。余数闻其说，盖万历甲午年，普门大师从五台将之伏牛，过代州，为月天、无边二上人所留，师梦境中见大山暗，无路可通，四壁皆铁色。师向北行，空中现一菩萨，以手南指，大呼"南去"者三。师回首而南，即蘧然觉，于茶饭间每现此境，无旬日断，遂作南询。由武陵白下抵海阳，心中惟起一念：凡遇五色云处即住。故至白岳为迟留，至黄山即有止息意。然自代州以来，梦境久未现也。从莲花沟开路而上，与法师廓然、开士心月在曹言曰"吾十年梦境未现，忽从积薪中得之，将无此处，可安住乎？"后宋孝廉献孺、刘居士圣邻为定朱砂庵趾，然精神不离莲花沟上，而踪迹杳无可寻。癸丑八月廿七日，忽自悬壁以木勾引而上，见文殊跏趺胜迹，与梦境合，若重迷人初醒也。然后遍告大众，辟石凿径而基成，因与余曰：自轩皇至今万有余载而灵迹始显，非文殊慧力指授，宜不及此，余瞪矇若昧，欲从无由，而又示此圣迹为证，非向者与法师三上人言，得无以为诳耶，姑为存其说，以告后之登兹院者，无昧文殊接引也。之恒识。

诗

释海运

登文殊院梦像台怀普门师

天肩雾锁寡崖中,路是今年才得通。

石架双趺惊圣迹,缝留一线引凡工。

池高水不因龙吐,云冷花常借日红。

提挈双峰来左右,悬飞半滴振吾宗。

黄　海
HUANG HAI

　　　　　　　　　　　　　　天都山史潘之恒景升撰
　　　　　　　　　　　　　　游清居士汪犹龙季玄校

纪迹三·之二十五

天海庵缘起

　　隐鹄居士吴士奇疏曰：丁未秋八月，余同兄伯成、弟平仲、侄于夔云，将为黄山游。从汤泉逶迤上四十里，抵天海。秋山气爽，三十六峰折[①]为千峰，峰尽削成；杂以云物，献状益幻。石鳞松枝，低拂如萝，翠色苍莽。独东面远瞩大江，如覆杯水。夜宿草舍，如吴中小艇，从者皆抵足眠。余忽梦入碧浪湖，碧浪湖在吴兴岘山下，余昔为令时，从月下游者也。人言吾乡山羸水诎，以余昼卜诸夜，岂不山水并会心乎？以趣入蜀，未尽探奇。明年历嘉州，登峨眉，缅怀故山，胜不减此，而巉岩过之。

　　自僧心月上人辟石为级，才可受踵，而苦无息肩所，级行日四十里，足能不茹？虽有胜情，卒惮攀跻。即今称胜者，亦仅一仰止窥其藩耳。会檇李徐玄仗同二客来，余再与俱游，则以心月上人往，蹀躞十五里而径穷。假宿莲花洞，有僧貌犴而捷胫。诘朝，引诸客穿峡上，余病不能从，居数日。黄贞父从武陵来，自是游者踵至，然穴处繘悬，跖险如旧，乐又疲也。于是心月上人请缮故道，置兰若天海山半，别有小憩。而□□景伯者，余家二阮[②]也，则从旁赞之，属余为疏。惟峨山昔僻蚕丛[③]，维名震旦第一，则僧以也。按《黄山图经》，高一千一百七十丈，于蜀其东西峙乎？愿兹山灵，须借佛力。顷僧普门欲建场中山，心月上人更筑室其顶，总开不二之门。谁生我相，共施无尽之藏，赞诸善缘。居士不厌游，亦无常住，近逃禅然不习禅，岂其佞佛而托此老焉？天造灵区，必不终闷，显者有待，作者乘时，愿

---

① 折，程弘志《黄山志》、闵麟嗣《黄山志定本》皆作"析"。弘眉《黄山志》同《黄海》，亦作"折"。
② 二阮，程弘志《黄山志》、闵麟嗣《黄山志定本》皆作"小阮"。弘眉《黄山志》同《黄海》，亦作"二阮"。
③ 蚕丛，传说中古蜀地第一个王，借指蜀地。

遍告善知识，藉力大士，长为轩辕道主。

董其昌云：方域之内，岳有五，封有十二，黄山不得一焉，是未为山灵羞？若夫天台有兴公之赋，石门有康乐之咏，匡庐有青莲之谣，终南有卢鸿、王维之图，黄山亦不得一焉。虽秀甲九州，不几小缺陷乎？有心月上人，扪萝披棘，拨云破荒，有奇必探，无高不陟，于是选胜之流，稍稍继躅。自开辟以来，便有此山，至万历之年，乃始得路，柴桑翁云："灵踪閟千载，一朝敞神界。"不虚矣！上人且诛茅筑室，安立道场，使山神受戒，圣僧驻锡，诸余游子亦可夜则襆被，昼则扶筇，以极骇心洞目之观，甚弘愿也。非夫与烟霞结缘，为人天种果者，谁当成之哉？果其成之，将有携惊人诗"搔首问青天"者。天子一日采祠官议，列之群望，五岳可六也。

邬子曰：山灵遇合固自有时哉，黄山之来旧矣，得董太史之图、之疏，山若增而重也。太史津津，以兹山不遇兴公诸君子为憾，彼直寄焉，各极其兴之所致，要于工词者不必以图显也，太史兼之矣。太史曰："五岳可六。"吾亦曰："居今可古也。"览者尚有味乎斯函？持地主人元会谨识。

钱塘姚文慰云：吾友黄仪部贞父，以今夏陟险游黄山，曰："非此险，不足偿此奇也。"可谓致语。贞甫宿海子茅庵中，大雨三日夜不止，群从仆夫，趾错其间，如蚊蚋啾啾，聚于一器，亦良苦矣。贞父顾沾沾黄山之胜，不言所苦，从曳予游甚力，信致人哉。

余以十月来游，风日晴暖，茅庵一宿，月明如昼。上下山中九日，无纤埃翳蔽，峰岫历历，尽呈色相。虽亦陟险，而探奇更多，可谓徼天之幸。然天幸不可屡徼，则心月图筑宫开道以栖仙真，快游子，良不可少矣。

董太史善推事，理所必至，曰："天子一日采祠官议，列之群望，五岳可六也。"此语将有时而验，然吾独有虑焉。太史未游兹山，故作此语，若将以获弟五岳为黄山重者，譬之见王乔、葛洪之为令也，语之曰："子勉之，不患不至宰相。"斯言也，果二公所乐闻乎？

黄山自轩辕以来，閟灵隐秀，为真仙窟宅，世或不知有此山，或闻其名而不得至其域，如蓬莱、方壶，第可想像，仿佛信乎，非此险不足保此奇也。一旦心月悬空挂壁，凿山置足，创通鸟道，好奇者往往而至，于是峰巅怪

黄　海
HUANG HAI

松，不得保其千岁之寿者多矣。今且筑宫开道，夷险而平，则游者日众。游者日众，将镌字题名，磨崖刻像，种种剥斫，侪于白岳而后已，是凿混沌之窍，而涂西子之面，彼山灵亦何乐乎此哉？故岳有六，吾不为黄山屑，而为黄山虑也。吾愿心月先砻二石，大书深刻吾言，一置祥符寺，一置松谷庵，以诫后之游者，庶几轩辕氏得全其鼎，不至"天雨粟，鬼夜哭"矣！谓心月为黄山功臣固宜。

天都逸史潘之恒景升辑
玄岳居士潘令谟廷嘉校

纪迹三·之二十五[①]

莲花庵

邑人鲍元则买地，创建莲花庵，在药铫坑之上，径三折而至，宽广数亩，桃花涧绕其下。左隙地为净林居，黄仪部贞父倡立。后为华严阁，内藏《华严经》十二部，又方册[②]十二部。门对狮子峰，天都、莲花、炼丹三峰耸峙如列障然，清夜紫气凝聚，每发灵光。南出接云涛庵，幽邃敻[③]绝。东径宛委，由桃花源梅花墩，穿石磴，攀藤萝，郁郁葱葱，远胜武林三天竺之景。印我上人实有开导之功。而庵中所供香案、绳床、钟鼓架，皆取诸玉兰树根，盘旋作龙凤之形，光莹如肪，亦目中所希觏也。

王之杰[④]字于凡，歙芭蕉里人。

氁床铭

印我上人得古树根为禅床，状与氁类。有好事者欲移之去，乃为说曰："欲得是贪，不得生嗔心，若起爱心，便当舍身庵中，朝夕坐是，得证菩提果，何烦移动。"遂为之铭：

斩株断根，功力何大？是曰氁床，如狮子座。
有法安稳，无法负堕。见虽欢喜，坐更自在。
四大如如，永劫不坏。

---

① 此卷卷次与前卷同，似有误。
② 方册，指简牍或典籍。
③ 敻（xiòng），通"迥"，远。
④ 王之杰，明万历、天启时歙县芭蕉里人。博览工诗，性好山水之游，与潘之恒等交善。

黄　海
HUANG HAI

钟鼓架颂

上人既得禅床,复获钟鼓架,并为作颂:

是庵多法宝,触目不可数。

怪尔双树架,根器独奇古。

既如结心印,复娄制龙虎。

不费斧斤力,自然成簨簴①。

以是供养佛,佛放法眼睹。

咦！朝夕撞钟考鼓,真实非,声闻主。

黄矞②字玄龙,歙石岭人。

钟鼓架颂

莲花庵既成,印我大师、无着居士,谋所以度钟鼓,搜崖剔谷,得玉兰根。其一下体轮囷,樛枝四挂,可以支鼓;其一臃肿屈曲,双干斜上,中离首合,修八余尺,纤条互结,如准提印,钟悬空处,不碍不欹。二根茌丫,入天一太,黄罗道人见而为之颂:

三十六莲,涌为宝地,结双玉树,芬敷条黳。

色香非坚,花落木瘁,而其灵者,还根固蒂。

丹崖时坼,精物效秘,出栴檀光,作钟鼓系。

相其声闻,震兹迷聩,以耳圆通,得根本智。

鼍床铭

印我大师斫玉兰根,作钟鼓架已,旋采其余,得鼍床焉。首眼俨肖,鳞甲隐起,四足顿地,趾爪奋利,如欲奔状;余枝四纠,略似方榻,背可趺一人,旁可倚四人,据龛右侧,与钟鼓向。乃复为铭曰:

是鼍龙,非鼍龙,胡蹲乎法宫?

似迅奔,非迅奔,乃称不动尊。

无心而跏趺,即为狮子坐。

---

① 簨簴(sǔn jù)。簨,古代悬挂钟、磬、鼓的架子上的横梁。簴,古代悬挂钟、磬、鼓的架子上的立柱。此指钟鼓架。

② 黄矞,性静好学,博涉书史,工诗文。万历三十四年(1606)与潘之恒、王之杰诸子共创天都盟。

勿以珍玩观，而以色求我。

黄汝亨

募造华严阁短疏

　　黄山峰壁如削玉，岩岫如错绣，累高无际，出奇无穷，海内名胜所绝少。友人吴学宪每向余赞叹，云："岂有此理！"语似涉戏，足当此山知己。然而断崖悬磴，风雾作苦，人烟佛火，望之旷绝。学士艰于三过，衲子不堪一宿，亦岂理之所有也？余登临快畅，为此不无缺陷之感。

　　有莲花庵，在莲花峰前，天都峰下，因得过而小憩，坐水帘，听飞雨，斯亦林中之殊胜，树下之极乐矣。而庵右有地一方，峰环壑抱，群胜所集。庵僧祥公持律食淡，山灵所依，誓发宏愿：即此地构华严阁一座，焚修朝暮。上为宝函，下列绳床，山屐可栖，行钵斯托，可谓造无起有，肩理荷法者矣。然世人种悭既深，布金匪易，谁为长者？猛发舍心，见作随喜，聚沙为金，犹胜撒手无将宝山空回者也。

　　余胜具未败，他年过此，当为此名山焚瓣香，望其人而拜。

云涛庵

　　山史云：云涛庵在莲花庵东南十里，近云门，为藏云之壑，风涛出没，变化无常，与莲花峰正相对。其夹谷之下，叠石累累，太宇、夷山二上人，曾至其地，云有旧基，足当福地，当再觅之。

潘之恒

木供铭有序。

　　莲花庵印我上人，以天然成器作佛供，一鼍床，一簏架，则社友王于凡、黄玄龙铭之。其后复得佛前凭几，如世间波斯状，而头角觺觺[①]然，戴石为有之用，前方簏可置炉，左莲叶置瓶，右菡萏置盂。三者皆木根，鼍为檀，簏为辛夷，凭几则取诸荆，皆二君所未辨。为之铭曰：

　　　　以枯木因，作非非想；以片石姿，擘巨灵掌。

---

① 觺觺（yí yí），形容兽角锐利。

盛以甘露，散以空花，庄严净土，郁兴明霞。

抽华子瘵，寓巧于顽，乾慧离垢，世出世间。

一缕烟布，一滴云寒，超彼屡劫，谁测其端？

袁黄 字坤仪，嘉善人。官仪部郎。

建莲花庵小引

余从具区[①]如云栖院，谒莲池老衲，遇客僧焉，窃有意其为人，遂与语，言言心印，恍疑澄释身化者。询之，则法号印我，新安黄山僧也。夫新安山水甲南邦，而黄山实最。神秀天开，世传为黄帝遐升之处。真人佛子，往往游化其间。余曾至是都，竟不及与此山作一面相识，余见笑于古梅诸老矣。

越数日，特访之，授余《图经》一册。其中山境苕荛，奇怪万状，虽鹫岭桐柏，曾不是过。因指一处示余曰："此唐时汤院遗址也，面对天都、青鸾、芙蓉、莲花、钵盂诸峰，环列左右，其下白龙潭在焉。山僧将拓一袈裟地，为驻锡之所。"余谓上人："半偈心持，色空俱净，六六峰头，皆其窟宅。矧新安多善男子，即地布黄金，不难再见祇树园故事。"乃上人愿作平等观，祖如来乞大比之意，遍募高贤，征言于余。余足未履黄山，无能写黄山之胜，聊述其相遇始末，而以莲花庵名其居。

万历庚子嘉平月。

山史云：黄坤仪题疏在贞父前十年，岁壬子方得寓目，遂附于此。印我当念其始之者。

---

① 具区（ōu），太湖之古称。

天都山史潘之恒景升撰
逍遥道人汪汝凤鸣瑞校

纪迹三·之二十六

丞相源

潘之恒《一钵庵疏》云：寓安上人，云栖莲池禅师之神足也，与雪峰开士同祗事者有年，因习止观，居张公山久之。慕黄山胜迹，结茅丞相源之中源。闻汪氏旧筑二馆，在掷钵源中，将兴三教大事，愿借一袈裟地为托足。谒余友汪图南丈，与之谋而许之。会图南南游未归。上人思一茎为建刹竟，其义云何？而必俟檀樾为因循，则以不坚固躯而望金刚不坏座，恐未易逢胜缘。乃取材于储，取陶于积，取力于工，不数月而拓基建宇，岿然于山谷间。乃始告诸文学，为旦夕资给计。又走而告诸不慧，为赞协计。

余笑曰："何呕也？是安用募哉？吾闻图南之先公，尝与同志结社摄养此源，修黄帝性命之术。而图南以理学著闻，为后进领袖，则讲业弘志，必于此地为归依。吾向者与图南同席，闻郑于荥之论，将有意于兹举，而谦让未遑，盖其慎也，是安用募哉？且空水无益于淘，蒸砂不可为饭，上人力倍而功微，需之可矣。"上人唯唯退，而工佣贾余勇不能罢，盖庶几聿观其成，而檀越犹未之前闻也，其志不亦可嘉也哉！

庚戌四月之四日，余甫至山顶礼如来，因顶礼上人能发如是大愿而劳若之，遂定庵名曰"一钵"，而为疏以告檀樾。其迟迟而慎之者，为得人也。今上人其人矣，基可因矣，扩之则为垣、为钟楼、为山门、为禅院，檀樾之愿可弘施，而上人亦何惜余力？究竟此功德事，顷我同流于兹山，倡华严大会，三教圆通，图南于荥其主也。里闬[①]之士，闻风感发，将不召而来，不呼而应矣，是安用募哉？为之赞曰："昔神僧掷钵于源，上人托钵继起，岂其后身非耶？夫千僧一僧，千钵一钵，宜有神力运之。倘上人不自信，其视诸云

---

① 闬（hàn），里巷的门，又泛指门。

黄海
HUANG HAI

栖，并以询一粒庵主。"

又云，余既出山，寓安上人过里中，按图以语不慧，曰："公向所见者华严堂也，中可庋十二大部经，供毗卢遮那佛，此寄首愿也。前一级为佛殿，供西方三圣；临池为山门，左垒垣，以置钟鼓楼；其上禅堂，则向钵盂峰，而厨湢小庑翼之，此之谓四周有余，而袈裟之量未足，居士以为何如？"之恒复顶礼上人而说偈，曰："持地发弘愿，竟此广大心。佛座几由旬，尽纳维摩室。"

掷钵庵

汤宾尹云：一钵庵，髯公所命名也。予来，见其结基拓宇，为兹山首事，大壮，甚奇之，"一钵"不足云也。而名所自起，云昔有神僧，尝掷钵于此，竟易以"掷钵"。於乎！秃颅赤手入空山，作此许大举止，与掷钵神力何异？人顾胆力自奋何如耳？然遇如许人，而不捐力相佐助，亦岂有志谊者哉？

壬子四月四日。

丘齐云字若太，麻城人。官至郡守。子坦之，亦有才名。

题骊珠室有序。

新都最胜，黄山擅奇，不佞神游，天都居诸几越。丁亥秋仲，猛策济胜之具，扪藤萝，缘石磴而上，暂驻丞相之源，则暮色四合矣。倚绝壁为一草庵，一灯荧然，咿唔声不歇，扣之则孝廉程仲辅读书其中，陈箧数十。遂相与谈论，相得最欢。因破床头之瓮，浮我大白[①]。不移时，山鸡已唱，朝爽盈裾。步出周视，此庵诛茅覆其上，插竹为篱，皆出仲辅手，而自联其壁柱，曰："深隐不妨浮白兴，穷愁常抱草玄心。"自是实录。其后枕一大石，广亘数丈，而形最圆如珠，因题此庵为骊珠室，而系以一绝。仲辅讳寰，歙人。

山头一片骊珠石，曾是神龙颔下分。

---

① 浮我大白，语出汉代刘向《说苑·善说》："魏文侯与大夫饮酒，使公乘不仁为觞政，曰：'饮不釂者，浮以大白。'"意为罚饮一满杯酒，后亦称满饮或畅饮酒为浮白。

夜半读书光自照，何劳太乙复窥君①？

逍遥溪

潘之恒记曰：宿丞相源之次日，为逍遥溪游。相传是溪有容成子钓石，是名锦鱼溪。或云轩辕豢龙所也，是名清潭，上为清潭峰。予梦寐四十年未得探，今从汤太史，由禅院后逾二岭，得中原庵，其旧趾宸圭峰，旁立双剑、香炉诸峰，故胜。僧涵虚，汪氏子也，近挂一瓢，面箬岭，觉陡绝，无余地，顾独身居空谷中，可谓难矣。

问寓安逍遥溪路，披蓁莽行，瞪瞢未辨。太史举趾先，余追及，阻挠者百端，弗顾。箐没顶数尺，约里许，始得涧。怪石累累龂龂②，或立或卧，或锐或秃，或仄或陡。行者若跨若跃，若缘若引，若绁若绳，与水石争捷争奇；扬旟鼓鬐③，欲裂壁以进，若触不周，蹴二华④，又若挟山超海，驱雷策电，飘忽以度，真掷命于九渊而不暇恤者。乍舍涧而凌峭，猿挂鸟飞所绝，有朽木梁之。余与导僧履而中折，面皱爪脱，扪壁作蜗延，复振起踸踔⑤，以免太史踵迹之。去仅咫，不为却，而众皆胆丧矣。

源水中出，东、西源夹之，东力稍劲，则合中、西以敌，激斗于方石间，两相值以相击，飞涛入云，流沫成雪者三十丈，太史题曰"斗玉"。天下之流委交触，自潄洛外鲜闻。故溪涨时，亦以并三源而益巨。东狭⑥有潭，如夹镜，当崖削而助其豪，太史谓胜开先玉峡。下此为潭者四五，色皆缥碧，落瀑各异态。怒石亦殊观，或束一线，或散万琲⑦，或积群玉，或析邻虚。窥其底，若神物居之，莫测所际。太史如乘飞黄，偶失辔而投策湍，其襦僕亦随弓贯。余遥见之，心为怵，甚于梯枯，太史自若也。选坐溪滆，出云中数壁，飞跧数百武，始穿峡以升钓石，云壁益献奇，太史曰："可以逍遥矣。"瞩蒨崖孤立，下涵清泠，曰青潭坪，曩游者自此返。玉函金柜，封之崖

---

① 按，"君"字之后底本《黄海》原缺第5、6叶。
② 龂龂（yín yín）。龂，原意为牙龈，龂龂，牙齿露出来的样子，此比喻石头象牙齿一样一排排的。
③ 旟（yú），本意是一种军旗，上面绘有鸟隼图案，后泛指旌旗。鬐（qí），马的鬃毛。
④ 二华，指太华、少华二山，位于陕西省。
⑤ 踸踔（chěn chuō），跳跃，亦作"踸踔"。
⑥ 狭，当为"峡"，山峭而夹水曰峡。
⑦ 琲（bèi），成串的珠子。

半，两峰若肩。太史及方生汝实，犹临水裔，下见一泓，方台矗焉，有二龙子泳于波。太史曰："止！止！毋侵龙宫，而惊其族。"

超涧石十里，少憩中源，犹观仙灯洞，而后返于掷钵，夸人曰："余勇可贾也。"余笑曰："勇则有余，能施无畏者，谁乎？"噫！天下无好游者耳，勇与无畏岂难具哉？余衰，恐后之不如今也，故记之。

莲花洞

潘之恒记曰：汤太史期莲花洞自法海上，余由东天门赴之，是趋丞相源道。探月塔，气咽语噤，舍之。罡风振海涛，足不得住，初犹斧冰作糜，就堊下如坠空。衣解数重，其寒暄相隔乃尔。度黄沙岭，极险。既乃升为莲花峡，推挽而行，中道涉涧，得一壁，可镌铭。从此皆淖泞，裳履涂附，陡陡绝三四里，始闻呼髯声，则太史挟罗远游、胡嗣玄、孙伯揆、谢伯茂十数君，洎方外法藏、一乘、空崖、朗然、湛然、无我俱先至，相见大笑。

洞穴莲花峰颈顶间，广二三丈，深称之，为矮僧以楼塞，不见奇窟。太史云："余闻矮僧，愿睹其形，何得以楼唐突？我当火之而去。"左壁直下数十丈，若天椠；而右壁一峡，如天关，可援而升，乃见双峰如丫髻。当左壁垂尽，隔二尺，忽卓一峰，顶如二指形，余顾太史："是可名舀月。"久立岩洞间，箧衣尽加，肌犹栗，宿楼上，寒气稍解。夜半启视，月当午，银涛万顷，恍在蓬瀛间。五鼓，霞光万道，扶朝暾而出，太史云："此何异日观观？"亟披衣作度天门计。

诗

汤宾尹 字嘉宾，宣城人。官国子祭酒。

由汤寺至莲花洞与景升会宿

镇日逐孤筇，发兴在奇险。
遥峦与近巘，后先拱立俨。
瑰情出天表，飞翠扑人脸。
日脚欲迎人，梳云生绝艳。
吾欲往即之，决股废拘检。

有石骨如削，有松发如染。
有身如小鸟，石石松松居。
如以鱼游水，水草恣唅噞。
我神甫得壮，群眉忽以敛。
登高而临深，拳拳齐谏眨。
路穷刚置柸，源开辄架厂。
既以供吾目，又言息吾趼。
造物殊多情，君乎胡所歉。
赴社多名交，髯来风冉冉。
共领一峰月，岩额悬星点。
毒气忌蒸岚，深把洞门掩。
惊昏忽枝策，跳掷成梦魇。
夜半老狖①啼，起视光晱晱。

莲花沟至海子

但说山游眉宇掀，朝来竹杖争闉喧。
千峰万崿开华园，似拱如迎意谊敦。
攐②衣策足以前奔，只身飞空等云屯。
跳天拔地颠乾坤，有山无路悬肩跟。
木以梯戙③竿以援，上下周遭驰且翻。
便于猱狖捷于猿，鼻孔贴壁胫属垣。
突然跌荡凌平巅，脊梁摇摇神轩轩。
左右见之足皆蹲，面无人色舌腭反。
詴譳④孙郎哭失魂，就中胡子稍能骞。
彳亍顾盼声为吞，老成矫夭推髯晜⑤。
前牵后挽需老髡，更称昨来丞相源。

---

① 狖（yòu），古书上说的一种猴。
② 攐（qiān），同"搴"，揭起衣服。
③ 戙，原意为船两边的大木，或系船的木桩，此指大的木头。
④ 詴譳（dòu ròu），不能言也。
⑤ 晜（kūn），古同"昆"，兄。

黄海

道途墣①塞沙霾浑，恻恻力力不可论。
较之今日驱广原，堕地以来无此烦。
摩胸穿胁陟天门，一罅三光指午暾。
侧身欲进叩于阍，九豹当关鹰两鞬②。
帝遣容成锡虆幡，飞红走翠集云盆。
错陈玫瑰供盘餐，五山食豆四瀛樽。
绛裳綷縩③朱冠裩④，鹅笙龙笛沸籨埍。
花楼香弄颓霞暖，平生耳目居井甃。
到此形骸都一燔，当年丹鼎火犹温。
我欲于中试烨燔，素书之外秘真言。
我欲乘此启縢绲⑤，冒险行游志有存。
尘世局蹐如鸡豚，抱妻畜子夫何恩？
文章功业未为尊，看予白昼批天根，尺鹦安能知大鲲？

莲花洞喜逢司成公酬来什

坠深复凌高，其高高未极。
身如坐井中，徒烦素绠汲。
上有飞仙人，呼髯何乃亟？
翩然下重阶，引手若弗及。
青娥螺髻双，玉女纤指直。
云树没潺湲，月岩听淅沥。
猿去留空枝，隺⑥归书四壁。
不睹矮僧形，徒欲焚其室。
异日采芙蓉，洞门看骨立。

---

① 墣（bì），土块。
② 鞬（jiàn），马上盛弓箭的器具。
③ 綷縩（cuì cài），衣服摩擦声。
④ 裩（hūn），有裆的裤子。
⑤ 縢绲（téng gǔn），用绳带捆缚。
⑥ 隺，同"鹤"。

和莲花沟诗韵如前数

莲花千仞攒天碧，出入云气何圛圛①。
玉虬宛委蟠空迹，攀援琼枝凭飞舄。
拍天都肩蹑其脊，飘飘仙子遭帝谪。
乘彼玄龙归旧宅，霞驭缤纷日车赤。
揽化人裾挟烟客，容成施幄陈瑶席。
浮丘招摇奔且踬，挥叱山鬼与河伯。
苍豹斑麟虎文额，瑟奏湘潭琴鼓峄。
天马含沙浣黄泽，雷声隐隐电影画。
为言上真久逋籍，万神呵护百灵役。
高凌穹昊穿坚壁，餐紫芝英吸玉液。
握象罔珠靡繇索，俗虑凡心胜缘隔。
明发悉征寐不怿，斧冰以炊敲石炙。
当昼冥冥夜虚白，摩霄极汉阽危剧。
直上无援横径窄，股慄賷仆耆营魄。
五丁运斤开一隙，猿猴断臂鹏碍翮。
松鬣丛篁张若戟，珠泉激澜光反射。
首路将暾半已夕，面皴手裂血𥆩②刺。
造父操辔迷莫适，投崖填壑何所惜。
行旅却立舌为咋，道逢回车反遭斥。
俯身挶地徒喀喀，同游孙胡罗与郝。
怯勇俱扬兴奕奕，手挽枯藤凫穴掷。
磴倾栈绝忧难释，欲倩排华之矫蹠。
欲假逐日之长策，附君修翰恣超忽。
屈指灵区累千百，海上蓬瀛此为特，传诸人间惊啧啧。

---

① 圛（yì），指云气连接不断。
② 𥆩（luó），琐细。

黄海
HUANG HAI

天都外史潘之恒景升辑
睡庵居士汤宾尹嘉宾校

纪迹三·之二十七

狮子林

潘之恒记曰：别松谷，北上海子，即面石笋峰。峰苕秀而颖，俄分片石，若霞冠道人，俄化为三台，直逼象纬，其颖益庄严凝重，令人望之肃然。披石林上凌谷口，一柱当之，折而南，忽得石笋矼诸峰，森布而中峙者，即从松谷道所望颖也，相依三十里，遂倾盖如故人。

先是，有五台僧一乘，别余入山，将建净室于后海，首创谷中，以招好奇士。余登矼而呼，一乘则方负土拓基，与众同力，卜壬子年三月甲辰十八日壬子甲辰时为三德聚期，颂梁于兹辰，以垫莲座。前对一峰，列如石屏，为狮子状，或蹲踞，或昂顾，其状不一。二月中，飞光岫现摄身光，一乘与匠作咸见，愿毕施力，实未募一钱。视寓安一钵尤难，以无所凭依故。月之几望，汤太史来期海会。一乘喜曰："贫道天启其迷，从五台结侣于兹，愿效精卫所衔，谋枝栖之计。得地石林谷中，其土五色，幸可建刹；又遇宰官偕居士同日临之，所称三德已验，不知何以名兹庵？"余曰："师发愿自五台，佛为现瑞光于海印，继狮子窝而兴起，宜以狮子林表之。若汤太史，则文殊化身也，直以一茎竟之何难？"

夜伏草榻，书此记，旦日以呈同游诸君子。

汤宾尹疏曰：宿黄海之日，为狮子林建梁之辰。海子自茅盖外，绝无别宇可顿榻安禅，为僧盂游筇地者，有之自狮子林始。而予初入山，适来与会，此林其隐息初地乎！倡募诸檀，非为僧谋，盖为士之偕游偕隐者。

黄克谦疏云：黄山千峰万壑，奇奇怪怪，不可名状，余诧谓："游此，宇内当无名山。"若石笋峰，则又奇之奇者。少过里许，为狮子峰。峰前宽衍平掌，天若开此，为选佛道场。适一乘上人自西晋飞锡来此，因结茅焚诵，迨将老焉。司成汤嘉宾先生名之以狮子林，而潘君景升并同社名流为之缔构，成兹因缘，人天共喜，盖有自矣。余惟我佛说法，如狮子吼，大地震动，百灵詟服。上人来兹，弘宣三乘，振聋导迷，亦如狮子作林中吼。即山石为之点头，何况具慧识如我辈，宁无信心谛听者乎？余因嘉宾先生命名义，略拈其指而疏之。

时壬子岁四月廿有三日。

乘上人募疏

施凤来题云：人言黄海奇绝甲宇内，武夷、九华诸胜莫逮也。往余一至新安，以不及登黄海为恨，兹游决然陟绝顶，揽有烟霞世外气以归，而痾寻作，岂亦缘悭乎？一乘上人从兹山过余，指画胜概，余从枕上跃起，不能已已。一乘有大愿力，卜基筑庵于最胜处，而苦不给。先是嘉宾汤先生、景升潘君有成言矣，余何赘？虽然，余终不作宗少文卧游，将遄往焉。庶兹山灵相继表扬，不为我辈寂寞也。

陈翼飞题云：三天子鄣有黄山、白岳，余夙闻其胜，而未尝游。兹寓西湖，邂逅潘景升，欢若旧识，出奚囊所汇《黄海》相订，因征所自，乃借黄山之胜，以录轩帝遗事，亦一快举也。并出汤太史所书《狮子林疏》，令余书之。余未遑蜡屐意，以两先生所属意，其必清绝可当鹿苑，聊笔数行，为游记前茅。

飞光岫，在石笋矼之西北，狮子林之右障。岁庚戌，一乘师数见摄身光，一如五台大，俄登其顶，晨雾未散，日光荡之，中莹如镜，五色为缘，而人人合掌胡跪，咸自睹其形，山灵效奇，当有待矣。壬子冬，乞吴中赵宦光大篆而镌于壁。

金恩烨叙曰：黄山一乘师偕潘髯公过余灌莽山居。余踪迹其半生，则两住五台，载礼普陀、峨眉，经九华、庐衡诸宗岳及林屋仙圃，大约与天相周旋者过半，然其应缘在黄山。于是，从善信之拓，选胜绝顶，筑立精蓝。落成之日，不期而至者，宰官则睡庵汤先生为之首，居士则髯公潘先生为之首。

其时，四方云集，皈依无量，而辟土开山若有神助。一乘谓余曰："刘梦得尝言：'女几、荆山①，此外无奇；太行、王屋，此外无秀。'若使梦得入我蓝舍，而望法海，追鸟道崎岖嶙峋于石笋之间，面而应我者，则为狮子峰，或蹲、或舞、或驰、或伏，变幻灵异，不一名状，与石笋相距，若相映发，莲花丹鼎，裁于天工，啸竹飞木，汇于大壑，奇秀之胜，莫之与京②，吾将营是丘，足以老矣。"夫一乘云行海内，目所经见者，锡所经挂者，非佛地不居，非名山不入，而神之所钟，缘法符合千古津梁，现前法物，将与四大道场匹休③。而睡庵、髯公，因因果果，是两菩萨，岂日下四海所能限量者耶！至是，则弥天之法，将属之一乘，而道安又不足言矣。

钱谦益题云：一乘开士自虞山游三天子鄣，尤喜黄山狮子林，思结庐其地。睡庵先生喜而为倡导，犹未能告成事也。黄山为域中名山，鸟道千寻，游者至，不能置足，视削成，四方奇险过之。而一乘独思振锡其间，道心既猛，胜情亦具，非惟学人之坛宇，抑亦游客之津梁。已登山着屐与按图卧游者，幸各捐赀，成此胜果。

圆通殿疏

潘之恒曰：一乘师居十信峰三年，其室仅容蒲团，从狮子林晚课毕，虽昏黑雨雪，必独蹑峰顶，无生恐怖，亦无颠蹶之虞。闻初开基，至接引崖，攀松枝，悬度足，征为不诬，余所标"定空室"是已。丙辰夏初，师别余，还海虞，属上足霞光代称林主。檀信遥慕，皈依室前者日众。为置饭僧田于芙蓉庵下，余题曰"松林"。又募旃檀观音大士一座，供奉于平冈。去定空室南下数武，视顶峭稍衍，周围盈丈，帘庑各深二尺，四面翼之，覆用铁瓦，永图坚固，须布给孤金，乃能圆成功德。室中弥勒佛像，虞司勋所赍供者，当为证盟，愿共持不退心，同登顶地，与初乾慧流接，此为进修第一义矣。凡我海会诸善信，宜共勖之，万缘非多，给孤非寡，铁瓦非重，茎茅非轻，方丈非小，虚空非大，身入无碍，斯为圆通，因以名其殿，而宣疏于

---

① 女几，山名，郦道元《水经注》称在"宜阳县南"。荆山，山名，在今河南省灵宝县，相传黄帝采首山铜铸鼎于此。
② 京，大，盛。
③ 匹休，媲美，比配。

同缘。

时丁巳上巳日。

山史云：癸丑夏，友人黄伯传、孙子真，相约登海子。黄先三日至，托宿狮子林，与一乘践盟；又挟吴云骧，俱乘霁色，循莲花沟，历一线天、天门以上，颇有奇观。孙则淋漓雨中来，因同眺海门，且冥晦，不复睹矣。黄每以晴陟骄之，孙惟诟其独往。然宿留狮子林者，浃辰无夜不见神灯，或散或聚，若远若近，一灯千灯，至万亿灯，其灯无尽，观亦无尽，以为萤也；而忽巨如燎，以为燐也；而忽亘如虹，惟昏黑夜尤明尚，目为常见，不足怪。所可惊诧者，曰朝霞，曰夕照。何谓朝霞？东方未曙，白云如絮，舒满太空，而微露翠巘，日色渐升，如曳练澄江中，所谓兜罗绵世界是也。何谓夕照？日将西沉，江浪沸起，如飞赤电，其大如轮，视常轮不啻十倍，而回光袭人，山木裹彩，所谓金色世界是也。此皆目景所接，犹以为幻见，乃述所标题胜处，则游者所未尝见，见者亦不能形之言，并列于左。

黄习远曰：诵法台，在狮子林之右麓。石平方丈，上蟠一松，宗公每跌坐其下，持《大悲咒》。傍立石丈人，若听法者。

散花坞，绕诵法台，悬级而下，俯视坞中，奇峰、怪石，若聚曼陀、优钵诸华，以待天女来散。

扰龙石，由散花坞鸟道，历二阜，见巨石屏立，上平如砥，一松高仅三尺，广覆盈亩。下视，曲干撑石崖而出，殆长数仞，盖自上而下生，石为中裂，以容合抱，其蜿蜒樛结[①]，蛟舞虹偃，不足拟之，故题以"扰龙"云。

接引崖，在飞光岫之北。两崖陡立，相去丈许，北崖中开一罅，仅容侧身，凹处一松，披及南崖，一乘援其枝以悬度，始以左手援予，予亦援松如其手，半度始相接而过，遂以接引名崖。

始信峰，从接引崖石罅中出，右折而北，历峻坂，登其顶，俯视石林森列，始信狮子林之奇，犹人生西方，始信有极乐国也。

文殊座，即狮子林之最高处，经过二巚，始陟其巅。其形宛如伏师，故标此以迓文殊耳。

[①] 樛结（jiū jié），缠绕在一起。

黄海
HUANG HAI

狮子峰，为狮子林之前案，从林中望之极峻，及登文殊坐俯视，若奋迅状。旁拱一阜，平广如虎丘千人石，一师蹲其上，宛如镂成者，予欲摩挲之。外独峙一峰，为林中肩镢[1]，攒众石以成群师形，故潘髯史借以名林。从绝顶南下，见岩前二石，如寒山、拾得欲避间丘胤之顶礼，将入石缝而未开合时，乃题以"将隐岩"。

水月峰，在飞光岫之南，宗公之徒霞光指示予，为老人峰，峻拔不可上。仰视老人，俨如普门大士现形。外一峰，与此峰并峙，若天阙，倘有好事者开一路从此阙下，绕出烂柯峰右，折而入散花坞，殊胜一线天、二天门十倍。

烂柯峰，从狮子峰前遥见，岩上坐二人手谭，石枰正方，若经斧凿，惜无路到其侧，以观其终局，孙子真题以"烂柯"。

以上皆黄习远品题，属孙湛以八分书镌石。

山史云：或诘余始信峰名义，众所未安，质之葛水鉴先生，更名"十信"，岂以二字与"石笋"音相近耶？其义何居？余读《楞严经》至第八卷，佛告阿难增进修行渐次，遂举四十一心，首标乾慧地，列信心住，为十信第一，皆以是增进善能，成就五十五位真菩提路。凡禅那修行，惟持戒、定、慧三者，三者之要，莫先于信心，信真生慧而戒定，因之执心，以成道场，故十信之义为全也。《经》又云，身入虚空，下有微碍，必登斯峰，乃会斯境。且石笋森立，不可以名数尽，一入于多，多入于一，登斯峰，始能摄之，非信心何以进斯地也？向者，余题一乘师所栖室曰"定空"，盖进于定心住矣。

诗

何璧[2]字玉长，福清人。

寄题狮子林 有引。

叙曰：余向客新都，适当溽暑，无缘蜡屐，至今三十六峰之云，犹时时

---

[1] 肩镢（jiōng jué），指门闩锁钥之类。
[2] 何璧，号渤海逋客，福建福清人。为人性格放荡不羁，喜饮酒赋诗。作有《辽蓟吟》一卷，文有《逋客集》一册，均佚。

入梦也。今过吴门，潘髯史出一记示余，因谈狮子林之胜。狮子林者，即髯史及汤太史为一乘师倡创也。偶听齿牙余论，便觉神飞苍翠，聊赋芜词，寄题藓壁，冀髯史当为余先容山灵，结异日识面之缘耳。

  君不见轩辕鼎成龙不返，峰头狮子啼无伴。
  咆岩哮洞欲驱山，踞雾蹲烟长睨汉。
  高僧卜室在林陬，精舍对之清且幽。
  有时说法香台上，狮子听之亦点头。
  点头岩前势如走，猛气将与猊座斗。
  松风刮刮天际来，恍佛当年狮子吼。
  开山于此殊足游，游人望之惊双眸。
  白云铺处浑如座，明月悬来或作毬。
  天都髯仙向我语，三十六峰唯此处。
  使我搔首兴欲狂，恨不长啸乘风入林去。
  闻说林中礼六时，老僧咒食亦咒狮。
  题诗檄向山灵道，不是文殊莫许骑。

黄习远 字伯传，吴人。癸丑夏至黄山，有游记。

住狮子林十日赋赠一乘禅师

  上人参历遍人间，震旦冥搜住此山。
  幻出玲珑神技巧，斫成生肖鬼工顽。
  师蹲只待文殊坐，龙去徒教风后攀。
  短笠破来聊蔽树，长镵持去自锄菅。
  给孤布地虽难遇，游客携囊稍破悭。
  户外峰峦皆倚伏，阶前洞壑复回环。
  石头松偃疑听法，谷口云封代设关。
  二海不波唯瀴碡，众泉无雨亦潺湲。
  一椽莫谓经营易，孤锡犹嫌跋涉艰。
  下视澄江横素练，旁窥叠嶂绕青鬟。
  期游五岳从今懒，心企三山到此闲。
  遥望炊烟樵寄宿，时闻咒食鸟飞还。
  竭来法侣能随喜，负荷疲氓合解颜。

黄海
HUANG HAI

何用妄思生羽翼，振衣身已隔尘寰。

宿狮子林
历尽溪山几万重，始登绝巘散游踪。
趾安仄坎频投屦，手接危梯即弃筇。
巧石石颠仍累石，奇峰峰侧更藏峰。
过春花发悬崖朵，无上根蟠峭壁松。
五彩散光潭磊磊，久晴不涸涧淙淙。
日沉翻睹空江绮，风济微闻下界钟。
半夜晦明林月影，刹那变幻海云容。
烟横险道回飞鸟，卉吐幽香引聚蜂。
叠嶂乍如浮水峤，枯槎宛是堕髯龙。
客来挟纩当初夏，僧坐围炉若仲冬。
七圣迷时樵未遇，九还炼处雾能封。
游仙一到应留住，弃世常栖定可逢。
孰谓吴侬无道骨，轩辕亘古是吾宗。

狮子林夜坐
山山半在雨中登，接引过崖藉老僧。
顿失峰峦云雾夕，不常明灭鬼神灯。
壁留返照涵金像，江缀残霞曳绛缯。
凝定异形模未就，若兹灵变话难凭。

林中晓起
老僧拂晓启柴关，应接惊予梦未闲。
银海渐升霞上日，絮云遍覆地中山。
九华巘露犹孤屿，万里江流仅一湾。
预卜晚晴征谚语，且需过午去跻攀。

散花坞
幽谷逢春少艳阳，夏深始散百花香。

磴经积雨曾无滑,峰吐微云忽自藏。
焰口夜持松下咒,摄身时现雾中光。
寄言石笋根前客,便入深林撷众芳。

自石笋矼至前后海,登大悲顶及炼丹台,小憩三僧净室,复归狮子林得二十韵

神奇能引步,归路每忘遐。
石笋修于竹,峰莲巧过花。
危梯悬绝壁,巨壑架枯槎。
岚结旋飞雨,云开即布霞。
披蓑衣厌浥,行潦磴欹斜。
都合居轩帝,潭疑炼女娲。
松撑崖半裂,藤绾径全遮。
鸟度唯无燕,龙潜不产蛇。
阴阿留冻雪,夏木焕春葩。
药炼尝余草,杉萌伐后芽。
奔流摇磊块,叠嶂抱谽谺。
雾窟猿藏果,阳坡猯窃瓜。
海将山作浪,樵以树为家。
涧未逢渔钓,村遥绝兔罝。
岩栖成净室,星散住兰奢。
宣歙中分岭,招提始聚沙。
四时皆衣衲,五月始生茶。
偃盖堪趺坐,凌虚转法华。
过崖容一锡,入峡阻三车。
试问禅宗集,何如昔永嘉?

孙湛 字子真,休宁人。

过狮子林同黄伯传吴云骧晚眺

身经鸟道叩天关,狮子林中信宿闲。
老衲偶来开净社,幽踪从此出尘寰。

黄　海
HUANG HAI

虹蚩幻景翻云海，蜃吐灵光现雪山。
更有惊魂明灭处，谁将摹入画图间。

同伯传云骧狮子林蒐诸胜地载笔题之

始信情方惬，群峰望尽低。
佛光清自现，龙气晓犹迷。
绳弱援松度，梯危拂藓题。
此中销夏处，宁让洞庭西。

上方禅诵罢，万籁意俱幽。
地涌云为海，天悬月作钩。
遥林狮共吼，玄夜鹤孤游。
俯瞰匡庐小，澄江一练收。

剪棘循欹径，扪萝越峭崖。
苍松交偃盖，赤土半流砂。
石出长青笋，峰开不谢花。
倘逢餐玉屑，吾敢惮辞家。

揽睇文殊顶，峰峰尽不群。
趋岩聊避雨，镌石偶留云。
抵掌松皆应，冥心象不分。
丹台犹可觅，济胜远输君。

天都山史潘之恒景升辑
香台居士程开祉叔嘉校

纪迹三·之二十八

光明顶

叙曰：余登光明顶，欣睹月塔在焉。月塔者，三叠石而锐其首，月出照之，为光明界，旧志称未易睹者。以此，游人自平天矶，中分前、后海，前海指月庵，亦有月塔，因僧一指居之，余语黄贞父，而定兹名。后海有庵，在月塔下，智空禅师所栖。余三登而三易其名，初曰"候涛"，再曰"招隐"，今名"觉海"，而以疏彰之，后之视今，未必为不易之典。且标两月塔，庶几金轮相光交映，宜其数现灵怪也。诸吟咏载游记中杂出，故冠以光明顶云。

潘之恒《宿招隐庵记》云：由松谷庵北道，登海子口，得坳，皆陂陁①，土肤而润，惟一乘新占其胜。进二里许，为智空上人所栖，遥呼予曰："二仙迟公久，公来何迟？"盖前峰叠石，若负剑辟哆者，遂以"招隐"名其庵。汤太史诗来，有"地主多情迎若避"之句，乃不辞疲极，约束下朱砂庵，与太史征会。复从臾公琰，陟海门，见日脚纷射绝壑，予笑曰："是将为雨征乎，何天靳我良晤也？"追讯已莫及，遂拉伴返天海新庵。雨大澍，而雷电从之。度前驱当抵麓，且虑我僵仆岩际无生理矣，不知予与公琰、智空、一乘、寓安三上人，酬咏甚适也。黎明，属一乘报无恙。而寓安挟予及公琰趋莲花洞，以迟太史。别智空，曰："寄语二仙，其令望舒②清野，无苦丰隆③拒客。"

---

① 陂陁（pō tuó），亦作"陂阤"或"陂陀"。倾斜不平或参差峥嵘貌。
② 望舒，借指月亮。
③ 丰隆，古代神话中的雷神，后多用作雷的代称。

黄 海
HUANG HAI

汪应娄《修建光明藏疏》云：予读书丞相源，闻光明顶下有光明藏，神为驰而像为拟，其必光明之甚也。一日，浪游至止，则插枝为垣，剪草为盖，室卑暗而莫睹，柱欹倚而莫支，噫！何不光明之甚也？信宿其侧。一夜见山头放灯，一夜见海中悬灯，若起若伏，可望不可即，其外境之光明乎？智空上人趺坐，毫无事事。其徒觉然，口诵楞严不辍，间语予曰："万法无法。"惟是，见妙明真心，其内境之光明乎！噫！此所以为光明藏耳。予知黄山僧，惟智空第一人，而以行愿为创建，夫复何难？智空曰："方若壑曾肯肩其事，不欲烦也。"予笑曰："将往代烦之。"偕食两日，仅供麦饭，绝无油盐，且闻可饿五日、七日，亦复何苦？智空曰："吴瑞生嘉宾曾许供给，不欲索也。"予笑曰："将往代索之。"玄对寂然，小叩铿然，随动取静，观鼻端白，此妙不可说，不可说。最恶者，敷字句，炫耳口，徒博名高也，何故？且曰："予九年禁足，而持疏化缘，素所羞称，君不必作也。"予起曰："予愿作也。"将往代求之，觉然又可佐成之。虽然智空之高不以光明藏，光明藏之修不以智空，惟早毕其修，共成其高，乃不虚光明藏。

潘之恒《觉海庵记》曰：海子三峰鼎立，左天都、莲花，若夹辅，而炼丹稍右翊之，累空累累，可攀越而乘也。据其胜而称尊者，曰光明顶。游人穷丹台而俯巨壑，谓奇观莫尚矣。于是，历三海门，绕飞来石，循故就新，躐①仄磴，摩偃松，见月塔表于绝顶。跻而四望，左右三峰，所不必言；南引云门，蹲狮若案；迤逦而东，五老总总若会蕞②，上指莲花；仙灯洞，炯炯双瞳，窥三源合注逍遥溪口；北戾石笋矼，森然作殿；西瞻翠微峰，仙桥若可飞度，此光明顶之最于海子者，萃诸胜而可指顾尽也。

力竭思惫，有招隐庵在其麓，三辅、智空禅师栖托其中十五年，结跏趺坐，未涉百步之外。忽从世尊两足轮放大光明，初现日华于天门，黄玄龙、王于凡见之；次现光于西明，僧一乘从狮子林见之；次现灯光于飞来石、海门诸坞，汪鲁望居士见之；次现佛光于二洞门，史孟麟宰官见之；次现塔光于月塔之上，马常侍与普门师从沙岭见之。其光四飞，皆本于光明顶，而起佛两足轮，岂智空师静居十年后而得此瑞耶？

---

① 躐（liè），践踏，踩。
② 蕞（zuì），古代演习朝会礼仪时捆扎茅草立放着用来标志位次，引申为丛聚的样子。

因读《华严经·光明觉品》，所称世尊坐莲花藏狮子之座，放百亿光明，照三千大千世界，为十佛刹微尘，数菩萨所共图绕，其大菩萨名文殊师利，所从来国谓金色世界，本所事佛谓十智菩萨。今智空欲空此一切世界，而犹建刹于此顶，结缘于善知识，所称智力得矣，谓空相何？智空笑曰："髯公将以庵居为实，而瑞相为虚耶？瑞相虽幻，终古一呈，法所秘也。庵居如寄，刹那随灭，化所显也。此皆梵天妙明真境，不可思议，惟空实有，乃抉秘藏在。髯公何校量哉？"爰易"招隐"为"觉海庵"，因觉然上足持钵过里，重宣鲁望之意，以属吴方诸君子践宿诺焉。吾见佛光，交网于两月塔间矣。

癸丑季春望日记。

黄 海
HUANG HAI

纪迹三·之二十九*

由岩镇适黟山记之一

　　谢兆申①曰：黄山故［古］黟山也，以"黄海"著，则昉自吾友景升氏。予读《黄海》六稔矣，目游亦不敢信目。景升曰："曷不至海观乎？"予至景升馆，则景升、玄龙、于凡并以岁除，不予偕；溧阳宋献孺先予至慈光，礼普师，则遘②三日大雾，还。予独征焉。

　　是日，罗远游归呈坎，并予发十五里，径潜口。又十里，径杨干寺，则远游要③予入，命予记大悲阁。寺故负黄龙山趾，其带潆水，则自六十里源黄龙，与曹公溪分注。又五里，径容溪，则阮溪、曹溪合焉，而注阊阖溪。其峰曰容成，高九百仞。其下有紫烟之源，源有容成之址，以容成子常息游焉，故溪曰容溪。又数里，径长潭，夹岸多竹，带潭二里许。又数里，径石壁，折而径洽舍，其民皆衣水拥壁而居。又数里，陟岭，则望见天都峰。是日宿山口。

　　次日，逾石砧岭，岭以东横川而馆者，曰鈲中。又二十里，径杨村。又五里，径水晶庵，晓公将辟此息云水。遂径芳石，其石依林薄。又十里，径芳溪，其舍数百，其林木猗郁如有文焉，是曰芳村。出村，则莲花诸峰突立。又数里，绝浮溪，而北则图所谓浮丘溪也。溪东南注，径石壁，与曹溪合流，其源则出浮丘峰，云门之水注焉。峰顶盖有浮丘翁仙坛云。又数里，径汤口，口以南，水皆注浮溪，径芳村，与容溪合，而入丰乐之水；口以北，则注汤溪，径乌泥岭，出太平县。由长潭而汤口，则山率环谷，水率环带。入谷，谷穷，复入一谷，其周峙如郭，或如阙，其清激如飞矢，或如旋轮。

　　由汤口至汤院，则水帘洞峙其右，天都、青鸾、紫石峙其左。望汤泉则

---

① 谢兆申，明福建邵武人，字保元，号耳伯，又号太弋山樵，万历贡生。其文章艰深晦涩，喜交异人购异书，藏书五六万卷，著有《耳伯诗文集》。
② 遘（gòu），相遇，遇到。
③ 要，同"邀"。

蒸气沸沸，予度涧浴焉。其上甃石如洞，其气香，其莹彻于鉴，其汤从地沸，慈慈若珠，其侧罅凉泉出焉，和汤而温，浴之可已宿疴。已复逾涧，至莲花庵，则桃花涧绕其下，莲花、天都、炼丹三峰屏列其前，如在霄表。入庵，见香几、鼍床、钟鼓二架，皆轮囷歧旋，取诸木株，莹若截肪，而几尤诡异。予乃度涧，绝白龙潭，而北陟慈光寺，三折阪而入。

至慈光寺记之二

予至寺，礼普门师，则云集者炼三焉。

师见予如故识。予与师陟巘降岬，周视山脉，则寺故踞天都之陇而坐亥，枕桃花、莲花二峰，左则朱砂、青鸾、紫石，右则叠障、云门并外翼焉，初睇如岞云翳，则峰内见峰矣。其丽①脉而股，为内翼，则左右如藩②。

予问师："殿将安构，众将安止，门将安摄，四面佛安像？"

师曰："《兜沙经》称，四面佛尽四维上下，无不化身，圆现法界，不第毗卢遮那佛尔尔。吾将令构四面殿严事之。"因导予至一室视殿式。式高不盈四尺，面皆有极有宇，有栋有榱，其柱百二十有四，其中殿高，四面有丈，其柱不至地，丽③而构之不使离，盖而摄之不使吐，方而匡之不使侧，互而比之不使挠。视其阿④，四阿不病阿焉；视其堂，四堂不病堂焉；视其门四向，向不病向焉，盖竭五木之精矣。其度若延若榱，而广而高，若矩而宜，崇而寻，杀而咫，莫不校如发焉。

予叹曰："是不为中天台乎？"

师曰："是四法界也。"

予曰："若然，则四而四，四界如一界，一界如四界乎？四界亦非一界，一界亦非四界乎？非四界亦非一界，非一界亦非四界乎？非非四界，亦复非非一界；非非一界，亦复非非四界乎？亦复非非一界，即一一界乎？亦复非非四界，即四四界乎？亦复四四界，即一一界乎？一一界，即四四界乎？亦复即四四界一界，即一一界四界，复非一一界四、四四界一乎？亦复一界非一界，亦非四界，四界非四界，亦非一界乎？亦复非四非一而界四界一乎？

---

① 丽，成对的。
② 藩，屏障。
③ 丽，附着，引申为连接。
④ 阿，屋栋，房屋的正梁。

亦复四界一、一界四，而非一四界，亦非四一界乎？亦复四界一，此一一一界中，皆一一四界乎？亦复一界四，此一一四（界）中，皆一一一界乎？亦复一界无一，亦无一一界；四界无四，亦无四四界乎？亦复四界见一，一界见四，见一界即见无量一一界；见一一界，即见无量四四界乎？亦复见一界无四界，亦无一界乎？亦复见四界无一界，亦无四界乎？亦复无量一一界，不见一一界，亦不见一，亦无不一不四乎？亦复无量四四界，不见四四界，亦不见四，亦无不四不一乎？亦复不一界、不四界，见一一界，亦不隐四四界；见四四界，亦不隐一一界乎？"

师曰："若无妄言，吾将建焉。"

予曰："曷建？"

曰："建之异堂异事，亦建之异堂同事；建之同事异习，亦建之同事同习；建之，宗非教，教非宗，吾不两非；建之，行不非解，解不非行，吾亦不非；彼非，亦不非，彼不非，于是视予愿约。"

予曰："是。殆俱智俱悲，愿深乎海者耶。"

师盖初憩朱砂庵，即更曰"法海"。或诋之曰："庵几何，黄海海几何，若法几何，乃是称耶？"师不顾，绝粒饮水者九阅月，僧七十余众并师忍馁不散。已得上赐四面佛像，像七层，层四尊，凡二十有八，皆莲花坐焉。层各有准提七，居蕊中，是为四十有九界，一叶即一佛，佛不啻万计。其重者，乃庋汤口。郡邑大夫若乡士绅，或阔若事，缓君命焉，殿亦无相。盖上命"慈光寺"，则述皇太后懿愿云。

自师止法海，始辟文殊院，辟莲花峰顶基，辟普贤、药师二殿基，辟洋湖芜佃基，辟诸岭道，辟十方禅海，选秘剔胜，历冢陟岨，率非意所至，第自稚而壮，牧佣艰阻，蔑不穷具，亦蔑不彻具矣。见若愿约，则黄海其搏埴①悬槷②与？

由慈光寺至文殊院记之三

出寺，南逾地藏，东缘山肱，趋北其崖洒其东，紫石峰则若趋槷焉。逾

---

① 搏埴，拍击黏土，指陶工制坯。
② 槷（niè），测日影的标杆，或箭靶子的中心。

涧，涧出掖后，漾其泉，沃其注，虢虢而冽；其涧磊而礓①，或砉②而盘。又逾西，东揖朱沙峰，视其壁半，上广下吐，是曰朱沙岩。岩有丹沙，望之若崩，盖闻黄帝取是沙液丹云；或云五百岁洞辟沙出，遘者殆仙矣。普师尝获沙不宝，曰："是尘乎，讵惑我耶？"其下洞、若石、若溪，皆曰朱沙。朱沙之溪，是注汤泉溪。已憩观音岩，岩欹立如侧盖焉。已复历磴，企则陟者，如冠吾顶；俯则下者，如伏吾踵焉。有峰峷如危如，状如鸾蹲；又如异僧，拥僧伽黎；是接天都，而天都复崇数百仞；是为采药之源，其趾天都，而谷是曰"香谷"。

已，径老人峰，峰立石如鳌偻焉。予陟其冢，则天都支而东，为青鸾、朱沙、紫石；支而中，为是峰，峰盖五伏五起，垂寺脉焉；列为臂肱，圜若宫焉。其悬崖多异松，松率裂石诡出，如侧如卧，如盖如旎，如爪如掌，状不可物。

已缘天都趾西趋，又北陟巘，望有石焉，如导师慈象，介而立天都之北已。缘松降危级，附壁蚁缘，道绝，度栈，是曰断凡之桥。折而南，走壁石，摩其顶，鞠而升焉。度坳，奇松错臂。入壁罅，罅裂两石，如隧如关。东视天都，僮僮耸耸，如金刚幢建户外焉。壁断，复裂罅，如舟侧皮，其附峰立石，各有片片，各如莲。凡历罅里许，石皆中擘，曳数武，顾天都，则状旋易。已壁绝，石复上合，梯出穴表，乃折而陟台，是曰文殊之院，盖普师乘宿梦辟焉，殆如幻，师有幻象矣。院故负胜莲之峰，左拥石如象，右拥石如狮奋吼。拥罗松二如盖，面拥石如覆袈裟。其上有趺迹，其下无临地，其望旷，其暴③离，俯视五伏五起之脊，如飞隼下击，其状岌如，其削崩如，其侧则桃花峰丽焉。峰故居趺石之足，桃花之源出焉，注之汤溪，是曰桃花之汤。并胜莲峰而西，则莲花峰献萼焉，中断而挺；稍南有峰，则如菌出，如钟立焉。其东拱天都，则峋如嶫④如，如旎倒垂焉。望其阳，则削起不可跻，望其冢，则有石屋如；望其阴，则陁如。普师尝登冢，见两石如壁，上有砥石覆之，其东西则洞如云。已复循壁罅下，缘趺石趾之南，横度三观岭，岭首径菡钟之石，则如京石钟从空坠焉。又径莲花趾趋西，登降天

---

① 礓（jiāng），泛指小的石头。
② 砉（què），水击石成声。
③ 暴，"曝"的古字。
④ 嶫（yè），高峻貌。

梯、云梯之磴，乃憩汪氏景和净室。室左望莲花峰，又在云中矣。又其西，有洞如门，普师将建门入大悲顶云。予跻险，扪其壁，入其门，有罅可以升冢。

是夜大雨雪。

旦日，见云霭弥空，弥弥如海，遂蹈雪度三岭，岭皆冰雪，不可伫。至天都趾而南，则无雪；至观音岩，则雨霰杂焉。入寺，是为甲寅除夕。是夕景和亦自丛睦至。

由罗汉级历白龙潭记之四

是岁乙卯正月三日，大雨雪五日，谷日乃霁。是日，家严七十有四，予为礼佛祝曼寿①初度。

次日，普师导予，由地藏殿俯出君子亭，折而南，又折而北入涧，则天都、青鸾、朱砂之水注焉。从涧中硌石北望天都，则立霄表矣。其石累累仄竖，欹倚枕展，衡翔并辕，涧内涧口，有石突如滟滪，中挺一松，水界左右，注而下合，其圜若镜。普师曰："若将跨涧口建飞彴②十丈，横有半，踞彴为殿，饰导引佛，令阿罗汉可绝级而升矣。"其界左右并石，叠而泞，激而飞射，若二龙赴壑焉。其左溜有穴，深二尺许，注之若井，中有白石，二僧探得之，其指入鉴，朗于水晶；置之水，与水一色，微见其规；置诸掌，堕而碎焉，不得其质。其中石则为罗汉级，级凡五百，景升氏集名彦为檀人凿。一级级阔五尺，凿才二尺，深有尺，高有咫，其三百级而下，凿未竣。从下视级，若梯挂焉。从上视水，若带围焉。其南则紫石横出，其趾亘如阈焉，而汤泉出其麓。其级绝于涧，有数巨石可绝而度，而潭浸其右，可鉴眉发。普师曰："吾将建一肘之梁，为罗汉筏矣。"其趾复夷，下洒，上可亭。其流南注汤溪，其横涧有桥，桥外有巨石如倚，普师将架石为杠砥焉。而山门当其孔道，是曰"震旦胜峰之山"。

已，浴于汤泉。浴已，将涉汤溪，远光曰："不可。入汤泉，则严寒可浴；出汤溪，则盛夏不敢涉矣。"乃历乱石至白龙潭，潭上屹巨石有二，其水注之石，则如龙唇，其深则丈许，其鱼泳沙石间，则历历如乘空焉。慈光有

---

① 曼寿，长寿。
② 彴（zhuó），独木桥，此指桥。

僧尝游此见鱼，欲举钵咒之，钵出而白龙遽见，僧始愕反走。盖候雨，则潭有云缕起；候霁，亦有云缕。云游者不敢灼爆，灼则云涌雨至。其崖有莲花庵，则故宋刹址。刹僧每夜觉有盗香积饭者，觇①之，见白狗焉，逐之则走入潭，三日而大雨山崩，其刹亦陷，今亦时有孽焉。涧故多彩石，白者如瓀②，赤者如丹，黄者如蒸粟，碧者如水碧，黝者如玄䃜③，予与远光、用和，缘涧拾数石焉。已至虎头岩，其石坐道左，虎鼻额具焉，穿其口，可为广室已。入涧，得炼丹井，如臼，深可丈许，涧溢则井没，涸则井崇于涧。予持石英归，偶剔而爇之，则淅淅然声，烛烛然光，起如液金焉，俄见五色；置诸水则明如矾，白如雪，命曰"火浣"之石。

由莲花峰至大悲顶记之五

十有一日，普师挟予若景和、用和、本空，由朱砂涧历老人峰背，趋三观岭，予问师："是岂岭越三命观耶？"曰："否。东望文殊院则观文殊，是曰'智观'；西北望大悲顶，观观世音，是曰'悲观'；又西望普贤殿，观普贤，是曰'愿观'。"

已，由中岭陟莲花峰，则径如荷茎。道有石如象，逾象而北，陟岭数级，有石如门。侧身而入，东缘壁径，仅错趾，穴洞过，首仰其顶，一石如削，一石倚焉，其罅漏光。复登降数折，皆于石腹得窦，倏隐倏明，径皆积雪，石亦悬冰，盖日不及曝矣。至胜水之池，池亦不冰。又陟数十级，乃造广室，室居峰半，因崖盖，其后则圆其屋。予问师："此岂其中观耶？"师曰："否。非智，非悲，非愿，亦非中矣，安得命之以名？"已，缘崖陟险度迤，则下而复升，升梯三级，则险益峻，行者或以手附石。已复梯，梯之下，坑裂数百仞，见者多栗，不敢升。已升十许级，级绝而石椎其胸，缘石而起，则中裂数尺，越数尺至冢，冢中凹圆，径数尺，如莲花心，环石悉如瓣。视天都若俯而揖焉，诸峰簇如列戟持盾，肃而伏其下。其北有崖，卑，距峰百仞，田田如荷，中有积水，不溢不涸，普师尝陟焉，曰："可西向而室。"

初并陟者，本空、景和、用和，景和至象石而返，用和至冢不栗，降梯

---

① 觇（sì），窥视。
② 瓀（ruǎn），像玉的石头。
③ 䃜（sù），黑色磨刀石。

黄海
HUANG HAI

慄。普师曰："并予陟此，不慑，见居士与朱白民耳；葛水鉴系布登降，犹蔽其目，不使视梯，下险险哉！孰升降异耶！"

时有飞雪从空而舞，趋景和净室宿焉。

质明，雪弥峰谷，而日出白光有耀，乃径洞门而西。又径石壁，如障其侧。有石矫如龙首，西视则如螺。乃径小一线天，天不容数尺光，道不并两人趾，水淫淫两壁注焉，晴亦如雨。是日，雪没胫以上。绕西出洞门北，乃陟大悲顶，则中、前、后海奠焉，是曰山心。东可出莲花沟、丞相源诸所，西可出翠微诸峰，西北可出药师殿、洋湖诸地，北可出石笋矼、仙都、望仙诸峰，东南可出天都、朱砂诸峰，而洞门，当其南，顶有石如龟。普师将辟其腹建殿焉，奉东宫所赐大悲像，云："景和尝哀母，欲铸般若钟，置大悲顶。"会普师至，曰："独铸不可，当与众铸。铸，重则万斤，次亦五千四十八斤。"景和则铸其次。他日，普师过净室，有僧道其梦，大悲顶当铸巨钟，具如普师语，其神异若此。

既憩顶，云忽起，天海一色，异光晃耀，如佛座焰，目不能正视。已，见顶之左，有石峰，右与炼丹峰并峙，东南则莲花峰，又东则天都峰屹焉。并顶而西，道平天矼，出炼丹峰北，径西则飞来、翠微诸峰，林立如笋。逾脊，至峰半，普师将建普贤殿焉。前踞炼丹台，台如六牙象，是曰狮象之台。已，趋台，西眺则佛手诸奇峰，如剑如盾，如干如戚，如焰如云，如伏百万金革，拟然欲鸣，枚然欲止，嗳嘒过之，则明灭黛白，若见若失矣。已趋东，径指月庵，庵侧有清泚。又径天海庵故址，庵故五十三人所构，普师尝止焉；更止朱砂庵，是为今寺。又东趋里许，径故道，是为洞门之西，历峰以北，雪尺有咫，逾莲花以东，雪则释。其松产崖石，奇状不可亿计，皆郁然萋绿，不沾片雪。

至初观岭，望跌石，有僧坐其上，如在云杪。普师遂陟文殊院，已，并予从寺左绕山翼而还。

兆申曰："予游黄海，十仅一耳，然文殊、莲花，径故窈绝，普师愿海，行复阔绝，岂亦三昧海门见此微尘刹耶？游者见山不见师，岂师见微尘刹不见无量海门耶？文殊指普师南，殆不然矣。"

天都逸史潘之恒景升辑
姑射仙史张铨平叔校

纪游四·之一中

崆峒山

吴同春《游纪》云：崆峒在平凉西三十里，骊卿王阳父驻平凉，约登崆峒，盖逾年前云。万历壬午孟秋廿二日，余自兰州抵平凉，十余日毕濒务，是为八月二日，韩藩召宴暖泉，夜分归。明日，阳父及同卿、马元复设具，期以四日往，适同贰郭子称以履任至。

五日，三君早至山下，为东道主，而余出城西门，循泾南淄，以巳刻至问道宫，言乃轩辕与广成、赤松子问道所，因名。宫多游人石刻，泛读之。饭已，由宫之东，联舆北上。二里许，为观音庵。又二里，为月石，盖大石旁仆，而中含小石，圆明如月。又里许，读宋游师雄题名碑。有峰如柱，当路之中，道士曰："此蜡烛峰也。"由峰左侧盘曲而上，稍东而北，约二里，为潭沱寺。

酒数举，余与三君谋曰："稍迟，则不及尽览诸峰矣。"

由潭沱东上，为东峰。旁有眺丰亭，今废。履旧趾东眺，则平凉以东诸郡县犁然目中。对东峰而峙，则望驾山也，旧传轩辕问道登此山，"望驾"因名。峰下数百丈，崖多内泐[1]，其深杳处为玄鹤洞。侧身下视，不见所谓玄鹤者。以飞石击之，石訇訇震岩谷，玄鹤竟不出。由东峰稍北为中峰，中峰下东峰十之二。不暇憩，且行且饮。稍北，至北峰，过仙桥者二，石皆天成。坐峰头，少顷，由峰之右北视，众壑奔驰，崖堑陡绝。扪藤而下，寻所谓丹穴，皆榛莽耳。复扪藤而上，西南折，登西峰。西峰寄西涧绝处，视四峰稍不属，高与北峰伯仲。由故道东，数百步，望西南有峰突起，道士曰："此崆峒之顶也。"其路甚险，自麓之颠，道士创为三天门。余与三君，且舆且步。

---

[1] 泐（lè），石头顺着纹理裂开。

黄海
HUANG HAI

至一天门，不能舆，子称蹙目视足，问路远近。余三人默知子称倦，促之行。至三天门，凿山为级，旁竖铁柱垂锁，径逼仄，人不得掖。余与三君蚁附而登，未及峰百余步，为磨针岩。稍坐至峰顶，谒真武祠。祠西南高处，有六角亭，匾曰"笄头①胜概"。盖登此，或可望笄头，而此非笄头也。坐良久，题"崆峒绝巘"四字于石。东视五峰，起伏向背，如垤如培，共讶其方浮而忽沉，若趯②而遭踣③也。由峰前南折，为三官祠，又其下为雷神祠，皆在绝巘间。

酒数举，一青衣报："子称倦，且回俟潡沱矣"。余三人笑曰："此子称问路远近意也。"

峰西望，有峰出峰之半，与峰连。道士曰："此马鬃山也。"余疑，所谓山巅，为诸峰莫与齐，今马鬃高逾兹峰，安得谓兹峰为巅？谋西登马鬃，顾日将暝，二君令以炬从。百步一息，至其半，五山突出崖端，秀拔峭削而无名。余三人笑曰："何不呼为小五峰？"

路南折，飞沙惊堕，足寸移。回视二君，以绠牵挽，喘息而上。阳父意坚不可遏，元复呼茗润喉，问："此去路犹几许？"余与阳父笑曰："元复亦问远近矣。"又半里，至其巅。峰峦拱护，林木葱茂。履峻岩四视，汉江由西南前绕，黄河由西北后旋，洛水自巽而艮，补其缺。秦关四塞，其圆如璧，渭流潆洄于中，时作断璺。太华昂首招于左，吴山鞠躬逊于右，终南、太白蹲踞不恭，岷岭、峨峰若跂足盻望而苦不及，唯昆仑不可见。阳父指日北三舍，曰："或不出此间。"元复叱曰："吾三人何不骑日往观之。"忽大笑。

无何，新月一钩挂山外，人行树底，影落衣班。山鸟闻人声，时或惊堕，岚光暝色勃生须眉。清风荡林壑，飒飒作笙簧音。爽气侵骨，神思空寂，恍然见轩辕、赤松君色相，而隐然聆广成子"守一处和"之玄指也。

席地坐香山寺，与僧论禅，至色空极处，余三人怆然，念我等何异水上沤、石间火也。已，持炬观朝阳洞。元复得句"山高平对月"，余与阳父应以"寺迥俯看云"。因各足成近体，镌于石。问笄头所在，僧曰："此去而西三十

---
① 笄头，即笄头山，或即崆峒山。
② 趯（tì），跳跃。
③ 踣（bó），跌倒。

里"，盖泾水发源所。其上有湫，即古朝那①，秦投文诅楚②处。泾由峰下迤问道宫而东，此崆峒之前峡也。其后一支，由峰北，至北峰东，南折与泾合，此崆峒之后峡也。崆峒介在二峡之中，独立缥缈之外。兹峰虽名马鬃，实崆峒绝顶，为人迹所不到，故呼东高峰为顶。东高峰一名小马鬃，揆地准天，崆峒当斗极之下，故为神仙之奥宅，寰宇之名区也。

余忆《尔雅》，其云："位当斗极"，说盖不诬。因题"峰连北斗"四大字于巅。二君曰："吾等不登此，安知崆峒别有巅？"余谓二君曰："吾等不登崆峒之巅，又安见所谓崆峒者？天下事以目力所至为极，奚独此耶！"

还至东高峰，道士以楼成请额。余曰："坐此可濯挹泾水，额以'挹泾''濯泾'孰善？"二君曰："'挹泾'善。"遂从之。稍下，报子称意余三人宿马鬃，先自漙沱回矣。余三人至漙沱，漏下三鼓。三爵，就寝。

晨起，缓步登南峰。南峰在漙沱东南，稍下于东峰，即自问道宫来路左之高岩也。席地坐，见大峒山隔峡屏立，泾流渺渺东注，日射其宛折如素练之潆结也。已回至蜡烛峰，拟四字刻石，余忆《山海经》，云："华西七百里为高山，盖指崆峒，刻'华西高山'何如？"二君曰："善。"

复由问道宫而东，共念吾等兹行可谓无恨，独未见玄鹤，去意惘然如失。洞在东崖，路傍可睨，共立舆仰视，淡云如缕，时复掩蔽，移时弗见，延伫咨嗟。舆将移，元复忽诧曰："玄鹤出矣！"余二人回眄，则孤骞③岩表，数四回翔若有情。余三人者不觉鼓掌，已复入洞，更候之，弗出矣。道士曰："鹤之出有时，游此而见者，甚少。自轩辕问道以来，时有之，数千年物也。"元复曰："吾等至，少迟则弗见，少疾则亦弗见，此真志一动气，景与意会也。"遂行，日暮至平凉，明日东门，余别三君去。

游王母宫记

吴同春曰：余自平凉东趣④泾州，至泾、汭之交，郡守张子来逆，指回山视余曰："兹王母宫，闻古今旧矣，缙绅先生过此咸一谒，明公有意否乎？"

---

① 朝那，古县名，治在今宁夏固原市东南。
② 秦王祈求天神制克楚兵，复其边城，故后世称其刻石为"诅楚文"。
③ 骞（xiān），形容鸟飞。
④ 趣，通"趋"，趋向，奔向。

余方有心恳于王母,应曰:"可。"

由关王庙而西,盘旋而上,至其半,有楼,匾曰"山高水长"。又其上,为虎山庙。去虎山百余步,为青鸟亭。余心笑曰:"青鸟为王母传事,余至此,王母应先知矣。"亭左右老柏数十株,其状如虬。又其上,四柏对列,独西北一株可作茗,人呼为"茶柏"。道士烹而进余,啜之,味过茗。谒紫微帝君,登玉皇阁,四顾群山环列于踵,泾水东注,汭水北注,泾郡当东、北注之间。城中庐舍如栉,周围城垣,似不满尺。正南一峰与郡对,为郡之面山。泾以北,基土隆隆,禾黍互随高下,为回中旧城。而余自白水来之路,即傍回山。《左腴》云:又西为亭,亭后有枯株,大数围,同本异干,高入云霄,道士呼为"降真",不知几千百年,不荣不腐,亦神物也。

后即王母正殿。伐[①]鼓撞钟,俯伏拜谒,默为二亲祝眉寿,心口自语:蟠桃可得,愿乞一枚归献我二亲。殿后壁有钟、吕二像,淡墨挥洒,奇伟神彩,不类世人摹染,询之,则钟、吕二公互图形于壁,从古以来称仙迹云。两庑列周穆、汉武等像,为传记诸君有事王母故也。

又其西,为玄帝宫,周围刻古今诗文。自青鸟亭至山巅,皆有刻,而此刻独夥,然多元以后人,其稍远而古者,元祐间题名及陶学士穀碑文耳。余于题名隙处,亦滥厕姓名。

宫后为官亭,张守设具,余为饮数爵已,观寿星祠,登三清阁。阁敞三面而塞其西,旋因穴凿窗。西视山峰辏落,如奔如驰,二水夹旁,日光荡射,真天造也。道士谓兹山脉联崆峒,故前坊匾"崆峒元脉"。其说亦或有据。

由玄帝宫之右,取道而西,数十折而下,至瑶池。池方数丈,中有七星泉。由此出,稍前为亭,坐亭上,池光如镜,饮泉水甚甘,掬以濯目,清泠沁骨。而林木荫映,山谷回合,不虚仙境。第无由见当年王母开筵、群仙赴宴景象耳。余为题"瑶池"二字,匾其上。嗟乎!传谓王母瑶池在昆仑,有阆苑十二楼。今有宫在兹山之巅,岂人无由至昆仑,取兹山之近以当之耶?抑当年周天子八骏所驰即此地,恐不穷奇,无以传后,借言昆仑以侈其事耶?抑本无所谓王母、八仙之事,好异者极其说,以肆闳辨无涯之论,而后世求之彼不得,遂援此以实之耶?然此地、此山、此宫,自古迄今矣。其前三说

---

① 伐,敲击。

有无是非，余不暇辨，姑因事之，见在与吾足迹之所至，寄吾一念爱日之忱耳。

中秋前七日记。

河东王体复一阳识曰：

太华虽高，不当四塞，上游若黄帝问道，则自古奇之；青鸟传书，又奇，故崆峒胜概，谈者侈焉。

岁辛巳，余为戎臬。伯与以谳狱，至京兆，相与倡和甚契。无何，余转凉苑，遂有崆峒之约。因忆余以公事经平凉者四，而未暇登眺。今称崆峒主人，何幸哉！

明年壬午秋，伯与至凉，以八月五日如约。先是一日，大雨，伯与曰："明日若此，无缘矣。"次日，大晴，喜甚。已至问道宫，午至诸峰，未登绝顶，申登马鬃，往者少。至马鬃，伯与决上，及至，乃大佳。顾秦中山水，环在目前，徘徊对月，谈玄者久之。返宿真乘则漏下三鼓矣。

厥明，穷所未览，归见玄鹤，尤人所难也。

又明日，饯伯与，更雨。余与元复叹曰："兹游也，岂不称胜缘哉！晴杲助兴，神鸟现形，盖至诚之所感也。语曰'诚能动物'，况山川之灵乎？非伯与，其孰能与于斯？广成子于伯与，盖有默授矣。

余拟为记，伯与记先至，乃止。又不可无言，因缀数语于后，冀并传云。

是岁重九日。

黄海
HUANG HAI

天都逸史潘之恒景升辑
交芦居士李长庚酉卿校

纪游四·之二

黄山纪游

宋吴龙翰曰：咸淳戊辰十月既望，鲁斋鲍云龙、古梅吴龙翰、足庵宋复一，来观黄山。

赑屃[1]登高，餐胡麻饭，掬泉饮之，不火者三日。从者皆无人色，率不能从。予三人愈清狂，上丹崖万仞之巅，夜宿莲花峰顶，霜月洗空，一碧万里。古梅谈玄，鲁斋诵史，足庵歌《游仙》《招隐》之章。少焉，吹铁笛，赋新诗，飘然有遗世独立之兴。

次蹑景炼丹峰，过仙人石桥，酌丹泉，徜徉久之。

次纤路游水帘洞。踏月夜归。少憩兰寺，把酒临风，对天都而酹之曰："吾辈与若为熟面相识，他年志愿俱毕，无忘此山。"

昔欧阳永叔、谢希深辈，游嵩山，吹箫，歌古调，吾辈唱酬之乐似之；韩退之登华山顶，邑令百计取之得下。吾辈冒万险，人迹所不能到，其狂又似之。然韩有诗，谢有书，以纪其奇也，吾辈可无一语留作此山公案乎？于是乎书。

游山诗 朱附。

汪炎昶[2]

游黄山 二首。

神仙隐处今始过，烟霞城郭路几何？

---

[1] 赑屃（bì xì），原指负碑之神兽，似龟。此处形容用力。
[2] 汪炎昶（1261—1338），字懋远，婺源（今属江西）人。幼励志力学，得程朱性理之要。有《古逸民先生集》二卷。

野渡谁浮夕阳艇？空山尚响樵人歌。
石坛荒凉叠苔藓，谷鸟嘲哳深松罗。
何妨更值买酒至，一笑使我朱颜酡。

木末穷蝉鸣不休，客子正倦还登楼。
断虹阁尽芳草雨，孤鸿点破南林秋。
楼头笳声撼落叶，渡口霞影摇轻舟。
浮生扰扰事无限，摇首坐看斜阳收。

焦焕炎[①]

题黄山送别图

我家黄山隅，不识黄山面。
不自到黄山，见图如不见。
如何黄山客，又别黄山去？
落日晚烟昏，黄山在何处？
黄山有汤泉，可以洗涤尘世缘；
黄山有瑶草，可以饵之长不老；
黄山有神丹，得之可以超尘寰。
胡为别却黄山去？只把生绡写空翠。

文天祐[②]

别黄山作

黄山别去恨绵绵，华表重寻第几颠？
马迹苔肥连碧汉，龙潭水暖涨灵泉。
断无花逐桃溪棹，别有春留药圃边。
鹈鴂[③]一声人亦老，鬓丝惊笑玉颜仙。

---

① 焦焕炎，字晦甫。炳炎弟。理宗绍定二年（1229）武举进士。累官知镇江府。
② 文天祐，江州（今江西九江）人。天祥弟。从天祥军抗元。
③ 鹈鴂（tí jué），即杜鹃，又叫布谷鸟。

黄海
HUANG HAI

文及翁[①]

和前韵

霭霭卿云似擘绵，想留弓剑在层巅。
休寻白鹤千年事，且浴黄山百沸泉。
阮老溪头烧药鼎，丁公庵畔煮茶烟。
曾知上界足官府，鞭凤笞龙作散仙。

汪莘[②] 字叔耕，休宁人。

黄山歌

黄山高哉！岿然为江东之巨镇兮，壁立于两浙之上游。

摩天戛日以直上，阳枝阴派盘数州。

四海不知雨根本，行人但觉云飞浮。

尝试芒鞋竹杖造乎其间兮，一溪桃杏红烂漫，万壑松柏寒飕飕。

悬崖绝磴可望不可到兮，古木倒挂险更遒。

上有灵泉千万道，如银河争泻而竞注兮，砯[③]雷溅雪隐见穿林幽。

中有青鸾黄鹤千万对，雄倡雌和迭舞而交鸣兮，深林自适复有数点白雪之猿猴。

山中自昔无历日，花开叶落成春秋。

残英脱颖不知其所从来兮，但见夫涧谷之间桃花如笠，松花如蘪，竹叶如扇，莲叶如舟。

菖蒲九节喂白鹿，灵芝三秀眠青牛。

人间三月春已暮，洞中花卉春长留。

奇香异气逐风去，散落尘世谁能酬。

黄山高哉！云际一峰尚可画，云外一峰画不得，霜缯补了掉首休。

丹砂一峰烛天争日月，九龙一枝拔地张旌旄。

天都一峰杰出于三十六峰兮，星斗森罗挂珠殿，日月对展摇琼楼。

中有一人兮龙冠而凤裘，左容成兮右浮丘。

我时收却钓竿樵具作一束，投诸曹、阮溪中流。

---

① 文及翁（生卒年不详），字时学，号本心，绵州（今四川绵阳）人。
② 汪莘（1155—1227），号柳塘，隐居后自号方壶居士。安徽休宁人。著有《方壶集》。
③ 砯（pīng），水击岩石的声音。

浴余身兮汤泉，风余袂兮带所搜。
鼓隐隐兮管啾啾，水精盘兮碧玉瓯。
帝酌我兮劳我，左右为余兮凝眸。
指余以南峰石壁记，授余以红铅黑汞大丹头。
黄山高哉！余将揽秀巢云炼其下，坐令万物不生疵疠①黍盈畴。

宋程珌《方壶集·序》②云："叔耕蕴霞笺玉滴之奇，思出天表，蓄而不试，忧深思远，未易遽班之贺白也。峄山积石三十二里，孤桐琴瑟，而邹、鲁地接，古称多儒。休宁断崖鹅石之秀，江南鲜比。君殆一奇乎？"其为同时所赏誉如此，故录之。断崖鹅石，指落石也。

---

① 疵疠，指灾害疫病。
② 《方壶集》为南宋诗人汪莘的作品集。

黄海
HUANG HAI

天都山史潘之恒景升辑
澹如居士程开社方叔校

纪游四·之三

游黄山记

元汪泽民[①]曰：黄山在宣、歙境，雄镇东南。山之阳逾百里为歙郡，其北三十里为太平县，又北抵宣治所二百四十里。不当通都大邑舟车之走集，而游者罕至。今年四月九日，予始得游焉。

山西之麓，田土广衍，曰焦村。莲峰丹碧，峭拔攒蹙，若植圭，若侧弁，若列戈矛，若芙蓉菡萏之初开，云烟晴雨，晨夕万状。

由焦村南道，二十五里，至汤岭上，仰视群峰，犹在霄汉间。冈阜蟠结，凿石开径，嵁岩欹危，瀑布声訇礚如雷，怪石林立，半壁飞泉洒巾袂。当新暑，凄然若秋。

又十里，憩祥符寺。寺前淙流，走万石间。山皆直松名材，藤络莎被，蓊薆[②]茏茸。有灵泉自朱砂峰来，依岩通二小池。上池莹澈，广可七尺，深半之，毫发可鉴。泉出石底，累累如贯珠不绝，气秘馞[③]若汤，酌之甘芳，盖非他硫黄泉比也。明日，遂试浴，垢旋流出，纤尘不留，令人心境清廓，气爽体舒。相传沉疴者澡雪立瘥，理或然也。

寺有南唐碑，初名灵泉院，宋祥符中改今额。

又龙池，距寺左三里许，奔流喷薄，泻石潭中。亭午照烛，五色璀璨，诚灵物所居。夜闻啼禽，声甚异，若歌若答，节奏疾徐，名山乐鸟，下山咸无有。行寺旁，近见数峰凌空。僧指云："天都、芙蓉、朱砂峰，其尤高

---

① 汪泽民（1273—1355），字叔志，婺源人。延祐五年进士。参修《辽史》《金史》《宋史》，后迁集贤直学士。以嘉议大夫、礼部尚书致仕，退居宣州。后追封谯国郡公，谥文节。有《宛陵遗稿》等传世。
② 蓊薆（wěng ài），形容草木茂密多荫。
③ 秘馞（bì bó），形容香气很浓。

者天都也，上多名药，采者裹粮以上，三日达峰顶。"予心甚欲游之，而鸟道如线不可上，乃止。凡再宿寺中。

还鱼[焦]村之二日，行三十里。游翠微寺，古松修篁，石涧横道，僧桥焉，覆之屋，以息游者。清泠静邃，已隔尘杂，余为榜曰"翼然"。至寺庭，有井泉，僧言此麻衣师卓锡处。泉亦清美，不溢不涸。一峰卓然独秀，直峙东南隅，曰翠微峰。其条支回互，寺居盘中，故诸峰俱隐不见。

明发，行十五里，过白沙岭，往往攀崖壁，牵萝蔓，或小木贴岩若栈而度，几不容武。旁临绝壑，惴惴焉不敢俯而窥。又七里，至绝顶。顶平，广倍寻。方据石少休，时晴雨旭霁，气象澄洁，环视数百里，冈峦墟落，历历可数；九华绿翠，若莲开陆；焦村向所见峰，皆平挹座间。俄顷，白云瀚起，遥山近岭，如出没海涛，仅余绝顶槎溯天汉中。倏又敛藏如扫，如是者三，可谓奇观矣。日暮才抵寺，亦信宿焉。

又二日，从村北□□□[十里，登]仙源观。至元中，新安吴万竹习静兹壤，尝衍易宛陵，夸诩其胜，余赠诗还山。今竹存而吴逝已久。林阜周密，南列翠峰，练形引年者固其所哉。既还，憩吾宗公仲云松楼。

越十日，逾兴岭而南。所谓三十六峰者，骈列舒张，横绝天表。众岫叠岭，效奇献秀，尽在一览。行田畴竟，乃登横岭，陟小丘。道左竹杉阴森中，小径萦纡，才屋数间。一僧奇厖[1]，近八十，煮茗进果，自言："结构力田，闲则持经玩空，历二十闰矣。外营草亭，往来休焉，庳陋且坏，予将改筑。"亭之右丈余，南峰翔舞迎乎前，北陇奔跃驻乎后，左右翼如，景益清旷，名之芙蓉亭，而未暇也。循岩曲折，抵白龙潭，巨石嵚崟，汹涌冲激，深不可测。岁旱，民谒款雨立至。又度板桥，有小庵，食淡苦修，数辈居焉。尝有逃空谷者，出奇方，疗人疾颇众，既亡，瘗浮图中。<small>山史云：疑即松谷庵也。</small>予特征夫山水缪绕，自为奥区于高峰之下。由兴岭抵北[此]，四十五里，人迹辽邈，可屏尘事，遂宿焉，听泉而去。

凡道途为里若干，皆樵牧负贩者隐度云，然非有堠[2]以步而计也。

世称黄帝与浮丘、容成于此山上升，改名黄山。江浙诸大山所分以出，其广袤形胜若是，奇踪诡状固不必尽究。然非神人列仙，不能称其居。

---

[1] 厖（máng），此谓相貌奇伟。
[2] 堠，古代瞭望敌情的土堡。此为记里数的土堆。

虽未暇遍，而选胜搜奇，余可概见矣。

昔大德戊戌岁，得兹山《图经》，神思飞越，而因循皓首，甫幸一至，至又弗克久留而去。每登山时，率宿云收雨，紫翠如沐，山下之人，皆以为山川英灵有相之者，予亦窃自喜。回思向在南安之日，造南原山，祷雨龙湫，跣揭乱石急流中，腰缅梯藤，登悬崖，上而复下，至潭所，其岩险视兹行为甚。是故乐清赏以酬宿昔，忘跻攀之勤，而不知高深之为惧也。予当谢事，与二三友结宇读书，以毕余生，较之充诎于声利而不知止足者，不犹愈乎？

时至元再元之六年，庚辰岁也。

游黄山诗

汪泽民 ■■■

宿祥符寺
屹立四千仞，缘回八百盘。
藤萝孤寺合，苔藓一碑残。
风急龙髯断，云深鹤睡寒。
兹山可招隐，吾亦挂吾冠。

祥符寺和文敬所韵
苍山寒日近禺中，揭浅缘深足茧重。
仙子未归辽海鹤，轩皇曾驭鼎湖龙。
诗题古壁无人续，梦断钧天何处逢？
欲问故侯应不识，空遗萧寺锁云峰。

独游翠微寺
欲雨不雨天黑色，将崩未崩石逼侧。
溪谷缘云已万盘，风雨欺人作三厄。
客游已悭天不悭，雷电翕歙①嘘晴嗽。

---

① 翕歙（xī xū），闪动貌。

诸峰倒景互明灭,照耀金碧开山门。
清都紫微逼象纬,旃林贝树罗山矾。
十方下视沙界迥,佛骨不受炎歊[1]祥。
麻衣老师寂灭久,问法羞与山僧论。
但余卓锡古泉水,念念欲洗尘眼昏。
嗟予世网久踯躅,坐览古迹空盘桓。
莫归却觅山下路,杳杳飞鸟投芳村。

再宿翠微寺

堂上麻衣座,阶前锡杖泉。
人依碧霄近,寺与翠微连。
山拥无尘地,云开宿雨天。
明当凌绝顶,禅榻借高眠。

唐元 字长孺,号筠轩,官徽州路学教授。

暇日谒玄妙李本初有约游黄山

秋风吹我到仙家,菊近重阳未著花。
琴弄松床锵白雪,丹成石灶吐青霞。
休骑天上鹤一只,且读人间书五车。
有约剪刀峰下隐,汤泉阴火煮春茶。

次韵程以文黄山星桥

今日题桥者,燕山耐朔风。
寄书逢驿使,询路介樵翁。
村酒添泉白,林曛晒屋红。
浮丘不可见,笙鹤度崆峒。

黟山绝妙玩不忍去

舆夫老苦钝,足茧肩亦赪[2]。

---

[1] 炎歊(yán xiāo),暑热。
[2] 赪(chēng),古同"赪",赤色。

坚坐不忍别，趋走便且轻。
后乘幸勿亟，前有黟山迎。
平生所未识，目骇而心惊。
委蛇出异态，婉娈含深情。
长虬挂碧落，巨怪浮溟瀛。
冠冕或俨立，甲胄何从横。
未吟先恍忽［恍］，欲画难经营。
邑淳壤最沃，俗美人不争
意有隐君子，依阻仍深耕。
遗世了荣辱，避俗变姓名。
寻之不可见，晤言谁与倾。

送陈太博游黄山诗序

陈祖仁，字子山，汴人。至正二年举进士第一，历官中书参知政事，初为太常博士。来游黄山，故人赵子常以诗序赠之。

元赵汸[①]曰：徽之黄山，巨镇也。北掎九华，西拓彭蠡，南接广信诸山，其东左挟浙河，右起桐汭，以尽海壖。要皆支陇所分，谓其隤然中居以降势，委和于四表，有坤道上德焉，故名之曰黄山。然其上则连峰极天，岩岫深窅；下则重冈复岭，斗绝环周，虽土人有不能遍求而尽达者。故自遁世隐沦之士，咸乐居之。或以为由轩辕得名者，近古所传也。

郡非会通之地，四方宾客无因而至，独唐李太白尝一游其间，为之徘徊而去，遂无复蹑其踪者。由是兹山之胜概，世罕闻矣。

至正十一年岁辛卯夏四月，浚仪陈公子山实来游焉。始至，风雨弥月，而山之主僧适远归，亟率其徒以先导。晨发郡城，出西郭，明霁开豁，郊原穆清。旦日既旰[②]，始遵其麓。涧潦平而波流易涉，林洳[③]尽而萝蔓可缘，若有阴相之者。乃休仆人，领宾从，相羊乎松隈竹林之间。灵苗不采而自芳，丹泉在山而常洁，德人君子之恒操，犹有可见者乎！进而据虎头之

[①] 赵汸（1319—1369），字子常，休宁（今属安徽）人。晚年隐居东山，读书著述。有《春秋集传》《东山存稿》等。
[②] 旰，日始出貌。
[③] 洳（rù），潮湿低洼之地。

岩，以下临白龙之湫，风云勃兴，雷电将作，凛然神物，不可亵而观也。乃循左巘，绝大壑，陟层崖，登莲花之危峰，以望八极，浑浑焉，皡皡焉。若有见夫昆仑磅礴，兼覆并育之仁，然后知兹山之大。根同乎五岳，润达乎四海，而英华发挥，精爽洋溢，与造物相为流通，而莫知其终始也。矧可以方隅论哉！振衣下迈，授馆精庐，信宿而还，盖充然若有得者，不知我之观山邪？山之观我邪？与吾游者，皆自观其所观邪？抑将同所观于游者邪？

噫！以公高情，达识如斯，其有异乎昔人之来者？固宜彼仰首注目，望岩而退者，于公所存何如也？

公妙龄积学，已超迈等伦，俄而贡春官，对大廷，以第一人及弟，列官朝著，闻誉日隆矣。顾犹远寻名山，以发登峰造极之趣，则夫究经纶于功载，抱根柢于词林者，何可以浅近量哉？于是郡之缙绅儒士，喜公之能来，而惜其别去也。杂取山中景物，有名图志者，相与赋诗赠公，以寓其向往之私。诗皆一章，章十句，五言。以予获与斯游，又俾叙其事于右简，是用著兹山得名之实，极一时之荣观，以告夫继公而来者。

分题诗附录 _{诸赠章惜不多见。}

赵汸_{字子常，号东山，官至江南行枢密院都事。}

　　　　浮丘说诗罢，丹成忽为仙。
　　　　荒祠托灵谷，瓦缶荐寒泉。
　　　　纷纭秦汉间，嘉遁①良独贤。
　　　　大雅久不闻，支词渎真诠。
　　　　期君发幽隐，重以青瑶镌。_{右浮丘祠。}

　　　　轩后初制作，牷侗闵烝黎。
　　　　画野定疆理，无为异标枝。
　　　　荒山有遗碣，仿佛存蛟螭。
　　　　述德岂倚相，论书准秦斯。
　　　　期君刊往牒，稽首陈贞辞。_{右轩辕碑。}

---

① 嘉遁，旧时谓合乎正道的退隐、合乎时宜的隐遁。

黄海
HUANG HAI

绝涧下深黑,寒泉泻岩隈。
中有玉蜿蜒,不知何年来。
隐显与道俱,泊然息风雷。
石林维金碧,洞府皆楼台。
善保至阳德,春霖遍九垓。右白龙潭。

空岩荫方池,丹泉何氤氲。
炎火孰张设,蒸熬泛春温。
疏瀹得深润,浮游灌灵根。
外达美阳休,内融反胚浑。
翩然披紫绮,五色明朝暾。右朱砂泉。

岩居观物化,掩卷独无思。
空洞镭重肩,闷此孔壁遗。
朋来二三子,窈渺强吾诗。
商声出金石,飒树生凉飔。
过门有佳客,共赏霁风辞。右强（弦）歌洞。

天都逸史潘之恒景升辑
慧业居士潘允宜左之校

纪游四·之五

天都社盟词

陈有守[①]曰：维徽古称山水名郡，郡西北有黄山，凭据四州，中拔千仞，下瞰吴越，背负江淮。林木插天，爰有三十六峰；川流赴海，爰有三十六源；实东南群山支衍之宗，湖海巨浸发源之渐。烟霞灵气，飞集无时。高士列仙，夷犹自昔。观乎浮丘控鹤而往来，轩后乘龙而仙去，李白闻吟而畅饮，曹公探奇而忘归，诚肥遁之胜都，修炼之奥区也。

嘉靖壬寅秋月，有守与王子亮卿，过郑子思祈高唐。西望兹山，悠然兴怀，倡兴雅社，折简同志，期以九日登高修好。于时践约者，凡十有六人，为程子自邑，江子廷莹、民璞，佘子复初，汪子玉卿，王子子容，方子际明、子瞻、定之，郑子子金、文仲、思道，程子汝南，亮卿、思祈及有守，从而莅焉。

是日，天高日霁，风肃气澄。策杖攀跻，凌崖如跃，移时跨绝，至止天都。于是北望燕京，东指日观，西瞩昆仑，南分百越，空旷宇宙，瞬息古今，命酒赋诗，豪兴逸发。自邑起执酒酹曰："天都之峰，钟毓吾人，今日佳游，结要永世，达甫其司盟词。"有守载申言曰："维天都之崇高，萃灵秀于万古。挺贤豪以亿百，侈兹游其不数。矧风雅之闲作，属伊谁而接武。幸并生于熙朝，复同怀于乡土。舒吟咏以飞迅，凌苍虚而阔步。矢夹持于周行，毋颠阼其莫睹。齐物我而一致，追高调于三五。岂嵩岳之降神，独生申而生甫。将皇猷以鸣盛，导来许于前路。冀斯盟之弗渝，庶申好于胤族。"

---

① 陈有守，字达甫，号六水，一号天瀛山人。休宁人。幼习儒，性颖异。弃诸生而攻词赋。有《六水山人诗集》行世。与王寅、郑思祈发起成立天都社，并作《天都社盟词》。

黄　海
HUANG HAI

山史云：此文气度峻远，足与黄山争雄。

十六子咏

山史云：溯结社天都，去万历庚戌六十九年矣。惟方定之先生岿然独存，年九十有四，其十五人皆为黄土。念一时社中耆旧，典刑①具在，故并载之。

王寅②序云：嘉靖壬寅，予九日唱社天都峰下，同乡合志而声应，景从者得十六人，乃效灵运拟怀七子③，延年咏颂五君④，图性写才，可谓研真非远矣。若夫造艺未定于今日，隐见则分于后时，此多有所略也。

程自邑⑤讳谐，号沜溪，一号霞城山人。

　　　　君本佐理资，散傲避羁勒。
　　　　往来秦蜀都，久憩大梁国。
　　　　高价定李左，灵岳耀文墨。
　　　　岁暮旋旧庐，对予独申臆。

陈达甫讳有守，号六水，一号天瀛山人。

　　　　从亲宦秦晋，追攀常与马。
　　　　夹持值贤豪，陈情即风雅。
　　　　韬彩固自深，知音世何寡。
　　　　坎坷欲素丝，佯狂托杯斝。

---

① 刑，通"型"。
② 王寅，字亮卿，小字淮孺，号仲房，号十岳山人。歙县（今属安徽）人。天都社主盟之一。辑有《新都秀运集》，著有《十岳山人集》等。
③ 灵运拟怀七子，指南北朝时期诗人谢灵运（385—433）作《拟魏太子邺中集诗》追怀"邺中七子"王粲、陈琳、徐干、刘桢、阮瑀、应玚与曹植。
④ 延年咏颂王君，指南朝宋文学家颜延之（384—456）作《五君咏》歌颂"竹林七贤"中的阮籍、嵇康、刘伶、阮咸、向秀五人。
⑤ 程自邑，歙县岩镇（今黄山市徽州区岩寺）临河人，历游梁、宋、楚、蜀，终隐黄山。著有《霞城集》。

江廷莹^①讳瑾，号篁南。

> 早岁负经术，初声有辉光。
> 沉疴卧丘园，天衢阻腾骧。
> 忿志养生暇，九论营朔方。
> 明时岂终弃，弱质今重伤。

江民璞^②讳珍，号荆石。

> 中岁慕不朽，摇管多琼镠。
> 识洞道自获，室奥劳探求。
> 伯也固机侣，君乎亦云俦。
> 献策昔予并，今独先见收。

佘元复^③讳震启，号东谷。

> 纵游杂尘市，闲居或忘栉。
> 形骸任天真，礼法畏桎梏。
> 滑稽惊众人，而与曼倩匹。
> 登览富篇章，往往见清逸。

汪玉卿^④讳瑷，号海洲，一号古迂。

> 少小薄簪绂，执简工文辞。
> 朝欲溟渤泛，暮怀昆仑驰。
> 匪曰即能往，侈荡聊自怡。
> 迩来悟莲花，香室一衲披。

---

① 江廷莹，名瑾，字廷莹（一说字民莹），歙县人。游吴楚，殊有烟霞气。著有《江山人集》《名医类案》。除了天都社雅集一游黄山，于嘉靖二十七年（1548）春再游黄山，作前、后《游黄山记》。
② 江民璞，江瑾弟，歙县人。嘉靖二十三年（1544）进士，历官云南右布政史，转贵州左布政使。著有《溪上稿》诸集。
③ 佘元复，歙县岩镇人。郡庠生。
④ 汪玉卿，歙县岩镇丛睦人。

黄　海
HUANG HAI

王子容[1]讳尚德，号次海。

群居寡谈笑，威仪劳羁束。
性偏任自然，量易岂暧俗。
著言虽未多，雕璞见良玉。
醉酒时清狂，浩歌振云曲。

方际明[2]讳大治，一字在宥，号九池。

出身绮绣场，肆志投艺林。
草书错鸾骞，新词希瑶音。
仲氏昔同驾，辟彼双南金。
交存道易笃，感逝忧难任。

方子瞻讳霓，号龙门。

击剑非雄图，谈兵恐亦误。
千金购奇书，闭关草长赋。
折节升我堂，薄劣愧陶铸。
今游齐鲁间，刺灭竟谁遇。

郑思祈[3]讳玄抚，号梧野。

尔也贵公子，服养甘淡薄。
千金视一毛，丘山重然诺。
锦错袖中赋，龙鸣腰下锷。
婚嫁毕后时，随予向寥廓。

方定之[4]讳弘静，号采山。

年始十四五，挟策游王都。

---

① 王子容，歙县人。郡诸生。与方大治皆刻意慕古，雅度超俗。
② 方际明，歙县岩镇人。有《黄山游记》《黄山杂诗》留传。
③ 郑思祈，歙县岩镇人。
④ 方定之（1517—1611），歙县岩镇人。嘉靖庚戌（1550）进士。历官南京户部右侍郎，赠尚书。万历庚戌（1610），潘之恒复修天都社，时年九十四。次年卒。著有《千一录》《素园存稿》等。

屡献慨不达，歌咏聊自娱。
　　王孟瞻入室，曹刘奋前驱。
　　况复性端靖，艺德俱吾徒。

郑子金[①]讳铣，号郑谷。

　　性灵甘齐梁，要妙已能洞。
　　吐词悉流风，繁彩若雕凤。
　　貌悦非同尘，抱独自违众。
　　酒德醉逾神，连觞即枕瓮。

郑文仲讳懋坊，号巾石。

　　始驾鉴傍蹊，中衢按六辔。
　　抱才既清新，秉德亦和易。
　　乐游每独醒，歌对众宾醉。
　　颂酒虽短章，达言宁无愧。

程汝南讳应轸，号熊耳。

　　锐志览百氏，弱龄紫髯翁。
　　美哉玉为质，温厚回浇风。
　　常攀会稽山，题诗禹王宫。
　　德邻固予惭，才异翻途穷。

郑思道讳默，号南华。

　　形容灭雕饰，披垢仍不全。
　　作意傲流俗，高论卑前贤。
　　百年畏非永，劳心慕虚玄。
　　数来侍我侧，授窥石函篇。

---

① 郑子金，歙县岩镇人。

黄　海
HUANG HAI

自　咏

<small>王亮卿，讳寅，一字仲房，号淮孺，一号十岳山人。</small>

远游黄金空，菽水给亲养。

出入二氏间，梦寐五岳上。

迂疏俗所嗤，狂狷故多谤。

寂寥竹林居，托咏写凄怆。

天都社诗

程诰得五言古、七言古一首，五言律四首，七言律二首。

山史云：山人临河人，历游梁、宋、楚、蜀，终隐黄山。所著有《霞城集》二十四卷行世。

簪绂性非薄，适与丘园宜。

无闻愧友生，高卧惭明时。

曰予秉薄劣，励修昧前期。

荏苒艺文场，玄发成素丝。

诸君富年算，各抱贞莹姿。

所志在不朽，立言盛光仪。

谬枉同声招，夙乏三叹辞。

石也可为错，玉兮无瑕疵。

黄山顿起万山之巅，不知其几万仞兮，根盘数州控千里。

三十六峰攒簇如莲花，中有天都巑岏①挺出层霄里。

游人望之辄夺气，安能勇曳丹崖履？

琪花瑶草目秋春，丹膏玉髓至今贮于此。

浮丘鹤驭不能游，容成星虹未尝接引蹑其址。

山灵久秘若有待，人文孔昭殆天启。

储精应时产豪英，艺林亘古腾芳声。

仆奴命骚走叱咤，气势浩荡风云征。

---

① 巑岏（cuán wán），峻峭。

伊予丘壑风流者，悔不十年早结社。
五岳寻真骨未仙，数椽卜筑山应假。
所嗤忽近务远大，探奇足迹半天下。
竹林竹溪相后先，赋诗纵酒非徒然。
境因人胜我何有？仁以友辅君俱贤。
搴萝扱衽便长往，倒凌绝景扪青天。
霞城深锁恣幽讨，岂无累牍连新篇。
讴歌圣代仗公等，莞尔一笑忘形年。

峰树郁空苍，云盘鸟道长。
霞城开绝境，阴火沸灵汤。
金液余丹灶，青泥似玉浆。
长生如可学，于此事轩皇。

舃健凫疑化，冠欹鹖欲飞。
石梯丛桂拥，丹洞片云归。
金刹标三界，青霞匝四围。
招提开觉路，结社愿相依。

丹霄悬万仞，碧玉削芙蓉。
地轴超群囿，天都见一峰。
白光浮雨瀑，青霭破云松。
袅袅垂萝里，抠衣此日从。

曳杖峰云白，浮觞野菊黄。
八风飘道气，九日集仙乡。
大宅芙蓉帐，幽人薜荔裳。
蹁跹来鹤驭，咫尺度虹梁。

境隔尘嚣鹫岭斜，石溪龃龉不胜槎。
灵源香液飘红木，仙洞祥光灼锦霞。

黄　海
HUANG HAI

　　　　　隐士淹留攀桂树，渔人惆怅失桃花。
　　　　　自甘半榻分云石，时陟诸峰掇茗芽。

　　　　　云破诸峰争出奇，欲没未没青参差。
　　　　　一壶贳得谁共有，双屐借来吾适宜。
　　　　　美芹不博钟鼎味，翘车肯载丘园姿。
　　　　　秋风吹我发种种，一笑白日天西驰。自邑诸作殊草草。

陈有守 得七言古一首，诗不必入毂，以主社存之，亦见先辈高风尔尔。
　　山史云：处士海阳城居。弃诸生，而攻词赋。年八十余。有集行世。
　　　　　天都高巃嵷，倒影入寥廓。
　　　　　俯视江南州，山海等丘壑。
　　　　　三秋九日多凉风，我辈游访轩辕宫。
　　　　　相将七尺龙须杖，披云绝顶窥洪濛。
　　　　　六七词客羊何侣，文彩凌驾建安中。
　　　　　酒酣呼招浮丘伯，云门笙鹤行相从。
　　　　　天生我辈幸同调，追览八极生雄风。
　　　　　匡庐不羡白莲社，社中俗客希禅踪。
　　　　　河洛不羡香山社，社中酒客糟丘封。
　　　　　岂若我辈共环堵，天都雅社开万古。
　　　　　东南高风振后尘，奎壁联缠烛诗府。
　　　　　英名八表追陈王，文光万丈齐白甫。

江瑾 得五言古四首。
　　山史云：山人家邑之篁南。以病弃诸生。游吴楚，殊有烟霞气。卒年六十三。
　　　　　新安古名都，大雅久寥落。
　　　　　群英应运兴，翩翩挺鸾鹤。
　　　　　白社盟素秋，志意凌五岳。
　　　　　凉风荡纤枯，清霜扫崖崿。
　　　　　齐契熙淳懿，觚翰时间作。

作诗亦何为，风雅良难追。
黄初恨尚浅，大历一何卑。
游思翰墨园，素衣已成缁。
同心结高唱，不异竹与丝。
性得畅玄览，联轸登高堤。

高堤一以眺，兹山何其雄。
势将九疑连，浸惟百谷宗。
自古饶仙灵，遐怪世难穷。
我曹值明时，况兹秀淑钟。
季秋理文装，鹤驾凌八公。

八公岂易凌，求道戒六丁。
平明登天都，中坐视流星。
光风烂瑶华，玉树何葱青。
空中来列仙，箫管有先声。
长跪问大药，九籥启丹经。
携手入无穷，傥能度颓龄。

王寅得五言近体四首。

山史云：山人邑王村人，产于北方，有燕赵风。谢诸生，终隐王潭，年八十余卒。所著《十岳山人集》四卷行于世。

九日天都下，相期驻鹿车。
涧荑垂缝实，岩菊缀黄花。
二八才人社，三千羽士家。
温泉真可浴，一脉自丹砂。

暮秋逢令节，胜地倡词盟。
竞赴曹王驾，高标陆谢旌。
人贤昭盛代，泉石畅幽情。

黄海

日日云峰上，如闻弄玉笙。

共挺东南秀，同生桑梓乡。
熙朝结骚社，灵谷访轩皇。
陵气瑶台在，丹林药灶荒。
怀仙有长句，高咏欲鸾翔。

攀陟栖兰圃，烟霞散菊筵。
因之集多士，不异望群仙。
逸响俱鸣凤，飞毫共泻泉。
陈踪即俯仰，后驾慕前贤。

江珍 得五言五古四首。

山史云：季公为山人叔子之弟，人以方二陆。官至右使。

弱冠学经术，占毕攻文辞。
古道久沦亡，俯仰内伤悲。
诸君乘景运，艺林奋前驱。
岂不希令踪，驽驾焉能追。

凉风雕木叶，忽焉秋已阑。
天都郁嵯峨，命驾相跻攀。
龙山迹匪远，风流异游盘。
行行拾瑶草，将以贻所欢。

嘉会良不易，要结贵精诚。
二三同袍友，譬彼松柏贞。
严霜下秋草，始见岁寒情。
还期金石坚，宁复荣虚名。

桃李下成蹊，不为艳春葩。
君子扬辉光，岂在纷与华。

　　　　　所志在不朽，实胜名乃嘉。
　　　　　愿言崇令德，芬芳溢四遐。

佘震启得七言古一首，五言律二首。
　　山史云：公为余里人。以贡官太湖广文。年八十三卒。余少时数见之。
　　　　　悬崖飞练凝寒云，琪树瑶草扬奇芬。
　　　　　霞卮桂酒倒日曛，三十六峰标人文。
　　　　　绿筠杖下紫芝满，朱泉带雨香风暖。
　　　　　星楑月宇青莲开，邺下风流此日来。
　　　　　自怜樊笼絷黄鹄，云骖遥驻天都隈。
　　　　　餐霞煮石桃花浦，鞭龙跨凤神仙府，
　　　　　君不见五岳三山元有主。

　　　　　白社庐山曲，霞城黟水东。
　　　　　幽情惬泉石，逸兴逐云鸿。
　　　　　共溯黄初派，还追大雅风。
　　　　　欣随三五友，同醉菊花丛。

　　　　　飞鸟临丹壑，牵萝度碧云。
　　　　　烟霞行处足，吴越望中分。
　　　　　契结芝兰馥，游将鸾鹤群。
　　　　　登高俱有赋，吾此挹清芬。

汪瑷得五言律诗二首。
　　山史云：次公邑丛睦人。早谢诸生。有遗稿二卷，其子重订行之。
　　　　　天都接霄汉，缥缈出云烟。
　　　　　九日衣冠集，秋风兰菊鲜。
　　　　　地开千载胜，人尽一时贤。
　　　　　莲社今谁继，相期共尔坚。

　　　　　青壁高千仞，黄山第一峰。

黄海

芙蓉落天镜，丹朣耀云松。
石室留仙灶，金砂驻玉容。
傥从轩后去，白日驾飞龙。

王尚德 得五言古四首。

山史云：公为郡诸生，有声。与在宥方公皆刻意慕古，而里中尤推公雅度超俗。

佳节恣遨游，云泉共临赏。
览物心已摇，长歌发清响。
天风何萧萧，吹予度苍莽。
中有冥寂士，种桃及千丈。
邈焉不可攀，因之寄遐想。
拂衣起徘徊，丹丘欲长往。

步出北城门，遥望城北岫。
千山入杳冥，万壑耸孤秀。
眷言神仙窟，夙昔怀未遘。
揽衣陟层巅，解缨濯悬溜。
翩翩鸾凤鸣，采采松菊茂。
所欢复在兹，幽居拟同构。

结屋倚云端，云飞北窗里。
坐卧有余清，往来无俗累。
朝攀琼树枝，暮饮玉池水。
未依鸾鹤俦，且悟清净理。
种菊怀渊明，草玄拟扬子。
鸟鸣何嘤嘤，同声以终始。

少年学书剑，三十名未成。
兹期住名山，飘然以长征。
人非金石坚，安能苦营营。

眷我同袍友，抱玉抗高情。
玄风匪云远，白日犹未倾。
时哉不可失，无为秋草荣。

方大治得五言律五首。

山史云：公老制科不第，犹读书蕴真阁，终日不释卷。余从汪司马公叩之，始一启扉。

弱冠怀名峤，登临兴未衰。
偶从高士驾，同赴远公期。
地胜尘氛绝，峰高云物奇。
仙源行渐近，应不负遐思。

石磴悬青壁，星坛倚碧空。
振衣千仞上，飞舄五云中。
地产三珠树，天垂百尺虹。
鸟飞疑不到，猿渡欲何从。

九日龙山会，秋风戏马台。
赤城金气肃，丹洞紫霞开。
共结莲花社，同倾竹叶杯。
良时不可再，相对重徘徊。

忆昔轩皇氏，寻真驻碧峰。
石函窥宝诀，仙驾引飞龙。
灶冷汤犹沸，台荒云自封。
灵踪如有待，白首愿相从。

结构层霄上，论文杯酒间。
松门红日近，桂户白云闲。
江左遗风在，黄初玉律还。
名山今有社，千载孰追攀。

黄海
HUANG HAI

方霓得七言古一首。

山史云：■■■

> 吁嘻！黟山雄哉！万仞连天起。
> 四面盘旋一千里，江南百郡多幽奇。
> 胎分脉散诸孙尔最高，中有天都峰尊居，乃是兹山宗。
> 落日倒射暮光紫，一枝独挺金芙蓉。
> 九月九日秋气凉，携壶来访神仙乡。
> 我友相从十四五，牵萝度险联冠裳。
> 星坛芝洞坐苔湿，菊花蕊实浮樽香。
> 兹峰勇往愁绝壁，安能插翼凌风翔。
> 兹山不在嵩衡亚，轩辕去后谁高驾。
> 我辈结社追雅骚，题碑筑室兹峰下。
> 只今天子求词人，明时岂忍甘沉沦。
> 彩毫暂得洒松桂，青袍难免沾埃尘。
> 泎溪子，篁南生，两贤久矣抱巢许①之真情。
> 石床蕙帐尔为守，云霞鸾鹤常逢迎。
> 早当解绶辞燕阙，重来谷口毋寒盟。

郑玄抚得七言古一首，七言律四首。

山史云：■■■

> 巍乎！黄山之高兮，不知其几千里，三十六峰根盘钩连如相倚。
> 中有天都突出入窈冥，仙人往来炼药驻于此。
> 九月九日天气凉，秋风萧萧菊花黄。
> 高朋遥集泛霞觞，放歌长啸白云乡。
> 仰攀绝壁凌穹苍，鸾车鹤驭相翱翔。
> 俯窥九州不可见，苍烟碧野森错何茫茫。
> 夜来即借天都宿，轩皇谓我等乃此山精灵之所育。

---

① 巢许，亦作"巢由"，是巢父和许由的并称。他们都是上古传说时代的隐逸之士。后来这一并称成为隐士的代称，或用来称颂高洁的志向。

当初同曳烟霞裾，今日还期共卜筑。
容成子，浮丘公，一去青天鼎灶空。
桑田海水几更易，人生百年如朝夕。
不能早联六翮追云鸿，后来短叹长嗟亦何益！
丈夫有生贵不苟，常笑彭铿为速朽。
黄金不惜买图书，要使声名在身后。
羡尔悠悠三百篇，屈宋曹王相后先。
蔓延李唐二千载，隋珠卞玉如星连。
我生之辰何落落，伤哉王风久不作。
当时争说李何贤，而今亦已成廖廓。
此道重衰难竟陈，邀朋乃作天都行。
一时冠盖摇山岳，由来胜地产豪英。
予愧当年薄劣者，相从共结芝兰社。
上窥六府探幽玄，下超八代追风雅。
狂来一倒白玉觥，飘然两翼凌风生。
漫书数字大如斗，高挂霞州十二城。

诸君逸思出风尘，九日相期访赤城。
木落山空秋欲尽，天高云净雨初晴。
千年谁继参军驾，万仞金标康乐旌。
从此烟霞知有主，共将歌咏应升平。

同登绝顶望蓬莱，万里岚烟一带开。
黄鹤不随黄帝去，白云频引白衣来。
金兰对榻开清宴，珠玉挥毫尽茂才。
酒罢诗成兴愈逸，临风为尔更徘徊。

忆昔轩皇驾六龙，丹成飞去五云中。
黄花满地愁无极，碧树连天望不穷。
白日未能生羽翼，青霄徒尔羡冥鸿。
石函倪遇容成诀，一试金砂百炼功。

黄海
HUANG HAI

天都峰下绕云烟，白社遥连霄汉边。
作赋拟裁今日体，登高还忆昔时贤。
遨游汗漫应成癖，散傲形骸任自然。
十载幽怀今不负，同君长对紫芝篇。

方弘静 得七言绝句六首。

山史云：司徒公尝为予言："生平未至黄山，亦未赴社，前诗皆送客之作。"并附入三首。

青鸟飞来寄玉函，邀予同结碧云庵。
桂树拟随五老采，鸾车欲使两龙骖。

青天图画锦屏张，玉树高风天路香。
仙侣不妨千障隔，茅斋长寄五云傍。

霞城霜露日光寒，斗酒论文各尽欢。
高思云天吾独愧，诸君彩笔早登坛。

谢客寻山信所之，山灵处处助题诗。
诗成尽是烟霞色，不啻芙蓉出水时。

万壑同趋天子彰，广成丹室石为梁。
云门云拥青藜杖，不道仙坛道里长。

丞相源中香雨微，天都峰下玉芝肥。
石髓如饴流未绝，他年来驭紫鸾飞。

郑铣 得五言古五首。

山史云：■■■

日月运天机，四时逝不返。
恻怆情内伤，落叶临秋晚。

古人长寿考，托身每不浅。
噫余奋蓬蒿，眷此何由展。
朋故偿夙愫，结社栖灵巘。
千仞一振衣，深情付所遣。

束发怀五岳，毕婚尚遐期。
阅图探名迹，慕远近多遗。
兹山何其峻，六六挺灵姿。
天都中迥出，不与众峰齐。
轩皇肇奇踪，群仙萃于斯。
我来寻药铫，延伫掇丹荑。
长谣升天行，何以慰相思？

相思不可见，怅望远登陟。
九州一瞬前，岬萃犹未即。
攀萝蹑浮云，凌空羡飞翼。
夭夭紫芝荣，烨烨瑶花艳。
双双白玉童，灿灿黄金室。
我行今见之，群仙汝应值。

群仙胡为者？浮丘容成公。
知我峰上游，先期驾飞龙。
天台对面起，石梁遥可通。
朗咏庐山谣，缅怀康乐踪。
若人不可作，伊予将谁从。
千秋结遐想，浩歌凌长虹。

永日恣攀陟，名奇犹未央。
明霞朝可食，开襟浴灵汤。
眷兹良辰会，采采菊花黄。
登高送阮啸，促席飞陶觞。

黄　海
HUANG HAI

诸君富华藻，累牍连珪璋。
惭予若怀素，黾勉徒彷徨。
白雪诚独难，下里焉能藏。

郑懋坊 得四言古三首，五言古二首。
　　山史云：■■■

心星在天，时维季秋。
蟋蟀悲鸣，熠耀宵流。
晨光迅迈，何以忘忧？
驾言郊麓，以遨以游。

爰登黄岳，笑傲天庭。
唱酬间递，曾不暂停。
仰慕舞雩，俯契兰亭。
先民有作，千载仪形。

载驰载驱，于彼原隰。
弦歌繁会，和乐既翕。
譬彼龙升，庆云毕集。
中心孔悼，每怀靡及。

二耀丽乾坤，周旋相嗣续。
江汉无回波，秋草不重绿。
人生寄一世，贵得从所欲。
聊且荡情志，散步天都曲。
凌云游太虚，翱翔出尘俗。

杖策寻幽壑，陟彼黄山阳。
攒峰出浮云，古木郁苍苍。
凉风发清响，白日耀朱光。
高咏畅幽怀，欢乐殊未央。

愿言重交谊，没齿毋相忘。

程应轸得七言古一首

山史云：■■■

巍乎遐哉兹山之奇崛兮，霞城周回八百里。
群峰秀拔烟雾冥，根盘钩连互相倚。
轩皇龙去丹鼎空，愁绝人间学仙子。
鹿车鸾骖杳何处？扳崖蹑磴徒为尔。
骨凡自信非仙才，谁见悬壶日中市？
乘云何由觐帝乡，攀桂无劳招隐士。
洞箫吹彻彩云生，八翼天门飞不起。
蟠桃结实几千秋？彭篯八百为速死。
君不见天生我才信非偶，欲使英名播不朽。
安能玉食游皇都，何用黄金高北斗。
应须尽载书五车，与君结社栖烟霞。
投入锦囊人莫识，问奇还过子云家。

郑默得五言古四首。

山史云：■■■

代谢如鳞次，三秋忽已阑。
白露凋群芳，飘风肃微寒。
逍遥轩辕宫，矧乃集所欢。
舞雩去已远，玄踪今复旋。

携手登云峰，列坐临危壑。
朱醴苦行迟，阳阿时间作。
愿言常歌笑，恣我心所乐。
母〔毋〕为怀异心，劣终义所薄。

南望天台阿，北眺大江湄。
浩歌相旅酬，娱乐未云疲。

黄 海
HUANG HAI

诸君多遐思，粲彼朝霞辉。
仆质信驽钝，匍匐焉能追。

寒暑迭相承，日月不遑处。
清时安可常，嘉会复几许。
眷我同袍子，契义彻心髓。
齐声奋逸响，令闻播遐旅。

天都逸史潘之恒景升辑
印石主人吴际明应图校

纪游四·之六

游黄山记

江瓘曰：黄山为东南雄镇，盘踞宣、歙二州之境。嘉靖壬寅秋，偕诸友尝一游焉，然幽邃倬诡之观，未及领略。戊申春，余过青阳，度箬岭，黄山在望，逸兴遄飞。二月既望，归道黑溪，访道里于途人，遂促驾往。

陟岭东南，行数里，至皇思荡，纤雨霏微。又数里，至乌岭，并黄山行。阴霾倏收，攒峰骈列，横绝天表，登顿忘疲。自黑溪四十五里达汤口，平原膴膴①，阡陌交通。遭丈人程子晖，一见如故交，延入溪楼，鸡黍款洽，尽欢而别。遂肩舆入山，亭午抵祥符寺。乃有罗子尚䌷、方子叔玉、路子子美藏修山房。宾主礼成，结伴偕往，风雨凄其，登临兴阻。日且晡，联岚含晖，仰瞻诸峰，紫翠如沐。罗子曰："此晴占也。"薄暮，山僧秉烛陈俎，涧毛野蔌，杂然前罗，行酒侧数，更阑乃罢。醉宿绳床，夜闻泉声潺潺，疑在严滩富濑，舣舟枕流也。

□［黎］明，鸟声圆哢，旭霁澄鲜，亟呼童裹饭治装，偕罗、方二子，从者七人，二僧明章、道常携梵乐与俱。登山可半里许，薪蒸蔽道，乃戒一仆前持斧斤剪伐丛莽，一仆鸣金继之，二三人肩糒执剑戟以随，斩木为杖。约四五里许，至一峭壁，嶒岩陡峻，凿坎以托足，曰天梯。好事者为木梯，倚崖壁，岁久而朽，心甚危之。前导二人遂扳援先登，复悬绠崖巅之树，以为援曳。乃各解衣弃杖，罗子引绳而先，予继之，方子又继之。乃缘崖而左百余步，幽壑谽谺，疑不可越。有二木贴崖若栈，仅容武而度，下临绝壑，未敢俯视。山史云：当时之险如此，乃今阻绝，益可知矣。且以得海子，无暇及之，山林

---

① 膴膴（wǔ wǔ），肥沃。

显阒，亦自有时也。折左纡径可半里许，苍崖䔿嶭①，有洞穿然，飞泉洒洒落洞前，铮然如鸣珮环，四时不绝，曰水帘洞。水落辄渗下不溢。洞深可三丈，高二寻，广称之；洞彻里崇一级，二尺许，复敞一小洞，可罗胡床，四五居之。然岚重，昼日常黯黯。二僧坐洞门，吹龙笛，击鼍鼓，疑入钧天帝所，仙仙如也。洞石黑白相杂，莹洁可爱，苍苔翠藓，烂如绮绣。坐洞里歌啸，声如出瓮中。洞前群峰耸峭，效奇献秀，冥坐移时，凄神凛骨，不可久栖。

出洞循崖而左十余步，倚崖斜开二小洞，高深广邃，视水帘半之，时有高霞孤映，曰餐霞洞。有荆扉、竹篱、石床、丹灶，相传炼性苦修者居焉。乃与二子浩歌长吟，摩崖纪石。方列坐而休，时天风蓬蓬，声动岩谷。崖上古木倒垂，冬夏常蔚然。上有丁公庵，庵圮而基存，闻猿狖所居，豺狼所嗥，榛莽菑翳②，莫敢为之导者。少焉，阴云突兴，峰峦灭没，疑有雨意，复循故道而下。至天梯，挽绳缘磴，幸抵其麓，犹惴惴不自禁。道常梯半吹笛，念《法华》，如履坦夷，嗟，亦异哉！

抵寺，日犹未昃，拟寻汤岭诸胜，而罗子告疲，莫能从矣。乃强叔玉、子美以行，出沙门，过观音殿，穿杉筤，蹑石磴，折而东下，巨石蹲涧浒若门。青树幂阴，藤莎络蔓，水潏潏循涧鸣。有灵泉自朱砂峰来，洼为二小池，池皆莹彻，上池广可七尺，深三之一。泉出石根，愍愍不息若燔汤。遂解衣试浴，纤垢靡停，令人神莹体畅，或云澡瀹可祛宿疴，理或然哉。池上甃石如洞，以便风雨来浴者。池左丈许，石壁如削，有元郑师山、今郡守冯遗刻。左由石径而上，群峰夹涧峭立，多桃、李、梨、杏、桧、櫺、梗、楠、望春诸花，摇飏葳蕤；草则兰、苣、芷、蕙、赤箭、青芝，纷红缛绿，蓊香葧苾，莫可殚述。

南行里许，丛石怒撑，交加涧曲，悬水倾注，汇而为潭。潭幅圆广可十寻，清深可斛③，黛蓄膏渟。有白石粼粼横潭底，冲湍动摇，若龙起伏，使人目眩心掉，能出云气作雷雨，曰白龙潭。悬崖劖"龙潭"二大字，亦郑师山篆也。潭北半里许，为药铫坑，有石杵、药臼，相传黄帝炼丹处云。出谷里许，有石如虎，昂首咆哮之状，疑若搏噬，相顾骇愕退却。石下有岩，傍有

---

① 䔿嶭（yè niè），山高耸貌。
② 菑翳，枯死。
③ 斛（jū），挹，舀取。

罅，人伛偻穿之行，可容数十人，曰虎头岩。又半里许，有石，如人酣醉。石之傍，有泉淙淙走石壁而下，为洗杯泉。下有伏石，为坻，为屿，为岛，石色阳白而阴黝，如停雪之状，曰"停雪石"。过雪石入谷行，刚半里，有泉漻然自悬崖直下，势如游龙飞虹，雪翻谷鸣，注而成科坎者三，盈科复下，冲激而成坎者五，曰落星泉。山史云：即今鸣弦涧。

谷折而陉，有巨石倚崖拆裂，为剑石。

又五里，陟汤岭巅。时日在西禺，辽廓眇忽，迩延野绿，远荡天碧，九华排空，出没隐见，冈原林麓，田畴墟落，秩秩如画，延停久之。归途期复坐龙潭，一涤尘襟，不觉乘风而过，迷其奥区矣。

晓起，与诸友振策登钵盂峰。童童赤崖，无大草木。巀巘攀跻，约三里许，至一峰，仰视丛峰，犹在霄汉。又八里许，始蹑炼丹峰，过仙人石桥，酌丹泉，徘徊瞻眺，寻药炉丹鼎，幻化莫知其所。幽禽异鸟，若歌若答，冲人不飞。俯视千峰万岭，皆在其下。而仰瞻天都，卓绝云际，如方蹑其麓。问之明章，云："上多名药，采者裹粮以上，三日可达其巅。"虽逸兴飞扬，而鸟道如线，徒临峰翘望而已。乃与数子引觞满酌，发狂大叫。苍然暮色，灏气回合，放歌踏月而归，再信[1]祥符寺。谓诸友曰："兹游岂偶然哉？与若骛远临危，搜奇发秘，虽灵运庐阜之游，孙绰天台之登，未或远过也。"山史云：孙未登天台，乃遥赋之耳，宜更作梦字。

凌晨，别诸友，促驾而返。八里许至汤口，程子复邀饭焉，为谈岩洞峰峦之胜。程子曰："山川瑰诡，此特其百一耳。秋高木落，风御重行，晖当与子前驱，穷幽极邃，可乎[2]？"复挥觞纵饮，牵裳道别。

薄暮，投宿杨干之旅舍，隔岸鸣钟，回风送濑，犹疑水帘之泉，祥符之景也。

次日向午抵家。霖雨连日，乃征山灵有相之者。窃自喜，听雨抽毫，志其大概，或可资来者之旌镜云。

山史云：叙水帘洞、白龙潭甚奇，至炼丹峰仿佛得一二耳。虽能文者，非亲睹其胜，乌能文哉！

---

[1] 信，一宿曰宿，再宿曰信。《诗·周颂·有客》："有客宿宿，有客信信。"
[2] 虖，语助词，同"乎"。

黄 海
HUANG HAI

游黄山诗

江瓘

游祥符寺

叩梵披霾磴,探幽陟碧岑。
灵泉堪试浴,绀殿①下春阴。
帝子游何处,丹炉云正深。
未须谈浩劫,怀古一长吟。

---

① 绀殿,指佛寺。

天都逸史潘之恒景升辑
邻虚居士潘膺爵尊生校

纪游四·之八

黄山吟稿

方大治记曰：江南诸山之大者，曰天目、天台。稽其郡志，高一万八千丈。我黄山复出二山之上，不啻数千仞，以地连宣、歙，控江海之上游也。叠嶂崚嶒，隈隩崄涩，道理幽遐，车马罕至，游者艰之。予与友人吴子荆良琦缔约有年，乃于是岁三月，折简走使，曰："时维春暮，景明物熙，子曷奋往，以践斯言。琦别业在兹，当为主人以俟君来。"乃于初四日，伺于杨干精舍之侧。俄而，子荆偕其侄禄至，车服洵都，仆御环匝，相与杖策登陟，饭于观田。过碣石岭，陂陀缭绕，冈磴逶迤，灌莽交加，杉松莜楙①，回视故乡，风景顿异。岭尽有小溪，乱石参差，水声潎洌②，中布平地，遂为村居，谢氏子中家此，应留宿。

晨起，联辔历曹溪，届大圣山麓，入太古堂，登来鹊楼，皆吴君克思所构者。子荆出新茗同啜，解衣盘礴③得暂憩焉。亭午，片云翳空，烟霏乍起，才至山之小亭，骤然雨下，张盖乃陟其巅，谒普祐院。院左有元时石刻，尽以断泐。青霭渐收，群峦点黛，出寺南，望云门、钵盂峰如在云霄之表。过期凤亭，绿竹森布，枝叶檀栾，碧色可染。山僧云："烟火寥绝，得遂其生，与市廛迥别。"因语子荆，夫以一物之微，所居离垢，尚尔不群，吾人若能栖迟灵丘，蝉蜕埃壒④，其养生复性得全其初，当如何耶？是夜，值秣陵信上人先至，率其寺僧容诵《楞严》，至宵分始已。

---

① 莜楙（jùn mào），莜，大；楙，同"茂"。
② 潎洌（piē liè），水流轻疾的样子。
③ 盘礴（pán bó），舒展两腿而坐。
④ 壒（ài），尘埃。

黄　海
HUANG HAI

　　诘朝，凌翠微，穿丛薄，达于香溪。度盘云岭，欹侧宛潬①，巀嶭巃嵷，乔木枯柯，交塞径路，披襟解带，勇出岭上。上有洞可栖，拱立其中，三十六峰尽列于前，如揖如踞，如走如止。时天气晴朗，山光净洗，洼奥闳深，毫发尽觌，献巧售奇，应接不暇，此非天下之奇观也耶？

　　由山汊至竹溪，仅五里许。游丞相源，鸟道诘屈，苍莽密翳，幽香杳蔼，草色阡眠，藤干攒罗，往往冒人巾袂。路断复联，辐辏以木。已越山椒，俯视百丈飞泉，直泻崖下，下注深潭，潭有九，或方或圆，殆类凿成。水色澄虚，澈底深碧。渐至其顶，潭复在下，扪萝扱衽，不觉登兹源之上。上有地一顷，辟之以田，建屋数楹，为吾乡王章诸子藏修之地。遂假馆，炊爨具餐，弛担于此。饭后，子荆命二樵者导夫前路，伐木开径，远凌险阻。两山夹峙，涧水奔流，巨石龃龉，异木蟉虬②，愈行愈幽，未穷涯际。忽见坡连突兀，封锁若缄，而双崖斧劈，划然中开。桃李、玉兰诸花，绰约芬芳，香气袭人，鸟声不入。如此奥区，殊绝人世，乃与子荆展觞布地，饮尽而起。复临一洞，石盖如屋，中甚虚豁，可以张筵。洞之左，黝然深黑，入其中，独开一窍，光映四壁，徙倚逾时，题名石上而出。还至馆所，则峰隐半规，月已东上矣。曩子荆题石曰"醉石"，大书深刻，平正轩豁，可容十许人设酒毂于上。仰对皓魄，俯听流泉，歌李白吴会之吟，谈轩皇炼药之事。酒酣兴剧，握臂为盟，咸以他日婚嫁甫毕，遗落世氛，结庐高卧，当无后期。白石清泉，为我印证。左临天都，仅逾咫尺，日出焚香，盥濯恭谒兹峰，敛容再拜，举酒酹之曰："追忆畴昔，与程自邑、郑思祈十五子，结社于此，自今观之，已为陈迹。山灵相予，默启乃衷，毋为兹峰羞"。徘徊怅望，不忍遽别，仍循旧路，须臾至山下。

　　过芹岭，冒雨入祥符寺，夜深如注，昧爽③稍息，欲偕游侣出沐汤泉，先役侍者六人，更递以守池口，恐其与众混淆也。午后，释巾舃浴之。池长丈许，而阔半之，水底荡沸，渐涌浮沤，澄清莹彻，照见沙砾，气蒸蒸芃芃④若鼎镬然，最为奇绝。池之右石壁藓封，稍拂拭之，见吾大父雪舫翁题名。其左，则元郑子美旧刻，宛然如新。东折循级而升，萝磴盘云，晴崖飞雨，丘

---

① 宛潬（wǎn shàn），回旋盘曲之意。
② 蟉虬（liáo qiú），屈曲盘绕。
③ 昧爽，黎明。
④ 芃芃（péng péng），原指草木茂盛的样子，此指水汽浓重。

壑中断，清波涌出，木梁圮，仆负而渡之。立白龙潭石上，水势溃潏，咆勃怒号，雪浪竞奔，声振林谷，恍惚有游龙潜据其间，欲作霖雨之象。转眄左壁，瀑布千丈，蜿蜒直下，白练腾空，所谓朱砂泉是也。外有朱砂峰，则闪闪冥冥，莫可模拟。由龙潭而上，至药铫坑，旧存轩辕石臼。新雨夜涨，汩没水中，隐隐微见其迹。里余，怪石突出，若於菟雄据，号虎头岩。子荆沿其傍，采撷茗芽，自制同啜。归寺，雨声更甚，彻旦不绝。淹留方丈，鲍子有邦读书其中，把酒论文，晤言竟日。

翌旦稍霁，复携壶榼游丁公庵。山路崭绝，苔湿滑腻，勉力至水帘洞，而俯瞰下界，众山若垤，溪流如带，举头指庵，真在天上。子荆执手语曰："仆性僻嗜奇，昔韩昌黎登华岳不能下，辄大恸，窃欲效之，子勉焉。"时天气瞑晦，山霭霏微，中道而反。留连马迹石，缔观轩辕碑。率众下山，日云晡矣，乃宿于汤口。程君时雅好文士，偕其侄椰迎之于家，殷勤款洽。鸡鸣月落，起戒舆人，束装东首，与子荆别。

兹晨，扶光瞳胧，清霜满地，墟落萧疏，林柯夭矫，乃循堤沿冈水与山转，溪仅容舠，巨石磊砢，激流有声，远听之有如环珮。越三岭，渡容溪，俯视诸乡，巨细毕见，始信吾徽在万山中。未游黄山，又何以知其胜也？寻杨干旧肆，沽酒自酌，因忆子荆，昨会兹地，今成独归，殊觉怅惘。

是游也，虽际暮春，而山中气迟，花香满路，间遇阴雨，力疲息驾，游兴未淹。况值主人之贤，搜奇语胜，缅缅^①不休，得以周览偏[遍]观，此非良觏也耶？归夸之，乡人何惮而不往也？昔柳侯谓以永州小丘，置诸丰镐、鄠杜，则贵游之士争买而不可得。夫永古为遐荒，以兹山校之，则小丘邈乎卑矣，柳侯犹然奇之，世人匪特不售，到之尤难，何哉？怀安而惮险，远慕则近遗也，顾乃语人曰："我将游五岳"。此诚漫言耳。其遐迩劳逸又何如耶？予得纵览兹山，不欲自闷，遂觏缕^②其胜，以谂夫后之人。游凡十三日，赋诗杂体共三十一首。

隆庆三年季春日。

---

① 缅缅（xí xí），连绵不断。
② 觏缕（luó lǚ），详述。

黄　海
HUANG HAI

黄山杂诗

方大治

杨干寺迟吴子荆同入黄山

惠风荡纤翳，扶光射郊原。
凌晨陟陉岘，倚杖度荒村。
突兀出楼阁，褐来不二门。
荟蔚①露沾幕，唵叆②花盈园。
想见赏心人，延伫驻高轩。
倾盖暂班荆，矫翩思孤骞。
岂惜路弥远，但欣约弗谖。
揽胜自兹始，良游莹心魂。

过碣石岭 此由曹溪道。

蹑屩千盘上，樵歌半岭闻。
丛林笼宿霭，曲磴裛飞云。
碧树侵衣密，黄山隔陇分。
此中多野鹿，羡尔自成群。

来鹊楼茶会

名麓开云阁，松风背日寒。
鹊喧知客到，花落见春残。
池满鱼争饵，茶香气若兰。
相逢多乐事，讵谓道途难。

雨憩圣山亭

鹤驭翩跹兴欲狂，双飞凫舄度丹房。

---

① 荟蔚，云雾弥漫的样子。
② 唵叆（ǎn ài），香气馥郁。

春堤花柳增行色，峭壁风涛掩日光。
天外松峰青霭合，亭前萝迳绿云长。
楼台隐隐迷烟树，振屩还须到上方。

宿普祐院赠隆上人

名山初发轫，独扣远公扉。
月影穿萝壁，钟声彻翠微。
竹外峰偏暗，林中花自飞。
夜阑禅坐久，何处染尘机。

盘云岭上对三十六峰

盘云岭，高插天。
千岩万谷相钩连，三十六峰当眼前。
东风骀荡遍八埏，瑶花琪草长阡眠。
霁旭摇光庆云烂，中天积翠巍峰圆。
轩后灵宫眇何许，浮丘炼药非虚传。
一丘一壑尽呈巧，或俯或仰相夤缘。
屏风九叠布云锦，诸孙罗列何喧阗。
耳目应接心茫然，便欲凌虚陟其巅。
安得王乔双舄化，挥手青霄招偓佺。
日落徘徊暮山紫，临风搔首咏游仙。

香溪

沿堤一带绿杨齐，雨后繁枝压水低。
怪底林端尽香气，落花片片渡前溪。

题吕叟屋壁

深林能选胜，谷口狎渔樵。
鸡犬孤村寂，烟霞曲磴遥。
茅齐连水竹，乔树入云霄。
霭合常飞雨，峰高易鼓飚。

黄海
HUANG HAI

占时知甲子，观象数星杓。
地僻车声绝，心闲习气消。
未能逢石体，且欲效鹪鹩。
化俗人称美，刑家世作标。
力田思并冀，凿井已忘尧。
大隐虽云邈，清风未可招。
自嗤阛阓①久，萝迳坐相邀。

百丈潭

东风敛夕霏，山色霭晴晖。
天上银河落，潭边白练飞。
春林啼鸟绝，危磴采樵稀。
已冒垂堂戒，冈头一振衣。

月夜同子荆醉卧炼丹峰下放歌

炼丹峰高水出早，风吹石上净如扫。
半轮皓魄落杯中，照见须眉吾已老。
搴萝扱衽峰之巅，共挹清流枕石边。
千年乔树扶疏影，百丈悬河瀑布泉。
春风飘飘振芳甸，终朝不见流莺啭。
山深气冷花始开，故园花落今如霰。
良游笑我常蹉跎，冒险探奇君已遍。
相逢行乐共流连，瞥眼浮光真掣电。
君不见容成子、浮丘生，昔辅轩皇大药成。
鼎湖那免龙髯折，空遗世上神仙名。
神仙安得至今存，不如对饮罄清尊。
千仞冈头频岸帻，万物刍狗何须论。
历尽群峰丘壑美，此中自有一乾坤。

---

① 阛阓（huán huì），街市，街道，借指民间。

宿天都诸子结社处二首。

危峰何崔嵬，去天仅盈尺。
云霓翻在下，象纬可扪摘。
三春无鸟飞，一迳稀人迹。
翕靸洞口霞，铿瞑①水中石。
挥手凌空苍，倏然生羽翮。
缔观结社处，藓花封绣壁。
岁遵迹易湮，人存事靡斁。
披榛物候新，于焉炼金液。

寻云觌青崖，瑶草正葱倩。
遐眄尽绿畴，泉流渺如线。
遐怪心魂惊，冥搜耳目眩。
陵谷昔逾新，词坛讵终变。
弩姿谢缠牵，睢涣长游衍。
燕石厉荆玙，精金资百炼。
譬彼兹峰高，群峦未能先。
蹇步杳难跻，中霄独深眷。

石涧玉兰满林赋诗赏之

深谷名山何处移，森森玉树媚清漪。
国香漫拟猗兰操，秀色还同冰雪姿。
山气凝寒开独后，灵根穿石意偏奇。
与君采折充琼佩，独笑傍人应未知。

仙人洞晴眺

寂寞仙人远，空留此洞名。
云屝晴旭射，石窦彩霞生。
杜若迷芳迳，莲峰接化城。

---

① 铿瞑，形容孤独寂寞。

黄海
HUANG HAI

药苗朝可采，丹灶夜还明。
控鹤何年至？攀龙此日行。
入山寻石髓，作赋愧金声。
啸响层崖合，波回曲水清。
浪游忘地险，玄览觉身轻。
延伫吹箫侣，相携听凤鸣。

祥符寺雨

古刹霾朝霭，前村起暮烟。
翠屏行处断，丹壑望中连。
揽秀淹双舄，谈空谒上禅。
妙香清绕座，梵字本从天。
咒岭飞泉绕，拈花杖锡旋。
青鞋依慧境，白足渡迷川。
欲述游山赋，先成苦雨篇。

水帘洞望丁公庵

巀嶭①层巅散紫氛，三春淑气自氤氲。
晴崖不断四时雨，风袂常随万壑云。
曲涧奔流林外远，回峰夹岯望中分。
遥瞻绝顶青霄上，倚杖归来日已曛。

浴汤泉

溪干才祓禊②，黟水复来游。
令节逢三月，名区隘十洲。
层岩开绝壁，曲涧绕清流。
温火汤长沸，阳光焰欲浮。
跳珠澄澈底，溅沫聚成沤。

---

① 巀嶭（jié niè），高峻的山。
② 祓禊（fú xì），古代祭祀活动名称。

一线通丹溜，千崖落碧湫。
昔人能点茗，今我共倾醑。
解带寒风入，开襟暮霭收。
濯缨歌鹖弁[①]，漱石枕云丘。
十载迷尘垢，于焉豁壮眸。
留连甘露境，从咏未能休。

药铫坑 二首。

黄帝大丹成，白日骑龙走。
石臼恍如新，仙踪今在否？

绝巘拥孤翠，飞流春正长。
遗得金光草，时闻药铫香。

雨后过白龙潭

急雨鸣雷新水生，潭边昨夜有龙行。
一泓飞瀑冲涛雪，万壑奔云映晚晴。
鹦鹉变声松里现，瑶花弄色涧中明。
春泉况值波流弥，正惬游人济胜情。

朱砂泉观瀑布

双瀑斜飞声怒号，游龙百丈溅波涛。
峭壁烟岚晴作雨，砏［砏］崖转石玉为膏。
鼋梁万仞徒闻险，鹭碛千年未足高。
杖策来游正三月，百卉芳菲仍未歇。
昔闻洞口丹砂流，今见源头芝草发。
屏风叠叠陵紫霞，曲水遥遥度溟渤。
石臼弥漫翠霭封，灵丘窈窕神仙窟。
银汉横空映碧湍，绿萝袅磴荡春寒。

---

① 鹖弁（hé biàn），即鹖冠，古代武官戴的帽子上左右各加一鹖尾，故名。

黄　海
HUANG HAI

倒流何似三峡水，直下定走云门滩。
　　　　山礌砢，水潺湲。
令人对此开心颜，一笑深山未忍还。

虎头岩子荆采茶同啜
险峻经行惯，危岩讵易过。
泽兰渐被径，山茗已连坡。
路僻奇游少，瓯香雅韵多。
自能除宿垢，同卧白云阿。

马迹石闲步四首。
谷口翳松萝，此是仙源路。
不闻人语响，遥听疏钟度。

仙驾眇难追，谁是餐霞客？
如何峰上人，空遗马行迹。

六六青芙蓉，烟光乍明灭。
不到诸峰游，那信灵区别！

隔石才咫尺，同驻轩辕碑。
空山绝行迹，芳草自葳蕤。

汤口与子荆别二首。
十日随君豁远眸，共攀绝壁与丹丘。
春风踏遍神仙路，翻笑桃源只暂游。

归来历历见重关，山自萦环水自湾。
若道群峰游未尽，何因满袖白云还。

容溪道中三首。

地胜峰俱北,山迎路渐南。
回看烟雾合,似起白龙潭。

峻巅游已遍,策马返平皋。
览兹绿畴阔,转见诸峰高。

清流环碧嶂,翠柳隐丹荑。
留连忘去路,斜日在林西。

黄　海
HUANG HAI

天都逸史潘之恒景升辑
岩栖居士潘膺禄幼廉校

纪游四·之十

游黄山记

汪道昆①曰：新都东出丛山关，表天目；西蟠白岳，表九华；南峙三天子都，灵山为表；由大鄣略林历直北而表黄山。乘传者率东西行，南北则否。所部倚办司理，比岁周行列郡中，会计吏②入朝，司理兼摄郡县事，日多暇，则就余称诗，且进余二仲及潘生，会郭山人次甫见客，乃就东郭，宰③白榆社，属余长之。其地错部娄而属斗山，盖聚星之义也。毕计得代，司理将溯秋浦，历姑熟而抵吴门。余谓："由黄山径青阳，去秋浦差近，即深阻，宁令车辙避名山？"司理以为然。请受方向，其驾中权奉长者，宰请举社以从。适闽二客与俱，召善琴者许太初，载之后乘。余为之部署定程期，一息而宿竹鱼庄，主，余近属。再息而信泠风阁，阁在龈中，是为余避诏所栖，主，余妻党④。三发至矣，止轩辕宫。

期至，余帅六子先次竹鱼庄，司理越宿始行。日中至，则云："东门氏相矣，郡大夫相帅⑤及相门，重以尚书期⑥。后长者约，新暑甚，未及啐酒，亟命彻之。"

薄暮，席堤上亭。一艇系垂柳泊堤下，乃命渔人进艇，举网而渔，有获辄烹鲜，亟呼酒，酒至而日入矣。烛，始跋宿阁中。盖垣外老梅一枝，逾垣而拂西牖，是为梅花阁。阁东，小阁一，东牖与修竹邻，窗户洞开。少

---

① 汪道昆（1525—1593），字伯玉，号南溟，又号太函，歙人。明代文学家。官至兵部左侍郎，有《太函集》一百二十卷。
② 计吏，古代州郡掌簿籍并负责上计的官员。
③ 宰，主管。
④ 妻党，妻子的戚族。
⑤ 相帅，亦作"相率"。
⑥ 尚书期，比喻会宴纵饮。典出《汉书》卷九十二《游侠传》。

焉，月当天而入卧内。余披衣起，旋闻中阁履声，俄而群嚣起垣一方，寻复寂寂。诘旦，知余宗汉夜呼酒，主人惴惴，毋噪相君梦游。宗汉屏气语曰："主人勿忧，忧则亟以狂药瘖吾口耳。"畴昔人各分咏，且以为期。旦日递成，独庄静甫后。二三子靳①静甫，遣一奚②倚户趣之。静甫大呼曰："司理三尺谓何？冯③子都窘我甚，且杀我。"

司理以期会，先发。余径行。次二仲、景升挟宗汉从，次太初挟次甫、静甫，仲淹负方太古龙须杖，挂僧大安长生瓢。至容成台，余宗人持酒遮道，二仲谢曰："日旰矣，少留，且触热将不堪。"宗汉跃然曰："帝遣容成氏劳宾，余天孙固当饮。"首举瓠而釂④者六，遂袒跣就车。次甫故习酒家，屋后凿池方丈，垣外通流水，畜游鱼数十头，则与静甫、太初临观，指巨者曰："吾所欲也。"褰裳持小罟，既获，就庖烹之。

余先抵馸中，司理进次洽舍，宗汉不衫不履卧车上，扬扬过之，群小儿堵观曰："客何为？"仲淹语曰："故全椒令也。"皆拍手笑曰："胡令若是，抑凤雏邪？"向夕，相率至馸中。司理既及下车，诸蒋乃始尝食，司理怠而就寝，无用餐。宗汉被酒深卧华阳馆，日高舂始起，匿樗木亭，日课诗未成。当法酒，司理笑曰："瓢饮具在，吾其为君解酲。"命一奚饷青梅，强之尽。宗汉呼曰："何物？孺子日杀一人而后餍。"主人请留觞，具曰："可。"司理及余先至，踞石而引二觞，众未及行，雨集，皆反。主人递进旧醳⑤，悉苦其甘，将易之。舍中日暮途远，乃罢酒。

蚤⑥起毕发，余以目眚独留，至则息驾丛林。薄暮，就汤池浴。浴毕，将据高石行酒，礼曰进禨⑦。山人力止之，毋深入虎穴。司理笑曰："嘻！太甚，山人固畏山君邪？"乃褰涉中流，为河朔饮，酒益进，失山人，于是篝灯入轩辕宫。候吏属沙门治具，酒甘如向者，客益苦之。诘沙门，曰："若饮乎？"曰："饮。"曰："若饮能辨甘苦乎？"曰："有如渑淄。"客正色曰："佛法无饮，若饮，固当藉令辨甘苦，如渑淄宜，必以不甘甘吾党，乃今吾党苦

---

① 靳，捉弄，奚落。
② 奚，役使，奴仆。
③ 冯，通"凭"。
④ 釂（jiào），饮酒干杯。
⑤ 醳（yì），酒，醇酒。
⑥ 蚤，通"早"。
⑦ 进禨，犹饮酒。《礼记·少仪》"禨者"注云："已沐饮曰禨。"

黄海
HUANG HAI

矣，何居？"沙门故戚戚，若无所容；闻客言，颦蹙益甚。仲淹为之解曰："客酒禅也，既知酒，且知禅，沙门则禅酒也。彼不知禅，焉知酒，客休矣。"司理语宗汉："令君故豪，乃今何默默也？"宗汉谢曰："翔故任天放，日饮而醉二参，假令挟日一吟，犹惧不给。乃今程督如功令，苛急如催科，翔有裹足而逝耳。"夜分而寝，门外闻虎声。司理笑曰："异哉！遂中山人之亿。"

质明，导一比丘探故迹，先白龙潭，故游者率登钓台，下视不测，比丘言："此摩顶耳，第以踵观。"乃循石磴而下，临渊踯躅，不能以步，至则大呼奇绝。司理贾余勇从之，挟二驵奴扶掖而下，进寸退尺，无虑三百步而始息肬。众目难之，二仲摄衽递下，山人左顾而语潘生，曰："此有窦。吾其为长房氏，毋为伯昏无人。"窦三折而溜三垂，出就砥石，临潭上平袤，视钓台等，众累累下，就坐，命太初鼓琴。仲淹笑曰："其斯为龙见乎？见者吟，则潜者否矣。"

溯溪而探丹井，得之中洲。井故觜口而浅中，旧名仙臼；余昔游而穷其底，底若螺旋而始穷，五色卵垒中央，粹白者不啻珠玉；井深七尺，率天成，无斧凿痕。明发，水溢而清冷，余署曰"丹井"。司理至而一歆，属仲淹尝之。进次虎头岩下，溪流沿洄，石齿齿出鸣漱间，疏蘼如列坐。山人忆禊中事，请复流觞。司理据高座先登，余悉就座，则自上流浮大白，随所至，辄引手取之。水既平，风四面至，氾氾若虚舟耳。司理自高而垂手，往往止而复行。独一巨石当汇中集如白鸟，宗汉揭而往，"吾固当为海上翁狎之"，觞无留行，径醉矣。遂拊石而歌，曰："醉石粼粼，吾当抱此以自沈。"更进，则片石黝然饮水中，苍苍作龙鳞出没状。司理言，自黄帝御天，税驾于此，化而为石，盖吾族类也，遂署曰"鳞石"，命工镌之。

余自禊中置诗，邮至与行会，司理喜动颜色，语诸客曰："吾适批鳞，辄得颔珠三十六峰之上，狠云象罔，宁足当三百六十长乎？"更进，一石衡水上如琴，水清激如抚清冷，视丹井胜。司理复歆之，于是奋衣登危，将以一瞬而穷万状。过半而风雨至，跄踉还故宫。

余闻司理明日遂行，力疾兼程而入，中道遇宗汉，益[①]负责而逃，至则出诸不虞，佁人驾矣。司理出箧中诗，历历谈诸胜事。余俯仰周视，若已再升。

[①] "益"或为"盖"之讹。

于是司理品骘境内诸名山："此焉举首，白岳一魁父①耳。直以近人而奇，盖刻剞雕几之为，适足以悦众庶。黄山高矣、深矣，闳且远矣！卒然而至，百无一奇，如将穷四极，览八荒，非羽翼不可，要以束高天而蟠厚地，吐云雨而吞三光，犹之特室合宫，人力无预，謷②乎大矣！云门，一闉闍也，启闭则丰隆主之。天都壁立而出九霄，无赘附，无陂陁，甚则飞鸟不能度，猿猱不能跻，视西岳四方，尤为卓绝。龙潭深三十仞，空明可察秋毫，假以日，力而穷其源，则一木皆析若也，一石皆支机也，犹之木处草衣，汙尊土鼓，脱芬华无所用之。千古寥寥，足音罕至，贤者则邑人郑玉，显者则郡大夫冯世雍，近则程太史敏政、张纳言寰、周太常怡、罗太中汝芳三四君子而已。乃白岳之辀轩相接轸，胡为乎去此取彼哉？"余曰："固然，此其一隅也。"

折而西北，为丞相源。九龙潭最胜，汇则九泽递高下，则九阶飞瀑，则九旒英英出云，若列九宾而陈九鼎，奇之奇者也。

暑矣，宰公行矣，胥后游，此其近者也。余尝登三天子都，崇倍有半，振衣决眦，偻指可尽东南，南国毕宗黄山，此其祖也。往余以十月至，闻龙吟，举酒酹之，逝将再往。

暑矣，宰公行矣，胥后游。司理谓：膺将挟山人游九华。山人惮暑，不可。兹由天目度震泽，庶几一登。余考《图经》，天目之颠，仅及黄山之趾，此其苗裔，不量可知。里社翘足以待宰公。

暑矣，宰公行矣，亟归矣。于是司理谢客，从仆受绥以行。

游黄山诗

汪道昆字伯玉，歙人，官至兵部左侍郎，有《太函集》一百二十卷。

奉枉龙相君偕同社宿竹鱼庄

相过近属即吾庐，更集良朋奉路车。
坐上薰风阴洞满，林头凉月夜窗虚。
题诗并占淇园竹，举网深求丙穴鱼。
醉客中宵呼酒急，独醒那怕恼三闾。

---

① 魁父，小丘。
② 謷（áo），此为高、高超之意。

黄海

望云门

赤日薈腾鸟道昏，丹梯缥缈帝居尊。
正逢积翠开双阙，好附飞黄谒九阍。
天遣巨灵从此擘，地留真气至今存。
铜龙有意求仙诀，金马无能答主恩。

望天都

一峰卓地插中天，独立亭亭出岳莲。
老鹤青冥回戍削，孤云翠壁费夤缘。
高标牛斗悬河鼓，俯视儿孙捧御筵。
瞥见王乔披绿发，相邀帝所听朱弦。

汤　池

初服飘飖脱芰荷，玄都汤沐接天河。
灵源细引丹砂液，神濆①潜通赤水波。
玉女洗装扶晓日，群仙晞发逼阳阿。
上池池上清如许，一濯尘缨鬓已皤。

白龙潭

悬崖曲磴钓矶悬，下见沧浪倒接天。
潭底龙宫三十仞，云中帝驾五千年。
连山燕石乘风去，彻夜骊珠抱月眠。
泓下孤吟如有意，曾从鱼服识重渊。

九龙潭

摩天积石递灵湫，客子寻源到上头。
吴楚江分双擢发，轩辕宫近九垂旒。
昆仑西北星连海，瀑布高低汉倒流。
忽漫盘空云气合，群龙应奉帝车游。

---

① 濆（fèn），水由地面下喷出漫溢，此指泉。

自黄山归白社奉怀司理公
帝揭神皋自古今，君纡使节一登临。
扬眉已著烟霞色，回首犹闻鸾凤音。
六郡壮游炎海近，孤城高卧夏云深。
沧洲处处人间世，白社应知吏隐心。

龙膺字君御，武陵人。时司理新安。

泠风阁在祺中。
飞阁干云映碧松，月明槛外水溶溶。
空中何处鸣仙珮，如在莲花第一峰。

望云门
千嶂莲开映碧空，两峰壁立断长虹。
只容白鹤双飞入，直指星河一道通。

云　门
遥遥望云门，云生在山下。
仙珮响空中，出入青鸾驾。

鳞　石
灵湫深百尺，飞瀑石粼粼。
何年鞭海上，化作白龙鳞。

信宿黄山轩辕宫
黄帝悟道真，炼石飞九天。
赤城标特室，峨峨山郁盘。
上池燠如春，下濑流且温。
嶒崚何岩龉，松桧纷葱芊。
玉女凝青霞，白龙潜碧渊。
蹑屣从诸子，翩翩学游仙。

黄　海
HUANG HAI

　　　　揽衣蹑云门，泠风挟翩跹。
　　　　泛觞濑醉石，长啸挥鸣弦。
　　　　阴谷拾琼蕊，仙臼歃飞泉。
　　　　天都不可陟，一望飞紫烟。
　　　　奄忽日云暮，风雨来层颠。
　　　　眷焉憩琳宫，极夜不成眠。
　　　　倏忽寤寐间，迢递陵三山。
　　　　解后双玉童，授我陵阳丹。
　　　　云装恣容与，永享龟鹤年。
　　　　感兹遗物虑，岂为浮名牵。

　　　　　　白龙潭
　　　　六龙仙驭飞天都，潭底龙潜信有无。
　　　　天遣神龙护丹鼎，潭流灵液藏玄珠。
　　　　千年漭沆①烟霞合，万谷氤氲风雨驱。
　　　　我欲结骖朝玉帝，待看蜿蟺②紫云衢。

汪道贯③字仲淹，司马公介弟。

　　　　　潜口迟龙使君游黄山
　　　　西望众山明，黄梅雨乍晴。
　　　　使君留日驭，咫尺隔霞城。
　　　　郊野棠阴满，园亭暑气清。
　　　　儿童爱山简，竹马路傍迎。

　　　陪龙司理及白榆社诸子宿竹鱼庄
　　　　轩车暇日此徘徊，宾主欣逢邺下才。
　　　　网集澄潭初馔入，坐依修竹一尊开。

---

① 漭沆（mǎng hàng），水广大的样子。
② 蜿蟺（wān shàn），屈曲盘旋之貌。
③ 汪道贯，字仲淹，汪道昆弟。工词赋，尤善书法。

莫愁槛外长天暮，招得池头好月来。
丙夜狂呼犹命酒，不知东阁曙光催。

行次徐中
延暑投何处，褰帷指薜萝。
山疑别天地，路欲近星河。
谷鸟惊飞盖，居民问玉珂。
泠风清枕簟，虚阁夜凉多。

赋得石砥岭
面山一径出烟萝，剡剡行人木末多。
日暮牛羊纷欲下，群峰倒影牧儿歌。

望岳呈诸同游
三十六峰初日升，绛节翩翩走万灵。
峰头觅得金光草，同饮华池玉井冰。

白龙潭
清潭深复深，流水石齿齿。
仙翁莫浩歌，恐惊白龙起。

潭上听琴
高山发孤调，流水和鸣琴。
度曲清潭上，青天龙一吟。

浴温泉
幽壑温汤水，溶溶玉液香。
丹砂通地肺，碧涧接天潢。
晞发容成侍，霞衣素女将。
葛巾还复着，吾欲觐轩皇。

黄海
HUANG HAI

望天都

天都直上三千仞，俯瞰群峰竦处尊。
绝壁层云回气色，盘空片石拄乾坤。
侧身河汉疑相逼，挥手星辰似可扪。
闻说山头瑶草长，休餐吾欲蹑云根。

宿轩辕宫

黄山表南服，川路何眇默。
薄言驾巾车，从公事行役。
遵渚招凉飔，整驾载朝日。
车徒何骁骁，曜灵忽西匿。
税驾轩辕宫，偃仰长松侧。
山气日龙嵸，云光媚将夕。
天籁广乐鸣，仙厨众香食。
中夜素月流，鲛珠泣深泽。
志士隘八埏，达人晤一室。
远近宁足经，玄览各有适。

醉石流觞歌

永和兰亭久已荒，上池神瀵诚渺茫。
何如此水出丹井，澄泓碧涧流汤汤。
巑岏怪石蹲虎豹，啁哳幽壑鸣笙簧。
使君寻源事遐讨，随处班荆藉芳草。
浮云净尽山日明，紫气丹霞满晴昊。
涓涓流水送深杯，况复随风任去来。
奚奴赤脚持玉斝，得之不啻麻姑醅。
玉琴奏出流水调，惠风泠然声窈窕。
当杯入手且尽欢，曲罢尊空一长啸。
古人何人为此游？白日西逝无停留。
今兹转眄已陈迹，来者谁复凌丹丘？
使君使君将进酒，容成拍肩浮丘走。

仙经最说陵阳山，朵朵青莲落君手。

返祥符寺遇雨
杖履寻源远，壶觞引兴长。
不知山日隔，稍觉午风凉。
长揖浮丘伯，还依孔雀王。
弥天风雨至，幸不洒衣裳。

汪道会 字仲嘉。司马公从弟。

陪龙使君集馘中
馘中草玄处，岑寂少经过。
此日驱车马，相随到薜萝。
邀欢留地主，问俗混渔蓑。
怪底销烦暑，因捐礼法苛。

赋得桂竹湾 拈豪韵。
桂竹湾前饶桂竹，森森秀色拂林皋。
他时倘忆淮南隐，便逐潇湘赋反骚。

望云门
云门遥在望，百里表巃嵷。
排闼双峰立，当关一栝通。
金茎明灭外，绛节有无中。
清夜闻仙珮，珊珊度碧空。

望天都峰
天都万丈拥青莲，矫手嶙峋霄汉边。
势压云亭虚帝禅，根蟠松桧阅尧年。
悬崖未许猿相挂，昃径惟看鸟一穿。
借问浮丘珠树鹤，可能相送到层颠？

宿轩辕宫

黄山秘神秀，缅怀晤道真。
肃驾从君侯，百里披荆榛。
日晏憩幽谷，澹与泉石亲。
言寻轩辕宫，飞构接嶙峋。
眷焉息玄关，恬旷怡心神。
中夜激清响，窅窕入青旻。
恍若之帝所，钧天为具陈。
何必遇松乔，胜游良足珍。
先民有遗言，奄忽如飚尘。
遥夕诵斯章，中情庶已伸。

鸣弦石

山头一片石，流水鸣溅溅。
薰风忽相激，吹入伯牙弦。

丹井

丹井隔前溪，溪深不可汲。
时有辘轳声，天女将瓶入。

鳞石

六飞初驾鼎湖滨，千古遗弓扈小臣。
群峭摩天云不度，天风吹下白龙鳞。

醉石泛觞放歌

天都之峰何巉嵲，下有清溪水澄澈。
千岩飞瀑似鸣雷，百尺回澜如喷雪。
使君携我远来游，翩翩飞盖临沧洲。
坐弄流泉意未足，却扫醉石招浮丘。
此石向闻轩帝集，手援北斗琼浆挹。
碧梧上有威凤栖，清泠下瞰神龙蛰。

解衣盘礴坐莓苔，扑面青天空翠来。
枭卢不用呼五白，行杯但溯波沿洄。
座中宾客时绝倒，狂歌尽作风格老。
得酒便醉那复言，缓觞更觉忧心捣。
伊谁拂拭鼓鸣琴？使君山水自知音。
须臾惨淡忽风雨，空潭疑有水龙吟。
　　　水龙吟，声咫尺。
回首云烟迷醉石，吁嗟乐事已陈迹。

返祥符寺遇雨

寻源犹未已，促步返招提。
雾失山头树，霜盘谷口溪。
千章鸣急雨，百尺倒垂霓。
宛在襄城路，宁容七圣迷。

潘之恒字景升。

汪氏园同社中诸公迟龙使君不至

仙路迎关尹，真源问具茨。
褰帷宁后发，促驾有前期。
河朔邀欢近，云门入望迟。
频催山简马，蚤向习家池。

陪司理公宿竹鱼庄

清夏名园事事幽，喜开三径待鸣驺。
竹林把臂从兹入，水族烹鲜不外求。
坐久天河低照席，夜分山月迥当楼。
荷衣已着烟霞色，遮莫华胥到梦游。

行次崲中

云门期促驾，谷口更邀宾。
水木自相映，禽鱼如可亲。

黄海

藏书探二西①,下榻判经旬。
好待飞凉雨,前驱清路尘。

赋得樛木亭 在硔中。

虚亭暑气欲全收,坐对青山万木稠。
扣户几年频问字,嘤嘤谷鸟故相求。

流觞遇雨

千章夏木野云凉,选石清流泛羽觞。
上客漫歌将进酒,雨师妒杀少年场。

发硔中

白榆历历近仙家,立马千山拥赤霞。
去去漫愁缘鸟道,百灵争迓五云车。

望云门

马首看莲岳,双峰迥出群。
倚空时夹日,列岫欲裁云。
鸾鹤中天度,烟霞划地分。
晚来窥斗下,直透七星文。

望天都峰

绝壁嶙峋散紫烟,晴峰高插蔚蓝天。
穿云瀑布河流泻,迎日扶桑海色连。
缥缈丹梯悬万丈,微茫玉笈秘千年。
何当驾鹤凌空上,倚杖青冥数岳莲。

汤池

温泉初地得,一水即蓬壶。

---

① 二西,即二西山,在今湖南省沅陵县西北。因山梁起伏,状如书页,所以又称万卷岩。相传小酉山洞中有书千卷,秦人曾隐学于此。

濯发来群帝，持巾侍小姑。
沧溟疑浴日，赤水忆探珠。
更揽浮丘袖，灵源问有无。

宿轩辕官

幽期怀夙昔，局促愧辕驹。
从公寻旧游，逸足凌天衢。
蓐食登容台，夕憩望玄都。
丰隆开列嶂，屏翳躬前驱。
岂不瞠绝尘，终焉追步趋。
忽忽群动息，沉潒山谷虚。
举手招浮丘，导我游帝居。
鸾鹤不为驾，骊龙闵夜珠。
我姑酌金罍，剧饮多欢娱。
今夕难再得，不乐将何如？

白龙潭听琴

使君山水自知音，白雪曾调绿绮琴。
漫作当年梁父曲，深潭疑是卧龙吟。

龙潭篇

黄帝真源尚可寻，千秋龙卧碧潭深。
风波瞥见鲛人出，窟宅宁容河伯侵。
石迸云霞变晴雨，浪吹冰雪生寒阴。
何年会向天门去？试听灵湫时一吟。

醉石泛觞放歌

灵溪百道泻清流，上有丹井下龙湫。
莲峰历历排云出，玉乳青芝尚可求。
半岭忽飞孤白鹤，高天倒挂双苍虬。
累累涧石供趺坐，瑟瑟澄潭任拍浮。

黄海

涧石澄潭何错落，烟岚暗霭开丘壑。
钓矶奇绝胜兰亭，幽洞寒深过草阁。
浮白曾偷王母浆，呼卢共对仙人博。
南箕哆口具盘餐，北斗回杓细斟酌。
寻源咫尺近仙家，嶰谷谽谺曲径斜。
青鸟衔来青玉案，赤松栽傍赤城霞。
此时更忆汾阳驾，此际翻疑博望槎。
好拾黄姑一片石，还吹天女四时花。
使君乐极频回首，纷纷世态无不有。
即看龙卧起隆中，昨夜虎号惊谷口。
丈夫变化会有神，骅骝岂在驽骀后？
山阿魑魅巧窥人，莫使揶揄齐拍手。
荏苒红颜岁若驰，人间何物称不朽？
用等区区世上名，不如坐进一杯酒。
君不见，习家池，山公倒着白接䍦；
又不见，羊叔子，千秋泪落岘山碑。
美人异代同一时，到日弦歌去后思。
白雪由来几人和，如淮之酒安足辞？

返祥符寺遇雨

纵步探幽壑，抠衣历翠微。
浮云千嶂合，骤雨百泉飞。
路失仙源近，游从帝所归。
葛巾正欹侧，还扣远公扉。

别司理公途中有怀

特室竟攀跻，襄城路不迷。
客归丰水上，君度九华西。
游梦惊龙窟，羁心逐马蹄。
严程冲雨急，莫遣锦鞯泥。

郭第字次甫，吴人，隐焦山。

赋得饭牛溪在猇中。

山人饭牛罢，驱以饮潺湲。
不必上流去，高风遥可攀。
壶天接云冷，楼台倒影闲。
那知有城市，樵采留仙关。

浴汤泉赠龙司理

同沾丹洞水，却羡宰官身。
浴罢向何处？阳和大地春。
峰头仙驭远，涧底白龙邻。
去去那堪别，应怜出世人。

佘翔字宗汉，莆田人。官全椒令。

宿竹鱼庄

共看紫气驻青萝，车骑翩翩向晚过。
树杪晴光邀夜月，竹间流水泻天河。
一时词赋西园集，四座宾朋北海多。
却笑风尘迷路客，狂来欲和郢人歌。

游黄山

群峰缥缈削青莲，杖履逍遥破紫烟。
缑岭鹤来还此地，鼎湖龙去不知年。
彩霞晴映金光草，白石寒分玉乳泉。
一啸天风生万壑，飘然直欲挟飞仙。

庄明镇字静甫，闽人。

行次猇中

云壑仙源窅，天门落月纤。
惊猿时抱树，驯雀日窥檐。
一水全萦带，千峰半卷帘。
自吟《梁父》后，旧识老龙潜。

黄　海
HUANG HAI

宿轩辕宫

轩皇契至道，鼎湖昼乘龙。
千载渺难追，俄此访遗踪。
岩壑倏已暝，白日翳苍松。
浴罢丹砂泉，过宿金银宫。
拂枕卧烟霞，抠衣问鸿濛。
人生匪金石，西日不复东。
藉登黄发期，百岁有终穷。
黄鹄凌紫气，威凤游苍穹。
托迹既以迈，矰缴①安所从。
所以青云士，长啸出樊笼。

---

① 矰缴（zēng zhuó），系有丝绳、弋射飞鸟的短箭。

天都逸史潘之恒景升辑
密严居士丁惟曜贞白校

纪游四·之十二

游黄山记

谢肇淛①曰：黄山高四千仞，逶迤数百里，以不郊于通都，故游屣罕至。即至，而洊②于险，罕有穷其观者。

戊戌九月，余自銮江挟于楚而南，盖将问鼎于轩辕氏。乃邑大夫雅与余善，宿戒舆马，共命而主潘君景升所。适吴山人元翰自钱塘至，四人相视莫逆也，遂以孟冬之十日行矣。

一发而抵杨干寺。寺负岭而面溪，溪流瑟瑟作筶筷声。余要③元翰穷其源，里许，得石憩之。景升课诗如功令④，于楚惧逋⑤甚，挟一卷从，且读且哦，意殊困。既暝，入寺，坐松间。新月凄朗，寒色袭人。于楚亟索酒，至辄釂无遗沥。有间，鸱夷枵矣，各就寝。

诘朝，过容成台，迷失道，田夫指而右，乃得径。众累累然度岭，天霜以风。景升谓："此往年余宗汉醉跣所也，今安所得酒乎？"度岭复下者三，乃抵山口。望云门诸峰，森若列戟。又五里许，折而右，为谼中，是为汪伯玉先生所营菟裘⑥，长堤清湍，白石翠壁，相向依然，而事去人亡，不可问矣！已复缘石度溪，观漏池及架壑舟。于楚惮，弗往。余既往，比返则失足水中，濡履及袜，从元翰丐袜而去。暮抵芳村，宿谢伯贞斋中。主人网池中巨鳞佐酒，且戒客扃扉，无夜出，是地多虎。问黄山程，曰："可二十里而

---

① 谢肇淛（1567—1624），字在杭，福建长乐人，出生于钱塘（今浙江杭州）。明代博物学家、诗人。历任湖州、东昌推官，南京刑部主事、兵部郎中，广西按察使、广西右布政使等职。
② 洊（jiàn），古同"荐"，再。
③ 要，通"邀"。
④ 功令，泛指政府法令。此指课令，督促作诗。
⑤ 惧逋，担心拖延。逋，懈怠，拖延。
⑥ 菟裘，古邑名，春秋鲁地，在今山东泰安市东南楼德镇。后指告老退隐的处所。

黄　海
HUANG HAI

近。"众踊跃不能寐，以主人言，强须质明，则皆步以往。

十里为汤口，二三叟程姓者，指点天都示客，秀色闪烁，不可正视。又十里，则轩辕宫矣。僧（本）竺出，肃客荐茗。问温泉，曰："是不盈咫尺，第须饱食往。不者，水气蒸人。"余笑谓："吾战胜者固无苦，且若山泽之癯何？"要于楚往观。温泉吾郡最多，然气味若硫黄，即骊山、沂水皆然，独是泉泓冽甘香，盖朱砂穴也。比者八月间，砂溢水沸，赤者三日。观顷之，元翰至。又食顷，景升至，以次浴。浴已，问僧所之？僧对："若朱砂庵，近而峻；醉石，坦而遥；白龙潭、丹井，伏乱石间，恐不可以趾。"命沙弥以邛［筇］杖进，度岭百折而至庵。群峰拱立如翠屏，霞光云气缭绕人裾，而天都最为孤起，非羽翼不可登。钵盂峰翼其肩，则景升少年时尝一至焉。僧为余言："比岁，有徐氏子以家难，舍身直至绝顶，三昼夜，遇神诟之，欲击以雷，乃返，顿踬几死。"于楚谓："夫夫也，何归为？即震死胡害？"元翰曰："吾不能抵绝顶而归，无宁老是庵矣。"刺刺①与道人语，不置道人累，称而穷，余目摄之，乃去。

僧要从他道下，跟跄竹木间，五步一失，赖落叶厚，得无损。复折而右，二里许，为白龙潭。潭且冱凝，绿如油，醮而甘之。一洞穿石底旁出，余缒而下。踞盘石上濯足，而三人者且之丹井，余袒跣追及之。井小如蹄涔②，殆非其质。已而，僧觅醉石者，遍索不可得，众挪揄之。僧询土人，曰："师误矣。从此西且数里。"于是众欢然。复上里许，至山君岩，元翰惫卧，留一奴守之。又前可二里，道周一石，欹弁若醉人状，僧曰："是也。"是不胜杯勺，几一逃而不获。他石叠如累卵，水淙淙泻其间，曰鸣弦泉，踞而乐之。

暝矣，乘月而归，回望天都一峰，则残日照耀，如初旦时也，众共骇异久之。至寺，程叟以壶浆至。座中谈黄山者不一口，景升主丞相源甚力，且曰："使君从丞相源至海子，则观殚矣。"余谓："诸君无哗，且日，能以双不借③从我乎？"众唯唯，独元翰有难色，曰："不佞病矣，请作少文卧游，以须使君；不者，以七尺躯殉山灵，无谓也。"

---

① 刺刺，犹"絮絮"，形容说话唠叨。
② 蹄涔，兽的蹄迹形成的小水坑。
③ 不借，草鞋。丝制者称屦，麻制者称不借。此处引为脚步。

寝兴，舆十里，至汤口。逾山背而登，七里至苦竹溪，主章姓者，谋所适。章难之，曰："山纡削而芜，仅有樵径耳，其若使君何？"景升曰："使君不独至丞相源也，且之海子。"众缩颈摇手曰："原以往，皆丛棘矣，且安所止宿。"余不听，募开道者，得二樵夫，与之斧斤，命舆人持襆被，或负饧及糗脯，且行且息。至所谓十三湾者，足力尽矣，命奴前后挽且推之。十里，为九龙潭。篁筅①交塞，众欲舍之而过，余不可，目执斤者先行，斩枝芟刺而下至潭。潭水亦涸，流潺潺，不能作瀑布飞。时行旅渴甚，吸无算，余恐惊龙眠也，止之。

循故道上，道益险绝，或履树根，或缘石壁，或接以容足之木，下临无际。于楚体腯②而兴勃勃，辄先数十步，遇奇绝，辄大呼，诸谷响应。景升谓余："使君那得十部鼓吹乃尔。"无何，残日隐峰，明月动野，山中白花如芦，茫茫万顷，如行波涛中，迨原而夜矣。从原上望天都峰，较近而差偏，故不及朱砂庵。竹房二所，相距百武，一为爨下，诸从人阗咽，一为老僧住室，湫窳③欲崩。于楚危之，携衾他往，余与景升共榻宿。

诘旦，易芒履而上，山路始穷，樵夫前导，常闻丁丁声。行者越危石，攀低枝，手挽足移，目眩心悸，既至石楼，众喘如吴牛矣。景升贾余勇前进，于楚谢不能往，余亦难之。二人偶坐以待，良久不至，始归原上餐。餐已，景升始至，云将达海子，度沙岭，几失足，乃还。众相视而嘻。于是为归计，别僧下山，至汤口宿焉。三人各举奇险以诧元翰，元翰以未为所慑，亦津津自喜也。

翼日，宿山口。

又翼日，宿景升有苣堂。余酒中语三君："山川显晦，固自有时，吾尝导天目、沿灵岩，历三天子都及其它，表表在人耳目者，要皆地中培塿耳，以黄山之神秀盘郁，宏畅幽奇，江南诸峰，伏而不敢宾，乃秩宗弗及，禋祀靡加，即今昔词人讽咏，亦何寥寥也？若非轩辕氏者，几湮没而不称矣。夫士瑰意琦行，而负遗俗之累者，不亦黄山也耶？"三君怃然不能对。余因次其游之崖略，而并及之。游七昼夜有奇，得诗如干首。

---

① 篁筅（huáng xīng），竹子编的笼具。
② 腯（tú），肥。
③ 湫，隘下也。窳（yǔ），恶劣，粗劣。

黄海
HUANG HAI

游黄山诗

谢肇淛字在杭,福建侯官人。壬辰进士,以罢湖州司理来游,后升南职方部。

雨中访潘景升有芑堂赋赠

雨过空斋剥啄闻,客来知是武夷君。
剑从丰水桥边合,袖自寒山寺里分。
诗箧尽装三竺月,荷衣犹挂九华云。
相期明日黄山道,踏破莲花看鹤群。

同吴元翰谢于楚潘景升步杨干寺外

半林返照暮烟平,坐听寒泉百道鸣。
古寺僧同黄叶卧,隔溪人在翠微行。
雁冲远浦孤云影,犬吠空村落木声。
樵唱渐归山径晚,天都峰顶月初生。

宿杨干寺

午发丰水溪,暮投杨干寺。
二十五里中,秋衣湿幽翠。
满目枫林丹,始知严霜至。
流水赴空潭,泠泠如有意。
孤山无四邻,残僧拥衲寐。
碑古苍苔深,稍辩咸通字。
夜色似太古,溟濛但一气。
半月冒高松,鬼火出深荔。
中宵零露寒,斗酒未成醉。
明发复行役,风尘多憔悴。

容成台

神仙不可见，高台空陈迹。
落叶无人行，悲风动松柏。
霜桥度马危，烟树啼禽适。
具茨路欲迷，徘徊日将夕。

出杨干早行

曙色正苍茫，清溪抱岸长。
酒醒人怯雾，木落鸟啼霜。
水浸寒苔绿，山凝宿草黄。
牧童不识客，短笛渡横塘。

山口旅次

霜摧宿莽满郊原，红叶千林啸断猿。
溪路穷时通竹径，乱山尽处见云门。
寒流马怯飞湍急，午食人争野店喧。
自笑劳生尘土里，浮丘何日接轩辕。

碕中怀汪伯玉司马

空山凿破水他流，半壁犹存架壑舟。
昔日精灵成异代，隔溪亭榭乱云秋。

黄山主人歌赠谢惟弘伯贞

主人家在黄山趾，采药山中汲溪水。
生平爱客老不衰，车马及门惊倒屣。
苍头扫榻开中堂，儿女罗列递行觞。
池网金鳞作羹美，田收玉粒新炊香。
从奴有酒马有刍，回身问客更何须？
土屋竹床差可睡，夜中勿起防於菟。
老人惯识天都路，明日扶藜伴君去。

黄海

杂　诗

寒流决决草蒙茸，翠壁丹梯千万重。
天外云门相对出，居人指是剪刀峰。

古寺空山鸟道边，板桥流水寺门前。
老僧锁却竹房去，浴罢温泉石上眠。

朱砂庵

天开三十六芙蓉，万壑千崖紫雾重。
野客攀藤探古洞，道人凭几看秋峰。
药苗采去常分鹤，竹枝携来欲化龙。
为问丹丘今在否？可容双屐一相从。

望天都峰

天高不可极，地轴东南倾。
黄山抗神秀，势若相搪撑。
凭空肆遥瞩，八极何冥冥。
浮云递变态，孤峰长自青。
涧潈戛寒玉，石髓飞紫英。
幽色契妙赏，超忽乘太清。
缅怀轩辕氏，委蜕遗世荣。
盈盈天汉末，靡靡云霓旌。
丹鼎不可见，金简讵能名。
怅然遗物虑，侧身中屏营。

白龙潭

涧道层层湿翠微，绿苔红叶满秋衣。
云封古井丹何在？月照寒潭龙未归。
岩半水帘如雪落，风中石乳作花飞。
我来拾得金光草，欲向山灵买钓矶。

醉　石

危石拱天都，临溪卧绿芜。
醒须微雨解，欹籍古藤扶。
苔甃时深浅，云生乍有无。
夜来人散尽，萝月一峰孤。

宿轩辕宫

暂借云房宿，仙踪迹已陈。
溪声寒到寺，峰影近窥人。
灶冷丹砂火，苔封玉检尘。
鼎湖龙去后，何地可寻真？

九龙潭呈于楚景升

九道寒冰泻遥岭，苍苔凝翠芙蓉冷。
白日时听雷雨声，丹崖倒挂蛟龙影。
帝子乘龙去不归，空余紫气暮朝飞。
与君一酻尘心尽，醉枕寒流看翠微。

登丞相源

芒鞋竹杖薜萝衣，丛棘初开一径微。
十里荒山僧窜尽，千盘栈道客来稀。
风腥龙向苍潭起，云暝仙从紫府归。
看遍莲花三十六，玉笙吹彻晚霞飞。

丞相源寄元翰

平生多胜具，何事复淹留？
万壑啼猿夜，知君正卧游。
药从山客买，粮学病僧休。
待我丹成日，相邀坐十洲。

黄　海
HUANG HAI

宿丞相源

鸟道石崚嶒，孤峰一老僧。
竹楼千嶂月，松榻半龛灯。
山鬼寒依草，溪猿晚附藤。
霜风眠不稳，只恐夜云崩。

由丞相源至石楼二首

曲磴云端出，晴岚树杪来。
莲峰看渐近，萝径剪初开。
崖断牵藤渡，沙崩抱石回。
颓然发长啸，万壑暮生哀。

看山不觉险，已出白云层。
猿踞松门卧，人缘石屋登。
半空无度鸟，太古有埋冰。
翘首天阊近，何时拔宅升。

原上答景升

丘壑空怜我，烟霞喜得君。
石楼曾望海，竹榻共眠云。
渡岭穷幽径，摩崖识古文。
新诗与灵药，满袖碧氤氲。

黄山归宿汤口程主人家

知君喜客至，值我看山归。
衣上留青霭，灯前话翠微。
水声排户入，霜气近床飞。
相恋仍愁别，风尘此会稀。

归宿景升有芑堂二首

十日看山一日归，轻尘落叶拥柴扉。

布袍脱向阶前树，犹有莲花片片飞。

丰水溪边对晚岚，却疑身在白龙潭。
开门童子向人笑，拜乞丹砂共药蓝［篮］。

吴潜 字元翰，莆田人。尝游方外，居武夷山最久。

过潘景升有芭堂与谢在杭谢于楚订游黄山约

灵山空翠里，何日定攀跻？
晚岁思丹壑，秋风吹杖藜。
青溪千道折，红树数峰迷。
已自成衰鬓，丘樊未稳栖。

宿杨干寺

千峰寂历散秋辉，孤磬寒灯坐翠微。
落叶声中村犬吠，清溪影里水禽飞。
月随山客开萝幌，松借邻僧挂薜衣。
早已无家成独往，如何乡梦尚南归。

杨干寺溪上即景

疲鞍投古寺，落日满渔梁。
红叶半溪水，青松几树霜。
归人喧野渡，行客漱秋芳。
萧飒凉风起，褰衣还竹房。

宿谢氏村居

数峰回合处，别墅谢公墩。
白发余闲事，清川常在门。
鸟巢危落叶，鱼网挂黄昏。
眷此栖真地，因之念故园。

黄 海
HUANG HAI

碶中怀汪司马
涧户深深凿翠开，青溪缭绕诵经台。
看碑不见羊开府，萝月松风山鬼哀。

宿祥符寺
行宫四壁削崚嶒，缥缈天都不可登。
云气寒侵多病客，溪花瘦到绝粮僧。
孤峰晚照衔清浅，古殿秋风见废兴。
去日丹砂今寂寞，白头愁坐石幢灯。

汤 泉
溪壑层冰冻不堪，温泉一道出山南。
桃花万点丹砂色，雪夜行僧醉石潭。

望天都
石削孤峰入杳冥，洞中无复见丹经。
半空龙虎埋云黑，太古藤萝宿雨青。
瀑布迢迢吹带影，芙蓉点点散榆星。
秋风梦里朝元去，咫尺天门夜不扃。

朱砂庵道人
有叟窜黄岳，不知何代人？
衣食依草木，坐卧无冬春。
疑是广成子，炼药以还真。
中峰乱石矗，十步九回曲。
朝采松上花，夕挂崖间宿。
露肘云满身，修眉双眼绿。
千拜若微醒，始授我金精。
冥冥自久视，不死亦不生。
语罢复长睡，何能知姓名？

白龙潭

黄帝乘龙归紫氛，寒潭龙气故氤氲。

丹砂古井人空到，萝薜行宫路不分。

绝壁埋深三峡雪，飞泉流断一溪云。

我来拾得骊珠在，照见苍苍玉简文。

在杭、于楚、景升登丞相源，余卧病轩辕宫有怀却寄

溪上轩辕馆，峰前弘景原。

我留烧药鼎，君去觅花源。

架壑桥谁度，栖鸾树几存。

群仙今夜宴，不得荐兰荪。

别黄山

万壑千崖杳霭间，寻僧一日又空还。

青溪白发茫茫去，回首寒云似故山。

宿汤口程氏村居

老人家住桃花水，短衣过膝发掩耳。

向夕携尊丹馆旁，今宵留宿山窗里。

山窗片片绿芙蓉，风落天都古寺钟。

饭罢晨炊客上马，月光斜挂石桥松。

归宿有芑堂

只为寻仙去，拂衣便不还。

谁知尘梦里，依旧是人间。

谢室 字于楚，歙山人。

陪谢在杭使君游黄山寻杨干寺

日落远山暮，林深啼鸟稀。

渡桥清客影，下马揖僧衣。

竹院乱红叶，茅茨在翠微。
近家无十里，何事不言归。

杨干寺溪行

林烟村霭望中分，短褐从游陋少文。
爱坐小溪听激溜，独临危石看斜曛。
高原处处多红树，空谷时时有白云。
更欲攀跻疲力尽，上方钟磬隔林闻。

杨干寺月夜

明月珠庭满，幽期惬赏心。
逢僧疑世远，引胜入溪深。
啸咏从旁诧，壶觞每独斟。
风寒霜欲下，乌鹊噪前林。

过谼中

苍苔紫藓石梁横，翠竹丹枫万壑清。
磴道久无行履迹，草堂疑有读书声。

饮族侄伯贞宅

宅傍碧溪浔，溪声满竹林。
蓝舆来谷口，涧道即山阴。
投辖倾家酿，忘机狎野禽。
山居朝日晏，隐处暮云深。
逸兴每高咏，无营自息心。
温泉时可浴，策杖入遥岑。

杂诗

入山千万曲，曲曲皆清溪。
绝溜挂青壁，澄潭涵翠微。
赏心心逾惑，寓目目多奇。

前萝既攀牵，后磴复升跻。
谷午山鸡鸣，岭寒猿狖啼。
凿空有新术，灭迹忘故蹊。
道险崩查接，沙倾时复危。
不见广成子，空怀轩辕师。
暮色纷纷来，林昏烟火熏。
仰视最高峰，霭霭尚余晖。
始知日月光，东西相蔽亏。
恍恍思驰越，超超神独怡。
昨来尘市心，已失入山时。
寄言嘉遁客，无闷欣在兹。

浴温泉

轩辕丹未就，丹药发灵芽。
余火炽泉脉，百沸涌金砂。
浴罢振衣起，氤氲散作霞。

游丹砂崖

霞梯丹壁一重重，四望天都面面峰。
寂历幽溪下寒叶，回环深谷护霜钟。
寻仙有客闲题石，采药何人日倚松。
兴发会须长独往，还来时恐白云封。

醉石歌

我闻昆仑墟，生草玉红色；
有实甘若饴，一饮能醉十万日。
尔时想君饮过差，醉中化为空山石。
为石空山几万春，倾颓局缩如人蹲。
发成薜荔犹蒙首，衣化莓苔尚覆身。
我来拜之复长喟，众人皆醒尔何醉！
知君埋照不肯言，余痴解尔醉中意。

黄　海
HUANG HAI

醒者心斗不得闲，何如长醉卧山间？
云霞变幻自明灭，车马驱驰任往还。
吁嗟世事役役宁若此，削除烦恼无生死。
但令有情之无情，贵贱彭殇俱妄耳！

宿丞相源

自是无尘处，何烦问世喧？
长林眠草鹿，绝壁挂藤猿。
僧认人游路，云封仙到源。
爱奇探险尽，幽梦亦飞骞。

九龙潭呈在杭景升

涧石磊磊涧水流，蜿蜒垂作九龙湫。
镜开百尺清无底，铁立四壁深且幽。
有客芒鞋历丹岭，俯见此中明月影。
回身直上万仞山，莫贪明月遭龙醒。

丞相源寄吴元翰 时元翰病留祥符寺不至。

石床苔藓厚如茵，石户藤萝绝世尘。
采得紫芝堪茹客，留将红树表迷津。
寒霜游子多乡梦，明月空山想故人。
莫是道心应属懒，只怜孤寂倍伤神。

山行杂兴二首

石面莓苔绣古痕，萧骚红树似桃源。
山穷鸟道疑无径，水逝鱼梁别有村。

鸟啼杉栝昼阴清，丹涧流泉决决鸣。
峭壁回峦千万壑，拾来瑶草不知名。

赠黄山程汝毅、汝修、明夫三老

巢由抗高志，栖身箕颍间。
余性颇微尚，欣瞩黄山颠。
昔闻容成公，炼鼎邀轩辕。
偶杖入幽谷，探奇穷深源。
倪逢洪崖生，乞我药一丸。
不渴复不饥，乃得乘紫烟。
空性既空返，明月笑人还。
嗟余凡俗士，何能生羽翰。
道逢三老公，长揖向余言。
家住黄山下，躬耕黄山田。
古貌复古心，混俗德乃全。
饭我白石髓，饮我丹砂泉。
生子既有孙，奚必求上仙。
闻之发长啸，再拜授所餐。
愿言接高邻，同尔听潺湲。

倦憩石楼望景升登绝顶寻海子

倦憩石楼下，看君兴转生。
危沙扪葛上，栈道接人行。
半岭时闻啸，孤峰更勒名。
无能生羽翼，乘尔腋风轻。

山夜谣

日既没兮月既升，谷逶迤兮洞壑杳冥。
林木轇轕①兮风飂飂②，涧石磊砢兮泉水泠泠。
虎豹守关兮上多猿狖，悲啸慕类兮以噑以腾。

---

① 轇轕（jiāo gé），交错。
② 飂飂（liù liù），远远袭来的风声。

黄　海
HUANG HAI

怀遥夜而申旦兮，羌遐思而寝兴。
星烂烂兮山欲曙，云容容兮拥阶庭。
起披衣兮须我友，撰余策兮以晨征。

还丰溪却望黄山作
氤氲望不极，紫翠郁重重。
云门千岭外，忽睹莲花峰。
一望一惆怅，兹游兴颇浓。
归来怀逸想，那复继高踪？

潘之恒[①]

附录[②]

游黄山记

唐枢云[③]：黄山，轩辕藏炼地。予发歙，由箬岭历黄刺堂、三汊口、汤口、祥符寺，度汤岭、焦村、翠微寺、望仙村，四匝其山之趾，乃浴汤泉，跂天都。三十六峰，雄攒丽划，栉比以次。每峰十数顶，起如列戟，拥嶂嵶岩，潴潭飞瀑，可望而不能即，可玩而不能状。其浮气紫翠濛瀜，万奇献意，可会而不能言。引南衡以启天目，其有似乎？山当暖时，尚有冰雪，盖卓午不被照。汤岭行四十里无人室，其隐闃可知。跻翠微峰，西阅彭蠡，东阅钱唐［塘］。自翠微仰天都，遥出天衢之表，其高可知。峰三十六，溪二十四，洞十八，岩十八，其广而大可知。挹浮丘之绪玄，搜容成之余致，索曹、阮之芳润，遁化梦垓。超哉！若与碧虚君共揖瑶阶者。

---

① 按，原页仅见"潘之恒"其名，名后空白，诗录阙如。
② 按，底本《黄海》无此"附录"，据黄山管委会本《黄海》补。
③ 按，唐枢（1497—1574），字惟中，号子一，人称一庵先生。

山史云：公字■■［惟中］，号一庵。登嘉靖丙戌进士，以建言归。学人多从之游，与荆川先生同时，盖抱道栖玄士也。为浙之吴兴人。

钱唐姚文蔚云：山史志黄山，古今搜括殆尽。予偶阅一庵先生书，见此记，亟录示之，山史欣然即付剞劂。予因是而叹："野无遗贤，岂不难哉！"

黄 海
HUANG HAI

天都逸史潘之恒景升辑
密严居士丁惟曜贞白校

纪游四·之十三

游黄山记

凌登名云：辛丑冬十月，走池阳，谒观察柳公，取道宣州之太平县。县西二十余里，实为黄山门户云。先是李皞如使君行部太平，事且竣，拟入山问轩黄上升事，与其同年友崔司徒订约矣；闻予至，抚掌大噱，联辔而西，暮宿李氏山居。

旦日，以篮舆蹑磴行。前望一山，巃嵸峭拔，怪石巉岏其上，讯之土人，知为芙蓉峰也。由峰而南，一峡孔道，亭其上，亦曰芙蓉。驻车一望，天都而下诸峰，尽在襟带间。其最近者五六峰，所谓狮子、石床、松林、云外、丹霞、紫云之属，如玉笋，如莲花，如仙人掌，如毗耶青螺髻。玲珑斫削，缘障数里，翩翩跹跹，若雁序然。盖五丁所不能排，般倕①所不能造。见之大呼欲狂，真耶？幻耶？天生神物，宗祖山川数千里，大江之南，含泽布气，毓秀钟灵，信非偶然者。徘徊恋恋不能去。稍折而东下，缘崖仄径，转入深谷中。俯涧观泉，一泓中汇，漱为寒瀑，即白龙潭也。其名不雅驯，皞如因易之曰"流翠"。又上二里许，至青龙潭，巨石横亘，其后水潺潺出石罅中，下注潭底，其中积翠可摘，璀璨夺目，欲染人衣。视之一蹄涔耳，以绠约之深且倍寻，予乃新其名曰"澄碧"。水际盘石，延袤数丈许，平衍如席。依然跏趺坐，亟取囊中松萝茶，烹潭水共啜，味冲甘酷似扬子中泠，或谓过之。居有顷，彭明府以樽罍至，觞数行，复舆而上。皞如谓此行不携琴来，大是欠事，盖一时松涛、涧瀑、谷籁、禽言，信非焦桐声不能和答。李君之言有味哉！又里许，为松谷庵，饭于僧寮。既罢，由庵后过黑龙潭观水，水流涧中，铿然成韵。涧旁亦有巨石，相与摄衣而登，箕踞其上。

---

① 般倕，巧匠鲁班与巧匠倕的并称，后泛指巧匠。

丝簧杂作，与溪响和鸣，不减张乐洞庭，共浮一太白以乐之。第潭之名，无所取义，余复更之曰"漱玉"。是时，叠嶂、九龙、轩辕、望仙诸峰，咸在指顾间，影落杯底。与诸君谋登天都绝顶，则计程尚有一舍，而日且迫下春矣，即近者如翠微寺，亦阻跻攀，返而止谭氏之庐焉。

职方家言，黄帝遇浮丘公、容成子于此山，遂以得道神仙之事，理应不舛。然则湖上飞龙，峰头跨鹤，即其地欤？顾灵区奥壤，大半丽新安部中，是予篱壁间物也。奈何去郡百里而遥，卒不可得至。客秋奉檄循行地脉，有事兹山，遥望成四诗；而中道忽有别召，遂不果登，自崖而返，深以为恨。不自意池阳之役，方踆踆①牛马走中，无心揽胜探奇，乃得从皞如了此夙愿，岂山灵必假重名流，始开其秘耶？不然，何事之有待若斯也？

诗附录

凌登名字元学，武林人，任新安郡丞。

秋入黄山有序。

具茨之山，以黄帝问道广成子得名。金陵王气，实钟于此。开采之役，几于不免。赖皇上神圣、孝思，可宪台之请，惓惓致戒，以毋伤龙脉，属小臣会勘，得探其胜云。

迢递黄山路，缘溪一径通。
不因寻地脉，那得御天风？
钟梵翠微上，樵歌青霭中。
浮丘傥相遇，长揖问鸿濛。

为访钟山脉，乘秋特地来。
名都号天子，王气接中台。
岂有金银色，翻令草木哀。
高峰三十六，为我划蒿莱。

---

① 踆踆（qūn qūn），行走迟重貌。

黄海
HUANG HAI

悬崖千万仞，六六翠芙蓉。
黄帝经行处，白云常自封。
西来奔万马，东去走群龙。
仿佛闻三祝，还应达九重。

石壁道中放歌

石壁千尺翠欲滴，下有溪流湛寒碧。
紫芝瑶草乱纷披，花落花开人不识。
隔溪一带深树林，其中窅窅藏幽禽。
相呼相唤如有情，悠然琴瑟谐好音。
纤纤游鳞戏蘋藻，两两浮鸥卧莎草。
一望平畴灌溉多，满眼瀼瀼足粳稻。
溪山花竹相掩映，歌咏无能尽形胜。
武陵往事岂偶然，繁花曲水如仙境。
使君策马青山来，丹崖绣障相望开。
恍疑屏风叠翡翠，一一倒挂长空回。
昔年曾涉武夷水，九曲灵区谓无比。
请看黄山石壁奇，山川之美无逾此。
溪流忽作金石声，箫鼓杂奏相铿鍧①。
高山流水万古情，兴酣落笔秋霞横。

冬日过太平，彭明府招同李皡如、崔计部、宴集黄山松谷庵、与皡如限赋四韵，得"仙清丹霞"四字

轩皇问道此飞仙，遂有奇踪海内传。
往事尚闻丹鼎在，孤峰自与白云连。
朝元路岂寻常遇，兜率天疑尺五悬。
乘兴偶来同骋望，遥看鸾鹤舞翩跹。

---

① 铿鍧（kēng hōng），形容声音洪亮。

片片峰头指点清，分明怪石似青城。
欲加题品难为调，纵有神工削不成。
古寺苍松常覆谷，洞门白石旧留名。
天风万里堪长啸，两腋飘飘羽翰生。

三潭次第列云端，遥印霜林枫树丹。
常日为霖滋大地，有时归海作惊湍。
清分一酌诗脾润，静息诸缘瘦骨寒。
未必神仙不可接，且于石上共盘桓。

闻说天台路不赊，浮来杯上见胡麻。
云中封列三生石，槛外横流五色霞。
帝子龙髯攀不及，仙人鹤背去还遮。
本来骨相原丘壑，愿乞名山访郁华。

李春熙[①]字皞如，■■人，官太平司理。

余有事天都之下，喜凌元孚偶至，遂为黄山游，日暮宿望仙乡赋此

白岳情犹系，黄山遇更奇。
关门一以望，辙迹欲何之。
为辟云霄路，欣乘开霁时。
但偿山水债，宁顾尚书期。

心远兴为饶，诸峰插碧霄。
斜晖村欲落，半道主相邀。
谷口拚[②]先醉，仙人望不遥。
更阑松月上，听籁若闻箫。

---

① 李春熙（1563—1620），号泰阶，建宁人。明万历十九年（1591）中举人，二十六年（1598）中进士。历任南直太平、广东肇庆、河南彰德三地推官。

② 拚（pàn），同"拌"，舍弃。

黄 海
HUANG HAI

登黄山 同凌元孚、崔民部、彭太平宴松谷庵，限韵四律。

岩嶤横绝白云巅，共说前峰是望仙。
市①子乘龙何处去？小臣攀鼎至今传。
餐余石髓抽为笋，药点山头半吐莲。
百里烟霞封锁固，不容尘世寄桑田。

青玉芙蓉巧削成，洞前流览更堪评。
环奇俨若排仙仗，揽秀真如谒上清。
问道石门愁欲闭，寻真松谷寂无声。
山僧指点龙湫水，一片冰心好结盟。

龙潭洗药化为丹，乐彼洋洋可当餐。
僧昔持盂分法水，龙时飞雨作惊湍。
清涵寒玉深如浅，碧泻晴光散复团。
病渴相如随意酌，金茎不待掌中盘。

徽云地主访烟霞，六六峰开雾不遮。
游续云岩凭杖履，行依玉树照蒹葭。
松间挥麈风如穆，石上传杯兴更赊。
长剑倚天狂欲叫，仙人归洞夕阳斜。

---

① "市"字疑为"帝"字误。

天都逸史潘之恒景升辑
水田居士吴琨越石校

纪游四·之十四

游黄山记

冯梦祯曰：余辛巳游新安，以不及到黄山为憾，怀之廿五年。兹当首议，以三月十二日，自岩镇如溪南，馆于吴太学用卿之上村草堂，而吴中舍百昌兄弟业于黄山，亲党相次。百昌之弟民望，余南雍①生徒，百昌推及愿为地主，给余黄山供。连雨未果，晴又以事夺。

二十一日，冒雨西北行，进路五里，即入山溪葱菁间，化城②足乐，而况宝所③。

盖黄山本称黟山，而附会黄山［帝］仙踪，改称黄山，则始李唐。名峰三十六，溪称之，盘礴徽、宁、池三州五百里，脉自三天子障。或云云门一峰为中干，实留都④、两天目之祖；或云留都、两天目，俱发三天子障，而非黄山。事非躬历，闻舛异同，不敢臆断。云门者，两山如门，云通其中，俗名剪刀峰，百里外即可望，间翳于云气。诸峰惟天都最高，潘景升常登，钵盂峰仅及其麓，游客无敢登者。次炼丹峰，坐汤寺紫玉轩，双峰如丫，卓立云际者是，其峰僻在海子。最近莲花峰，脉所从来，前引海门至此，则黄山之胜便如引镜照面，堂奥毕陈。

余故急海子，前此闭塞，近有五六草庵。问途，东径通丞相源，西径通汤岭至白云庵，而半径最陡削，微级沙石间，布鞋竹杖，两壮夫推挽，始克进步。

---

① 南雍，明代称设在南京的国子监为"南雍"。雍，辟雍，古之大学。
② 化城，此喻山间幻境。
③ 宝所，佛教语，谓藏珍宝之所，此指黄山诸景本身。
④ 留都，古代帝都新迁后，于旧都常设官留守，行其政事，称留都。明太祖建都金陵（南京），成祖迁都北京，以金陵为"留都"。民间流传，黄山乃金陵龙脉所在。

黄　海
HUANG HAI

余从西径，既至白云庵，则群峰数十，排笋云际，使人惊心动魄。以廿六日宿庵中。

次日，行十余里至海子，升九降一，难于天门九重。汪文学浔延入草庵，余名之"海潮"。因书十庵名，俱蒙"海"字，以待其足。是日，日未晡且晴，余以倦卧。鹓儿从景升、申清虚、僧印我先登历览，过文臣峰，返而夸语奇胜，余悔不贾勇。

次日，雨作，日中而开。余挈杖先登，众从之，遂登炼丹峰。初尚雾，渐上渐开，随目所及，远近紫翠毕露。从登者，余儿鹓雏、郑翰卿、黄问琴、丁南羽、谢伯贞也，而景升从清虚别诣炼丹台，不至。自峰顶视北一峰，玲珑苍翠，类大士所坐海山，与南羽、鹓儿就之，远胜近劣，归途迷入密菁，里许而出，既达原路。诸君子与景升、清虚，业分踞海门诸峰。问琴招余，余三人从之，遍历诸峰。其稍南一峰尤奇，为郑翰卿所踞，上有修石，卓峰端十丈许，而下断如一线，呼之飞来石，盘石承之。景升、清虚先上，鹓儿、印我继之，余不能从。自飞来石循径而北，为石笋冈、松谷庵。而所登海门，凡五六峰离立，如巨灵斧擘，从断处下窥，不测。其外诸峰，眩怪逞奇，起伏纵横，以千百数，而玲珑如一。龙窟在下，谢伯贞云："先游者，二仆夫戏掷大石，轰轰而下，惊龙致雨雹，伏地一时许而免。"自炼丹峰，历海门，直见九华、大江，四面通望，不减千里。山产矮松，高者不过丈许，顶俱如盖，其当炼丹、海门间尤多而奇，好事者购之以充盆景，人百计取市，活者颇难，托根深山而不免自贼，例之直伐甘竭，为咨嗟久之。下山，雾合如故。夜深雷雨大至，山谷震动，卧处颇漏，恐其逐风雨去，岂亦仆夫投石惊龙致然欤？

次日，阻雨。诸君子分处三庵，咫尺不能往来。下午，景升、清虚见访，始见其所注《阴符》，右道左术，可称笃论。

次日，晴。从东径下山，始达岭西，望白云弥满山谷，一山映朝暾，峰端忽变金色，大奇，徘徊久之乃下。路出谷中，级石细步，屡顿而憩已，得大石，引诸君子坐其上，问琴唱曲，与悬泉百丈声相和。行未半，前有歧而惑。见急足持书至，则方伯文明府牍也。赖其指迷，以出丞相源，然愈下愈艰矣。丞相源，不知何以得名，两山豁开，中饶林木，附近数里山花红白如绣，相传为虎穴，景升旧馆在焉，谢在杭尝信宿其处。盖游人多集汤寺，或能至丞相源，非忘形好奇者不能到海子。景升云："近有九龙潭最奇，上如瓮

414

口，下深不测，龙潜其中凡九，久旱则下铁牌，雨立应。"余与鹓儿既从舆，隔山遥观，但如曳匹练耳。

谢伯贞别于苦竹溪。余父子先至汤寺，诸君步行后之，景升最后。

黄山一丘一壑，足奴视白岳，其佳处不能缕数，余恋恋者海子、汤泉耳。先后凡四宿汤寺，六浴汤泉，三宿海子。汤泉天下颇多，俱以硫黄、白矾为根，惟此源朱砂，气味香美，解劬蠲疾[1]。

是役也，凡十二日往返，晴二日，半晴二日，而遍历诸胜，可谓幸矣！惟断乃成，信然。其从游者，黄问琴自武林，潘景升自岩镇，白岳且多赞游之功，郑翰卿自溪南；不期而从待于汤寺者，丁南羽与其叔贞白，景升子弼予；期而不从者汪仲嘉；从自溪南而返于欱中者吴用卿；别于汤寺者丁贞白、潘尔尚；从自汤寺者僧本竺、来慎，得并书云。

乙巳夏四月朔，记于汤寺紫玉轩。

游黄山诗

冯梦祯字开之，嘉禾人，侨居武林。官至南京国子监祭酒。

冒雨发黄山驾

老去爱探幽，千峰雨未休。
前驱烦地主，后乘总名流。
啼鸟娇藏树，垂杨碧掩楼。
出门随地好，况作黄山游。

到新安之次日，方明府招饮溪舟，
西溯而下，至渔梁，改席禹庙，汪仲嘉、潘景升同赋

昨税山城驾，今泛溪上舟。
茂宰敦旧契，良知陪宴游。
出郭凌溿沆，登席狎鸥鲦。
卉木滋两岸，箫鼓咽中洲。
川光乍浓淡，峦气互沉浮。

---

[1] 劬（qú），疲劳、劳累。蠲（juān），除去，免除。解劬蠲疾，即解劳除疾之意。

黄海

水嬉极沿溯，山寻毕献酬。
喷雷通积水，如箭赴洪流。
禹功古不刊，吏绩今见收。
入眸但烟霭，理策何阻修？
宠灵乞地主，次第谐冥搜。

过石壁山

入路溪山杂，尤欣石壁奇。
草鲜因带雨，树古不沾泥。
回合曾无径，幽深忽辨歧。
自怜客游者，何计结茅茨？

未至銚中五里憩岭上小亭望前山雨气

偶憩山亭下，侵寻雨气浮。
千峰翠如失，几点白相求。
弱态断还续，轻姿淡不收。
莫贪晴色好，即此足夷犹。

宿銚中蒋氏园

黄山未可到，今夜宿銚中。
宵雨连朝下，轻车历险通。
有楼堪坐啸，得主未途穷。
莫计阴晴事，披云任化工。

初到汤院作

清旦发銚中，下舂到萧寺。
仰流籁弥急，穿霄境逾邃。
列卉多奇产，攒峰半云翳。
山僧远逢迎，良朋久延迟。
指途澡温泉，触体却氛腻。
砂液有时发，珠函何代至。

缅怀轩皇前，欲抽玉书秘。
未能扳云峰，今夜卧苍翠。

于莲花庵望天都

山僧新结宇，掌可扪天都。
清旦从之游，莲花尽开敷。
为余捣青精，列坐馔伊蒲。
悬流迸石罅，云气荡虚无。
天都在天上，今与众峰俱。
耳目尚变幻，丹青讵能图。

从石壁进路过支机桥，寻支径，访朱砂庵址，登憩久之，书所历

禅居兴未索，觅径恣幽讨。
沿流戛琴瑟，穿云迸窈窕。
源深即平旷，嶻嵂入霞表。
细泉响弥清，乱石净如扫。
兴到足忘疲，岭高溪更绕。
前瞻峰似削，参差岩岫巧。
吾雏忽凌虚，玩松陟缥缈。
憩危物如遗，宅幽僧占少。
吾欲饵灵砂，巢居此终老。

宿白云庵

禅扉叩白云，客到未斜曛。
排笋峰离立，如簧濑互闻。
鸥机久以息，僧侣乍为群。
到海止十里，穿霄梦亦勤。

到海子

海子辟何年？扳跻直到天。
层层穿峭壁，处处响流泉。

雨气晚来净，夕阳西望妍。
明朝登海顶，咫尺挟飞仙。

宿海潮庵阻雨

高兴发层霄，还愁气未消。
雾深开复合，伴隔迩成遥。
觌面千峰失，娱心一卷饶。
莫嫌禅室小，且喜离尘嚣。

初霁登炼丹峰

阻雨坐一室，正如鸟在笼。
推窗睹霁色，心已驰虚空。
冲泥道崇岭，徒侣欣相从。
双手扳丹梯，两掖生天风。
轩皇炼金液，此地留玄踪。
耸身到峰顶，下界烟濛濛。
环坐松石间，翠色澄心胸。
雾消山递呈，青紫殚妍容。
安得乘日车，踏遍高低峰。

登海门瞻眺

登峰尚余勇，回策进海门。
巨灵奋高掌，离立存斧痕。
纷披如攒戟，纵横欲飞骞。
其下潜蛟龙，一怒云崩奔。
吾徒悉高兴，危石争先扪。
指点云外巘，一线江光翻。
东南信多奇，此山宜见尊。

三宿海子从东径下山返汤寺书所历

三夕宿海子，兴尽宜还归。

及晨扳东岭，下望浮云弥。
层叠露遥巇，迩岫隐朝晖。
金翠乍掩映，去往情犹縻。
入径两山逼，冲雾前途疑。
瞻峰易俯仰，涉涧娄昂低。
歌声乱悬泉，鸟韵杂花蹊。
出谷日初午，舍车阳已微。
急瀑飞九龙，匹练明山基。
触闻并兰馥，入睇尽灵奇。
抵莫休紫玉，澡身欣汤池。

丁惟曜 字贞白，休宁人。

同南羽侄潘尔尚祥符寺坐雨迟冯师不至

春山不雨昼常阴，况复连朝苦滞淫。
绝涧鸣泉和梵响，危峰分翠滴空林。
吟边忽起千秋色，卧处犹悬五岳心。
咫尺故人期尚尔，天涯芳草耐招寻。

莲花庵望天都峰呈冯师

云林深入锁烟霞，翘首天都逼翠华。
迦叶寸茎成宝树，毗耶丈室拥莲花。
贪分上味频供笋，可解中烦只唤茶。
未脱尘缘随泛海，却从何处问浮槎？

丁云鹏 字南羽，号圣华居士，休宁人，贞白族侄。

早发山城从贞白叔入黄山

朝霞媚晴川，宿雾霁郊郭。
揽衣起陵陆，濡裳涉巨壑。
流浪戏轻鸥，攀跻接飞玃①。

---

① 玃，古书上所说的一种大猴子。

行行客子劳，怏怏年华烁。
晚节见青蒲，新篁解紫箨。
径戾苦连镳，林深枉回薄。
越俗慰良图，愀裹沃文若。
暂尔绝鸡群，昂藏依野鹤。

宿高桥
草阁倚危岸，溪声涤客心。
鸡栖村树暝，月午岭猿吟。
风剪春灯乱，歌残夜漏沉。
明朝披宿酒，杖策入云林。

朝雨发高桥登双岭庵小憩
入谷启朝昏，肩装冒雨痕。
弱萝沿岭表，阴翳障云门。

天都逸史潘之恒景升辑
西林居士程明凤仪甫校

纪游四·之十五

游黄山随札

王之杰曰：余懒拙无异尚，独山水情殷。丙午春，邀鲍元则蹑飞布绝顶，北望天都，云霭遥接，杖履游兴勃然，遂约偕往。

开夏四日，会僧若水同行。过容溪，徘徊溪上，访容成台，宿于洽舍。晓发，越二岭，为徛中。入芳村，问黟山精舍，遂涉浮溪，溪出浮丘坛下。由汤口抵祥符寺，寺藏绿荫中，古木新篁，留云翳日，前为香溪，元郑师山钓矶在焉。溪声如雷，尘障一洗。若水从莲花庵还海子，余同元则过板桥，浴于汤池。池上劓字，满壁藓蚀不可读。池中水清沙白，浠溋①鼎沸，垢自浮去。沙底涌出者，如溅珠；出石壁缝者，凉冷可喜。壁上丹粟，瑸斒②驳荦，余每浴必倚壁。稍出向左，则热甚不可探。溪涨，虾鱼误入者，单［色］赤而毙水中。苔色苍翠，此又理之不可晓者。出浴，寻莲花庵路。寺旁巨石，犬牙互关［制］，疑不可入。郑无著偕僧印我来导，进桃源洞。三折达桃源，桃梅交荫，已闻硁磅訇磕之声。选石登望，怒流飞注白龙潭，跃珠凝碧，殊令人留连。复数折，水出本山，左腋为药臼阮，曰之上游即洗药溪。曰水泻石坎中，为药铫。药铫之水下泻，白龙潭其汇处也。缘磴登岭出，密树如翠幄，欲亟瞻天都。白云渐开，峰峦毕见，正中一峰，指为天都，与诸峰立比肩，不甚异。僧雒抱军持汲药曰水瀹茗，肃入茶寮。余擎一瓯出，忽见天都改观，严凝秀发，薄日月，参窈冥。视钵盂、丈人，不当青鸾、莲花之趾，青鸾、莲花又不能当天都之腰，对之心开神爽，自是生平第一观也。

夜雨达曙，隔溪瀑布，或如银潢夹流，或如玉虬蜿蜒，最上一泒，则如

---

① 浠溋（chì jí），水沸涌貌。
② 瑸斒（bīn bān），玉的纹理。

黄海
HUANG HAI

飞丝篆烟，摇曳淡云中。雨隙访轩辕宫并紫石峰，上岭，入朱砂庵。昔是羽人烧汞地，禅僧普门新炽为炼魔场。跨石绝溪而还宿处，不一拘卢舍地，两庵相峙而不相望者，中一山障之也。偶睹玄鹳，思觇水帘洞白鹇，方问径，草深不果诣。遇申黄冠叩之，曰："曩过有芑堂，见《老子》一编，笺注者申清虚也。君其人乎？"申曰："然"。道人自洋湖来，采荣天都，抖擞至半，竟以狼狈归。云水迄今，未常见此奇绝也。雨浃辰不休，鸟声亦绝，独白云窥窗欹席，冉冉亲人，或屏翳激之，即绝迹而去，以恣其卷舒纵横之态，赖不寥寂。月之望，有霁色，诸友不谋而集者，佘常吉、庄伯几、汪深源、吴孟坚、延季、于民相率寻海子。

旦日，过虎头岩，雨暴至，转避岩下而归。侵晨再发，则并老人峰，沿涧上，异花珍丛，时错怪松诡石间。童子遇樱桃，欢甚，摘以止渴。睥睨霞壁而阙者，朱砂洞也，双禽戏洞口，若有意以娱游人。杖上天都麓，跂望不极，就石磴少坐。下象眼岭，值诸工启路，倩一向导。山有背合面分者，从分处叠石而上。将千级，中为石壁折断，蹑壁而过，拾级登顶，所启路止此。才数百步，石竖如鱼脊，攀鳞鬣而上，穿丛薄里余，青壁竦峭，磐石欲颓。近壁水崖薜荔，阴森欲暮，寒气逼人。众咎导者，竟莫为计。忽空中飘梵呗声，咸愕然，曰："仙乎？人乎？岂木客①嬲②人耶？"少选，声渐响亮，瞥见比丘阽③壁立，如遇津梁。导者以肩承足，耸身登崖，或引绠至顶，顶止受双足，跻者飞步而过。比丘出自石窦中，云前行不复迷矣，即所闻用公是也。即穿窦出坳，日渐开朗，籍草趺坐。壑中突出一山，摩空片石若依山起而与之争高者。复上里余，巨石傲兀衡壑中，丰上锐下，锐处仅纳半迹，凭虚而过，人人胆落。出一线天，山纯石而駊騀④，中如划开，过者凛厉，步不趣而速矣。迹用公来径，直抵悬崖。客怨，童仆皆泣。临崖而瞰，多藤萝，余笑慰客曰：路在是矣。乃扪萝蹑壁，为杖所累，掷去。萝尽，缘木而下。过海螺石，遵鳌鱼峰，折而右，连岭上下，旷衍为海子。谒天海庵，庵后石壁，新镌一佛，和南而过，遂振衣绝顶。危峰沓巘，矫矫云霄间，石林立，多奇姿，逍遥者若仙，庄严者类佛，如冕衣之士，介胄之夫。如翔鸾舞

---

① 木客，此指传说中的深山精怪。
② 嬲（niǎo），戏弄、纠缠。
③ 阽（diàn），临近。
④ 駊騀（pǒ ě），高大貌。

鹄，伏虎奔猊，种种生动，不暇应接。行绝顶，左极狭，狭前复有石，大如席。风起心怖，欲还。深源先登，余随踵而过，俯视阴壑无地，石峰矗起，簇簇不可数，益不可状。顶后即外海，视内海更大，右连平天矼。古松一株，高二尺，叶密布，荫数丈地。近面翠微诸峰，络绎峭茜，秀色可掬。翠微外，井邑、村落、溪介、平畴，别一风景。倏忽云生弥漫，游人如在天际。还宿天海，已昏黑，众皆寒颤，煨榾柮①，共围之。

明晨，欲穷诸胜境，雨至，不果。乃访黄无心，庵小不庇众。觅狮子峰旁团瓢，元则创、居若水者。山中葺茅而栖者凡几，独此据胜地，称精舍。西望匡庐，尽成金壁，雨后返照，彩霞幻影，直与龛中佛光交映，故题其庵曰"西明"。计新霁必有佳月，丙夜起视，冷艳如雪。兴剧发啸，隔山游侣惊起，竞以啸和，山谷回应。次日，诸友谓：霪雨不休，橐中糗且尽，订续游而还。

越飞泉，游石屋，逡巡鸟道。觅奇石于东源坑，如碧玉，如紫琼者，人得数枚，乃行。遥睇仙桥，缥缈云际，自顾无羽翰，不烦作过桥想。出山阿即为通途，听鸣弦泉，其声愔愔，看醉石，真如被酒者不自支也。复经虎头岩，寻溪，访丹井，龙司理题鳞石近是。力惫踵茧，息庵中三日。滨行，拾得山中白石如片云，戒竖子负归，以赠黄萝道者。

附　诗

潘之恒

王于凡采黄山小石携赠玄龙为赋
收得片云俄化石，携来近舍当看山。
不是君平能惯识，支机容易到人间。

于凡游黄山得紫石英归贻左之
君向黄山采石英，不因本草浪知名。
含光乍出轩辕鼎，紫气人间夜夜生。

---

① 榾柮（gǔ duò），指木块。

黄　海
HUANG HAI

黄奂字玄龙，歙石岭人。

王于凡自天都峰贻石一片

踏遍莲峰六六花，采将片石付山家。
怪来半榻生奇气，带得轩辕鼎内霞。

程国宝字尚之，歙江村人。

于凡携天都奇石赠玄龙有赠

灵峰奇石护云衣，偶踏天都得袖归。
谷城旧物为君赠，不浪传人识者稀。

鲍正元字符则，歙棠樾人。

同前题

星汉支机差可拟，谷城拾履未堪夸。
天风吹落芙蓉色，疑是峰头旧炼砂。

天都逸史潘之恒景升辑

斗南居士吴守正君卿校

纪游四·之十六

游黄山随札二

王之杰曰：丙午夏，与鲍元则盟于天都之下，旷岁不入山者，为轩辕叛臣。明年茶癖作楚，弗果往。戊申中秋，乃谋于同社潘景升、黄玄龙共寻盟。后四日，临发，景升复以事羁行。

近佛子岭，山雨霏微。须臾，日杲杲出矣。远见天际数峰，近若咫尺，直欲御风入云门也。逾石磡岭，修竹万竿，憩息翠阴中，林寒如冻，不可久坐。过芍石，想司马之风流。至香溪，雾雨奄奄至，群峰尽失。担簦①造温泉，扣轩辕宫，遂投莲花庵。玄龙虑雨害游，长乐曰："僧方咒法雨，使居士见山中瀑布，宁顾虑乎？"明日，界翠微而下者如僧语，不复怨雨矣。印我自外至，从过石桥，看菊偏溪岸，紫艳绝胜篱落间。薄暮远眺，众峰黯淡，独天都闪灼如丹砂。盖新霁返照相射，真奇观也。

明发，访普门师于法海庵。扳藤跻险，登观音堂，陟金砂岭，仰望天都顶。石台凌空而出，背扆一屏，方正耸拔。因与玄龙语："必轩后朝群仙处。"乃望台而拜。并天都北径甚巇②，为之股栗。经一石屏，甚广，趼仅容趾，过者如摄镜影。及睨天都背，亦有凌空台。片石搘③之，其罅隙通明也。下玉兰谷，印我谓花时过此，如行雪山中。蹑磷岣而上，度栈至莲花洞，极高广，亦极窈窕。左壁峭绝直出，一折如墉。去墉席许，石笋特起数十尺，正当洞门，壁上水悬留作碎玉声。右壁新凿一门，喜事者图建精蓝④于洞顶。入

---

① 簦（dēng），古代有柄的笠，像现在的雨伞。
② 巇（yí），高耸险峻。
③ 搘（zhī），古同"支"。
④ 精蓝，佛寺，僧舍。

黄　海
HUANG HAI

　　门，转进峡中，则架飞桥复阁，以达精蓝，背负悬崖，厜㕒①如覆。近前突起一峰，峰头石笋，双标如建幢，旁一池泓碧，即喷玉处。夜宿洞中，独一侏儒僧守洞，云："尔时山中，大半恃芦菔②充钵，群猿复藉以为粻③，其青黄而髻者，大我过半，不敢逐。霜降后冰雪封径，春杪方可出山。"洞中风景如是耳。游人闻之，如落梦境。恍惚布被流光。及醒，见月穿洞门入，真如濯魄冰壶中。移时，红霞掩映，日出香炉石上矣。

　　遵旧蹊至岭。别出新术，援萝挽葛而下，履千级磴，出诘曲石门，新所辟也。门闪复有千余级，较前威夷，沿途寻向所会心处，十失其五。下天梯，石级可步，非昔扪萝蹑壁矣。与玄龙观掷杖处，咸瑟缩而退。践台右绕，堂密岭嶫④，径边有石如栏，栏外窅不可测，未敢凭视。到黄海，陟光明顶，顶连有四，望五老峰起自壑中，甚近，此中不啻九老，独言五者，以其肩摩踵接也。

　　于时秋分，海子中霜落已数日，红树盛于玉洞花。天宇肃清，所望极赊，顶下大壑坛曼，奇峰怪石，嵱嵷⑤峭蒨⑥，如削如绣，令人作昆仑玄圃想。转平天矼北眺，九华若螺髻，扬子水出其下。西望众峰，纤巧若剑戟，森列于云门之侧。

　　由陂陀披榛莽里许，双峰对峙，曰海门。杖策跻峰顶，俯幽壑，竞以夺魄。还探第二门，重门也，一扉如棂，玲珑特异。复过濒阈而瞰第三门。三门相距各百武，径不盈咫，门外斗绝万仞，内无畔岸可依。虽闶阆⑦洞开，无敢闯入窥者。惟捷踞其顶，则石峰笔立，与足底齐，珠幢玉节，碧笋瑶簪⑧，诡异戢孴⑨，胥神工鬼斧之所不必然者。余与玄龙神沮形槁，瞠目不敢发声。稍自收摄，才盘旋于飞云石下。石立如仙人掌，高突临虚。复寻石床，青崖如壁，不敢造次上。僧扶掖以登，息倦于床，连床有枕，枕后一屏障之。欹枕窥壑，溪流一线，萦绕而出，印我谓铁线潭当在是。余戒仆从勿

---

① 厜㕒（chuí wéi），指山巅巉岩。
② 芦菔，即萝卜。
③ 粻（zhāng），粮食。
④ 岭嶫（lǐng yíng），深邃貌。
⑤ 嵱嵷（yǒng sǒng），山峰众多起伏的样子。
⑥ 峭蒨（qiào qiàn），高耸挺立。
⑦ 闶阆（kāng láng），建筑物中空廊的部分。
⑧ 簪（zān），古通"簪"。
⑨ 戢孴（jí nǐ），众多。

惊龙睡。日暮，宿天海庵。

晓起，雨帘纤不绝，云封庵门。平中开霁，远峰如黛间千片雪，审视崩云漏日，薄霭隔之，其光不晔，白如雪也。越光明顶，出外海，则泱莽之野耳，卉篠①没胫。跻石，则白云满壑，意必有奇观。俄而云敛，凡光明顶览未尽者，悉胪眼界中。过此即见石笋插天，抵其矼，丹嶂类罘罳②，峰类天都，笋皆类浮图，其纤锐插天者，蔽于近，不可见矣。遂欲下冈，窥龙潭，访松谷。印我曰："丞相源暨此径，坏于溪涨，还游丹台便。"台在天海庵右二百余弓，广几十亩，三面劖削，前临堑壑者，用公庵也。往峨眉三日矣，为咨嗟久之。庵前紫玉屏，逼台而起，屏外石峰棱棱，如承露金茎，偭翠微，愫丹台，屏顶虚粘卷石，可作笔床、研山③。不遇飞空仙人，直欲狂杀米颠耳。循台而下，台壁嵌丹洞二，临幽涧，有石莲瓣，各掩洞口。及绝西涧度岭，两山欲合，单通人行。比出，忽见卿云环日，幻种种色，绚烂异常。四顾蔚蓝，绝无纤翳，玄龙曰："日华也，与子何幸见是。"其现止刹那，不数里，凡五现，因名其峡曰"五云阙"，岭曰"望云岭"。出天门，百盘而至白云庵。由白沙岭出，经钓桥僧舍，遂过汤岭，还莲花庵。遇金檀郝度寰、海阳丁自宣。郝问津入海，已属导者，丁则结茆山中二年矣。余嘉其人，与谈移日。纪出山期，已九月之朔。

---

① 篠（xiǎo），细竹。
② 罘罳（fú sī），古代的一种屏风，设在门外。
③ 研山，一种砚台。

黄　海
HUANG HAI

天都山史潘之恒景升辑

还元道人朱之儒尔醇校

纪游四·之十七

黄山行纪

　　吴日宣[①]曰：黄山峙县西北，百二十里而遥，去余家几百里，古黟山也。天宝末，易今名。以诸峰多类太华，亦名小华，或称小昆仑云。每从里中望见之，神勃勃动。

　　己酉夏，嗣宗邀与同游，德常、达生请俱往。嗣宗、德常，余从弟。达生则兄子，从游者也。里中长老，及曾游者，以春夏雨浸，道多流潦[②]，劝勿行。顷从白下归，秋深矣。嗣宗复申前约，德常、达生不能从，彦光、彦云二叔，畴昔所未期者，乃得俱往。

　　时归二日耳，日已至侍郎坟。余小倦，藉草枕胠卧，童子贯炭煮茶。午至容溪，观鱼，则舍傍小池，乱砖为堵，高不及膺。方广不逾丈，鱼数十悠然适也。已至上舍，日颇烈，砾石蒸人，欲憩不得。俄而云冉冉起，风从曲阿当面来，仙仙乎适矣。逾岭，坐牛头口，径长潭，修竹二三里许。村民刈豆挂其中，竹叶布地，薪者遗松枝间之。行如履茵，微有韵致。可五里，抵石壁山下人家。面石壁，满壁坚薪，巅微土培松数百，居人对客，必详语谆谆，上皇之遗风乎？直行数十步，转洽川桥。复里许，为峡舍。登山岭，迂回数折，山形水势，约略相宜。从上视下，一径如关弓，其杂出如棋道，有墩中出，圆如月。水左右环合，如束带者三。群木倒影，沙石粼粼，可当一盼。投宿忠灵院。

　　晓行，逾岭者四，渡桥六七，村居十数。大略松杉森蔼，径路萦纡，有水有山，寡廛寡市，视通衢别一境。由方村望云门，两峰离立，望而知其天

---

① 吴日宣，字大士，明万历、崇祯时休宁人，博览能诗。
② 流潦，指地面流动的积水。

关也。

　　日昏黄，抵祥符寺，未入。过汤池，未浴。莲花庵僧道旁伺客，略相酬对，问法海庵。嗣宗偕余先登，凡四折，窥幡竿隐隐，嗣宗呼佛，犬嘷嘷吠出篱间。僧下逆客，因商略所为游状，静空独难云梯，戒勿下视，余颔之。法海为诸僧炼魔场，珠砂庵已作华严堂矣。称珠砂者，山砂亮白，员活如珠故。是夜睹炼魔规束，止宿华严堂中。

　　诘旦，僧略具开山始末，将谋营缮，向余指示基图。余望一团瓢，在半山中。欲往，僧引余去，颇陡绝。数折，两壁直竖，中仅容一人行。一松疏秀，覆其巅，傍立石三四。既出，转团瓢上，远望诸峰，一目略尽。坐未定，侍者呼饭，乃下。略指次华严堂后，正枕天都、莲花、老人、青鸾、紫石，叠叠环向福地，审矣。

　　饭罢，将山游，僧莲台负瓜及米从东上，坐大石，睹烟一缕，老僧云："从白龙池起，是雨者征。达天海，望远不堪，可投莲花洞宿耳。"余意颇不怪，已而，雾四塞，众且皇皇。从雾中睹悬崖天半，若垣若墙，有门有堂，僧手蒲团，宛在中央，则空相庵。为石壁现影，无不谓真者。从石影去三里许，得观音崖，一壁巉出，崖左一壁中赤色晃耀，所谓朱砂洞是也。去崖三丈许，峰顶一横石，如版覆，垂外二尺余，若琢成者。因陟黄土岗，坐树荫下，听山僧媚客。俄而，黄土弱偕余侄瑞生辈，服短衣轩轩来，夸我莲花洞也。

　　既别去，转得二道。从右达莲花洞，天海由左。当路为象牙峰，径颇仄，不果上。坐见日光漏出雾中，浮气渐收，则相与趋天海。山路似开似塞，攀枯条，踏乱石。一壁中水潺潺，下转至壁前，曾不容足。扣石悬度，水湿袭衣裾。行二里，达天梯。梯出石峡间，凡再折，得七百四十级，为一天门。两壁如堵，上累数石覆之，疑是风雷灵运，孰谓天险不可升也。

　　由此折旋，不及里许，为莲花沟。沟有洞，出紫绿石，焚之，若灯光星散。再上数十步，壁石龈龈，如豕排牙。又折上，则二天门，峰下开上合。涉级而登，级将啮膝。履其巅，诸峰作态，一石当面，松蟠结据其上，奇古绝伦。下上复数十步，仅达三天门。门平石广五六尺、长丈余，可坐卧以揽诸胜。

　　复下百步，登云梯，一壁古松万株，不假土滋，笼阴倚翠，此猿猱之所

黄海
HUANG HAI

不到，凝青翠而耐岁寒者也。近好事家，傍搜博采，壮观盘石烟霞之性，不耐人间，数月而枯，终年而萎，人害固然，亦托根犹近耳，如斯幽绝可如何？因留目久之，下梯百四十三级，折得洞洞，深丈广仞。再上为一线天，上悬枯株欲堕。对面螺蛳峰，卷石卷结，傍萝松数株，一线天之顶，牵松锁柏，伏鳄鞭虬，何谲诡也！

再越里许，为至海石级，未陟，横山小径，过山头，俨观音像凝立端然。下涧一洞，如曲尺，深可丈许，横五尺余。下数十步，飞鱼石鼓鬣排空，宛然生动。静室四五，游僧散处其间。小径可达炼丹台，其石级坐莲花峰，左前海，右后海，中平天矼。余抠衣独上，问平天院遗址，一佛像刻石壁，洼石为炉，累石为塔，茅宇萧萧，僧不可问矣。投一指庵，庵傍立石，数叠如累。松枝偃蹇，卷曲如老龙。

薄暮，陟丹台。台对翠微峰，峰连笔架峰，其前玉屏峰，峰后小峰如龙骧、如虎踞、如拥羽盖、如执幡幢。大若垂天之云，纤如竹枝、如箫管，累累如编珠贯玉。手不及指，目不及观。丹台之侧，为狮为象。据巅而望，太平一抔，九华一轴，不觉天之高也。直出数十步，为海门，尖峰数十百，左回右周，前凸后凹，下临绝壑。倏而晴空一碧，倏而云气摩天；或露顶头若浮舟，或出中边如倚玉，或开洞壑如铁网珊瑚。现则嵚崎①，隐而冥混；气忽潢涌如奔马，如飞星，紫如烈焰，腾薄五色；错揉如绞绒索，如贯长虹，倏忽万千，吾恶能悉其状！旁峙飞来峰，高出群峰数十仞，陟顶修平，其上片石倚空直竖，长约三仞，广及半之，若侧若欹，若烦安置。投小石下，相击数百千声。更以大石相投，爆尘高出峰头数仞。伏窥无底，为铁线潭。复转天门，履平冈。松一株，枝纵横二丈余，高不盈尺，顶秀结森如织席，两傍数株，如侍如从。自是达光明顶，挹双海门，奇峰撑天，不容指数。每峰必树，每树必松，从树影指点诸乡，长河一线，意观止矣。

下过智空庵、东海门，石峦竞涌，锐者、平者、离者、合者、圆中规，方中矩，上下中揖授，直折中钩绳，三五步一岩，十数步一岫，犬牙相错如阿房；在阴凝绀，在日凝朱，错采欲流，浓翠欲滴，气色晃耀，夺人目睛，如建章宫阙。周回十数里许，复过一冈，颇险峻，击石作声如爆竹。

约三里许，至旃檀岭，香炉高峙百仞，石笋二峰，大者不可登，小者累

---

① 嵚崎（qīn qí），山势险峻。

累，矗天而上。岭石数片匀置，数方如户，每方变现，各呈奇特。松出其上，张翠盖覆焉。其外五老峰、棋石峰，形态毕具。再折，得隐空庵，从庵前临绝壑，一峰五指，旁连峭石，望见一枝枝排列，为蜡烛峰，石如架阁鼓，为天鼓峰。

折入平矼，问慈愍庵。牵茅跨石，上炼丹峰。峰前出为晒药台，广平数亩，石臼三，长者二尺，员①径者尺余，深五六寸，水盈盈不竭。相传有药杵倚傍，为俗儿折去。时重雾漫空，望大壑滚如沸汤。群峰则海蜃楼台，有无幻相。

转至清凉台，扪萝数十仞，得平冈，宽广数十亩。余先登，据石跌坐，望匡庐一带，隐隐指顾间。其下测仙潭，潭下白龙潭，深杳莫测。

下十余里，则松谷庵、天匦、仙榜、油榨沟，峰洞诸胜，未暇寻也。俄叔弟辈攀援上，雾塞不辨远近，遂寻别道至庵。因下石笋矼，其直出为中源，右出为丞相源。余取道丞相源，陟石壁，得方窗，表里通明，诸如炉顶文笔、和尚仙人，无不似者。登领，危陡巉绝，径不容足，下临百仞，上摩层巅。架薪为梯，悬空作栈，每置一足，手探枯椿，椿实也乃敢移足，足垂垂绊不得上。走索耶！探竿耶！半仙戏耶！面稍进为壁所摩，转眄不得，趾错入藤，石啮不能出。彦叔倚石攀薪，喟然而叹："彼所谓舍身岩，吾自舍耳。此大逼我，不得不舍。"

约二里，达仙灯洞，洞高五十余仞，前广丈余，中半倍之，后视中复广者尺，深五十余步。一壁下隔为二洞，各广四步，有奇水从石渗出。右洞二池，一泓澄澄，足供酌盥，僧架木为室，块处其间。洞口古茗数柯，前僧所树，今僧抚有之。溪出其下，激石作声。余至洞时，雾中咫尺不辨，留宿洞中。

晓，日霁。当面天都、老人，层层卷下，如倒挂围屏。前一径，可达莲花洞。僧以道恶劝勿往。因左迆，抵丞相源。乱草中行三里许，书舍两三间，汪、程诸友于此闭关。略视，无甚景色，平冈小阜，约如米家点染。可指数者，钵盂峰、九龙潭、牌坊石而已。从大道出苦竹溪，小岭纡回盘折，杂树千章，团阴结翠，日色浅淡，筛影侵人，清溪潺潺，耳间作响，不知山阴道，视此何如也。

---

① 员，通"圆"。

黄海
HUANG HAI

再出汤口，日亭午。因浴汤池，忆圣泉峰为源为派。再宿珠砂庵，投莲花洞。达洞二道，一从天门，平直可行。余自黄土冈，履其难者凡再。逾山冈，多沙滑，或石巉出，不容直人。斜折过之平冈，大石直竖若金刚端立，冠危冠。近西一壁，石窦天开，恍明窗当案；东壁数十仞，中平如门限，旁如列柱植云间，余欲上未果。已下，横木塞道，逾横木，得乱石，里余达洞巅。两峰夹出，中峡怒石谽谺，可陟级下，为其险也。旁悬空架木，土薪填之。右绕，复级木为梯，数步达洞。洞口圆，上如佛龛，深略不及仙灯，而视仙灯差广。左右罅，水涓涓注右石旁小洞，如户相通。峰从右绕，当洞前，嶙峋如束竹管。两合中罅隐隐，榧一株当其前。峰头石窦员通，举首光来，恍瑶台挂月。稍出一墩为座，石笋出其上，当峰稍亚，其端如猫踞，两耳直竖，尾背俱全。下月池，一泓澄澈。众峰罗列，引眄无涯。旧故有石当中，莲心的的，萝松合抱参天，木叶匝地藤阴。僧不解事，斩其木，刈其藤，夷其石。余至，则枯藤半挂，小树平崖，（非复当年）。僧以募供他行，双扉昼闲，灶炉犹暖。从者方炊饭，余出其巅，宽平殊可结构。饭熟，从行僧擎一盂供佛。余指嗣宗置香钱数文，题其纸曰："行脚何方去，禅关锁不开。拈将香一瓣，留与踏烟回。"归路仍出珠砂庵。

兹游也，云叔倦不往，留止庵中。余为谈胜概，且眷兹庵，晨钟夜铎，六时工课，韵致悠然，复留宿。四更余，琉璃掩映，经僧禅诵，从耳沁心。嗟夫，书生倘勤苦如此，恶有不立行成名者乎？

早坐白龙池，梯嶙石，窥丹井，探虎头崖，听鸣弦泉，视象鼻峰，面水帘洞，观瀑布从钵盂峰分行流注，乃眷汤池，宜易石屋以亭。下池湮塞，宜为疏导。入祥符，洪子嘉留饭。客语次仙灯、达莲花，道固不甚恶。因忆静空所畏云梯，戒勿视者。余且四望，不觉过之，山水间人，固不宜禁足于道路之口也。饭罢，相与踏桥临水，摘莎萝子食之，将里余别去。回首云门，笑指而问之，途次半露黛色，将入于怀。天都道中何吝一现。至山口岭，枉道过猌中，步象隄，徘徊小园，鹿溪主人引至华阳馆。其泠风阁碑，司马所记，今为寓室，不得读之。命钥，西枝佛像已徙去。怜松芒匝径，堂无阒寂，啼鸟数声，令人意尽。

出山口，雨势欲来，戒竖子前，（抵家漏下矣）[1]。漫忆经行处，名峰三十

---

[1] 此段由《黄山志定本》补录。

六，水源如之，溪二十四，洞十二，岩八。其未经名如发如粟，余所履十未能二三，聚胜宜莫如海中。海道四：一由汤岭上白云庵；一由丞相源；一由韭冈出水月庵；惟自珠砂庵上，揽胜为多。环海四五里间，庵者二十四，汪介甫、黄无心、程念无，具构有蓬庐之舍①。介甫，余邑青衿。无心，休宁胄子。念无，则金陵万户也。递兴递废，涉境为常，大约石山多童，而此无处不树；广山多平芜漫衍，而此独秀特幽妍。一险一奇，愈奇愈豁；一转一变，愈变愈鲜。于此悟天机，于此穷文致。谁作转人？谁下转语？谁为转境？入寥廓，观无何有之乡哉！

余家丰乐，浮阮二流，合曹容注焉。直下钱塘，归溟渤。箬岭岭其南，新岭岭其东。散入浙中，天台天目，万八千仞，曾不及其趾。峻极于天，黄山之谓矣。德常、达生，山水有缘，不可不一至。愿至余所未至，无令幽岩索寞也。

诗　附

吴日宣 字大士，歙人。

山中六首

首夏黄山约，深秋始赴之。
云林僧下榻，枫叶客裁诗。
水曲经行处，山穷得路时。
攀援知己拙，谁与倩扶携。

笔砚杖头悬，衣衾不满肩。
笑淡忘日夕，坐卧弄潺湲。
得句翻迷路，忘机不解禅。
山人只炊饭，无用酒家钱。

记得路中路，来寻山外山。

---

① 蓬庐之舍，《黄山志定本》中为"习静小庵"。

黄　海
HUANG HAI

悬空猿径度，薄暮鸟随还。
远汉宁胜缩，微流不耐湾。
那知转折处，愈复费跻攀。

修竹间长松，纡回路欲封。
问茶梨好供，买饭粟初春。
礼数从疏阔，逢迎自懒慵。
草堂留宿处，夜半已晨钟。

径仄只容足，天高拟致身。
闲云曾识面，幽鸟不嗔人。
欲折登山屐，谁投漉酒巾。
几家篱落下，小犬吠狺狺。

斜日半林辉，村居隐翠微。
石穿泉放溜，烟重树为扉。
游客山中去，田家夜半归。
尘劳知已隔，天路恍依稀。

宿华严堂观诸僧炼魔
汤池无暇浴，投宿日昏黄。
幡影逢初地，枝栖得上方。
魔消金铎静，炬彻玉毫光。
尔我浑无相，都来问宝航。

僧莲台负米从游，赋赠
宗风尔夙生，年少玉英英。
字母从师诀，禅心傍水清。
问津开宝筏，负米引山程。
珍重劳随从，烟霞欲定盟。

晒药台

我来披宿莽,兴托为幽探。
倚仗临危屿,牵衣掩薄岚。
青林霜一点,丹诀石重函。
何自寻真药,空令石臼寒。

登望四首

木落天空露湛秋,登临何必减仙游。
平吞旷莽裒①真气,直履巉岩到上头。
万里晴光云外散,诸峰晓色坐来收。
须臾绝壑生烟雾,瀛海冥茫沤乱浮。

六六泉源六六峰,清池朵朵孕芙蓉。
翠微洞口丹台耸,紫石岩头碧藓封。
北掎九华干气色,东流三浙壮朝宗。
不须吸露烦翀举,已上天梯展帝容。

翠巘层层别一区,轩皇曾此著灵枢。
仙踪太古无碑碣,陈迹于今有臼炉。
境隔荤膻魂亦净,情耽幽迥病全苏。
夜来凉月风吹堕,好向空山觅宝弧。

石罅穿松半是根,寒松犹带拂云痕。
谩怜逝水分凉燠,岂有鸣禽逐晓昏。
雷篆几行仙阙榜,烟梯百仞玉京门。
拈来金管将题字,白眼看天天不言。

黄山同游序

余家去黄山二舍而遥,每风日澄霁,云门诸峰历历北窗间,色若招

---

① 裒(póu),聚集。

黄　海
HUANG HAI

余，而余未一到也。今年夏贞父黄先生自武林来，而予山水缘悭①，以病甚不能从，乃余社友潘景升陪。杖履相与，谒天子都，而扪萝蹑磴，游迹几遍，因为记纪之，为诗歌咏之。而丹台之云、松谷之峰，前此冯司成开之、谢司马在杭所未曾睹者，轩辕氏若珍惜而不肯轻以娱人，先生竟以胜具收之。而景升复述五龙潭、三海门、仙灯洞之胜，以补其未备。

嗟乎，文人好奇宁有已耶？余愧不能奇，而抱病以来，好长生术，敢问先生与景升药炉、丹灶今犹可见否？倘拾得不死之药，幸以见遗，俾得长向北窗间，挹云门诸峰而遥领其秀，则余所乞灵黄山者，更奢也！

庚戌中秋前二日，延州吴逵书。

---

① 悭（qiān），欠缺。

天都山史潘之恒景升辑
西华居士鲍正元元则校

纪游四·之十八

游黄山纪

黄汝亨曰：往与友人吴仲虚期有"黄山定有黄生缘"之句，仲虚殁，弹指三十年矣，而先君白岳愿未了。自余为诸生时，已廿年。蹉跎久之，客秋即与仲虚诸子德聚淳之约，至是意决以。又三月九日，晨起，戒仆夫行。先是期同游者，介如、玄津两禅友俱不至。惟家倩张生、懋官俱。薄暮入禹杭，止官署中。少选苍头来云：见逆旅有客，似郭生凝之。余不信已，令侦之，则凝之果以礼白狱，偕一友往，相见喜甚，拉与俱。抵临安，宿化城寺，即余游天目时旧径。

次日，抵潜阳，宿绿筠轩，是苏子瞻品题处。次抵唐昌，会目訾作楚。所至邑令君能宽我礼数，辄假息，余得屏居，养看山之目。

八日乃抵新安，是月之十六日也。刘明府出迓余，止城署。余辞之出，憩城西如意寺，友人汪长康，门人程子潢、汪守冲来会。寺前山树俱佳，有僧善挝鼓，音响洪亮，驰骤中节，余为痛饮。目自是小差，行二十里道岩镇，过访潘景升。顷之，抵汪然明精舍，止竹阁中。

次日，景升至，相与纵谈黄山之胜。先是客有云："黄山宜秋，此日太侵暑，闻山君方负隅，又虫隐树间，客过辄下垂啮臂，狝猿复群然来狎，人不可近。"余笑答曰："吾愿以身殉山"。因讯景升，景升奋髯起曰："黄山泓峥萧瑟，政宜暑。诸虫毒绝未有，有之，请为当熊。"因大噱，力辞诸故人、门生相款留者以行。入溪南，则吴太学充符已扫曲水园下余榻矣。盖充符尊公中翰，余得交长安，而郎君阜安曾问业，有夙约故也。是晚，酌池上楼。景升来且辞去，吴无奇学宪来视余云，近与余同年徐玄仗登黄山，每到奇绝处不能出口，但曰："岂有此理。"余兴勃勃，苦雨阻。

次日，旧门人戴景明襆被来作从游计，兴益动。廿四日，充符为余部署

黄海
HUANG HAI

入山事，偕行。由曲水行十里许，登佛子岭，山气已佳。盖黄山旧称高四千仞，广五百里，天目之顶仅及其趾，此其发足也。自岭行五里，将至杨干寺，得一亭，樵者踞其下，云："前有髯客，蓬蓬然，冲风而待。"余笑曰："此必景升也。"至则果然，相笑入寺。寺僧以香茗进，遂啜尽去。又十里，容溪，饭容成子仙处也，前有容成台。径缘壁转，溪回绕山，望之且迷前后。石粼粼出水上，点缀如荇带可揽。

自容台五里，外傍溪，皆竹。隔竹看山，十里一色，地名栗村。横舟而渡，为石壁山，茂树临溪，浓翠欲滴。不里许，为洽岭，岭傍青松架壑，行绿阴中。下岭则分绿而出。再上为山口岭，望黄山烟霭中。未及辨，下数里折而右，入猷中，是汪司马伯玉所营菟裘处。长堤清湍，亦自可人，宿西枝室。

明发，启后扉登山，越石砧岭。更度一岭，饭芳村黟山精舍，庭中杜鹃盛开。客有从石壁来荐溪鱼者，为小饮花下。进此里许，即见天都、莲花峰出霄汉上。又里许，见云门峰，若天阙双峙，云从中行。乃缭绕峭壁行，壁尽处，题"芳石"，字亦汪司马笔。

未几至汤口。又（五）里许，止祥符寺，则轩辕氏之宫在矣。寺前为汤池，人浮一白，以次解衣浴汤池中。汤气涤疴疏理，浴者都〔神〕爽。谢在杭、冯开之两公尤称，而余从盘山汤泉中浴来，澄泓香洌尚胜之耳。浴已，亟携卧具，投莲花庵。径从石窦中宛转，类下天竺后三生石，傍临香溪。观白龙潭，潭水深碧不可测，闻投石辄致雷雨，以惊龙眠也。伏乱石间，为丹井，汪司马所题。又出洗药溪，观药铫，即轩皇洗药处。上即莲花庵，庵前群峰簇列，僧印我为数峰名，若为通介然。余手拈奇花问僧，僧曰："此石莲也，此紫兰也。"亦多不可辨者。僧持律食淡，建新庵，为兹山胜地，遂止宿焉。是夕，充符叔氏元晖，行百余里追而至，大快，遂各分韵刻烛为诗。

次日，印我戴笠杖锡，导余前。每至胜处大叫，几乎喝石欲起。由虎岩从最高石崖递而下[①]，有石如横琴，亘十余丈，余石八九皆中虚，应泉击石，淙淙作箜篌声，是为鸣弦泉。坐久之，据石作饭，分曹而食，若师行然。从石上观，则仙桥在望。盖山高，苍翠相接中，忽然见天，亦一奇也。

下岭十里，左顾云门，右顾翠微，俱秀出。从此历崛度碛，崎险互值。

---

① "下"应为"上"。

十里，更涉一溪，至白云庵饭。则仙人峰若招游者。蹑而进，一石屏迥出，有松偃卧其上，甚奇。僧云："过此为三天门，一隘伏不称，次稍开，最上则绝壁相夹立，仅容一身，风来肃肃如箭，过者有寒色。"复溜沙碛而下，更横身上，盘薄草石间，扪萝扶筇，错趾单入，行者战股。而郭生踔厉独上，尚以余勇接人，众为惊叹。时天且暮，风雾忽起，手不见掌，余与郭生相提行，景升、德茂、充符、元晖，从别径攀跻上，咫尺不辨，遥呼始集。是为海子，又曰黄海。盖云极天界，上下四方，杳茫无辨，似浮身海上，称黄山最胜处矣。有小茆庵傍月塔而立，遂题其庵曰"指月"。时余目以经雾，复小眚。天酿雾成雨，三日不解。余因而养目庵中，笑曰：此昭明洗眼池也。少顷，目亮，天亦渐开，余尚怯视。张、郭两生同游者先余登炼丹台，见玉柱峰峭拔独上。日再上，云气大奇，诸君不忍私，合声招余，余亦不能禁，奋而登，则炼丹峰挺立云际，前绕为紫玉屏，石骨如洗，峦岫毕现。又顷之，则落照弄晴白云海中，为翠、为黛、为巨浪、为积雪、为彩霞片片、为金紫光、为锦绣文，百道千花，幻出空界，不可名状。因思陶周望宫谕常傲我天目看云，此际当舌举不下也。归而作看云歌就枕，庵凡三宿。

晨起乃别去，登光明顶，问五老峰、仙人掌，俱隐约雾中。循径而北，锄茅历块，可五六里，则石笋矼至矣。天忽雨，乍淋乍歇，而雾已敛，峰色俱从雨气中洗出，一转一复，神秀迭见，纤若指，锐若戟，森若林，环列若屏；若蹲踞、若冠佩、若翔、若垂、若舞。短者径寸，长者千尺，若斧劈剑削。每一奇峰，必有一怪松，覆之如盖，目眩如惊，举似无似。余顾张、郭两生，举昨海子所看云奇幻相敌。然云动形而变，峰静峙而神，动静殊姿，造物同幻，因想吴无奇"岂有此理"一语，真足当此山知已也。缘崖涉涧，行二十里，至松谷庵，但有叹赏，无可言说。

次日大雨，即住庵中，课诗。俄而溪水暴涨，咽石腾空，轰声如雷，飞涛百丈，殆不减八月广陵也。晚晴，渡涧观青龙潭，潭沉碧，以新雨沉漾，临之洸洸。归庵入暝，仆夫从十里外贳村酿至，与景升及诸生饮，甚适。

晓起，则首夏朔日也。乘霁，由松谷上石笋，即峰尊神秀，历历旧观。然松谷自下而上，自门户而堂奥，自阛阓而仙仗，中之曲房复道，亦整亦散，亦幽亦奇，展玩间，比昨观弥新。惜充符、元晖自石笋止，不及入松谷；景升出松谷，不数武，车轴折，不能俱还石笋，亦缘也。

再上，登光明顶，望三海门。寥绝万仞，参峙天表，肩垂天都，踵垂丹

黄 海
HUANG HAI

台，三十六峰森罗混茫中，楚江庐岳，渺渺在览，大观哉！真令人有遗世独立之想。僧印我仍翼余下，指莲花峰腰，有猿如雪，踞石上，皑皑不动，同游仆夫辈俱骇之。僧曰："此间尚有二玄猿，长须曳山，与此猿狎人，人亦狎之久矣。"少顷，止一小茆庵，饭。转径得海螺石，看海涛峰。过此则望所谓云梯者，登焉。梯缘峻壁上，崭然入云，可千级。其中松姿甚奇，巉岩绝巇，愈短愈怪，以攀援路断，得与山骨敦岁寒之好，不则斧斤及之矣。梯尽，时夕阳紫气冉冉，欲度更下，则莲花沟，无级可循，行乱碛中，陡处足不任立，索索震流沙而下，殆不可测。乃募得山中壮夫数人，以白布为繘，束身下悬，仆夫以次及。余笑曰："此山无瀑布，而有悬布，非此险不足偿此奇也。"极暮，投莲花洞，洞前有石，似玉柱峰。蜀僧居之，状似狖猿，夜喃喃能禅诵，予即宿此，中闻雨声潺潺，如檐溜下，将阻游屐。

旦起，晴朗甚，乃截壁进流，山空夜寂，自来枕上也。洞阴寒天，幸戴生挈瓶酒从崎崄中护来，各拥被浮一樽，不啻醍醐。吴无奇曾云"受此洞寒作疟"，非此，我辈几不免。自此升岭而右，五里许，为法海庵。于时暑微蒸而林木幽翳，渐转渐夷。朱砂洞如仰盂，闻泉涨时，有丹砂出焉，故俗名朱砂庵。午至庵，则充符命客携酒具至，随饭。饭已，就蒲团小歇。近暮，投莲花庵宿。

次早作归计，则景升方自松谷至。闻其书屋火，吾辈为之攒眉①，而景升且盛称五龙潭与三海门之胜，可谓一往有深情。乃握手偕至祥符寺，挟黄山烟霞以归，则三之日也。是役也，往还十日，雨三日，以七日屐齿。而黄山之胜揽取几尽，最快者，海子之云与石笋、松谷上下之峰岫，生平睹未曾有。丞相源，从平天矼望之，不过两山中一窝耳。谢在杭自丞相源游而止，不见海子；开之先生自海子止，不睹石笋下松谷之胜，乃知游亦未易穷也。

世人不到此境，每以白岳与黄山并称，余谓黄山神秀绝伦，出奇无穷，片片如削；而白岳则魁梧垒叠，自天门、珍珠、五老而外，特整肃环峙，磊磊若培，不则颓然而已。计白岳之于黄山，不犹以程将军刁斗而比淮阴，以明妃、夷光而比洛神、姑射哉！归次桐江，花源迷返，急恐失之，漫捉笔为之纪，得诗若干首。

---

① 攒眉，皱眉，形容忧虑不快。

五龙潭记

潘之恒曰：松谷庵，五龙之窟宅也。张真人者，岂非久持法咒，而制毒龙者哉。

庚戌首夏，同游五人，则武林黄仪部贞父、其婿张云纪、门人戴晋仲、郭凝之，三文学实从焉。信宿而别，至白龙潭上，予车折轴，以蹇步不能追随。憬然曰："得非五龙遮道，而微玄览，如娜嬛故事耶？"遂叱驭还，乃仙源五君者，为李钦、仲悝之、以大、刘筮发、谭羽圣邀余，为五潭之游。

沿涧而上者二，左黑龙、右白龙。左窟形如方印，其色黟，题以"璺泽"；右形狭而长，如拖绅然，复以"玉检"呼之。合涧而源益巨，砑砰洸溃，不可名状。上窟黄龙所居，下则青龙偃伏其底，余冀一探骊珠焉。

爰字曰"瓒室"，曰"空青"，各表其色。最下实称油潭，色深绿，因题曰"县藜"。五君大诧曰："髯公锡之群玉，乃仅握径寸，归杂珮唐捐，报琼何有？"余谓："非然。是五龙者，尝传睡法于希夷子，则真人法胤所自来。不穀数年，困踬不偶，明发不寐，亦各有怀，则五龙应有修我者。"言未毕，而蝴蝶栩栩然，招我于华胥之国。余默然嗒然，不知为醒、为梦、为蝴蝶、为我也。

五君笑其沉酣乃尔，爰述为记。

游海门记

世称海上三神山，岂非可望而不可即，为秦汉之君所难褰裳濡足者耶？然古之哲人，咸寄遐慕逝，将浮之蹈之，此岂托之空言也者。若黄山之有海子，盖神仙游迹汩没其间，樵云揽芝之士，能名之，而无所据；能见之，不以为真也。好奇者务凿空冥搜，求鼎湖滥觞，以当昆仑星宿，海终莫可拟。间登炼丹台，望洋意满，以云涛虚无，足阐华藏。观止于石笋，竟未寻所谓三海门者，一跂足望之，何以夸大秦汉之君，笑灵气仙才之不足也！

乙巳夏，从冯司成公登绝顶，令黄问琴歌天风送远之曲，其余韵流于太空尚未绝。今年夏与黄仪部公相先后，惟恐一失海门，而竟成独往。良用扼腕。客征海门状，则告之曰："海门者，由平天矼，循炼丹峰后，步龙脊里许，往往为怪松枳道，下脊不数十武，划然壁裂数丈，洞窥天光，若乘漭沉，未之奇也。"旋踵得右壁，裂益巨、石益雄。

登顶，据危而俯临大壑，已悬身万仞之颠。下视如坠空，不知有底。傍睨丹台，直培塿之徘徊崖浤间，削玉攒翠，起伏万状。无风而振，不树而涛，不虘而嘘，不犀而骇。画壁棱棱，间睹飞龙黄道，而鸟兽无可冯陵之迹。草木郁郁葱葱，其中灵怪殆不可测，惟翠微峰，倚天一碧，而傲余以孤秀者，稍为茫然，有超蹈之想，乃大呼。康乐兴浅，恨不同此奇探。

下此稍远百武，复辟一门，虽跌宕过之，意无逾向观。遂自禁目，犹摄衣陟飞云石，右绕三匝而下。石如栖片云，而承之以灵掌，若悬空，而腹划其半，愈觉危。予蹑之若素履，实因登海门气壮，左右莫不辟易。日景将仆，追黄公于莲花洞莫及，夜宿朱砂庵。

凌晨，会于洗药溪，而语之胜。贞父曰："子真以海观海，而海穷；吾以非海观海，而海幻。且吾与子所涉无非海者，如必广陵涛起予眉睫，孰挟三海门而掷之天外哉！"余耸然不知所谓，遂笔之，奚囊以归。

仙灯洞记

由丞相源，左〔右〕入二里许，已眺东源，不进，右〔左〕折而上。甚崎岖，足疲甚，恃推挽之力，沿仄径西行。从沙脊望龙楼峰，亦奇观。鳖蠠数里，途穷得洞，白石如积雪，水淙淙鸣，神气俱爽。

洞僧云台携茗相劳，贾勇攀峻阪以登。稍东，而洞划然，如擘巨人跖，高如偃盖，窈窕处悬溜①。三僧架木以承泉，若置盂而接云，巢栖焉。置板屋如阁道，供佛甚虔。翘首对青鸾峰，若玉女端侍。而天都则帝座俨临之，高鬟垂髻，徐送妩媚，撩人眉睫，为生平希观。下俯平嶂，葱蒨可凭。叠石肖香炉者，当洞门两傍，花萼翼之，非上真不足当此供。昔人见仙灯熹微，乍隐乍现，不可为常。后有高逸栖止，故亦名仙人洞。东出可通石笋矼，真黄山幽胜处也。

庚戌四月三日，同释寓安所亲汪无畛、用嘉宿洞中，日夕岚光扑人，青鸾冉冉，可招而下。余山栖三十六年，仅得此一日，盖亦奇也。

---

① 溜，此指从高处滴下来的水。

山史云：入黄山之日，发自曲水园，吴学宪、无奇实壮其行，顾谓不慧，公无济胜具，恐希黄山缘。而余三登海门，收胜独备。矫捷者或未能过之，因复无奇，书云："矫捷而稽，不若迟钝之必至尔。"此可为善游者劝，而为倦游者贾勇也。

游黄山诗

黄汝亨字贞父，武林人。

喜潘景升至

不浅黄山兴，逢人叹路难。
君来偏济胜，我去信轻安。
峰萼已在眼，烟霞立可餐。
愿推五岳长，毕趣与盘桓。

石　壁

翳然林木下，曲折泛清澜。
爱此水光好，况从石壁看。
半溪明玉泻，一片缘云寒。
相对不能去，前峰日未残。

宿莲花庵是庵禁酒。

暮山看不极，转径得清凉。
霄汉一峰紫，云泉众木芳。
净观惟佛火，高卧是绳床。
不作攒眉苦，相依莲社长。

鸣弦泉

山空滴沥下如注，转觉飘潇若风雨。
却按宫商仔细听，二十五弦俱不住。

黄海

天都峰

凌风直上蹑虚无，海子峰高天子都。
屏倚翠微摇紫玉，鼎函丹井落玄珠。
俯窥两目吴天尽，遥带三山楚岫孤。
吸露餐霞从此老，何须清浅问蓬壶。

炼丹台

混茫削元气，海峰高崔嵬。
片石踞峰顶，云是炼丹台。
俯鉴月华白，静展云容开。
鼎湖沙万里，轩辕安在哉。
玄风荡我胸，大地无纤埃。
容成若相招，愧予非仙才。

炼丹台看云

黄山峰头累日宿，烟雾如帏障茅屋。
局足闭眼胡为乎，辜负莲峰三十六。
忽然诸子蹑芒屩，仰天踞峰发狂叫。
何物丹青点太空，倏忽云君现众妙。
张生手指西垂云，流金耀赤扬紫芬。
携将碧落千里翠，散作青天五色文。
郭生笑指君不见，百丈纵横如匹练。
晴烟寒雪起纷纷，春水秋波生片片。
吴生称奇舌不下，烂漫笔端难尽写。
绀殿移来锦绣屏，天闲曳出骅骝马。
潘生掀髯道未奇，搏空执象徒尔为。
药成丹鼎人仙去，云思霞情无定姿。
茚庵和尚无如何，望空合掌称弥陀。
莲台不作空花相，绵手擎来优钵罗。
黄生闻之倍赞叹，恍惚插身入霄汉。
诸君绘天天无工，神理从来呈变幻。

幻尽云空照不穷，古月孤峰君试看。

三宿指月庵同阿字
静缘行不断，三日宿岩阿。
雾气衣裳重，云容枕席多。
寂寥僧半偈，欢喜鸟传歌。
此地真堪老，终当采药过。

自指月庵登石笋矼下松谷
茆庵滞三宿，披雾登崇岗。
侧身海云间，群峰森成行。
昔余参玉版，兹峰适相当。
小者出纤指，锐者淬干将。
互换非一规，绣错复屏张。
瞻巧若有失，应接来无方。
此岂理所有，神者剖其藏。
阅妙总无选，启秀竞所长。
高卧松谷间，念之犹彷徨。

白　猿
皑如山上雪，皓然山中翁。
山僧拍手笑，大声呼袁[猿]公。
此公似静妙，踞石看孤松。
玩世世亦玩，狙智将无穷。

松谷看泉
越涧悬崖兴转豪，空山落日五峰高。
青天何处来风雨，四月横飞八月涛。

自松谷还上石笋矼
谷口遵岩上，岩峣入翠微。

石危山子屐,云湿道人衣。
鸟语清可听,花名辨者稀。
丹台遥以对,烟气转霏霏。

宿莲花洞

石磴挂千岩,跻攀倦心目。
日暮径亦穷,残霭幕深谷。
有洞如覆莲,蓬庐托一宿。
琉璃映余清,斋供分半菽。
乍倚青山隈,忽报黄粱熟。
老僧小于狖,经声振石屋。
寤寐魂萝清,来去风雨速。
披衣起揽之,空山响晴瀑。

天都逸史潘之恒景升辑
蓝水道人吴敬德聚校

纪游四·之十九

游黄山记

李国祥[①]曰：余礼白岳后，欲借指南于天都，捉刺吴中秘百昌，若为拂席投款，且曰："昔轩辕栖真黄山，今犹多黄鹤。爽气也，走尝仰止。窃辟径术，以赞胜游，竟滋多口，今固无意于地险矣。先生洵有胜情，则所以济胜者，走令一个任之，未敢撰杖履以从也。"余因以佛节日，谒代步于歙侯刘君。

九日亭午，始得舆，拉钱伯衡偕。发南山，至潜口，日已下舂。百昌纪纲业宿粮候，爰息客舍，与伯衡对酌。因及畴昔之夜，潘景升从[纵]淡黄山胜，盖未易穷也。

十日，日至曾泉，连伯衡舆发潜口，度佛岭，峡路逶迤，无异左担。秀障千回，澄溪百折，风泉传响，云树交映，有若图画。日昆吾[②]，饭于石壁山下。余问伯衡："山阴道上有加于此乎？"伯衡曰："未可轩轾也。"乃度山口、黄土、石磡、伏牛诸岭，至芳村，止宿黟山精舍。夜出道中二诗，伯衡目之，云：虽未及登黟，已足胜游。

十有一日，日曲阿，度查木岭，抵紫石峰下。日禺中，止祥符僧舍。僧性远道观汤泉，雪瀺珠跃，金霏碧淳，臭椒兰而味醪醴，饮浴并可已疾。苏长公所记，合余所闻见，宇中几半百，皆硫气袭人，惟此出朱砂，香馥可掬。即骊汤、矾石亦且让美矣，题曰"灵液"，亶其然乎。远僧又言，沿溪数步为下池二，呼为女池，久以沙湮。壁犹有篆石在，余期伯衡，暮浴上池。日昆阳，还寺，饭罢，复携远僧涉桃花溪。溪下注汤溪，上泄莲花、朱砂、白云、

---

① 李国祥，字休征，江西南昌人。生卒不详。天启中官河南开封府同知。
② 昆吾，传说太阳正午所经之处，此借指正午。

黄海
HUANG HAI

阴坑诸水。雨涨则崩浪奔涛，若万马摩垒而来；晴久涨落则积潦沸腾，飞泉洒激。由石中行，奔荡之音，极为壮猛。沮石成潭，诸潭镜澈，如碧玉、如玻璃、如琥珀、如琉璃，悉难品状，不独白龙澄映也。潭贯清流，了了见底，底错文石，五色具备，照耀波中，若睢涣溥缋①。可学夹流，诸石大者学学，小者尧尧，基置丸累，即奇伎采筑，竭尽人巧，未能若是。崎危诘曲，殆必神斧而鬼凿也。伯衡往往于亭亭杰竖，一跃先登，余挟远僧亦跃而及之，及辄抚掌陶陶，遗身物外。溯溪而上，憩山君岩，岩傍有洞，亦在嶙峋中。寻径入莲花庵，当户九峰若莲。披二瀑若练曳，林麓苍黟。溪涧缕错，凭高流览，令人欢然栖心天外。庵之供器，悉裁树根，浑然天成。日悲谷，乃还，饮于紫玉轩。轩外来青亦自可人。饮毕，偕浴汤池，复呼酒饮于钓石。月从树落，影复婆娑，径醉矣。

明发，谋从白云庵抵天海，以避畏途。凌晨雨淋淋下，不能成游。遂起，坐紫玉轩，望诸山飞瀑。诚如五柳先生剖襟一洗，过吾师远矣。

出酒以酌，洪生鼓琴，未阕，余索枕鼾鼾睡也。

十三旦明，廓然开霁，舆人惮路泞，不及诣天海。宴食，从朱砂坑折而北上。踏数百磴，及双瀑侧，再折而磴几千，及地藏庵，又三折，及卓锡二泉，复数十步，进朱砂庵。从者具麦饼铺之于斯。经行则翠染淙耵，宴坐则玄对爽来，盖亦神明境也。循蹬下还寺，无几，诣水帘洞。洞嵌寺■山椒，深可十尺而饶，广七尺而险，中有子洞如龛。鹿裘念一者，曾习静于是。口外飞泉滴沥，有若水帘，洞因受其称。余与伯衡扪萝凌高，援葛降深，得有是观，亦云倦矣。远僧邀玩百丈潭，甫及潭以倦藉草，侧见瀑布乘岩，泻百丈以注澄潭，急涧分映修林，不啻濯魄冰壶也。日虞渊②，还饮紫玉酣寝矣。

十四朏明③，戒旅蚤[早]食，登舆复潆洄桃花溪。行二里，为圣水泉，停舆属望久之。又二里，为鸣弦泉，抚瀑下横石，中虚，丰右杀左，俨若一琴。谛听之，中有丝桐之韵，故得名。又一里，左东泓坑，右桃花源。桃仅仅数株莽灌中。僧称桃种自上古，弥满峰源，每花落溪水为红，今爽矣。

---

① 睢涣，指睢水、涣水。《太平御览》引《陈留风俗传》曰："襄邑县南有涣水、睢水。"溥，形容洪水广阔无边。缋，本义为布帛的头尾。引申为色彩鲜明。
② 虞渊，传说为日没处。
③ 朏明（fěi míng），指天刚亮。

又遵溪行，见一石人笠而立。过此，乃跻汤岭，不惟峰壁耸削，干云非一。而渡①泉纵横，戛击乱石间者，前后接响，曩名少华不虚也。逾岭犹然，步仄径，秩清流，杰嶂耸石，奔泉挂瀑，亦称不乏。至钓桥，少憩茶庵，弃舆徒步诣白云庵，俭于十里而径出。两山夹峙，群涧交溜，九龙、望仙、仙都、石人，罩络群山之表；草木森森，泉流活活，清气砭骨矣。及庵，僧体素馈毕，始望翠微、仙桥、玉屏诸峰。度三石峡，三十里而遥，经见峰石，连若云迥，峭若霞举，架若虹垂，错磊若星，飞翔若鸟，蹲踞若兽，趺坐若佛；若大士耸立，若介胄，若端冕垂绅，可谓婉娈②黄山阴也。不宁惟是，淙淙泠泠、关关哕哕、离离蔚蔚，在在足娱眺听，即多识者，不能得其名矣。松足称林，而奇干异条，即图天台之怪者，不能悉也。余素不健步，斯以山阴，尚尔竞奇，造其巅，当乐以遗世矣。故独往，不知手扪足蹑为劳。

　　晡③登天海，乘晴骋望，溪峰闲旷，云日照媚，致可栖情。及次茅庵，具器食，再出，晚望则青翠深沉，曛岚郁霭，亦自可喜。倦入庵，呼酒索枕如曩夕。晨明，为望日出而游目，虽森蔚在晴空，晓景晨霞，共为掩映，可遂奇观。乃忽雨下如注函，丈外如海涛黏天，千岩万壑悉沉波底，一无所见。又如浑沌未判，孤居一庵，如盘古在鸿濛中也。乃各出纪胜之什，暨共绎所迈，历耿耿耳目者，益信景升言良然。谢少连、吴田父、汪汉举辄口其胜而不叱其驭，宁以身尤乎黟之山灵行且移文也。

　　日中，雨稍霁，偕登炼丹峰。志言浮丘公于此经八甲子，丹始成。黄帝服七粒，不云升天。灶与杵臼、台与溪源具在。余因寻胜第一峰为汲汲也。逾东则平天冈，长廿丈而丰，广三丈，平如砥，横如几，翠松数株，萧森阴冈。又东则光明顶独秀霞表，去天一握，不独黟之方岭峭峰可俯而冯〔凭〕也。吴楚山川亦可浮观，致足娱衷散赏矣。又东五老峰、飞来石、石笋冈，簪簪④后海。又以雨淫促返，未得遍眺，而石之权奇业得其概矣。独顶四通八达，不及游览，以毕有诸胜意，殊不畅然，犹晴可倚俟也。不谓望后霖浩三日，局促小庵，挟膳提醪，雨不可继。

　　八日，冒雨去天海。出山海门，濛濛中见狮子、莲花诸峰，奇峭耸

---

① 洑（fú），指回旋的流水。
② 婉娈，本指少年美貌，此指美好。
③ 晡，指申时，即午后三点至五点。
④ 簪簪（zān zān），参差不齐貌。

黄海
HUANG HAI

拔，高插天半，不沾寸土。而岬中诸石，石理如涌浪堆云。故自三线天以及二线、一线，目不周玩，情不暇给者，大都经赏，松石之奇也。及至云梯，梯百倚空，身且摇摇欲仆矣。逾梯至崩岩败磴处，余重足[①]，一迹、远僧率舆人接，手以前掖，束匹布而留后，始得逾险。以望天都峰，峰若天柱，兀石无阶，即捷巧猿徒、轻工鼯族失其技矣。峰下寻源探溪，则香谷、香泉犹在也。莲花洞短僧曾道逢于水晶庵，随余舆返，以候游若洞耳。远僧于入洞径上指所从入者，欲不失期，余未能从。钵盂、老人、朱砂诸峰，岎崟[②]回丛，徒一翘瞻而已。憩华盖岩，望朱砂洞，余乃谓九华自是天地一尤物，今黄山亦然。惟山灵秘奇，不欲余穷其胜也。

抵朱砂庵，霁。坐移时，俟饼充虚，舆始至庵。余乘以返汤寺，即丞相源寄公祈览九龙潭，亦未遑矣。

世传黄帝陟王屋而受《丹经》，升鼎湖而飞流珠，登崆峒而问广成，之具茨而事大隗，适东岱而奉中黄，入金谷而谘子心，论导养而质玄素二女，未闻与浮丘、容成登黟而炼丹也。但破山通道，遍历五岳、缙云、青城，皆所辙环，则黟何择于轩辕而不一税驾乎？志之详哉纪黟，因详轩黄之仙去，殆非华说也。余是游得诗三十余首，尚不能尽胜之二三，独论轩黄者甚，设伯衡遂谓黟诚有灵，当惊知己于先生矣。

时万历岁在庚戌四月望后。

山史云：休征蹇于步，乃能历险，足自快然。作客依人，山行殊不畅。明年遂为岱宗游矣，伤哉，余特为梓传之，见为苦心笃学士也。若水帘洞实未辟，当由僧诳，信以为真。余初讶之，喜其能至，后决其未至。至则有真实语描写，何得简略若此？盖水帘洞与朱砂庵相望十余里，四十年来已无游迹，故知僧以他洞诳之。

---

① 重足，形容非常恐惧。
② 岎崟（fén yín），山峻险貌。

天都山史潘之恒景升辑
曹溪学人方士适若銎校

纪游四·之二十

游黄山记

姚文蔚[1]曰：己酉，友人约同游黄山，余谓当先后行。今年夏秋间，览黄仪部贞甫游纪，余兴益勃勃，先是余门人吴民望氏书来，订黄山之约，许以中秋。俄而病痁[2]，迁延至九月中，始克由余杭游径山诸处至歙。十月二日，抵水田精舍。钩陈宛转，竹树水石之胜，居然阛阓山林，若助余游兴者。留三日，戒行[3]同游者为吴文学去疾、胡山人大方、余婿沈直卿，民望以足疾不果。篮舆冉冉溪山中二日，令人应接不暇，最幽胜者为芳村，饭谢生元亮处。吴文学嗣宗，自郡中追及焉，遂与偕行。由汤口至祥符寺，为黄山一面。止宿其中，则月之六日也。寺对天都诸峰涧壑。由汤岭而下，诸胜藂萃[4]，温泉二泓，自涧中出。下者伏乱石间，上者石屋、石池，依于石壁，不假甓砌，清流激湍，垢浊不留。

次日早，余试浴起，则东旭正照，暖气熏蒸，不知骊山下，视此何如？第此为万山深处，非幽人旷士不易到，应不至有杨家遗玷耳。饭罢登山，惟去疾独留，行者各短衣杖策，寺僧无我导行。攀跻数里，至法海庵。庵倚朱砂峰，面钵盂峰，天都、莲花诸峰，环翼左右，为兹山福地。郡人鲍仪部中素、潘文学景升诸君营创充拓，它日必为精庐。于是少憩复行，庵僧心宗从焉。盘陟而上，置身益高，俯视群峰，惟天都昂然。及莲花沟，四面环翠，如在莲花瓣中。携火具饭于此，踞石临危，人浮一白。予笑谓："即此足

---

[1] 姚文蔚，浙江杭州人，字养谷。万历二十年进士。官至南京太仆寺少卿。有《周易旁注会通》《省括篇》。
[2] 痁（shān），疟病。
[3] 戒行，此指登程，启行。
[4] 藂（cóng），聚集，丛生。

黄 海
HUANG HAI

称青莲居士矣。"山崩裂者数十丈，猿猱无所置足。好事者置杙其间，蹑之如履虚，直卿、大方贾勇先登。余亦凝神定气，两手攀木，膝与颔接，飞鸟轻跻，恐木危不任足，触石负痛不暇顾。贞甫记中谓："非此险不足偿此奇"。彼自松谷石笋来，故作是语，余于此时犹未深信。梯尽益上，几及莲花峰顶。朱砂、天都雁行俯仰，遂由龙门至一线天，两石壁立，中仅容一人，顶露天光如一线也。如此者再，乃自云梯而下，历七百级，倚绝壁，临大壑，斗折蛇行，险若莲沟，差有路耳。复上，过所谓空相庵、海螺石，皆指山形似为名，不知千峰皆有似，如何可尽？仆夫有忘生升巅，取松以下者，盖黄山尽石峰无土，其巅古松，皆从石罅中出，高不越寻丈，夭矫如虬龙。好事者往往取栽，十不活一二云。从此，稍有平冈，余乘篮舆行。落照映石壁，如红灯取影。行人衣貌，毫发不爽。自法海来三十余里，至海子，则已暮矣。直卿、大方先到，登炼丹台，回茆庵待予，予偕诸人后到。良久，见月，以山高障之故也。庵名指月，缘傍月塔峰而创，其峰石似累叠所成，山中往往若此，岂巨灵故设此为诡特之观耶。夜借僧榻，舆人仆夫，散处邻远，犹然室无空虚。贞甫阻雨，驻此三日夜，其景况可想矣。

早起，登炼丹台。九华诸山，远列可数，炼丹、翠微、芙蓉、玉屏诸峰，环列台下，一草庵迫群峰而立，靓深幽悄，不任久驻。已乃登光明顶，则诸峰罗列似儿孙，即天都亦俯首矣。远视万山层叠，渺茫无际。顷之，白云自山麓上腾，弥漫渐布，近者兜罗，远则黄金，盱衡旷观，直与天接。山顶浮翠，若岛屿在银海中，与波上下，奇观哉！其名海子，不虚耳！

徘徊久之，过智空庵。少憩，遂行，观五老峰，不减丹台。由陇陟平天冈，古松之怪，为兹山第一。遥睇飞来、海门，上石笋矼，奇石环列，莫可名状。登危石，俯诸峰，眺九华，倚石笑傲，自疑身在蓬瀛矣。乃曲折峰间，由石笋峰，下石笋鸡，峭耸插汉，对峙屏列，涧谷中流，盘旋而下。其峰各有形，似比耦相向，若诸天圣僧，觌面参请；若垂绅正笏，东西班立；若奇花美女，争妍角妙；朝暮倒影，若彼此隈倚，竟二十里。水口收锁，数折而后至松谷庵。黄山奇绝，无逾此矣。余然后知非此奇不足偿此险也。其地属太平，从新安来者，罕有至焉。祥符僧印我导贞父游，始及此，而不能举其名。心宗能道其名，而不知作何字。余乃悟为石笋鸡耳。将来鸡之名日著，游屐日众，当于是乎？始松谷者，张真人号也。其人在五代时，教授此地，因善祷雨术，化去，人为立庙，塔在殿后，而妻墓亦在其傍。地有五龙潭，至今祷雨，辄应。真人偈曰："铁牛鞭向四禅天，金身已寄千花座，儒耶？仙耶？释耶？吾不知其何人也。"

夜宿庵中，大雨如注。次日，雨不止。飞涛溅沫，怒流赴壑，殊可眺听。恨不能上巘中，一观诸峰雪瀑耳，实月之九日也。

旦而晴霁，遂涉涧，观青龙潭、油潭、仙解石诸胜。由芙蓉岭，取太平路以归大都。山村岭岫，风景一新。

十一日，复至汤口。于是观虎头岩、鸣弦泉、白龙潭、药炉、药臼诸境，而丹井为最胜。丹井者，在涧壑中，盘旋数大石，崎岖下三四丈，始得见之。最大白石如砥，石上一孔，环尺有咫如规，测之半仞。清泉泓然，井口圆滑天成，非斧凿可及。其上斜倚大石，如覆护然，人谓有取井中石子者，皆如弹丸可爱。吾想其下必有异，恐灵迹不容人探耳。循涧上莲花庵，其胜比肩法海，而精舍中列擘镂石壁，大树根磨成，数物皆奇古。其徒云师印我手制，且出其刺血所写经，亦俊衲哉。询其师何往？曰："至休宁，取仪部题额。"

余次日下山，见一僧，随一担板者，余曰："是必印我也。"呼之，果然。视其板，则"净林居"三字，贞父题也。余因口占一诗，以记其事云。归途宿巘中冷风阁，观华阳馆、西枝室，皆蒋氏别业，汪司马为作记。四山环合，长堤清濑，明月照人。谢生携觞见醉，生言："家君游黄山者二，云雾濛濛，不见一峰。因斋戒以往，犹不得见，誓不复游。"云余今值晴明，远近呈态，无纤埃翳蔽，亦幸有天缘多矣。

次日，过杨干古寺，至潜口。登观音岩，即所谓紫霞洞天也。立其巅，望黄山，若依依不忍别。闻兹山有桃数万株，开时游人如织，若与苏堤争胜。由此回民望精舍，则月已近。望其伯兄中翰君，邀余讲学溪南书院，大都发明紫阳之学，其流风遗书炳如也。

三日而后，作白岳之游。夫黄山三十六峰，何峰不奇？何奇可尽？探奇者稀，良由惮险。若以祥符、松谷为邸舍，由汤岭过焦村，自松谷、石笋巘而上，以尽海子、丹台、光明顶、莲花洞诸胜。复由石笋矼而下，至松谷，历焦村、翠微寺、白云庵，归祥符。然后由苦竹溪，以及丞相源诸处，则无事陟险乘危。而黄山东西南北之胜，可概见矣。余以松谷归，路不由焦村，遂失翠微，更致迂道。问僧心月，而后知之也。今心月募建轩辕宫于海子，且欲夷棘凿山，以便游者。董太史玄宰作疏，郡邑诸公为之首事。

黄　海
HUANG HAI

余亦书数语，以劝其成。果尔则黄山增而胜，化鸟道为康庄，或不必如余之过计也。虽然即如余言，道路不远，而多石笋矼、松谷、五龙、芙蓉、翠微之观，亦何为其不可哉。

游黄山诗

姚文蔚 字元素，钱塘人。

由黄山法海庵上海子作

历险度穹窿，冯高接远空。
丹台犹未陟，黄海已先通。
落照翻行影，巅松露化工。
轩辕成道处，何必问崆峒。

天都峰

天都百里出崚嶒，直欲凌风快一登。
已见天都真面目，何烦策杖踏行縢①。

浴温泉作

幽涧水潺潺，片石如覆瓦。
温泉自古开，何似骊山下。
试浴心清凉，垢浊随流泻。
龙潭丹井来，冰雪相喷洒。
兹游宁非真，昨梦亦非假。
人生一世中。浮埃飞野马。
对酒与当歌，茱萸不堪把。
叹息净林居，谁如此行者。

登莲花庵，回祥符寺，赠无我衲子，用黄贞父韵

人间尽炎海，到此即清凉。

---

① 行縢，原指绑腿布，此为远行之意。

树树皆含秀，山山若吐芳。
经行远精舍，宴坐一禅床。
暂憩已生悟，何论住久长。

途中逢印我衲子口占赠之
衲僧入山来，随着担板汉。
虽然不相识，亦不蹉对面。
试呼印我名，哑然惊顾盼。
却展净林题，墨华光璨烂。
风神支遁姿，游记非虚赞。
黄生信有缘，嘤鸣鸟声唤。
处处得相逢，留作黄山案。

泠风阁玩月忆登海子之夕
归途寄迹到泠风，四雇山光夕照中。
夭矫长堤环院落，潺湲清濑绕篁丛。
亭边客醉飞觞促，谷口云封待月通。
遥忆海天同一色，光明清切广寒宫。

潘之恒

送姚元素都谏游黄海归武林，兼柬黄贞父仪部
宛转看山兴倍奇，茅庵倏见数峰移。
白云峡折欣求友，黄石函开悟得师。
幽梦漫将归兴引，清谈应与故人私。
苍茫海色连天目，更为西湖系所思。

游黄山记

邹匡明[①]曰：庚戌秋，余入新安，先见潘景升，则重阳之明日也。景升方

---

① 邹匡明，字子尹，生卒年不详，江西人，颇有才学。

黄海
HUANG HAI

结天都社，手余刺，惊喜相迓，曰："子尹忽自天而降耶。"余叙石门之奇，邀景升入社。景升亦叙天都之奇，邀余入社，各各心许，而景升洒翰记之。且曰："子一揽胜天都，则吾与俱西矣。"余以凤盟待毕石庐同游，而石庐方侍尊人疾，待至阳月望，不果偕。余乃决策，偕郝子荆①游焉。然自山中来者，多称黄山冰雪棱棱，至不容武，皆欲尼其行。景升独从臾之，因曰："天都雪景绝胜，子自有济胜之具，毋怯也。"余游兴益壮，吴中舍百昌乃命一介导之。德兴祝不二尝读书山下，未及登，余窃笑其不韵。不二曰："黄山尚在，即高韵何至戴雪而游。"余笑曰："黄山时时自胜，顾安得胜友把臂入林耶？"不二遂慨然愿从之游。

行三里许，经清泉寺，杨孟功从瓮牖中，望见余幅巾白纳，策杖前行，追而送之，曰："余壮君行色，真足傲霜雪矣。"又行七里许，经观音岩，子荆述其灵感及岩下桃花之盛，盖入山自是始。途次倚老松，瞻叠嶂，往往摩腹一笑。

又行四十里许，经蒋处厚山馆。四峰蟠束，翠云相荡，乔松茂竹，郁郁成林，则不二曩年读书处也。主人奉卮酒，接殷勤，因与不二道故。时汪介甫馆于蒋氏，介甫曾参普门和尚，颇畅宗风。余与谭，雅相契，而不二时露机锋，稍失本色。余语不二曰："吾党未超解路，虽复当机拈弄，只犯手脚，愿相与戒之。"介甫亦云："山中多苦行头陀，若一箭虚发，恐不免惊天动地。"子荆曰："如此动色相箴，乃可同参矣。"

明日始乘笋舆，又行十五里，次汤寺。仰视巃嵷如黛，既壮且秀，若排云然。寺以汤池名，池在寺前，隔一溪，上下四围，皆石甃之。水从泉眼中喷出，如鼎沸、如蟹涎、如雨中聚泡，旋喷旋散，终日浴而垢不积。同行者以次披襟，一浣濯焉。皆叹造物之奇，而予从临汝泉浴来，其清温相伯仲也。天下汤泉七，其水源多有石硫黄，浴之则其气袭人。此去朱砂峰不远，顾嗅之，绝无硫砂气，古称痊疴涤烦，功迈药石，或不虚。

浴罢，行二里许，至朱砂庵。圣母赐名慈光寺，即普门所创炼魔场也。仗鲍祠部护法之力，法众日薰修不懈。子荆遥闻梵声，不觉心酸，泫然欲涕。予曰："子凤生必自慈门中来。"子荆亹亹言："宿命若有征者，每向予述普门忍力，不容口。"普门先入长安乞龙藏，不及晤。乃扪萝登莲花洞，洞深数丈

---
① 郝子荆，即界系禅师，歙人。

许。前一石笋，奇峭插天，而飞泉落于檐间，泠泠有声。然阴翳惨澹，不可久居。不二顾欲习静其中，夜深大风振岩，逸响动谷。洞中之人，疑将压焉。

晨兴，雪华霏霏，黯然不乐。洞僧激其行，曰："稍迟雪深，即不可出山矣。"余与子荆饮气吞声强别，不二冒雪下丞相源。思欲回展，倏尔拨云见日，喜而欲狂。即倩一僧导引登后海，雪色洞明，四顾林峦，皎然一白，琼枝玉叶，晃耀曙光中，俨然七宝庄严地也。行者赞叹："快不可言。"而子荆时时啮雪自咽，余曰："子欲寒香沁入肺腑耶？"子荆笑谓："景升不得复傲予矣"。曰"如何？"曰："景升九游黄山，然未一历冰雪之胜。安识银色灿烂，使人神莹如此。"将至巅，飘风度壑，如怒涛击撞，其声骇人。整衣前进，而智空上人自紫扉出，昂然有丈夫气。余甚敬焉，问其山居六年矣。余叩之，则慧力少而定力多，然遍参善知识，一一状其苦行，自偏融迄妙峰，若而人。余操觚纪之。见庆历中高僧，固自不乏也。

明日天霁，因走人，邀不二同游玩。而智空引余登黄山绝高处，是名光明顶。其时旭日东升，万里无云，仰摩层霄，俯瞰广野，有天际真人之想。环视峰峦，簇簇如覆盂、如巨镛、如虎噬、如玉女靓妆、如勇夫卓旗。千态万状，不容名言。别智空过前海，而僧舍委于草莽，辄不胜心怆焉。普门方募建大悲道场，以萃其胜，前三昧池，冬夏涓涓不竭。稍折即轩辕炼丹台，其石磅礴，皆紫色，而一带飞壁，奇峭刺天。若植圭、若侧弁、若列戈矛、若芙蓉菡萏之初开。效灵献秀，尽在一目。而台前适有茅舍，空无人，可容一几一席。入其中，则百峰如剑戟丛立，悉出栏楯下。予题曰"万笏林"。誓将下帷百日，以饱所玩，且资其灵秀自镞也。还至峰顶，一老松盘结其上，高二尺许，枝干槎芽，形状偃蹇。如龙蟠、如鼍奋，上可坐数人。予跏趺澄心久之，瞪目一视，恍惚腾身在万顷碧云上。而俯睇松头，濈濈①出没苍烟中。若翠浪汹涌，盖浮生一大快也。

复去寻石笋矼，不二适从莲花洞来，悲感交集。因携手同行，则见诸峰亭亭屹焉，有惊起者，有独拔者，有横裂者，有直拆者，有崩欲压者，有危欲坠者，左右无支峰、无赘阜。而石骨中皆有怪松，倒植横生，葱蒨相纠。子荆狂呼绝倒，余据一巨石，岌嶪②相倚，坐视石笋森密，俯仰侧直，曲尽奇

---

① 濈濈（jí jí），聚集貌。
② 岌嶪（jí yè），高峻貌。

黄　海
HUANG HAI

崛，笑谓："神禹疏凿，吴刚追琢，五丁力士之鞭驱，岂宜至此。"不二亦抵掌大叫曰："不观石笋如林，吾几笑黄山浪得名耳。"至是，始谢余汲引之力。而仰瞻天际横云，截如玉带。余苦目不周玩，情不给赏，眷恋松筠，如狂如痴，徘徊后海，信宿而后去。

后海故负峭岩，宜建梵刹，揽一山之胜，万叠云屏，森列其前，左右危崚倾岳，恒有落势。一类悬钟，一类抱鼓，九子、飞来诸峰，恍若壁篱间物，可手摩也。

天将雨，则有白气先搏，缨络于山岭下。及至触石吐云，倏忽而集，即薄雾微雪，千峰玉立，顿成琉璃世界。

余晨兴，顾而乐之，无奈从游者促归，遂披雪而行。群峰嶙峋，如鹗之立，如凰之翔，如兽之怒而走，饿而噬，令人目眩神竦。行至三天门，则两壁对耸，上插云汉，其平如剑削。心月上人凿山通道，从石隙中出，仰视天如匹练，然而山脊如刀背，仅容一足。下临万仞，不敢凝视。忽忽罡风吹衣，行者震掉，不能自持，比岁蛟作孽，山崩石陨，竟无路可纵迹。中舍所修千级石磴，颓其十之二。不二先寻小径横度，而余与子荆共泣途穷，不得已，从藤梯攀援而下。历种种苦，乃益信中舍开山之功焉！沿途烟萝四合，秀石香草，樛错于绝壁悬岩间。翠肌玉脉，碧叶金光，与短松相掩映。好事者往往取去，为轩窗之玩，此歙州一奇癖也。

是夕复宿朱砂庵，诸衲子示以炼魔状。余乃叙其因缘勒之壁。一老僧自北来，终日危坐，若有道者。叩之则行年八十，尚参方不休，而历历能识作家钳锤。余脉脉心仪之。

明日，雨雪霏霏，叠嶂承流，烟霭云涛，朝暮百变。因步法海龙脉，自天都蜿蜒而落，虬蟠虎踞，非普门大行大愿，固不能开此胜场也。

又明日，日光横照，朱砂峰紫翠重叠，秀色可掬。乃别诸僧，诣莲花庵。而历重巚望之，见隐隐从云中直下如匹练者，水帘洞也。余锐然欲往观焉，吴使顾引余观白龙潭，飞湍喷雪，溅沫成轮。而印我上人构庵于风篁云木之杪，小阁疏窗，位置闲雅，云门黛色，隐隐于栏楯间。郑无着[①]常晏坐于此间，乃搜剔玉兰根，或作几、或作案、或支钟鼓，似神工鬼斧所削成。子

---

① 郑无着，当为郑无著。郑无著即郑重，字重生，号无著，歙县堨田人。善写佛像，与莲花庵僧印我相投契。

荆喜而歌咏之，余两人各说一偈而行。而环山多怪石，纵横道左，类驰马者、类虎豹蹲者、类群羊之或寝或驱者，皆无着所刊木而通者也。而无着方拮据修天都社，社距莲花庵仅咫尺。高峰入云，清流见底，两岸石壁五色交辉，余将不时与景升穷海门、松谷之胜焉。先是宿后海时，梦景升啖一丸，色如碧玉。余索之得其半，咀嚼甚甘，惊问所从来，景升曰："子所慕龙穴石髓者是也。"余长啸而觉，尚津津有余味，岂余两人泉石之癖，自有神授耶？夫天都、石门之间，量腹而进松木，度形而衣薜萝，则予之徼惠于山灵者，奢矣。

黄海
HUANG HAI

天都山史潘之恒景升辑
竹浪道人汪承启幼绪校

纪游四·之二十一

游黄山纪

梅鼎祚[①]序曰：桃源人言："不知有汉，尚安知魏晋？是后遂无复问津者。"天台千树之花，万年之药，乃坐忆人间失之。吴福生去家，授道黄山芙蓉峰，一归里大悔曰："此何异曹马之际乎？吾日在烟岚瀑响中，初不知有人间世也。"余视其顶有黄光，心影正，青霞几缕自袖出。迫之，得《黄山游纪》焉。盖无险不跻，无胜不览，文奇绝处似汉封禅；幽绝处，似盛弘之郦道元。固往游者所未历，亦往记者所未有。

汉武闻方士谈铸鼎升龙事而叹，使朕得从黄帝游，弃妻子如脱屣耳。兹山实轩辕之遗迹，迹在封内，余辈当褰裳奋登。问峰名所为三十六，必有福生之不能尽者。即有文必逊谢，然以青莲于黄鹤，眉山于庐阜，皆有所谢。去余福生目击道存，宁较毛楮间，一瓢一笠，持此纪为炬筏，幸无道迷中返矣。

汤宾尹序曰：予尝为黄山疏偈，曰：谓此山新来与天俱。轩辕老子，得道最初。谓此山故僻在确土。黄帝以来，此秘未睹。於戏，山川于天地，非狎生之物也。然其开塞之致，或因天、或因地、或因人，而不能以自主。石间、梁甫培塿耳，傅岱而禅；灞、浐、沣、涝，皆非大川，以近咸阳，尽得比祠，地事也。大国彻都，舟车辐凑，穷岩绝谷，人迹罕逢，地事也。川有时而荣、有时而涸，石有时而泐，山有时而岵、有时而垓，五百岁天下名山一开，天事也。永嘉之迹发自灵运，柳州之名闻于子厚，即吾乡敬亭，于谢、李诸君子不无借色，人事也。三事合，然后山川之奇有所寄托，以长流于

[①] 梅鼎祚（1549—1615），字禹金，号胜乐道人，安徽宣城人。明代文学家、戏曲、小说家。

人间。

　　黄山受姓于黄，托基尊远，固宜为采真探奇者之所驰骛。开辟以来，卒未有继轩黄氏发舒其闷者，杖舄笔墨之用，转俭于它山，岂上皇之窟宅，至圣之缄滕，蓄厚抱固，未易显耶？抑山之灵各有待耶？山界宣歙二郡，今又在天子旧辅，文物风秀，渐以鸿明。而黄山于其时蒙密巉岨，俟为樵子所通、好事者所梯栈。从前未发之奇，终不得闷匿不吐。吾友吴福生，业占一席于松谷庵中，今无论游记若诗，靓深韶远，与六六峰争胜，即所成山居制义，秀色可搏。掬丹霞映而翠窦飞也。福生蓄厚抱固，亦已良久，质以三事，宜不得不显用，而予适归休，代长林泉之社，帝轩宫中有下风，膝行而问道者，其必予也夫。

　　山史云：此司成未游黄山前序也。既游黄海后，宜发望洋之叹，若禹金视敬亭，犹惮远涉，似难以蠡测矣，寄发一笑。

　　青羊牧人金励评曰：《黄山纪游》浩渺神奇，《秋水》篇而后，仅有是耳。九华以青莲重，此山不因福生更增声价耶？非此作不能状此山，非此山不能当此作，两者并与天壤不朽矣。又闻黄帝采首山之铜以铸鼎，鼎成而冲举。首山，吾中州山也。七圣皆迷在焉，何得在此中？传称天下有名山五，三在中国，二在外夷，首山其一也。今乃为黄山所攘乎？且以质福生。

　　山史叙曰：辛亥夏，在广陵遇兵宪金公，辄谈黄山不置，盖得之宛陵吴君福生《游纪》，以为黄山之胜尽是矣。而不知福生纪虽佳胜，固未尽也。即兵公亲登白云庵，已历险阻，而未纵大观。见福生纪宜其神王。嗟乎！山川灵气，与文人笔端，自相鼓舞，其工固宜。而兵公怜才谦抑，令蜚芳誉于四远，其高谊古未易及，故特著之。

　　吴伯与[①]记曰：往奉清谈于友人梅禹金，则以黄山、白岳、九华接处境内，而未及为兹山实录，更不知作何了义也。余心识之，每患探剔之，无从清致之，未易副耳。客冬，谭生胤茂等邀余讲业黄山，不觉勃勃焉，思一毕

[①] 吴伯与，字福生。明万历四十一年（1613）进士，官至广东按察司副使。生平博极群书，工古文词，家藏书甚富。辑有《宰相守令合宙》《名臣奏疏》《内阁名事略》《宣城事函》等。

黄海
HUANG HAI

其奇。以辛亥正月廿三日晨起，戒仆夫行，从南陵一谒知己。

又三日，抵太平城，因问道于张明府。二月朔，出谭生之望仙乡，异道而行。可十里得虎村，军民庐之百余家，半新安屯所也。时菜甲柳眼黄绿间错如绣，差适人意。盖黄山所从首径也，自是诘曲，弗郁①而上，两山旋㥿，其苍翠色欲交。芙蓉峰怒起，岝崿刺天，下临深谷。泉拂石碨䃁②作长鸣，与风树相应。瑕石诡晖，为窦、为奥、为囷廪③、为若釜者间出，而马迹半之，相传轩后经行处也。余觉舆人小喘，从谭生扶而上，稍坦陀，又就舆行，如是者三，始逾岭。岭外山舒而平，芙蓉庵在焉，庵陋甚，不胜香火。

萦纡而进，可三里许，则松谷庵也。庵额则郡大夫罗旴江④笔，又有"东土雪山"四字，甚苍劲。松谷者，张真人号，因名其庵，祈福者趋焉。每入春，妇女杂沓而至。余笑谓诸子："此谈经座，当作仕女献花台乎？"庵四面皆山，山四面与书几对，雾则濛濛然，半封其户；雨则嗡嗡然，瀿瀷⑤涛声。渐变为筝笙、为浮磬、为鸟歌、为市人喧、为浏莅卉歙⑥而相吹，百千万状，尽递枕上。云稍霁，便荧荧然献媚，溪石若凯余游者。庵前后五龙潭，皆称绝胜。独左折而下，曰青龙潭。石臂峭峻，奔泉争乱石间，汇入潭，潭渊渟泓澄。僧人曾约缒以石掷之，竟丈五。大石梁斜覆其上，覆不尽者十三。得日若琼玉，得空若碧琉璃，得云若烛银飞瀑，焆曜涯邻。余时时啸歌其傍，歌声泠然逗崖石，乐而忘其返也。

居一月，偕门人程、焦、谭、李、赵诸生循松谷庵而上，寻山诸胜，老僧谷云为前导。行三里，闻流水潀潀，巨石纯白，与水色称，则传所载白龙潭，近张真人结庵处也。山渐上渐锐，锐锋错萼中。僧指有天牌焉，牌缘以黄，内含绿字，影影射清旭。再转则绝壁四周，一壁中穿其腹，从虚牖以透山外晴光，俗称"天眼"，庶乎似之。而石笋峰隐隐相望矣。笋峰不列《图经》，据《仙记》，则称黄帝上升，双石笋化成峰，疑谓是也。其山神秀叠出，眦触睛眩，或断或续，或峻或衍，或喷或吞，或尺或寻，或霞销，或霓

---

① 弗（fú）郁，山势曲折貌。
② 碨（wèi）䃁，不平貌。
③ 囷廪（qūn lǐn），粮仓。
④ 罗旴江，即罗汝芳。
⑤ 瀿瀷（fán yì），水急流暴溢。
⑥ 浏莅，象声词。卉歙，同"卉翕"，形容风声迅疾。

裳，或儵蠊①，或神蜧②，或瑊玏③，或渔阳玉，或劈巨灵斧。每一巅，或覆平石如台笠，或覆怪松如雨盖。余指谓老僧曰："上界西方，应无过此。"老僧合掌赞叹而已。

从此蹑矼上，登光明顶，望三海门，岑崟④天际，三十六峰罗列，若趋谒，若侍卫，若海童琴高，抚波凫跃，汲翠天矫，使人目眩不暇接。已乃止蓬室，卧僧木榻，遂拈韵为诗，得二首。

早起，则同游诸子先余登炼丹峰，余亟奋而升，罡风蓬蓬然，吹摇衣裾。而炼丹峰岬崒无际，与钵盂峰出没云气中，亦一奇也。但鼎灶杵臼，渺不可识矣。炼丹峰相并而峙则天都峰，峰为群仙所都，高可千仞。石壁愤起而环，四面如削、如洗、如空、如倚，如人、如鸟、如飞蠝⑤、如狐貛、如夔牭⑥。其时天正午，日益射彩，南尽目力，微白而晃漾者，疑大江耶；东西隐隐一抹，侧足而处其下者，意两天目耳。此中诸山，不啻培塿矣！因与诸子语："吴门白马，岂诚然哉？登太山而小天下，惟黄山几焉！如青阳王怀白之语，余辈也。是耶？非耶？"

俄而，峰前各出白云一缕，渐成数百道，狂而逐，逐而复合，遂遍成白玉地，空然莹然，天地不别，将无为大海之气欤！是为海子，谓如白云起海中，到此身世欲浮耳。

日暮，投指月庵，黄仪部所题也。比月出，相与箕踞磐石，作明月之歌，以浮大白，几二鼓矣，庵僧一指者跌坐单上，余就之谈止观，甚津津也。最后，余谓之曰："以今所睹，天都、海子，熹微幻变。窃悭彼奇邪之士，影响其君，始若武者，往神山海岛，一几仙迹，而竟渺渺也。呜呼！鼎湖、丹灶、仿佛貌之耳，轩辕安在哉？幻尽云空，照彻无穷，即此为止观矣。"僧亟为点头，三鼓而寝。将五鼓，则风声动地，短茅几覆，余恍恍不自得，意山缘将中断乎？

厥明，强起，饭已熟，而风息矣。僧一指戒余取道白云庵，不必涉险云

---

① 儵蠊（tiáo yóng），古代传说中动物名。《山海经·东山经》："（独山）末涂之水出焉，而东南流注于沔。其中多儵蠊，其状如黄蛇，鱼翼，出入有光。"
② 蜧（lì），古书上记载的一种能兴云雨的黑色神蛇。
③ 瑊玏（jiān lè），像玉的美石。
④ 岑崟（cén yín），山势险峻貌。
⑤ 蠝（lěi），鼯鼠。
⑥ 夔，神话传说中的独腿神善。牭（hǒu），小牛，或言夔之子。

黄　海
HUANG HAI

梯。余强老僧,翼而过莲花峰。未二里许,僧云:此中三天门奇甚。蹑而进,则面壁陡高数百仞,拿攫夹立,孤松翼而覆之,仅通天一线,可单身入。风阴阴逼人肤如粟也。自此看海涛诸峰,则诡瑰异状,触目与云梯并丽,将望而登焉。云梯者,歙之诸君子芟蒙茸莽,通太平之海子、笋峰者也。梯可千余级,下临杳霭,亦数千仞。石砌隘甚,不能全受足,后趾俟前趾发,乃可发,犹借老僧,时时以手相受。级稍高,又不能尽受手,为之一级一停。当其停级中,忽忽窥前人,如在烟雾;古松夭矫偃蹇,如无白日;猿鸟相间而闻声,如在瓮中语,盖无不目眩心悸者。而大谭生以身重,小谭生以数怯,较余倍之。迨梯尽,级亦尽,即诸子踔厉自前者,犹然战股,谓趾无可措,流沙直溜,不知所底耳。而余竟转莽棘中,老僧以两股承余足,蛇形而下。余则白布为束,悬身出莲花沟。斯其时,足缩,觉目无奇,目奇,足又若枳,余足余目,若交妒者,而余终为目,不为足已。稍数百折,得朱砂峰,谓轩辕曾取砂于此也。其下有洞、有溪,溪水与汤泉合,法海禅堂在焉。以水涨时,丹砂间涌而出,因名朱砂庵。庵僧持戒律甚肃,为具蔬豉,皆甘美,茗不啻狮子峰前香林馥郁也。因随缘布金而别。

去庵五里,至汤池,则轩辕氏宫。轩辕时,珠函玉壶,自空而下,故宋大中赐名祥符寺。寺前池水稍热,清莹可鉴毛发,不作硫黄息,且涤疴。遍浴之,甚为爽适。以余所历滁阳汤泉,清湛不及此矣。浴罢,稍憩寺中,陈生、焦生、林生追而至,大快。亟欲投莲花庵,寻洗药溪,以出汤口,而竟为舆人所误,不胜怅然。老僧指云门、石柱两峰以示,则见对峙天门,稍云冠其标,语称群仙来往路,不诬也。少顷,过金丝岭宿焉,诸子各市酒脯以佐疲。

明发,议往丞相源。有张老者为具茗,谈遗事,出黄山旧咏遗余,且遗所扶筇,曰:"以济而胜也。"余乃贾勇扶筇,行碛历涧,回穴纤磴,足相啮者几五里。而下睹九龙潭,潭水自山石嵌空处,转腾一山之巅而下,涛翻云喷,若斗龙吐蛰,鳞飞珠映,炎于霞火。昔人称为九朵芙蓉,信矣。纪游者谓此山无瀑布,岂不冤哉!余兴发不可遏,卧磐石,命小僧摘茶嚼之,恨不吸尽此水也。

相与至丞相源,只有败屋村和尚耳。休宁两孙君读书其中,煮新茗邀予宿。余以此山平衍无奇观,急望仙灯洞登焉。触穹石,激堆埼,老僧手挽而进,不能得挽之十一。辄喘定,乃复行,喋喋顿地者凡几,始抵其洞。洞高数十丈，纵如之，横杀之，中列屋三。层洞乳滴若雨，出大士像后，试之甘冷。主者则两僧，其同胞云。两僧自外归，修檀越礼甚谨。余就蒲团小歇，日且息虞渊矣。少选，月从峰外出，初为钩，忽为玦，为金钲，盘涡谷转，似荡而为仙灯，煜煜不定。余念生平所见无逾者，急呼酒，酬之。诸子有就饮者，有卧取饮者，有且醉且歌者，有不能歌而强和者，各相适也。余乃作仙灯歌，三鼓始寝。

寝皆以甘甚，醒则高舂矣。再凭老僧肩，从云罅顾见莲花洞，诸峰真如藁冢。晴照出丰条中，为百千金蛇，令人恍恍惚惚。俄而道复欲绝，绝处仅容半趾，其半蹈空。老僧从空牵引，欲堕不堕。余时气逆甚，又默默心语：仙灯胜，何如海子云，几欲夺彼。与之，浸假欲堕而堕不胜堕，烦恼城中死乎。自是十余里，而望笋峰，则四顾旷朗，已飞扬宇宙外矣。寻偃卧矼上，旧观依然如画，但其怪松，稍受风，山骨欲摇。其覆石全受日，双睛金碧，大如雪涌，蛾眉较前倍新研耳。下笋峰矼，稍得平陆，呼舆，促之松谷庵，日半沉矣。回首杖履之地，俄落梦境，为之恋恋。

是役也，凡五宿，而皆得日，得月，得和风，得晴云。天都峰高与旭日相媚，掩映万态。炼丹台天籁和响，几共海子之云，吞吐林木；仙灯、汤泉，居然水月观乎；若石笋、松谷之峰岫，雄亘接海子也。真如银虹蜿蜒，上垂于天，下饮于海，游者以芙蓉岭为门户，以数峰为登堂入室，观止矣。余考一二名人游记，有自海子止者；有止松谷，而缺然于仙灯、九龙诸胜者，乃余庶几尽之。然如老僧所指浮丘、容成某峰某峰者，亦惝恍不能辨，唯唯而已。固知目境有尽，天地无尽也。虽然初地人见佛现身，尽佛也乎！其所见则佛也。犹忆友人汤嘉宾札云，时时梦寐黄山，故赠余有"居山道业尊"之句。夫予何能以道尊也！惟是诸子，人持短筇，或倡或和，数息数奋，较之陶彭泽以足疾，使门生肩篮舆，度东林，寻慧远十八人结社处，而计不能也，不差胜之耶！独怪黄山雄峙，天都与庐、霍称三天子鄣。宋人谓九华得三之一，巫峡十二峰得四之一，其超绝白岳又可知。乃自《山海》《舆地志》载以来，未及黄山者，何也？摇笔为兹山写真，则有望于如椽。余故纪其事，以待采胜者。

黄　海
HUANG HAI

纪游四·之二十三

始入黄山道中 _{以下罗记五则。}

罗逸记曰：余既与潘景升、郝公琰结游山缘，黄山则第一义也。景升、公琰先别余入山，余心驰不能置。迟两日，始得襆被以往。由杨干入谷，竹木青葱，扑人衣袂，折而溪行，多白篠斑驳，迸出篱边。

日中抵山口，时天过雨，趻踔走数里，有峭石当路旁，藤萝掩映。犹露汪司马题"艻石"字。已而小霁，日光穿漏。人在空青翠微中，遥望爨烟三五聚，间与岚气相接。则黄山诸峰，隐见如新妇，犹能仿佛其风韵也。薄暮，始至祥符寺，唯汤太史在焉。胡嗣玄又从他道至，询景升、公琰，则走松谷庵矣，乃浴汤泉，归宿轩辕宫。

由白龙潭至莲花庵

早出寺门，遥望石瀑，风拂若沫，濛濛而丽者，飞雨泉也。循香溪而行，澄泓清澈，若碧玻璃者，白龙潭也。伏石林间，中空而窈者，丹井也。当涧有横石乱流，触激淙淙，而拟《广陵散》者，鸣弦泉也。从石弄中出，山桃盛开，盘纡而上，恍然桃花源者，莲花庵也。息倦闲谈，数峰品水，不觉俗缘顿尽。山僧旋汲煮茗以供，各啜一杯，乃去。

经慈光寺宿莲花洞

山僧谈莲花洞之胜未竟，汤太史色飞，余亦神举矣。嗣玄趣从役者，行次慈光寺，观炼魔场，戒律精严，梵呗楚楚中节，宜普门师之动宸眷也。师因金仙圣谛犹滞天子都。今为师上足法藏主之，至是渐入渐佳，一茎木、一拳石，无非奇绝者。从诸峦上下，始至莲花洞。有石苍然柱立，一松覆

466

之,侧偃如翠葆。仰望悬崖,点花蚀篆,岂千古云岚所酿耶?有僧板屋其中,不幸落此一障,倘能发一炬力,便是此洞功德主。稍息,则景升、公琰从翠微寺至矣。借酒纵谈,是夜连被宿洞中。

从莲花沟登海子

由莲花沟而上,山愈奇、径愈险,触额啮膝,级不茹趾。顾有战栗不前者、有仰泣而返者。是山峭骨无肤,欹嵌傀异,当险绝必奇绝,非有济胜,何能探此。宜载肉者,不能登也。过此从石罅中行,衣擦壁辄粲粲有声,百余步始出拗,折而上,缥缈间则海子也。上多尘沙,风涌如浪,岂所谓砂海者耶?矮松一株,迸石而出者,宛似行脚僧落一蒲团,遂趺坐其上,远望四天,净拭诸峦,如青螺出没碧波中。已而白烟一抹,始知米颠胸中伎俩不凡。因叹曰:"今古董家以假米颠画,尚能博富翁数万钱,若以此求一醉饱不可得已。"少然,日色半亏,山风侵袂,余与公琰不别太史公而去。景升、嗣玄亦知余两人避喧而投狮子林矣。犹及望石笋矼,峰崿林聚,奇巧幻出,目华心丧,几欲绝倒。口津津不能赞一辞,总名怪石林而已。

早起云雾弥漫,骤开骤合,往来其中,如鱼噞喁①白波间,亦一奇也。景升觉余两人有行色,急追以别,且授仙灯洞路。

登仙灯洞过丞相源望九龙潭

仙灯洞,望青鸾冉冉,其西王母之法驾乎?侍立,则许飞琼萼绿华也。环姿伟态,妩媚可人,此洞之以他山胜也。走砂溜数里,为丞相源。兰蕙满谷,芳气沁衣,少憩掷钵庵,僧寓安以饭作供。已而有不韵客续至,急与公琰遁去。沿崖而行,望飞溜蜿蜒,如白虹下饮,断而复注者九,意所谓九龙潭者也。复循故道,抵杨干寺。是夜梦登天都绝顶,不知此身已远百里外,觉与公琰谈,一笑而别。

---

① 噞喁(yǎn yóng),鱼口开合貌。

黄　海
HUANG HAI

同游诗

郝子玺字公琰，歙岩镇人。

佛子岭[①]

[①] 底本《黄海》自"佛子岭"以下原缺，他本亦无。

纪游四·之二十四

黄克谦 字又谦,武林人,任职方郎。

山口晓发

夜从山口宿,晨起整游袣。
大壑卷曾云,苍茫迷远睇。
群峭失天外,重岭埋云际。
绝嶝临崩崖,蹩蘁芒履敝。
撰策迈独往,行行穷所诣。
盘纡及岭巅,忽见朝暾霁。
下视冥濛境,渐觉割阴翳。
晴雷沸暗泉,轰马云飞曳。
石梁有人家,岩岫相亏蔽。
空青扑肌骨,湿翠流巾袂。
山花滴露滋,瑶草幽溪细。
灵境仙欲迷,源深堪避世。
余亦有微尚,逃名在薜荔。

芳 村

山云作晴雨,香满百花潭。
采花人不见,空听水潺湲。

赠印我上人刺舌血写经

静掩云扉演六车,缤纷香雨散天花。
遥闻万壑风生处,知是潮音遍紫砂。

千峰净梵蔚蓝天,贝叶经文手自编。
写到华严第几卷,广长片片出青莲。

黄海

剪刀峰
并刀金错石为锷,谁解当机看作山。
细剪冰花三万斛,抛为玉戏满人间。

醉　石
拨雪披云根,春风散石髓。
山中柴桑翁,长眠醒复醉。

为厌世人醒,酒中聊自寄。
颓然藉石眠,人与石同意。

天　海
飞身绝巘临无际,自觉凌霄出世间。
目尽海天迷印渡,手凭帝座拥梁关。
奇争云态峰峰变,巧缬蜃楼面面环。
五岳由来擅名胜,不如此地有黄山。

天都峰
高蹑仙台揖万灵,峰开玉宸列金庭。
宫连太乙闻帝语,阁近朝元俯众星。
云势荡胸千里白,出容低眼百重青。
遥知绝顶孤危处,日驭东来亦暂停。

一线天
一线天,真奇绝,鸟道盘,行踪灭。
　仙人笑拍手,山石为之裂。
　中断擘奇径,崭然峙双碣。
　逼迮仅受趾,崖堑平如切。
仰视青天一捻痕,风度流云碣曲折。
客子来游侧足上,面贴莓苔拥绿雪。

凄然寒骨不可留，更上丹梯摩古铁。

狮子林赠霞光是一乘弟子。
入梦明珠涌，财施喻不穷。
双狮见自在，一乘表流通。
聚窟开林杪，霞函返照中。
安禅驯伏易，说法有生公。

石笋峰
黄山名胜恣幽选，个个峰头欲踏遍。
奇峰岂但三十六，百千亿万互隐见。
最奇无如夸石笋，碧玉柯条幻异变。
林林万株入杳冥，戟指参天排云榰。
矗矗炎丘大火烧，吐熔抽烟掣飞电。
烨烨天上碧芙蓉，花蕚随风堕人面。
却疑竺国移旃檀林，香沉石烂堆片片。
又疑轩令当年伐蚩尤，戈戟横空涿鹿战。
摩天玉铩日欲回，蹴地灵风旗寨卷。
坐看卧看峰转佳，饥瘦都忘逾不倦。
看山兴与山俱奇，凌风呼酒侧哦弁。
长歌一曲石嶙嶙，满袖神仙飞似霰。

丞相源
小朵峰峦拥化城，稠原高木石台平。
不知丞相埋山骨，多少游人问姓名。

黄　海
HUANG HAI

天都逸史潘之恒景升辑
清泉居士吴文龙田父校

纪游四·之二十五

黄山游记

　　黄习远曰：癸丑清和既望，别吴伯庸、仲玉诸舅弟于商山。至雁塘，解维顺流下草市，宿孙子真家。

　　明发，拉之同游，以仆痡[1]不果遂先往。过岩镇，问途于潘景升，景升斩焉衰绖[2]。余固未闻其尊人讣也，即衣玄唁之，不数语而别。抵松明山，与汪仲嘉一把臂。仲嘉送至松下，召仆夫曰："合衣短裾，着屝屦，挟犷裹糇百里外，请舍舆支策。"余诺之。日昃，渡石壁渡，千曲溪山实烦应接，三揭始宿杨村。

　　明午，至祥符寺，仲玉、伯子、云骧读书其中，迓余授餐，浴于温泉。泉自下沸，散沫如珠，清鉴毛发，垢旋浮出。沁入旁涧，则与他流俱冷。疑自轩后鼎中丹液，化此清泚也。乃振衣入慈光寺，顶礼慈圣太后所造四面毗卢金像。

　　薄暮下岭，倚飞梁、观瀑布、披蓁超涧，入净林居。僧以木兰根悬钟鼓，位置天然，巧逾镂斫。从精舍见危峰插檐际，疏雨洒滴白云之上，又一奇也。即令襆被就宿。

　　晨起复浴汤池，问云骧游计。云骧答以山深多雨，不俟晴爽难行，行当与偕。予谓自入商山，日苦昏垫[3]，兹来必不以瓦为衣也。闻若两陟巅，兴遽阑耶。云骧笑曰："君不畏淋漓，其奈奔流界道何，虽已两游，不如一随杖屦也。"为觅樵导，果大雨连宵。少间，与云骧携杖，践涧中磊磊之石，观丹

---

[1] 痡（pū），疲劳致病。
[2] 衰绖（cuī dié）。丧服。古人丧服胸前当心处缀有长六寸、广四寸的麻布，名衰，因名此衣为衰；围在头上的散麻绳为首绖，缠在腰间的为腰绖。衰、绖两者是丧服的主要部分，故代指丧服。
[3] 昏垫，指困于水灾。

井、药铫、白龙潭之水。水底积五彩石，以泛其色。若以飞云喷雪，散珠斫玉，翻练曳縠。拟其形，三籁吹万不同；况其声，皆不能尽。忆在商山观涨，顾谓仲玉，人第知新安山多奇，而不知新安之水为尤奇，今觉其语尤未尽。乐而忘返，与云骧相失于石罅中，令伻①大呼若弗闻也者，以泉喧故。各迟至暝，递归汤寺。明发，稍霁，仍高枕以储济胜之勇。

又明日，才见曙光入户，即雀跃就道。不问云骧去留，先至朱砂庵，候之良久。云骧露顶，支筇而上，噪余曰："若成仙游耶。"令人瞻望弗及，遂右折，绕涧行五六里。仰视朱砂峰，若俯首欲就余言者，松柏数株倒悬石壁。余诧而称奇，云骧以为始见一斑耳。行行入翠林，如张幄，踞石刺泉，敲石火，瀹茗而饮。遥见剪刀、幞头、钵盂、仙人诸峰，竞秀霄汉之上，果视向所见为前鱼已。或竖石之上加横石，若丌②而不联络；或似削，方积累以成幢；或砥平，其顶复安置，如米元章之砚山者不一。而虬枝翠叶，披拂其间。举趾则形换，回眸又化生。余乃十步一憩，非惫也，惜此奇过易耳。方积雨坏道，僧以枯藤缚桄作梯，乃弃杖手援而上。桄臲卼③，能勿怖，但不敢视，下无地也。

转出莲花沟，沟缘绝壁，仅仅容趾。两手扪壁，面之而过，历千级始入一线天。两崖陡立，长于石公山风弄百倍。既上而复下，如逾峻岭，绕出数峰，复入峡，如一线天者，两导者云："此二线天、三线天也。"余谓线天语始武夷，今以一仍之，宁可二三其称耶？众峰之称多出樵口，当与景升商榷，易嘉名，载诸黄海。历百步云梯，梯凿联级于峻坂，峻而不险。更有好事者凿前千级，视此梯则不坏乎蛟水，其功德当与天都峰并垂。导者指点峰莲石笋，及种种神佛人鬼，生肖飞走诸形象，殆不可思议。或是山祇与海神角技也，时见红踯躅、玉兰、海棠及小草、散花于苍翠中。花无奇，奇在夏五月也。

薄暮，始观海门，复逾岭以至后海。海以云为水，时无云，一空谷耳。余素艰于步履，为神奇所引，不觉已逾三十五里。见二海藏奇，闻距狮子林尚有一牛鸣地。始觉体疲而兴尽。少憩智空禅僧净室，乃登岭。见石笋矻森

---

① 伻（bēng），此指仆人。
② 丌（jī），垫物的器具。
③ 臲卼（niè wù），不安。

黄海
HUANG HAI

列，则又洒然忘疲，绕文殊坐下。下一巇，见一乘师招我于林下，如登彼岸矣。礼佛已，即坦腹禅床鼾睡。

未晓，闻乘公擎钟鼓，引大众禅诵。予披絮坐观，起视四山皆隐。乃从乘公学朝晚课。云骧一览能诵，殆夙因然。余如童子受记于塾师，伻汤允亦竟学。过午，各忘其雨，乘隙倚盖，登诵法台。手摩石丈人顶，入散花坞，观扰龙石。悬级而上，度接引崖，陟始信峰。松下趺坐二时，转至飞光岫而归，已标之《狮子林纪迹》中。披雾入林，见日落、长江。江散霞绮，彩云断处，露出匡庐诸巇。一乘住此三载，叹未曾有。坐待霞灭，始入晚课班中。课毕，林外散光，如万点江村渔火，又似十斛流萤，遍缀原野，乍明而灭，乍远而近，若将进入林中者，一乘计为鬼神灯，默持咒却之。然夜深犹耀煜也，乃拥衲寝。

黎明，随众蓐食，即邀一乘由东岭，憩一草庵，参隐空上人。跻北阜，击石鼓石钟，上大悲顶，礼罢东宫所施大悲观音像，复下而上飞来峰。从者翻指为假山云。又数折，始至炼丹台。俯视香炉诸峰，一壑云起，弥漫霄壤，如昨之在林中也。避雨指月庵，假盖而行，至后海。闻智空云："适有三人过此。"疑即子真，亟归与会，诘其道中所见，以相印可。徒云登陟之险，触目唯云雾耳。语顷，宿雾顿开，迈照入林，无不作黄金色者。日轮衔山，大倍初出时，镕烁江水。想日观，观日，未必能胜。视昨观尤异，及暝而神灯复现。晓睹白云如兜罗绵，遍覆平地，唯有九华一抹青而已。云散，始就飨香积①，乃拉子真至散花坞观松。余引一乘先度崖，子真彳亍半饷，一乘乃以绠援一力，旁负以度。亟书诸题，令从者转石开道而返。云骧踵予登狮子峰绝巇，候日落，冀胜昨观。忽雾合而迷归路，唯观野磷耳。

是夜，一乘盟诸学者于佛前，以予三人作证明功德。夜半闻雨声，子真长吟于枕上。余披衣起，合掌以谢老龙，是欲逸我跋涉之劳耳。晏起，拥炉禅榻前，深夏犹如仲冬。信宿皆雨，倚盖而登文殊座。上方无云，雨在下也。东眺石笋矼，雨在西也。子真骤见一峰，即叫奇绝，坐而磅礴，予携云骧历千磴，遍数石笋多于淇园渭川。景升有言："游黄海，不至石笋矼，犹未游黄山。"信然，然不行松谷道上二十里，犹未游石笋矼也，而况狮子林哉？归语子真，子真不信，云骧乃心服始信峰之命名也。

---

① 香积，佛教语，指僧家的饭食。

又雨终夕，始睹朝霞。裹饭浥露而登西来顶。涉前海，抚平天矼蟠松，余与云骧欲上莲花峰。子真惮之，复陟炼丹台，欣为图其影。余唯恐石罅生云，自匿其真形也。雨又随至，冒之而归。向灶炀①衣，不觉入暝。追望暾言旋，乃云骧欲从旧路，子真欲出丞相源，闻二十里皆坦途，携一乘之徒瑞光先往。姑踵之而下。流沙没趾，支筇无力。欲转入莲花洞，磴崩而阻。循石濑行，差强人意。

　　日下舂，始至掷钵庵。庵主寄公，云栖法嗣也，迎金像于本师，供之缁宇，可谓能嗣法也。已有四茂才出肃客，其一子真之徒弟舜举，举村醑以劳。余攒眉入社，今夕始开，亦不自觉颓然于禅榻也。辰出香谷，观九龙潭瀑布。昔李青莲知有匡庐、三叠泉，而不知此中有九叠也。

　　又廿里，始抵汤寺，复浴于温泉。诘朝，自虎头岩转上慈光寺。观异僧所创小殿，虽屋下架屋，而榱桷②榱桷，无所不备，可拟凌云台等材之巧。

　　夕次祥符寺，晓觅笋舆，辞云骧，循旧路归。九十里始至潜口，悔不宿杨干寺中。明午，解粽泛蒲于鲍元则一梦处，惜不逢，竟渡。计入山出峡，已涉二旬，住狮子林浹辰③，晴雨殆半。三十二峰，才陟其九。总得诗二十九篇，就正于仲嘉、景升及吴田父。田父谓兹游不可无记，馆余于木石居，始具草，且盟孙照邻后游，必践人不能践之境，方许称天都游客。

游黄山诗④

---

① 炀（xī），干。
② 榱桷（cuī jué），屋椽。
③ 浹辰，此指十二日。
④ 底本"游黄山诗"以下原缺。

黄海
HUANG HAI

天都逸史潘之恒景升辑
恒沙居士吴之宏君实校

纪游四·之二十六

黄克谦序曰：黄山旧志云：天目高一万八千丈，仅及其肩。天都又黄山最高峰，下视诸峰，真儿孙耳。

汤寺僧为余言："此峰顶猿鸟不到。昔一老衲发愿，斋糇粮，行七日，径迷，止。再往，兼旬乃还。此峰始有人迹，亦大奇矣。"余因揖天都，祝曰："山缘未断，重来当如此衲，登此峰顶。"今读玄津师《游黄山诗》，至《天都》篇，惊问曰："师其先余蹑峰顶耶？其为余具言所见。"师云："峰绝顶处忽平衍如掌，中有石室嵌空，可容百人。坐列石炉、鼎、屏、床、几、臼，傍有甘泉滀溢似玉膏。石之上千百年异木、寿藤，交络蒙翳，绿天无色。下结五色苔藓，厚二三尺许，软如绵，拥碧没身，疑卧诸天佛座上也。稍俯瞰空中，灵气排荡，都成风雨，迢迢万山尽鼠伏，烟荠乍有乍无，吴越山川直齐州九点耳。佛经言，'华藏世界，五色琉璃沙'，不过如是。"观贞父之云，余之晚霞，方斯何如？师具慧舌根，片片青莲飞作山色，已携余置身峰上，心胆澄彻。正似王冕大雪登潜岳峰狂呼时。乃悟向老衲不过一行路人耳，其龙如玄津飞锡绝顶，上下三十六峰俱受品题之为奇畅乎。我辈俗子，漫学武陵人，暂游此中，即此已逊衲子，况论出世？昔纪登华山顶者，至昌黎而八，毕竟恸哭以返。今山史潘髯作《黄海》，纪登天都顶者，其以玄津为第几人？十年间，余寻盟从师同上峰头，证取一段因缘，当必不似昌黎易下游山泪也。

山史云：又谦来游，尚逋黄山一记，得此序少足解嘲，然独得之奇，必有进于此者。

岳和声题辞曰：往余礼白岳、望黄海，云气纷涌滚出，亟欲摄祎从之，冥搜三十六峰间，而迫冬奇寒，自涯而反。已识普门安公于京师，与余言天都峰顶咄咄怪状，目以彼家鼓笛相属，乃为之稍稍作缘，以庶几解山灵嘲。且曰："若当卓锡，余为命展。"

癸丑之三月，安公奉妙庄严毗庐庶那佛，直向孤峰顶上行。而予犹然作遗客，盖日夜不能去之于怀。

甲寅秋前一日，余方病病，南屏壑公从黄山来，手纪游诗示余。诗中苍翠濯如，嵌窦谺如，巉岨岂如，环瑰矗如，高寒飒如，烟云幻如，朱砂汤泉燠如，莓苔之厚数尺者茵如，写生绘怪几于鬼斧。诗以山为驭，山以诗为邮。而上与诗总以壑公为骑气之客，疾一过之，淡然洗，踤然跃，病为霍然已不啻少文卧，东莱山皆响也。

余尝得壑公于永明，师慧日峰矣，烟岛云林、风柯月渚之间。当年舍利鳞砌，穹塔岧成，越钱王赵帝六百载，将不能保有故蜕。一尘立而家国盛，宰官居士绕栏低回赘石下者，未尝不诧壑公狮子会力，乃贾其余为黄山吐气尔。尔则为安公邺①然喜，何者？黄山千万年浑沌未破，而借蛾眉于安公，安公行脚三千七百里，机缘无著，而问津梁于鲍山甫及余。山甫不能迹得之于踵武，余不能逖②得之于交臂，而安公犹然一茅盖头，七尺藉跏，以有待于壑公一含豪间。遂尔发光动地，有如展狮子力，为安公效一臂，将令三十六峰中，弹指顷建梵刹竟，吾何以知之，知之于慧日峰也。

山史云：此尔律为黄山题第二疏，须自按指发光，何假壑公一臂力为也？

陈继儒小序云：天都峰在云气中，其云五色异状。今人见空山白云，便足怡悦，此下方浮气，仅贤于败絮耳。

自普门老人开径，后贾勇而登者，独南屏山玄津师。忽值云霁，领略数日夜，振策而还。山之奇在诗中，诗之奇又在山中。玄津即时呈似③人，人亦不易解，非浴过大雪时朱砂温泉，坐破天都峰数尺厚莓苔者，未易读此诗也。韩子能开衡山之云，而不能免华山之哭，要之当此处非大笑则大哭。不然，肤寸云起，七圣俱迷。即大华腰半尚未梦见，何从得绝顶痛哭处来？此可以读玄津黄山诗矣。

山史云：眉公序中亦自具黄山之奇。

---

① 邺，形容喜悦。
② 逖（tì），远。
③ 似，此处当给予、送给解。

黄　海
HUANG HAI

刘宪宠小引略云：按娑婆界中，山川雄丽者颇夥，乃天都一览，目穷千里，恐东南无复两跱者。夫洞天福地定属至人管领，壑公有意乎？余当从君脱屣此中，为千劫不灰之业寿。师当亦为君大欢喜，勿令峨岫雪峰独擅苦行道场也。

山史云：抑之引固佳，为入《黄海》，仅削寒暄语耳。

游黄山诗

释大壑字露若，号玄津，武林人，住南屏净慈寺。

晓发潜口望黄山

入山恐不早，明发岩之阿。
结束严瓢笠，跻攀信茑萝。
冲烟披宿莽，挹露践寒莎。
山气忽以敛，逶迤躐平坡。
天都插霄汉，莲峰涌层波。
云日相照曜，苍翠郁嵯峨。
奋欲往从之，恨不先鸟过。
纵目已极欢，陟彼将如何？

佛子岭

晨行十里余，岭树隔人境。
缥缈出云端，莲峰落青影。
窈窕神仙都，犹通佛子岭。
非寻不死庭，焉识无生境。

杨干寺怀罗远游

空林藏古寺，隔岭见危桥。
丹壑水初冱，苍松雪未消。
溪喧频起梵，山暝不逢樵。
忆尔高栖处，曾期一挂瓢。

容成台

吾生方弱龄，奄忽惊枯悴。
矧乃无停阴，老与病俱至。
不如饵芝术，披服薜与荔。
飞迹凌仙台，放神越尘累。
容成倘见招，浩劫相游戏。

石壁山有怀黄司马又谦

缘溪拾岭路盘回，数里争看绝壁来。
隔水欲红枫叶老，点衣初白荻花开。
潭光忽倒千峰影，岩瀑常疑万壑雷。
徙倚夕阳鸥鹭外，忆君曾此独徘徊。

祥符寺

山行百余里，萧寺凌苍霭。
洞户响温泉，兰芳幸不改。
中有轩辕宫，庭荒碣犹在。
嗟彼羽化人，千秋莫能待。

水帘洞

领略青山到处淹，日看飞瀑乱危檐。
洞门不待浮云掩，自喜跏趺隔水帘。

慈光寺赠普门师

忆昔黄山至谷口，只与天通绝人走。
冥濛岂独闭仙踪，旷邈亦不逢林叟。
一自头陀象法兴，胜多香刹定多僧。
风来处处朝闻磬，月出山山夜见灯。
吾生何必嗟后佛，灵岳毋烦羡阇崛[1]。

---

[1] 阇崛，即"耆阇崛"，佛教语，意即鹫峰，据称是释迦牟尼开说《法华经》等之处。

黄海
HUANG HAI

浴罢温泉踏雪来，鹫峰鹿野俱仿佛。
谁披瓦砾剪蒿莱，赐额俄传出圣裁。
幡彩塔光交慧日，梵音仙乐起香台。
昔闻曾面袈裟壁，几破蒲团人不识。
何事而今拂尘谈，天花引得空狼藉。
尔应夙有济胜具，三十六峰曾遍住。
趁此登临及雪晴，莫教云黑天都路。

炼魔场

游豫惜昼短，坐驰憎夜长。
奋力起抠衣，撒手神飞扬。
戒徒倏云集，林立森成行。
敛语微警策，异口声凄凉。
恍然答灵谷，泉石俱浪浪。
杂沓证玄默，踔跳宁猖狂。
愿以有漏躯，期登选佛场。
岂必历三祇，一念成觉皇。

白龙潭

潭影写乔木，犹疑起白龙。
氤氲时不散，何处雨千峰。

天都行

雄哉天都，四面千里钩连森起伏。
不知何物，巨灵幻出，石笋峰莲之奇，鼎湖瀛渤之胜。
摩云溢汉，矗立三十六。
上有天仙栖逸之玉洞金庭，下有日月吞吐之虞渊旸谷。
势拔青冥插紫微，呼吸想能通六欲。
白鹿苍猊不得度，彩鸾黄鹤愁飞逐。
琼葩琪树兮，不知其几春秋；丹液青精兮，堪驻神以果腹。

瞻彼五岳应齐肩，尔其避名而韫椟①。
不则空劫成往来，竹书山记宁不录？
或以险涩绝舟车，幸闷灵秀于幽独。
我奋亍彳，形神觳觫②。
贾勇登云门，恍凌出尘隩。
伊昔谁曾遗劫火，蒸砂炼石泉尚燠。
吾生百病一澡瘳，岂独清温惟灌沐？
星虹飙驭纵蹁跹，视听不暇惊耳目。
竦身飞步蹑虚无，肆盼九州鸿蒙不辨水与陆。
有时日出烟岚消，天根万点苍，陡见西竺。
夜掬银河清且浅，忽闻雷雨似捣山之麓。
嗤予髫齓③年，观世悟蛮触。
遐想汉灵威，冥搜入林屋。
何似兹山奇复奇，恨不早揖尘劳来卜筑。
君不见容成子、浮丘公，珠幢羽盖扈从龙。
中小臣攀髯，堕落原尚在，至今彩云仙药来虚空。

黟　山 <small>普门师曾梦文殊，县记于此。</small>

客梦曾游处，川原望忽低。
九华秦树曲，三竺武林西。
地肺闻苍兕，天根见彩霓。
石门云出没，只恐再来迷。

采芝曲

采芝去，天欲曙。积云莫愁深，凭虚风可御。
隔林五色秀堪餐，瞥见云生不知处。

---

① 韫椟（yùn dú），比喻怀才藏珍。
② 觳觫（hú sù），指恐惧颤抖的样子。
③ 髫齓（tiáo chèn），指幼年。

黄　海
HUANG HAI

莲花洞

洞裹青莲秀，跏趺得静观。
树沉岩灶绿，云冻石床寒。
山果猿争掷，溪花鸟共餐。
夜来闻忽悟，飞溜响巑岏。

寄狮子林一乘师

峰连石笋玉崚嶒，回首天门不易登。
有愿活埋千尺雪，忍饥翻嚼万年冰。
点头狮子呼应熟，绕膝猢狲悟未曾。
薄暮邻庵明灭处，隔窗佛火照仙灯。

登莲花峰

孤峰插汉削青莲，缥缈凌虚欲近天。
笙鹤未邀緱岭月，茅龙先驾鼎湖烟。
百重绿树迷秦渡，千里苍山见越川。
绝顶想应连太乙，时闻帝语落初禅。

丞相源

相传为黄帝御飞龙时，群臣攀髯俱堕于此，故名。近为云栖法嗣寄公建大梵刹。昔有神僧曾此，掷钵凌空，久之而下。汤太史为署"掷钵庵"云。

攀髯空忆相，掷钵怪留名。
竹里通仙洞，莲峰隐化城。
幽寻缘地胜，病起觉身轻。
借宿香林夜，无端净虑生。
奇峰回百里，峻岭出千林。
鸟道攀萝险，龙湫瞰壑深。
为谁行不畏，怀尔远能寻。
一语逢相惬，浑忘去住心。

望仙灯洞

岩栖树宿日跻攀，肯惮阴晴一放闲。

猿啸欲来分洞壑，僧行曾未出溪湾。
香炉昏黑风过岫，药灶空明雪满山。
极目惊魂时忽暮，仙灯隐隐薜萝间。

梦游海门诸胜

巉嵲黟山顶，微茫黄海宽。
龙应飞不到，予亦梦中看。
台迥金银丽，峰藏冰雪寒。
轩辕遗鼎在，恍惚见余丹。

黄 海
HUANG HAI

天都逸史潘之恒景升辑
云栖学人汪茂奇夷仲校

纪游四·之二十七

华岳、黄山合评 有引。

东吴朱鹭曰：万历癸丑春二月，山史潘景升在吴门约余游黄山。同日发舟，山史既抵家省侍，余逾年乃始得至。山史怪之，余曰："吾先太华游耳。大信不必，敢以华游纪呈笑。"山史喜曰："恒正有意乎太华也。胜孰与黄山？"比余游黄山下，亟问状，且索纪。余曰："黄山不可纪也。纪以貌胜，胜至笔弗能貌。我有貌华山笔，顾独无貌黄山笔。"山史大喜曰："我固意之，果尔耶？虽然子之游历多矣，东溯海，北浮河，西入秦，中入洛。秣陵之藏、具区之蓄、武林之两目、鄢郢之参上、豫章之匡庐，毕罗胸次，都有纪咏，黄山独难一笔耶？岂可无说而处于此？其为我略评黄、华可乎？"

余唯唯，作华岳、黄山合评。

评曰：黄、华并奇骨也，华雄黄秀，华大黄散。收雄大行其巅，目荡胸开，一眺而饱；撷秀散踵所至，怜心醉魄，在在饮人。

太华如磊落大夫，气概压群，所少幽致；黄山如文采学士，流映四出，转觉多姿。

太华如天大将军，身一现而群魑灭没；黄山如百千天女，妙庄严相，临凡而冶艳都惭。

太华如四天王天，分视须弥顶，日月游行出其下；黄山如群仙会燕瑶池阆苑，三岛十洲集其前。

若乃以杙陟，以郎当度，猿猱苦之，险以成其奇，太华然，黄山否也；四五月瑶草琼花弥满峰谷，盛夏如春，山为增丽焉，黄山然，太华否也。

太华三峰确而少理，但惊陡上；黄山诸峰纤皴巧斫，尽可盘桓。

太华一石，动横长亩，多如覆敦；黄山无尽藏石，竖立横蹲，备诸幻肖。

太华之松仅六七虬柯，凌霜上古；黄山之松千柯千态，毕王石端。不宁唯是，太华三代以前之镇岳，尊天祠神，不供养佛；黄山近辟灵区，精动三宫，辄获迎奉毗卢如来及十二愿佛、大悲、文殊、普贤诸大菩萨，一一黄金宝相，得未曾有。

　　太华羽流香火，高者为全真；黄山皆比丘焚诵，次亦优婆塞。

　　行师普门超然法器，堪与微语商向上事；一乘师首开狮子林，为西偏贤山主，游履至，非师林不能安食寝也。

　　品量略以陈矣。或言黄山有虎迹，雾昼月夕，不能安步。若尔诸胜，太华者此亦足相当。要自两间奇峙，未敢中置甲乙也。

　　山史读评而轩髯笑曰："夫亦犹得纪也，又赢一华。"遂书以散诸同游。同游为张季黄、方若渊、若绳。往返浃旬，八晴二雨，适也。季黄力疾，上文殊岭，胆股俱壮，勉之还。二方日总双髻，后先杖履，共池浴，共登峰，共泛云海，共挹摄身光于飞来石旁之摄光坞。摄光坞，予所命也。季后一日上，仲先一日下。山史潘景升以逼小祥①，程申之以事宛廊②褫中，张韦玉以初下帷③曹氏馆，弗偕游。缪太质寄声黄山，秋以为期。

　　岁甲寅夏四月之十二日识。

　　又报山史，书云：太华直，磊落，气可惊四筵，不耐独坐；黄山奇秀日出，一石一松足了一生，足快千古。

游黄山题咏

朱鹭④字白民，号疆道人，吴郡人。卖竹佐游名山，孤征无侣。

毗卢佛颂

　　稽首毗卢尊，面面殊胜相。
　　七座非累层，四列无背向。

---

① 小祥，古代亲丧一周年的祭礼。
② 宛廊，《黄山志定本》作"羁留"。
③ 下帷，放下室内悬挂的帷幕，指教书。
④ 朱鹭（1553—1632），明苏州府吴县人。善画竹，工古文词，博学闳览，尤邃于《易》。著有《建文书法拟》《名山游草》等。

黄 海
HUANG HAI

圆满极光明，横竖遍华藏。
佛佛从此出，劫劫无余长。
名义融显密，性海表无量。
以何大因缘，黄海获供养。
比丘福慧力，安受三宫贶。
黄金为庄严，法宝同冯仗。
乍得抉灵区，终今永瞻仰。

罗汉级颂

离欲尊者，五百示现。
山级偶苻，表以企善。
奋步无住，越阶无羡。
原无首尾，一骨同奠。
脱下则乐，上出而晏。
山史作倡，赞以群彦。
亡日登登，我行斯便。
厝踵谛思，出尘石面。

初至潘景升有芭堂

黄海昨遗我，天都拟即游。
出门先太华，鹤羽任行休。
归来六月息，一逗经春秋。
感君犹读礼，慰喑聊绸缪。
信宿骄倦足，偿志轩辕丘。
愿得同策杖，及此春光优。
云空六六峰，一一造上头。

黄山取道龛中赠程申之

历兹山水曲，揽胜得龛中。
谁启物外观，飞阁衡其空。

名纪慨前哲，美人怿①新逢。
二三自同方，濩落②来孤踪。
把臂留返景，衔杯散昏钟。
趺息何所得，彻夜聆淙淙。

黄山松六咏

松无五仞高，矮者二三尺。
敷枝或横亩，平翠可布席。

咄咄离奇者，石端绝土滋。
根大于其本，短干特修枝。

高既不盈寻，大亦不盈斗。
霜藓封苍肤，纠结百重厚。

突石何嶙峋，有起动百尺。
顶上一松挐，神龙历矫翩。

有石便有松，多从石巅出。
浸渍但石髓，时复霜露浥。

一松王一石，苍古看不厌。
便足了一生，蜕骨于此窆③。

又四首

松饶太古色，一峰千干奇。
尽从皱罅布，强半俯空披。

---

① 怿，欢喜。
② 濩落（hù luò），引申为失落的意思。
③ 窆（biǎn），下棺的圹穴。

黄　海
HUANG HAI

　　坐观云起銮,渐见没崔嵬。
　　松顶依稀露,分明云上栽。

　　何处松奇绝,文殊曲磴开。
　　炼台东过去,始信接西来。

　　名峰都莫论,天女侍天都。
　　遥接散花坞,松妖一世无。

天都峰前二小突,松石特奇,陡无陟迹,道旁往往错过。予以飞行法上观,殊快心,命之曰天女峰,从其侍天都也。

亘史云:余于青鸾峰亦呼为天女,与白民偶合。

警松痴
　　原不依土生,那得迁土活?
　　寄语买松痴,莫赚人来拔。

幽　径
　　好鸟自闲语,奇花与安名。
　　同游先上峤,幽径我徐行。

五浴汤池
　　液浚①灵砂出出新,古皇洗髓十千春。
　　余波留得常温火,暮暮朝朝浴倮②人。

光明顶云海
　　看云共策光明顶,布壑弥原乱涌涛。
　　四望真成银色海,青青独露几峰高。

---

① 浚(jùn),疏通。
② 倮,同"裸"。

赠普门师
参方一钵了无求，精动三宫人岂谋。
请得如来面面胜，庄严黄海纳群流。

赠一乘师
生死寻常不易当，牛车担荷丈夫行。
黄山西畔闻师吼，羊鹿相惊窜五方。

黄山下与方若渊若绳兄弟
黄海一旬游，歙中廿日住。
总饶山水缘，搜冥同力鹜。
心虽各自怡，兴每双征句。
余缘尚丰水，飞梁话散聚。
酒酣笔墨纵，夜分披肝素。
茫茫宇宙阔，促促百年步。
一臂足千古，焉复贪停驻。
我自归华广，君自骧天路。

再过清泉赠汪夷仲颖季
练水闻十年，相怀未识面。
何意黄山游，清泉慰接见。
高树隐平楼，微言荐蒲宴。
长昼既联席，落晖犹涤砚。
同方两三人，容与谁能倦。

余杭西上抵歙溪得二首 以下三首初至作，附此。
黟山一何宛，风日更美焉。
花香郁周道，竹树生青妍。
容与故迟步，肩舆纵之前。
计程不及人，饮胜从我便。

黄 海
HUANG HAI

修涧五千曲，泉声晶汤汤。
高山来□□，□春鸣其傍。
晨岚蒸洁云，午风荡野香。
谁与共领此，顾影双翱翔。

丰溪夕饮 <small>初晤景升兄并会讱叔、卿子、余清。</small>
竹方坐丰水，溯洄复溯游。
绿浪牵上下，窣波凌空浮。
卜夜正新月，征歌得纤喉。
为欢不知足，旦约蒹葭楼。

之 磴 <small>在文殊岭，以三折命之。</small>
之磴三折度，经松似问奇。
不从苍颉制，妙运普禅师。

黄山赠汪居士浔字浚无偈言
未离诸有涉，念自向无求。
深入乃以出，沉鳞水面浮。

狮子林投住
松看花坞合，峰到海门奇。
日日依狮子，行游此处宜。

方士翊<small>字若渊，歙人。</small>

狮子林同朱白民、弟若绳作
杖策恣幽讨，盘纡望秪树。
经行犹未息，仄景还延伫。
振衣凌鸟道，摩崖跻险步。
虬松踞怪石，斗阁安巢住。
何来清磬发，风雨空山暮。
晨起蹑西巅，白云千壑乳。

峰峰攒积雪，光摇心眼眵。
倏为溟渤观，一苇不得渡。
将期汗漫游，恍然愜兹遇。
且养看山目，将寻松谷路。

同白民游黄山，下榻欱中月余，将归吴门，小诗赠别兼寄缪太质

君从华山来，就向黄山宿。
蜚遁①渺难再，奇搜未忍独。
余亦岩栖者，屐齿恣相逐。
共了山中缘，返憩依深谷。
深谷何逶迤，主人置茅屋。
留客有鸣泉，日日溅飞玉。
以君丘壑性，而一寄水竹。
云光任舒卷，气韵流方幅。
盘桓动涉旬，惜别翻愁速。
何以揽君袪，烟霞空满掬。
为展二游评，良友共快读。
褰裳如可从，期之秋山麓。

汪茂奇 字夷仲，歙人。

予与白民丈神交有年矣。来游黄山，乃始识面。不我鄙弃，引为小友，谈对浃日②，颇剧情愜。于其返也，慨然兴怀，聊成数咏纪事，不足附行李也。

兼葭馆上逢君日，正及林芳未歇时。
乍见总含尘外意，竹间花下听黄鹂。

槛外篔筜③几十茎，一溪流沙栈前行。

---

① 蜚遁，指逃隐、隐遁。
② 浃日，指十日。
③ 篔筜（yún dāng），一种皮薄、节长而竿高的生长在水边的大竹子。

黄海
HUANG HAI

谁家烧烛闲清夜，共把深厄咏落英。<small>时见景升花咏。</small>

踏遍黄山六六峰，随云栖息路长封。
到来笔底生奇气，隔竹虚无几万重。

高楼长日雨丝丝，早暮参禅共课诗。
不厌庭前新绿竹，较来梢叶转多姿。

无计从君揽素秋，寸心还逐洞庭舟。
唯将姓字依行李，到处应传慰旧游。<small>予为君枝纪游，因怀同社诸子。</small>

招方圣功游黄海

圣功侨居青溪，归时信宿清泉，今三年矣。每一兴思辄尔拈韵。今春老友白民来游黄海，勃然有入山志。因忆与圣功往日聚首，诗画递作，商略古今，幽怀颇惬，乃所未了缘者此山耳。圣功倘有意乎，同人雷宸父载与俱来，吾将褰衣从之矣。

君从淀山来，曾向清泉宿。
北窗枕松风，东轩浸修竹。
探囊无半钱，云烟空满屋。
生负旷世姿，寄情在林木。
挥毫辄万言，泼墨动成幅。
予亦岩栖人，性合耽幽谷。
黄海案间山，屐齿未经麓。
因君怀往事，扶筇意随逐。
良友可招从，严滩进舻舳。
秋水以为期，先声双鱼腹[①]。

[①] "腹"字之后，底本《黄海》原缺第10叶。

游黄山记

释性航曰：甲寅春，余与通源安公浮南海，海上人多言黄山，于是计游黄山，遂买新安棹①。天气渐暑，乃结夏仰山，俟暑退凉生，以八月望后一日，偕安公、静光、次甫四人晓发，暮宿商山冠松庵。再宿双溪，三宿双岭，明午抵祥符寺。

出寺望天都、莲花、云门诸峰，不盈数武。寺前过涧即汤池，故俗又称汤寺。泉出朱砂峰底，或言莲花峰泉脉所渗。池纵广七尺，横九尺，深半。纵广蔽以石，洞气勃勃，如白云上升。余与安公以次就浴，其水澄洁甘美，香气如莲花，不寒不燥，可饮可沐，殊适倦体。安公曰："此何异香水海？亦当作月光童子观。"余曰："若作观时，池中砂石自令人心痛，应不香海。"浴罢，就绳床卧。

晨起问途。东由苦竹溪、十三湾、九龙潭至丞相源。西由汤岭至白云庵，出炼丹峰。又北历翠微寺、松谷庵、五龙渊，遂登石笋矼。然石笋矼路稍坦夷，但经秋雨路断，不可以揭。丞相源登天海，路多沙溜，亦难步履。唯从汤池上，数里为慈光寺，又上为莲花洞，为文殊院，为炼丹台，为光明顶，即天海也，是为黄山南路，磴道可攀，倦亦可止。于是定从慈光上。

时天气清朗，凉风析析。涧中好石罗列道旁，如星垂奕布。满林红叶，杂以苍翠高峰。嵯峨片片，色皆紫玉，玲珑照耀，芬敷绣错，令人应接不暇。加以水声、松籁、猿鸣、鸟语，响答空谷，如鼓瑟玄宫，张乐洞庭。如百千天乐，一时齐奏。因踞石默坐良久。停午，至慈光寺。寺旧名朱砂庵，普门安公于中炼魔，相从挂锡五十余人，粮绝，皆采山蔌，饮涧泉，月余不散，苦行弥笃。后普门诣京师，感异缘，得钦赐藏经、渗金四面佛，始敕"慈光寺"名。余谓普门，庄严依报，宜亟图之。因问山中庵基，曰："吾行脚时曾梦到一山，其间三峰错峙，宛成天巧，如三大士像，以文殊为主。今于此山得之，足异也，因名文殊院。子盍②游之。"

午餐，令一行僧引道。登十里许，道中大概不异初地，但愈上进则眼界

---

① 棹（zhào），此指船。
② 盍（hé），何不。

黄　海
HUANG HAI

愈远，心胸愈空阔尔。行僧谓宜先至莲花洞。今文殊院未构成，先游文殊，下宿莲花殊便。复折入一径，石壁参天，下临无际，绝壑路断，桥以独木。虽天台石梁，莫险于此。穿数洞，洞外怪石林总错落，小者如羊鹿，大者如象马，如定僧立，如仙人卧，如龙蟠而复委蛇入谷，如狮伏而复蹴蹋迎人。石上奇松盘折诘曲，翁郁披离，俱可千岁。白云横空，苔藓满地。行二三里，果见天外三大士俯引接人，如普门语无异。

　　登院趾，背负危峰，面临大壑，千山环立，高低突兀，争入槛中，方广可二十弓，肤胜于骨。大抵黄山以骨胜，而独此地土色润泽无纤沙。石前一石塌临崖，有跏趺坐迹。安公即坐其上，静光、次甫亦坐。予独不坐，盖天生灵迹，以待异人。久远劫来，亦尝有大善知识，一念万年，潜踪隐迹于此，世何足以知之？

　　日晡，尚恋恋不欲行。行僧促下莲花洞。天色既暝，不能览洞中之胜，唯闻水潺潺声。一僧肃容如无门师，余疑至无门洞，茶话黄山胜最悉。

　　天明，看洞前石笋高数丈，朝霞横空，远映峰岫。复游左右二天门，亦奇迹也。仍出旧径，过云梯，登大悲顶。大悲菩萨亦上赐渗金像。院趾不大称，普门欲移之，未得善地。时光明台一僧过，因同登台。其下千峰罗列，上平坦空阔，最宜月下经行。旧传黄帝与浮丘、容成辈炼丹于此，又名丹台。由台登天海，盖黄山极顶也。东观天目，西瞰匡庐、九子诸山，皆其余枝剩脉。长江隐隐直悬一线。时白云从东忽涌，遍满山谷，如兜罗绵世界。岩峦薮泽、树木丛林，尽皆一色。安公曰："此其所以为天海乎！"倏忽晴霁，夕阳散天，红霞远映，世界复成金色。予顾安公："此其所以为天海乎！天无形而海有形，今以云为水，以天为海，云之来也，天因以名海；云之去也，海即以名天。即无形而成有形，因有形以见无形，此天海之所以名乎？"静光曰："此地宜建一梵刹"。行僧曰："此即心月初结社所也，今竟一荒地已"。遂至后海，入光明藏口，即光明顶下也，静主为智空，容貌奇古，望之知为有道。适丞相源寄公亦在，因止宿夜谭。智空多古德机缘语。寓安多教意，俱非徒守空山者。

　　明晨，莲花峰静主招智空、寓安茶话，且谓莲峰尤胜文殊，唯孤险难登尔。余初兴亦豪举，欲登莲峰，及过丹台至大悲、上云梯，足力既疲，兴亦阑矣。余谓安公："汝三人登峰顶，吾于此瞑目静坐，可尽收山灵之胜。"次甫亦倦，唯安公、静光偕智空、寓安赴莲峰，招余与次甫坐云梯上。迟之有顷，安公、静光下，夸峰头之胜，傲予以未至。次甫谓："吾于云梯见白猿，子亦失之。"予笑曰："见固无小大，宁作得失观耶？"遂下慈光寺。普门邀予同住此山，予许以异日。安公谓吾：于是山十未尽其二三，当重游，结茅以居。

明早，出芳村，宿石壁山下。再宿杨干，至岩镇，止中山庵，访潘景升、郝公琰诸君，纵谭黄山之胜。

按黄山高四千仞，延亘数百里，踞江左上游，其奇胜实甲天下。然名不表于封禅，事不载于史籍，幽人隐士亦未尝止，薄其故何与？夫亦古今之绵邈，天地之寥廓，人于其间，若马体毫末，太仓稊①米，固无能穷，无穷极。无极耶！吾与此悟本妙明中，其奇绝胜妙，固非常情可窥其万一者。是役也，又宁独览山海之胜而已乎，亦衲僧之游也，因纪之。

游黄山诗

释性航 字旅泊，京师人，住栖霞寺。

仰山晓发

侵晓芒鞋踏岭云，夜来禅榻梦轩君。
松枝露滴飞山翠，竹影风翻散水纹。
灵鸟绕衣如恋友，愁猿傍锡未离群。
遥遥百里瞻黄岳，烟雨霏微莽不分。

秋日偕安公、静光、次甫游黄山

策杖探幽去，凉飙八月时。
占云寻好石，落叶写新诗。
几处灵踪闷，千秋胜事奇。
黄山招隐士，拉伴拾琼芝。

问　宿

日夕倦行役，崖壑暗黄昏。

---

① 稊（tí），稗子一类的草。

黄海
HUANG HAI

前路讯樵子，五里至松门。
纤月露林麓，草阁枕山樊。
竹树冷阴翠，岩峦照水痕。
涧声彻夜响，山叟静无言。
罢顿聊足息，不寐待朝暾。

双　岭

行尽青溪入翠微，一丛烟树敞萝扉。
山僧旧日居南岳，四十年来不肯归。

山行二首

峰头雾破乱山生，翠嵿丹梯策杖行。
过水忍看人影静，穿林又听鸟音鸣。
云封半岭留蟠髻，瀑挂悬崖作吼声。
稍倦便登岩石坐，每逢空阔惬幽情。

嶙峋幻出紫芙蓉，雾锁云吞六六峰。
奕布涧中翻好石，虬蟠岩际写苍松。
路危山擘横孤木，磴险人行挂短筇。
日暮欲投精舍宿，莲花洞里出疏钟。

慈光寺赠普门安公

绿字丹书下翠微，皇恩浩荡锡朱衣。
宁无令誉腾方外，先有芳声动帝畿。
万古空山开薜荔，十年穷谷采蕨菲。
炼魔堂里犹存众，土屋茅檐共乐饥。

莲花洞

攀跻十余里，径拆下平沙。
洞冷松根瘦，峰低石脉斜。
泉鸣山说法，云散雨飞花。

中有一僧住，峨眉是旧家。

容成台
丹台遥见紫霞封，欲向容成问旧踪。
鼎内琼浆流乱壑，云中仙仗削群峰。
猿啼绝壁惊僧定，叶响空林间晓钟。
昔日轩皇今在否？曾闻此地御飞龙。

云门峰
远望云门峰，云烟千万重。
不知峰顶路，还有几人逢。

光明藏赠智空静主
二十年来不出山，花开花谢■松关。
岩前多少庵居者，乞食王城总未还。

游黄山寄昆上人
黄岳挺诸峰，寒云面面封。
径微开蜒蜿，山瘦削芙蓉。
古洞寻僧住，深林布鸟逢。
昔年栖隐处，潭下有蟠龙。

秋霁天都好，岩峦杂锦铺。
黄花丛碧水，红叶乱青梧。
万壑风鸣籁，千林月弄珠。
同游多胜侣，怪尔不能俱。

宿中山庵
十日追游兴未阑，千峰踏遍薜衣寒。
中山夜宿饶清梦，犹向巉岩水石看。

黄　海
HUANG HAI

释如安字心怡，淮安人，住通源寺。

仰山早发

林翳难知曙，谷幽听晓猿。
繁霜拆黄草，残月露纤痕。
振策踏巚岭，回首迷云藩。
穷年恣探讨，奇胜孰可言。
浚潭奔激溜，宿鸟向林翻。
岩壑情无斁，恋恋出山樊。

秋日偕航公、印公、次甫游黄山

选胜期秋杪，担簦净侣从。
岩寒斑野菊，洞僻秀云松。
梵刹藏丹壑，诸天迥碧峰。
行行迷云径，樵子授灵踪。

问　宿

日残寄宿乞山叟，环堵萧然何所有。
一夜潺潺流水声，披衣数问天明否。

双岭庵午餐

午食投双岭，幽栖日乍移。
打窗鼯落果，啼竹鸟巢枝。
童子授香饭，园丁荐野葵。
出门携杖去，遥指数峰奇。

黄山道中

六六芙蓉天外看，满天秋色好盘桓。
霜林红叶非关染，烟壁青霞自可餐。
几踏岭头草履折，频回谷口衲衣寒。
明朝更践天都顶，乞取轩皇一粒丹。

慈光寺与普门师话旧

何处觅招提，慈光望欲迷。
岚烟环左右，峰影写高低。
溪午僧方定。林寒鸟乱啼。
相看丛竹下，翠色过阶西。

不惮攀跻险，千山讯翠微。
金襕①颁内帑，玉杖出宫闱。
我厌风尘老，君甘泉石肥。
跏趺谭往事，岭上片云飞。

文殊院

身与青霄近，莲花衬足行。
坐松惊石堕，倚杖看云生。
凿谷通幽径，梯藤入化城。
前途多妙境，莫着恋山情。

莲花洞

洞似莲花石似霞，可中不满一袈裟。
前临众壑深千尺，时吐秋云酿雨花。

双峰壁立插阶檐，坐对岚光手自拈。
崖上流泉飞屋下，人人尽道水晶帘。

容成台

容成不可见，唯乘此台名。
莽径伏丹灶，空潭浮若英。
千峰无凤吹，孤嶂但猿鸣。
萧瑟秋风里，遥怀缑岭笙。

---

① 金襕（lán），指佛教僧尼穿着的金色袈裟。

黄　海
HUANG HAI

云门峰
侧足攀萝度石关，巨灵何日擘崖间。
此中只许僧飞锡，常伴孤云共往还。

光明藏赠智空静主
半陟苍苔印虎蹄，数椽茅屋乱峰低。
好云每傍闲僧住，短杖频探别壑迷。
石榻蒲龛消幻梦，松风萝月伴幽栖。
一生岩下忘心境，却忆圆通拒绿绨。

杨干寺
山情留客屐，寺挹晚峰开。
为恋林泉乐，频随涧水回。
溪声云半卷，树色雨中来。
喜得逢僧语，檐前日又催。

黄山归过中山庵宿林公房
荷衣竹杖看山归，袖得莲花片片飞。
日暮遥寻疏雨后，一声清磬出萝扉。

释海印 字静光，住休宁仰山。

问宿
万壑秋林映落霞，山村野店乱归鸦。
道人夜借峰前宿，卧听流泉望月华。

登莲花峰
缒石攀萝上碧峰，千山独让此为宗。
高凌霄汉收群象，时有云光片片封。

山中怀民逸居士
六六奇峰插汉中,秋霜翠壑点斑红。
攀跻尽是东林客,不见遗民问远公。

宿中山庵
藜杖芒鞋踏翠峦,归来飞雨湿衣寒。
中山借宿珠林静,此玉峰头梦未残。

程明仲_{字次甫,海阳人。}

宿莲花洞
一宿莲花洞,飞泉映壁清。
枕中风乍撼,梦里雨常声。
怪石松孤结,奇峰云四生。
高僧偏爱客,煮茗说山情。

云梯见白猿
云梯高峻接青峰,上有白猿啼古松。
恍似仙人镂碧玉,漫疑飞雪未消融。

石壁山下遇雨
青松红树夹双溪,幽径阴森听鸟啼。
细雨和云洗幽竹,万竿摇曳碧林西。

中山庵赠恒一上人
探奇才出莽林中,处处青崖老树红。
日暮欲投僧住宿,山腰结屋有支公。

黄海
HUANG HAI

天都居士潘之恒景升辑
寒山居士赵宦光凡夫校

纪游四·之二十八

暑游黄海纪

叙①曰：陈眉公②尝称其郡人顾山子③具豪侠之骨，山水之兴，博雅之才，其才每以艺掩耳。山子固擅青鸟术④，目为郭璞后身。凡两来新都，俱冒暑游。初税⑤蓼莪轩，即快睹幻嚻阁迎佛异景，矢身供黄山役，亦藉身三吴间。兹夏来，一无所诣，直觅黄山道，贾勇往。余病不得偕，则属群从，于裹随其杖屦。第暑雨虞之⑥，入山五日，皆逢澄霁。获跻天都之脊，摩莲花顶，沿海子之郭⑦而下。诸位置若指掌，而区画相度如凿浑沌，如谈碣石，如图三都，令人恍然如揽化人裾，又如规未央，如较上林，如程凌云，何其志于寥廓，游于缥缈而精析于微茫也。山子之志将托技以显，余益叹其侠骨之有所施，并载之以为左券。

万历乙卯夏至日。

顾諟曰：癸丑春，从宣州将游九华，遇一异僧，语余黄山之胜，且宜暑游。询其故，云："山深沍寒，四五月草木开敷，鸟鸣猿啸，天朗风和，午犹单绤，夜思挟纩，真清凉界也。子当三游此都而缘始毕。"余颇讶之，一游可毕，何待三为？

---

① 按，此应为潘之恒序。
② 陈眉公，即陈继儒（1558—1639），字仲醇，号眉公，华亭（今上海市松江区）人，明代名文学家、画家。
③ 顾山子，即顾諟，号山子，华亭（今上海市松江区）人。
④ 青鸟术，即堪舆术。普门欲建护国慈光寺，顾氏曾为其测山肇迹。
⑤ 税，舍，安置。
⑥ 第，但。虞，忧虑。
⑦ 郭，古代城圈外围的大城，此指外围。

立夏后始至歙，访髯公潘景升于岩镇，苦雨，委顿百日不得发。仅逢幻虘阁现灵境，读《黄海》"游""迹"而神往焉。

　　乙卯夏首再访幻虘阁，致赵凡夫标额、眉公书寄景升，属倡慈光佛缘，无因众糜，且以相度委之山子。虽僻处东海，且乐观其成。会蜀禅师佛乘自黄海来，诧余以莲花峰顶及仙桥、月塔之胜。余为色飞，策杖将往。髯公命侄于襄从。传檄山中，令丰隆清道，以五月十九日冒雨行。逾佛子岭而霁，度山口觐黄亭，卿云拥虘天都，如观蜃市。余布衣草屩，遂称谒帝小臣，或前身从"鸟号"而坠，未可知也。

　　二十日晨起，甫离芳村，见莲花峰焉，见云门焉，而轩辕弥近矣。抵汤口，为赐佛寓宫迫视，紫磨金光，仅藉把茅盖顶，遗书髯公，谁当任其责者。进祥符寺，浴汤池，遇恒心上人，问慈光寺。指两道：西径平而迂；南拾罗汉级五百，险而峻，且历茶亭、山门，故胜则髯公所命也。乃北涉攀级上，睥视莲花庵，兴丹井、药铫之思。于襄已登脊而呼余矣。脊为朱砂水所注，白石坦如，可趺、可漱、可乐而忘饥。援藤宛转，得阇石，欠身过之。插橜为篱，茨壁而蓬户者，慈光寺基也。金碧缥缃，珠璎宝珞，袈裟布地，钵杖成林，辉煌几案间，普师所膺景命也。朝钟夜磬，疏板枯〔砧〕鱼，梵音云屯，魔场火聚，羹草茹芙，卧薪结鹑而不散不惰者，禅衲之清规也。余叹曰："慈光寺其兴于普门乎，可称第一丛林矣！"测表既周，秩秩有成说。凌旦，披雾而登海子，廓如、定空、了然俱从。因髯公檄而欲亲承，以报普门。尔时，阳乌渐升，林缁如沐，阴岑凉瀑，觉绨衣生寒。有鸟自林端飞出，闻佛号起，应呼而至，从人掌攫食，徘徊高翔。此何灵鸟哉？西蜀峨眉山佛光将现，则佛现。鸟鸣，何必见佛光乃验也。

　　循老人峰背出其顶，始踏天都峰麓，则山路歧矣。中道穿莲花洞，而近其旁新出者，为文殊院。左趋天都峰，右趋莲花峰，再歧而入海子。乃从其近者，先探莲花洞。有桀僧静庵居之。值其他出，石灶中煮泉一瓶，𪌘𩛿①四饼，分食之以果腹，目为佛饷。沿旧径上文殊院，诸奇胜详山史所纪，不能赞一辞。僧水斋者栖此，绝粒三年，刺血书《法华经》，方竟，将于六月六日然〔燃〕指作供，以报佛恩。余敬礼之，上人既作水观，不可以六月息乎？出歧道而左，左乃陟天都道。道未平治，众颇难之，而郭如、定空固从普门

---

① 𪌘𩛿，即粗面饼。

黄海
HUANG HAI

师登顶者。往沙壅积而石骨露，可超距行。今梅雨沙汰石滑，无以留足，惟采山人能飞跃。势不得少稽，请腰余以繘，若负剑，若佩鱼，挟之百步。余横目曾不得瞬，气塞而魂殒矣。于襄亟呼止之，二从皆跪观音石而泣。纵令得仙，安足豪哉。乃舍而右趋莲花峰，不知仰而升者几百仞。忽巨石如龟当道，似无可通。攀援百余武，始得罅入，折行而洞豁如也。又三折，窥圭窦穷，复径而启一门，转危崖，跨二磴，为结庵处。庵与飞梁接，广不逾咫，其修凌虚，无敢乘之而下视者。自此望峰顶，有石瓣二，如坠叶飘空。倚丈木而梯之若缀丝，山泉激其趾如喷玉，皆浮动而辅枝摇摇也。越而踵慄，虑退缩之难。惴而勿升，则功亏一篑。向髯公贾勇，矢登二顶以还。今一怯而再却，不为前人笑乎？即奋而失足，亦且为鬼雄。遂毕登，与于襄夸健胜，指顾群峰皆窜伏，仅天都差与比肩，安得拍而狎之，以骄壮夫。则力援孤松，剥寸藓，纪"山子至"三字而下。满志烟霞，托宿狮子林，如丹台、海门，不足当一盼也。

廿二日，登石笋矼，颇怀栖隐志。访智空师不遇，遥睹林莽中一墅，定为高人踞之。廓庵云："此名旃檀林，即隐空师所开。"余亟过从，其人与地俱惬。所忆上峰曰宝凉，下峰曰象皇。俯仰皆呼引有情。度石鼓，观赤线潭，即黄帝探玄珠处。隐空赠余灵杖为别。遂东寻丞相源，下白沙岭，如浮水而驰。抵掷钵庵，宿古心上人房，支木为床，取诸玉兰树根，其光可鉴也。令眉公见之，不大称快耶？经九龙潭，溯苦竹溪，与于襄别于汤口。余再浴汤池，问净林居，挹白龙潭飞涛，观山门双瀑，髯公状为圆水，知言哉！返慈光寺，而天始雨，若从雨隙中游也。甫就枕，梦异僧谂余曰：子有宿愿而不遇普门，胥后游矣。余憬然觉。

旦日，辞廓庵、定空、了然三师泊华严、炼魔两堂诸禅友，且计然指良因。出山门，逢堂侣放参挑苦菜至者，庋积如山，芼①以当餐，不二食尽矣。宜髯公为聚粮忧苦也。

廿五日，出宿芳村。廿六日，走曹溪道，宿开黄里。廿七日会空如于壶山庵。廿八日归幻嵓阁，作记。廿九日呈于法华坛中。髯公为作序，倩佛乘师手书以副《黄海》。归，质之眉公，必三返而后竟余志也。

亘史云：述莲花峰如行羊肠九折，宛转殆尽，可称良史笔矣。

---

① 芼（mào），拔取。

测山肇迹

顾谖曰：土乃龙之肉，石乃龙之骨，水乃龙之血，苔藓乃龙之肤，草林乃龙之发。

黄山之胜，有肉、有骨、有血、有肤、有发，具体而巧，镂空且尊，所尤称美也。肤发婆娑点缀，即悬崖绝壁，皆出天然。血取清甘香洁，真不异广长舌相。骨格棱峥峭蒨，颇堪餐英屑玉之资。肉色青紫，界天红白，澄水乳泡兼备，乃得铺毡展席之势，如此山灵，岂凡眼能识？

近为冯司成公指出，普门师实藉为开山之基。今以所定朱砂庵，欲建造钦赐慈光寺址。谖于乙卯年五月受居士潘景升教，来游此山，历诸胜概，细测方向。值普师甫出山，而马中贵来，谂复旨于大内。

时有堂主廓庵、定空、恒心等，一一引陟，占得殿基还宜在旧，开上层，收亥脉，作壬山丙向，则龙虎均齐，辅翼辐凑，坐得中抽，朝山专对，而水口亦合法矣。一切分金划度①，容当配日合时而定。

如炼魔场宜在西北，有一枝嫩脉发下，此甚得所，理宜亥山巳向，兼壬丙三分；山门殊有嵯峨大势，正宜贴对白龙潭。今欲暂栖佛寓，开茶亭之址，乃罗汉级石脉，青龙逆水之砂，若厝砂头，似防水患。第恐大殿未遽成，亦当择其旺迹，乃急务也。必须就罗汉级左献出平坡之处，凿入丈许，此得天都主峰第一枝，真带鳞带甲之脉，即非孩儿结顶，亦是上分下合，香火自当隆盛。

全于藏经阁，宜在本处，与殿脊为邻，极称合法，无庸别议。

若所指普同塔窝，乃老人峰凤形大尽，闪此奇穴，且到头有脚有口，理宜坐乾向巽，庚辰庚戌分金。

东北石台，宜构一榭，为施食场，犹全局也。

自普同塔窝进里许，有石指三四，形如佛手，余题之曰"佛掌岩"，兹乃本山最上乘静室。状其峰隈石抱，径僻泉环，宜普师自结团瓢②，犹为妥当，合至人栖也。

---

① 分金划度，中国风水术确定建筑坐向的常用术语。划（chǎn），旧同"铲"。
② 团瓢，即团焦，圆形草屋，谓一瓢之地。清代龚贤《画诀》："空者为亭，实者为团瓢。"

黄海
HUANG HAI

　　由黄土岭南二里，有一小支磊落而下，两曜凌空，砂盘水绕，胎乳垂而有情，径路分而无碍，前有天生覆锅，金形成胎作案，外朝莲花庵主山峰顶，此宜作癸山丁向，子午分金，正得天皇正脉，实封拜血食，旺子旺孙之灵迹也。或以白衣大士，或以玄女天尊，或以轩辕黄帝镇之，其后丛林大兴，俱赖有此。若塑白衣像，应胞胎案脉，为求嗣者响应，亦一说也。然上二迹皆形家之言，恐不足凭。俟海内高明登览，将朱砂庵殿宇房室陈列，则上呼下应，左盼右顾，便知真境灵区，乃遗珠一蚌，为山子剖出矣。

　　乙卯六月朔录于幻扈阁中。

诗

顾谖 字山子，华亭人。

老人峰见异鸟
草衣三四侣，松顶步晴山。
佛鸟光音界，人天法喜关。
蜀魂长夜泣，陇梦几时还。
不及青莲舌，曾歌雉子班。

登莲花峰绝顶下息厂中
孤筇陟顶峻而安，倚石扶云纵眼看。
露滴森林晴亦雨，阴埋列岫暑犹寒。
呼猿不假腾空力，驾鹤应知泛海难。
只有神僧飞锡处，招提遥指近青鸾。

炼丹台
指月升孤塔，危峰住一家。
时时生海浪，月月有山花。

石笋矼望后海口占
千片云根如列戟，石户谽谺若斧劈。
须臾龙斗海云奔，大痴老癫画不出。

访隐空上人不值，登宝凉峰看天鼓石
闲吟丘壑方高踪，师到何方锡挂松。
天鼓沉沉青籁远，野夫无语啸前峰。

黄山归东皋答客问
怡情山水独徘徊，满袖烟霞世外猜。
五月犹寒材酒淡，沿溪无路野花开。
移松就日标孤影，出土分空□劫灰。
剩以暑游夸示客，曾从雨隙过黄梅。

赠言附录
陈仲醇送山子游黄山
秋水帘前清更清，何人卖卜此藏名。
得钱即入深山去，不肯骑骡向市城。

此余赠顾山子诗也，山子隐居西湖，读书好道，喜接四水云霞中人。黄贞父诸公皆雅重之，山子曾遇异人，授以青鸟家言，皆曾、杨、廖、赖秘传，向人指划吉凶，多有奇秘。今游黄山，予复赠以诗云：

紧绊芒鞋未肯休，月明踏破碧山秋。
自从传得搜龙诀，到处能教石点头。

董玄宰云：山子有新都之行，寄黄山图以贻之，若把臂入林也。又赠诗云：

芒鞋踏破万峰云，手定青囊玉髓文。
茶磨山头来夜宿，何年黄海更逢君。

眉公复题云：

十步一云，五步一松。松埋云上，云掩松中。
谁引子兮山有猿，谁乘子兮潭有龙。

赵凡夫云：山子居士游黄山、白岳、天台，二薄访匡家兄弟，遂述其

黄 海
HUANG HAI

胜，令人色飞，不及为言，以寄神往，聊录旧诗赠之。
担簦蹑屦意翛翛，问水寻山道路遥。
记得虎头奇绝句，转深转远转清高。

朱白民邂逅山子，有黄山之游。用凡夫韵为赠：
风色正翛翛，千山杖履遥。
搜龙形自献，得句意偏高。

汤嘉宾送山子黄山选胜
高著担肩短著筇，石英泉液紫烟重。
踏山万个峰如屑，拟选黄山若个峰。

施羽王云：山子有黄山之游，赋赠。
眼底乾坤不住身，看时山色问时津。
逢人得意惟诗句，袖里青鸟秘鬼神。

冯鉴之。
柳色紫丝闹晚红，正堪描写待良工。
独乘鹤艇中宵月，试看荷衣野渡风。
沧海浮杯何限醉，高峰刻句定争雄。
欲凭奇兴黄山上，得趣应知念我同。

陈居一。
箧底曾收五岳图，重游黄海试青乌。
名山乞得神仙诀，寄取乾坤在一壶。

释莲如。
轻云淡淡水沧沧，司马长游趁早凉。
若见骨山须记取，他年我欲构僧堂。

黄伯传送山子《夏日游黄山》

予昔逢梅雨，淹留佛子家。

日中仍挟纩，春尽始开花。

陆海云为浪，丹台雾变霞。

不迷频去路，藉尔指南车。

潘景升。顾山子再至新都，乃冒暑登黄海，归有纪咏，赋此赠之。

总为尘缘绊，非关胜侣稀。

阁应同幻住，身可挟山飞。

兴远期灵运，文深避陆机。

岩栖何待卜，昨夜梦先归。

黄海
HUANG HAI

天都山史潘之恒景升辑
石雨道人方士翊若渊校

纪游四·之二十九

黄海游略

薛正平曰：余与子玄访髯公于东皋，髯公目送之，笑曰："三十六峰赠子杖头去矣。"容成台仿佛得之烟雾中，再越宿而至汤院。风日晴美，步白龙潭，锦溪㵎雪，真别一世界，遂宿慈光寺。普门老人尚留燕邸，以不得问偈为恨。子夜披衣，则岭头霜霰如残月。

是日大雪不止，予谓无恐，山灵必许我辈放眼。诘朝，果清霁。逾数岭，皆鸟道，雪深数尺，碧空无际。冰花绣树，朝阳掩映，使人一步一称快。从乱石攀缘而上，断崖千尺，峻坂纡折，下临万仞。贾勇飞度，径穷，复穿石罅中，耸身上望，划然洞天，是为文殊台。峰峦森列，虬松古柏，苍秀刺目，山中第一佳胜也。

转至大悲顶，石栈千寻。有老僧踏雪中负担。挺儿取短杖代为肩荷，了无难色。余顾谓孺子可教。

凌晨饭讫，登莲花峰，其险过文殊台，而胜亦过之。怪石怒起数十仞如莲瓣，中有结茅。我当烧绝栈道，即此作活埋庵，可了大事。平天矼亦峻绝，石上灵松高二尺，蟠曲如龙，秀顶如盖，当是千余年物。余笑谓："虽脱祖龙之辱，不免俗汉摩顶，奈何？"又留山中两日，一宿后海，一宿狮子林。从海口晓望，下界白云数百里，一片明光锦，仰天叫绝。取故道，浴汤池而归。

自小春廿七日携屐至出山，则一之日已越七宿。景升先生见余辈雨中来，掀髯大笑。值先生囊空，典一汉爵沽酒快饮。我友俞彦直、黄介子、锡余皆有胜情，衡公、蕙道人皆有奇僻，惜不偕来，聊纪时日以贻之。至峰峦岩壑之奇，则备载髯公《黄海志》，无烦余言也。

又云：余忆眉公有言，昌黎能开衡山之云，不免华山之哭。大抵到此非大笑则大哭。余每过一峦一石，必为绝倒。因语子旭、挺儿曰："坡老云：'不识庐山真面目，只因身在此山中。'山之灵趣，须出世人始能饱领。若逐儿童之见，数数寻形，似与俗子啖酒肉无异。"子玄深以为然。

时马中贵奉旨饭僧，衲子毕集。余略勘过，有一关中僧服水三年，遂称水斋和尚，燃指刺血。余问："如此了得生死乎？"展手云："死生在何处？"余问："一口吸尽西江水如何？"笑曰："勘〔砍〕柴汉不会佛法。"狮子林有一新到老宿，霜顶皓然，神彩焕发。拄杖问云："还有的的大意么？"余曰："只是不开口承接得。"人大肯余言。有一道者年甚少，风神清远，讯之则书生王应辰，髯公里人也。余来山中，所遇寥寥，为之深叹。大雪中山花半已作蕊，僧云："四月时来游，异香满石。"余因发一妄想："人日后从光福看梅，遂渡洞庭看梨花，转登铜官看杜鹃，遂至吴兴采茶啖笋。此时政当清和，当踏遍黄海三十六峰。归至武林吃杨梅，便过天台、石梁避暑，虽未能为五岳游，亦小小结山水缘耳。"并识之，发髯公一笑。

游黄山诗

薛正平 字更生，华亭人。

方梦旸 字子旭，华亭人，更生高足，有和诗。

薛　挺 字紫㯶，更生子，有和诗。

纪　梦

醉踏天都虹，狂歌拾灵草。
明月入掌间，玉杵半空捣。
忽归唳鹤里，酒气撩轩紫。
椒浆寿阿母，石鼎焚柏子。
共叹岁月除，儿童喜见齿。
偶检明光书，短剑提不起。
长袖掩面啼，余涕惊同被。
潺潺水声喧，愁听寒溪雉。

黄　海
HUANG HAI

响　潭

忆我轩辕时，蜕骨南山鬟。
珊珊有余响，劫火不能烬。
变为玄牝谷，微笑亦空振。
当招苏门翁，冰潮千尺喷。
当携华亭鹤，高肮〔亢〕戛孤闷。
嗟余广长舌，慧业今来钝。
哀歌咽冷风，萧瑟不成韵。
愿化天公耳，低声思借问。

梦旸和。

荡舟绝壁下，悲歌破山腹。
疑有凌波人，笑语纷相逐。

挺和。

曾蹑玉山头，振蹀飞空响。
泛泛寒潭曲，醉呼出仙掌。

黄山道中

石齿疑残雪，寒流万竹中。
短筇抛石上，或恐化飞龙。
负暄溪上石，笑望青鸾峰。
婉衿旧时曲，犹响白云中。

慈光寺遇雪

满地香雪扫不去，丹砂飞作蕊珠灯。
汤池浴罢临风啸，踏破龙潭五色冰。

梦旸和。

夜半狂风惊客梦，短松谡谡不胜寒。
未问天都可登否，峰头残雪已堪餐。

挺和。

不见寒山月，不闻寒鸟啼。
萧萧香谷里，寒林带雪低。

自天都踏雪经文殊院至莲花顶

瘦谷从来挟紫霜，曾经化鹤供支郎。
赤脚仰吞丹灶雪，扫尽寒霞倒景旁。
膝斗插空红玉磴，肩摩劈脊白霓肠。
冰髯吹风触松爪，冻客怒臂惊羚羊。
日出千峰拥天碧，日落回波大海黄。
匡庐瀑布九子额，出没朝烟与夕阳。
不特腑肺大洗涤，亦使眉目生妙香。
生平壮怀差一快，速归谋聚五岳粮。
他年纵从碧落去，留取天都置石床。

出　山

只恐狂呼惊玉宸，千岩残雪翠华新。
还将三四逃禅客，来洗莲花一点尘。

黄山冒雨步至髯公有芑堂

汤池浴雪来，带染丹砂汁。
新涨戛寒烟，怒雨摧花笠。
芒鞋苦不坚，短杖挑云入。
座客惊远人，纷拏倚柱立。
髯公笑而迎，酒枪俄相集。
逸兴老更豪，夜夜鲛人泣。
禅心寄花枝，月华带霜裛。
砚扫天都云，囊空岂羞涩。

黄海
HUANG HAI

薛自跋云：南屏落木终夜不止，忽忆歙州诸友，欲遂了黄海之愿。客谓此时积雪迷路，大雾累日不开，须初夏为宜。余意醉浴汤池，卧看天都飞云，犹胜访戴人也。叔服、子玄闻余来，甚喜。子玄欣然裹粮贾勇偕往。余初疑晴与雪必不两得，不意入山遂大雪，雪后即大霁。屐齿虽未遍丹崖翠嶂，无不与余目成，亦可无憾。

余行时，止生以《同燕雪看红叶诗》见投，并为余治装。迨余黄山归，髯公携酒溪楼听雨，若渊、百孙相次把袂，挑灯细话。适燕雪在座，出止生别扇相示，亦良可念。吴人以长至为佳节，癸丑至日，寒月空冷。余与彦直饮，拂水是月哉。生明亦至，日政与子玄坐啸莲花峰，俱大胜缘。至归而与髯公快谈三日夕，觉三十六峰俱在髯公腕颊间，又一大奇也。

余尝念入名山必胸中无一点尘，始不负山灵。踏雪黄海，每过一奇峻，我师必指示，此似某文，此似某画，此似某偈，此似某古德，转语复笑曰："无乃饶舌如此品题，真大开胸眼，得登临佳趣，亦使余辈知造化之奇幻无尽，不惟绣出鸳鸯，并将金针度人矣。"

弟子梦赐记。

大抵黄海之峰，虽以险怪为奇而森秀峻洁，顾盼有情，令人望而可亲。黄海之松类生绝壁石罅上，盘曲万状，非人间所有；黄海之石肤粗而理润，故日色所射，遍作紫光。汤池下皆丹砂，故水独甘芳清滑，甲于天下，真地肺之灵区也。

男挺记。

方若渊评云：更生跨华亭鹤看雪天都，岩壑之姿、幽冷之韵，应使山灵虚席。

读《黄海》，附家季《游略》后

薛鼎辅云：家季更生以乙卯冬仲冲雪游黄，而予亦以是岁腊尽，赴新安吴泰徵之约。值雪甚，上下积素中，光摇径绝，虽身在图画而困踬极矣。泰徵订以春首踏遍三十六峰，然后从山僧乞一袈裟地，掩关相对，晏坐征心。

奈泰徵应其尊人召,马首遽北,嘱予坚待。今屈指八阅月矣。青葱窅霭,时入梦思而良晤未谐,胜游未果。读髯翁所致《黄海》,不禁心热。

夫曩予跋涉,原为灵区贾勇,今尚属神游,山灵当笑人俗。然泰徵雅有游癖,予故不忍先之。虽秋光已逝,然霜严水结,木落山空,真骨堪把,终当杖策被毳①,探奇于罡风冻雾间,肤皱指坼,以酬名胜也。书之为异日入山左券。

时丙辰九月一日。

诗附录

薛鼎辅_{字台仲,华亭人,更生仲兄。}

景升社丈出示天都峰顶张幡灯诗,用原韵奉和兼遗家季

遥想天都最上峰,将凭孤影得追从。
云中实见栖松鹤,潭底清游陟鼎龙。
南望一星宣瑞气,西来五叶振禅宗。
也知华藏同缘者,不为天亲爱所钟。

黄海游记

乙卯十月,更生从湖上买棹,邀予看雪黄山。予时凤疴初起,尚苦寒。更生兴特豪,宿斋头两日。廿七晤潘髯东皋。髯公语黄海张甚,足为游客破风雪。是日抵容溪,晓行微霰,道中竹树丛密,石壁往往从树影出,白石栅栅②,乱涧水中,如皓月照积雪,令人骨体清绝,恍恍非人间境。

廿九抵汤院,读罗文恭壁间两绝,徘徊久之。取道白龙潭,潭水澄碧如镜。道多奇石,类散步琼瑶中,顾盼不暇。暮宿慈光寺,寺开山为普门师。师时寓燕以不及问法为憾。

诘朝雨雪,更生偕予伥绪游兴倍勇,拟踏雪天都,以众畏险而止。二之日雪霁,从鸟道上,壁峭如削,怪木多出危石巅。于时旭日初朗,峰峦与雪

---

① 毳(cuì),鸟兽的细毛,引申为丝绒。
② 栅栅(lì lì),此喻繁多貌。

黄海
HUANG HAI

色交映，觉奇秀来逼人，欲夺目睛，快不可状。薄午谒文殊院。院踞绝险，石径多断，缅木始得入。每历崎嵚仄裂处，辄怪石怒起，疑妒游客。予意或山灵闷惜，不欲令尘侣相混。转入险极，忽别露一洞天，又若主人引客，不入穷深不止。殆长公所谓河豚，真可博一死也。

旦从大悲顶踏莲花峰，峰巍耸，直出天都上。俯视，劲风掣云，多在山趾。旁构小茅，为普门师习定室。余笑语更生："吾党订入山缘，当无逾此者。"俱恋恋不忍别去。由云梯诣平天矼，诸峰怪态百出，有笋矗者、屏列者、戟张者，或绝壁复互，深窈中隐隐藏一世界。游侣俱大叫，谓此中必有老仙，憾不及为细搜索。矼顶多异松，其一宛转蟠纡，可供梵士跏趺，色更郁古，不识何年物。或饱餐烟霞，狡狯所致，不可知耳。从矼顶望三天子鄣，列如拱揖。匡庐、九子秀色，云杪相向，豁然快绝。时余雪未消，僧屐罕至，道中雪几盈尺，而径路稍舒。步雪抵黄海，晓登海门，云气蓬勃，九州俱在积水，仅天外一两峰明灭可数。少顷四顾，即兹山亦一沤浮海水中。予曩寓南粤，观海绝叹，其奇若空明澒洞①。此又类大海中三神山，即更生家并海上，至此亦缩舌骇异，正不知当作何等赞叹耳！

四之日，憩狮子林，以风雾恼客，为出山计。越宿，浴温泉，乃归。

方一藻曰：予宿黄海，叹宇宙山水，奇不可尽。又叹山水之奇，决尽于黄海。他山即诡异秀特，图经方志可载，骚人胜士可咏歌。至有赋咏流传、山水寂寞者，可笑也。

黄海自轩辕迄今，竟未能加一语，拟一妙。即今游屐日夥，就眼识所到，大都已不可形容，其不可到者，旷劫未经赏识。即千百年后，亦必无有赏识者。真奇，固造物所吝，必世人不可到、不可识也。直恐轩辕亦未问津，矧余辈漫游，未及二三，辄哆口谈黄海，不几令山灵笑我？虽然，不可令潘髯骄我。自今发一弘愿，愿以今生愿力，载万卷卧游兹山，更乞分普门大师半席，俟绮语业尽。余誓不敢出一语累山灵，兹特为山水一瓣香，并作他年住山公据。

---

① 澒（hòng）洞，弥漫无际。

游黄山诗附

方一藻 字子玄，歙人。

巾驾陟灵岳，振策凌紫虚。
逍遥揖列仙，汪漭接蓬壶。
怪石蒸层云，碧巘倚精庐。
仄径磴屡绝，连岩望转舒。
虚疑造化苦，神腕几雕刓。
平生五岳愿，梦想结良图。
兹游惬心目，浩荡涤尘拘。
何当饵灵液，一鹤跨天都。

送更生游黄海还吴淞　二首

摄山秋色囊携满，更领湖光十二分。
试就天都峰上望，好将双袖纳行云。

芒鞋踏破真行脚，山水随缘亦衲僧。
忽从佳句征名理，庞老今生是右丞。

梦游黄山记

汪重昌曰：是月九日，薛更生从黄海归，冒雨见访，纵谈人生浮沉穷达之状，相与微笑，因夸天都奇绝处。予茫无以应，唯首肯而已。

饭罢，诣髯公斋，集若渊、子旭及其郎君清酌溪楼，凄雨凉风，觉半臂可加。更生复云：始入山值雪，雪雾攀跻，远峰灵岫与六花互相映带，个中但觉和煦，寒意为回。每晨坐夕寐，辄哆口不置，仍冒雨别去。予不禁心痒，顾尘缘俗况，难与排决，又不尽在浮沉穷达中，岂予形秽自使山灵杜绝耶？

越廿四日朝起，栉沐甫毕，子晋从溪南来，寒色侵面。呼童子觅茶。少许，曰："饮此致和气也。"予因向子晋云："恨今日不黄山，且更生在华亭，又不知视此何如？"是日应酬颇恶，但风回雪篆，差可与语。已而，子晋别去，取酒三升独酌，遂成寐。自立岩壑中，子晋、若渊以次至，携有丽人。予微询子晋，云是赵家。又有一人疑是鹿长，又似予侄子开，然不甚了了也。共缓步渐入佳境。每逢孤峭，予必贾勇先登，而子晋低回凝视，若怜惜彼美之意。虽梦魂中，大有开豁。或立石万仞，或峻险无端，或霏霏微微，仰视云表，或浩浩荡荡。俯瞰清流，仙仙乎伟观，不图至于斯也。然独不见有草木，并不知为何处似，复问子晋，乃云："即黄山。"此时半已惊觉，以为可以应更生之夸也。

起步楼上，日已当午，则向之彤云、雨花，别成晴色矣。噫！更生以入山日雪，雪晴而游，变幻犹在数日中。予雪而寐，寐而入山，醒而晴，仅移晷耳。日者子晋曾为予言，赵喜莺清冷饶韵致，予实未得一见，不谓即偕子晋追逐梦中，为点缀片饷胜缘。而子晋又能从梦中指我洞天本色。第疑苍松异卉，何独不与灵石层峦一切发现，或者留此以俟身到耳？若曰此幻也，非真也？向痴人说梦，予又不大多事乎。子晋又语予，按槐里县亦有黄山，而极西亦复有黄山。予读《山海经》有"钱来山，又西百八十里曰黄山，无草木"云。

乙卯仲冬记。

山史云：余梦游名山奇绝，并无草木，以为具骨力者，当如此耳。赵喜莺者，子晋所品题人也，以数日间绝命，岂魂托子晋以游于小华中耶？百孙未入温柔乡，乃从步幄中仿佛姗姗其来迟，亦足快矣。余以为人趣所感，新鬼乌能灵？

跋

吴与曘云：百孙为余言梦游黄山事，余已同赵生喜莺合掌谢承携矣。梦中之景，何必非真。百孙其无负更生哉。

按庄伯微以意想作仙道，每日入向西北，闭目握固[①]，梦游昆仑者三十年。嗣后得金液方，竟自飞去。以余闻黄山多金鼎丹丘，春秋之交，玄鹿、

---

① 握固是道家养生修炼中常用的一种手印，即将大拇指放在无名指的指根处，然后四指相握，把大拇指藏在中间。

白猿谑云端而奕松际，游者时一见焉。意其间多异人，非有道者不遇，此百孙倘遇之欤？抑遇之而不欲言欤？余病瘵力微，雪窗饥坐，自成僻疾。拟以明年三月同百孙杖履其巅。长卿虽倦游，于今可再鼓也。友人向余言，迩来好事者少动，借口右军婚嫁未毕之语，如百孙之能梦者，盖亦无几矣。

山史云：喜莺仙游矣，为我谢子晋。此非吹箫侣耶，未可与携也。

又云：赵喜莺非托子晋知己，安得入百孙梦？又安得列名《黄海》中？余所为纪，亦以此子生平有胜缘，了此一念。倘百孙欲仿柳梦梅故事，当觅小像唤之，定作睆睍①音相应耳。

曹时可云：世尽梦也。百孙独以黄山为之梦，梦而为之记，将毋梦亦有注脚耶？是不然。百孙盖以黄山一梦，破人世无量无数、百千梦界者也。更生、子晋能举黄山于口，而百孙乃发黄山于梦。梦者梦，说者亦梦，邯郸之梦也。醒世间名利鼾睡之场，华胥之梦也。举人世物我，山高之相，尽觉而醒之。故余读百孙梦黄山记，觉宗少文之卧游，犹梦焉，而未醒者耳。百孙信得及否？倘信不及，请持坡仙《睡乡记》与梦黄山记印之天都主人，他日两脚踏翻黄海，则又付之他日梦界矣。

和　　诗

许文华字茂先，歙人。

和汪百孙梦登黄海

梦入烟霞里，微茫接海天。
奇峰拥万叠，怪石出层巅。
神使遗琼液，仙妃授玉篇。
觉来心自爽，长啸转悠然。

---

① 睆睍（huǎn xiàn），形容声音清和圆转。

黄　海
HUANG HAI

张渤字若侯，华亭人，同前题。

和汪百孙梦登黄海

一枕翻成蝶梦翩，忽经三十六峰巅。

须眉映雪寒光薄，衣带流云冷翠鲜。

叠石相为烧药地，逢人莫是烂柯仙。

不知何处飞琼侣，吹落鸾笙响瀑泉。

纪游四·之三十

游黄山诗

徐时进 字元修,江阴人,丙辰六月至此山。

丰溪晓行遇雨

早发丰溪道,崇朝①雨未收。
暗云晨欲暮,爽气暑疑秋。
屐踏千崖湿,桴乘万壑流。
天都看杳霭,取次足穷幽。

读景升《黄海游记》

黄帝龙飞去鼎湖,千秋遗迹总模糊。
谁来黄海编青史,会有名山托董狐。

奇峰六六绝风尘,山史评来处处新。
江上有山堪入史,欲凭濡笔问春申。

虎头岩征梦

六月间关褦襶②游,芒鞋踏遍万山幽。
夜来梦虎天都道,今日先登是虎头。

浴汤池

灵液何来湜湜③通,常温不借火为功。
半生浪迹风尘色,到此浑消一浴中。

---

① 崇朝(chóng zhāo),整个早晨。
② 褦襶(nài dài),此指炎暑戴笠。
③ 湜湜(shí shí),水清澈貌。

黄海

文殊院阻雨

稽首文殊顶，峰高暑气微。
怪风千谷吼，怒雨半龛飞。
傍佛围炉火，从僧借衲衣。
喜饶山色秀，餐此足忘饥。

食苦菜

老僧朝作供，采苦山之麓。
为问来游者，几是清人腹。

登莲花峰绝顶喜见佛光

直上莲花忘路难，莲花片片佛光蟠。
六尘洗去千岩净，七宝腾来五色团。
葱郁岂同佳气望，轮囷①宁比卿云看。
应怜俗子无明覆，为现神通作正观。

海 子

一片空明万里光，疑云疑水总茫茫。
大悲顶上凭虚听，听得潮意散下方。

坐平天矼松顶

老松高尺余，虬枝覆盈壑。
我来趺其巅，忽疑身是鹤。

炼丹台

容成药鼎闭难开，帝子龙髯去不来。
一自莲峰依宝相，丹台今已作莲台。

---

① 轮囷（qūn），盘曲貌。

青鸾峰亦名天女。

崒嵂天都云外看，旁临天女是青鸾。
奋飞欲向天都上，好问青鸾借羽翰。

九龙潭道上喜值一乘上人因而问路

问偈寻师锁半龛，忽逢归锡九龙潭。
正从羊鹿惊相逐，喜得牛车作指南。

潘之恒[①]

立秋后一日，喜徐元修同家侄肖先游黄山，回赠诗四首有序。

元修徐丈以伏日将游黄山，惟余劝驾，天作淫雨，不害于游，更从绝顶五见佛光，呫呫堪姤。家侄肖先实从行，能向余历道所希覯。元修方自清凉界来，应念余热闹场中不易解脱也，诗以志喜并志愧。末章兼呈朱白民、张韦玉、黄介子、锡余四丈。

清宵载酒丰溪上，月色分辉送子行。
陆海片云频聚散，灵山长日半阴晴。
光因按指轮俱转，法为观心幻屡生。
老去未偿招隐志，何年五岳著书成。

黄山无月不堪游，逃暑经旬直到秋。
雷雨深盘千涧底，云霞幻出万峰头。
松成佳韵差能和，石作余粮尚可休。
彩笔莫惊卧龙起，怪来五色瑞光浮。

万里逍遥谁适主，东南名胜递为宾。
不须方外怜多病，共向光中见一身。
依隐清都如故旧，游闲浊世岂沉沦？
振衣但觉江波远，挽得天河水洗尘。

[①] 按，底本潘诗所在页未标明卷次。

黄海
HUANG HAI

朱张倾盖游同岁，选石摩崖共勒文。
未信洞庭能鼎立，曾将华岳与平分。
佛光暂摄惭无著，世路多歧陋有闻。
我欲临风招二仲，此山元是属黄君。

天都山史潘之恒景升辑

■■■校

纪游四·之三十一*

独　游

叙曰：戴虞部①之游历，岁方半而陟名山者五，且以黄海殿焉。

虞部生四明，固佛山窟宅，雁宕［荡］、天台杖履间可俯拾，而得之似太晚。其峰峦潭瀑，直与胸中丘壑争奇。既而登两天目，峭蠹澄空，虽不侔于粤，揽云一片足当群玉琲珠，愈远愈奇，则新安尤山水奥区。然轺轩②经三邑，曾不可信宿留，礼白岳毕即搜灵岩洞。有四游，其三将贾余勇于黄海。咨不慧以祈响，一过蒹葭馆定盟。不慧曩称山灵，謇修于虞部，若有恧色，徒谓造化善闷，尤忌举全。虽虞部安能自必？言未既而飙车已及云门，不旬日而穷海子。门人、二戴、儿彌时实从余迎之芳村，寻锹中容成台之迹，而后息趼旧馆，共得记一首，诗若干首。所称独游草，其说在鲁国，多儒一人耳。疤丁九解无全牛，游五台是我同流，惟公荣可不与饮酒，善游者当自得之。详在《虞部游集》。

黄山游纪

四明戴澳云：余入新安，登白岳，恨其峰理皆横，累不能刺空峭出，且去人境近，望中直逼村市，少幽窈之致。盖余从台、雁、两目来，难为山矣。

顾从天门望黄山，乱峰叶叶立云际，觉灵郁之气从石窦飞来，咤赏久之，心目俱往，忽不知身在天门也。尝读《黄海》矣，犹谓是笔端丘壑耳；尝耳之方外矣，犹谓是舌端丘壑耳。至是峰峰俱活，顾不能奋飞，遥结异日

---

① 戴虞部，即戴澳，因官工部虞衡司主事故称。
② 轺轩，古代使臣乘坐的一种轻车。

黄海
HUANG HAI

盟而去。及余买舟屯溪，且将解维而潘君景升移书招会，遂辍行，以八月二十六日访景升蒹葭馆。景升以文事羁，至九月初二日，乃先命其少子尔肩偕行，约以初六日追赴。先是，尝招沱川余子余，而辞以事，幸戴宾实从浙岭来，戴元震从玉山来，且迟我久矣。

至是俱发，皆自以为探奇前茅。风日澄爽，笋舆有绎，行皆缘溪。溪上皆好山，山合溪瀤①，则径以岭，度岭复缘溪，凡三度岭至山口，暝烟起矣，遂止一小庵。方欲散步溪上，庵僧告以防虎。未昏，阖外户，私念宾宾[实]独先度岭，不知宿何处。

明发，度石砧岭，初日与宿霭相荡，觉林箐间别一色界。再逾岭，云门诸峰屡出没。截浮溪，逾陂陀，即抵汤口，见宾实饭山店，令元震迟与俱来。折而左，群峰簇迎，反不见云门。溪势峻泻，潺潺作迸玉声，或洒崖缝间，如白龙分道而下。溪多巨石，色皆蓝，时有澄潴，沙可粒数。余非陶隐居，殊盘桓不能已已。至汤寺少憩，将浴汤泉，沽酒壮之。出寺，渡木桥至泉所，泉径丈许，广半之，石亭覆焉。前堤以石，可隐身解衣。试之初似太热，顷乃相宜。泉脉丝丝从沙底起。坐沙如茵，深处仅没颈，遗垢即泻就溪，其合溪处，两指间分炎凉。以次出浴，坐溪石上，寺僧供茶。宾实曰："骊山温泉，说者谓为太真所辱，则此泉隐万山间，适以全其清净耳。"余曰："樵夫牧竖，未必便为此泉荣。倘令分得华清遗粉，终是山史一段佳话也。"因大笑，将上慈光寺，而寺僧即心、阔庵瀹茗来迎，乃偕往。百折至山门，门内一清池，梁而渡。寺方草创，正倚天都峰。至则返照峰顶，便似放金色光耳。诸峰或当天都肩，或当臂，参差若侍。夜卧听炼魔诸堂梵声互作，直至夜分。

次早，为先慈修讖，午后将寻白龙潭诸胜。宾实以先去弗偕，尔肩已历诸胜返，则挟之复往。即心、洞居两上人俱各芒履策杖。出寺里许，折而右，达溪，梯石下，是为钓台。俯瞰白龙潭，澄碧照胆，久之毛发立。复梯石上，渡溪，行半里，涧石径广丈余，方坎如凿，仰受上流，水色似白龙潭，深半之，是为药铫。铫左歕出水，水作悬溜，承溜一石窟，口如瓮，深不见底，指为丹井，或曰龙实栖此。水走石坎，滑净蜿蜒，疑是游龙灵迹。折而右，扪萝登莲花庵，仰见莲花峰斗插天都右，岚骨云棱，阵天匝目，觉

---

① 瀤（huán），流水回旋怒涌。

慈光所见犹为偏局耳。出庵，折而右，复就下流，视白龙潭，见潭底方石丈许，幂以白沙，水深风走，恍觉灵物隐跃其中，久之寒慄，乃登岸，行乱石杂树间。石或覆或夹，或累或欹。树多桃，想花泛时当更胜。再浴汤泉，遂道罗汉级而返。级夹两峭，涧水盛时，可当瀑布。至寺晡矣。宾实自汤岭探鸣弦涧、观仙桥先返。是夜，施食炼魔，前后相应，梵呗铃铎，响振林峦，亦一净观也。夜来云甚黑，谓当坐雨。子夜起大风，仍朗霁。

凌晨起，洞居、月溪两上人为乡道①。出寺左折，行可三里，路右一峰高数丈，酷肖蟹螯，余即以名之。折而上至观音崖，数十折至石人峰。月溪先登，余猱攀而上，见二石立如人，地不余丈而下临百仞。余恐，急下，且止继至者。右折二里，一峰斗绝。元震先陟其巅，月溪且结跏松顶。余贾勇上，同采云雾草以下。草生松杪如乱丝，盖饱云雾而生者，惟此与石人峰有之。折而上至岭头，左望文殊院，逾岭直下则为莲花洞。自背慈光寺路，出天都右，盘磊石间，上荫杂树，旁遵幽溪，时见古松，乱生心和簪峭壁，不着寸土而翠色欲流，且蚪虬万状，此不可解，先往莲花洞。驀②溪石为路，余时倦甚，独扶童子后至，即卧阁下，谓晚当宿此。

卧食顷，稍振，跻攀之兴又勃勃矣。先是洞中矮僧两以茶迎于路，上下如飞。余笑曰：此必狝猴化身也。洞不甚奇，其在黄山尤不必以此见奇。乃复上岭，则雾作且大风。折而右，行石缝间，上股栗坡。余初不知也，已过，见后人皆匍伏至，余始窥而骇之。稍入，夹崖如墙，再入，为天门，穿石出。宾实先过股栗坡，悸甚，至是尚失色，倚古松。松卧崖上，根附石，长数丈。右折复左，崖壁立，路仅容武，崖断，梁一枯株。余时念宾实至此不知当作何状。令二人候之，余前复坐，则元震、尔肩大叫称奇。余蹴磴上，阻一阴洞，似无路。转入，梯木穴石而升，乃复得路，此一大奇也。

至院，衣裳尽湿，须鬓皆如贯珠，雾重如此，亦所未见。因知古松长崖石间，而苍菀反倍他山者，盖十日九雾，其润泽深也。是夜竟雨。

次日，大雨，斗室尽黑，秉烛作诗以消剩晷③。至夜半，北风送寒，雨声断矣。侵晨跃起，群峰忽现，登梦象台，望九[旭]日光含云海，而天都东面

---

① 乡道，即向导。
② 驀（mò），超越。
③ 晷，日影，比喻时光。

黄　海
HUANG HAI

先已隐隐受之，次及莲花诸峰，宛若红苞渐放。各大叫绝倒，恨髯翁不至，少一绝妙品题也。已复从院后左折，扪壁宛委而上，得一方丈地，古松为盖，樛枝可凭，莲花、天都片石皆显。下瞰诸峰如几案间物，因大叫曰"观止矣"。发愿当建飞阁于此，而以"观止"颜之。乃从右下，路亦如左，天所设也。

饭毕，复道股栗坡，折而右，度一短岑①，见百步云梯在悬崖间，色甚沮。俄至则跃而上，一再息至巅，不自意轻捷乃尔。右折，则登莲花峰，或行鳌背，或穿峰房，或陟鼠梯，或凌云胁顶。且近，小庵嵌崖缝间，栖一衲。各跌啜茗已，乃争登绝顶。余以风急且阻一欹崖，遂止；而尔肩、元震已超逸去，然亦竟怯木梯，未尽二级而返；宾实固欲上，追一试之而吐舌以下。余所止处，已似俯瞰天都，但不能穷远目耳。

返就庵，饭胡饼而下。洞居云："速行，过一线天，恐风作，不得过也。"既过，亦不觉险。盖略如百步云梯，而两旁倾峻耳。折而右，见清泉一泓，沟石而下，口就啜之，清甘不减虎跑。右折而上，则一庵，奉大悲像，在莲花峰、大悲顶之间。至此，石皆肥顽，少森秀之观矣。僧智真索庵额，余颜之曰"瓣莲居"，以其邻莲花峰也。

出庵数折，路右一石如船，再折，有海螺峰插路左，上为石门。过石门，山皆冒，土又少，苍松丹树点缀其间。折而右，逾岭，度前海，当海下流者为炼丹台，亦不甚峭，惟遥望翠微，乱峰刺眼，不啻冰须倒植也。

由是登光明顶，可舁②而上，独东北临绝壑。至顶，豁然开朗，大鄣、九华、匡庐、天目及城邑村坞皆历历可指，所不得于莲花峰者，已得之此矣。余恋赏不能去，因叹曰："是真光明世界也"。

折而下，则为招隐庵，禅僧智空所栖，俯后海。飞来峰、三海门皆承跌坐，独计所称前后海两山洼耳，无杯水之储。如以云海名，则趾又狭甚，受云不多。余意隄其下流蓄水，可各数十顷，令诸峰倒影其中，增胜甚多，而费复不侈，惜无好事者耳。由招隐庵右折，逾一岗，折左则狮子林。至此，山益荒寂，徒为石笋矼作邮传耳。

次早，登十信峰，梁净土门，遥观石笋林立，拂日梢云，余顾笑曰："石

---

① 岑，小而高的山。
② 舁（yú），抬，坐轿。

笋如许，令为石竹，定当直覆帝座耳。"各大噱去。由狮子林折而左，即入深箐，履巉石，路仅如线，武不得展。左危崖右邃壑，一峰耸壑中，东南薖轴^①可高下结庐；而西北如削，面一峰突起孤峭，上有两石人形，一坐一立，冠服俨然。余标为仙门峰，轩辕丹室定当在此，且下临清涧，白石磊磊。自登山不闻水声，至此耳根始活。

数里至白砂矼，啜茗僧舍。右折里许为白沙岭，经雨沙凝，不复松滑。人谓最险者，我辈皆易之，岭尽则丞相源矣。回视冈峦万叠，不借文箫之骑而飞陟以来，岂容成、浮丘实呵翼之耶。原颇平广，天宇亦开，是为掷钵禅院，佛庐精缮，清溪夹门。溪中一巨石可亭，下可流觞。夜来得月，多坐石看月，冉冉没峰顶，忽如蛾眉而清光犹满东岭。

次日重九，元震笑谓："人方登高，兹乃出山，恐孟嘉笑人。"余曰："即出山，犹可俯瞰城市登高者。"乃相与大笑而去。山回溪转，则九龙潭累累崖壑间，杉松映之，圆坎澄碧，高下递注，时成瀑流。此正黄山所少者，恨无路可逼视耳。迤逦至汤口，宾实先俟我（于）酒家，数巡，谓尔肩曰："尊君此日当何处登高？"答曰："雅以乌石为龙山，计此山犹不得望汤口酒楼也。"余因戏作诗柬之。微醺就路，洞居辞去，月溪早从文殊院归寺。

至江村，则与宾实分歧。倾倒累旬，道路为别，相视暗然。过芳村，遥见髯而肩舆者，惊喜曰："景升至耶！"舆交，果然，各跃下车，把袂相劳，因笑谓："方意君卑^②就乌石大屈。"大屈、景升欲重入山，遍搜诸胜。余辞已远无还理，遂相与寻两崖胜处而返。

问水晶庵，黄叶自飞，白云不扫，苧石络藤萝间，搴萝则汪司马遗迹在焉。度石砧，见岭下溪浒，园亭翛然，指问景升，则曰："此为棨中，汪司马故所逍遥处也。"暮弗及往。

明日，元震、尔肩以觅肩舆不得，先步去，余独与景升往游。笋舆轧轧，度石堤，登韦堂，蟏蛸^③在户，望樛木亭翳冷烟中。登凌风阁，司马诗若记犹存。棨中虽不为司马有，而人识棨中犹以司马也。东山自谢，兰亭自王，千载而下竟谁代之？故可无旧苑荒台之感。旋返，追前侣及之容溪，溪

---

① 薖轴（kē zhóu），用以指代贤者、隐士、高士或隐遁、隐逸生活。
② 卑，同"俾"，使。
③ 蟏蛸（xiāo shāo），蜘蛛的一种。

黄　海
HUANG HAI

以容成得名，桥曰容成桥，桥西北麓即容成台。趾圆如氅，三面环水，一脉连山，土人相传谓之仙台，盖容成烧丹处也，地亦清孤。去容溪数里为杨干寺，寺临石涧，面丰山。寺僧亦解煮茶，固一倦游化城也。

过佛子岭，出潜川，未至岩镇，三里为清泉寺，寺逼市喧，绝无诸峰雨海之意矣。遂直抵蒹葭馆，夜来清梦犹在天都绝顶。

诗附录

戴澳字有斐，癸丑进士，官工部虞衡司主事。

访潘景升蒹葭馆赋赠

几年梦到蒹葭馆，今日经过似旧游。
玄契早因词赋冷，淡怀更为水云留。
风生竹里寒声晚，月印花溪素□秋。
仙箓许编吾与尔，好同黄海访浮丘。

黄山道中三首

悠悠入山路，转转遵清溪。
地僻人非远，秋深叶未稀。
云门时隐见，磴道数高低。
谷口逢双衲，言来汤寺西。

澄水出秋色，疏林远俗氛。
岩居低隐竹，水碓冷春云。
峰合路疑断，洲高溪渐分。
无人领幽意，木石自为群。

茅屋参差出，柴门清静开。
布桥因涧石，引水截去隈。
豆顷黄连秫[①]，渔矶绿绣苔。

---

① 秫（shú），黏高粱。

隐心兹已惬，况复陟丹台。

雾中登文殊院

疾风吹雾雾不开，危崖线路拨雾来。
群峰咫尺藏面目，千仞冥迷空崔嵬。
路穷生路缘崖转，崖峭雾深路难辨。
忽梁断壁学蚁度，忽梯阴洞夺猱跰。
险尽逢僧心始安，须眉湿雾笑相看。
翻思险绝是奇绝，还期去日细盘桓。

文殊院晓霁怀景升

昨夜夜半吼北风，群峰欲摇宿雾空。
海日先射天都顶，莲花莲蕊渐着红。
古松青青杂丹树，远峰个个送寒翠。
十分秋色洗来新，都向祇林供师利。
欲驱师利缘发狮，急载髯翁来此时。
诸峰霁景绘不出，代绘须君一幅诗。

登莲花峰

扪崖巧盘折，此路便堪仙。
本拟穷华藏，翻如入洞天。
半龛危倚石，老衲独栖禅。
再蹑层梯去，真登上品莲。

登光明顶

欲尽群山胜，无如立此峰。
三郡应长啸，九子接疏钟。
夹带匡庐瀑，青来天目松。
秣陵多古意，烟际簇芙蓉。

黄　海
HUANG HAI

望天都峰赠潘尔肩

奇峰三十六，独此峭且尊。

崒崔烟霞宅，玲珑日月门。

只应承帝座，不复隶坤元。

君是飞仙侣，凌风试一扪。

丞相源看月 时重九前一日。

天到古原阔，月临空谷多。

就盈昏正午，忌满半初磨。

苍岫邻寒阙，澄溪妒淡河。

来宵醉佳节，何处酹仙娥。

九日出山次汤口戏柬景升

连日天都峰上坐，偏当九日到人间。

人间尚是天都麓，犹胜登高乌石山。山近岩镇，景升故所登高处。

芳村喜逢景升

迟君日倩岭云催，一个峰头望几回。

短屐已辞丹壑返，仙筇方指翠微来。

相逢是处寻山水，对坐搜诗佐酒杯。

毕竟天都君是主，栖霞旧侣莫相猜。

芗　石

谁上莲花峰，手把莲叶摘。

掷此清涧边，更名曰芗石。

岁久风霜多，芗老石看坼。

石上倩古藤，络此一片碧。

古藤若解石，欲飞还向莲花峰顶归。

同景升游徯中

石磴岭上经还往，雨看园林水上开。

试问几人游世外,曾经司马卧云堆。
公垂大业兼词赋,我炙高名在草莱。
旧隐于今谁是主,新知更觉首堪回。
笋舆竞发凌山口,筇杖重扶入水隈。
鸟经线通冲宿霭,象堤弦引護秋苔。
粼粼涧石萍踪聚,翼翼溪湑陇望每[梅]。
山色苍凉围别墅,秋容淡漠出荒峡。
林泉似到樊川上,楼阁疑分杜曲来。
鱼老寒塘存绣尾,梦残春草剩枯荄。
石床苏活重阳雨,野鼠踪深木壁灰。
墨迹犹鲜沉笔冢,文心长焰读书台。
山阳故好惟余向,摩诘追从仅有裴。
陵谷不迁公不朽,西风猿啸为谁哀。

潘景升搜得容成台,同赋排律

奇迹久已没,空名今尚存。
土人能识处,搜胜斩停轩。
径满鹿行迹,崖重水落痕。
忽看孤屿出,正扼两溪门。
千载游初到,一丘云乍掀。
草深余药种,石润见丹元。
灵液萦为带,神砂甃作根。
松杉通海路,烟火隔桥村。
仙鼎终难问,荒台喜共扪。
境沉山实浅,秘剖地逾尊。
欲尽天都奥,先须此叩阍。

黄海
HUANG HAI

天都山史潘之恒景升辑
舟隐丈人吴著何有校

纪游四·之三十二[*]

寒　游

叙曰：吾得朗倩于神游，则默孙先之，洞视无碍。若白民每以益气规我，从朗倩申之。众以寒施，而我以寒受，畅然怡悦，无少逊却，则谓朗倩之行，徒仆三人，何从之多？朗倩之纪累累三言，何辞之烦？而若未尽也。语余曰："吾持千里粮，不支一宿；揽万峰秀，不盈一瞬；与亿兆人遇未始有人归；以旬日若历终古；而纪以三言若无言也。则以相得满意，仙仙乎归矣。倘非值子之寒，得无郁蒸其旅况耶？"于是倒瓶出空，尚费几邻虚[①]，合成邻虚为供。吾不忍作送寒言别，而以余寒留之。朗倩行耶，留耶？不行为主，不留为客。吾与朗倩两忘之，惟作报两君朘[②]我以臞[③]，胜白民之益我以气矣。两君闻之，将寒其齿乎？

吴趋沈颢[④]自序云：世不作岁寒游而习艳游，不知岁寒则山骨露奇，林容奏怪，一种萧幽淡寂之味，莫备于此，而世弃之，予独取之。以故入山以来，经年不出，而骤千里。焚笔之后，一字不立而忽缀三言，遂令黄白笑人不觉自笑，三言之作，中原染指，天都擅妙，嗣后英雄长语争来欺人，畴复习之，而习于此游，则亦世弃而独取也。道人拙矣，朗道人呵笔题。

---

① 邻虚，佛教语。极细微的物质，近于虚无。
② 朘（juān），剥削，减少。
③ 臞（qú），同"癯"，瘦。
④ 沈颢（1586—1661），一名灏，字朗倩，号石天，吴县（今江苏苏州）人。性豪放，工诗文。书法真、草、隶、篆无所不能。山水近沈周，晚年笔意挺秀，点色清妍，深于画理。著有《画麈》及《枕瓢》《焚砚诸集》。

纪寒游 三言。

月之辜，苇南发。沙雨欹，渚云泼。
人参影，怯寒涉。冯封姨，双舻脱。
练采石，补天缺。

旦复雨，松陵墟。惊来飙，飞吾庐。
霰作花，胶篷篨①。眉梁出，莺水余。
囊炊烟，溪稍西。桑扉深，苕有渔。
婉相劳，情堪书。

曲瓢露，短甒②菽。人坦坦，味不俗。
明日行，临浦嘱。当入林，梅已粟。

溪复溪，爰有村。值桐君，笑侯门。
出广长，覆慧根。一宿去，两无痕。

刺沙棠，沿水脉。割前溪，鸥半席。
宿沙影，分月白。觉鸟翻，鱼雅掷。
雾耳云，梦魂湿。

登崇期，市如织。踞兜子，随南翼。
青嶙崶③，染衣袼④。乾木奇，间铁壁。
倩秃管，关全勒。璇烟生，金乌匿。

鸡喔喔，马跛跛。锉有糜[䴢]，磨有菽。
月絓⑤户，霜衣谷。续残梦，惊落木。

---

① 篷篨（qú chú），粗竹席。
② 甒（wǔ），古代盛酒的有盖瓦器。
③ 嶙崶（lín qún），亦作"崶嶙"，山相连的样子。
④ 袼（gé），衣襟。
⑤ 絓（guà），绊住。

黄　海
HUANG HAI

　　　　寒霏凝，山意肃。鸟嬉林，光始旭。

　　　　五里墟，一飞水。石疑云，松作雨。
　　　　雯旷之，境昭洗。酌泰熹，狎元始。
　　　　云中君，或遘止。

　　　　岚如醉，树如寐。月销痕，霜乃缀。
　　　　袒我襟，行其际。稍通樵，尨①也吠。
　　　　瞩天目，揭地肺。峰庋立，借云势。
　　　　萝溪回，冷亡味。乍亍彳，移幽睇。
　　　　盍写之，无声句。

　　　　南宫皴，北苑神。翠甫折，光摇春。
　　　　香塍交，绣坂陈。徙芊术，抹寒榛。
　　　　陡蹴磴，云根伸。鸟冲车，麚②啸人。
　　　　转陕岨，梁其滨。翠微署，云水津。
　　　　白板去，青旆迎。临印肆，何楼伧。
　　　　觚槻③聚，墆鬻④并。寻岚姿，谱我征。

　　　　寒冥冥，气楚楚。阴崖开，奋于虎。
　　　　循厥趺，按鬼斧。冰截氅，霜沁腑。
　　　　呼山君，夏云母。碧垂东，青避左。
　　　　参琳官，憩紫府。瀄日欤，涧霞吐。
　　　　淡相值，樵之父。影傞傞⑤，笑言舞。

　　　　凭鸟使，邀鹿园。梦栩觉，氅徐掀。

---

① 尨（máng），长毛狗，泛指犬。
② 麚（jiā），通"麖"，公鹿。
③ 觚（gū），系纤绳的用具。槻（guī），古书上说的一种树，木材可以做弓。
④ 墆鬻（dì yù），谓囤积并待价卖出。
⑤ 傞傞（suō suō），参差不齐。

咄英雄，雨打风。一番事，掉虚空。
车生耳，月离弓。十可翁，梦兮醒。
三毒床，五欲枕。真觉边，莲花冷。

扪壁三，陟岭五。箐竹间，创予睹。
翠拔地，森可数。排作屏，蹴成堵。
拈为花，绀百朵。中呀然，涧莫戽①。
纹竞出，诡且古。乞壶公，缩吾土。

五日行，澄无云。涧以外，寒不闻。
破萧坞，衍石坪。藓光坡，击水精。
微喷雪，禽为惊。芦花衲，栗叶篓。
萦虚碧，掬空青。抉玖镜，啮石棱。
凡几家，寒相凭。际以旷，苍然冥。
幻入绘，安可名？谁贴予，问太清。

晁乘雾，公无度。安知奇，此回互。
宛涂鸦，似刷素。俄迷离，酿沈暮。
得鸟声，失驴步。天解颐，还尔故。
峦螭翔，虓②屿赴。幂平皋，绿野渡。
恍升沉，牵回顾。云倒生，天门路。

光猌猌③，气霅霅，袭霞起，贯月深。
含水晰，蒙石阴。为委绥，为鼎甗。
莫之拟，终当寻。

山脉窎④，迸寒玉。争瀵喷，层涧伏。

---

① 戽（hù），灌田汲水用的旧式农具，此指汲水。
② 虓（xiāo），虎吼。
③ 猌猌（tán tán），火盛貌。
④ 窎（diào），深邃貌。

黄海
HUANG HAI

犹狂龙，非我伏。放锡去，投深麓。
鸟为家，云可族。

功德水，阿耨池。非彼国，云谁思。
值汤泉，心惝焉。觅莲房，溯藕根。
一指际，分凉温。发灵幻，储精元。
易肌髓，浇心魂。本无垢，涤者烦。

度虚影，参慈光。频伽笑，杜噜香。
跽金绳，阼①雁堂。僧面月，佛头霜。
冷躇躅，心且狂。猊可策，轻八荒。

摄白龙，潭已空。参此际，了无踪。
溜逼下，巧抟风。天失解，鬼无工。
设药铫，盛鸿濛。山莞笑，光成虹。
冉冉去，来掌中。

徙百折，解行穴。倩石人，辅我蹶。
嗅云雾②，翠揽缬。何年松，劈古铁。
跙中开，秀逾泄。划然枂，激若謞③。
鸟逊道，猿争巢。云之西，暗于宵。
憩莲洞，讶石标。殷其雷，在山椒。
问以雪，纷萧萧。乍寒燠，递昏朝。
奉帝座，为解嘲。

启山唇，扪石脊。辨晦明，仅咫尺。
足须累，瞬莫息。扳倒景，跐④危壁。

---

① 阼（jī），升起。
② 云雾，草名，惟黄山产。
③ 謞（hè），古同"熇"，盛烈的样子。
④ 跐（cǐ），踩，踏。

纪游四·之三十二

曳鼠梯，隙蚁垤。俯九子，罗吾膝。
招五老，笑哑哑。

居莲花，出世缘。怪两趾，胶其颠。
冲雪籁，著风鞭。斩石笋，拖云煎。
饷黄老，匪素餐。试缔予，平生欢。

僧巢居，粘怪壁。讽杂花，扫白石。
作么生，竖此拂。

咨轩皇，溺黄白。欲唤醒，成今昔。
光明界，无人识。吾入林，狮子出。
登十信，须蓦直。净土门，总此级。

忍上中，苦难涉。此黄老，土中物。
胡殢①人，难解脱。曰不然，止啼钱。
开喜根，微有权。华严界，《黄海》编。
人不游，名可怜。前言戏，何有焉。
聊举似，两髯仙。景升、白民。

---

① 殢（tì），滞留，困扰，纠缠。

黄海
HUANG HAI

天都逸史潘之恒景升辑
睡庵居士汤宾尹嘉宾校

纪异五·之一

叙曰：黄山之壑多神龙居之，人误转石下投，则雷霆骤作。芳村人谢师教庚子年春偶放爆三声，忽烟雾弥起，雨雹相逐。乃偃仆岩下，移时始霁，何异！夫清角之琴音尚能兴变，而况爆石乎？故并纪之，令善游者无惊龙听可也。

清 角[①] 《韩非子》。

《十过》篇云：奚谓好音？昔者卫灵公将之晋，至濮水之上，税车而放马，税，舍也。车以载行，马以驾车。舍止，于是则税车而放马不御矣。设舍以宿。置宿处之地以宿处焉。夜分，半夜也。而闻鼓新声者而说之。使人问左右，尽报弗闻。乃召师涓而告之曰："有鼓新声者，使人问左右，尽报弗闻。其状似鬼神，言其曲节玄微如鬼神，不可端倪也。子为听而写之。"模写其音奏也。师涓曰："诺"。因静坐抚琴而写之。师涓明日报曰："臣得之矣，而未习也，习，常也。言得其概未习其常也。请复一宿习之。"援灵公再宿一宿，得以常而习之也。灵公曰："诺。"因复留宿，明日而习，遂去之晋。晋平公觞之于施夷之台，施夷，台名。言设筵而宴灵公于施夷台也。酒酣，灵公起，半醉而起位也。公曰："有新声，愿请以示。"灵公夸师涓之能奏新声，欲以示平公而陈之。平公曰："善。"乃召师涓，令坐师旷之旁，坐侧也。援琴鼓之。未终，师旷抚止之，未竟其韵而师旷遏其音也。曰："此亡国之声，不可遂也。"遂，长也。言此声淫泆，闻之足以溺人而亡国，不可长以为乐也。平公曰："此道奚出？"奚出，不知此乐作于何人。师旷曰："此师延之所作，与纣为靡靡之乐也。靡，与琐靡之靡同。师延作此乐，纣日以荒废，颓靡不振也。及武王伐纣，师延东走，至于濮水而自投。恐不得免斫削辱而脱之，自投于濮水而淹死也。故闻此声者，必于濮水之上。先闻

---

① 角，古代五音之一。古人以为角音清，故曰清角。

此声者，其国必削，不可遂。"平公曰："寡人所好者，音也，子其使遂之。"言己之所喜好者，音声。其使之继续而作，乃吾之所愿也。师涓鼓究之。究，毕竟也。师涓承命而鼓乐，而完奏其音也。平公问师旷曰："此所谓何声也？"师旷曰："此所谓《清商》也。"公曰："《清商》固最悲乎？"师旷曰："不如《清徵》。"言商之音声悲伤，令人心溺。不若徵之声平正，可以疏君之为国为事也。公曰："《清徵》可得而闻乎？"师旷曰："不可。徵音为事，不可使闻于庸主也。古之听《清徵》者，皆有德义之君也。今吾君德薄，不足以听。"德薄，谓徒听而无其事也。平公曰："寡人之所好者，音也，愿试听之。"师旷不得已，援琴而鼓。一奏之，有玄鹤二八道道，从也。南方来，集于郎门之垝；栋端也。再奏之而列；三奏之延颈而鸣，舒翼而舞，音中宫商之声，宫声为君，最清为律。商声为臣，次清也，为吕中律吕也。声闻于天。平公大说，坐者皆喜。平公提觞而起，为师旷寿。反而问曰："音莫悲于《清徵》乎？"师旷曰："不如《清角》。"平公曰："清角可得而闻乎？"师旷曰："不可。昔者黄帝合鬼神于泰山之上，驾象车而六蛟龙、毕方神名。并辖，蚩尤居前，风伯进扫，雨师洒道，虎狼在前，鬼神在后，腾蛇伏地，凤凰覆上，大合鬼神，作为《清角》。今主君德薄，言德不如黄帝。不足听之。听之，将恐有败。"平公曰："寡人老矣，所好者音也，愿遂听之。"师旷不得已而鼓之。一奏而有玄云从西北方起；再奏之，大风至，大雨随之，裂帷幕，破俎豆，隳廊瓦。坐者散走，平公恐惧，伏于廊室之间。晋国大旱，赤地三年。平公之身遂瘙①病。故曰：不务听治，而好五音不已，则穷身之事也。

大　螾② 《吕氏春秋》。

《名类览》云：凡帝王之将兴也，天必先见祥乎下民。祥，征应也。黄帝之时，天先见大螾大蝼。蛄蝼、螾、蚯蚓皆土物。黄帝曰：土气胜。土气胜，故其色尚黄，其事则土。则，法也。法上色，尚黄。

---

① 瘙（sào），古代指疥疮。
② 螾（yǐn），同"蚓"。

黄　海
HUANG HAI

尘　海 《拾遗记》。

叙曰：万历壬子春末，汤嘉宾太史游黄，遵西海道至白云庵，履仙人石。门人黄上珍、胡嗣玄从石上各得朱兰一朵而无叶，易之勿采，此岂石蓝花非耶？又记称：尘雾中有飞鱼可食，卧沙可起，则海子[①]沙岭之名其由来久矣，乃述游海诗为黄海一证。

《拾遗记》曰：宁先生者，古之神仙。在黄帝之前，常游昆丘之外，有兰沙之地，去中都万里。其沙如细尘，风吹成雾，泛泛而起。有石蓝之花，轻而坚劲，千年一开，随风霏霏，名曰青蓝花。又有鱼、鳖、龙、蛇，飞于尘雾中。先生常游其地，食飞鱼而死，卧沙百余年，蹶然而起，形容复故。乃作游海诗曰：青蓝灼灼千载舒，百龄暂死食飞鱼。

山史云：宁先生即《列仙传》所称宁子封也，以尘海之异，故系于此。

占　星 采《刘民杂俎》。

轩辕十七星，左七星为贵宠。轩辕，黄帝之神，黄龙之体，后妃之主。职事者也。一曰东凌，一曰权星，产南大者，女主也。次北一星，夫人也，屏也，上将也。次北一星，妃也，次将也。其次诸星皆次妃之属也，众女御也。左角一星为小人，右角一星为后宗族，欲其色黄小而明，若星流移，人流亡。若两角张，宫掖为乱，后宗败弱。

亘史云：黄帝观天象以立号，本此，故载之。

倒　影

《皇览·冢墓记》曰：好道者言，黄帝乘龙升云，登朝霞，上至列阙倒影。夫天体如车有盖，日月悬著，何有可上哉？

山史云：尊而神之，多此类，不可致诘。

[①] 与下文不连贯，此处疑有缺。

景 星

史曰：黄帝时，景星见，形如半月，可以夜作。

电 光

《帝王世纪》曰：黄帝有熊氏，母曰附宝，有蟜氏之女也。见天电光绕北斗枢星，光照郊野，感附宝而孕，二十五月而生帝于寿丘。

图 书

黄帝时，天大雾三日，帝游水之上，见大鱼，杀五牲以醮之，天乃甚雨七日七夜，血流，始得图书。今《河图洛书》是也。

涿 鹿 采《述异记》。

轩辕之初立也，有蚩尤氏兄弟七十二人，铜头铁额，食铁石，轩辕诛之于涿鹿之野。蚩尤能作云雾。

涿鹿，今在冀州，有蚩尤神。俗云人身牛蹄，四目六手。今冀州人掘地得髑髅如铜铁者，即蚩尤之骨也。今有蚩尤齿，长二寸，坚不可碎。秦汉间说蚩尤氏耳鬓如剑戟，头有角，与轩辕斗，以角抵人，人不能向。今冀州有乐名蚩尤戏，其民两两三三，头戴牛角而相抵。汉造角抵戏，盖其遗制也。

太原村落间祭蚩尤神，不用牛头。今冀州有蚩尤川，即涿鹿之野。汉武时太原有蚩尤神昼现，龟足蛇首，时疫作。其俗遂为立祠。

镜 石

饶州俗传：轩辕氏铸镜于湖边，今有轩辕磨镜石，石上常洁，不生蔓草。

李 法

《黄帝李法·天文志》：左角，李，右角，将。李者，法官之号，总主征伐、刑狱。故称其书为《李法》。

命 官

《词令篇》云：昔者黄帝得蚩尤而明于天道，得太常而察地利，得奢龙而辨于东方，得祝融而辨于南方，得大封而辨于西方，得后土而辨于北方。蚩尤明于天道，故使为当时，太常察乎地利，故使为禀[①]者；奢龙辨于东方，故使为工师；祝融辨乎南方，故使为司徒；大封辨乎西方，故使为司马；后土辨乎北，故使为李。

七 域

黄帝燕居之暇，登启明之台，六圣侍焉。天老、力牧、大鸿、太山稽、隰朋、张若，语以无为之道，长生修真之要。黄帝曰："若谒紫府君于青丘、宁先生于青城、太和君于炎州、天真皇人于峨眉。问五牙三一之旨，飞升长生之妙，力而行之，未能尽解。且人之受生，形骸血肉块然之有也；道之为用，虚无冲澹，泊然之无也。以有质之碍，证无形之道，其可得乎？"天老对曰："天地万物顺道之化，自无而生有；人伦飞走，得道之用，自有而归无，由反掌耳。苟能修之得道之要，自精而为神，自神而为气，气与道合，虽形骸骨肉之碍，山川河海之大，腾而举之，变而化之，无所不可也，无所不能也。"

天老谓黄帝曰："世人者道之子，禀气而生，分形而治其生也。天与其神，地与其精，道与其气，三者相得而人乃生。既得其身，当保其气，爱其精，存其神，三者相得，乃可长生。世人不知身从道生，弃本逐末，自求于死，迷之甚矣。修道之法，从凡至圣，升降七域，一域所修凡万四千法，七域之中，九万八千修道之门户，登真之径路，皆在勤而能久，可致升天矣。"

山史云：此修真证图说也，浮丘、容成实祖之。

---

① 禀（biāo），比喻隐患、祸害。

天都山史潘之恒景升定
一笠居士黄克谦又谦校

纪异五·之二

化 人 以下二篇见《列子》。

《周穆王》篇曰：周穆王时，西极国有化人来，入水火，贯金石，反山川，移城邑。乘虚不坠，触实不硋①，千变万化，不可穷极。既已变物之形，又且易人之虑。穆王敬之若神，事之若君，推路寝以居之，引三牲以进之，选女乐以娱之。化人以为王之宫室卑陋而不可处，王之厨馔腥蝼而不可飨，王之嫔御膻恶而不可亲。穆王乃为之改筑，土木之功，赭垩之色，无遗巧焉。五府为虚而台始成。其高千仞，临终南之上，号曰"中天之台"。简郑卫之处子娥媌靡曼者，施芳泽，正娥眉，设笄珥，衣阿锡，曳齐纨，粉白黛黑，佩玉环，杂芷若以满之，奏《承云》《六莹》《九韶》《晨露》以乐之。月月献玉衣，旦旦荐玉食。化人犹不舍然，不得已而临之。

居亡几何，谒王同游。王执化人之袪②，腾而上者，中天乃止，暨及化人之宫。化人之宫构以金银，络以珠玉，出云雨之上，而不知下之据，望之若屯云焉。耳目所观听，鼻口所纳尝，皆非人间之有。王实以为清都紫微、钧天广乐，帝之所居。王俯而视之，其宫榭若累块积苏焉。王自以居数十年不思其国也。

化人复谒王同游。所及之处，仰不见日月，俯不见河海。光影所照，王目眩不能得视；音响所来，王耳乱不能得听。百骸六藏，悸而不凝，意迷精丧，请化人求还。化人移之，王若殒虚焉。既寝，所坐犹向者之处，侍御犹向者之人。视其前，则酒未清，肴未晞③。王问所从来。左右曰："王默存耳。"

---

① 硋（ài），同"碍"。
② 袪，袖口。
③ 晞（fèi），曝晒，晒干。

黄　海
HUANG HAI

　　由此穆王自失者三月而复。更问化人。化人曰："吾与王神游也，形奚动哉？且曩之所居，奚异王之宫？曩之所游，奚异王之圃？王间恒疑暂亡。变化之极，疾徐之间，可尽模哉？"王大悦。不恤国事，不乐臣妾，肆意远游。命驾八骏之乘，右服骅骝而左绿耳，右骖赤骥而左白䍃。音义。主车则造父为御，离齐、商合。为右。次车之乘，右服渠黄而左逾轮，左骖盗骊而右山子。柏夭主车，三百为御，奔戎为右。驰驱千里，至于巨蒐氏之国。巨蒐氏乃献白鹄之血以饮王，具牛马之湩①以洗王之足，及二乘之人。已饮而行，遂宿于昆仑之阿，赤水之阳。别日升于昆仑之丘，以观黄帝之宫而封之，以贻后世。遂宾于西王母，觞于瑶池之上。西王母为王谣，王和之，其辞哀焉。乃观日之所入，一日行万里。王乃叹曰："於乎！予一人不盈于德而谐于乐，后世其追数吾过乎！"穆王几神人哉？能穷当身之乐，犹百年乃徂，世以为登假焉。

蕉　鹿

　　郑人有辨鹿野者，遇骇鹿，御而击之，毙之。恐人见之也，遽而藏诸隍中，覆之以蕉，不胜其喜。俄而遗其所藏之处，遂以为梦焉。顺途而咏其事。傍人有闻者，用其言而取之。

　　既归，告其室人曰："向薪者梦得鹿而不知其处，吾今得之，彼直真梦者矣。"室人曰："若将是梦见薪者之得鹿邪？讵有薪者邪？今真得鹿，是若之梦真邪！"夫曰："吾据得鹿，何用知彼梦我梦耶？"

　　薪者之归，不厌失鹿，其夜真梦藏之之处，又梦得之之主。爽旦，案所梦而寻得之。遂讼而争之，归之士师。士师曰："若初真得鹿，妄谓之梦；真梦得鹿，妄谓之实。彼真取若鹿，而与若争鹿。室人又谓梦认人鹿，无人得鹿。今据有此鹿，请二分之。"

　　以闻郑君。郑君曰："嘻！士师将复梦分人鹿乎？"

　　访之国相。国相曰："梦与不梦，臣所不能辨也。欲辨觉梦，唯黄帝、孔丘。今亡黄帝、孔丘，孰辨之哉？且徇士师之言可也。"

　　笺云：二事，一托游黄帝之宫，一托待黄帝之辨，皆属异事，故得纪之。

---

①　湩（dòng），乳汁。

吊　诡 见《庄子·齐物论》。

瞿鹊子问乎长梧子 名丘。曰："吾闻诸夫子，圣人不从事于务，不就利，不违害，不喜求，不缘道，无谓有谓，有谓无谓，而游乎尘垢之外。夫子以为孟浪之言，而我以为妙道之行也。吾子以为奚若？"长梧子曰："是黄帝之所听荧也，而丘也何足以知之！且汝亦大早计，见卵而求时夜，见弹而求鸮炙。予尝为汝妄言之，汝以妄听之。奚旁日月，挟宇宙，为其吻合，置其滑涽①，以隶相尊？众人役役，圣人愚芚②，参万岁而一成纯。万物尽然，而以是相蕴。予恶乎知悦生之非惑邪！予恶乎知恶死之非弱丧而不知归者邪！丽之姬，艾封人之子也。晋国之始得之也，涕泣沾襟，及其至于王所，与王同匡床，食刍豢，而后悔其泣也。予恶乎知夫死者不悔其始之蕲生乎？梦饮酒者，旦而哭泣；梦哭泣者，旦而田猎。方其梦也，不知其梦也。梦之中又占其梦焉，觉而后知其梦也。且有大觉而后知此其大梦也，而愚者自以为觉，窃窃然知之。君乎、牧乎！固哉！丘也与汝，皆梦也，予谓汝梦，亦梦也。"是其言也，其名为吊诡。万世之后而一遇大圣，知其解者，是旦暮遇之也！

笺云：异莫异于吊诡，惟黄帝听荧，惟大圣知解，所谓能疑而后能悟者也。

夔　鼓 见《庄子·秋水篇·夔怜蚿章》。

成玄英疏云：夔是一足之兽，其形如鼓，足似人脚而回踵向前也。

《山海经》云：东海之内有流波之山，其山有兽，状如牛，苍色无角，一足而行，声音如雷，名之曰"夔"。昔黄帝伐蚩尤，以夔皮冒鼓，声闻五百里也。

---

① 涽（hūn），昏乱。
② 芚（chūn），浑然无所知。

黄　海
HUANG HAI

夏　郊 _{见《左氏传·昭公七年》。}

郑子产聘于晋。晋侯有疾，韩宣子逆客，私焉，曰："寡君寝矣，于今三月矣，并走群望，有加而无瘳。今梦黄熊入于寝门，其何厉鬼也？"

对曰："以君之明，子为大政，其何厉之有？昔尧殛鲧于羽山，其神化为黄熊，以入于羽渊，实为夏郊，三代祀之。晋为盟主，其或者未之祀也乎？"韩子祀夏郊，晋侯有间，赐子产莒之二方鼎。

《孔疏》：《祭法》云，"夏后氏禘黄帝而郊鲧"，言郊祭天而以鲧配，是夏家郊祭之也。

笺云：鲧尝治水有功德于民，而废其祀，故能为厉以与禘黄帝并举，故录之。

天帝乐

南海中有轩辕丘，鸾自歌，凤自舞，古云天帝乐也。

玛瑙瓮 _{以下四则见《拾遗记》。}

玛瑙者，言是恶鬼之血凝成此物。昔黄帝除蚩尤及四方群凶并诸妖魅，填川满谷，积血成渊，聚骨如岳。数年中，血凝如石，骨白如灰，膏流成泉。故南方有肥泉之水，有白垩之山，望之峨峨，如霜雪矣。又有丹丘，千年一烧，黄河千年一清，至圣之君，以为大瑞。丹丘之野多鬼血，化为丹石，则玛瑙也。不可砍削雕琢，乃可铸以为器也。当黄帝时玛瑙瓮，至尧时犹存甘露在。盈而不竭，谓之宝露，以班①赐群臣。至舜时，露已渐减。随世之污隆②，时淳则露满，时浇则露竭。及乎三代，减于陶唐之庭。

---

① 班，通"颁"。
② 污隆，常指世道的盛衰或王朝的兴替。

销暑珠

昭王坐握日之台参云，上可扪日。时有黑鸟白颈，集王之所，衔洞光之珠，圆径一尺。此珠色黑如漆，县①照于室内，百神不能隐其精灵。

此珠出阴泉之底。阴泉在寒山之北，圆水之中，言水波常圆转而流也。有黑蚌飞翔，来去于五岳之上。昔黄帝时，务成子游寒山岭，得黑蚌在高崖之上，故知黑蚌能飞矣。至燕昭王时，有外国献于昭王。王取瑶漳之水，洗其沙泥，乃嗟叹曰："自悬日月而来，见黑蚌生珠已八九十遇，此蚌千岁一生珠也。珠渐轻细矣。"

昭王常怀此珠，当隆暑月，体自轻凉，号曰"销暑"，招凉之珠也。

伤魂鸟

晋惠帝元熙二年，改为永平元年。常山郡献伤魂鸟，状如鸡，毛色似凤。帝恶其名，弃而不纳，复爱其毛羽。当时博物者云："黄帝杀蚩尤，有貙虎误噬一妇人，七日气不绝。黄帝哀之，葬以重棺石椁。有鸟翔其冢上，其卢自呼为伤魂，则此妇人之灵也。"

后人不得其令终者，此鸟来集其国园林之中。至汉哀、平之末，王莽多杀伐贤良，其鸟亟来哀鸣。时人疾此鸟名，使常山郡国弹射驱之。至晋初，干戈始戢，四海攸归，山野间时见此鸟。憎其名，改"伤魂"为"相弘"。及封孙皓为归命侯，相弘之义，叶于此矣。永平之末死伤多，故门嗟巷哭。常山有献兽，故放逐之。

昆吾剑

昆吾山，其下多赤金，色如火。昔黄帝伐蚩尤，陈兵于此地，掘深百丈，犹未及泉，惟见火色如星。地中多丹，炼石为铜，铜色青而利。泉色赤。山草木皆劲利，土亦刚而精。

---

① 县，通"悬"。

至越王勾践，使工人以白马、白牛祠昆吾之神，采金铸之，以成八剑。

一名掩日，以之指日，则光昼暗。金，阴也，阴盛则阳灭；

二名断水，以之划水，开即不合；

三名转魄，以之指月，蟾兔为之倒转；

四名悬翦，飞鸟游虫过触其刃，如斩截焉；

五名惊鲵，以之泛海，鲸鲵为之深入；

六曰灭魂，挟之夜行，不逢魑魅；

七名却邪，有妖魅者，见之则伏；

八名真刚，以之切玉断金，如削土木矣。以应八方之气。

其山有兽，大如兔，毛色如金，食土下之丹石，深穴地以为窟；亦食铜铁，胆肾皆如铁。其雌者色白如银。昔吴国武库之中，兵刃铁器，俱被食尽，而封署依然。王令检其库穴，猎得双兔，一白一黄，杀之，开其腹，而有铁胆肾，方知兵刃之铁为兔所食。王乃召其剑工，令铸其胆肾以为剑，一雌一雄，号"干将"者雄，号"镆铘"者雌。其剑可以切玉断犀。王深宝之，遂霸其国。后以石匣埋藏。

及晋之中兴，夜有紫色冲牛斗。张华使雷焕为丰城县令，掘而得之。华与焕各宝其一。拭以华阴之土，光耀射人。后华遇害，失剑所在。焕子佩其一，过延平津，剑鸣飞入水。及入水寻之，但见双龙缠屈于潭下，目光如电，遂不敢前取矣。

山史云：国事之乘貘多本此兔窟，而□饰以成文。

玄女图

御府所秘古来丹青，其最高远者，以曹不兴《玄女授黄帝兵符图》为第一。

玄　女

《黄帝玄女战法》曰：黄帝与蚩尤九战九不胜。黄帝归于泰山，三日三夜雾冥，有一妇人，人首鸟形。黄帝稽首再拜伏不敢起。妇人曰："吾玄女也，子欲何问？"帝曰："小子欲万战万胜。"遂得战法焉。

木蒺藜

又云，木蒺藜，去地二尺五寸，百二十具，败步骑，要穷寇，遮走北。轴旋短冲矛戟扶胥百二十具。黄帝所以败蚩尤氏，败步骑，要穷寇，遮走北。

服　玉

黄帝乃取崀山①之玉荣，而投之钟山之阳。瑾瑜之玉为良，坚栗精密，润泽而有光。五色发作，以和柔刚。天地鬼神，是食是飨。君子服之，以御不祥。

女　魃

蚩尤作兵伐黄帝，帝令应龙攻之于冀州之野，应龙畜水。蚩尤乃请风伯、雨师纵大风雨。黄帝乃下天女，曰魃，雨止。遂杀蚩尤。

鬼　谷 ■■■

《录异记》云：鬼谷先生者，古之真仙也。云姓王氏，自轩辕之代历于商周，随老君西化流沙。洎周末复还中国，居汉滨鬼谷山，受道弟子百余人。

星　精

东方朔、太白星精，黄帝时为风后。

历

祖暅曰：臣先在晋已来，世居此职，仰寻黄帝至于十二代。历元不

---

① 崀（mǐ）山，在陕西商洛市。

同，周天斗分，疏密亦异。今所用何承天历，稍乖违。

旗

蚩尤之旗，类彗而后曲，象旗。《吕氏春秋》云："蚩尤之旗，其色黄上白下。"

鹿　车

《岐伯经》曰：岐伯乘绛云之车，驾十二白鹿，游于蓬莱之上。

指南车

黄帝与蚩尤战于涿鹿之野，蚩尤作大雾弥三日，军人皆惑。黄帝乃令风后法斗机，作指南车以别四方，遂擒蚩尤。

天都逸史潘之恒景升辑
鹿町居士吴友凤嘉宾校

纪异五·之三

白 鹇

唐李白《赠黄山胡公求白鹇》诗序云：闻黄山胡公有双白鹇，盖是家鸡所伏①，自小驯狎，了无惊猜。以其名呼之，皆就掌取食。然此鸟耿介，尤难畜。余平生酷好，竟莫能致。而胡公辄赠于我，唯求一诗。闻之欣然，适会夙意，因援笔三叫，文不加点，以赠。

请以双白璧，买君双白鹇。

白鹇白如雪，白雪耻容颜。

照影玉潭里，刷毛琪树间。

夜栖寒月静，朝步落花闲。

我愿得此鸟，玩之坐碧山。

胡公能辄赠，笼寄野人还。

山史云：白鹇，今黄山多有之，余陪谢司理、冯司成游山，曾再睹真禽之秀而文者。迩亦不数数见矣，若能畜之樊中，尤可玩也。

又云：白鹇黄山一再见，惟闽广多产，之间有槛致者。家弟廷陈闲园，曾畜三头，皆雄，彩而文，素羽、玄英、二角，壮时隆起，出其英上，与颊皆赤色。然角或靡缩，盖因气鼓而后壮也。其羽末黑文，如洒戬，若缘𧜁②，又如界地锦，惟尾妥二茎，无缁文，斑如也。见于黄山者，色泽而神王。宜槛者不足观矣，而雌者不少见，何哉？

---

① 伏，即"孵"。
② 𧜁（dú），衣背缝。

黄　海
HUANG HAI

玄　鹤

吴同春云：余恤谳①秦中，登崆峒，至望驾峰下，崖多内泓，其深杳处为玄鹤洞。侧身下视，不见所谓玄鹤，以飞石击之，石訇訇震岩谷，玄鹤竟不出。回至蜡烛峰，出道宫左，惘然如失。洞在东崖，路旁可睨，仰视淡云如缕，时复掩蔽，延伫咨嗟。元复忽诧："玄鹤出矣。"余回盼则孤骞岩表，数四回翔，若有情者，不觉鼓掌大笑。已复入洞，更俟之不出矣。道士云："鹤之出不常，游此而见者甚少。自轩辕问道以来，时有之，数千年物也。"吾等至少迟则弗见，去少疾亦复不见矣。

元复云：崆峒，古名山，广成子修真处也。《传》记轩辕氏问道于此，藏有《阴符经》一卷于洞，今不可见。独峰峦秀拔，云雾时出，犹有仙人灵异，又有玄鹤藏于岩洞，出没不常，见者甚少。

山乐鸟

汪文节②公云：黄山祥符寺龙池有啼禽，名山乐鸟，鸣声甚异，有节奏，有疾徐，若歌若答。罗子应③《随录》述此一则云："即频伽鸟也。"盖武昌府崇阳县岩头寺畔曾有之。每日五更则鸣，其声清亮可爱。岁止见一双，飞翔不出数里之外。元严士贞有诗咏之曰：

　　百鸟喧啾正倦听，忽然闻此独关情。
　　声随鱼板常三奏，节合箫韶应九成。
　　窗外晓飞僧梦断，岩前时见客心清。
　　禅林得汝添奇玩，故向祇园久著名。

然频伽不如山乐之名为佳。近岁友人顾山子游黄海，见异鸟自老人峰背林端飞出，其音清亮，且应呼而至。有诗纪之，载《纪游》中。其诗胜于严。然此鸟必山乐鸟也，以亲人，尤可异。

---

① 恤，体恤。谳（yàn），审判定罪。恤谳，此指担任司法官员。
② 汪文节，即汪泽民，"文节"为其谥号。
③ 罗子应，即罗鹤，字子应，号应庵，明泰和（今江西省泰和县）人。生平事迹不详。著有《应庵随录》十四卷。此段文字即选自该书卷四。

神白鸡

潘之恒曰：白鸡雄而冠赤，翘翼，善鸣。黟县舁佛人所祝之神鸡也。

盖敕赐毗卢四面佛下二屋二座，自甲寅九月辞潘氏之佛寓，十月税于汤口之荒坡，仅密筱围之，覆以蒲苇。乙卯夏霖，缠棉纬布糜烂几尽。计为推挽以登顶，莫之能任。中秘黄君宾玉[①]所募黟县强悍之人，素擅乌鸦术，能为佽人舞，辄哑哑声相和，如所称鸿惊、燕濯轻举，如幻人所为。乙卯冬，宾王跻艾年[②]，礼于白岳。遣人募至以舁佛，与商，慨任之无难色。第携雄白鸡往，共七十五人，人日供酒食工费不过七十文。刬木为舁杠，二巨者长二丈五尺，夹承其座。中穿小杠二，长一丈，以绳束之。用五尺橡为衡，如虫之百足，联臂而肩负之。所祝白鸡登舁而乘其首，则众齐力，号举之，其行如飞。鸡鸣舞则益疾，鸡下则止舁，啄饮自如。请兴请税俱尊呼而神之。十月十五日发轫，先举第二层佛洎莲座，杠缩三之一，递置慈光寺茅殿中，于二十二日甫举第一层佛，而中贵马公进复奉中宫命，与佛同日至寺。大喜，犒之，可谓慈光远庇矣。最后舁大莲座以上，亦止七十五人，而僧牵挽者百余众。登山若乘空，不径不栈，腾扬而升，非藉神力不至此。盖自汤口跻茅殿凡十五里，四往而竣，仅十余日，中阻雨者两半日，何其神速哉！

初与鲍祠部公山甫计须二百余金，而鹰架杙栈不与焉。今费未半而功成，则白鸡之神为烈矣。

旧例，役竣，杀白鸡以赛神。主僧阔庵请赎而养之樊中，至今神王也。余闻汉祀碧鸡神，此其遗术耶？十一月之朔，安佛座于茆殿，二四佛埒于一四佛左肩，而二座在右，余与中秘君以佛成道日再至，顶礼金佛于茆檐土阶下，并饲白鸡。而载舁杠之制，俾后之人可稽焉。余赋三诗纪事，别载。

---

① 黄君宾玉，即黄正宾，字宾玉，号黄石，休宁居安人。万历年间由太学生授中书舍人。后任尚宝寺正卿，专管皇帝御玺。黄正宾性格耿介，曾多次被贬官。万历间，对普门建法海禅院、文殊院颇多资助。

② 艾年，即老年。

时乐鸟

黄山有山乐鸟，山乐之名出于天帝。乐其音，自成节奏，不必作人言，犹助清听。偶读张燕公时乐鸟诗，乃知时乐鸟与鹦鹉毛尾全异，即黄山山乐鸟也。因附纪于此以为瑞征云。

唐张说《时乐鸟》篇序曰：伏见天恩，以灵异鹦鹉，及熊延京所述篇出示朝列，臣按《南海异物志》有时乐鸟，鸣云太平，天下有道则见。验其图，丹首红臆[①]，朱冠绿翼，莺领文背，糅以五色。今此鸟本南海贡来，与鹦鹉状同而毛尾全异，其心聪性辨，护主报恩，固非凡禽，实瑞经所谓时乐鸟。延京虽叙其事，未正其名，望编国史以彰圣瑞。臣窃同延京献诗一首：

旧传南海出灵禽，时乐名闻不可寻。
形貌乍同鹦鹉类，精神别禀凤凰心。
千年待圣方轻举，万里呈才无伴侣。
红茸糅绣好毛衣，清泠讴哑好言语。
内人试取御衣牵，啄手嗔声不许前。
心愿阳乌恒保日，志嫌阴鹤欲凌天。
天情玩讶良无已，察图果见祥经里。
本持符瑞验明王，还用文章比君子。
自怜弱羽讵堪珍，喜共华篇来示人。
一见嘤嘤报恩鸟，多惭碌碌具官臣。

《酉阳杂俎》曰："玄宗时有五色鹦鹉，能言。上令左右试牵帝衣，鸟辄瞋目叱咤。岐府文学熊延京献《鹦鹉》篇以赞其事。张燕公有表贺，附以诗云。"内人试取御衣牵，啄手嗔声不许前。即谓此也。

赞曰：时乐时乐，其领璎珞。毛乖鹦鹉，语则相若。丞相按图，文学献作。

假生云：何诋为穿凿。曾讽斗羊，贺鸟非作。想望太平，此禽不恶。

---

① 臆，胸。

黄 冢

　　五月为毒月，俗竞佩雄黄以辟恶。好事家取黄之精透者，雕刻禽果异形悬于扇佼为坠，以便登涉相炫斗奇，而妇人纫囊为宜男兆。其黄之雌雄必有分矣。

　　乙卯五月廿二日，同社王于凡、黄玄龙、项晋叔、郝子荆公琰、释佛乘诸人过，集幻扈阁下，于凡有刻荔枝小坠，众竞传视。于凡云："夜梦坠碎，余以有定数，即秘藏必碎匣中，不若碎吾掌上。"正谈笑间，忽裂为二，共讶之。明日，云间顾山子从黄山来，有黄蝉坠，亦碎于袖间，大以为奇。于凡以他坠赎之，请合二黄瘗于朱砂泉之岸，命曰"黄冢"，他日合雌雄之精，不化为龙光，定成虹霓气，飞绕云门上矣。

黄海
HUANG HAI

天都逸史潘之恒景升辑
竺岩居士吴公治君衡校

纪异五·之四

汤泉灵验记

宋汪师孟曰：元符三年正月二十三日，徽州府休宁县民金居德，与宣州太平县民牛振兄弟，偕来浴汤，以晚不克。明日迎晓而往，则见数池尽变赤色，洋洋若流血。咸惊畏，相视莫敢发言。须臾，地势倾动，池波沸涌，汹汹之声如雷，屋舍皆震。三人者驰归以报寺中，寺众曰："此必朱砂现也。"乃相率往观，有客僧惟谅觊其有利于己，遂裸身入浴，众止之不可。于是行者邓道明急以新旧瓶二十四贮而藏之。山下之人闻而至者纷纷，或汲或饮，莫知其数。

至二月二十四日，其异复作，但小差于前。再逾数月，启封以视所藏水，则新瓶者宛然香甘，泉清而砂沉，旧瓶者臭秽不可近矣。好事者往往澄其砂以为药焉。是年秋，仓宪耿公因按部至山，主僧太上人以一瓶献公。公嗟味久之，而歙簿徐君元龟适迓公在彼，亦携一瓶以归，曰：吾有老亲，愿以遗焉。自是求者日至，不足给矣。

三年，予与二三友人游山，因以其事审之于太，太为予言之甚详，且曰："见者非一人，吾言岂敢妄耶？"盖予之表兄有亲见之者，与太之言不殊，兹其所可信也已。然或者以为既是灵药，何不济人，必妄传也。而执者又怨惟谅以身触之，遂致无验。是皆不然。并山川之灵，时自变化尔，奚预于济人哉？且曰，自古至今，浴者蚁若然，岂惟谅独能触之乎？但人自有遇、不遇者耳。

明年，太将镂《图经》及古今诗行于世，予适往见之，太谓予曰："汤池之灵，君知审矣，能为记以信于后乎？"予诺之而未暇也。既归，乃书以遗之，附诸锓板之末。时建中靖国元年五月九日。

宋罗愿《淳熙志》云：第四峰下有泉沸如汤，出香溪中，号朱砂汤。大历中刺史薛邕就立庐舍，设盆杅①，以病入浴者多愈。后至大中年，刺史李敬方以风疾，比岁，凡再入浴，感白龙而疾瘳，乃作龙堂于汤之西陵后，命僧主之，今祥符寺是也。元符三年正月，休宁、太平县民三人来浴。凌晨，水变赤，如流丹。惊相视，不敢发言。顷之，地势倾动，波沸涌，声如雷，屋舍皆震，驰以告寺之人。寺之人曰："是必朱砂发见也。"急以瓦器二十余贮而缄藏之，山下民闻者急来汲饮。至二月，砂复发，差减于前。久之，视所藏水，其新器中者宛然香甘，泉清而砂沉，旧器中皆臭坏不可近。好事者往往澄其砂以为药。至八月，耿公南仲以部使者巡按，因至山，僧文太以一器献公，嗟味久之，而主簿徐元龟，亦乞其一器归以遗亲。由是人始信为朱砂泉焉。旁近有昔人墨窑音瑶，灶也。数处。

山史云：汪《记》似本于罗，然罗文简而净，故并存之。

明潘旦记云：黄山名泉七十二，而汤池为最。寺近池，人以汤名之，不知为祥符寺也。池有二，上池广六尺许，深三之一，泉涌如沸汤，大石覆其上，如洞。浮沤滚滚吐白沙中，流入冷泉，如贯珠然。上悬崖千尺，录元郑师山诸诗文，磨灭不可读。溪流数十步为下池，又分为二，小者稍隘，里人呼为女池。大者广倍之而无覆石，沙涨水浅，小石齿齿，如榴子状。绝壁篆"汤泉"二字，宛若揭扁。或云僧汲以酿酒，香味自别，饮之可以延年。病疮者浴之辄瘥，真异泉也。

予里亦有石泉，源源清流，寒砭肌骨，虽酷暑，人不敢浴。予甚奇之，今复得游斯泉，方严冬，深山积雪，万象闭藏，而此泉固温然可浴，殆天地阳和之气，偶泄于此，不尤奇哉？予于是始悟阴阳造化之无尽藏也，喜而识之②。

老人峰下与慈光寺相近。

---

① 杅（yú），浴盆。
② 按，"之"字之后，底本《黄海》原缺第4、5叶。

黄　海
HUANG HAI

白栴檀

阔庵云："天都峰顶皆屈曲蟠根之树，其叶如栝①柏，迫之香气袭人。折枝少爇，馨流山谷。刲枝体膏润，其馥郁更不可言。"僧有欲刃而截之者，阔庵禁不可，以是发端，将芟夷殆尽。故峰路不宜广辟，亦以此。

阔庵又云："香不降过不能长馥，谓不降不能藏也。"余思降过之说，或截之余，或蠹之蘖，久而降伏，气散而泽存尔。亦尝有断木自朱砂溪流出，僧取以爨，怪其重也，斧之而香发越，留以作供，气胜沉檀，此所谓降过者。"降"读如虹悬之虹，若未降过则生树，有香即佛家所称栴檀林是已。何意天都顶上既得石室，又得白猿洞，又得栴檀林？所谓众宝聚，非耶。请先刻石封此林，而后开路，护持山者不能不为之踌躇矣。

降香说附。

《楞严经》云，爇栴檀一铢，则四十里内同时闻香，此已降之檀也；《世说新语》云，白栴檀非不焉馥，能逆风，此未降之檀也。既云降过，则无顺逆，同时皆闻矣。合经说二则，可为降香一证。

独脚莲

独脚莲，一茎一叶。茎如箸而叶如碗，荷质而具莲文。茎或贯其中，约三四寸，复一叶，叶上又复，如之可六七层。方外人得此宝之，云："可干汞[永]。"罗远游尊人偶得之，植于园中，为人窃去。今远复得三茎。广州人云："利马窦初来，惟草二茎。"岂即此耶？

星　形

黄山，火焰山也，其山形为廉贞星。

---

① 栝（guā），桧树。

天都山史潘之恒景升撰
澹明居士毕懋康孟侯校

纪异五·之五

叙曰：佛光之现于峨眉，记者详矣。

迩者宗文禅师、玄度上人从滇中来，云："鸡足山为迦叶道场，放光甚大。"禅师亲见迦叶佛，上半身高数由旬。上人亦见千丈罗舍那尊者，自肩至趾，皆五色，下注若披织锦文，其光怪非常，不可言喻。而最奇者，今衡阳周开府山馆中，云雾变幻，毕世间所有，无不呈露，如海市然，历十七日不灭。期曾仪部来观，愈益奇。周次公有记，不减董狐之笔，亦从古所未有也。况黄山新辟海子，宇内闻其名尚且惊惑，而遽以异诧之，吾惧其掩耳走。兹以余所目击及闻而不缪者，辑成十五则，倘云多所见，幸不为怪而瑞视之可尔。

天都夕光说

潘之恒曰：万历戊戌秋九月，余从谢在杭司理游黄山。自汤院寻鸣弦涧之日为重阳后三日，坐涧上良久，在杭《记》所称"踞而乐之，至暝，乘月而归"。是其时也，余素蹇于行，又值星月淡朗，不胜流连。步回汤院六七里间，悄然更尽矣。忽仰视天都峰，其赤如赭。余语在杭曰："甚矣，天都之高也。更尽，犹见返照光耶。"在杭《记》称"回望天都一峰，则残日照耀如初旦时"，此第写其景尔。余每举似人星月之下，与日争光，此必无之理。而余与在杭认为返照，盖因泰山夜半观日之说，遂生理障，谓更尽可有日光，不知夜半可见日。日固无光，谁从夜见者？今日入而月出矣，安能反照射山，山为之赤乎？蓄疑十年未解，屡欲纪异辄为搁笔，何可咳人以千古疑？

壬子正月廿四日，过长干荣香幢，别湛怀师，其徒西游，言二十夜雷电大作，报恩塔中舍利札札有声，如木石相击，夜启窗观之，金顶上有赤日大如盘，移时旋绕不散，盖舍利光也。余征其状，仿佛予黄山所见者。夫一舍利尚散赤光如许大,而况名山之光灵乎?于是始悟向者之见山光也,非返照也。遂笔之纪异,百世以俟而不惑矣。

权火①光

乙巳年,鲍元则同郑无著、汪元震、鲍叔举居莲花庵。晚课罢,出眺见火光如钲,自峡中起,忽分为二炬,散为五六炬,随权上下,移时乃灭。众皆见之啧啧,称黄山放光,实始于此。其后变幻无常,遂为游人所惊异,不可枚举。夫山灵何心,乃前晦而后显如此,其必有为之兆者欤?至丁未秋,庐山朗上人宿莲花庵,亦见夕瑞光与元则同,而同游董生不得见。

蜘蛛光

丙午年三月末,丁景文从叔氏康国读书祥符寺。入暮昏黑,径行山门外,见赤光如碗大,从北山飞向南山,照人眉发可数。其后拖五色毫光,长十余丈者,不啻百道。怪而质之普门师,师云:"此蜘蛛飞度,故有此光,不作瑞相。"

日　华

万历戊申仲秋下旬,社友王于凡、黄玄龙由莲花沟上海子。是日澄霁,山色与天光相映,虽清秋亦不能多得。方入天门,天若呈蔚蓝,隐约深黝异常,从者惊曰:"岂骤雨将来耶,何暗黕②也?"竟出天门,仰观日光,有五色云气缭绕之。玄龙曰:"此所谓日华非耶?吾辈何幸觏之。"向空而拜天贶。于凡曰:"乐府称'卿云③与红霞蔽日'即此是也。殆文明之象乎?吾辈何幸际之。"交拜相勉,以受天贶。俄而散,俄而复聚,如是者三。其散也,如空青,如流碧;其聚也,如簇锦,如璇玑,乃其欲离欲合之间,如碎

---

① 权火,古时祭祀时所举的燎火。
② 暗黕(àn dǎn),指昏黑不明。
③ 卿云,即庆云,一种彩云,古人视为祥瑞。

月之集风潭,风霁而圆魄复见;如明河之悬火树,火尽而素影犹寒。二君每为余言,若不可极其形容。逡巡数年,难于命笔。余姑代为记之,俟江梦生花,当为削草①尔。

木　淞

辛亥冬,邹子尹、郝子荆游黄山,行淞中竟日而不自知也。曾为之纪,愧未能详。壬子夏,贝林师语余曰:"子知木淞乎?贫道初登天目亲见之。方晴霁时,有阳雾自下而升,渐升而叶底渐积至寸而坠,坠地至尺许,而叶上青翠如故也。松竹杉桧皆然,惟草茎纯白而枯者更光润,履之而乾,从风化而不湿径,烹之汁甚微,人饮则腹自鸣。盖寒气所结也。"贝林师居天目八年,仅一再见,此瑞相光,故纪之以足向者之阙。

《风土记》:立冬后逢壬而入液,三旬逢壬而出液。故淞亦名液雨,字林作冻洛也。恒按,液自冬令有常,如霾,而淞瑞无常。

《墨庄漫录》:"东北冬月寒甚,夜气寒空,如雾著于林木,凝结如珠玉。旦起视之,真薄雪也。见睍乃消释,因风飘落。齐鲁人谓之霿②淞。谚云:'霿淞重霿淞,穷汉置饭瓮。'盖岁穰之兆也。"曾子固之齐州,有《冬夜》诗云:"香清一榻氍毹③暖,月淡千门霿淞寒。"又有《霿淞》诗云:"园林初日静无风,霿淞开花处处同。记得集英深殿里,舞人齐插玉笼松。"盖谓是也。东坡《在定武送曹仲锡》诗亦云:"断蓬飞叶落黄沙,只有千林鬖松花。应谓王孙朝上国,珠幢玉节与排衙。"亦谓此也。霿淞、鬖松皆同音,读如梦送。霿,一作"雾"者,缪。

亘史云,偶检二则以足淞义。辛亥冬寓金陵,曾赋《冻雨》诗,不知为"液雨"也。

摄身光

壬子春,一乘将创净室于石笋矼之右。二月十五日午时,邻庵慈憨上人

---

① 削草,古时大臣上书封事草定奏稿,成辄销毁,以示慎密。此意删除文稿。
② 霿(méng),天气昏蒙。《说文·雨部》:"天气下,地不应,曰霿。霿,晦也。"
③ 氍毹(qú shū),毛织的地毯,演戏时多用来铺在地上。

黄海
HUANG HAI

来访。从左矼俯身下瞰，一乘忽心动。昔在峨眉山深崖处，得见佛光与此景相似。将无欲放光耶？念之，未出诸口，而云日净明，中倏见光现，成五色。慈憨大惊，同一乘顶礼而言曰："佛将兴道场，故发此瑞相。僧居山十余年，闻梵乐，见佛灯屡矣，未得此希有。"俄一乘之徒二、泪、工、作、四共六人分途而来，慈憨亟指示之，光已灭矣。二上人复向空顶礼，言瑞相幸现一时，而同时八人有见有不见，非大慈平等心，倘然普照群迷，愿再显灵瑞。言毕而光再现，各见自身之影。工徒欢喜无量，志心投礼而去。是月十七日开基，得五色土。三月十五日，余同汤太史至，十八日竖禅堂梁，而髯僧广溙为之纪瑞。

佛　光 三则。

汪应娄云：壬子中元夜宿狮子林，见天海忽放圣灯，闪烁溷漾如摩尼珠。次夜复见，面山放白毫光丈许，如屏障吐焰，直欲射人。

豫章汪鲁望，壬子八月陪溧阳史公孟麟 号玉池。登光明顶。当昼，东至丞相源上，现圆光三座，浮紫金光色，中现佛一尊，左右皆摄身影，不假日射云蒸，所谓清现非耶？佛光甚著于峨嵋、五台，佛灯甚著于匡庐，今黄山并现，屡表奇瑞，岂偶然者哉？

壬子十月二十七日，无我上人陪邑中茂才程道彦、程从仲泪虞山王宇春，在海门之飞来石，忽于午刻见东南有瑞光，初如镜面，渐大如车轮，竟广映数亩，其晕五色，而中仿佛如观佛端坐，四无云气，盖清现也。王君奇士而持长斋，二程君皆信心人，宜有此瑞应。癸丑秋夕纪于轩辕宫。

现塔光

癸丑元日，里中郝子荆、公琰兄弟从普大师、御马监马公登海子，送青宫赍奉大悲菩萨金像升大悲顶。云气覆积雪，如银世界，三宿而下。遵丞相源行约三里许，普大师咒曰："马公奉至尊、三宫宠命，不惮崎岖而登绝顶。倘乘佛力现瑞相，庶于道场有征，而万方生信心于此基矣。"言未毕，忽睹光明顶外紫雾笼罩，冲白光上，寻散白光而宝塔七层现，旁立二小塔，俱青色，或以为奇石也。无何，紫白光尽灭，惟睹青天，而后知所见之为佛光也。无何，紫白光复集而塔不可见矣。普门一言而瑞应，不亦大奇哉！

幻扈阁记

万佛泊河西七日，为癸丑仲夏之二十一日。方巳刻，余舍中有塾师殷三仁，在玄扈阁训诸童子。季儿弼亮往检箧书，从侄彦翊者年十三，忽仰视窗外，有惊喜状，目不暂瞬。师再问，不敢言，怒之，对曰："有百千神物在云端行，从墙角起没，今尚未止。"殷起如有见，即下拜，喃喃作诵声。亮怪之，彦翊复徉顾，如呓语："见若乘狮度者，若乘马牛驮象者，飞者、走者、骑驰者、波涉者，挥袖而蹈厉者。"亮目短，极力视，果有戴冠者若帝，垂绅者若儒，执圭者若觐，执杖者若趋，数十辈向东行，以为尽也。同殷生舍之去，而喜朋、石云四孙以朝食甫至，犹见种种形状。

当此刻，余倚苫①次黄山，僧远光自渔梁来，称毗卢七层佛荡于舟，毕督学公懋良募夫推挽而上，翌日到此，里属君主焉。客过余者吴汝修、汪任甫同声赞叹而去。是夜，舍中甚传神见事。余征之诸孙，长者十岁，幼六岁耳，各语所见，或端拱联行如三官，或怒目操鋄②如玄坛，或甲胄捧剑背行如大将，然不能名为杵、为韦驮，或若狮子奋迅，或若上汉浮槎，他若鹤、若凤、若猿、若龟、若旌旄、若幢盖，皆不能悉数，唯啧啧舞跃自赏。时已昏黑，令散去。乃谓顾山子曰："世以乍见为奇，而共见为常。据今所云，岂希有事耶。诸帝诸神往往图画雕塑，具见而若为异闻者，非真有故也，乃希有事，莫极于今上、三宫同德同慈，颁赐渗金宝佛，亘古今耳目所未经，谈说所不及，而忽归之黄山，将飞憩吾里，而里人闻之不为异者，以可共见也。此视灵物之幻何如，而人不之讶，何耶？"山子曰："此政［正］因佛而幻也者，非以神而显者也。夫千劫希有之佛，一朝西来，与多宝如来现形于塔何异？故令六种震动，百神趋迎。吾因指为佛幻，不然，何众悉东而韦驮独西？西示归相，东示迎相，固佛之瑞光尔。彼童子何知，能为是言哉？"余笑曰：

---

① 苫（shān），草垫子。
② 鋄（wàn），同"錽"，装饰马头用的镂金物品。

"顾君知言哉,多矣乎,余见常者。"遂改名幻扈阁,因纪之壁。

山史云:此岩镇市中所见也,以迎黄山金佛而得此瑞,故附纪于此。山子名谋,精形家言,将为黄山效建置方位之任。

现金色世界

癸丑八月二十五日,同冯观察元成、孝廉五玉、卞山人润甫、吴文学万甫,从松谷庵晨起,山色澄清无点埃。余山游未逢此秋霁,觉毛骨俱爽,促登石笋矼。冯公始以为奇,同饭狮子林。鲍元则、潘稚春、汪一之道装相迓,贾勇登光明顶。由平天矼望天都、莲花二峰,俨若多宝佛与释迦牟尼佛并坐现相。下观海门,俯九龙峰,皆拔九地而升九天。众惊悸吐舌,不敢久停。润甫云:"似病虚人梦中临深,惧将陨。"再下为飞来峰,向者辬[①]肩绕之,今直纵步以进,舆人见而足酸,或喘或仆,可笑也。

由大悲顶而返狮子林宿,余独访隐空师于海胜庵。归路渐暝,霜叶未脱,如渥丹似然。黎丈人为余作向导,止林中,夕梵起矣。润甫见紫云一画当空,久而不没。冯公云:"滇云亘天如玉带,目以为常,不足奇。"余向空祷曰:"自不慧首倡此缘,令荒土特有净室,经宿者往往见瑞相,何独吝于吾侪?"语次,紫氛从北峰外沸起,与石笋争峻,而白云弥障之,光莹中见群山排空,皆作金色界,而星河灿烂其上,以为返照耶,则长庚没矣;以为山吐月耶,则近晦矣;以为天汉章耶,何峰以下皆暗而峰外独明也?吴万甫云:"此云光照山而显者也。"俱诧为奇。立久之,凡云光所烛,自西徂东无不见山者,各踌躇而罢,就禅榻相枕藉。余独不成寐,思狮子峰外为石鼓,为玉屏,为扰龙,为赤线,或奥或缩或偏,无排闼而当前者。至子夜月出,恍有悟曰:"是云光之幻见,非山之本质矣。"呼万甫而语之,五玉、元则咸跃然,如梦始觉。凌旦起视,固无夜见山也。佛之现瑞,此为最奇。吾之得睹此界,由悟而得之者也。令见而不思,只作寻常观尔。书属冯公记之,载诸《纪游》。

一乘云:"林中春夜从门限放光,光照数十步,工作皆惊起。有窃匿布施金者,悸而自出之。"是夏末,黄伯传、孙子真所见,返照亦在更初。云光映

---

① 辬(duǒ),下垂。

人衣面,皆作黄金色,仿佛如今夕。云光独布林中,数百步之内,政[正]在此夕暗处,寄语伯传,此系金色界,可谓见而不知悟者矣。一乘云:"试从今夕之景入悟一返照间,未晚。"并记之。

登天都峰顶见二次放光记

郝公琰、夏道父癸丑七月之晦入黄山,上莲花沟,遇太平采石耳叟,问莲花峰可登乎?曰:"此易与耳。"曰:"然则天都峰可登乎?"曰:"余数登之,甚险二三处,非飞繘莫能度。其上卓石林林,可通烟云,可避风雨,有洞焉,可容十席,遇阴晦辄隐其中。谓飞不能上者,鸟无上志,人可不翼而飞。吾辈以必往,故无难。"吕氏称汉上石耳,非千里马莫致。此叟之捷岂在千里马、三青鸟下哉?

至九月十四日,普门师同西堂月空,门人容川、恒心,洞僧静庵为选道场,飞躞出天都之颠。半岭,见紫气上,普门云:"此瑞相光,不作风雨虞。第十年来方了此缘,奈何茫无所见?"乃登顶礼拜至三,而紫气已消。趺坐盘石,见虬松去身不数丈,烨然有光,普门欲语而倏灭。瞠视良久,再闪而再灭。普门跽而祷曰:"惟安于道场有缘,应大现。"语次,佛光五色见,大于车轮,斜偃松枝之外。普门胡拜,持咒赞之,有顷而灭。洞僧静庵从别磴觅药草至,悔不见光,踊擗①不止。普门云:"胥之,而松间光复现。"礼拜而下,沿西坳数里,对莲花峰峡中,忽放圆光,其大数倍向者,久之乃灭。普师特至有芭堂为余言其异如此。

山史云:登天都顶已是异事,况见佛光,可纪矣。

日重光

癸丑九月廿七日,一乘师居定空室,僧静庵二三辈往叩,趺坐松下,北向山脊间放轮光,可竟亩已。白处若有影,疑佛疑人无定相,青紫气环绕之,外缘五色飞光,光外复晕起一轮,如重城,亦缘云光五色,日气射之愈鲜明。乐府所谓日重光是也。黄山近时瑞相屡现,其理不可晓,据实纪

---

① 踊擗(yǒng pǐ),一作"擗踊",顿足捶胸,形容极度悲哀、懊恼。

之，以俟占者详焉。

瑞霰光

癸丑腊月十七日，雨后新霁，从市中百里外，见黄山积雪皑皑。鲍祠部山甫屡有约，晨遣使促，即为前驱，谓冬晴若斯，往返可无虑。凡雨具俱却，肩舆至杨干寺，待久之。

日下舂，直抵洽舍，从石梁危楼间息趼。既昏，而山甫同族弟玄圃始至，相慰喜晴，俄月吐松际，色微赤，朝霞复烨烨侵霜华，轻云如鳞，倏已漫野。及仵山口岭头，望天都、青鸾、云门峰甚明媚，以为乍阴耳。

至杨村而霰忽飘溅衣上。寻出芳村，群峰历历如在镜中，无纤埃障也。

达汤池，霏霰犹不止。薄暮上慈光寺，仰视天都，光明如昼，颇讶之。与鲍公观炼魔场，夕梵初罢，公与普门大师谋先登，审藏经阁形胜。过夜半丑刻乃开基。余病不能从，倚禅榻迟鲍公，久不下，盖山气清朗，公乐之，藉皋比①坐尘谈，忘疲，至夜半余始登，公神益王，与玄圃谈堪舆甚畅。虽雪霰纷集而澄空莹彻，毫末可睹，乃陪公礼山神，众僧呼佛号，声振山谷。工人皆举锄相应。遥睹山光，十里外愈明，似月出相照映，而衣顶及须眉皆变白矣。事既竣，始相携而下，见白云缕缕起山壁间。及止息禅房，雾气弥漫，隔手不可见，而后乃知先此为霰光也。

夫《离骚》经目雪氛为小人，且同云集霰，非昭朗之象。今胡为有此景也？盖龙树阐灵，慈宫宠眷，以泪建礼清秩之臣精爽不昧，而郁发为此瑞，岂偶然哉？凡放光有相者为相光，无相者为清现，清现从霰中见者尤奇，故特纪之而系以诗云：

揭来栖息茅茨下，殿阁虚无幻景中。
忽有骊珠先照夜，遂令翠葆欲凌空。
光明华藏天章近，太乙宵坛雪嶂融。
回首千峰云起处，梵音缥缈出香丛。

凡先日天气太清彻者，主大雨雪，惟交冬春最验。然每验于月夕，若雪后霰初而有此光，自今创见，乃征为瑞尔。

---

① 皋比，虎皮，古人坐虎皮讲学，后因以指讲席。

慈光寺开基在癸丑腊月十九日丑时，上梁日即心上人在京师选出，为乙卯八月■■日■时，仅支一梁耳。

心　灯

潘之恒曰：黄山佛灯虽屡见，惟信心人祈而后得。莽[1]莽者或未之遇。然瑞气所钟自有常处，非陟其地不可得见也。张商英公同其夫人游五台，凡见光之地，盖无处不祈，无祈不现，益征佛光与人心符合，即善缘有不可强者。偶得罗子应《随录》一则，因附于此。

罗鹤云：《朱子庐山北纪行诗》自注云：天池院西数步有小佛阁，下临绝壑，是游人请灯处。僧云灯非祷不见，是日不祷而光景明灭，顷刻异状。诸生或疑其妄，予谓僧言则妄，而此光不可诬，岂地气之盛而然耶？今茅山亦然，不但请灯即见，且随请者多少之数，或仅一盏，或俟满山谷，岂真人心归向者众，故有此灵耶？今庐山不闻如朱子时有灯，益信人心归向者少，故灵亦泯。然则茅山之灵，后安知不泯耶？

山史云：歙之灵山，每岁放灯之夜有定期，亦以归信者众也。

应瑞光

甲寅九月初七日，海阳居士刘懋贤以持《大悲咒》至狮子林结坛。一乘师见天晴霁，有瑞光相，亟拉刘登十信峰云："佛光现矣。"然隐现倏忽不定，一乘自讼，将毋令居士退心耶，俄而摄身光大现。刘倾侧俯仰无影不受者，俄而现桥光，现青霞光，瑞相非一。刘乃私祷曰："如弟子结坛持咒有验，愿从三七满日，复现灵异。"至二十七日未刻，一乘复见光景非常，即呼云："佛光现矣。"俄而遍地皆放瑞光，或远或近，触处皆然。刘再拜曰："弟子敢不回向《大悲》，持是咒以尽形寿？"

---

[1] 莽（mǎng），古同"莽"。

黄　海
HUANG HAI

飞灯光 二则。

凤阳王全初同余舅氏吴垶,乙卯闰八月十日登海,宿狮子林,问霞光上人:"此地屡放光明,有之乎?"曰:"然。然寂然者,六月矣。"功课将毕,二君觉寒,向炉前烘火。忽道人疾来报云,佛灯现三盏,累累然。亟出,已灭。寻待之,出一光,黄色,荡漾不定;又一光色如银,亦荡漾,旋没,忽大如月;又出一光,赤色,此岂神龙珠吐耶?抑狮子球戏耶?其不可思议如此,惟狮子林屡见,亦不可解也。

方乾符云:乙卯秋尽,自掷钵禅院乘雪登狮子林。玉峰瑶圃,作银世界,衣折间冰溜如珮。至院已暮,更衣从院僧晚课毕,出视,飞雾蒙山,失前所见,因祝曰:弟子符屡游兹山,未见佛灯,倘于此山有缘,愿今示现。言甫毕,雾渐解去,狮子峰前即有闪灼状。同行僧指叫曰:"灯现矣!灯现矣!"群跃观之,有一僧拉往韦驮后槛纵观,则十信峰腰又一盏出矣。须臾,前灯左右又数盏纵横而出,须臾至数十盏,或隐或现,烂然夺目。然众灯在明灭间,出没如小星,惟狮子峰头及十信峰腰二灯最明。狮子峰明者如琉璃,时望槛而来,与观者相近不二十尺,复去。十信峰明者如秋月,倏忽升沉,亦近二十尺,相映争明,群灯从之往来雾中。又大约如江灯渔火,与水上下,目不瞬者逾时,群灯灭,二灯尚未灭。十信峰原名始信峰。

纪异五·之六

天都逸史潘之恒景升辑
逍遥居士杨万里自迩较

纪异五·之六

广黄帝本行记_{唐阆州晋安县主簿王瓘进。}

修行道德

黄帝以天下既理，物用具备，乃寻真访隐，问道求仙，冀获长生久视，所谓先理代而登仙者也。时有宁封子，为陶正。有神人过，为其掌火，能出入五色烟，久则以教封子。封子积火自烧，随烟气上下。一旦飞去，往流沙，食飞鱼，暂死二百年更生。黄帝师其道，从封子游于兰沙，使风后负书，常伯荷剑，旦往洹流，夕归蒲晋，行万里而一息。洹流如沙尘，足践则陷，其深难测。大风吹沙如雾，雾中多神龙鱼鳖，皆能飞翔。有石蓝青色，坚而甚轻，从风靡靡覆于流沙之上。一茎百叶，千年一花，故宁封《游海诗》曰："青蓝灼烁千载舒，百龄暂死食飞鱼。"有务光子，身长八尺七寸，神仙者也。务光自黄帝至夏时，常游民间，饵药养性，好鼓琴自娱。有赤将子舆者，不食五谷，啖百草花而长年。尧时为木正，能随风雨上下，已二千岁矣。有容成公，善补导之术，守生养气，谷神不死。能使白发复黑，齿落复生。帝慕其道，乃造五城十二楼以候神人，即访道游华山、首山，东之泰山。时致怪物而与神会通，接神人于蓬莱。回，乃接万灵于明庭、京兆、仲山、寒门、甘泉、谷口。_{在长安北。甘泉，云阳。}黄帝于是祭天圆丘，将求至道，即师事九元子，以地皇元年正月上寅日，斋于首山。_{在河东蒲坂。}复周游以访其道，将见大隗于具茨之山。方明为御，昌寓骖乘，张若、諨朋前导，_{諨，音习；朋，舒氏切。或作朋昆。}闻滑稽后从。至襄城之野，七圣皆迷，遇牧马童子问途焉："若知具茨之山乎？"曰："然。"_{庄子以大隗喻大道，具茨喻人身，言道在人身，不在远求也。具茨山在荥阳密县。}"若知大隗之所存乎？"曰："然。"黄帝曰："异哉小童！非独知具茨之山，又知大隗之所存乎！"_{牧马童子喻体道之人。}"请问为天下？"小童曰："夫为天下者，亦若是而已矣，又奚事焉？_{牧马者，恣其水草，量力乘之；治天下者，耕而}

食，织而衣，处以无为，亦何事耳。余少而自游于六合之内，余适有瞀病，有长者教余曰：'尔乘日之车，而游于襄城之野。'今余病少痊，余又且复游于六合之外。夫为天下者，亦若此而已，又奚事焉？"六合外者，异于世也；六合内者，同于世也。瞀病，风疾也。长者，体道之人也。日车者，日新也。童子言未悟道之时，与物不群，洁身明污，以遭风疾，心绪荒狂。及遇体道之人，闻乎至理，乘日新之道，与时推移，和光同尘，波流颓靡，外无物累，内尽虚忘，如此真心，瞀病寻愈。帝王理天下何异于斯？我无为而人自化。帝曰："夫为天下，诚非吾子之事。虽然，请问为天下？"小童辞，黄帝又问。小童曰："夫为天下者，亦奚以异乎牧马哉？亦去其害马而已。"牧马者，不伤其性也；理天下者，无为而无不为。帝再拜稽首，称天师而退。

　　帝曾省《天皇真一》之经，而不解三一真气之要，是以周流四方，求其释解。乃至圆丘之上，其国有不死之树，食其实与叶，人皆不死；丹峦之泉，饮之长生。有巨蛇害人，帝以雄黄逐之，留一时而返。《外国记》云：留九年。帝令三子习服之，皆寿三百岁。东到青丘见紫府先生，登于风山，受《三皇内文》天文太字，《抱朴》云：三卷。以劾召万神，役使群灵。南到五芝玄涧，登玄陇，荫建木，观百灵所登降，采若乾之芝，一云华。饮丹峦之水；西见中黄子，受《九茄之方》；北到鸿堤，上具茨，见大隗君，密县有隗神。黄盖童子，受《神仙芝图》十二卷。登稽山，陟王屋，开石函，发玉笈，得《金鼎九丹》之经，复受九转之诀于玄女。南至江，登熊湘、熊山在郡陵，湘山在长沙益阳县。往天台，受金液神丹之方。闻广成子有道，在崆峒山，在梁国虞城东三十里。见之，曰："闻吾子达于至道，敢问至道之精？吾欲取天地之精，以佐五谷，以养人民。吾又欲官阴阳以遂群生，为之奈何？"广成子曰："汝欲问者，物之质也；汝欲官者，物之残也。自汝理天下，云气不待簇而雨，草木不待黄而落，日月之光，益以荒矣。汝佞人之心剪剪者，奚足以语至道哉？"黄帝退，捐天下，筑特室，席白茅，闲居三月，复往邀之。广成子南首而卧，黄帝顺下风膝行而进，再拜稽首而问曰："闻吾子达于至道，敢问治身奈何可以长久？"广成子蹶然而起曰："善哉问乎！来，吾语汝至道之精。窈窈冥冥，至道之极。昏昏默默，必静必清。无劳汝形，无摇汝精，乃可长生。目无所见，耳无所闻，心无所知，神将守形，乃可长生。慎汝内，闭汝外，多知为败。我为汝遂于大明之上矣，至彼至阳之原也；我为汝入于杳冥之门矣，至彼至阴之原也。天地有官，阴阳有藏，慎守汝身，物将自壮。我守其一，以处其和，故我修身千二百岁矣，吾形未尝衰也。"黄帝再拜稽首曰："广成子之谓天矣。广成子又曰："彼其物无穷，而人皆以为终；彼其物无测，而人皆以为极。得吾道者，上为皇而下为王；失吾道者，上见光而下为土。今夫百昌皆生于土，而返于土，故将与汝入无穷之门，以游无极之野。吾与日月参光，与天地为常，当我缗乎？远我昏乎？人其尽死，而我独存乎！"

黄帝得道之要，复周游四海，车辙马迹，丹井遗墟，往往而有。蜀之天社山有丹井，昌利山、青城山、缙云山皆有辙迹，永嘉山有丹泉，青城山、罗浮山有古坛。越玄阙，见中黄丈人。登云台、入青城天国之都，见宁先生，受《龙蹻》之经，筑坛于山上，封宁先生为五岳丈人，使岳神一月再朝。岳神洒六时之泉，以代晷漏。帝问先生真一之道，先生曰："吾得道始仙耳。非是三皇天真之官，实不解此真一之文。近皇人为扶桑君所使，领峨眉山仙官，今犹未去，可往问之。"帝乃到峨眉之山，清斋三月，得与皇人相见。皇人者，不知何世人也。身长九尺，玄毛被体，皆长尺余，发才长数寸。其居乃在山北绝岩之下，中以苍玉为屋，黄金为床，然千和之香，侍者皆众仙玉女，座宾三人皆称太清仙王。方见皇人饮以丹华之英，漱以玉井之浆。黄帝匍匐既至，再拜稽首而立，请问长生之道。皇人曰："子既官四海，复欲不死，不亦贪乎？"帝曰："万兆无主则相凌暴，今为制法，足以传后。私心好道，远涉四海，幸遇道君，愿垂哀告。窃见真人食精之经，徒省其文而弗综其意，看其辞而不释其事，乞得教诲。"皇人大惊，良久乃答曰："汝安得闻见？此乃《金策》[①]之首篇，上天之灵符，太上之宝文矣！白日升天，飞步虚空，身生水火，变化无常。此天仙之真，唯有龙胎金液、九转之丹，守形绝粒，辟除万邪，役使鬼神，长生久视，乃血脉流宣，肠化为筋，百灾不能伤，延期至亿千，则唯有真一，食五牙之文。此二事但使南斗君领录，参于太帝楗籥，自非仙人四千年一出之约，皆不得背科而妄泄也。又西王母秘此书于五城之内，其外卫备有仙楼十二，藏以紫玉之柜，刻以黄金之札，封以丹芝光华，印以太上中章。其无仙籍者，不得闻知也。子未可听天音于地耳矣！便可去也。"帝答曰："昔已受神丹于玄女，唯未受五牙食真之经，幸今运会，得见道君，既不以授生道，是臣相命不得度世耳。"因叩头流血，唯乞愍济。太清三仙王复愍助之曰："此子先世有功，德及鸟兽，故芳气之流光于帝

---

① 《金策》，道教谓天帝的诏书。

位，何为隐其真牙之经乎？可教而成之也。"皇人命帝坐而告之曰："汝向所道之经，盖上天之气，归于一身，一身分明，了可长存耳。夫人有生之最灵也，不能自守其神而却众恶，若知之者不求祐于天，止于其身则足矣！且一身犹一国也，胸腹之位，犹宫室也；四肢之列，犹郊境也；骨节之分，犹百官也；神犹君也；血犹臣也；气犹民也。故知理身则知理国，爱其民所以安其国，吝其气所以全其身。民散则国亡，气竭则身死。亡者不可存，死者不可生。所以至人消未起之患，理未病之疾。坚守之于无事之前，不追之于既逝之后。民难养而易散，气难保而易失。审威德所以固其理，割嗜欲所以成其真。然后真一存焉，三一守焉。泥丸、绛宫、丹田，三一之宅也，子勤守之，万毒不伤。漱华池，食五牙，便为真仙矣。吾受此经于九天真王，今以相付，存之于口，名曰'朱乌之丹'，取之于身，名曰'真一'。勤乎秘哉。大有旨曰，五谷为剞命之凿，五牙为长生之根也。"

帝受道毕，东过庐山，署九天使者，秩次青城丈人，比御史主总仙官之籍，为五岳之监司也。帝又封潜山君为九天司命，主生死之录；复以四岳皆有佐命之山，而南岳孤峙无辅，乃章祠三天。太上道君命霍山为南岳储君，潜山为南岳之副，以贰其政，以辅佐之。乃写九州山川百物之形，又作五岳之图，用传于世。

帝炼石于缙云之山，有缙云之瑞，立缙云之堂，丹丘存焉。帝藏兵法胜负之图，六甲阴阳之书于苗山。今在越州，亦名玉笥山，禹集群臣言功之所，故曰会稽山。帝又合符瑞于釜山，奉事太一元君，受易形变化，藏于崆峒之岩。帝考推步之术于太山稽、力牧，著体诊之诀于岐伯、雷公，讲气候于风后，穷律度于容成。救残伤、缀金冶之事，毕该秘要，穷究道真，传阴符则内合天机、外合人事。理天下，南泊交阯，北至幽陵，西极流沙，东界蟠桃。蟠桃在度索山，出《山海经》。帝曰："吾闻在宥天下，不闻理于天下。我劳天下久矣，息驾玄圃，以反余真也。"玄圃在昆仑，上有黄帝宫。

修封禅礼毕，乃采首山之铜，铸鼎象物。鼎成，以象太一于雍州。虢州湖城县，旧名鼎城；冯翊怀德县荆山，今曰皇天原是也。其鼎知吉知凶，知存知亡，能轻能重，能息能行。不灼而沸，不汲而盈，自生五味，真神鼎也。遂炼九鼎之丹服之，以丹法传于玄子，重盟而付之《丹经》。藏于九疑之东委羽之山。承以文玉，覆以盘石，金简玉字刻其文。夏禹得其书，合丹成道，藏于会稽之山；张道陵得其书，合丹升天，藏于云台之山也。帝又以灵宝五符真文，金简书之，一通藏于钟山，一通藏宛委之山。帝所铸剑、镜、鼎、器，皆以天文古字题铭其上，或有秘谶之词焉。时薰风至、神人集，成厌代之志，留冠、珮、剑、舄于鼎湖极峻处、昆台之上，立馆于其下。

有马师皇者，善医马，通神明。忽有龙下于庭，张口闭目。师皇视之，此龙有病，乃引针以针龙口中，以牛乳煎甘草灌之，龙病即愈。师皇乘龙而去。黄帝闻之，自择以戊午日升天，果有黄龙垂胡髯迎帝，帝乘龙登天，与无为子及臣僚升天者七十二人。其小臣不得去者，攀断龙髯及堕帝弓，小臣抱弓而号，因曰"乌号弓"。万姓仰天而呼，因名其地为"皇天原"，亦名鼎湖。今湖城县。其后有臣左彻，削木为黄帝像，率诸侯而朝奉之。臣僚追慕，取几杖立庙而祭之，取衣冠置墓而守之，于是有桥山之冢。在上郡周阳县有桥山，又肤施县有黄帝祠，坊州桥山有黄帝冢。黄帝曾游处，皆有祠焉。五百年后，桥山墓崩空室，唯剑与赤舄在，一旦亦失去。《荆山经》《龙首记》具载。黄帝居代总二百一十年，在位一百年。升天为太一君，又为轩辕之星，备黄龙之体，在南宫之中。大礼，祭天神轩辕星也。后代享之，列为五帝，居中，配天，盖黄帝土德中央之位，兼总四方也。东方青帝太昊，南方赤帝神农，西方白帝少昊，北方黑帝颛顼，为五方人帝。以镇星为子，上配五老，下配五帝。黄帝之子昌意，居弱水。昌意之弟少昊，帝妃女节所生也。帝之女溺于东海，化为鸟，名曰精卫，常衔西山木石，以堙东海焉。少昊名挚，字青阳，即帝位，号金天氏，黄帝之子也。颛顼，高阳氏，黄帝之孙也，有圣德，在位七十八年，年九十八岁。母蜀山氏，都商丘濮阳。禹强，黄帝之胤，颛顼之子，与颛顼俱得道。颛顼为玄冥，禹强为北方水神。颛顼以来，以兴之地为号。帝喾，高辛氏，黄帝之孙。蟜极所生也。帝生而神灵，自言其名，都偃师。今在河南。在位七十年，年一百五岁。帝尧，陶唐氏，黄帝玄孙，姓伊祁，名放勋，兴于定陶，以唐侯为帝，济阴有定陶，定州有唐县。都于平阳，在晋州。在位九十八年，年一百八十八岁。帝舜，有虞氏，姓姚名重华，黄帝八代孙，梁国有虞城，今蔡州。都蒲坂，年百岁，得道登遐于九疑之山。夏禹，号夏后氏，黄帝玄孙，姓姒名文命。舜已八代，禹居舜后，而禹为玄孙。何也？按《遁甲开山图》曰："禹得道仙人。古有大禹，女娲十九代孙，年三百六十岁，入九嶷山。后三千六百岁，尧理天下，洪水既甚，人民垫溺，大禹念之，化生于石纽山泉中。女狄暮汲水，得石子如珠，爱而吞之，有娠十四月而生子，长大能知泉源，乃赐号为禹。代父鲧理水，三年功成。舜以其功为司徒，后禅帝位。"以此推之，黄帝玄孙也。

殷汤，黄帝十七代孙。黄帝子少昊，少昊生蟜极，蟜极生高辛，十四世后，天乙为殷王也。黄帝子孙各得姓于事，帝吹律定姓者十二。在中卷。少昊有子姓曼，颛顼姓姬，以黄帝居姬水，帝誉子遂后稷姓姬也。尧姓伊祁，舜姓姚，禹姓姒，汤姓子，又张、邓、轩、路、黄、寇、宋、郦、白、薛、虔、资、伊、祁、申、屠、黄公、托跋。昌意之子封北土，以黄帝土德，北俗以土为托，以君为跋，乃以托跋为姓。黄帝有子各封一国。具中卷。总三十三氏，出黄帝之后，子孙相承，凡一千二百五十年。自黄帝己酉岁，至今大唐广明二年辛丑岁，计三千四百七十二年矣。终。

天都逸史潘之恒景升辑
睡庵居士汤宾尹嘉宾阅

纪异五·之七

出《历世真仙体道通鉴》，此编萃集灵异，故特著之首云。

体 道 体道何以言异？异乎不道也。不道何稽焉。

轩辕黄帝姓公孙，自周制五等诸侯后，乃有公孙姓。轩辕为黄帝，长于姬水，合以姬为姓。不知古史何据也。有熊国君少典之次子也。伏羲生少典，少典生神农。及黄帝袭帝位，居有熊之封焉。其母西乔氏女，名附宝，瞑见大电光绕北斗枢星，照于郊野，附宝感之而有娠，以枢星降，又名天枢。怀之二十四月，生轩辕于寿丘。地名，在鲁东门之外。

帝生而神灵，幼而徇齐，疾而速也。弱而能言，长而敦敏，成而聪明。龙颜日角，河目隆颡，苍色大肩。始学于大项，长于姬水。帝年十五，心虑无所不通，乃受国于有熊，袭封君之地。在郑州析郑县。以制作轩冕，乃号轩辕。以土德王，曰黄帝。得奢龙辨乎东方，解在下文。得祝融辨乎南方，心星，以火在正南，大明也。融，光明也，主火之官，号祝融，字从南，从午南求也。求为正对，为明为暗，则南为阳，北为阴也。得火封辨乎西方，鸡之明旦则望东，而身居西也。酉，鸡也，以小入时名之，酉半为西也。得后土辨乎北方。北，阴也，背也，故曰北。四方之名也。东者动也，日出万物乃动也。东字从日，穿木以日出，望之如穿扶桑之材木也。日所出，在扶桑东数十万里。帝娶西陵氏于大梁，曰嫘祖，为元妃，生二子：玄嚣、昌意。初，喜天下之戴己也，养正娱命，自取安而顺之，为鸿荒之代以一民也。时人未使而自化，未赏而自劝，其心愉而不伪，其事素而不饰，谓太清之始也。耕者不侵畔，渔者不争岸，抵市不预价，市不闭鄽，商旅之人相让以财，外户不闭，是谓大同。

帝理天下十五年，忧念黎庶之不理，竭聪明、进智力，以营百姓，具修德也。考其功德，而务其法教。时元妃西陵氏，始养蚕为丝。今《礼记》，皇后祭先蚕西陵氏。葛稚川《西京记》曰："宫内有先蚕坛。"乃有天老、五圣以佐理化。

帝取伏羲氏之卦象，法而用之，据神农所重六十四卦之义，帝乃作八卦之说，谓之八索，求其重卦之义也。时有臣曹胡造衣，臣伯余造裳，臣於则造履，帝因之作冠冕，_{冠者则服之文明，冕者则冠中之别名，以其后高而前下，有俯仰之形，因曰冠冕也。}始代毛革之弊。所谓黄帝垂衣裳而天下理也。帝因以别尊卑，令男女异处而居，取法乾坤、天尊地卑之义。

帝见浮叶方为舟，即有共鼓、化狄三臣，助作舟楫，所谓刳木为舟、剡木为楫也。盖取诸"涣"。涣，散也，物大通也，所以济不通也。帝又观转蓬之象以作车。时有神马出生泽中，因名泽马，一曰吉光，二曰吉良，出大封国。_{亳州东，古国也。}文马缟身朱鬣，乘之寿千岁，以圣人为政应而出。今飞龙司有吉良厩，因此也。薛综曰："与腾黄一也，所出之国各别。"葛稚川曰："腾黄之马，吉光之兽。"则兽马各异。今据吉光即马，腾黄即兽，稚川之说又别。又有腾黄之兽，其色黄，状如狐，背上有两角，龙翼，_{一本云："龙翼而马身，一名乘黄，一名飞黄，或曰古黄，又曰翠黄，出日本国，寿三千岁，日行万里。乘川令人寿二千岁。"}出日本国，寿二千岁。《六典》曰，宋、齐、梁、陈皆有车府乘黄之官，今太仆寺有乘黄署，即其事也。黄帝得而乘之，遂周游六合。所谓乘八翼之龙，游天下也，故迁徙往来无常。

帝始教人乘马，有臣胲作服牛以用之。《世本》云，所谓服牛乘马，引重致远以取诸"随"，得随所宜也。有臣黄雍父始作舂，所谓断木为杵，掘地为臼，以济万人。取诸"小过"也。小过者，过而通也。

帝作灶以著经，始令铸釜造甑，乃蒸饭而烹粥，以易茹毛饮血之弊。有臣挥始作弓，臣夷牟作矢，所谓弦木为弧、剡木为矢也。《史记》云，_{黄帝为之也。}弧矢之利以威天下，以取诸"睽"。睽，乖也，制不顺也。

帝始作屋，筑宫室以避寒暑燥湿，谓之宫。宫，言处于中也。所谓上栋下宇以待风雨，取诸"大壮"。大者，壮也。

帝又令筑城邑以居之，始改巢居穴处之弊。又重门击柝以待暴客，以取诸"豫"，备不虞也。又易古之衣薪葬以棺椁，以取诸"大过"。有服斋于中宫，于洛水上，坐玄扈石室，与容光等内观。忽有大鸟衔图置于帝前，帝再拜受之。是鸟状如鹤，而鸡头燕喙，龟颈龙形，骈翼鱼尾，体备五色，三文成字。首文曰"慎德"，背文曰"信义"，齐文曰"仁智"。天老曰："是鸟麟前鹿后蛇颈，背有龙文，足履正尾，击武有九苞。一曰包命，二心合度，三耳聪达，四舌屈伸，五彩色备，六冠巨锐钩，七金目鲜明，八音激扬，九腹大。一名鹠，其雄曰凤，其雌曰凰。高五六尺，朝鸣曰登晨，昼鸣曰上祥，夕鸣曰归昌，昏鸣曰固常，夜鸣曰保长。皆应律吕，见则天下安宁。"黄帝曰："此鸟遇乱则去，居九夷矣。出于东方君子之国，又出丹穴之山。"有臣沮颂、苍颉观鸟迹以作文字，此文字之始也。先儒论文字之始不同，或始于三皇，或始于伏羲，或云与天地并兴。今据司马迁、班固、韦延[诞]、矢秉、付玄等云：苍颉，黄帝臣。今据此载之，诸家说苍颉，亦无定据也。

黄帝修德义，天下大理，乃召天老谓之曰："吾梦两龙挺白图出于河以授予，敢问于子？"天老对曰："此河图、洛书将出之状，天其授帝乎，试斋戒观之。"黄帝乃斋于中宫，衣黄服，戴黄冕，驾黄龙之乘，载交龙之旂，与天老、五圣游于河洛之间。求梦未得，帝遂沉璧于河，乃大雾三日。又至翠妫之泉，有大鲈鱼于河中溯流而至。杀三牲以醮之，即甚雨七日七夜，有黄龙负图而出于河。黄帝谓天老、五圣曰："子见河中者乎？"天老、五圣乃前跪受之。其图五色毕具，白图兰叶而朱文，以授黄帝。乃舒视之，名曰《录错图》。令侍臣写之以示天下。黄帝曰："此谓之河图书。"

是岁之秋也，帝既得龙凤之图书，苍颉之文，即制文字以代结绳之政，以作书契，盖取诸"夬"。夬，决也，决断万事。自垂衣裳至制文字，凡事，按皇甫谧《帝王代余》载此九事。昔黄帝之功，今各以当时事及众书所载，列之如前，以明之。然于《易系说》九事，则上自黄帝，下至尧舜，以其先儒说者，或以为不独黄帝。若以皇甫所载及今所引众书，则九事皆黄帝始创之以服用，后代圣人至尧舜，但仿作修饰尔。于是黄帝定百物之名，作八卦之说，谓之《八索》。一号帝鸿氏，一号归藏氏，乃名所制曰《归藏书》，此《易》之始也。黄帝垂衣裳之后，作龙衮之服，画日月星辰于衣，上以象天，故有龙衮之颂。

帝纳女节为妃，其后女节见大星如虹下临华渚，女节感而接之，生少皞。《代纪》云，女节即嫘祖，非也。帝又纳丑女号嫫母，使训宫人而有淑德，奏六德之颂。又纳费修氏为夫人。

是时庶民甘其食，美其服，乐其俗，安其居，无羡欲之心，邻国相望，鸡犬之音相闻，至老而不相往来，无求故也。所谓黄帝理天下，便民心，谓之至理之代。是时，风不鸣条，谓之天下之喜风也。雨不破块，谓十日一小雨，应天下文。十五日一大雨，以协运也。以嘉禾为粮，谓之大禾也，其穗异常。以醴泉为浆，谓泉水美味如酒，可以养老也。以五芝为芳，谓有异草生于圃，则芝英紫芝黑芝，五芝草生，皆神仙上药。时有水物洋涌，山车满野，于是德感上天，故有黄星之祥，谓之异星；形状似月，助月为光，名曰景星。又有赤方气与青方气相连，赤方中有二星，青方中有一星，凡三星。又有异草生于庭，月一日生一叶，至十五日生十五叶，至十六日一叶落，至三十日落尽。若小月，即一叶厌而不落，谓之蓂荚，以明于月也，亦曰历荚。帝因铸镜以象之，为十五面神镜，宝镜也。于时大挠能探五行之情，占北斗衡所指，乃作甲乙十干以名日，立子丑十二辰以名月，以鸟兽配为十二辰，属之以成六旬，谓造甲子也。

黄帝观伏羲之三画成卦，八卦合成二十四气，即作纪历以定年也。帝敬大挠以为师，因每方配三辰，立孟仲季，自是有阴阳之法焉。黄帝闻之，乃服黄衣，带黄绅，首黄冠，斋于中宫，即有凤凰蔽日而至。帝乃降阶东面，再拜稽首曰："天降丕佑，敢不承命。"凤乃止帝东园，集于梧桐，又巢于阿阁。非竹实不食，非醴泉不饮。其饮也，则自鸣舞，音如笙箫。帝即使伶伦《汉书·律》作'抡'。往大夏之西，大夏国在西，去长安万里。阮榆之溪，昆仑之阴嶰谷，采钟龙之竹，取其窍厚均者断两节，间长七寸七分，吹之为黄钟之音，十一月律为黄钟，谓冬至一阳生，万物之始也。以本至理之代天地之风气。所谓黄帝能理日月之行，调阴阳之气，为十二律吕，雄雌各六也。《晋书》云，律管长尺，六孔，十二月之音禀之，以竹取自然圆监也，以玉取坚贞温闰也。时有女娲之后容成氏，善知音律，始造律历。元起丁亥，《本纪》作辛卯，今准《混元实录》年谱。又推冬至日在之星。南斗后星也。又问天老，得天元日月星辰之书以纪时。有臣隶首善算法，始作数，著《算术》焉。臣伶伦作权量。权，秤也；量，斗也。

黄帝得蚩尤，始明乎天文。据《管子》言，云，蚩尤有术，后乃。帝又获宝鼎，乃迎日推策。于是顺天地之纪，旁罗日月星辰，作盖天仪，测玄象，推分星度，以二十八宿为十二次。角、亢为寿星之次，房、心为大火之次，尾、箕为析木之次，斗、女为星纪之次，虚、危为玄枵之次，室、壁为诹訾之次，奎、娄为降娄之次，昴、毕为大梁之次，觜、参为实沉之次。《左传》昭元年，子产曰："昔高辛氏有二子，伯曰阏伯，季曰实沉，居于广林，不相能也。日寻干戈以相征讨。后不臧迁阏伯于商丘，主辰，商人丹因故辰为商星；迁实沉于大夏，主参，唐人是因以服事夏商。"由此观之，至高辛氏时方有实沉之名，不知轩辕氏时，何先有实沉之名也，岂非后人以分野之名易十二宫，分以明古事耶？井、鬼为鹑首之次，星、张为鹑火之次，翼、轸为鹑尾之次。立中外之星，作占日月之书，此始为观象之法，皆自河图而演之。又使羲和占日，常仪占月，鬼臾区占星。帝作占候之法、占日之书，以明休咎焉。

黄帝有茂德，感真人来游玉池，至德所致也。有瑞兽在囿，玄枵之兽也。《尚书中候》云：麇身、牛尾、狼蹄、一角。角端有肉，示不伤物也。音中黄钟，文章彬彬然。牡曰麒，牝曰麟，生于火，游于土。春鸣曰归禾，夏鸣曰扶幼，秋冬鸣曰养信。

帝又得微虫蛄蝼，有大如羊者，大如牛者。虫名蟥，大如虹者，应土德之王也。有兽名螇，如狮子，食虎，而循常近人，或来入室，人畏而患之。帝乃上奏于天，徙之北荒。

帝以景云之瑞，庆云之祥，即以云纪官。官以云为名，故有缙云之官。或云：帝炼金丹，有缙云之瑞，自号缙云氏，赤多白少，曰"缙"。于是设官分职，以云命官：春为青云官，夏为缙云官，秋为白云官，冬为黑云官，帝以云为师也。

帝置四史官，令沮诵、苍颉、隶首、孔甲居其职，主图籍也。《周礼》，掌版图，人户版籍也。又令苍颉主人仪。孔甲始作盘盂以代凹尊抔饮之朴，著《盘盂篇》，盘盂之诫也。

帝作巾几之法，以著经。黄帝书中通理，黄帝史谓之《坟》。坟，大也。孔安国曰：遭秦焚之，不可闻也。有臣史玉，始造画。又济南人公玉带上《黄帝明堂图》，有复道，上有楼，从西南入，此楼之始也。帝依图制之，曰合宫，可以观其行也。乃立明堂之议，以观于贤也。时有仙伯出于岐山下，号岐伯，善说草木之药性味，为大医。帝请主方药。帝乃修神农所尝百草性味以理疾者，作《内外经》。又有雷公述炮炙方，定药性之善恶。扁鹊、俞附二臣定脉经，疗万姓所疾。帝与扁鹊论脉法，撰《素书上下经》。汉文里阳公淳于意能知疾生死，按《脉经》也。帝问岐伯脉法，又制《素问》等书及《内经》。今有二轶，各九卷。后来就修之。按《素问》序云岐伯作。今卷数大约，缺少其八十一难，后来增修。又云天降素女以治人疾，帝问之，遂作《素问》也。帝问少俞针注，乃制《针经》《明堂图》灸之法，此针药之始也。

黄帝理天下，始以中央之色称号。初居有熊之国，曰有熊帝，如颛顼为高阳帝，帝喾为高辛帝，唐尧为陶唐帝也。不好战争。当神农氏之八代榆冈①始衰，诸侯相侵，以黄帝称中央，故四方僭号，亦各以方色称。史载而不言名号，即青帝大皞，赤帝神农，白帝少昊，黑帝颛顼。时有四帝之后，子孙僭越而妄称也。佥共谋之，边城日骇。帝乃罢台榭之役，省靡丽之财，周戎士，筑营垒。

帝问于首阳山，在河中郡，不安其居。令来［采］首山之金，始铸刀造弩。又于东海流波山得奇兽，状如牛，苍身、无角、一足，能出入水，吐水则生

---

① 榆冈，又作"榆罔"。

风，两目光如日月，其音如雷，名曰夔牛。帝令杀之，以其皮冒之而为鼓，击之声闻五百里。《世本》云，殷巫咸始作鼓，则非也。

帝令军人吹角为龙鸣，此鼓角之始也。于是又令作蹴鞠之戏，以练武士。今击球也。《西京记》曰，鞠场即球场也。黄帝云："日中必蔚①，操刀必割。"狂屈竖闻之，曰："黄帝之言也。"

帝有天下之二十有二年，忽有蚩尤氏不恭帝命。诸侯中强暴者也，兄弟八十人，并兽身人语，铜头铁额，不食五谷，啖沙吞石。蚩尤始作铠甲，时人不识，谓是铜头铁额。李太白曰，南人兵士见北地人所食麦饭、糇粮，不识，谓之啖沙吞石，故也。不用帝命，作五虐之刑，以害黎庶，于葛庐山发金作冶，制为铠甲及剑，造立兵仗、刀戟、大弩等，威震天下，不顺帝命。帝欲伐之，征诸侯，一十五旬未克敌。思念贤哲以辅佐，将征不义，乃梦见大风吹天下尘垢，又梦一人执千钧之弩，驱羊数万群。觉而思，曰："风，号令，执政者也；垢，去土，解化清者也，天下当有姓风名后者。夫千钧之弩，冀力能远者也；驱羊数万群，是牧人为善者也，岂非有姓力名牧者乎？"帝作此二梦，及前数梦龙神之验，帝作《释梦》之书，令依二梦求其人。得风后于海隅，得力牧于大泽。即举风后以理民，初为侍中，后登为相；举力牧以为将，此将相之始也。以大鸿为佐理，于是顺天地之纪、幽明之数、生死之说，是谓帝之谋臣也。帝问张若谋敌之事，张若曰："不如力牧，能于推步之术，著兵法十三卷，可用之。"乃习其干戈以征弗享。始制三公之职，以象三台，天象有三台星。风后配上台，天老配中台，五圣配下台。太公《六韬》曰，风后、力牧、五圣为七公。则五圣，五人也。黄帝于是取合己者四人，谓之四面而理。时获宝鼎，迎日推策。又得风胡为将，作五牙旗及烽火战攻之具，著兵法五篇；又以神皇为将；帝之夫人费修之子为太子，好张罗及弓矢，付以大将，谓之抚军大元帅，为王前敌；张若、力牧为行军左右别乘；以容光为大司马，统六师兼掌邦国之九法。容光，一曰常光。又置左右大监，监于万国。臣龙纡者，有勇有义，亦为将。

帝之行也，以师兵为营卫，乃与榆罔合谋共击蚩尤。帝以玉为兵，玉饰兵器。帝服黄冕，驾象车，交六龙。太丙、太乙为御，载交龙之旂，五牙旗引之，以定方位。帝之行也，常有五色云气，状如金枝玉叶，止于帝上，如葩华之象，帝因作华盖。今之织盖是也。黄帝即与蚩尤大战于涿鹿之野，地在上谷郡

---

① 蔚（wèi），曝晒。

南，有涿鹿城。帝未克敌。蚩尤作百里大雾，弥三日，帝之军人皆迷惑。乃令风后法斗机，作指南车，以别四方。崔豹《古今注》曰：周公作指南之车。据此，时已有指南车，即周公再修之尔。帝乃战，未胜，归太山之阿，惨然而寐。梦见西王母遣道人披玄狐之衣，以符授帝曰："太乙在前，天一在后，得之者胜，战则克矣。"帝觉而思之，未悉其意，即召风后告之。风后曰："此天应也，战必克矣，置坛祈之。"帝依之以设坛，稽首再拜，果得符，广三寸，长一尺，青色，以血为文。即佩之，仰天叹所未捷，以精思之感天，大雾冥冥，三日三夜，天降一妇人，人首鸟身。帝见，稽首再拜而伏，妇人曰："吾玄女也，有疑问之。"帝曰："蚩尤暴人残物，小子欲一战则必胜也。"玄女教帝三宫秘略、五音权谋、阴阳之术，《兵法》谓玄女战术也。李靖用九天玄女法，是已入神。符，黄帝之阴阳术，即六壬、太一、遁甲运式法也。玄女传《阴符经》三百言，帝观之十旬，讨伏蚩尤。又授帝《灵宝五符真文》及兵信行，帝服佩之，灭蚩尤。又令风后演河图而为式，用之创百八局，名曰《遁甲》，周公时约为七十二局，汉张子房共向映云，四皓■■十八局。案神龙负图文，遁其甲，乃名之遁■■，一局揭帖是也。以推主客胜负之术。

黄帝又著《十六神历》，推太一、六壬等法。又述六甲阴阳之道，作《胜负握机之图》及《兵法要诀》《黄帝兵法》三卷。宋《武传》云：神人，出之。《河图出军诀》称，黄帝得西王母兵符，又有《出军大帅》《年命立成》各一卷，《太一兵历》一卷，《黄帝出军新用诀》一十二卷，《黄帝夏氏占兵气》六卷，此书至夏后时重修之也。《黄帝十八阵图》二卷、诸葛亮重修为八阵之图。《黄帝问玄女之诀》三卷，《风后孤虚诀》二十卷，《务成子玄兵灾异占》十四卷，《鬼臾区兵法》三卷、图一卷。或作鬼谷区。设兵法以来皆黄帝，亦后来增修之也。

黄帝于是纳五音之策，以审攻战之事，复率诸侯再伐蚩尤于冀州。蚩尤率魑魅魍魉，请风伯、雨师从天大风而来，命应龙蓄水以攻黄帝。黄帝请风伯雨师及天下女袚〔妖〕以止雨。于东荒之地、北隅诸山，黎土羌兵驱应龙以处南极，杀蚩尤与父。不得复上，故其下旱，所居皆不雨。蚩尤乃败于顾泉，遂杀之于中冀，其地因名绝辔之野。在妫川也。既擒杀蚩尤，乃迁其庶类，善者于邹屠之乡，其恶者以木械之。帝令画蚩尤之形于旗上，以厌邪魅，名蚩尤旗。杀蚩尤于黎山之丘，东荒之北隅也。掷械于大荒中宋山之上，其械后化为枫木之林。《山海经》曰：融天山有枫木之林，蚩尤之桎梏所化也。所杀蚩尤，身首异处，帝悯之，令葬其首冢于寿张，县名，在郓州。冢，乔土尺。土人常以十月祀之，则赤气如绛，见谓之蚩尤旗。其肩髀冢在山阳。县名，在楚州。肩髀，脾脏也。收得蚩

黄海
HUANG HAI

尤兵书《行军秘术》一卷、《蚩尤兵法》二卷。

黄帝都于涿鹿城。上谷郡。涿鹿，地名。独鹿，又曰浊鹿，声传，记误也。

黄帝又与榆罔争天下，榆罔恃神农氏之后，故争之。黄帝始以雕鹖鹰鹯为旗帜，《六典》曰：今鹔鹴旗也。以熊罴貙虎为前驱，战于阪泉之野，地名，在上谷郡，今妫州也。三战而后克之。又北逐獯鬻之戎。即匈奴也。

军乐鼓吹，谓之箫铙歌，以为军之警卫。《枫鼓曲》《灵夔吼》《雕鹗争》《石坠崖》《壮士怒》《玄朱鹭》等曲，所以扬武德也，谓之凯歌。《六典》曰：汉张骞得之于西域，凡八曲，军乐之遗音箫茄也。金铙如铃而无舌，有柄执之，以正鼓也。于是诸侯咸尊轩辕为天子。帝以己酉立，承神农之后，火生土，帝以土德称王天下，号黄帝，位居中央，临制四方。帝破山通道，未尝宁居。令风后负筹书，伯常荷剑，旦出流沙，夕归阴浦，行万里而一息，反涿鹿之阿。

帝又试百神而朝之。帝问风后："予欲知河所泄。"对曰："河凡有五，皆始于昆仑之墟。黄河出于昆仑山东南脚下，即其一也。"余四河，说在东方朔《十洲记》。帝令竖亥步自东极至于西极，得五亿十选九千八百八步，一云：一亿三万三千。南北得二亿三万一千三百步，一云二亿二十万。东尽泰还，西穷邠国，东西得二万八千里，南北得二万六千里。万里曰"选"。神农时东西九千万里，南北八千万里，逾四海之外。韦昭注《汉书》，不信此阔远于海外。臣□扬《道书》，神农乘龙游远也，黄帝乘马以理境土，只四海内也。《淮南子》云，北极至于南极二亿三万三千五百七十里。淮南三学道，此言绝远，亦像《道书》也。

黄帝始画野分州，令百郡大臣授德教者，先列珪玉于兰蒲席上，使春杂宝为屑，以沉榆之胶和之为泥以分土，别尊卑之位与华戎之异。出《卦》《礼记》。帝旁行天下，得百里之国者万区，今之县邑是也。所谓首出庶物，万国咸宁。

有青乌子能相地理，帝问之以制经。帝又问地老，说五方之利害。时有瑞草生于帝庭，名屈轶，佞人入则指之，是以佞人不敢进。时外国有以神兽来进，名獬豸，如鹿，一角。置于朝，不直之臣，兽即触之。

容成子者，得道，知声律，女娲之后，初为黄帝造律历。元起丁亥，至此时造笙以象凤鸣。素女于广都来，教帝以鼓五十弦瑟。《古史考》曰琴，则非也。黄帝损之为二十五弦，瑟长七尺二寸。伏羲置琴，女娲和之。黄帝之琴名"号钟"，作清角之弄。帝始制"七情"，行"十义"。君仁、臣忠、父慈、子孝、兄良、弟悌、夫义、妇听、长惠、幼顺，十义也。帝制礼作乐之始也。

东海有度索山，或曰度朔山，误乎也，此山间以竹索悬而度也。山有神荼、郁垒神，能御凶鬼。帝制驱傩之礼以象之。帝以容成子为乐师，帝作《云门》《大卷》《咸池》之乐。乃张乐于洞庭之野北门，曰其奏也，阴阳以之和，日月以之明，和风俗也。唐至德二年，洞庭侧有人穿池得石钟，有古篆文，黄帝时乐器也。永泰二年，巴陵令康通中得采药人石季德于洞庭乡采药得古钟，上有篆。岳州刺史李萼进之，可明《庄子》所谓黄帝于洞庭张乐，诚不爽也。

黄帝将会神灵于西山之上，乃驾象车，六交龙、毕方①并辖，蚩尤居前，蚩尤旗也。风伯进扫，雨师洒道，凤凰覆上。乃到山，大合鬼神。帝以号钟之琴，奏清角之音，师旷善于琴，晋平公强请奏角弄，师旷不得已，一奏，云从西北起；再奏，大风起，大雨作，平公惧而成疾焉。登昆仑之灵峰，致丰大之祭，以诏后代，斯封禅之始也。于时有神人西王母者，太阴之精，天帝之女也。人身，虎首，《山海经》曰"虎颜"，一云"虎色"。豹尾，蓬头戴胜，颢然白首善啸。石城金台而穴居，坐于少广之山，有三青鸟常取食此神人。西王母，慕黄帝之德，乘白鹿来献白玉环。又有神人自南来，乘白鹿，献秬鬯，帝德至地，秬鬯②乃出。黄帝习乐以舞众神，又感玄鹤二八，翔舞左右。帝于西山尝木果，味如李，状如棠，花赤无核，因名沙棠。食之，御水不溺。

帝立台于沃人国西王母之山，名轩辕台。帝乃休于冥伯之丘昆仑之墟。帝游华胥国。伏羲生于此国，伏羲母此国人。复往天毒国居之，因名轩辕国。后来曰天竺，去长安一万二千里。《占史考》曰在海外，妄也。又西至穷山女子国，北又复游逸于昆仑宫赤水北。及南望还归，而遗其玄珠，使明目人离娄求之不得，使罔象求而得之。后为蒙氏之女奇相氏窃其玄珠，沉海去为神。玄珠喻道，蒙氏女得之为水神。《蜀梼杌》云，成都府有奇相之祠。唐英按，古使震蒙氏之女窃黄帝玄珠，沉江而死，化为此神。上应震宿，旁及牛宿。郭璞《江赋》曰，奇相得珠而宅仲。今江渎庙是也。

帝巡狩，东至海，登桓山，于海滨得白獬［泽］神兽，能言，达于万物之情。因问天下鬼神之事，自古精气为物，游魂为变者，凡万一千五百二十种，白獬［泽］言之帝，令以图写之以示天下。帝乃作辟邪之文以祝之。

帝周游行，时元妃嫘祖死于道，帝祭之，以为祖神。令次妃嫫母监护于道，以时祭之，因以嫫母为方相氏。向其方也，以护丧，亦曰"防丧氏"。今人将行，设酒食先祭道，谓之祖饯。祖，送也。颜师古注《汉书》曰，黄帝子为道神，乖妄也。崔寔《四人月令》复曰黄帝之子，亦妄也，皆不得审详。祖，嫘祖之义也。

---

① 毕则，传说中的怪鸟，相传其出现时常有火灾。
② 秬鬯（jù chàng），古代以黑黍和香草酿造的酒，用于祭祀降神及赏赐有功的诸侯。

黄　海
HUANG HAI

　　黄帝以天下大定，符瑞并臻，乃登封泰山，禅于亭亭山，<small>太山下小山也。</small>又禅于几几山，勒功于乔岳，作下畤以祭炎帝。以观天文，察地理，架宫室，制衣服，候气律，造百工之艺。累功积德，故天授舆服、斧钺，华盖羽仪，天神之兵，黄帝著《轩舆之铭》。帝以事周毕，即推律以定姓，<small>孔子、京房皆行此事。</small>纪钟甄声。帝之四妃螺祖、嫫母、赘修、女节是也。生二十五子，得姓者十二人，一云十三人。姬、酉、祈、己、滕、箴、任、荀、僖、诘、旋、依。《史记》云六十一姓，惟釐一姓不同。所云黄帝姓公孙者，十八代合一千五百年，其十二姓十三代，合一千七十二年。《史》又云"十二姓德专［薄］不记录"，示不可也。姬、祁、滕、任、僖、诘，皆有德有名者也。所云黄帝姓公孙，虽古史相传，理终不通。且黄帝生（于有）熊长于姬水，只合以姬为姓氏。周武王称黄帝十九代孙，姬姓之后，即黄帝姬姓，非也。且周置五等诸侯以公、侯、伯、子、男，诸侯子孙多称公孙，言公之子孙也，故连公子为姓者。且更有八十五氏，皆非黄帝时也。

　　黄帝九子，各封一国。<small>潘安仁诗言之，未知其原。</small>元妃螺祖生二子，玄嚣、昌意，并不居帝位。玄嚣得道，为北方水神，昌意居弱水。弟少昊，黄帝之小子也，帝妃女节所生，号金天氏，后即帝位。黄帝之女溺于东海，化为鸟，名精卫，常衔西山木石以堙东海。昌意娶蜀山氏之女，生颛顼，居帝位，号高阳氏，黄帝之嫡孙也。黄公、托拔，昌意之少子也，封北土。<small>以黄帝土德，化俗以土为拓，以君为拔，乃以拓拔姓。</small>禺强，黄帝之胤，不居帝位，亦得道，居北方为水神。少昊有子七人。颛顼时以其一子有德业，赐姓曼氏，余不闻。

　　黄帝以天下既理，物用具备，乃寻真访隐，问道求仙，冀获长生久视，所谓先理代而后登仙者也。时有宁子为陶正，有神人过，教火法，出五色烟，能随之上下，道成仙去，往流沙之所，食飞鱼，暂死二百岁更生，作《沙头颂》曰："青䕺灼烁千载舒，万龄暂死饵飞鱼。"务光子者，身长八尺七寸，神仙者也。<small>至夏时无药养性，鼓琴，有道寿永者。</small>有赤将子舆，不食五谷，啖百草而长年。<small>尧时为木工，能随风上下，即已二千岁矣。</small>有容成公善补导之术，守生养气，谷神不死，能使白发复黑，齿落复生。黄帝慕其道，乃造五城十二楼，以候神人。即访道游华山、首山，东之泰山。时致怪物，而与神仙通接。访神人于蓬莱，回，乃接万灵于明庭、京兆、仲山、甘泉、寒门、谷口。<small>在长安北甘泉云阳。</small>黄帝于是祭天圜丘，将求至道。即师事九元子，以地皇元年正月上寅日，斋于首山。<small>在河中东蒲坂县。</small>复周游以访真道，令方明为御，昌寓骖乘，张若、谬［謵］庨导焉。<small>谬［謵］，音习，庨，舒氏切，一作"朋"。</small>昆昏、滑稽从车而至襄城之野，七圣俱迷。见牧马童子，黄帝问曰："为天下若何？"童子

586

曰："理天下何异牧马，去其害马而已。"黄帝称天师而退。至于圜丘，其国有不死树，食其子与叶，人皆不死。有丹峦之泉，饮之而寿。有巨蛇害人，黄帝以雄黄却逐之，其蛇留一时而反。《外国记》云，留九年也。帝令三子习服之，皆寿三百岁。比到洪堤，上具茨山，在于阳翟。见大隗君，密县大隗神也。又见黄盖童子，受《神芝图》七十二卷。适中岱，见黄子中，受《九茄之方》。一云至空同之山，见中黄真人。一云其方原州有空同之山。应邵云陇右，非也。登崆峒山，见广成子问至道，《庄子》作空同山。司马彪注云，空同，当斗下之山也。一云在梁国虞城东三十里是也。一云天下空同山三，汝时空同山乃黄帝问道处。一云陇右空同山，正黄帝问道之所，今山上有问道宫，山下有轩辕观存焉。觉黄帝见广成子问至道，亦非止一处，后皆名空同，今并存之。广成子不答。帝退，捐天下，筑特室，藉白茅，闲居三月方往。再问修身之道，广成子乃授以《自然经》一卷。

黄帝舍帝王之尊，托猴豚之文，登鸡山，陟王屋山，开石函，发玉笈，得《九鼎神丹注诀》。南至江，登熊、湘山。熊山在召陵长沙也，湘山在长沙益阳县。往天台山，受金液神丹。东到青丘山，见紫府先生，受《三皇内文大字》，《抱朴子》云有二十卷。以劾召万神。南置五芝玄涧，登圜垅荫建木，观百灵所登降，采若干之芝，一云花。饮丹峦之水。南至青城山，礼谒中黄丈人。乃间登云台山，见宁先生，受《龙蹻经》。问真一之道于中黄丈人。丈人曰："子既君海内，复欲求长生不死，不亦贪乎。"频相反复，而复授道。帝拜谢讫，东过庐山，祠使者以次青城丈人。庐山使者秩比御史，主总仙官之道，是五岳监司也。又封潜山君为九天司命，主生死之录。黄帝以四岳皆有佐命之山，而南岳孤特〔峙〕无辅，乃章词三天太上道君，命霍山为储君，命潜山为衡岳之副以成之。时参政事，以辅佐之。帝乃造山，躬写形象，以为《五岳真形图》。

黄帝往炼石于缙云堂，于地炼丹。时有非红非紫之云见，是曰"缙云"，因名缙云山。帝藏《兵法胜负之图》《六甲阴阳之书》于苗山。

黄帝合符瑞于釜山，得不死之道。奉事太一元君，受要记修道养生之法。于玄女、素女受还精补脑之术，玄女授帝如意神方，即藏之崆峒山。帝精推步之术于山稽、力牧，著《体用之诀》于岐伯、雷公，讲占候于风后先生。黄帝得玄女授《阴符经义》，能内合天机，外合人事。

帝所理天下，南及交阯，北至幽陵，西至流沙，东及蟠木。帝欲弃天下，曰："吾闻在宥天下，不闻理天下。我劳天下久矣，将息驾于玄圃，以返吾真矣。"黄帝修舆封禅礼毕，采首山之铜，铸九鼎于荆山之下，以象太一于州。是鼎，神质文精也。孙寿三百六十岁，入九嶷山仙去。后三千六百岁，尧理天下。洪水既甚，人民垫溺，禹念之，乃化生于石纽山。曰：女狄暮汲水，得石子如珠，爱而吞之有娠，十四月而生子。及长，能知泉源，乃赐号禹，后人称曰神禹是也。今石泉军石纽。

金简玉字，黄帝之遗诫也。帝又以所佩灵宝五符真文，书金简一通，藏于宛委之山。帝尝以金铸器，皆有铭，题上古之字，以记年月。或有祠也，时有熏风至，神人集，成厌代之志。即留冠、剑、佩、舄于鼎湖极峻处昆台之上，立馆其下，昆仑山之轩辕台也。

时马师皇善医马，有神通之妙思。有龙下于庭，伏地张口，师皇视之曰："此龙病，求我医也。"师皇乃引针于龙口上下，以牛乳煎甘草灌之，龙病愈，师皇乘此龙仙去。黄帝闻之，自择日卜还宅升仙之日，得戊午，果有龙来，垂胡髯下迎，黄帝乃乘龙与友人无为子及臣僚等，从上者七十二人。小臣不得上者，将龙髯拔堕，及帝之弓。小臣抱其弓与龙髯而号泣，弓因曰"乌号"。铸鼎之地后曰"鼎湖"。其后有臣左彻，削木为黄帝像，率诸侯朝奉之。臣僚追慕罔极，或取几杖立庙而祭，或取衣冠置墓而守。是以有桥山之冢，黄帝曾游处皆有祠。五百年后，桥山墓崩，惟剑与赤舄在焉，一旦亦失。

黄帝居代总一百二十年云云，在位一百五年。自上仙后，升天为太一君，其神为轩辕之宿，在南宫。黄龙之体象。后来享之，列为五帝之中方，君以配天。黄帝土德，中央之位，以主四方。以镇星配为子，名枢纽之神，为佐配享于黄帝。

帝之子少昊，名挚，字青阳，号金天氏，居帝位八十一年，《帝王世纪》云八十四年。刘恕作《外纪》，无少昊。都曲阜，今兖州。子孙相承共四百年。

黄帝之孙颛顼，号高阳氏。母蜀山氏所生，有圣德，居帝位七十八年，《世纪》云八十四年，《外纪》同。寿九十八岁。都商丘濮阳。今濮州，颛顼以来，以所兴之地为名。

帝喾高辛氏，黄帝之曾孙也。黄帝子玄嚣生蟜极，蟜极生高辛也。帝喾生而神灵，自言其名，居帝位七十年，《外纪》云七十五年。都偃师，今亳州河南。寿一百五岁。《外纪》云：寿一百岁。

帝尧陶唐氏，黄帝之玄孙，帝喾之子也。姓伊祈，字放勋。兴于定陶，以唐侯为帝，齐阴定陶，又云定州陶县。都平阳，今冀州。在位七十年，寿一百一十八岁。考之《尚书》，当是七十三年在位。一云尧十岁即帝位，在位七十载。将逊，试舜三载，传位与舜。又二十八载，乃殂落，当是一百一十七岁。《外纪》：在位九十八年，寿一百九十八岁。

帝舜有虞氏，黄帝九代孙。姓申屠，一云姓姚。摄帝位三十年正，居位五十年，寿一百一十二岁，《外纪》，在位五十年，寿一百一十岁。《史记》云，舜年六十二，代尧践帝位三十九年，寿正一百岁。一云舜生三十征庸，三十在位，服丧三年，其一在三十之数，为天子五十年，凡寿一百一十岁。都蒲坂。今河中府。

夏禹亦黄帝之玄孙也，姓姒，居帝位，都安邑，今蒲州。在位九年。子孙相承，共四百三十二年。《外纪》同。按《遁甲开山图》曰，禹，得道仙人也。古有禹，女娲十九代，知吉知凶，知存知亡。能轻能重，能息能行。不灼而沸，不汲自满，中生五味，真神物也。

黄帝炼九鼎丹服之，逮至炼丹成后以法传于玄子。此道至重，盟以诚之。帝以中经所记，藏于九嶷山东，号委羽，承以文玉，覆以盘石其书。山下江边有大禹庙，《世纪》云：鲧纳有莘氏，臆胸折而生禹于石纽，六月六日生，郡人常以是日熏修课享。

殷汤，黄帝二十代孙，黄帝子玄嚣生蛴极，蛴极生高辛，高辛生契，又十三世后即天乙，为殷王汤也。姓子，居帝位，都亳，今亳州。在位一十三年。子孙相承，共六百二十三年。《外纪》萃作六百二十八年。

周发，黄帝二十二代孙，姓姬，黄帝孙颛顼，以黄帝居姬水，姓姬。故帝喾子后稷亦姬姓，又十六代。发，为周武王。居帝位六年，都镐京，今永兴。后平王迁洛邑。子孙相承，共八百七十三年。《外纪》年谱差多，作九百二十七年。

黄帝子孙，各得姓于事。帝推律定姓者十二，具在前。九子各封一国，总三十三氏，出黄帝之后。《先天纪》云：子孙相承，凡一千五百二十年。《世纪》云，一千二百五十年。

臣道一曰：轩辕屈黄帝之尊，礼七十二师，然后垂衣裳而天下治。当是时也，君明臣良，民淳俗朴。以有天下而不耻下问，是故神人悉愿归之。民到于今称之。此后世所以有黄帝王霸之品者，于此乎可见矣。《道德经》曰："是以圣人处无为之事，行不言之教，万物作焉而不辞，生而不有，为而不恃，功成而弗居。夫惟不居，是以弗去。"岂非轩辕之谓乎！

黄　海
HUANG HAI

天都逸史潘之恒景升辑
竺岩居士吴公治君衡校

纪异五·之八

乘　貘 《国事》。

　　叙曰：《国事》者，苔人吴世熙缉、侯氏所辑也。其言曰："中都罄山之阳，猎人开古冢，争掠宝器，间从其下得篆书名《国事》，其语多浮诞舛错，不轨于正。"余得观"赵武灵王射猎"一则，何其诡而壮也。载之《纪异》，亦足愉快雄心，奋迅欲飞矣。

　　《赵国事》曰：武灵王持矛具带，鴳鸐胡袳，而号于信宫，曰："寡人训练黎首骑射岁余，赳乎其气也。边无烟，敌人不来，触剥刺击靡所试，寡人不能挟好女儿，淫佚饱食长年。行与诸君遍蒐，寄军令乎鸷遂〔逐〕，寄斩首乎雄兽悍禽，而将无诸君。鄙乎寡人遂行，诸君其谁辅寡人？"大夫肥义、楼缓曰："首成事者两臣也，臣愿辅也。"于是王将中军，女后孟姚辅之，妃娃嬴为中军大夫；公子成将上军，肥义辅之，赵招为上军大夫：公子章将下军，楼缓辅之，许钧为下军大夫。司马者，牛蒯也。

　　王子何也？当此之时，驰车、革车各千乘，骏马万匹，武士奋击十万人，甲、胄、矛、戟、盾、橹、斧、斫、剑、刀、矢，夹道而驰，旗帜错建飞其羽焰，烂如电驰。及据林丰草蔚，木障峻石而艰危飞翔趣走之列，灿乎其间。王左持玄钺，右三挥其太白旗，公子成曰："如令。"率武士万人鼓行而前，而用罦网万弩齐发，兽禽应弦而倒，号者、呼者、蹶者、遁者、坠者、奄息者相枕藉也。鼓三周，上辅军顾校尉曰："往逐。"校尉传部，部传曲长，曲长传曲卒，齐往逐，步日影而斩如，各肩其尸，接翼侧足来献。上辅军伐钲致捷乎？公子成、公子（章）纪其翼足数报中军。王曰："将军劳矣，众士苦矣，分所殪①。"公子成以下有差。更命曰："武未纵，其以下军前羽毋袭，止刺其飞毛，毋掩背锋，其逸矢毋单送，杀其双。不如令者，其戮士辱将。"公子章曰："如令。"率奋击，二万人鼓行而前，五卒乱行，王挥其御擒而搏之躬，玄钺斩其头，置之旗干，曰："此其闻捷而骄惰乎！不可用也。其以为徇。"于是卒伍胁息，队整如初。上军为从之，则飞鸟扰、逸兽残，一挎弩牙而双值锋。王登坛而望，大笑曰："壮哉！"挥其旗侧左也，下军还。又分所殪，公子章以下有差倍上军，于是司马牛藅稽首前贺，曰："非将吏能也，王之教也。向者，俗儒毋长虑而笑王胡袿，乃胡袿之倡，敢死竟尔也，王可还军。"王曰："士怒未息，寡人其独息哉？"挥上下军擤②后，悉鼓其中军前。王仰而见鹰击群鸟，群鸟匿形，愤于冥际，俯而式。御者曰："王奚式也？"王曰："将士鏖击，寡人谓毛羽空也，是独愤然。眇机弦如，其下无人，寡人殊壮其威，人而不如鸟乎？"御者目裂眦，发上指，引满其镞，顾王曰："王试观之，臣必发鹰左，毋，戮臣逾伍。"王笑而许之。一发不中，御者曰："臣罪戮也。"王曰："毋也，孤之嬖子，司马其释汝。"御者曰："逾伍则戮，北则戮，臣之不共，奚以挠司马也？"立自刎也。

中辅军孟姚引镞而前曰："妾为御者复鹰。"

王曰："毋也，国之母，司马或释汝，孤奚令军也？"

孟姚曰："妾所如御者，必如令。"

王泣而许之，弦不再引，敲其股，左翼折，滞而坠林下。王乐甚，顾后曰："是惟天下之绝技也。"立刻印，拜孟姚为坠飞君。儵[倏]而一兽出林，状如牛，色如漆，吼则众军辟易十里。王问博士赵俊曰："博士识此乎？"

博士曰："是名貘，食铜铁者也。军士莫胜，王速避之，毋及矣。"

王曰："寡人避，奚令军也？"乃招其后者曰："若何弃寡人而奔，岂夫也哉？能死则来，其与寡人决之。"则列刃横矛，引弦争来。前及貘，甲士环王数十重，刃割之不分也，矛刺之不入也，镞触之不受也。貘啮壮士数十人，揉脊碎脑，屑肤血雨于前而士不散。

王曰："壮哉，此死士也。"

博士曰："死而无悔，孔子不与行三军。臣必生之。"

---

① 殪（yì），本义为死，此指代猎物。
② 擤（xuě），扫灭。

黄　海
HUANG HAI

　　王曰："博士能杀貘哉？"

　　博士曰："臣力不任也。臣所为诈取者。"令甲士投刀剑千余，貘舌舐顿进无遗铁，辄溺铁消水淫淫也，杀其怒而往伏林。

　　博士曰："臣闻黄帝征蚩尤，蚩尤乘貘而战。帝军戟杀貘，开其腹，有铜胆铁肾，辄铸胆肾为长剑，悬宫门以戮天下不顺令之臣。则是貘也，其肠制铁，其理间或可袭而乘也。军士震畏其吼，不敢敌耳。"

　　王曰："博士信矣，貘可袭而乘也。"挥中辅车，鼓甲士环者，分翼其左右，王独骑而前。及貘，熟视其理，喉咽肉解可乘，飞剑直入理，更亟戟之。戟五而五受戟，貘出不虞，吼且跃。王亦跃起，乘貘其上，持利刃乱击，绝其头。众军争来蹯之矣。

　　王呼诸将军曰："何如？"军士下马罗拜，贺曰："天威也，非臣等所及。臣闻黄帝征蚩尤，取其丑厉而封之春山，以为大戮，命之曰'京观'，惩不惠不顺也。今王虽寄戏，以军行令，宜昭成事之象焉，宜封貘。"

　　王曰："诺。"则围林而焚以封，登峻石西望，按剑而跽曰："异时者秦人不惠不顺，虏其王而昭成事，如此貘。"命其林曰"封秦之观"。曰："寡人长南藩，而中山掳吾腹，胡崎吾东，燕人窥吾北，边林胡楼烦，秦人、韩人犬牙而错吾西也。寡人惧乘于人，垢形秽服，以训诸境而是者，未测吾武也。寡人欲遂北猎，绝险二千余里，六日而历七侯、王、酋长。因略形胜进袭之路，观诸国之备御。"公子成、公子章曰："如令。"夕驰二百里，宿中山之野。旦驰至于邢，围而猎，获鹰、鹳、鹍、鹑、鸎、鹫、雉、雕、鹢、枭、鹏、鸹、鹢、鸠、鹏、鹮鸹，伯赵斫木，羽列七百，猿、猱、貜、象、间、獐、鹿、麋、麈、羚、麝、豵、豝、兕、豶、兔、狸、狐，毛种千九百有二，徒搏独杀者三百，于是虎穷咒狂，狮蹶超落，崷崒而顿无所也。王览山陵之赤，嗅丑气之秽，审勇士之上下，差僄狡^①之异技，称功分禽，烹鲜举胾。日暮驰于中山之城南，其声飂^②然。中山之君臣震，无措，群衣冠，逆王师于城南之外，献白狐六，裹^③骖六。王受之，飨中山之君而遣之还也。曰："寡人异时袭秦，其以尔国为援枹^④。"中山君再拜稽首，曰："惟大王之教令

---

① 僄狡（piào jiǎo），敏捷勇猛。
② 飂（liáo），表示风声。
③ 裹（niǎo），良马。
④ 枹（fú），鼓槌。援枹，手持鼓槌，谓随时可以指挥进军。

也，敝邑其敢以违。"

厥明，王过代，猎于胡之边。胡地尽血草无余收，禽逾中山之野，胡酋长伯忽献十犛，且祝曰："犛尾闳以易大王车之纛。"

王曰："此天子仪也，毋狎寡人也。"

伯忽曰："蛮夷所望，无失天时，时之即矣，重三译来矣，何迩边臣之拒也？"

王卒受也，答以珊瑚碧树。伯忽稽首谢去。毋何之云中而腊，收禽如胡之边。燕王令其大夫葛举发骑乘出谢曰："闻大王之北巡也，敝邑之君土田荒芜，诚慑怖大王之威，使下臣进犒从者，而陈其不惠。"王受之，报礼垺之，挥其军退也。去燕境五十里而屯。

王夜选马，属官兵器，计乘其锐。厥明，抵林胡，麇击，空其群。

博士赵俊曰："毋也，武而不休，非制也。夫刳胎杀夭，麒麟不游，覆巢毁卵，凤凰不翔，先王之为制也。不涸泽而鱼，不焚林而猎。豺未祭兽，罝罦[1]不得布于野；獭未祭鱼，网罟不得沉于江；鹰隼未击，罗罥不得次于林；草木未落，斧刀不得入山；昆虫未蛰，不得以火烧田。生气流畅，毒杀不乖其和，故草发木达，飞走连属其乡。今王频焚蔚林，洒血蔽天地，天地所不顺，是且未已也。狂夫之乐，忍人之行，臣勿取也。天下后世必数王过，王其旋归。"

王曰："毋制之畋，寡人知过焉。功有所出，事有所成，其焉以过掩也。胡地、中山，寡人必统之，燕人必令称北藩，必掳秦、韩之王。寡人不历其境，不知其盈啬；不示之武，彼且狡而轻来袭赵。赵四受战之国也，不战则亡，亡其以日量乎？若之，何其拘制亡亡也。"

东方未白，先精骑而放行，马饮于泾水之中、林胡之北带。林胡之骏皆牡，我马牝，嘶我马去。王怒，而令射士蒙超索马。胡人匿焉。蒙超射杀胡骑三。胡围超，超腾空丈余，奋大刀击众，众披靡窜，悉略其马归。其酋长闻之也，肉袒走谢，将吏争收之。

王曰："大长何罪，乃其部儿盗吾马耳。"

酋长曰："臣唯毋诚以至此也，臣伏罪也。"

王摩其顶，与升帐饮欢甚。酋长献王二貂。王赐之骏，则稽首，骑而去。

---

[1] 罦（fú），一种捕鸟的网。

黄海
HUANG HAI

其午，超楼烦、烟禺之界，更大猎。丑垒垒来呼曰："何猎吾土也？"不退，且飨军得一乐战。王怒，更挥进其军。其酋长为选百战殊死健儿五千袭王。王闻之曰："吾士悍，虏其夷大长者一足也。"于是勇士攸飞者，胡服，挥刀直入虏廷，斩其王头而出。其骑卒惊，不知所为。攸飞恐不得脱，大呼格杀其骑数十人。身亦被创十余，而卒脱。虏骑自相杀扰乱。攸飞归报王曰："臣杀其大长矣，其乱可乘也，毋失也。"王进军，枭夷王，示烟禺。国人失魂魄，大众乘之，斩首八万余级。其潜山越崖、践踏死者毋算也。于是烟禺国亡。王登其台，勒石纪绩，分其国为二郡，目攸飞曰："寡人思留徇楼烦，迁黎首耕牧其中。首倡事者，子也。子行佩之矣。"

攸飞再拜稽首，卒长二郡。王问将士曰："此至秦关竟日乎？"

左右曰："非三日莫抵也。"

王刻选其千里马五，独与孟姚、肥义、牛翦、赵希，电驰竟日，抵函谷关，入观秦王宫阙。其咸阳宫有图，《六王方略》书之，屏而向冥，虽秦之群臣莫窥也。王窃记之，留秦五日始出，秦不觉。

已而，秦王觉之，大骇，诛其关吏七人，使捷士许少追王，王驰已至军矣。

王亦使捷士山子搜秦追者，获许少。而更使赵俊偕许少入秦，谢曰："寡人知王雄心，所欲图赵者云云，寡人必备之。王之使追寡人者许少也，将吏早获之，寡人宥之。"则秦王益大骇，以为神异，悉按诛其卫宫士百余人而骂曰："即时赵王刺朕，若未觉哉！"乃使其客卿甘和来犒师，享礼溢、致词逊，王亦礼遣之，而归道韩。韩王出境迎，馈黄金千镒，锦绣千纯。王享韩王，好会而罢也。其夕，风声飂飂[1]，官属休，厥明而驰道复猎，获穷奇。

山史云：赵武灵王，师黄帝者也。且以乘貘为奇，虽其书不经，载之《纪异》，足称诙谐之雄。

昆仑丘

卢生、侯生匿儒以术见始皇曰："臣愚昧死。窃观古之三皇五帝，夏、殷、周盛王未有如陛下者也。太昊之造书契也，科斗摹画迹不胜烦；陛下更

---

[1] 飂飂（liáo liáo），表示风声和歌声。

以隶而文用利便。炎帝斫耜揉耒，躬树艺、威神蓂焉，以劳生生；陛下拱紫垣，吏不知叫号，而域中阡陌无秽草。陶唐氏茅茨土阶，黎藿是羹，不及鄙野监门之养以为瘁，然旦水溺民日杀稼；陛下之阿房象天极阁，道绝汉咸阳二百里，离宫别苑，复道相连，帷帐、钟鼓、嫔妃艳冶，极人世之乐，而天灾不流。神禹承唐虞之盛，玉帛万国，不能免防风氏之谩傲；陛下振周衰，提衡而立，而巧臣悍将累息奔走。汤武王之威者也，身蒙囚，系阴谋，四十余龄尘战且定；陛下一怒，而赧王顿首受罪，贡其河山。盘庚迁都，旧服逃水灾也，巨室胡遂聒聒险肤，傲而从康；陛下营作封禅，师徒旦暮无宁止，而行路不敢咨。洛邑之顽也，武庚之叛也，其君臣沐食不给；陛下磔六王，散其裔，黔首毋跳。三代之盛世，侯卿其臣土地，分裂毋统；陛下斥封建，郡置守，县列尉，疆理统一而永不分。五霸之雄行也，伊洛、犬戎、鄏瞒、陆浑、白狄、舒蓼，世膏血其边；陛下筑长城，逐胡，而胡马不敢南牧。历代之有谥，是令臣子为权也；陛下除谥法，定号皇帝，世计数，而子不得议父，臣不得议君。臣故曰，陛下神明威圣，古之三皇五帝，夏、殷、周盛王不如也。而陛下所不如黄帝者一，陛下宽其诛，臣乃敢言。"

始皇忿然曰："黄帝奚加朕哉？"

卢生、侯生叩首曰："黄帝鼎成，乘飞龙而上天也，昆仑之丘，维帝是居。其殿阁崔嵬而丽，其瑶宝神曜而烛，其芝树清英而怪，其士女嫣窕而妍，俯仰则垒垒者纷如也。陛下诸宫百毋一焉。臣常随臣之师，逐风而骛行，以登斯丘，魂恍恍似迷失也。此其终天地欢乐毋离别者也。陛下能尊臣，臣谨与师来；不则，臣拂裾逝矣。"

始皇起，揖卢生而前曰："惟两生之所命之，汤沐之奉奚爱，朕诚得观黄帝之宫，而供闻扫其闲，足也。"于是以黄金万镒为两生寿，车马从徒毋算，构其师来。

东天竺赋梁秘书程訾著。

中大同二年秋，河东柳恽为秘书监，訾以散骑为之二，雠校之暇，情甚相狎，监署西庑有异草数本，绿茎疏节，叶膏如剪，朱实离离，炳如渥丹。恽为訾言："《西真书》号此为'东天竺'。其说曰：'轩辕帝铸鼎南湖，百神受职，东海少君以是为献。'且白帝云：'女娲用以炼石补天，试以拂水，水为中断；试以御风，风为之息，金石水火洞达无阂。'帝异焉，命植于蓬壶之圃。此其遗状也，然不复如向时之验矣。"

督验怪斯言诞而不经，因■叹曰："物固有弱而刚，微而彰，当其时也。雷轰而骑翔，非其时也；穴蟠而泥藏，岂特斯草也？"因有感而作赋云："彤庭赫兮宏敞，入端［瑞］闱而延顾。粤若望直之都，旁开群玉之府，则有芸裛湘素，兰翳轩庑，琳琅曳风，琼玖泫雨。诚神明之奥壤，乃尤物之所处。是何弱植之蕨蒙兮，干如剖璞之玉，叶碎出兰之绿，色含朱膏，实正秋熟，受中地腴，号'东天竺'。盖女娲补有苍之缺，公孙佩遐升之箓，来自西海，植之蓬圃，飞廉为之辍御，冯夷为之止舞。于斯时也，神农未知药，后稷未播谷，蒉荚尚晦，蓬莒犹伏。芝混菌耳，苓群狼毒。神禹所未识，齐谐所未悉，亦既擢质于神皋之苑，献名于通灵之室矣。尔乃芳掩茝若，气矜篔筜，密束霞致，骈罗星光。菁茅海皂不足以侔洁，薝蔔①薰陆②不足以袭香。璀璨于九闱之上，而容与乎三阶之旁者也。时移事改，貌存质昧，孰知无用之用，而不为斯世之所采。畦并穣莠，隰兼蒿艾。王田植表则有燔芿③之酷，樵竖载歌则有蒸薪之悔。文异沟中之断，音乖爨下之桐。心类飞灰，首如飞蓬，岂非有意于上林之积翠，而禁蘥④之摘红者哉。天嘉昌明，万物咸睹。姬姜在御，不弃翘楚。王鲔登庖，傍征鲂鱮，曾是散材，托兹邃宇。卿云甘露之所濡，白日阳春之所曜。天鸡晨翔，铜枝夜照。倘穷年之若斯，敢伦伦于往操，愿黾勉于鸿私，跖青厢而就槁。"

程克勤评云：六朝赋存世如此篇者亦少。

雕　传_{采宋陶宗仪《辍耕录》。}

某曰：浮湛里中，无以为生。侦民有小不平，嗾⑤之讼，佐之请谒，已旁

---

① 薝蔔（zhān bó），佛经中记载的一种花，或曰即栀子花。
② 薰陆，即乳香。
③ 芿（réng），割后再生的新草。
④ 蘥（yǔ），古代一种捕鸟的装置。
⑤ 嗾（sǒu），教唆、指使。

写缘自资。且既饵临政者，因持其短长，以蠹民梗政。遂有人作《雕传》以警之。

传曰：昔黄帝少皞氏之世，凤鸟适至，故为鸟师而鸟名，命凤凰为百禽长。当是时，南山有鸟，其名曰雕。雕之性，鸷而健，贪而狡。稻粱之甘、木实之美，雕不屑焉。资众禽之肉以为食，雕之徒实繁。其与雕同气而异质者，鹰鹯、鸢隼、鹞鹘、鹗，皆助雕为虐者也。其异类而同姓者，鸱鸮、鵂鹠、枭鸺、训狐①、鬼车②，□□□〔其恶与〕雕同，特其材异尔。然雕有大小，小者从鷞鷃、□□□〔鹖雀，力〕可制则制之，大者虽鸿鹄不畏也。故雕之所在，众禽皆逃散远去。摽枝无安巢，灌丛无息羽。

雕无所得食，则遣操诡辞，招众禽之过而诉诸凤曰："鸿雁背北而来南，是叛者也；鹦鹉舍禽言，习人语，是奸者也；仓庚出幽谷，迁乔木，是冒越者也；鹢鸸③秋冬远遁，是避役者也；乌知吉凶，言妖祥以惑众听；鹊填河以阻水利；鸤鸠攘鹊之居；鸳鸯荒淫无度；鸥好闲；鸡好斗殴相伤；鹥④鹅鸭习水战；鸬鹚白鹭得鱼不税；孔雀有异相；杜鹃催归，令戍卒逃亡；提壶⑤劝人饮酒生事。是皆有罪，不治，将益甚。"凤凰惑焉，命爽鸠氏治之。雕与爽鸠相为表里，穷山谷，搜林麓。禽之出者搏之，逐之，攫之，拿之，啄觜扼吭，裂肪绝肋，磔毛扬风，洒血殷地。凡遇之者无噍类⑥，其余皆周章振掉，谋所以免祸者，毁巢破殻，空所积以奉爽鸠，且以赂雕，使勿执。

于是雕之势益张，而众禽之生理日蹙。其爪距稍利者，慕雕所为，则起而效之。其钝者，深藏远窜，馁死于草莽相藉也。而凤凰始忧之，闻蓬莱之巅有胎仙焉。胎仙名鹤，号青田翁，廉介而洁白，和平而好生。于是征爽鸠，使鹤乘轩而治之。

鹤乃与凤凰谋曰："夫雕，其□□□〔始一而已。自子之不〕戒，而使之蔓延。今之为雕者何□□□〔其多耶？昔之雕，名雕〕，字雕，形雕，性雕，本为雕者也。今有非雕而雕者，何也？雕则得食，不雕则不得食。雕则

---

① 训狐，猫头鹰。
② 鬼车，传说中的九头鸟。
③ 鹢鸸（yì ér），燕子。
④ 鹥（yī），鸥。
⑤ 提壶（提壶），此指鹈鹕。
⑥ 噍类（jiào lèi），指活着的或活下来的生物。

有利而无害，不雕则利未见而害常随之，故不容其不雕也。今禽之产子者愿为雕，雏之习飞者学为雕，形状与雕异者，又冒为雕，不诛其渠魁，歼其凶丑，以励其余，吾恐鸾、鹦、鸫、鹭、神雀、大鹏、金翅皆化为雕耳。"

凤凰曰："善"。奏请于帝，帝遣虞人持弓矢，张网罗，随雕而磔之。雕之徒尽毙，敕天下无留雕。故其余党皆屏迹匿形不敢出，众禽始得安于生养，以尽其天年。此皆少皞氏之恩，凤凰与鹤之力也。

太史公曰："雕，奸禽也，暴恶受诛，固宜。吾独惧今之人子，务养雕意，有所欲举，雕而放之，求众禽之血肉以肥其躯。殊不知少皞氏之戒也。嗟夫！害物而日益者，刑虽未及，天必谴之，其雕岂足恤哉！"

附录一：《四库全书总目》载《黄海》提要

明潘之恒撰。之恒字景升，歙县人。嘉靖间官中书舍人。考《明史·艺文志》，有潘之恒《黄海》二十九卷。此本虽未标卷数，其曰《纪初》者八，曰《纪藏》者七，曰《纪迹》者十有八，曰《纪游》者二十有一，曰《纪异》者六，皆别之为卷，则已六十卷矣。史称二十九卷，未为确数，然其中次弟、卷数或有或阙，或参差错互，盖犹未定之稿，不知其止此六十卷否也。

黄山在徽州府西北百三十里，旧名黟山，唐改今名。跨据宣、池、江浙数郡。世传黄帝与容成子、浮丘公炼药于此，故有浮丘、容成诸峰。此姑存《图经》之说，以备古迹一条则可。之恒竟上溯轩辕，采摭经、传，凡涉黄帝者，皆入焉，至以《广黄帝本行纪》《真仙》《通鉴》诸书与六经之文并列，何其诞欤！大抵以多为胜，而考证之学与著述之体，则非所讲也。

附录二：天津图书馆藏本李若讷等五人题跋

　　新安之有黄山，犹其有潘景升也，得景升而黄山遂有《黄海》。世传黄帝为仙人鼻祖。其与容成领略此山者，惝恍乎靡所迹觅，而《黄海》一书，乃不胜迹也。非景升亦不能迹。噫，山之为海，如蓬莱、方丈、嵯峨大海中其最标著者而隶于仙，则黄山以仙，黄海以仙乎？景升才情学韫，今无人，古且无人。又胸中眉宇不带纤毫尘坌，拟其品然仙流，而又生于黄山下，丹鼎火候，纯湛遒举，不须拔龙髯者，故黄可以山遇，亦可以海遇。其书自《纪初》至《纪异》，且无不纪山灵海，若左拍右挹，殆不似人间语，抑不似人间事！景升固仙以印仙乎？耳食者知黄为帝而不知黄为仙，如帝逾仙，祖龙弱水，苦于无翼，即以此论，则景升《黄海》非笔研毫楮窥其传真，余得比于海月，以备挂席之招也，幸甚。

鸡肋居士李若讷题

　　潘景升先生编《黄海》五纪数百卷，所收黄帝事迹文章略尽。内《素问》廿四卷，又得旧家宋本，雠校缮写，咸极工雅，将谋诸同志先成之，□字家鼻祖于《黄帝素问》一书，关切性命，其章句奇奥渊曲，人皆习而不知。今计梨枣费卷才三四镪，不过有赀者雁鹜余粮耳。使作雅事观，则莫先于博古，作俗事观，则莫亲于为身，辍一人雁鹜之余粮，而可以博古，可以为身，可以宿名，其法最饶而捷，诸君试自图之，不必为景升起见也。

新野沤庵居士马之骏题

　　景升先生编《黄海》，海轩辕迭迹，又编《素问》。《黄海》浩而博，《素问》简而奥。《孟子》曰："观于海者难为水。"余亦曰："游于《素问》者难为言。"剞氏之役，故应先之人，苟有味乎《素问》之旨，即不然而观其文章色韵，非三代而下，物俗伧悭，情不知从何而尽，况有心博古者。

鹤林居士林之桥题

不黄以山而黄以海，惟黄山为山之海，惟黄帝为黄山之海，惟《素问》为黄帝之海。亘史之言曰："吾编《黄海》，性命赴焉。为书五百卷，不成刻，无问《素问》矣。"新野之言曰："吾读《素问》，性命存焉，为书廿四卷，不先刻，无问《黄海》矣。"渔山子曰："今且有算于此，可以不论。登黄山而有《黄海》，犹之登黄山可以不论；箧《黄海》而有《素问》，犹之箧《黄海》可以不论；全镌《素问》，而第慨助几镮，犹之全镌《素问》，此即所谓生知之葳谋，而宝应、嘉祐诸臣，功无此巨，是语可动，请以补岐黄悭疾一种医药。"

渔山子曹履吉题

黄海之义何昉？说者化帝而仙，汇山为海，琳琳琅琅，非不参错如绣，而隶海于黄，则余心实未了了。景升曰："山巅一区，空阔类海，旧有海子称。"故景升取以冠黄帝全书，而黄海名始著宇内，探奇蹑险及风想卧游者，遂若知有海不知有山，然则黄其人身之骨干，海其血恤，而《素问》之于《黄海》，尤其切近而精实者，不独与岐伯质证之文已。《黄海》约五纪，《素问》为《纪藏》，独赊凡二十有四卷。景升往来金陵、姑宣间，几八月，辄一一付诸杀青，且成缮本矣。举其难而易，可知景升实一片有心，非斤斤博物君子也。余幸与虑始，今聿观其成，不觉为景升志喜，漫缀数语于诸子后。

介园居士祝可仕题

附录三:《黄海》诗文、异事名目选录[①]

纪初一

《易》	1
《书》	3
《礼记》	4
《周礼》	5
《大戴礼》	6
《春秋左氏传》	12
《国语》	14
《孔子家语》	15
《战国策》	16
《列子》	17
《关尹子》	19
《庄子》	20
《广成子》	33
《史记·一》	37
《史记补》	43
《史记·二》	45
《列仙传》	64
《新书》	65
《太平御览》	67
《邃古记》	74

纪藏二

《阴符经》	93

---

① 本附录部分题名为点校者录入时所加,非原有标题。

附录三：《黄海》诗文、异事名目选录

	《阴符经》	101
	《阴符经》	115
	《真龙虎九仙经》	121
	《龙虎中丹诀》	128
	《阴符经演·上》	133
	《阴符经演·下》	147

纪迹三

	《山海经》	166
杜光庭	《天坛王屋山圣迹记·序》	170
	《天坛王屋山圣迹记》	172
张宇初	《华盖山浮丘、王、郭事迹·序》	180
沈庭瑞	《玉笥山道士沈庭瑞述》	181
颜真卿	《桥仙观碑铭》	183
李冲元	《三真记》	183
沈庭瑞	《浮丘公度二真事迹》	185
章元枢	《华盖山事迹》	187
李维桢	《祠额解》	189
陈性定	《仙都志·序》	197
韦翃	《都山铭》	201
张鹭	《铭一首》	202
叶清臣	《铭一首》	202
白居易	《诗一首》	203
徐凝	《诗一首》	203
曹唐	《诗二首》	203
李建中	《诗一首》	203
梁鼎	《诗一首》	204
孙何	《诗三首》	204
胡志道	《诗九首》	205
杨杰	《诗三首》	208
王铚	《题黄帝祠宇》	208
胡升	《题祠宇》	209

603

黄 海
HUANG HAI

韩元吉	《过仙都》	210
李士举	《过徐氏山居》	210
朱　熹	《追和前韵》	210
胡彦国	《黄山图经考》	211
李　镎	《〈黄山图经·题咏〉序》	222
唐　仲	《〈黄山图经·题咏〉序》	223
方　勉	《〈黄山图经·题咏〉序》	224
佚　名	《题咏诗·诸峰》	225
佚　名	《简首遗咏》	230
李　白	《登天柱石望黄山》	237
	《石人峰》	238
	《汤泉》	238
汪汝凤	《题黄山名胜四十韵》	239
程元凤	《贺天基圣节诗》	242
吴　儆	《浮丘仙赋》	243
焦炳炎	《黄山赋》	246
李敬方	《题小华山》	247
于德晦	《诗一首》	247
任　宇	《诗一首》	247
徐　师	《登楼望黄山》	247
韦　绶	《郡治楼望黄山》	247
伍　乔	《登黄山楼呈学士张洎》	248
王挺之	《题黄山》	248
刘　谊	《游黄山道中》	249
	《道泰乡望黄山》	249
	《紫极宫》	249
	《游黄山》	249
吴　黯	《因公檄按游黄山》（有缺）	249
鲍景曾	《孟府尹游黄山回次韵》	250
张文在	《黄山词送欧阳省吾》	250
鲍　宁	《黄山高》（有缺）	250

潘之恒	《仙桥记》	255
岛　云	《诗一首》	256
程　孟	《诗一首》	256
释海运	《诗一首》	256
张　渤	《诗一首》	257
潘之恒	《月塔记》	257
释海运	《诗一首》	258
释如明	《和诗一首》	258
潘之恒	《石室记》	259
	《丙辰八月一日，从天都峰顶悬幡张灯纪事》	259
张　渤	《和潘景升石室悬幡灯诗》	260
冯　琬	《一粒庵梳》	260
李敬方	《诗一首》	261
鲁宗道	《诗一首》	262
陈　炳	《诗一首》	264
慕容立卿	《诗一首》	264
王■■	《诗一首》	264
徐　彖	《诗一首》	264
叶秀发	《诗一首》	264
陈■■	《诗一首》	265
王■■	《诗一首》	265
焦炳炎	《诗一首》	265
亡名氏	《诗一首》	265
潘之恒	《松谷真人事迹》	266
鲍应鳌	《法海庵疏》	268
于玉立	《题法海庵》	269
汤宾尹	《法海庵疏》	269
潘之恒	《普门缘起》	269
释镇澄	《普门精舍誓约叙》	270
佚　名	《天都社记》	271
潘之恒	《纪同缘旧例》	273

汤宾尹	《敕赐黄山慈光寺疏》	274
鲍山甫	《鲍祠部小甫书》	276
岳和声	《七层四面毗卢佛缘起》	276
释镇澄	《大悲顶缘起》	278
米万钟	《佛过记》	278
广　漆	《万佛同力疏》	279
朱　鹭	《莲花峰顶不立名字广纪》	279
佚　名	《诸缙绅请如孝长老住持黄山慈光寺启》	280
佚　名	《诸中贵请启》	280
佚　名	《普门大师请启》	281
佚　名	《札付一道》	282
佚　名	《寿谷会记》	283
汪道会	《黄山大悲顶募铸金刚般若钟疏》	284
葛寅亮	《礼莲花峰三禅院记》	286
潘之恒	《游胜莲峰文殊院记》	287
	《纪梦像台因缘》	288
释海运	《登文殊院梦像台怀普门师》	289
吴士奇	《天海庵缘起》	290
王之杰	《鼍床铭》	293
	《钟鼓架颂》	294
黄　奂	《钟鼓架颂》	294
	《鼍床铭》	294
黄汝亨	《募造华严阁短疏》	295
潘之恒	《木供铭》	295
袁　黄	《建莲花庵小引》	296
潘之恒	《一钵庵疏》	297
汤宾尹	《掷钵庵》	298
丘齐云	《题骊珠室》	298
潘之恒	《逍遥溪记》	299
	《莲花洞记》	300
汤宾尹	《由汤寺至莲花洞与景升会宿》	300

	《莲花沟至海子》	301
	《莲花洞喜逢司成公酬来什》	302
	《和莲花沟诗韵如前数》	303
潘之恒	《狮子林记》	304
汤宾尹	《疏》	304
黄克谦	《疏》	304
佚　名	《乘上人募疏》	305
潘之恒	《圆通殿疏》	306
何　璧	《寄题狮子林》	308
黄习远	《住狮子林十日赋赠一乘禅师》	309
	《宿狮子林》	310
	《狮子林夜坐》	310
	《林中晓起》	310
	《散花坞》	310
	《自石笋矼至前后海，登大悲顶及炼丹台，小憩三僧净室，复归狮子林得二十韵》	311
孙　湛	《过狮子林同黄伯传吴云骧晚眺》	311
	《同伯传云骧狮子林蒐诸胜地载笔题之》	312
潘之恒	《宿招隐庵记》	313
汪应娄	《修建光明藏疏》	314
潘之恒	《觉海庵记》	314
谢兆申	《由岩镇适黟山记之一》	316
	《至慈光寺记之二》	317
	《由慈光寺至文殊院记之三》	318
	《由罗汉级历白龙潭记之四》	320
	《由莲花峰至大悲顶记之五》	321

纪游四

吴同春	《崆峒山游纪》	323
	《游王母宫记》	325
吴龙翰	《黄山纪游》	328
汪炎昶	《游黄山二首》	328

焦焕炎	《题黄山送别图》	329
文天祐	《别黄山作》	329
文及翁	《和前韵》	330
汪莘	《黄山歌》	330
汪泽民	《游黄山记》	332
	《宿祥符寺》	334
	《祥符寺和文敬所韵》	334
	《独游翠微寺》	334
	《再宿翠微寺》	335
唐元	《暇日谒玄妙李本初有约游黄山》	335
	《次韵程以文黄山星桥》	335
	《黟山绝妙玩不忍去》	335
赵汸	《送陈太博游黄山诗序》	336
	《诗五首》	337
陈有守	《天都社盟词》	339
王寅等[①]	《十六子咏》	340
程诰	《诗八首》	344
陈有守	《诗一首》	346
江瓘	《诗四首》	346
王寅	《诗四首》	347
江珍	《诗四首》	348
佘震启	《诗三首》	349
汪瑷	《诗二首》	349
王尚德	《诗四首》	350
方大治	《诗五首》	351
方霓	《诗一首》	352
郑玄抚	《诗五首》	352
方弘静	《诗六首》	354

[①] 十六子者,程自邑、陈达甫、江廷莹、江民璞、佘元复、汪玉卿、王子容、方际明、方子瞻、郑思祈、方定之、郑子金、郑文仲、程汝南、郑思道。

郑铣	《诗五首》	354
郑懋坊	《诗五首》	356
程应轸	《诗一首》	357
郑默	《诗四首》	357
江瓘	《黄山游记》	359
	《游祥符寺》	362
方大治	《黄山吟稿》	263
	《杨干寺迟吴子荆同入黄山》	366
	《过碣石岭》	366
	《来鹊楼茶会》	366
	《雨憩圣山亭》	366
	《宿普祐院赠隆上人》	367
	《盘云岭上对三十六峰》	367
	《香溪》	367
	《题吕叟屋壁》	367
	《百丈潭》	368
	《月夜同子荆醉卧炼丹峰下放歌》	368
	《宿天都诸子结社处二首》	369
	《石涧玉兰满林赋诗赏之》	369
	《仙人洞晴眺》	369
	《祥符寺雨》	370
	《水帘洞望丁公庵》	370
	《浴汤泉》	370
	《药铫坑二首》	371
	《雨后过白龙潭》	371
	《朱砂泉观瀑布》	371
	《虎头岩子荆采茶同啜》	372
	《马迹石闲步四首》	372
	《汤口与子荆别二首》	372
	《容溪道中三首》	373
汪道昆	《游黄山记》	374

	《奉柱龙相君偕同社宿竹鱼庄》	377
	《望云门》	378
	《望天都》	378
	《汤池》	378
	《白龙潭》	378
	《九龙潭》	378
	《自黄山归白社奉怀司理公》	379
龙 膺	《泠风阁》	379
	《望云门》	379
	《云门》	379
	《鳞石》	379
	《信宿黄山轩辕宫》	379
	《白龙潭》	380
汪道贯	《潜口迟龙使君游黄山》	380
	《陪龙司理及白榆社诸子宿竹鱼庄》	380
	《行次祺中》	381
	《赋得石砧岭》	381
	《望岳呈诸同游》	381
	《白龙潭》	381
	《潭上听琴》	381
	《浴温泉》	381
	《望天都》	382
	《宿轩辕宫》	382
	《醉石流觞歌》	382
	《返祥符寺遇雨》	383
汪道会	《陪龙使君集祺中》	383
	《赋得桂竹湾》	383
	《望云门》	383
	《望天都峰》	383
	《宿轩辕宫》	384
	《鸣弦石》	384

	《丹井》	384
	《鳞石》	384
	《醉石泛觞放歌》	384
	《返祥符寺遇雨》	385
潘之恒	《汪氏园同社中诸公迟龙使君不至》	385
	《陪司理公宿竹鱼庄》	385
	《行次锹中》	385
	《赋得椊木亭》	386
	《流觞遇雨》	386
	《发锹中》	386
	《望云门》	386
	《望天都峰》	386
	《汤池》	386
	《宿轩辕宫》	387
	《白龙潭听琴》	387
	《龙潭篇》	387
	《醉石泛觞放歌》	387
	《返祥符寺遇雨》	388
	《别司理公途中有怀》	388
郭　第	《赋得饭牛溪》	389
	《浴汤泉赠龙司理》	389
佘　翔	《宿竹鱼庄》	389
	《游黄山》	389
庄明镇	《行次锹中》	389
	《宿轩辕宫》	390
谢肇淛	《游黄山记》	391
	《雨中访潘景升有艺堂赋赠》	394
	《同吴元翰谢于楚潘景升步杨干寺外》	394
	《宿杨干寺》	394
	《容成台》	395
	《出杨干早行》	395

《山口旅次》…………………………………… 395
《中怀汪伯玉司马》…………………………… 395
《黄山主人歌赠谢惟弘伯贞》………………… 395
《杂诗二首》…………………………………… 396
《朱砂庵》……………………………………… 396
《望天都峰》…………………………………… 396
《白龙潭》……………………………………… 396
《醉石》………………………………………… 397
《宿轩辕宫》…………………………………… 397
《九龙潭呈于楚景升》………………………… 397
《登丞相源》…………………………………… 397
《丞相源寄元翰》……………………………… 397
《宿丞相源》…………………………………… 398
《由丞相源至石楼二首》……………………… 398
《原上答景升》………………………………… 398
《黄山归宿汤口程主人家》…………………… 398
《归宿景升有艺堂二首》……………………… 398

吴　潜　《过潘景升有艺堂与谢在杭谢于楚订游黄山约》………… 399
《宿杨干寺》…………………………………… 399
《杨干寺溪上即景》…………………………… 399
《宿谢氏村居》………………………………… 399
《中怀汪司马》………………………………… 400
《宿祥符寺》…………………………………… 400
《汤泉》………………………………………… 400
《望天都》……………………………………… 400
《朱砂庵道人》………………………………… 400
《白龙潭》……………………………………… 401
《在杭、于楚、景升登丞相源，余卧病轩辕宫有怀却寄》…… 401
《别黄山》……………………………………… 401
《宿汤口程氏村居》…………………………… 401
《归宿有艺堂》………………………………… 401

谢　室	《陪谢在杭使君游黄山寻杨干寺》	401
	《杨干寺溪行》	402
	《杨干寺月夜》	402
	《过磙中》	402
	《饮族侄伯贞宅》	402
	《杂诗》	402
	《浴温泉》	403
	《游丹砂崖》	403
	《醉石歌》	403
	《宿丞相源》	404
	《九龙潭呈在杭景升》	404
	《丞相源寄吴元翰》	404
	《山行杂兴二首》	404
	《赠黄山程汝毅、汝修、明夫三老》	405
	《倦憩石楼望景升登绝顶寻海子》	405
	《山夜谣》	405
	《还丰溪却望黄山作》	406
唐　枢	《游黄山记》	406
凌登名	《游黄山记》	408
	《秋入黄山三首》	409
	《石壁道中放歌》	410
	《冬日过太平，彭明府招同李鲲如、崔计部、宴集黄山松谷庵、与鲲如限赋四韵，得"仙清丹霞"四字》	410
李春熙	《余有事天都之下，喜凌元孚偶至，遂为黄山游，日暮宿望仙乡赋此》	411
	《登黄山》	412
冯梦祯	《游黄山记》	413
	《冒雨发黄山驾》	415
	《到新安之次日，方明府招饮溪舟，西溯而下，至渔梁，改席禹庙，汪仲嘉、潘景升同赋》	415
	《过石壁山》	416

	《未至硔中五里憩岭上小亭望前山雨气》	416
	《宿硔中蒋氏园》	416
	《初到汤院作》	416
	《于莲花庵望天都》	417
	《从石壁进路过支机桥，寻支径，访朱砂庵址，登憩久之，书所历》	417
	《宿白云庵》	417
	《到海子》	417
	《宿海潮庵阻雨》	418
	《初霁登炼丹峰》	418
	《登海门瞻眺》	418
	《三宿海子从东径下山返汤寺书所历》	418
丁惟曜	《同南羽任潘尔尚祥符寺坐雨迟冯师不至》	419
	《莲花庵望天都峰呈冯师》	419
丁云鹏	《早发山城从贞白叔入黄山》	419
	《宿高桥》	420
	《朝雨发高桥登双岭庵小憩》	420
王之杰	《游黄山随札》	421
潘之恒	《王于凡采黄山小石携赠玄龙为赋》	423
	《于凡游黄山得紫石英归贻左之》	423
黄　奂	《王于凡自天都峰贻石一片》	424
程国宝	《于凡携天都奇石赠玄龙有赠》	424
鲍正元	《于凡携天都奇石赠玄龙有赠》	424
王之杰	《游黄山随札二》	425
吴日宣	《黄山行纪》	428
	《山中六首》	433
	《宿华严堂观诸僧炼魔》	434
	《僧莲台负米从游，赋赠》	434
	《晒药台》	435
	《登望四首》	435
吴　逵	《黄山同游序》	435

黄汝亨	《游黄山纪》	437
潘之恒	《五龙潭记》	441
	《游海门记》	441
	《仙灯洞记》	442
黄汝亨	《喜潘景升至》	443
	《石壁》	443
	《宿莲花庵》	443
	《鸣弦泉》	443
	《天都峰》	444
	《炼丹台》	444
	《炼丹台看云》	444
	《三宿指月庵同阿字》	445
	《自指月庵登石笋矼下松谷》	445
	《白猿》	445
	《松谷看泉》	445
	《自松谷还上石笋作》	445
	《宿莲花洞》	446
李国祥	《游黄山记》	447
姚文蔚	《游黄山记》	451
	《由黄山法海庵上海子作》	454
	《天都峰》	454
	《浴温泉作》	454
	《登莲花庵，回祥符寺，赠无我衲子，用黄贞父韵》	454
	《途中逢印我衲子口占赠之》	455
	《泠风阁玩月忆登海子之夕》	455
潘之恒	《送姚元素都谏游黄海归武林，兼柬黄贞父仪部》	455
邹匡明	《游黄山记》	455
梅鼎祚	《游黄山纪序》	460
汤宾尹	《游黄山纪序》	460
吴伯与	《游黄山纪》	461
罗逸记	《游黄山记五则》	466

黄克谦	《山口晓发》	469
	《芳村》	469
	《赠印我上人刺舌血写经》	469
	《剪刀峰》	470
	《醉石》	470
	《天海》	470
	《天都峰》	470
	《一线天》	470
	《狮子林赠霞光》	471
	《石笋峰》	471
	《丞相源》	471
黄习远	《黄山游记》	472
黄克谦	《序》	476
岳和声	《题辞》	476
陈继儒	《小序》	477
刘宪宠	《小引略》	478
释大壑	《晓发潜口望黄山》	478
	《佛子岭》	478
	《杨干寺怀罗远游》	478
	《容成台》	479
	《石壁山有怀黄司马又谦》	479
	《祥符寺》	479
	《水帘洞》	479
	《慈光寺赠普门师》	479
	《炼魔场》	480
	《白龙潭》	480
	《天都行》	480
	《黟山》	481
	《采芝曲》	481
	《莲花洞》	482
	《寄狮子林一乘师》	482

附录三：《黄海》诗文、异事名目选录

	《登莲花峰》	482
	《丞相源》	482
	《望仙灯洞》	482
	《梦游海门诸胜》	483
朱　鹭	《华岳、黄山合评》	484
	《毗卢佛颂》	485
	《罗汉级颂》	486
	《初至潘景升有艺堂》	486
	《黄山取道锹中赠程申之》	486
	《黄山松六咏》	487
	《又四首》	487
	《警松痴》	488
	《幽径》	488
	《五浴汤池》	488
	《光明顶云海》	488
	《赠普门师》	489
	《赠一乘师》	489
	《黄山下与方若渊若绳兄弟》	489
	《再过清泉赠汪夷仲颖季》	489
	《余杭西上抵歙溪得二首》	489
	《丰溪夕饮》	490
	《之磴》	490
	《黄山赠汪居士浔字浚无偈言》	490
	《狮子林投住》	490
方士翊	《狮子林同朱白民、弟若绳作》	490
	《同白民游黄山，下，憩锹中月余，将归吴门，小诗赠别兼寄缪太质》	491
汪茂奇	《诗五首》	491
	《招方圣功游黄海》	492
释性航	《游黄山记》	493
	《仰山晓发》	495

　　　　《秋日偕安公、静光、次甫游黄山》…………………… 495

　　　　《问宿》…………………………………………………… 495

　　　　《双岭》…………………………………………………… 496

　　　　《山行二首》……………………………………………… 496

　　　　《慈光寺赠普门安公》…………………………………… 496

　　　　《莲花洞》………………………………………………… 496

　　　　《容成台》………………………………………………… 497

　　　　《云门峰》………………………………………………… 497

　　　　《光明藏赠智空静主》…………………………………… 497

　　　　《游黄山寄昆上人》……………………………………… 497

　　　　《宿中山庵》……………………………………………… 497

释如安　《仰山早发》…………………………………………… 498

　　　　《秋日偕航公、印公、次甫游黄山》…………………… 498

　　　　《问宿》…………………………………………………… 498

　　　　《双岭庵午餐》…………………………………………… 498

　　　　《黄山道中》……………………………………………… 498

　　　　《慈光寺与普门师话旧》………………………………… 499

　　　　《文殊院》………………………………………………… 499

　　　　《莲花洞》………………………………………………… 499

　　　　《容成台》………………………………………………… 499

　　　　《云门峰》………………………………………………… 500

　　　　《光明藏赠智空静主》…………………………………… 500

　　　　《杨干寺》………………………………………………… 500

　　　　《黄山归过中山庵宿林公房》…………………………… 500

释海印　《问宿》………………………………………………… 500

　　　　《登莲花峰》……………………………………………… 500

　　　　《山中怀民逸居士》……………………………………… 501

　　　　《宿中山庵》……………………………………………… 501

程明仲　《宿莲花洞》…………………………………………… 501

　　　　《云梯见白猿》…………………………………………… 501

　　　　《石壁山下遇雨》………………………………………… 501

618

	《中山庵赠恒一上人》	501
顾 諟	《暑游黄海纪》	502
	《测山肇迹》	505
	《老人峰见异鸟》	506
	《登莲花峰绝顶下息厂中》	506
	《炼丹台》	506
	《石笋矼望后海口占》	506
	《访隐空上人不值，登宝凉峰看天鼓石》	507
	《黄山归东皋答客问》	507
薛正平	《黄海游略》	510
	《游黄山诗十一首》	511
薛鼎辅	《读〈黄海〉，附家季〈游略〉后》	514
	《景升社丈出示天都峰顶张幡灯诗，用原韵奉和兼遗家季》	515
	《黄海游记》	515
方一藻	《诗一首》	517
	《送更生游黄海还吴淞二首》	517
汪重昌	《梦游黄山记》	517
许文华	《和汪百孙梦登黄海》	519
张 渤	《和汪百孙梦登黄海》	520
徐时进	《丰溪晓行遇雨》	521
	《读景升〈黄海游记〉》	521
	《虎头岩征梦》	521
	《浴汤池》	521
	《文殊院阻雨》	522
	《食苦菜》	522
	《登莲花峰绝顶喜见佛光》	522
	《海子》	522
	《坐平天矼松顶》	522
	《炼丹台》	522
	《青鸾峰》	523

	《九龙潭道上喜值一乘上人因而问路》	523
潘之恒	《立秋后一日，喜徐元修同家侄肖先游黄山，回赠诗四首》	523
	《独游序》	525
戴　澳	《黄山游纪》	525
	《访潘景升蒹葭馆赋赠》	530
	《黄山道中三首》	530
	《雾中登文殊院》	531
	《文殊院晓霁怀景升》	531
	《登莲花峰》	531
	《登光明顶》	531
	《望天都峰赠潘尔肩》	532
	《丞相源看月》	532
	《九日出山次汤口戏柬景升》	532
	《芳村喜逢景升》	532
	《芍石》	532
	《同景升游銧中》	532
	《潘景升搜得容成台，同赋排律》	533
沈　颢	《寒游自序》	534
	《纪寒游》	535

纪异五

清角	540
大蠔	541
尘海	542
占星	542
倒影	542
景星	543
电光	543
图书	543
涿鹿	543
镜石	543

李法	544
命官	544
七域	544
化人	545
蕉鹿	546
吊诡	547
夔鼓	547
夏郊	548
天帝乐	548
玛瑙瓮	548
销暑珠	549
伤魂鸟	549
昆吾剑	549
玄女图	550
玄女	550
木蒺藜	551
服玉	551
女魃	551
鬼谷	551
星精	551
历	551
旗	552
鹿车	552
指南车	552
白鹇	553
玄鹤	554
山乐鸟	554
神白鸡	555
时乐鸟	556
黄冢	557
汤泉灵验	558

黄　海
HUANG HAI

白栴檀 …………………………………… 560
独脚莲 …………………………………… 560
星形 ……………………………………… 560
天都夕光说 ……………………………… 561
权火光 …………………………………… 562
蜘蛛光 …………………………………… 562
日华 ……………………………………… 562
木淞 ……………………………………… 563
摄身光 …………………………………… 563
佛光 ……………………………………… 564
现塔光 …………………………………… 564
幻尾阁记 ………………………………… 565
现金色世界 ……………………………… 566
登天都峰顶见二次放光 ………………… 567
日重光 …………………………………… 567
瑞霞光 …………………………………… 568
心灯 ……………………………………… 569
应瑞光 …………………………………… 569
飞灯光 …………………………………… 570
《广黄帝本行记》 ……………………… 571
　体道 …………………………………… 577
　乘獏 …………………………………… 590
　昆仑丘 ………………………………… 594
　东天竺赋 ……………………………… 595
　雕传 …………………………………… 596